Studien zum Privatrecht

Band 115

Maren K. Wöbbeking

Vertragssprache pro machina

Die Auslegung von Smart Contracts
und anderen formalsprachlichen Verträgen
im System des allgemeinen Vertragsrechts

Mohr Siebeck

Maren K. Wöbbeking, geboren 1993; Studium der Rechtswissenschaften an der Universität Göttingen; 2018 Erste Juristische Prüfung; Wissenschaftliche Mitarbeiterin an der Universität Göttingen; Visiting Researcher an der Harvard Law School; 2023 Promotion (Göttingen); seit 2019 Fellow an der Yale Law School; Rechtsreferendariat am Oberlandesgericht Braunschweig.

Gedruckt mit Unterstützung der Johanna und Fritz Buch Gedächtnis-Stiftung.

Zugl.: Göttingen, Georg-August-Universität, Diss., 2023.

ISBN 978-3-16-162695-1 / eISBN 978-3-16-162696-8
DOI 10.1628/978-3-16-162696-8

ISSN 1867-4275 / eISSN 2568-728X (Studien zum Privatrecht)

Die Deutsche Nationalbibliothek verzeichnet diese Publikation in der Deutschen Nationalbibliographie; detaillierte bibliographische Daten sind über *https://dnb.de* abrufbar.

© 2024 Mohr Siebeck Tübingen. www.mohrsiebeck.com

Das Werk einschließlich aller seiner Teile ist urheberrechtlich geschützt. Jede Verwertung außerhalb der engen Grenzen des Urheberrechtsgesetzes ist ohne Zustimmung des Verlags unzulässig und strafbar. Das gilt insbesondere für die Verbreitung, Vervielfältigung, Übersetzung und die Einspeicherung und Verarbeitung in elektronischen Systemen.

Das Buch wurde von Gulde Druck in Tübingen auf alterungsbeständiges Werkdruckpapier gedruckt und gebunden.

Printed in Germany.

Meiner Familie

Vorwort

Die vorliegende Arbeit stellt eine im Mai 2023 aktualisierte und um neue Literatur und Rechtsprechung zu Smart Contracts ergänzte Fassung meiner im Wintersemester 2022/23 von der Juristischen Fakultät der Georg-August-Universität Göttingen angenommenen Dissertation dar. Sie wurde mit dem Fakultätspreis der Juristischen Fakultät der Georg-August-Universität und der Juristischen Gesellschaft zu Kassel ausgezeichnet. Die zugrundeliegende Forschung im In- und Ausland wurde maßgeblich durch ein Promotionsstipendium der Studienstiftung des Deutschen Volkes ermöglicht, die Drucklegung durch eine Förderung der Johanna und Fritz Buch Gedächtnis-Stiftung. Beiden gebührt mein herzlicher Dank.

Zudem habe ich die Fertigstellung dieser Arbeit der Unterstützung einer Vielzahl von Menschen zu verdanken. Ich danke insofern an erster Stelle und besonders herzlich meinem Doktorvater und langjährigen hochgeschätzten akademischen Lehrer Prof. Dr. Gerald Spindler, der kurz vor der Veröffentlichung dieser Arbeit verstorben ist. Seine fortwährende Förderung, die gewährte wissenschaftliche Freiheit und sein stetes Vertrauen haben diese Arbeit und vieles mehr für mich möglich gemacht und ich bleibe ihm in tiefer Dankbarkeit verbunden.

Mein besonderer Dank gilt darüber hinaus Prof. Dr. Anke Holler, die mir den Zugang zu den Methoden der Computerlinguistik eröffnet und mir über viele Jahre als unverzichtbare Gesprächspartnerin zur Verfügung gestanden hat. Gleichermaßen gilt mein Dank Prof. Dr. Benjamin Leiding, der diesen Part für die Informatik übernommen hat. Gerade sie haben meine Liebe für die interdisziplinäre Zusammenarbeit geweckt.

Bedeutsamen fachlichen und persönlichen Austausch in der Promotionsphase durfte ich zudem über das Team des Lehrstuhls von Prof. Dr. Spindler erfahren. Gerade mit meinen damaligen Kollegen Jan Pfeiffer, Marvin Jäschke und Andreas Seidel habe ich nicht nur viele Stunden über meine Forschung reden dürfen, sondern vor allem sehr gute Freunde gewonnen.

Prägenden Eindruck hat auch meine Zeit in den USA hinterlassen. Eine offenere und inspirierende Forschungsgemeinschaft als jene am Information Society Project der Yale Law School sucht ihres gleichen. Stellvertretend und mit besonderem Nachdruck möchte ich insofern Prof. Jack Balkin, Prof. Dr.

Nikolas Guggenberger, Chinmayi Arun und Prof. Alicia Solow-Niederman für die gemeinsame Zeit danken.

Ebenso gebührt vielen anderen Menschen Dank, mit denen ich während meiner Promotionsphase, etwa beim „Jungen Digitalen Recht" oder der „Wissenschaftlichen Gesellschaft für Recht und Blockchain-Technologie e.V.", zusammenarbeiten und mich austauschen durfte. Herausstellen möchte ich diesbezüglich gerne Prof. Dr. Lucia Sommerer, deren Herangehensweise an die Wissenschaft mich immer wieder inspiriert.

Der größte Dank gilt schließlich meiner Familie und meinem Partner. Meinen Eltern Anne-Kathrin Deppermann-Wöbbeking und Karlheinz Wöbbeking danke ich insbesondere für ihre beständige und liebevolle Unterstützung und die vielen Chancen, die sie mir und meinem Bruder Carl Fabian Wöbbeking geboten haben. Meinem Partner Leonard Elsbroek danke ich ganz besonders dafür, dass er mich durch die Höhen und Tiefen der Promotionsphase begleitet und sich viele Stunden den Themen und der Form dieser Arbeit angenommen hat.

Göttingen, im September 2023 *Maren K. Wöbbeking*

Inhaltsübersicht

Vorwort VII
Inhaltsverzeichnis XIII
Abkürzungsverzeichnis.. XXI

Einleitung 1

§ 1 Ausgangspunkt und Ziel der Untersuchung 1

§ 2 Terminologische Einordnung und thematische Eingrenzung des Untersuchungsgegenstandes 8
A. Der „formalsprachliche Vertrag".. 8
B. Das allgemeine Vertragsrecht als grundlegender rechtlicher Rahmen – die Auslegung als zentrale Frage 14

§ 3 Gang der Untersuchung und Methodik.. 19

Erster Teil: Computerlinguistische und informationstechnologische Grundlagen formalsprachlicher Verträge............ 23

§ 4 Charakterisierung und Kontextualisierung formalsprachlicher Verträge... 24
A. Hintergrund und Anreiz zur Verwendung einer formalen Vertragssprache 25
B. Wesentliche formale Merkmale formalsprachlicher Verträge............... 35
C. Formalsprachliche Verträge als angewandte Informatik und Computerlinguistik 39

D. Formalsprachliche Verträge und verwandte Phänomene 42

§ 5 *Einschlägige Grundbegriffe und Methoden der Computerlinguistik und Informatik* 48

    A. Definition und Hierarchie formaler Sprachen 50

    B. Symbolische Wissensrepräsentation 52

    C. Algorithmik 60

    D. Implementierung 64

§ 6 *Systematisierung der Ansätze zur Vertragsformalisierung* 69

    A. Systematisierungskriterium und Vorüberlegungen 70

    B. Systematische Darstellung der Vertragsformalisierung anhand des zusätzlichen Verwendungszwecks 74

§ 7 *Fazit zum ersten Teil* 93

Zweiter Teil: Das allgemeine Vertragsrecht als Maßstab zur Auslegung formalsprachlicher Verträge 97

§ 8 *Das Verhältnis formalsprachlicher Verträge zum (Vertrags-)Recht* 97

    A. „Code is Law" und die Maßstabsfunktion staatlichen Rechts 97

    B. Smart Contracts als private Ordnung 101

    C. Fazit zum Verhältnis formalsprachlicher Verträge zum (Vertrags-)Recht 117

§ 9 *Das System des allgemeinen Vertragsrechts* 118

    A. Bedeutung des inneren Systems für die Auslegung formalsprachlicher Verträge 118

    B. Systemdenken im Privatrecht 120

    C. Prinzipien des allgemeinen Vertragsrechts 142

    D. Zusammenspiel der Prinzipien im Vertragsmodell 152

§ 10 *Fazit zum zweiten Teil* 197

Dritter Teil: Die Auslegung von Verträgen in formaler Sprache 199

§ 11 Die Auslegungslehre im deutschen Recht 200

A. Positiv-rechtliche Vorgaben zur Auslegung von Willenserklärungen im Bürgerlichen Gesetzbuch 200

B. Das Auslegungsziel und das Spannungsverhältnis von Wille und Erklärung 201

C. Tatbestand der Willenserklärung 205

§ 12 Notwendigkeit einer Neukonzeptionierung des Tatbestands für die formalsprachliche Willenserklärung? 211

A. Textuelle Auslegung 2.0 – Anknüpfungspunkt einer potenziellen Neukonzeptionierung 211

B. Vorüberlegungen zu formalsprachlichen Erklärungen als Ausdruck rechtsgeschäftlichen Willens 217

C. Anwendbarkeit und Bedeutung des § 133 Hs. 2 BGB für die formale Auslegung 228

D. Fazit zur Notwendigkeit einer Neukonzeptionierung des Tatbestands für die formalsprachliche Willenserklärung 249

§ 13 Die Willenserklärung in formaler Sprache 251

A. Normative Auslegung formalsprachlicher Willenserklärungen 251

B. Subjektive Auslegung formalsprachlicher Willenserklärungen 287

C. Zurechnung 287

D. Fazit zur Willenserklärung in formaler Sprache 288

§ 14 Vertraglicher Konsens und Dissens 289

§ 15 Ausblick: Auslegungsvereinbarungen 292

A. Hintergrund und Begriff 292

B. Rechtliche Einordnung 294

C. Materiellrechtliche Auslegungsvereinbarungen 299

D. Fazit zu Auslegungsvereinbarungen 310

§ 16 Fazit zum dritten Teil 310

Resümee 313

§ 17 Über formalsprachliche Verträge gewonnene Erkenntnisse 313

§ 18 Anhand der Untersuchung formalsprachlicher Verträge
      gewonnene Erkenntnisse über das Recht 315

Literaturverzeichnis 317

Sachregister 339

Inhaltsverzeichnis

Vorwort VII
Inhaltsübersicht IX
Abkürzungsverzeichnis XXI

Einleitung 1

§ 1 Ausgangspunkt und Ziel der Untersuchung 1

*§ 2 Terminologische Einordnung und thematische Eingrenzung des
Untersuchungsgegenstandes* 8

    A. Der „formalsprachliche Vertrag" 8
        I. Formale Sprache als Ausgangspunkt 9
        II. Die variable Bedeutung des „Vertrages" 12

    B. Das allgemeine Vertragsrecht als grundlegender rechtlicher
        Rahmen – die Auslegung als zentrale Frage 14

§ 3 Gang der Untersuchung und Methodik 19

Erster Teil: Computerlinguistische und informations-
technologische Grundlagen formalsprachlicher Verträge 23

*§ 4 Charakterisierung und Kontextualisierung
formalsprachlicher Verträge* 24

    A. Hintergrund und Anreiz zur Verwendung einer
        formalen Vertragssprache 25

    B. Wesentliche formale Merkmale formalsprachlicher Verträge 35

C. Formalsprachliche Verträge als angewandte Informatik und Computerlinguistik 39

D. Formalsprachliche Verträge und verwandte Phänomene 42
  I. Parallelen und Abgrenzung zur Rechtsformalisierung 42
  II. Legal Technology im Vertragswesen 46

§ 5 *Einschlägige Grundbegriffe und Methoden der Computerlinguistik und Informatik* 48

A. Definition und Hierarchie formaler Sprachen 50

B. Symbolische Wissensrepräsentation 52
  I. Information und Wissen – Daten und Repräsentation 52
  II. Grundlagen der symbolischen Wissensrepräsentation 56
  III. Repräsentationsmodelle im Überblick 58

C. Algorithmik 60
  I. Definition und Eigenschaften von Algorithmen 60
  II. Inferenzalgorithmen zur Verarbeitung symbolischer Repräsentationsformalismen 62
  III. Algorithmengestützter Aufbau symbolischer Repräsentationsformalismen 63

D. Implementierung 64
  I. Höhere Computersprachen 64
  II. Ausführungsplattformen 67

§ 6 *Systematisierung der Ansätze zur Vertragsformalisierung* 69

A. Systematisierungskriterium und Vorüberlegungen 70
  I. Der zusätzliche Verwendungszweck eines formalsprachlichen Vertrags als Systematisierungskriterium 70
  II. Grundlegende Annahmen zur Formalisierung von Verträgen 72

B. Systematische Darstellung der Vertragsformalisierung anhand des zusätzlichen Verwendungszwecks 74
  I. Automatisierte Analyse 75
    1. Spezifikation 75
    2. Formalisierung 76
      a) Strukturebene 76
      b) Begriffsebene 79
    3. Aufbau, Ressourcen und Realisierung 84
  II. Automatisierte Anpassung, automatisiertes Monitoring und automatisierter Abgleich mit externen Vorgaben 87
    1. Spezifikation 87

2. Formalisierung 87
3. Aufbau, Ressourcen und Realisierung 89
III. Automatisierte Ausführung 90
1. Spezifikation 90
2. Formalisierung 90
3. Aufbau, Ressourcen und Realisierung 92

§ 7 Fazit zum ersten Teil 93

Zweiter Teil: Das allgemeine Vertragsrecht als Maßstab zur Auslegung formalsprachlicher Verträge 97

§ 8 Das Verhältnis formalsprachlicher Verträge zum (Vertrags-)Recht 97
A. „Code is Law" und die Maßstabsfunktion staatlichen Rechts 97
B. Smart Contracts als private Ordnung 101
 I. Smart Contracts als faktisches Recht 103
 II. Smart Contracts als privates Recht 110
  1. Privates Recht – eine Frage der Legitimation 110
  2. Normative Wirkung von Smart Contracts 115
C. Fazit zum Verhältnis formalsprachlicher Verträge zum (Vertrags-)Recht 117

§ 9 Das System des allgemeinen Vertragsrechts 118
A. Bedeutung des inneren Systems für die Auslegung formalsprachlicher Verträge 118
B. Systemdenken im Privatrecht 120
 I. Systembegriff 121
 II. Bildung des inneren Systems 123
  1. Rechtsprinzipien als Grundwertungen des inneren Systems 123
   a) Ebenen des Rechts 123
   b) Grundlegende Differenzierung zwischen Regeln und Prinzipien 123
   c) Aufdeckung von Prinzipien 126
  2. Zusammenspiel der Prinzipien als wertungsmäßige Ordnung ... 128
 III. Rechtsgewinnung aus dem inneren System 131
  1. Legitimation und Möglichkeit der Rechtsgewinnung aus dem inneren System 132
  2. Grenzen der Rechtsgewinnung aus dem inneren System 132

    IV. Einwirkungen durch das Unionsrecht 134
        1. System und Dogmatik des Unionsrechts 135
        2. Bedeutung des Unionsrechts speziell für das allgemeine
           Vertragsrecht 137

  C. Prinzipien des allgemeinen Vertragsrechts 142
     I. Vertragsfreiheit 143
     II. Selbstverantwortung 144
     III. Verkehrs- und Vertrauensschutz 147
     IV. (Vertrags-)Gerechtigkeit 148
     V. Effizienz 149

  D. Zusammenspiel der Prinzipien im Vertragsmodell 152
     I. Die „Krise" des Vertragsrechts 153
     II. Vertragstheorien 156
        1. Vertragsfreiheit als Anerkennung
           des individuellen rechtlichen Gestaltungswillens 159
        2. Materielle Vertragsgerechtigkeitstheorien 165
           a) Kommutative Gerechtigkeitstheorie 165
           b) Distributive Gerechtigkeitstheorie 170
        3. Ökonomische Vertragstheorie 171
        4. Zusammenfassung der wesentlichen Eckpunkte der
           Vertragstheorien 175
     III. Stellungnahme zum Vertragsmodell 178
        1. Notwendigkeit einer Stellungnahme: Der formalsprachliche
           Vertrag im Spiegel der Vertragstheorien 178
        2. Rekonstruktion: Vom Vertragsrecht zur Vertragsfunktion 181
        3. Das Vertragsmodell in zwei Kernthesen 193

§ 10 Fazit zum zweiten Teil 197

Dritter Teil: Die Auslegung von Verträgen in formaler Sprache 199

§ 11 Die Auslegungslehre im deutschen Recht 200

  A. Positiv-rechtliche Vorgaben zur Auslegung von
     Willenserklärungen im Bürgerlichen Gesetzbuch 200

  B. Das Auslegungsziel und das Spannungsverhältnis von Wille
     und Erklärung 201

  C. Tatbestand der Willenserklärung 205

I. Dualismus der Auslegungsmethoden 206
   1. Normative Auslegung 206
   2. Subjektive Auslegung 207
II. Zurechnung 209

§ 12 Notwendigkeit einer Neukonzeptionierung des Tatbestands für die formalsprachliche Willenserklärung? 211

  A. Textuelle Auslegung 2.0 – Anknüpfungspunkt einer potenziellen Neukonzeptionierung 211
  B. Vorüberlegungen zu formalsprachlichen Erklärungen als Ausdruck rechtsgeschäftlichen Willens 217
    I. Regelungsanordnung in formaler Sprache 218
    II. Formalsprachliche Regelungsanordnung als Ausdruck des Willens 220
    III. Grenzfall: Regelungsanordnung versus Regelungsausführung 224
  C. Anwendbarkeit und Bedeutung des § 133 Hs. 2 BGB für die formale Auslegung 228
    I. Rückschlüsse aus den Vorüberlegungen 228
    II. Methodischer Ansatz 230
    III. Erster Zugriff: Wortlaut des § 133 Hs. 2 BGB 236
    IV. Teleologische Erfassung der formalen Auslegung durch § 133 Hs. 2 BGB 237
      1. Telos des § 133 Hs. 2 BGB 237
        a) Historische Annäherung 237
        b) Systematische Annäherung 239
        c) Zwischenergebnis 239
      2. Wertungs(un)gleichheit der buchstäblichen Auslegung formaler und natürlicher Sprache 241
        a) Formalsprachliche Erklärungen als Ausdruck des wirklichen Willens 241
        b) Formale Auslegung als wirklicher Wille 244
        c) Formale Auslegung zwischen Wille und Erklärung 246
    V. Fazit zur Anwendbarkeit des § 133 Hs. 2 BGB auf die formale Auslegung 248
  D. Fazit zur Notwendigkeit einer Neukonzeptionierung des Tatbestands für die formalsprachliche Willenserklärung 249

§ 13 Die Willenserklärung in formaler Sprache 251

  A. Normative Auslegung formalsprachlicher Willenserklärungen 251
    I. Der objektive Empfängerhorizont als Maßstab 251

1. Auslegungsmittel: Fähigkeiten und Kenntnisse
   des Empfängers 252
2. Auslegungsmaterial 258
   a) Allgemeine Grundsätze 258
   b) Besonderheiten beim Einsatz
      formalsprachlicher Ausdrücke 260
3. Auslegungsarbeit 262
   a) Anforderungen an die Auslegungsarbeit 262
   b) Ermittlung der Auslegungsrelevanz
      formalsprachlicher Ausdrücke 267
   c) Inhaltliche Deutung formalsprachlicher
      Willenserklärungen 273
      aa) „Semantische" Deutung als Ausgangspunkt 273
      bb) Überprüfung und etwaige Anpassung
         der semantischen Interpretation durch
         eine pragmatische Analyse 274
   d) Formalsprachliche Ausdrücke als Erklärungsumstand 275
   e) Sonderfall: Sprachdefizit ....: 276
4. Entscheidender Zeitpunkt 277
II. Auslegungsmaximen für formalsprachliche Ausdrücke 279
1. Allgemeine Grundsätze 279
2. Spezifische Zweifelsfälle 281
   a) Hierarchie formalsprachlicher Versionen zum selben
      Regelungsgegenstand 281
   b) Rechtliche Qualifizierung formalsprachlicher
      Informationsquellen 282
   c) Formale versus natürliche Sprache 284
   d) Maschinelle Verarbeitung und konkludente
      Willenserklärung 285

B. Subjektive Auslegung formalsprachlicher Willenserklärungen 287

C. Zurechnung 287

D. Fazit zur Willenserklärung in formaler Sprache 288

§ 14 Vertraglicher Konsens und Dissens 289

§ 15 Ausblick: Auslegungsvereinbarungen 292

A. Hintergrund und Begriff 292

B. Rechtliche Einordnung 294
   I. Qualifikationsmethode 295

II. Die Qualifizierung von Vereinbarungen
　　　　einer formalen Auslegung 297
　C. Materiellrechtliche Auslegungsvereinbarungen 299
　　I. Abgrenzung zu Formvereinbarungen 299
　　II. Abgrenzung zu inklusiven Auslegungsbestimmungen 303
　　III. Grundlagen materiellrechtlicher Vereinbarungen über
　　　　eine formale Auslegung 304
　D. Fazit zu Auslegungsvereinbarungen 310

§ 16 Fazit zum dritten Teil 310

Resümee 313

§ 17 Über formalsprachliche Verträge gewonnene Erkenntnisse 313

*§ 18 Anhand der Untersuchung formalsprachlicher Verträge
gewonnene Erkenntnisse über das Recht* 315

Literaturverzeichnis 317
Sachregister 339

Abkürzungsverzeichnis

a.A.	anderer Ansicht
a.a.O.	am angegebenen Ort
AcP	Archiv für die civilistische Praxis (Zeitschrift)
AG	Aktiengesellschaft/Die Aktiengesellschaft (Zeitschrift)
Anm.	Anmerkung
AnwBl	Anwaltsblatt (Zeitschrift)
Art.	Artikel
BB	Betriebsberater (Zeitschrift)
BJR	Bonner Rechtsjournals (Zeitschrift)
bspw.	beispielsweise
CR	Computer und Recht (Zeitschrift)
d.	der
dt.	deutsche(n)
DuD	Datenschutz und Datensicherheit (Zeitschrift)
ERCL	European Review of Contract Law (Zeitschrift)
EuCML	Journal of European Consumer and Market Law (Zeitschrift)
EuR	Zeitschrift Europarecht
ggf.	gegebenenfalls
GRUR	Gewerblicher Rechtsschutz und Urheberrecht (Zeitschrift)
h.M.	herrschende Meinung
i.d.R.	in der Regel
insb.	insbesondere
InTer	Zeitschrift zum Innovations- und Technikrecht
i.R.d.	im Rahmen des/der
ITRB	IT-Rechts-Berater (Zeitschrift)
Jhdt.	Jahrhundert
JIPITEC	Journal of Intellectual Property, Information Technology and E-Commerce Law (Zeitschrift)
JM	juris Die Monatszeitschrift
JR	Juristische Rundschau (Zeitschrift)
JurisPR-BKR	juris PraxisReport Bank- und Kapitalmarktrecht
JuS	Juristische Schulung (Zeitschrift)
JZ	Juristenzeitung (Zeitschrift)
KJ	Kritische Justiz (Zeitschrift)
MDR	Monatsschrift für Deutsches Recht (Zeitschrift)
MMR	MultiMedia und Recht (Zeitschrift)
m.w.N.	mit weiteren Nachweisen
NJW	Neue Juristische Wochenschrift (Zeitschrift)
NZA	Neue Zeitschrift für Arbeitsrecht

NZG	Neue Zeitschrift für Gesellschaftsrecht
o.	oben
obj.	objektiv
RDi	Recht Digital (Zeitschrift)
Ri	Recht innovativ (Zeitschrift)
sog.	sogenannte/r
st.	ständige/e
TB.	Tatbestand
u.a.	unter anderem/und andere
u.U.	unter Umständen
Urt.	Urteil
v.	von/vom
Verf.	Verfasser/in
VergabR	Zeitschrift für das gesamte Vergaberecht
WM	Wertpapier-Mitteilungen (Zeitschrift)
z.B.	zum Beispiel
ZBB	Zeitschrift für Bankrecht und Bankwirtschaft
ZeuP	Zeitschrift für Europäisches Privatrecht
ZfPW	Zeitschrift für die gesamte Privatrechtswissenschaft
ZHR	Zeitschrift für das gesamte Handelsrecht und Wirtschaftsrecht
zit.	zitiert
z.T.	zum Teil

Alle übrigen Abkürzungen sind dem folgenden Werk entnommen: *Kirchner, Hildebert* (Begr.)/*Böttcher, Eike* (Verf.), Abkürzungsverzeichnis der Rechtssprache, 10. Auflage, Berlin/Boston 2021.

Einleitung

§ 1 Ausgangspunkt und Ziel der Untersuchung

Die Formulierung von Verträgen in einer mathematisch präzise definierten – formalen – Sprache, die eine maschinelle Verarbeitung des Vertrages von der automatisierten Analyse, Anpassung, Überprüfung bis hin zu seiner automatisierten Ausführung ermöglichen soll, ist keine neue Idee. Schon vor mehr als 25 Jahren wurde der Vertrag als Computerprogramm visualisiert und es wurden vertragliche Eindeutigkeit, Sicherheit sowie Effizienz als Folgen prognostiziert.[1]

Dass die Rufe nach der Realisierung dieser Idee erst in den letzten Jahren laut wurden und zwischenzeitlich eine Art Hype auslösten, lag hingegen maßgeblich an der Entwicklung der Blockchain-Technologie im Jahr 2008.[2] Die dezentral geführten Datenbanken sollen die ideale Plattform zur Ausführung solcher Verträge bieten, fügen sie doch ihrerseits weitere Versprechen hinzu: Manipulationssicherheit, Verschlüsselung und die Loslösung von kostspieligen Intermediären.[3]

---

[1] Als wesentlicher Ausgangspunkt dieser Überlegungen wird heute meist die ursprüngliche Idee des sog. „Smart Contracts" durch *Nick Szabo* im Jahr 1997 gesehen, *Szabo*, The Idea of Smart Contracts, abrufbar unter: https://nakamotoinstitute.org/the-idea-of-smart-contracts/ (zuletzt aufgerufen am 18.5.2023).

[2] Ausschlaggebend war das 2008 zur Kryptowährung *Bitcoin* veröffentlichte Whitepaper: *Nakamoto*, Bitcoin: A Peer-to-Peer Electronic Cash System, abrufbar unter: https://bitcoin.org/en/bitcoin-paper (zuletzt aufgerufen am 18.5.2023); ausführlicher zur Blockchain-Technologie § 5 D. II.; korrekterweise handelt es sich bei der Blockchain um eine Technik und keine Technologie (zum Unterschied s. allein *Timmermann*, Legal Tech-Anwendungen, 2020, S. 56 f. m.w.N.), aufgrund der etablierten Verwendung wird hier dennoch auch von „Blockchain-Technologie" gesprochen.

[3] Zu den entsprechenden Eigenschaften und Verheißungen der Blockchain-Technologie und der ihr übergeordneten Distributed-Ledger-Technologie s. etwa: *Blocher*, AnwBl 2016, 612; *Heckmann/Kaulartz*, bank und markt 2016, 34; *Kaulartz/Heckmann*, CR 2016, 618 (618) auch m.w.N. dazu, dass viele in der Blockchain-Technologie überhaupt erst die Möglichkeit sahen, die ursprünglichen Versprechen von Verträgen als Computerprogramm zu realisieren; s. ferner dazu auch *Legner*, VuR 2021, 10 (16 f.); *Schnell/Schwaab*, BB 2021, 1091 (1091); *Grieger u.a.*, ZfDR 2021, 394 (396 ff.); *Kloth*, VuR 2022, 214 (214 f.); s. zudem später noch § 6 B. III. 3 (insb. Fn. 396).

Dank der Blockchain-Technologie schaffte es die Idee eines in einer formalen Sprache verfassten und maschinell verarbeiteten Vertrages in die breitere öffentliche Wahrnehmung und auch in die rechtswissenschaftliche Forschung. Bezeichnet wird er dabei insbesondere im deutschen Sprachraum üblicherweise mit dem schillernden Ausdruck „Smart Contract".

Diese so beliebte Bezeichnung präsentierte sich indes für die rechtliche Bewertung bisher als durchaus unglücklich. Einerseits wird die eigentlich ältere Idee des Smart Contracts[4] nunmehr (wohl vor allem dank entsprechender Bezeichnung durch Pioniere der Blockchain-Technologie[5]) nahezu ausschließlich im Zusammenhang mit dieser Technik gesehen und die Eigenschaften der dezentralen Plattformen als charakteristisch für Smart Contracts betrachtet.[6] Andererseits werden mit Smart Contracts auch von jenen, die sie nicht zwingend im Zusammenhang mit der Blockchain-Technologie sehen, meist ganz bestimmte Eigenschaften verbunden: Die formale Sprache zur Repräsentation des Vertrages sei eine imperative Programmiersprache,[7] die maschinelle Verarbeitung des Vertrages liege in der automatisierten Ausführung.[8]

---

[4] S. bereits § 1 Fn. 1.
[5] Allen voran etablierte der Initiator der bedeutenden *Ethereum*-Blockchain, *Vitalik Buterin*, 2014 in dem zu *Ethereum* gehörigen Whitepaper die Nutzung der Bezeichnung Smart Contract (*Buterin*, Ethereum: A Next-Generation Smart Contract and Decentralized Application Platform). 2018 ließ er über Twitter zwar verlautbaren, dass er diese Entscheidung bereue: „To be clear, at this point I quite regret adopting the term ‚smart contracts'. I should have called them something more boring and technical, perhaps something like ‚persistent scripts'." (https://twitter.com/VitalikButerin/status/1051160932699770882, zuletzt aufgerufen am 18.5.2023). An der sehr geläufigen Verbreitung der Bezeichnung Smart Contract im Zusammenhang mit Blockchains änderte dies aber erkennbar nichts mehr.
[6] S. etwa: *Blocher*, AnwBl 2016, 612 (617 ff.); *Kaulartz*, InTeR 2016, 201 (202); *Heckmann/Kaulartz*, bank und markt 2016, 34; *Sillaber/Waltl*, DuD 2017, 497; *Lehmann/Krysa*, BJR 2019, 90 (91); *Paulus*, JuS 2020, 107 (108); *Aufderheide*, WM 2021, 2273 (2274); *Kloth*, VuR 2022, 214 (215); *Busche*, in: MüKo BGB, § 133 Rn. 28; *Ernst*, in: MüKo BGB, Einleitung SchuldR Rn. 69; *Dey*, in: Finanzderivate, Rn. 12; dazu auch *Steinrötter/Stamenov*, in: Legal Tech, Rn. 1, die aber gerade auch auf die eigentliche Technikneutralität hinweisen; überblicksartig dazu ferner auch *Timmermann*, Legal Tech-Anwendungen, 2020, S. 75 m.w.N., der sich selbst ebenfalls ablehnend zu einer solchen Eingrenzung äußert.
[7] Dies wird selten explizit gemacht, die verschiedentlichen Ausführungen dazu, dass sich Smart Contracts durch eine Wenn-Dann-Beziehung charakterisieren lassen würden, lassen aber eben jene Annahme zu (allein in fünf Kapiteln des Werks „*Braegelmann/Kaulartz*, Rechtshandbuch Smart Contracts" stellen die Autoren explizit auf die Wenn-Dann-Beziehung ab; ebenso darauf abstellend etwa auch: *Kloth*, VuR 2022, 214 (215); *Schnell/Schwaab*, BB 2021, 1091 (1091); *Eschenbruch/Gerstberger*, NZBau 2018, 3 (3); *Wanderwitz*, VergabeR 2019, 26 (27); *Steinrötter/Stamenov*, in: Legal Tech, Rn. 5; *Dey*, in: Finanzderivate, Rn. 13). Deutlicher etwa auch *Exner*, Smart Contracts, 2022. S. 27 m.w.N. wenn er auf Programmcode abstellt. Zu imperativen Programmiersprachen bzw. zum imperativen Programmierparadigma s. ferner § 5 C. I.
[8] Plakativ: *Möslein*, in: Rechtshandbuch Smart Contracts, Rn. 17 „[…] die automatisierte Abwicklung des schuldrechtlichen Vertrags, die Smart Contracts […] wesensmäßig ausmacht"; *Finck*, in: Smart Contracts, S. 8 „Die automatisierte Ausführung als Hauptmerkmal

Wenngleich mit der Automatisierung der Ausführungsphase (zum Beispiel dem automatisierten Leistungsaustausch bei Eintritt eines festgelegten Ereignisses) rechtlich gesehen sicher bereits die interessanteste Möglichkeit der maschinellen Verarbeitung von Verträgen in den Fokus genommen wurde, trug dies neben der Beschränkung des Blickes auf imperative Programmiersprachen dazu bei, dass die sprachliche Komponente solcher Verträge in den Rechtswissenschaften bisher kaum beachtet wurde.[9]

Vielfach wurde die „Vertragssprachenfrage" – die Frage nach formaler Sprache als rechtsgeschäftliches Erklärungsmittel – sogar damit abgetan, dass sie sich bereits gar nicht wirklich stelle. Ein rechtlich verbindlicher Vertrag werde nicht in einer formalen Sprache, wie etwa einer Programmiersprache, verfasst;[10] die formalsprachliche Dokumentation des Vertrages sei ein für den Schuldvertrag unbeachtlicher Schritt der Automatisierung.[11] Smart Contracts seien im Ergebnis „weder smart noch Verträge".[12]

Dabei erstaunt der pauschale Einwand gegen die rechtliche Auslegungsrelevanz formalsprachlicher Erklärungen bereits angesichts der rechtlich aner-

---

eines Smart Contracts"; *Wendelstein*, in: Legal Tech, Rn. 1 „Die Idee hinter dem Einsatz von Smart Contracts ist vor allem, dass das rechtlich geschuldete Leistungsprogramm ganz oder teilweise automatisiert erfüllt wird"; deutlich auch *Exner*, Smart Contracts, 2022, S. 28, 30 f.

[9] Explizit beachtet wurde die sprachliche Komponente im deutschen Recht bisher vor allem durch: *Möslein*, in: Rechtshandbuch Smart Contracts, Rn. 22 ff.; *Möslein*, ZHR 2019, 254 (276 ff.); knappe Ausführungen finden sich ferner bei *Schnell/Schwaab*, BB 2021, 1091 (1096 f.); *Aufderheide*, WM 2021, 2313 (2315); *Ostoja-Starzewski*, InTer 2021, 213 (215); *Bertram*, MDR 2018, 1416 (1420 f.). S. international ferner: *Allen*, ERCL 2018, 307 (für das englische Vertragsrecht); *Cohney/Hoffman*, Minnesota Law Review 2020, 319 (für das amerikanische Vertragsrecht); *Cannarsa*, ERCL 2019, 773 (779 ff.) (rechtsvergleichend).

[10] S. etwa *Dey*, in: Finanzderivate, Rn. 11; *Djazayeri*, jurisPR-BKR 2016, Anm. 1 unter E I (widersprüchlich dazu aber Teil E II); *Söbbing*, ITRB 2018, 43 (45); jedenfalls für AGB eine formale Vertragssprache verneinend auch *Steinrötter/Stamenov*, in: Legal Tech, Rn. 16, die ferner festhalten, es könne „nur der Vertragsinhalt den Inhalt des Codes vorgeben, nicht aber umgekehrt der Codeinhalt den Vertragsinhalt"; s. auch *Legner*, VuR 2021, 10 (11 f.), die sich allerdings teilweise widersprüchlich äußert; s. ferner den in § 12 B. III. behandelten Vorbehalt, dass Smart Contract Code „etwas tut, aber nicht verspricht etwas zu tun".

[11] S. etwa *Ernst*, in: Das Streben nach Autonomie, S. 135 „Um es klar zu sagen: ‚Smart Contracts' sind keine Verträge. Es handelt sich um Computerroutinen, die im Einzelfall vertragliche Regelungen umsetzen mögen, die Existenz eines Vertrages aber voraussetzen."; *Mann*, NZG 2017, 1014 (1016); *Paulus/Matzke*, ZfPW 2018, 431 (433 f.); *Paulus*, JuS 2020, 107 (107) („,Smart Contracts' [sind] nämlich gar keine Verträge im Rechtssinn"); *Lupu*, CR 2019, 631 (631); *Lupu*, InTer 2020, 2 (2), die widersprüchlicherweise aber dennoch Programmiersprachen als Vertragssprachen u.U. zulassen will (S. 4 f.); etwas zurückhaltender: *Schrey/Thalhofer*, NJW 2017, 1431 (1431); *Sesing/Baumann*, InTer 2020, 233 (234 f.).

[12] Die Herkunft dieses Ausspruchs kann nicht mehr nachvollzogen werden. Gemeint sein muss mit „Vertrag" in diesem Sinne und mit Blick auf die Nachweise in § 1 Fn. 11 stets die auslegungsrelevante Dokumentation (s. § 2 A. II.). Sich diesen Ausspruch zu eigen machend etwa: *Finck*, in: Smart Contracts, S. 8; *Blocher*, AnwBl 2016, 612 (618).

kannten Sprachenfreiheit als Teil der Vertragsfreiheit.¹³ Positiv-rechtliche Regelungen, die die Sprachenfreiheit unmittelbar beschränken, existieren kaum und eine allgemeine Pflicht, im Privatrechtsverkehr auf bestimmte Sprachen zu rekurrieren, gibt es nicht.¹⁴ Auch ansonsten lässt sich im positiven Recht keine pauschale Absage an eine formale Vertragssprache ausmachen. Wie man es von Fällen der Verwendung natürlicher Fremdsprachen weiß, steht das Risiko des Missverständnisses einer Sprache der Nutzung derselben als Vertragssprache selbst dann nicht grundsätzlich entgegen, wenn es einen beteiligten Verbraucher trifft oder es um Allgemeine Geschäftsbedingungen geht.¹⁵ Nicht zuletzt können Formvorgaben, die häufig in diesem Zusammenhang als problematisch angeführt werden,¹⁶ höchstens im Einzelfall der Wirksamkeit einer formalsprachlichen Willenserklärung, nicht aber formaler Sprache als zulässigem Erklärungsmittel entgegenstehen.¹⁷ Insgesamt „geht [es daher] nicht an, aus der Ungewöhnlichkeit des gewählten Erklärungsmittels dessen generelle rechtliche Unzulässigkeit zu folgern".¹⁸

---

¹³ Zur Vertragsfreiheit s. weiterführend § 9 C. I.
¹⁴ *Spellenberg*, in: MüKo BGB, Art. 10 Rom I-VO Rn. 73 ff.; *Singer*, in: Staudinger BGB, § 119 Rn. 18; ausführlich dazu seinerzeit ferner *Kling*, Sprachrisiken, 2008, S. 240 ff.; zu den primärrechtlichen Grenzen für nationale Sprachvorschriften einerseits und den vereinzelten unionsrechtlichen Sprachvorschriften andererseits auch *Riesenhuber*, System, 2003, S. 277 ff., 280 ff. m.w.N.
¹⁵ S. dazu später ausführlich § 13 A. I. 2., § 13 A. I. 3. a) und § 13 A. I. 3. e).
¹⁶ Sehr deutlich etwa bei *Schurr*, ZVglRWiss 2019, 257 (265 f.); s. ferner *Möslein*, in: Rechtshandbuch Smart Contracts, Rn. 10 ff.; *Bertram*, MDR 2018, 1416 (1418 f.); *Schnell/Schwaab*, BB 2021, 1091 (1094); zu dieser potenziell auftretenden Problematik in den einzelnen Mitgliedstaaten etwa *Lyons u.a.*, Thematic Report: Legal and Regulatory Framework of Blockchains and Smart Contracts, S. 23 f., wo im selben Atemzug auch eine Signaturproblematik genannt wird, welche allerdings ebenfalls keine Auswirkungen auf die Frage nach formaler Sprache als zulässiges rechtsgeschäftliches Erklärungsmittel hat.
¹⁷ Es ist insoweit auch darauf hinzuweisen, dass formale Sprache zwar natürlich üblicherweise elektronisch ausgedrückt wird, sie aber ohne weiteres z.B. auch in Schriftform ausgedrückt werden kann. Es handelt sich eben gerade nicht um eine bestimmte Form, sondern um eine Sprache. Zu der ferner klar von der Auslegung rechtsgeschäftlicher Erklärungen zu trennenden Form von Rechtsgeschäften ausführlich § 15 C. I.
¹⁸ *Kling*, Sprachrisiken, 2008, S. 244. Die Möglichkeit formaler Sprache als rechtsgeschäftliches Erklärungsmittel bzw. die Möglichkeit verbindlicher Smart Contracts (daher) bejahend etwa: *Kaulartz*, InTer 2016, 201 (204 f.); *Kaulartz/Heckmann*, CR 2016, 618 (621); *Busche*, in: MüKo BGB, § 133 Rn. 28; *Anziger*, in: Smart Contracts, S. 55; *Heckelmann*, NJW 2018, 504 (505); im Ergebnis auch *Schnell/Schwaab*, BB 2021, 1091 (1096 f.); *Wilhelm*, WM 2020, 1849 (1850); *Aufderheide*, WM 2021, 2313 (2315); *Bertram*, MDR 2018, 1416 (1417); *Exner*, Smart Contracts, 2022, S. 192 ff.; *Busche*, in: FS Säcker, S. 25; mit Blick speziell auf robots.txt auch *Conrad/Schubert*, GRUR 2018, 350 (350); *Peukert*, ZUM 2023, 233 (246); für das amerikanische Recht so auch: *Cohney/Hoffman*, Minnesota Law Review 2020, 319 (365); s. auch *Idelberger u.a.*, in: Rule Technologies, S. 176; an sich bejahend, aber dennoch von einem „funktionalen Vertragsäquivalent" sprechend: *Möslein*, in: Rechtshandbuch Smart Contracts, Rn. 6 ff.

Der Ausspruch, dass Smart Contracts weder smart noch Verträge seien, wird von seinen Verfechtern vielfach aber vielleicht auch eher in einem faktischen Sinne gemeint sein: Es wird wohl schlicht kein nennenswerter praktischer Fall gesehen, in dem Parteien eine formale Sprache als Erklärungsmittel verwenden würden.

Dabei zeigt bereits der recht berühmte Fall der sogenannten *The DAO*, dass es den Parteien selbst bei der üblichen gedanklichen Beschränkung von Smart Contracts auf imperative Programmiersprachen, automatisierte Ausführung und Blockchain-Technologie auf die Bedeutung des Codes als Erklärungsmittels ankommen kann. 2016 wurde mit *The DAO* ein Crowdfunding Projekt ins Leben gerufen, dessen relevanter Inhalt laut den Initiatoren ausschließlich in einem Komplex mehrerer Smart Contracts (geschrieben in der Programmiersprache Solidity) festgehalten werden sollte, die automatisiert in der Ethereum-Blockchain abgewickelt wurden.[19] Dass es sich dabei nicht um einen Einzelfall der Verwendung formaler Sprache als Erklärungsmittel handelt und die Bedeutung formaler Vertragssprachen künftig deutlich wachsen dürfte, zeigt sich jedoch besonders deutlich dann, wenn man sich (auch begrifflich) vom Smart Contract und den mit ihm überwiegend verbundenen Eigenschaften löst und ihn als Teilausschnitt eines weit größeren Phänomens begreift, welches hier als „formalsprachliche Verträge" bezeichnet wird.

Dabei handelt es sich um ein Phänomen, welches erstens nicht nur die Automatisierung der Ausführungsphase von Verträgen, sondern die maschinelle Verarbeitung diverser Phasen des Vertragslebenszyklus anvisiert, zweitens nicht auf bestimmte Ausführungsplattformen beschränkt ist und sich drittens vor allem durch eine formalsprachliche Vielfalt auszeichnet. Dies zeigt bereits die Entwicklung von verschiedenen anderen Konzepten neben dem Smart Contract, die sich den formalsprachlichen Verträgen zuordnen lassen, wie etwa dem „Ricardian Contract"[20], „Data-Oriented Contract"[21] oder „Computable Contract"[22]. Daneben ist es vor allem aber die mittlerweile fast unüberblickbare Anzahl an konkreten Ansätzen zur Entwicklung und Nutzung formaler

---

[19] Innerhalb weniger Wochen sammelte das Projekt circa 162 Millionen US-Dollar, von denen etwa 60 Millionen durch einen Nutzer aufgrund einer bestimmten im Code vorgesehenen Funktion entnommen werden konnten. Zu einer richterlichen Bewertung des Falles kam es nicht, da eine technische Lösung herbeigeführt wurde. Ausführlicher zur *The DAO* und zu ihrem sogenannten „Hack" etwa: *Blocher*, in: Rechtshandbuch Smart Contracts, Rn. 5 ff.; ferner *Mann*, NZG 2017, 1014 (1015 f.), der sich in seinem Beitrag auch mit dem Begriff der DAO (Decentralized Autonomous Organization) genauer auseinandersetzt (insb. S. 1016); s. zudem dazu auch *Heckmann*, CR 2016, R99. Zur Bedeutung des Verweises der Initiatoren auf die ausschließliche Geltung des Codes s. § 15 C. III.

[20] Ursprünglich konzipiert durch *Ian Grigg* in: *Grigg*, The Ricardian Contract, 2004.

[21] Ursprünglich konzipiert von *Harry Surden* in: *Surden*, U.C. Davis Law Review 2012, 629 (639 ff.).

[22] Als eigenständiger Unter- beziehungsweise Sonderfall zum Data-Oriented Contract ursprünglich ebenfalls konzipiert in: *Surden*, U.C. Davis Law Review 2012, 629 (658 ff.).

Einleitung

Vertragssprachen – von Auszeichnungssprachen[23] über kontrollierte natürliche Sprache[24] bis hin zu domänenspezifischen Programmiersprachen[25] –, die diesem Phänomen Aufwind verleihen.[26] Seinen Standort als Objekt des rein wissenschaftlichen Interesses hat es bereits verlassen. Neben der bestehenden praktischen Verwendung in bestimmten Bereichen,[27] lässt die Ausrichtung der

---

[23] So etwa die XML-Contracts präsentiert von *Cunningham*, Washington University Law Review 2006, 313; s. ferner *Hazard/Haapio* in: Trends and Communities of Legal Informatics, S. 425 ff.; *Camilleri*, Analysing normative contracts, 2015.

[24] S. bspw. die Ansätze von: *Al Khalil u.a.*, A Solution for the Problems of Translation and Transparency in Smart Contracts, 2017, insb. ab S. 9; *Montazeri u.a.*, Electronic Proceedings in Theoretical Computer Science, 2011; *Angelov u.a.*, The Journal of Logic and Algebraic Programming 2013, 216; *Camilleri u.a.*, in: International Workshop on Controlled Natural Language.

[25] S. bspw.: *Governatori/Milosevic*, Dealing with contract violations: formalism and domain specific language, 2005; *Governatori/Rotolo*, Modelling Contracts Using RuleML, 2004; *Legalese*, *Wong/Chun*, L4: a domain-specific language (DSL) for law, abrufbar unter: https://legalese.com/computational-law#L4 (zuletzt aufgerufen am 18.5.2023); *Bahr u.a.*, ICFP 2015: Proceedings of the 20th ACM SIGPLAN International Conference on Functional Programming 2015, 315; *Gullikson/Camilleri*, A Domain-Specific Language for Normative Texts with Timing Constraints, 2016; *Regnath/Steinhorst*, SmaCoNat: Smart Contracts in Natural Language, 2018; *Kolb*, A Language-Based Approach to Smart Contract Engineering, 2020.

[26] S. ferner folgende weitere Ansätze: *Agarwal u.a.*, Toward Machine-Understandable Contracts, 2016; *Abdelsadiq*, A Toolkit for model checking of electronic contracts, 2013; *Farrell u.a.*, Using the Event Calculus for Tracking the Normative State of Contracts, 2005; *Paschke u.a.*, in: RuleML 2005; *Pace/Schneider*, Challenges in the Specification of Full Contracts, 2009; *Gorin u.a.*, A Software Tool for Legal Drafting, 2011; *Angelov u.a.*, AnaCon framework, 2012; *Angelov u.a.*, The Journal of Logic and Algebraic Programming 2013, 216; *Flood/Goodenough*, Contract as Automaton, 2015; *Clack/McGonagle*, Smart Derivatives Contracts, 2019; *Dwivedi u.a.*, IEEE Access 2021, 76069; *Pace u.a.*, in: Automated Technology for Verification and Analysis; *Prisacariu/Schneider*, The Journal of Logic and Algebraic Programming 2012, 458; *Prisacariu/Schneider*, in: Formal Methods for Open Object-Based Distributed Systems; *Roach*, Toward a new language of legal drafting, 2015; *Sarswat/Singh*, Formal verification of trading in financial markets, 2019; *Wang u.a.*, The Contract Expression Language, 2004; *Tan/Thoen*, Using Event Semantics for Modeling Contracts, 2002; *Szabo*, A Formal Language for Analyzing Contracts, 2002; *Loevinger*, Minnesota Law Review 1949, 455; *Daskalopulu/Sergot*, AI and Society 1997, 6; *Jones u.a.*, Composing contracts, 2000; *Lee*, Decision Support Systems 1988, 27; Überblicke über verschiedene Ansätze finden sich darüber hinaus bei: *Wong*, in: Rechtshandbuch Legal Tech, S. 315 ff.; *Hvitved*, Contract Formalisation, 2012, S. 8 ff.

[27] Beispiele praktischer Nutzung finden sich etwa bei: *Cunningham*, Washington University Law Review 2006, 313 (320 ff.); *LSP Working Group*, Developing a Legal Specification Protocol, S. 9; *Savelyev*, Information & Communications Technology Law 2017, 116 (121); *Scholz*, Stanford Technology Law Review 2017, 128 (136 ff.); eine historische Übersicht m.w.N. liefert *Wong*, in: Rechtshandbuch Legal Tech, S. 315 ff.; s. zudem zum kürzlichen Handel eines außerbörslichen (OTC) Zinsderivats in Form eines digitalen Smart Derivative Contracts (SDC) durch die DZ BANK und BayernLB: *Mai*, AG 2021, R236; zu weiteren praktischen Beispielen s. auch: *Häcker/Bekelaer*, Bank 2019, 50; *Heckmann/Kaulartz*, Bank 2017, 60.

verschiedenen Ansätze auf eine praktische Nutzung ferner die Annahme zu, dass formalsprachlich formulierte und maschinell verarbeitbare Verträge künftig tatsächlich in weiteren Bereichen eingesetzt werden dürften.[28] Anders als es das für Smart Contracts in den deutschen Rechtswissenschaften gezeichnete Bild bisher vermuten lässt, wird mit dieser Bewegung die Bedeutung einer formalen Sprache als rechtsgeschäftliches Erklärungsmittel stetig relevanter werden und auf kurz oder lang auch deutsche Gerichte beschäftigen.[29]

Auch ohne großer Skeptiker des tatsächlichen Nutzens formalsprachlicher Verträge zu sein, wird man hingegen schon jetzt zweifelsfrei sagen können, dass formale Sprachen natürliche Sprachen als Vertragssprachen nicht – auch nicht flächendeckend – ersetzen werden. Selbst als Skeptiker wird man aber anerkennen müssen, dass die Verwendung formaler Sprachen als Vertragssprachen eine intensivere rechtswissenschaftliche Beachtung verdient – und sei es, um ihre rechtlichen Grenzen zu verdeutlichen.

Es ist Ziel der vorliegenden Untersuchung, zu einer solchen tiefergehenden rechtswissenschaftlichen Auseinandersetzung mit formalsprachlichen Verträgen beizutragen, indem die grundlegende vertragsrechtliche Frage zu diesem Phänomen beantwortet werden soll: Wie sind formalsprachliche Verträge auszulegen?

Unter welchen Umständen stellen sie also ein rechtsgeschäftliches Erklärungsmittel dar? Welchen Erklärungswert können sie haben? Inwiefern verändert sich dieser je nach verwendeter Art der Vertragsformalisierung? Wie ist eine etwaige Kollision zwischen formaler Interpretation[30] und kontextueller

---

[28] Im Sinne des „Pasteur's Quadrant" zum Verhältnis von Grundlagenforschung und technischer Innovation (*Stokes*, Pasteur's Quadrant, 1997, insb. S. 58 ff. mit dem bekannten Modell des Quadranten auf S. 73) lassen sich die einzelnen Ansätze formaler Vertragssprachen, je nach Ansatz, entweder der anwendungsbezogenen Grundlagenforschung („use-inspired basic research") oder der angewandten Forschung („pure applied research") zuordnen.

[29] In diese Richtung auch *Kaulartz/Kreis*, in: Rechtshandbuch Smart Contracts, Rn. 12, die sich bereits mit der richterlichen Beurteilung von Smart Contracts und dem etwaigen Rückgriff auf Sachverständige beschäftigen; s. dazu auch *Bertram*, MDR 2018, 1416 (1421); im Hinblick auf Gerichte insgesamt: *Cunningham*, Washington University Law Review 2006, 313 (322) m.w.N. „The historical absence of litigation concerning EDI-formed contracts may be over when large numbers of smaller parties engage in many more discrete sorts of exchanges[.]" (zitiert ohne Fn.); ähnlich *Grundmann/Hacker*, ERCL 2017, 255 (287); ebenso verstehen lässt sich *Allen*, ERCL 2018, 307 (311). Der erste in höchster Instanz entschiedene Fall zur zivilrechtlichen Behandlung von Smart Contracts (*BGH*, DAR 2023, 145; in vorheriger Instanz *OLG Düsseldorf*, VuR 2022, 74) betraf hingegen die Frage nach verbotener Eigenmacht, während sich die Frage nach formaler Sprache als Erklärungsmittel dort nicht stellte (s. zu diesem Fall auch § 2 Fn. 76).

[30] Im allgemeinen Sprachgebrauch werden „Auslegung" und „Interpretation" als Synonyme gebraucht. Hier wird hingegen unter „Auslegung" die Ermittlung des Vorliegens und Inhalts einer Willenserklärung nach der normativen oder subjektiven rechtlichen Auslegungsmethode verstanden und in diesem Zusammenhang auch die Zurechnung einer Willenserklärung besprochen (s. § 11 C.) Von einer „Interpretation" wird dagegen im Hinblick

Interpretation aufzulösen? Inwieweit sind die normierten Auslegungsregeln angesichts eines vom Gesetzgeber nicht vorhergesehenen Phänomens anwendbar? Welche rechtliche Wirkung hat eine Vereinbarung der Parteien, sich auf den formal interpretierbaren Erklärungswert zu beschränken?

Die Beantwortung all jener und weiterer mit der Auslegung formalsprachlicher Verträge zusammenhängender Fragen kann nur einen kleinen Beitrag zur rechtswissenschaftlichen Auseinandersetzung mit diesem Phänomen liefern. Viele Fragen müssen unbeantwortet bleiben. Das Hauptanliegen der Arbeit ist es, den ersten Grundstein zur Erhellung eines – fernab jeglicher Skepsis und jeglichen Hypes – ausgesprochen interessanten und schon allein gemäß „Amara's Law"[31] nicht zu unterschätzenden Phänomens zu legen.

§ 2 Terminologische Einordnung und thematische Eingrenzung des Untersuchungsgegenstandes

A. Der „formalsprachliche Vertrag"

Die noch recht junge rechtswissenschaftliche Geschichte des Smart Contracts attestiert diesem bisher vor allem eins: ein großes begriffliches Missverständnispotenzial. Wie die unzähligen verschiedenen Definitionsansätze zeigen,[32] nährt sich dieses sowohl aus dem Attribut „Smart" (als Sinnbild für die zugrunde liegenden formalen Eigenschaften[33]) als auch aus der Bezeichnung als „Contract".[34] Der „formalsprachliche Vertrag" dürfte dem Smart Contract hinsichtlich dieses Potenzials auf den ersten Blick kaum nachstehen. Im Folgenden soll ihm daher über die Auseinandersetzung mit seinen beiden Wort-

---

auf die Deutungsmöglichkeiten eines Ausdrucks unabhängig von rechtlichen Deutungsvorgaben gesprochen.

[31] Das sogenannte „Amara's Law" geht zurück auf einen vermutlich in den 1950ern geäußerten Ausspruch des amerikanischen Wissenschaftlers *Roy Amara*: „We tend to overestimate new technology in the short run and underestimate it in the long run." (hier zitiert nach *Levi/Lipton*, An Introduction to Smart Contracts and Their Potential and Inherent Limitations, abrufbar unter: https://corpgov.law.harvard.edu/2018/05/26/an-introduction-to-smart-contracts-and-their-potential-and-inherent-limitations/ [zuletzt aufgerufen am 18.5.2023], die für Smart Contracts zur nämlichen Einschätzung kommen).

[32] S. allein die Übersichten über verschiedene Definitionsansätze bei *Linardatos*, K&R 2018, 85 (87 f.) m.w.N.; *Braegelmann/Kaulartz*, in: Rechtshandbuch Smart Contracts, Rn. 9 ff. m.w.N; umfassende Nachweise auch bei *Exner*, Smart Contracts, 2022, S. 24 ff.

[33] Vgl. die entsprechende Beschreibung durch den Gründer des Ausdrucks als „‚Smart' as in ‚smart phone' (shorthand for computerized phone)" (*Szabo*, Twitter Status, abrufbar unter: https://twitter.com/NickSzabo4/status/1051603179526270976 [zuletzt aufgerufen am 18.5.2023]); ähnlich auch *Schnell/Schwaab*, BB 2021, 1091 (1091); „Smart" dagegen primär mit Künstlicher Intelligenz verbindend: *Steinrötter/Stamenov*, in: Legal Tech, Rn. 4.

[34] S. insoweit schon oben § 1 zum Streit um die Frage, ob Smart Contracts smart und Verträge seien.

bestandteilen – der formalen Sprache (I.) und dem Vertrag (II.) – eine klare Kontur gegeben werden.

I. Formale Sprache als Ausgangspunkt

Neben den Konzepten des Smart Contracts, Computable Contracts, Ricardian Contracts oder Data-Oriented Contracts existieren noch eine Vielzahl weiterer Bezeichnungen, die für das hier untersuchte Phänomen im Ganzen oder Ausprägungen desselben verwendet werden. Nennen lassen sich etwa noch elektronische Verträge[35], algorithmische Verträge[36], programmierte Verträge[37], digitale Verträge[38] oder selbst-ausführende Verträge[39].

Soweit ersichtlich, hat sich bisher weder in den Rechtswissenschaften noch in anderen Disziplinen, sei es national oder international, eine dieser Bezeichnungen zur Beschreibung des hier untersuchten Phänomens abschließend durchgesetzt. Bei näherer Betrachtung erscheint zudem auch keine der genannten dafür wirklich geeignet. Denn jene, denen sich ursprüngliche Definitionen zuordnen lassen (wie etwa dem Ricardian Contract oder Computable Contract), beschränken sich entweder auf bestimmte formale Sprachen, bestimmte Phasen des Vertragslebenszyklus, die automatisiert werden sollen, oder stellen bestimmte Voraussetzungen an die Implementierung.[40] Anderen Bezeichnungen können keine solchen ursprünglichen Bedeutungszuweisungen mehr nachgewiesen werden, ähnliche Beschränkungen ergeben sich aber bereits aus ihrer wörtlichen Interpretation. So zum Beispiel beim selbst-ausführenden Vertrag, der auf die Automatisierung der Ausführungsphase hinweist oder beim algorithmischen oder programmierten Vertrag, die eine imperative Programmiersprache als formale Sprache vermuten lassen. Selbst jene Bezeichnungen, die dagegen neutral anmuten wie der digitale oder elektronische Vertrag, wecken bei Rechtswissenschaftlern bestimmte Assoziationen, die auf andere Phänomene verweisen. So stellt der „elektronische Vertrag" ein Synonym zum

---

[35] So etwa *Lee*, Decision Support Systems 1988, 27 (4).
[36] *Scholz*, Stanford Technology Law Review 2017, 128.
[37] *Kaulartz/Heckmann*, CR 2016, 618 (621); *Kaulartz*, InTer 2016, 201 (201).
[38] S. etwa *Glatz*, in: Rechtshandbuch Legal Tech, S. 141.
[39] *Heckmann/Kaulartz*, bank und markt 2016, 34; *Heckmann*, CR 2016, R99 (R99); *Möslein*, RDi 2022, 297 (297); *Kloth*, VuR 2022, 214 (215); *Allen*, ERCL 2018, 307 (332); *Cannarsa*, ERCL 2019, 773 (777); *Djazayeri*, jurisPR-BKR 2016, Anm. 1 unter B.; vgl. auch: *Knieper*, KJ 2019, 193 (201); *Abdelsadiq*, A Toolkit for model checking of electronic contracts, 2013, S. 2 und passim, der von executable contracts bzw. „x-contracts" spricht.
[40] Der Ricardian Contract setzt bspw. auf eine kryptographische Verschlüsselung und XML als formale Sprache, s. *Grigg*, The Ricardian Contract, 2004; beim Computable Contract wird dagegen maßgeblich die Vertragsausführung und das Monitoring in den Blick genommen, s. *Surden*, U.C. Davis Law Review 2012, 629 (671 ff.); den gesamten Lebenszyklus in den Blick nehmend, aber auf Blockchain-basierte Smart Contracts beschränkt etwa: *Sillaber/Waltl*, DuD 2017, 497.

„Vertrag im elektronischen Geschäftsverkehr" dar.[41] Dieser in § 312i Abs. 1 BGB legaldefinierte Begriff beschreibt einen über Telemedien abgeschlossenen Vertrag.[42] Der „digitale Vertrag" wird dagegen zum Teil als weiteres Synonym zum elektronischen Vertrag verstanden,[43] andererseits aber auch verwendet, um Verträge über digitale Inhalte und Dienstleistungen (§ 327 BGB) zu beschreiben.[44]

Um das vorliegend untersuchte Phänomen in seiner Gesamtheit – also sprach-, verarbeitungsform- und ausführungsplattformneutral – zu erfassen und es sprachlich nicht auf spezifische Unterfälle zu begrenzen oder die Grenze zu anderen Phänomenen verschwimmen zu lassen, wird daher hier die Bezeichnung „formalsprachlicher Vertrag" eingeführt.

Sie bietet sich aus verschiedenen Gründen an. Der wichtigste dürfte darin liegen, dass die Bezeichnung das ausschlaggebende Charakteristikum des von ihm beschriebenen Phänomens direkt erfasst: die Dokumentation eines Vertrages in einer formalen Sprache. Mit formaler Sprache ist eine mathematisch, mithilfe von Logik präzisierte beziehungsweise definierte Sprache gemeint, die mit eindeutig festgelegten Wörtern und Kombinationsregeln arbeitet.[45] Dies umfasst sämtliche Computersprachen wie Programmier- oder Auszeichnungssprachen, aber auch maschinenabstrakte formale Sprachen.[46] Zudem kann die formalsprachliche Dokumentation sich sowohl auf verschiedene Teile als auch Ebenen des Vertrages, also zum Beispiel nur auf seine Struktur- oder nur auf seine Begriffsebene beziehen.[47]

Das Attribut der „Formalsprachlichkeit" eint mithin die verschiedenen mit diesem Phänomen verbundenen Konzepte wie den Computable Contract oder den Data-Oriented Contract. Es greift in gewisser Hinsicht ihren kleinsten gemeinsamen Nenner auf, wobei die formalen Eigenschaften, die im Hinblick auf

---

[41] S. *Schmidt*, in: Rechtswörterbuch; s. auch *Micklitz/Rott*, in: Handbuch des EU-Wirtschaftsrechts, Rn. 219 ff.; die Norm dient der Umsetzung der europäischen E-Commerce-Richtlinie: *Busch*, in: BeckOGK, Stand: 1.6.2021, § 312i Rn. 2.

[42] Die meisten formalsprachlichen Verträge dürften natürlich auch elektronische Verträge sein, der „elektronische Vertrag" sagt aber eben nichts über die Vertragssprache, sondern nur über Besonderheiten des Vertragsschlusses aus.

[43] Insbesondere lässt sich dies bei der synonymen Verwendung der Bezeichnungen *digital* und *elektronisch* hinsichtlich der elektronischen Signatur beobachten, s. *Fuchs*, in: Rechtswörterbuch; *Grimm/Waidner*, in: IT-Sicherheitsrecht, Rn. 99.

[44] So etwa *Staudenmayer*, ZEuP 2019, 663.

[45] Ausführlich zur Definition formaler Sprachen § 5 A.

[46] Da somit nicht nur Computersprachen erfasst werden, ist auch eine synonyme oder alternative Bezeichnung formalsprachlicher Verträge als „computersprachliche Verträge" oder „maschinenlesbare Verträge" nicht sinnvoll, obwohl sich letztere andernfalls aufgrund der entsprechenden Begriffsverwendung in §44b Abs. 3 UrhG durchaus anbieten würde. Zu den genannten formalen Sprachen s. später § 5.

[47] Dazu ausführlich § 6.

den Sprachaspekt wesentlich werden, hier an einschlägiger Stelle noch weiter konkretisiert werden.[48]

Als weiteres Charakteristikum für das hier untersuchte Phänomen wird allerdings auch die Möglichkeit der maschinellen Verarbeitung der formalsprachlichen Vertragsdokumentation gesehen. Die Verwendung einer formalen Sprache als Vertragssprache ist zwar grundsätzlich auch denkbar, ohne dass diese ebenfalls dem Zweck dienen soll, eine oder mehrere Phasen im Vertragslebenszyklus zu automatisieren. Dieser Fall dürfte aber praktisch eine seltene und zu vernachlässigende Ausnahme darstellen. Jedenfalls die Automatisierung der Vertragsanalyse (auch als Mittel zur vereinfachten Nutzung der formalsprachlichen Vorteile einer eindeutigen Interpretierbarkeit) dürfte stets als mögliche maschinelle Verarbeitung gewünscht sein.[49] Unter einem formalsprachlichen Vertrag wird hier folglich sowohl eine formalsprachliche Vertragsdokumentation verstanden, die (zunächst einmal[50]) aus Sicht der Parteien als rechtsgeschäftliches Erklärungsmittel dient, als auch auf eine maschinelle Verarbeitung hin ausgerichtet ist (also grundsätzlich auch eine Automatisierung *ermöglichen soll*). Die verkürzte Bezeichnung nur als „formalsprachlicher Vertrag" geschieht hier einerseits um der Verkürzung selbst willen, andererseits aber auch, weil sie den Fokus auf die im Folgenden maßgeblichen Sprachaspekte dieser Verträge lenkt und vermieden werden soll, dass die *tatsächliche* maschinelle Verarbeitung des Vertrages als wesentliches Charakteristikum wahrgenommen wird.[51]

Trotz der Vorzüge dieser Bezeichnung bleibt der „formalsprachliche Vertrag" nur eine denkbare Bezeichnungsoption. Alternativ wären andere neutrale Bezeichnungen des Phänomens denkbar, etwa anknüpfend an seine Eigen-

---

[48] S. § 4 B.
[49] S. § 6 A. I.
[50] Ob die formalsprachlichen Ausdrücke auch tatsächlich als Erklärungsmittel zu qualifizieren sind, ist dann wiederum eine rechtliche Frage, die erst mittels Auslegung beantwortet werden kann. S. insoweit gleich zur variablen Bedeutung des Wortes „Vertrag" § 2 A. II.
[51] Denn zwar können formalsprachliche Verträge eine unmittelbare Verarbeitungskomponente aufweisen, indem sie unmittelbar automatisierbar sind oder bereits automatisiert verarbeitet wurden. Wie noch gezeigt wird (§ 6), stellen sich die hier in den Blick genommenen Rechtsfragen in Bezug auf die Sprachkomponente eines formalsprachlichen Vertrages aber auch dann, wenn dieser selbst noch nicht unmittelbar maschinell verarbeitet werden kann, aber eine formale Spezifikation für eine solche Verarbeitung darstellt. Insoweit bietet sich daher auch keine synonyme oder alternative Bezeichnung als „automatisierbare" oder „automatisierte Verträge" an. Rechtliche Untersuchungen, die eine unmittelbare Verarbeitungskomponente in den Vordergrund stellen, (z.B. solche zum Vorliegen verbotener Eigenmacht, s. § 2 Fn. 76) nehmen also ein eigenes Phänomen in den Blick, welches Überschneidungen mit formalsprachlichen Verträgen aufweist, aber mit diesen nicht deckungsgleich ist. Deutlich wird dies nicht zuletzt dadurch, dass die Verarbeitungskomponente auch ohne die rechtlich relevante Sprachkomponente auskommt, denn eine Vertragsrepräsentation kann ja gerade auch nur der Automatisierung dienen, ohne dass ihr ein rechtsgeschäftlicher Erklärungswert zugewiesen wird.

schaften (zum Beispiel als „kalkulierbarer Vertrag"). Unter entsprechend klarer Deklarierung ließen sich auch die bekannteren Bezeichnungen des Smart Contracts oder Computable Contracts in diesem Sinne verwenden.

Soweit im Folgenden hingegen von Smart Contracts gesprochen wird, wird darunter stets ein Unterfall des formalsprachlichen Vertrages verstanden, der sich durch die oben angeführten Beschränkungen einer imperativen Programmiersprache, der anvisierten Ausführungsautomatisierung und Verwendung einer Blockchain-basierten Ausführungsplattform auszeichnet, bei dem der Code aber (insoweit charakteristisch für einen formalsprachlichen Vertrag) auch als Erklärungsmittel dienen soll.[52]

II. Die variable Bedeutung des „Vertrages"

Im rechtlichen Sinne wird unter einem Vertrag ein durch mindestens zwei korrespondierende Willenserklärungen (Antrag und Annahme) zustande gekommenes Rechtsgeschäft verstanden.[53] Die Bezeichnung „Vertrag" wird aber in den Rechtswissenschaften üblicherweise in mindestens zweifacher Hinsicht auch im übertragenen Sinne gebraucht. Gerade auf jene alternativen Wortbedeutungen kommt es auch für den formalsprachlichen „Vertrag" an.

Zunächst einmal betrifft dies den Fall, dass der Ausdruck „Vertrag" häufig verwendet wird, um auf eine Vertrags*dokumentation* zu referieren. Man denke plakativ an das unterschriebene Schriftstück, welches die schuldrechtlichen Vereinbarungen zwischen Mieter und Vermieter festhält und typischerweise als Miet*vertrag* bezeichnet wird, wobei es sich dabei eben nicht um den Vertrag im eigentlichen Sinne handelt (der als rechtliches Konstrukt auch bei etwaigem Verlust des Schriftstücks Fortbestand hat[54]), sondern um eine *Dokumentation* des Vertrages.[55]

Vielfach sind solche Dokumentationen gleichsam rechtsgeschäftliche Erklärungsmittel. Letzteren kann man wiederum eine Doppelfunktion zuweisen. Sie verleihen dem rechtsgeschäftlichen Willen einerseits überhaupt wahrnehm-

---

[52] Diese Verwendung birgt zweifelsohne ein gewisses Missverständnispotenzial bzw. hält es aufrecht, bietet aber andererseits auch die Möglichkeit, sich mit rechtswissenschaftlicher Literatur zu Smart Contracts, soweit sie mit diesem Verständnis vereinbar ist, ohne terminologischen Bruch auseinanderzusetzen und (rechts-)wissenschaftliche Erkenntnisse zu Smart Contracts, die für formalsprachliche Verträge insgesamt gelten, einfließen lassen zu können. Im Sinne der teilweise genutzten Differenzierung zwischen „Smart Contract Code" und „Smart Legal Contract" (s. dazu etwa *Bomprezzi*, Smart Contracts, 2021, S. 49 ff.) geht es hier also um „Smart Legal Contracts".

[53] S. insoweit statt aller: *Ellenberger*, in: Grüneberg, Einf. v. § 145 BGB Rn. 1 ff.

[54] Dies gilt auch für formbedürftige Rechtsgeschäfte. Die Form ist insoweit zwar konstitutiv für das wirksame Zustandekommen des Rechtsgeschäfts, der spätere Wegfall der formgerechten Dokumentation ändert aber nichts am Fortbestand des Rechtsgeschäfts. Ebenso für das englische Recht: *Allen*, ERCL 2018, 307 (327 f.).

[55] Wohlgemerkt folgt auch die Dokumentation erst aus einer Interpretation des Schriftstücks und nicht aus diesem selbst.

baren Ausdruck, was Grundvoraussetzung für die Annahme einer rechtlichen Willenserklärung und damit auch eines Vertrages ist.[56] Andererseits dokumentiert der Ausdruck auch den rechtsgeschäftlichen Willen. Nicht jedes Erklärungsmittel erfüllt in gleichem Maße diese Dokumentationsfunktion, das gesprochene Wort wird zum Beispiel meist nur gedanklich dokumentiert.[57] Ferner wird der Inhalt einer Willenserklärung und eines Vertrages nicht immer nur über ein einziges Erklärungsmittel bestimmt. Ein solches konstituiert und dokumentiert einen Vertrag gegebenenfalls nur in Teilen oder nur hinsichtlich bestimmter Aspekte. Es ist ferner jeweils im Einzelfall festzustellen, ob die Dokumentation eines Vertrages oder einer einzelnen Willenserklärung als Erklärungsmittel zu qualifizieren ist, also auch eine konstitutive Funktion erfüllt und damit bei der Auslegung des Rechtsgeschäfts unmittelbar relevant wird oder ob sie beispielsweise lediglich der unverbindlichen Information dient.

Entscheidend ist, dass der Vertrag im rechtlichen Sinne aber auch dann nicht mit seiner Dokumentation identisch ist, wenn diese ein Erklärungsmittel ist. Es kann also einen „formalsprachlichen Vertrag" im rechtlichen Sinne ebenso wenig geben wie einen „schriftlichen Vertrag" in natürlicher Sprache.[58] Gemeint ist in diesen Fällen jeweils, dass die Dokumentation ein rechtsgeschäftliches Erklärungsmittel ist, welches den Vertrag gleichermaßen (mit-)konstituiert und (mit-)dokumentiert.

Dieses Verständnis des „Vertrages" ist noch durch einen weiteren alternativen Gebrauch des Wortes zu ergänzen. Die eben beschriebene Verwendung impliziert nämlich, dass die rechtliche Relevanz der Vertragsdokumentation als Erklärungsmittel bereits feststeht. Wie beschrieben, kann die Dokumentation aber auch der reinen Information oder auch anderen für die Konstitution des Vertrages unerheblichen Zwecken dienen. Von einem Vertrag im Sinne einer auslegungsrelevanten Vertragsdokumentation ließe sich also eigentlich erst im Anschluss an eine rechtliche Bewertung, die die Dokumentation als Erklärungsmittel herausstellt, sprechen. Von einer *Vertrags*auslegung könnte folglich nur die Rede sein, wenn mittels Auslegung bereits festgestellt wurde, dass es sich um eine auslegungsrelevante Dokumentation handelt und nur noch die Ermittlung des Vertragsinhalts aus dieser Dokumentation im Raum steht.

---

[56] Zu dem „irgendwie für Dritte wahrnehmbaren"-Ausdruck als Voraussetzung einer Willenserklärung ausführlicher § 11 B.

[57] Vgl. *Hecht*, in: BeckOGK, Stand: 1.4.2023, § 125 BGB Rn. 51 im Hinblick auf die Beweisrelevanz der „mündlichen Form"; s. auch *Larenz*, Auslegung, 1930, S. 36, der bei Willenserklärungen ferner ähnlich wie hier zwischen zwei Aspekten differenziert, die er als objektiv-logisches, unkörperliches Sinngebilde, und Handlung, die einen Sinn zum Ausdruck bringt, beschreibt (S. 35 ff.).

[58] So im Ergebnis auch *Guggenberger*, in: Hdb. Multimedia-Recht, Rn. 4; anschaulich auch *Riehm*, in: Rechtshandbuch Smart Contracts, Rn. 2; insoweit richtig dann auch *Timmermann*, BRJ 2021, 7 (8, 10 f.) „Ein Smart Contract ist somit kein Vertrag im rechtlichen Sinne, sondern bildet einen solchen ab." (S. 8); ähnlich *Bremann*, DSRITB 2018, 299 (300 f.).

Die Frage nach der Relevanz einer Erklärung für den Vertrag lässt sich jedoch nicht klar von der Ermittlung seines Inhalts trennen,[59] die Auslegung ist zudem nicht konstitutiv für den Vertrag, sondern nur das Instrument zu seiner Feststellung. Schon das Gesetz sieht mit § 157 BGB daher vor, dass unter einem „Vertrag" nicht nur die bereits ausgelegten und als relevant beurteilten Vertragsdokumentationen verstanden werden (das Auslegungsergebnis), sondern als Vertrag bereits jene Dokumentationen bezeichnet werden, die potenziell ein rechtsgeschäftliches Erklärungsmittel darstellen und daher einer Auslegung zugeführt werden (das Auslegungsobjekt).

Dieselbe dreifache Wortbedeutungsvariabilität gilt überdies für die „Willenserklärung". Gemeint sein kann auch damit sowohl das Rechtsgeschäft, die auslegungsrelevante Dokumentation desselben als auch, wie § 133 BGB zeigt, die *potenziell* auslegungsrelevante Dokumentation als Auslegungsobjekt.

Der „formalsprachliche Vertrag" und die „formalsprachliche Willenserklärung" werden hier also ebenfalls im Sinne der übertragenen Wortbedeutungen von Vertrag und Willenserklärung verstanden. Soweit Verwechselungsgefahr zwischen dem Verständnis als Auslegungsergebnis und Auslegungsobjekt besteht, wird an entsprechender Stelle auf die jeweils zugrunde gelegte Bedeutung hingewiesen.

B. Das allgemeine Vertragsrecht als grundlegender rechtlicher Rahmen – die Auslegung als zentrale Frage

Prinzipiell kann jeder Vertrag mithilfe einer formalen Sprache ausgedrückt werden. Je nach Einzelfall kommen daher unterschiedliche rechtliche Vorgaben zum Tragen.[60] Prognostizieren lässt sich allerdings bisher vor allem der Finanz- und Versicherungssektor als wichtiger Einsatzbereich und mit ihm die Bedeutung einschlägiger rechtlicher Vorgaben.[61] So könnte zum Beispiel ein Versicherungsfall automatisiert als solcher erkannt und die Versicherungsleistung unmittelbar erbracht werden,[62] wobei sich entsprechende versicherungsrechtliche Fragen stellen können. Relevanz erlangen überdies aber etwa auch

---

[59] *Möslein*, in: BeckOGK, Stand: 1.10.2020, § 133 BGB Rn. 17 m.w.N.

[60] So zum Smart Contract statt vieler schon: *Spindler/Wöbbeking*, in: Rechtshandbuch Smart Contracts, Rn. 4.

[61] Vgl. § 1 Fn. 27; s. ferner etwa *Bomprezzi*, EuCML 2021, 148 (152 f.); *Häcker/Bekelaer*, Bank 2019, 50; *Buchwald-Wittig/Westerkamp*, DStR 2021, 2752; *Jacobs/Lange-Hausstein*, ITRB 2017, 10 (14 f.); *Kupka*, ZIP 2021, 438 (441 ff.); ausführlich zu sogenannten Smart Derivatives Contracts auch *Dey*, in: Finanzderivate, Rn. 8 ff.

[62] S. etwa die Erwartungen an den Einsatz formaler Vertragssprachen im Versicherungssektor der Insurance Initiative am Stanford Center for Legal Informatics (CodeX), abrufbar unter: https://law.stanford.edu/codex-the-stanford-center-for-legal-informatics/codex-insurance-initiative/ (zuletzt aufgerufen am 18.5.2023).

Fragen des Urheber-[63] oder Gesellschaftsrechts[64] sowie Regelungen zu Verträgen über digitale Inhalte[65] und solche zum Vertragsschluss im Internet.[66] Weiter bietet das Phänomen besondere Herausforderungen für das Internationale Privatrecht[67] und das Prozessrecht.[68]

Der Versuch einer abstrakten Bestimmung der insgesamt potenziell einschlägigen Rechtsvorschriften für formalsprachliche Verträge ist daher wenig ertragreich. Konzentriert man sich indes allein auf das materielle deutsche Privatrecht, kann für die verschiedenen denkbaren Varianten formalsprachlicher Verträge mit dem allgemeinen Vertragsrecht jedenfalls ein gemeinsamer grundlegender Rechtsrahmen ausgemacht werden.[69]

Zwar sieht das deutsche Recht aus historischen Gründen kein eigenständig normiertes allgemeines Vertragsrecht vor.[70] Die für das Bürgerliche Gesetz-

---

[63] *Hohn-Hein/Barth*, GRUR 2018, 1089 (1090 ff.).

[64] *Mann*, NZG 2017, 1014; *Aufderheide*, WM 2022, 264; *Wilhelm*, WM 2020, 1849 (1855).

[65] S. zu den insoweit relevanten neuen Regelungen in Folge der Umsetzung der Richtlinie (EU) 2019/770 (Digitale-Inhalte-Richtlinie) exemplarisch *Spindler*, MMR 2021, 451. Diese Regelungen dürften für formalsprachliche Verträge häufig relevant werden, formalsprachliche Verträge müssen jedoch nicht zwingend digitale Inhalte oder Dienstleistungen betreffen.

[66] Zu diesen Regelungen s. etwa *Borges*, Verträge im elektronischen Geschäftsverkehr, 2007; richtigerweise auf die nicht notwendigerweise elektronisch übermittelte Willenserklärung bei einem formalsprachlichen Vertrag bzw. Smart Contract (und damit nicht zwingend gegebene Anwendbarkeit der Vorschriften über den Vertragsschluss im Internet) hinweisend: *Möslein*, in: Rechtshandbuch Smart Contracts, Rn. 18; zur Anwendbarkeit dieser Regeln bei Smart Contracts s. *Spindler/Wöbbeking*, in: Rechtshandbuch Smart Contracts, Rn. 11 ff.; *Kloth*, VuR 2022, 214 (216 ff.).

[67] Hier stellen sich sowohl Rechtsfragen in Bezug auf die Vertragssprache (dazu allgemein etwa *Maier-Reimer*, NJW 2010, 2545) als auch in Bezug auf die durch die Blockchain-Technologie geschaffene Möglichkeit der potenziell viele Rechtsordnungen betreffenden Speicherung und Verarbeitung formalsprachlicher Verträge (dazu etwa *Rühl*, in: Rechtshandbuch Smart Contracts; *Lehmann/Krysa*, BJR 2019, 90 [94 ff.]); zur kollisionsrechtlichen Behandlung von Smart Contracts insgesamt auch *Wendelstein*, in: Legal Tech, Rn. 5 ff.; *Bomprezzi*, Smart Contracts, 2021, S. 217 ff.

[68] S. etwa *Kaulartz/Kreis*, in: Rechtshandbuch Smart Contracts; *Kaulartz*, in: Smart Contracts, S. 73 ff.; *Steinrötter/Stamenov*, in: Legal Tech, Rn. 23 ff. Beispiele für die Bedeutung und Behandlung in anderen Rechtsgebieten finden sich u.a. bei: *Rupa*, MMR 2021, 371 (372 ff.); *Eschenbruch/Gerstberger*, NZBau 2018, 3 (4 ff.); *Wanderwitz*, VergabeR 2019, 26 (29 ff.).

[69] Überzeugend finden Smart Contracts daher auch bereits an entsprechenden Stellen Eingang in Kommentaren zum BGB, s. etwa *Ernst*, in: MüKo BGB, Einleitung SchuldR Rn. 69; *Möslein*, in: BeckOGK, Stand: 1.5.2019, § 145 BGB Rn. 72; *Busche*, in: MüKo BGB, § 133 Rn. 28; *Busche*, in: MüKo BGB, Vor § 145 BGB Rn. 38; aus seiner Ablehnung von Smart Contracts als potenziellen Verträgen (s. § 1 Fn. 11) folgend a.A. dagegen: *Paulus*, JuS 2020, 107 (108) „‚Smart Contracts' [sind] somit kein innerhalb der allgemeinen Rechtsgeschäftslehre – dh den §§ 105 ff. BGB – zu verortendes Phänomen."

[70] Allgemeine Vorschriften zu Verträgen finden sich im BGB sowohl im ersten als auch zweiten Buch. Im allgemeinen Teil des BGB wird der Vertrag als Unterfall des Rechtsgeschäfts behandelt, im allgemeinen Schuldrecht findet er sich wieder, soweit es um Verträge

buch so zentrale Rechtsgeschäftslehre ist hingegen weitestgehend am gedanklichen Modell des Vertrages ausgerichtet.[71] In der Zusammenschau mit den über die Rechtsgeschäftslehre hinausgehenden Regelungen zum Vertrag im allgemeinen Schuldrecht lässt sich ferner eine normative Spezifität – ein inneres System – zum normbetroffenen Realbereich des Vertrages ausmachen, womit sich insgesamt das allgemeine Vertragsrecht als eigenständiger Rechtsrahmen ausweisen lässt.[72]

Mithilfe des allgemeinen Vertragsrechts lassen sich die grundlegenden rechtlichen Fragen hinsichtlich formalsprachlicher Verträge beantworten. Herunterbrechen kann man diese Fragen insbesondere auf die einerseits schon erwähnte „Sprachenfrage" nach der Möglichkeit und Bewertung formalsprachlicher Ausdrücke (beziehungsweise Dokumentationen) als Erklärungsmittel. Eng damit verbunden ist andererseits die Frage nach dem Umgang mit dem bei formalen Sprachen in vielen Fällen anzunehmenden sprachlichen Missverständnisrisiko (kurz: Sprachrisiko[73]). Schließlich können ferner die maschinellen Verarbeitungsmöglichkeiten und ihre potenziellen Konsequenzen Rechtsfragen aufwerfen.[74] Dies betrifft etwa die Frage nach der (formularmäßigen) Vereinbarung einer automatisierten Vertragsausführung im Hinblick auf ihre Folgen unter anderem für die Klagelast[75] oder die Frage nach (un-)zulässiger Selbsthilfe.[76]

---

als Verpflichtungsgeschäft geht. Zu den historischen Gründen dieser Einteilung s. statt aller: *Raiser*, in: Hundert Jahre Deutsches Rechtsleben, S. 101 ff.

[71] Statt vieler: *Wiebe*, Elektronische Willenserklärung, 2002, S. 59.

[72] S. zu dieser Begründungslinie grundsätzlich sowie im Anklang an das allgemeine Vertragsrecht etwa *Bydlinski*, System und Prinzipien, 1996, S. 13 ff. (s. dort auch S. 18 Fn. 21 und S. 415 ff zur normativen Spezifität einzelner „Unterabteilungen [Vertragstypen]" des besonderen Schuldrechts und damit zur Möglichkeit von Teilsystemen). Das allgemeine Vertragsrecht und sein inneres System sind insoweit ein spezifischer Teilbereich – ein Teilsystem – des allgemeinen Schuldrechts und des Privatrechts. Ausführlich zur Systembildung und zum inneren System des allgemeinen Vertragsrechts später § 9 B.

[73] Bekannt ist diese Bezeichnung bisher vor allem im Hinblick auf das potenzielle Missverständnisrisiko bei natürlichen Fremdsprachen, s. etwa *Kling*, Sprachrisiken, 2008, S. 7 m.w.N.

[74] Siehe insoweit aber schon den Hinweis in § 2 Fn. 51, dass zwischen Sprachaspekten und Verarbeitungsaspekten sinnvollerweise zu trennen ist.

[75] S. dazu weiterführend *Guggenberger*, in: Hdb. Multimedia-Recht, Rn. 17; *Wilhelm*, WM 2020, 1807 (1812 f.); ausführlich auch *Exner*, Smart Contracts, 2022, S. 118 ff.; *Wagner*, AcP 2022, 56 (65 ff.); s. dazu und zu anderen Besonderheiten von Smart Contracts im Zivilprozess auch *Fries*, AnwBl 2018, 86 (88 ff.).

[76] S. dazu *Djazayeri*, jurisPR-BKR 2016, Anm. 1 unter E. III.; zu den Risiken elektronischer Selbsthilfe durch automatisierbare Verträge s. auch *Rodríguez de las Heras Ballell*, Uniform Law Review 2017, 693 (712); *Wilhelm*, WM 2020, 1807 (1811 f.); *Aufderheide*, WM 2021, 2313 (2317 f.); *Möslein*, ZBB 2018, 208; *Steinrötter/Stamenov*, in: Legal Tech, Rn. 18 ff.; *Exner*, Smart Contracts, 2022, S. 215 ff.; s. ferner die Anmerkungen zum ersten Fall verbotener Eigenmacht im Zusammenhang mit einem Smart Contract vor dem BGH (zur Entscheidung des BGH und vorangehend des OLG Düsseldorf s. bereits § 1 Fn. 29) bei

Wenngleich für die vollständige Beantwortung dieser Fragen eine Gesamtschau der Vorschriften zum allgemeinen Vertragsrecht notwendig ist, lässt sich für die Sprachaspekte formalsprachlicher Verträge die Rechtsgeschäftslehre als entscheidender Minimal-Rechtsrahmen ausmachen.[77] Im Hinblick auf die „Sprachenfrage" kann noch weiter konkretisiert und die Auslegung[78] als zentraler Maßstab identifiziert werden. Über sie werden auch die entscheidenden Weichen für den rechtlichen Umgang mit dem Sprachrisiko, den Verarbeitungsaspekten und anderen materiellrechtlichen Folgefragen gestellt, die nicht allein über die Untersuchung der Auslegung beantwortet werden können.

In den deutschen Rechtswissenschaften wurde die Auslegung formalsprachlicher Verträge bisher in der ihr gebührenden Breite und Tiefe nicht untersucht.[79] Die folgende Untersuchung soll diese Lücke schließen. Sie wird dabei vor dem Hintergrund, dass die spezifischen Eigenschaften formalsprachlicher Verträge im Vordergrund stehen sollen, wie folgt spezifiziert und eingegrenzt.

Untersucht wird die erläuternde Auslegung materiellrechtlicher Schuldverträge in formaler Sprache beziehungsweise entsprechender formalsprachlicher Willenserklärungen gerichtet auf die Herbeiführung eines Schuldvertrages („vertragliche Willenserklärungen") innerhalb des Systems des allgemeinen Vertragsrechts.[80] Als Leitbild dient der zweiseitige und auf die Verfolgung

---

Schrader, JA 2023, 247; *Zipfel*, GRUR-Prax 2023, 113; *Flick*, GWR 2022, 379 (zur vorangegangenen OLG-Entscheidung s. ferner bereits: *Ruttmann*, VuR 2022, 74; *Möslein*, RDi 2022, 297; *Fries*, JZ 2022, 361).

[77] Vgl. *Möslein*, in: Rechtshandbuch Smart Contracts, Rn. 2 „Die allgemeine Rechtsgeschäftslehre definiert somit nicht weniger als die äußerste Begrenzung von (rechtswirksamen) Smart Contracts."

[78] Zum hier zugrunde gelegten Verständnis von „Auslegung" s. bereits § 1 Fn. 30.

[79] Unverändert gültig ist insoweit noch immer die Aussage von *Stefan Grundmann* und *Philipp Hacker*: „A final issue that will likely arise as digitally mediated contracts become more popular is the question of interpretation. There seems to be a patent lack of literature on this issue." (*Grundmann/Hacker*, ERCL 2017, 255 [287]); ähnlich zu „mittels robots.txt abgegebenen Erklärungen" auch *Conrad/Schubert*, GRUR 2018, 350 (350). S. aber bereits die Nachweise in § 1 Fn. 9 zu Untersuchungen von Teilfragen der Auslegung oder vor dem Hintergrund anderer Rechtsordnungen.

[80] Viele der Erkenntnisse, die im Rahmen der Untersuchung im Hinblick auf Schuldverträge und entsprechende Willenserklärungen gewonnen werden, werden indes gleichermaßen Geltung für Verfügungsverträge erlangen (zum Begriff s. allein *Stadler*, in: Jauernig, BGB, § 311 Rn. 9). Dass der Fokus auf Verpflichtungsverträge gelegt wird, liegt nicht zuletzt daran, dass gerade der Versprechens-Charakter formalsprachlicher Ausdrücke im Hinblick auf Smart Contracts in der Vergangenheit von anderen Rechtswissenschaftlern hinterfragt wurde, s. dazu später § 12 B. III. Soweit im Folgenden daher von einem Vertrag gesprochen wird, ist damit (auch im Hinblick auf die verschiedenen Wortbedeutungen [s. dazu bereits § 2 A. II.]) jeweils ein materiellrechtlicher Schuldvertrag gemeint, soweit dies nicht anderweitig kenntlich gemacht wird (s. insb. später § 15 Fn. 469); eine Ausnahme stellt zudem in gewisser Hinsicht die Vertragsanpassung dar, die ihrerseits ein Verfügungsvertrag ist, der den Schuldvertrag modifiziert). Soweit nicht anderweitig vermerkt, sind mit „Willenserklärungen" zudem stets solche auf die Herbeiführung eines Schuldvertrages

primär wirtschaftlicher Interessen angelegte Vertrag. Über die erläuternde Auslegung hinausgehende Aspekte der Rechtsgeschäftslehre bleiben weitestgehend unbeachtet.[81]

Vollständig ausgeklammert wird auch der Einsatz elektronischer Agenten.[82] Hierbei handelt es sich zwar um ein Phänomen, das häufig im Zusammenhang mit formalsprachlichen Verträgen auftauchen dürfte und daher auch oft mit diesen zusammen besprochen wird.[83] Eine Kombination aus formaler Vertragssprache und dem Einsatz elektronischer Agenten ist indes keineswegs zwingend;[84] die insoweit auftretenden Rechtsfragen, insbesondere der Zurechnung „autonomer" Agentenerklärungen,[85] sind daher auch keine spezifischen Rechtsfragen hinsichtlich formalsprachlicher Verträge.

Ferner ist herauszustellen, dass eine Untersuchung der Auslegung formalsprachlicher Verträge zwar eine rechtliche Antwort auf die „Sprachenfrage" ermöglicht und damit entscheidende Fragen zum Sprachaspekt dieser Verträge abdeckt. Wie bereits angedeutet, entscheidet sich der rechtliche Umgang mit dem formalsprachlichen Sprachrisiko indes gerade auch über andere Normenkomplexe wie die AGB-Kontrolle oder Normen wie § 138 BGB. Während dort auch die tatsächliche Höhe des Sprachrisikos und seine Wirkungen auf die Qualität der rechtlichen Selbstbestimmung relevant werden, kommt es im Rahmen der Auslegung auf diese Punkte noch nicht an.[86] Es findet hier daher auch keine Einschätzung der tatsächlichen Höhe des Sprachrisikos statt; es steht jedoch zu vermuten, dass dieses ebenso wie andere Fragen rund um formalsprachliche Verträge, unter anderem aufgrund der bisher auf Smart Contracts beschränkten Forschung nicht realistisch eingeschätzt bzw. überschätzt wird.

(vertragliche Erklärungen) gemeint. Zur synonymen Bezeichnung der erläuternden Auslegung auch als einfache oder eigentliche Auslegung s. etwa: *Wendtland*, in: BeckOK, § 157 BGB Rn. 7 m.w.N.; *Armbrüster*, in: Erman BGB, § 157 Rn. 5.

[81] Auf die Geschäftsfähigkeit, die Abgabe und den Zugang von Willenserklärungen als auch die ergänzende Vertragsauslegung wird nur im Hinblick auf spezifisch auftretende Rechtsfragen eingegangen (s. dahingehend insb. § 13 A. I. 2, § 13 A. I. 3. a) und § 13 A. I. 3. e)).

[82] Zur dahinterstehenden Technologie s. allein *Unland*, in: Enzyklopädie der Wirtschaftsinformatik.

[83] S. etwa *Idelberger u.a.*, in: Rule Technologies, S. 174; *Schnell/Schwaab*, BB 2021, 1091 (1092 f.); *Wilhelm*, WM 2020, 1849 (1851 f.); *Paulus/Matzke*, ZfPW 2018, 431 (439 ff.); *Heckelmann*, NJW 2018, 504 (506).

[84] Ebenso im Hinblick auf Smart Contracts: *Möslein*, in: Rechtshandbuch Smart Contracts, Rn. 15; *Guggenberger*, in: Hdb. Multimedia-Recht, Rn. 12.

[85] Ausführlich dazu *Wiebe*, Elektronische Willenserklärung, 2002, S. 97 ff., 140 ff.; s. ferner etwa *Spindler*, in: Recht der elektronischen Medien, Vor §§ 116 ff. BGB insb. Rn. 6 ff., der diese Problematik insgesamt bei sog. automatisierten und Computererklärungen und nicht nur bei Agentenerklärungen aufwirft; s. ferner auch *Busche*, in: MüKo BGB, Vor § 145 BGB Rn. 38; *Säcker*, in: MüKo BGB, Einleitung BGB Rn. 191 f., der ebenfalls von „automatisierten Willenserklärungen" spricht.

[86] S. dazu ausführlich § 9 D. III.

Unterschiede formaler Sprachen in Bezug auf Lesbarkeit und Verständlichkeit,[87] als auch die Verwendung solcher formalen Sprachen, die natürlichen Sprachen sehr nahekommen,[88] wurden bisher augenscheinlich kaum berücksichtigt.[89]

Zuletzt sei noch der klarstellende Hinweis angebracht, dass formalsprachliche Verträge und die darauf bezogenen Ansätze der Vertragsformalisierung zwar mit Ansätzen einer Formalisierung und Automatisierung der Streitbeilegung verbunden werden können, dass dies aber ebenfalls keineswegs zwingend ist oder diese Ansätze etwa gleichgesetzt werden könnten.[90] Mithin geht es hier also auch nur um eine Auslegung formalsprachlicher Verträge und nicht um die Frage einer Formalisierung oder Automatisierung von Auslegungsmethoden.

§ 3 Gang der Untersuchung und Methodik

Dem formulierten Ziel dieser Untersuchung – Erkenntnisse über die Auslegung formalsprachlicher Verträge zu gewinnen – lassen sich bereits begrifflich diejenigen Elemente entnehmen, die ihren Gang bestimmen. So wird im ersten Teil dem formalsprachlichen Vertrag und seinen Eigenschaften nachgegangen, der zweite widmet sich dem Verständnis der Auslegungsvorgaben als Teil des allgemeinen Vertragsrechts. Gemeinsam liefern sie die vor die Klammer gezogene Vorarbeit, um im dritten Teil dann die Auslegung formalsprachlicher Verträge konkret in den Blick zu nehmen. Wenngleich die Untersuchung ihr Ziel so gesehen erst mit dem dritten Teil erreichen kann, sind die drei Teile dennoch aufgrund ihrer jeweils auch eigenständigen Bedeutung als gleichberechtigte Schwerpunkte ausgestaltet.

Im ersten Teil werden formalsprachliche Verträge als bisher unzureichend präzisiertes Phänomen für die rechtliche Bewertung als Konzept greifbar gemacht sowie gegenüber verwandten Konzepten abgegrenzt. Im Fokus steht in diesem Zusammenhang auch eine Wissensvermittlung einschlägiger Grundlagen der Computerlinguistik und Informatik.

---

[87] Deklarative Sprachen sind üblicherweise bereits verständlicher als imperative (s. etwa *Idelberger u.a.*, in: Rule Technologies, passim). Zudem bestehen auch Optionen, formale Sprachen, z.B. durch die Wahl der verwendeten Abkürzungen, insgesamt verständlicher zu machen (s. etwa *Lee*, Decision Support Systems 1988, 27 [29]).

[88] Wie insb. kontrollierte natürliche Sprachen, s. zu diesen bereits § 1 Fn. 24.

[89] Auch bei *Exner*, Smart Contracts, 2022, S. 132 ff., der sich ausführlicher formaler Sprache von Smart Contracts als einem „besondere[n] Risiko für Verbraucher" widmet, wird auf solche Unterschiede nicht eingegangen.

[90] Vgl. insoweit auch *LSP Working Group*, Developing a Legal Specification Protocol, S. 11 „AI judges are NOT a necessary component in a computationally assisted and specified legal system." (zitiert ohne Fn.).

Der zweite Teil geht den besonderen Herausforderungen für das Recht nach, die sich aus den im ersten Teil gewonnenen und in Rechtsprobleme übersetzten Erkenntnissen über formalsprachliche Verträge ergeben. So wird sowohl der Maßstabsfunktion des (Vertrags-)Rechts für formalsprachliche Verträge nachgegangen als auch insbesondere zu dem umstrittenen inneren System des allgemeinen Vertragsrechts als einem für die Auslegung dieser Verträge (mit-)entscheidenden Maßstab Stellung bezogen.

In Teil drei wird schließlich die Auslegungslehre als Maßstab weiter konkretisiert und im Hinblick auf formalsprachliche Verträge in ihrer Anwendbarkeit untersucht, ein Leitfaden zum Umgang mit der Sprachenfrage entwickelt als auch auf die Möglichkeiten einer parteiautonomen Abweichung vom gesetzlich vorgesehenen Maßstab eingegangen. Im Vordergrund steht dabei der Umgang mit der Möglichkeit einer formalen und damit eindeutigen Vertragsinterpretation.

Während der erste Teil zwar rechtlich relevante Aspekte formalsprachlicher Verträge herausarbeitet, erlangt er dennoch unabhängig von einer etwaigen Rechtsordnung Gültigkeit. Der Rest der Untersuchung nimmt hingegen das deutsche Recht und, soweit einschlägig, unionsrechtliche Einflüsse auf dasselbe in den Blick. Es handelt sich um eine rechtsdogmatische Arbeit,[91] die man explizit der theoretischen Rechtsdogmatik zuordnen kann.[92] Es geht mithin darum, zu eruieren, wie das geltende Recht in Bezug auf die Auslegung von Verträgen beziehungsweise Willenserklärungen aussieht, um sodann künftig ermitteln zu können, wie formalsprachliche Verträge und Willenserklärungen ausgelegt werden sollten.

Dieser Ansatz wird gewählt, wohlwissend, dass das Ergebnis einer rechtsdogmatischen Untersuchung stets nur eine Theorie über das Recht und seine Anwendung sein kann[93] und dass Kritik an der Rechtsdogmatik gerade im

---

[91] Zum grundlegenden Begriff der Rechtsdogmatik und ihrem Verhältnis zur Methodenlehre, wie beides jeweils auch hier zugrunde gelegt wird, s. statt vieler: *Reimer,* Methodenlehre, 2020, S. 28 Rn. 14 m.w.N. Zu den hier zugrunde gelegten Methoden s. darüber hinaus insb. § 9 B. und § 12 C. II.

[92] Zur Differenzierung zwischen theoretischer und praktischer Rechtsdogmatik als „Endpunkte eines Kontinuums" s. *Stark,* Rechtsdogmatik, 2020, S. 168, dessen zusätzliche Differenzierung zwischen deskriptiver Rechtsdogmatik (Ermittlung des geltenden Rechts [S. 168]) und normativer Rechtsdogmatik (Vorgaben dazu, wie Rechtsakteure handeln sollten [S. 169]) sich hier für die unterschiedlichen Schwerpunkte von Teil zwei als eher deskriptive und Teil drei als eher normative Rechtsdogmatik ebenfalls fruchtbar machen lässt. Im Sinne *Rolf Stürners* könnte man Teil zwei dagegen auch als wissenschaftliche Dogmatik und Teil drei eher als Gebrauchsdogmatik bezeichnen, s. *Stürner,* JZ 2012, 10 (11 f.).

[93] Statt vieler: *Bydlinski/Bydlinski,* Methodenlehre, 2018, S. 70 ff., insb. S. 71 f. Insoweit ist auch auf die, selbst bei einer rationalen Zielsetzung nicht vermeidbare, eigenständige normative Wertung bei der Entwicklung rechtsdogmatischer Theorien hinzuweisen (vgl. insoweit im Hinblick auf die richterliche Interpretation etwa: *Auer,* in: Gesetz und Richterliche Macht, S. 130 f.; allgemein zur Bedeutung des Vorverständnis bei der Theorienbildung ferner *Rüthers u.a.,* Rechtstheorie, 2022, S. 13 f. m.w.N. Abweichend vom herkömmlichen,

Hinblick auf die methodischen Vorgaben zur Gesetzes- und Rechtsgeschäftsauslegung geäußert wird. Diese sollen in der Rechtsanwendungspraxis nicht umsetzbar sein oder zumindest nicht umgesetzt werden.[94] Solche rechtsrealistische Kritik verdient zweifelsfrei Gehör, liegt doch die Hauptaufgabe der Rechtsdogmatik darin, „praktische Bedürfnisse zu erfüllen".[95] Jedenfalls bisher fehlt es aber an belastbaren Nachweisen dafür, dass die normative Methodenlehre[96] als rationale Orientierungshilfe wirklich vollends versagt.[97] Selbst von ihren Kritikern wird den rechtsdogmatischen Methoden ferner jedenfalls eine Funktion als Begründungshilfe nachgesagt[98] und auch als Instrument zur Überprüfung und etwaigen Kritik an der Rechtsanwendungspraxis[99] erfüllt die Rechtsdogmatik eine wichtige Funktion.

Wenngleich diese spezifische Kritik an der wahrgenommenen Diskrepanz von Rechtsdogmatik und Rechtsanwendungspraxis im Rahmen dieser Untersuchung daher ausgeblendet wird, soll der Verknüpfung des Rechts beziehungsweise der Rechtsdogmatik mit der Realität darüber hinaus aber ein ihr

---

eng oder sogar unmittelbar mit der Rechtsphilosophie verbundenen Verständnis der Rechtstheorie (zu diesem Verständnis etwa *Auer,* Rechtstheorie, 2018, S. 10, 31 f. m.w.N.), welches sich strikt von der Rechtsdogmatik abgrenzt (s. etwa *Rüthers u.a.,* Rechtstheorie, 2022, S. 16 f.), lassen sich nach dem vorliegenden Verständnis einer aufgeschlossenen und notwendigerweise mit anderen Disziplinen verknüpften Rechtsdogmatik (s. dazu gleich insb. § 3 Fn. 100 ff.) auch rechtsdogmatische Theorien, jedenfalls soweit sie eine gewisse Allgemeinheit aufweisen, als Teil der Rechtstheorie verstehen (ähnlich liest sich *Jansen,* ZEuP 2005, 750 (761 f.), der allerdings von „juristischen Theorien" spricht; für ein Neuverständnis der Rechtstheorie, welches auch ihr Verhältnis zur Rechtsdogmatik neu bestimmt, allerdings den Bezug zur Rechtsphilosophie aufrechterhält, auch *Auer,* Rechtstheorie, 2018, insb. S. 32 ff.).

[94] Diese Form der Kritik, die auch als „kritische Jurisprudenz" (*Grüneberg,* in: Grüneberg, Einleitung Rn. 37) bezeichnet wird, ist in verschiedenen Ausgestaltungen schon seit Jahrzehnten ein Dauerbrenner. Zu entsprechender Kritik an den Auslegungsvorgaben für Rechtsgeschäfte s. allein *Vogenauer,* in: HKK BGB, §§ 133, 157 BGB Rn. 26 m.w.N.; bisweilen geht die Kritik soweit, dass am Nutzen von (Rechts-)Regeln insgesamt gezweifelt wird, s. dazu etwa *Bydlinski/Bydlinski,* Methodenlehre, 2018, S. 20; *Bachmann,* Private Ordnung, 2006, S. 17 ff. m.w.N. Zur grundsätzlichen und allgemein anerkannten Trennung zwischen Rechtsdogmatik und praktischer Rechtsanwendung s. statt vieler *Larenz/Canaris,* Methodenlehre, 1995, passim, insb. S. 37, die insoweit von den zwei Bestandteilen der Jurisprudenz sprechen.

[95] *Bydlinski/Bydlinski,* Methodenlehre, 2018, S. 17.

[96] Zur Differenzierung gegenüber einer deskriptiven Methodenlehre, die die tatsächlich bei der Rechtsanwendung eingesetzten Methoden in den Blick nimmt, s. allein *Larenz,* Methodenlehre, 1991, S. 244.

[97] Der Einfluss der Rechtsdogmatik auf die Rechtspraxis wird meist im Gegenteil eher als ausgesprochen stark wahrgenommen, s. *Stark,* Rechtsdogmatik, 2020, S. 102 mit umfangreichen Nachweisen.

[98] So etwa *Kuntz,* AcP 2015, 387 (431) m.w.N.; vgl. auch die prominente Ansicht *Josef Essers* zur Bedeutung der Rechtsdogmatik: *Esser,* AcP 1972, 97 (103 ff.).

[99] Zu dieser und weiteren Funktionen der Dogmatik s. statt vieler: *Stürner,* JZ 2012, 10 (11).

gebührender Stellenwert eingeräumt werden. Dies betrifft insbesondere die Berücksichtigung interdisziplinärer Erkenntnisse dort, wo entsprechende methodische „Andockstellen"[100] bestehen.[101] Es wird ausdrücklich festgehalten, dass mit Rechtsdogmatik hier auch normativ keine Beschränkung auf rein rechtliche Argumente verbunden wird. Eine solche Beschränkung würde ignorieren, dass eine rein rechtliche Argumentation selbst unter Einbeziehung eines überpositiven Rechtsmaßstabs in vielen Fällen nicht zu einem eindeutigen Ergebnis führen kann.[102] Ohne dass dem für die Zwecke dieser Untersuchung im Detail nachzugehen ist, wird in diesen Bereichen auch die direkte normative Berücksichtigung außerrechtlicher Argumente als Teil der Rechtsdogmatik verstanden.[103] Auch insoweit ist hier explizit der Rechtserzeugungsanteil der Dogmatik angesprochen.[104]

Soweit damit zum Teil im Rahmen dieser Arbeit auch auf Erkenntnisse aus anderen Disziplinen, wie zum Beispiel aus der Sprachphilosophie,[105] eingegangen wird, kann eine umfassende Betrachtung derselben hier naturgemäß nicht geleistet werden. Ebenso muss sich diese Arbeit auch bei der Einbringung konkreter Beispiele formalsprachlicher Verträge und ihrer rechtlichen Behandlung zurückhalten. Angesichts der weitestgehend fehlenden Grundlagenforschung zu formalsprachlichen Verträgen in den Rechtswissenschaften wurde bewusst einem hohen Abstraktionsniveau der Vorrang eingeräumt.

---

[100] *Hoffmann-Riem*, in: Methodik – Ordnung – Umwelt, S. 60.
[101] Dies betrifft sowohl Erkenntnisse, die unmittelbar in anderen Disziplinen gefunden werden als auch solche aus den an anderen Disziplinen orientierten rechtswissenschaftlichen Grundlagenfächern. Wo solche Andockstellen bestehen und wie eine Integration erfolgen kann, wird innerhalb dieser Untersuchung an verschiedenen Stellen angesprochen, s. insb. § 9 B. II. 1. c), § 9 B. III. 2., § 9 D. III. 2. und § 12 C. IV. 2.
[102] Statt vieler: *Bydlinski/Bydlinski*, Methodenlehre, 2018, S. 22 „[I]st es erfahrungsgemäß richtig, dass manche Rechtsfragen auch mit aller methodischen Anstrengung aus dem Recht nicht mit zureichender Schlüssigkeit beantwortet werden können." Angesprochen sind damit die Grenzen der Wertungsjurisprudenz, die sich auch bei einer Ausschöpfung überpositiver Rechtsmaßstäbe ergeben können (dazu später ausführlich § 9 B. III. 2). Davon zu trennen sind die methodisch insgesamt überkommenen Ansätze der Begriffsjurisprudenz (zur Entwicklung hin zur Wertungsjurisprudenz s. statt vieler: *Larenz*, Methodenlehre, 1991, S. 19 ff.); s. ferner § 4 D. I.
[103] S. dazu weiterführend und m.w.N. § 9 B. III. 2; noch weitergehender und die Möglichkeit einer Grenzziehung zwischen rechtlicher und außerrechtlicher Argumentationsbestandteile in Frage stellend dagegen: *Auer*, Rechtstheorie, 2018, S. 27.
[104] Vgl. *Stark*, Rechtsdogmatik, 2020, S. 111.
[105] S. insb. § 12 B. II.

Erster Teil

Computerlinguistische und informationstechnologische Grundlagen formalsprachlicher Verträge

Die rechtswissenschaftliche Literatur zu formalsprachlichen Verträgen vermittelt ein Bild von Gegensätzen. Einerseits wird immense Hoffnung in formalsprachliche Verträge gesetzt,[1] gerade deutsche Rechtswissenschaftler sprechen ihnen ihr Potenzial andererseits zum Teil radikal ab.[2] Gemeinsamkeit beider Positionen ist, dass die technischen Details selten bis gar nicht genauer untersucht und entsprechend auch nicht gewürdigt wurden. Aufgrund der zusätzlich starken Fokussierung auf Smart Contracts[3] (was man das „Smart Contracts-Problem" der deutschen Rechtswissenschaften nennen könnte) ist die Spannbreite an Ansätzen der Vertragsformalisierung und die Unterschiede, die sie für die rechtliche Bewertung der Sprachkomponente formalsprachlicher Verträge bedeuten, den deutschen Rechtswissenschaften bisher quasi unbekannt.

Primäres Ziel dieses ersten Teils der Untersuchung ist es daher, formalsprachliche Verträge und das Ausmaß ihrer Variabilität gerade für die Rechtswissenschaften und explizit im Hinblick auf auslegungsrelevante Aspekte aufzubereiten und einem juristisch vorgebildeten Leser gleichsam ein Grundverständnis der insoweit relevanten Grundlagen der Computerlinguistik und Informatik zu vermitteln.

Es soll somit auch ein weiterer Schritt in Richtung einer gemeinsamen, anschlussfähigen Sprache dieser Disziplinen und der Rechtswissenschaften gegangen werden.[4] Im besten Fall kann dieser Teil auch Computerlinguisten und Informatikern einen Einblick geben, wie ein spezifisch-rechtlicher Blick auf

---

[1] Plakativ ist insoweit etwa der Ausspruch von *Werbach/Cornell*, Duke Law Journal 2017, 313 (317), dass es sich bei Smart Contracts um das „mature end of the evolution of electronic agreements" handelt; ähnlich prägnant sind auch die Ausführungen von *Savelyev*, Information & Communications Technology Law 2017, 116 (122 ff.); s. darüber hinaus bereits die Nachweise in § 1 Fn. 3.

[2] Sehr deutlich ist insoweit etwa der Beitrag von *Otto*, Ri 2017, 86; s. ferner insbesondere die Ausführungen und Nachweise in § 5 D. II.

[3] S. insoweit schon § 1.

[4] S. dazu auch *Allen*, ERCL 2018, 307 (343), der gerade darin die entscheidende Aufgabe der Rechtswissenschaften im Vorfeld praktischer rechtlicher Bewertungen formalsprachlicher Verträge bzw. Smart Contracts sieht: „In advance of any of issues coming before the courts, the legal academy has an important role to play in explaining the role of language in law and in computer science, and forging a common vocabulary with computer scientists."

ihre Disziplinen aussieht und inwieweit ein solcher auch terminologische Abweichungen beziehungsweise Hervorhebungen erfordert.[5] Schon angesichts der Vielzahl der verschiedenen zu beachtenden Forschungsgebiete aus der Computerlinguistik und Informatik, der Vorbildung der Verfasserin, aber letztlich auch dem Ziel dieses Untersuchungsteils entsprechend, kann der Anspruch jedoch nur in einer kursorischen Darstellung liegen. Der Fokus liegt auf den prinzipiellen Anforderungen und Möglichkeiten formalsprachlicher Verträge beziehungsweise Ansätzen einer Vertragsformalisierung. Es können nicht alle im Einzelfall gegebenenfalls einschlägigen Methoden und Probleme der Computerlinguistik und Informatik angesprochen werden. Bereiche, um deren Darstellung für die Rechtswissenschaften sich andere bereits hinreichend verdient gemacht haben, werden zudem bewusst nur angerissen.[6]

Mit dem ersten Abschnitt (§ 4) werden formalsprachliche Verträge in einen äußeren Rahmen eingebettet und als spezifiziertes Konzept gegenüber anderen Phänomenen und Konzepten abgegrenzt. Im zweiten Abschnitt (§ 5) werden die Begriffe und Methoden, die ihnen zugrunde liegen, detaillierter vorgestellt und damit auch die Grundlage für die im letzten Abschnitt (§ 6) im Fokus stehende Systematisierung der verschiedenen Ansätze zur Vertragsformalisierung geschaffen.

§ 4 Charakterisierung und Kontextualisierung formalsprachlicher Verträge

Formale Sprachen sind außerordentlich vielfältig. Theoretisch könnten sich die Parteien eines Vertrages zum Ausdruck und zur Dokumentation ihres (übereinstimmenden) rechtsgeschäftlichen Willens sämtlicher Arten formaler Sprachen und sämtlicher damit möglichen Ausdrucksformen bedienen.[7] Ein so verstandener „formalsprachlicher Vertrag" bliebe jedoch ein zu heteronomes Phänomen, als dass sich darüber belastbare rechtliche Annahmen treffen ließen. Ein spezifischeres Verständnis ist allerdings nicht nur im Hinblick auf eine rechtliche Untersuchung geboten. Es offenbart sich vielmehr bereits beim Blick auf die Frage, warum sich Parteien für eine formalsprachliche Vertrags-

---

[5] Beispielhaft sei insoweit bereits vorab auf die hier eingeführte und für die weitere rechtliche Untersuchung relevante Unterscheidung zwischen einer „formalen" Interpretation eines Ausdrucks (entsprechend formalen Interpretationsvorgaben) und einer „natürlichen" Interpretation eines Ausdrucks (entsprechend des allgemeinen natürlichsprachlichen Verständnisses) hingewiesen, s. dazu insb. später § 12 B.

[6] Vornehmlich betrifft dies die Darstellung der Blockchain-Technologie und ihrer Rechtsprobleme, die in den letzten Jahren von mehreren Rechtswissenschaftlern bereits ausführlich vorgenommen wurde, s. die Nachweise in § 5 D. II.

[7] Vorausgesetzt, dass mit der formalen Sprache überhaupt ein rechtsgeschäftlicher Wille ausgedrückt werden kann. Zu dieser Problematik später § 12 B. II.

dokumentation statt wie herkömmlich üblich, für eine natürlichsprachliche Vertragsdokumentation entscheiden sollten, dass ein formalsprachlicher Vertrag als Konzept nur im Fall einer eingrenzenden Charakterisierung aufgeht (A.). Anknüpfend an diese Charakterisierung lassen sich auch die wesentlichen formalen Merkmale identifizieren, die eine formalsprachliche Vertragsdokumentation erfüllen muss, um als rechtsgeschäftliches Erklärungsmittel gewählt zu werden (B.). Hieraus folgt wiederum die Möglichkeit, formalsprachliche Verträge relevanten Teilbereichen der Informatik und Computerlinguistik zuzuordnen (C.) und sie gegenüber verwandten Konzepten und Phänomenen abzugrenzen (D.).

A. Hintergrund und Anreiz zur Verwendung einer formalen Vertragssprache

Verträge sind ein essenzielles Instrument zur individuellen Lebensgestaltung des Einzelnen.[8] Der Abschluss inhaltlich „guter" Verträge („gut" im Sinne eines jedenfalls im Grundsatz individuellen Maßstabs[9]) kann für die beteiligten Parteien insbesondere aus finanziellen oder ideellen Gründen wichtig sein. Fernab des jeweiligen Inhalts lässt sich der Nutzen eines Vertrages aber unter anderem auch daran messen, dass es den Parteien gelingt, den Vertragsinhalt vor allem für den Fall später auftretender Unklarheiten und Uneinigkeiten schon beim Vertragsschluss präzise zu dokumentieren[10] und dass der Vertrag entsprechend der vereinbarten (und dokumentierten) Vorgaben ausgeführt wird.[11] Jede Maßnahme, welche einen dieser Aspekte (die exakte Dokumentation oder die konforme Ausführung) fördert beziehungsweise sichert, dürfte aus Sicht rationaler Parteien grundsätzlich erstrebenswert sein.

---

[8] S. etwa *Bydlinski*, JZ 1975, 1 (1); *Wendland*, Vertragsgerechtigkeit, 2019, S. 236 f.

[9] Aus Sicht der unmittelbar beteiligten Parteien wird man die Erreichung individueller Ziele als tatsächliche Funktion von Verträgen benennen können. Zur normativen Funktion von Verträgen im allgemeinen Vertragsrecht s. später § 9 D.

[10] Hinzuweisen ist hier nochmals auf die Doppelfunktion von Erklärungsmitteln, welche einerseits konstituieren als auch dokumentieren (s. § 2 A. II). Im Rahmen dieses ersten Untersuchungsteils, der formalsprachliche Verträge und Erklärungen als Auslegungs*objekt* in den Blick nimmt (s. auch insoweit § 2 A. II.), wird insbesondere auf die Dokumentationseigenschaft solcher „Verträge" abgestellt, die ihnen unabhängig von ihrer rechtlichen Qualifizierung als Erklärungsmittel (allerdings mit je nach Qualifizierung unterschiedlichen rechtlichen Konsequenzen) zukommt (zur rechtlichen Qualifizierung dann ausführlich Teil Drei der Untersuchung).

[11] Dies bedeutet nicht, dass sämtliche Eventualitäten des Vertrages dokumentiert oder auch nur geregelt sein müssen, sondern nur, dass diejenigen, über die inhaltliche Gewissheit bestehen soll, entsprechend nachvollziehbar präzisiert werden. S. dazu *LSP Working Group*, Developing a Legal Specification Protocol, S. 10 f.; ausführlich und m.w.N. zum gemeinsamen Interesse der Parteien an einer präzisen Dokumentation beziehungsweise Möglichkeit, die durch den Vertrag beeinflusste Rechtslage einschätzen zu können: *Mittelstädt*, Auslegung, 2016, S. 34 f.

Das herkömmliche traditionelle Vertragswesen birgt hinsichtlich beider Aspekte Unsicherheiten: Die Dokumentation der vertraglichen Regelungen, also der künftig herbeizuführenden Zustände und der Bedingungen ihrer Herbeiführung, erfolgt überwiegend in natürlicher, meist geschriebener Sprache. Mehrdeutigkeit (Ambiguität), etwa aufgrund von Kontextsensitivität, Vagheit oder Unterspezifizierung vieler Begriffe,[12] ist natürlicher Sprache inhärent.[13] Den Parteien kann es entsprechend schwerfallen, das Gemeinte eindeutig auszudrücken und Ausdrücke des anderen eindeutig zu interpretieren.[14] Dieser Raum, den natürliche Sprache für verschiedene Interpretationen bei der Vertragsdokumentation lässt, geht unmittelbar mit unerwünschten Risiken finanzieller oder ideeller Natur einher. Als eines der extremsten Beispiele für das Problem der nicht nur begrifflichen, sondern auch strukturellen Mehrdeutigkeit natürlicher Sprache kann ein noch recht junger Fall aus den USA genannt werden: Die Mehrdeutigkeit einer Vertragsklausel, herbeigeführt durch ein fehlendes Komma, kostete eine der Parteien mehrere Millionen US-Dollar.[15]

Bei der Vertragsausführung liegt das Risiko des traditionellen Vertragswesens hingegen darin, dass diese gestört werden oder ganz ausbleiben kann. Zum Beispiel sieht sich bei zweiseitigen Distanzgeschäften typischerweise eine Partei dem Risiko ausgesetzt, selbst zu leisten, aber die Gegenleistung nicht zu erhalten.[16]

Das Vertragsrecht bietet hinsichtlich beider Aspekte gewisse Absicherungen. Irrtümliche Erklärungen können zum Beispiel angefochten und versprochene, aber nicht erbrachte Leistungen eingeklagt werden. Eine absolute oder ideale Absicherung gibt es für die Interessen der einzelnen Vertragsparteien indes aus Gründen des Vertrauens- und Verkehrsschutzes üblicherweise nicht.[17] Die erfolgreiche Anfechtung kann die Zahlung eines Vertrauensschadens nach sich ziehen, die Klage auf eine ursprünglich geschuldete Leistung

---

[12] *Montazeri u.a.*, Electronic Proceedings in Theoretical Computer Science 2011, S. 55.

[13] Statt aller: *Kuntz*, AcP 2015, 387 (insb. 389, 423) m.w.N.; anschaulich zu verschiedenen Faktoren, die die Mehrdeutigkeit bedingen können, ferner: *Dörner*, in: Schulze u.a., § 133 BGB Rn. 1.

[14] Allgemein zum Ambiguitätsproblem bei menschlicher Kommunikation etwa: *Klabunde*, in: Handbuch Pragmatik, S. 127; zum Ambiguitätsproblem bei vertraglicher Kommunikation etwa *LSP Working Group*, Developing a Legal Specification Protocol, S. 10 f. m.w.N.

[15] Über die bei dem Fall im Jahr 2018 erzielte Einigung (zuvor 2017 entschieden als O'Connor v. Oakhurst Dairy, No. 16–1901 [1st Cir. 2017]) berichtet hatte etwa *Rosenblatt*, Think commas don't matter? Omitting one cost a Maine dairy company $5 million., abrufbar unter: https://www.nbcnews.com/news/us-news/think-commas-don-t-matter-omitting-one-cost-maine-dairy-n847151 (zuletzt aufgerufen am 18.5.2023).

[16] Allgemeiner zu dieser Problematik (dort als „First Mover" Problem bezeichnet) *LSP Working Group*, Developing a Legal Specification Protocol, S. 8.

[17] Zu den genannten Prinzipien ausführlicher § 9 C. III.

kann etwa wegen der vorherigen Übereignung des Leistungsgegenstandes an einen Dritten ins Leere laufen.

Hinsichtlich beider Aspekte werden daher auch im traditionellen Vertragswesen außerrechtliche Hilfsmittel und Methoden zur Absicherung eingesetzt. Bei der Vertragsdokumentation wird diesbezüglich vor allem auf Standardisierung und definitorische Ausdifferenzierung gesetzt.[18] Bei der Ausführung von Verträgen ist die Einschaltung privater Intermediäre wie (Online-)Plattformen üblich, die das Risiko der nicht vertragsgemäßen Vertragserfüllung wegen Schlecht- oder Nichtleistung abfedern und eine notwendige Vertrauensbasis bieten sollen.[19] Eine perfekte Lösung bieten aber auch diese Maßnahmen nicht. Die Standardisierung und definitorische Ausdifferenzierung von Verträgen können die Mehrdeutigkeit natürlicher Sprache nicht vollends auflösen und sprachliche Komplexität paradoxerweise eher noch verstärken; Intermediäre sind vielfach (jedenfalls für eine Seite) kostspielig und müssen ihrerseits vertrauenswürdig sein.

Schon vor mehreren Jahrzehnten kam wohl auch daher die Idee auf, Methoden und Ressourcen der Informatik zur Absicherung beziehungsweise Funktionalisierung dieser Aspekte des Vertragswesens einzusetzen. Einer der bekanntesten Wissenschaftler, der sowohl die „Computationalisierung" der vertraglichen Dokumentations- als auch Ausführungsebene in den Blick nahm, war *Nick Szabo*, welcher im gleichen Atemzug auch den Begriff des Smart Contracts ins Leben rief.[20]

Aufschwung erhielt die Idee des formalsprachlich verfassten und automatisiert ausgeführten Vertrages neben der schon angesprochenen Konzeptualisierung und Entwicklung der Blockchain-Technologie[21] auch durch die Weiterentwicklung formaler Methoden und Techniken zur maschinellen Verarbeitung natürlicher Sprache und zur Erstellung formaler Repräsentationen.[22] Hinzu kommt die insgesamt spürbar wahrnehmbare Verlagerung des Vertragswesens in den digitalen Raum, die diese Idee weiter befeuert: Verträge werden zunehmend im Internet abgeschlossen und digitale Inhalte als Vertragsgegen-

---

[18] Diese zeigt sich sowohl in der exzessiven Verwendung allgemeiner Geschäftsbedingungen als auch der bei einigen Verträgen in der Praxis üblichen Anfügung von Glossaren.

[19] Zu den vertraglichen Verhältnissen beim Einsatz von Intermediären etwa *Hoeren*, in: Vertragsrecht und AGB-Klauselwerke, Rn. 136 ff., insb. Rn. 138 zu jenen Vertragsverhältnissen, die sich im Hinblick auf die „Gatekeeper"-Funktion der Intermediäre „als Verwalterinnen oder Aufseherinnen über die ausgetauschten Inhalte" ergeben.

[20] S. bereits § 1 Fn. 1. Im Detail sah *Szabo* hinsichtlich der Dokumentationsebene das Potenzial, Verträge zu schreiben „that will be far less subject to disputes over interpretation" (*Szabo*, A Formal Language for Analyzing Contracts, 2002) und für die Ausführungsebene sah er in der Vertragsformalisierung den „blueprint for ideal security" (*Szabo*, The Idea of Smart Contracts, abrufbar unter: https://nakamotoinstitute.org/the-idea-of-smart-contracts/ [zuletzt aufgerufen am 18.5.2023]).

[21] S. bereits § 1; s. zur Blockchain-Technologie zudem § 5 D. II.

[22] S. bereits § 1 Fn. 20 ff.

stand sowie die Einbettung digitaler Inhalte in herkömmliche Waren immer populärer.[23]

Wenngleich berechtigterweise Zweifel an einem universellen Nutzen der maschinellen Vertragsausführung angebracht werden,[24] werden die Vorteile der automatisierten Ausführung für bestimmte Fällen durchaus anerkannt.[25] Konkret geht es allem voran um die Einsparung von Transaktionskosten und insbesondere bei der Nutzung von Blockchain-basierten Ausführungsplattformen auch um die Erlangung von (faktischer) Sicherheit. Jedenfalls das Risiko des Nichterhalts einer geschuldeten Leistung könne mithilfe des Computers je nach Vertrag und Umständen statt über einen Intermediär über die kostengünstigere Technik beseitigt werden.[26] Kumulativ oder alternativ zur Automatisierung der Ausführung ließen sich Transaktionskosten zudem auch durch die Automatisierung anderer Phasen im Vertragslebenszyklus wie der Vertragsanpassung oder dem Vertragsmonitoring reduzieren.[27]

Auf erheblich mehr Vorbehalte stößt dagegen die Idee, auch die Vertragsdokumentation zu „computationalisieren"; sich also bei der Wahl des Erklärungsmittel bei den Methoden und Sprachen der Informatik beziehungsweise Mathematik und Computerlinguistik zu bedienen.

Dies hat verschiedene Gründe. Im Jahr 2020 gab es um die 24.5 Millionen Software Entwickler weltweit, im Jahr 2024 sollen es bereits um die 28.7 Millionen sein.[28] Immer mehr Menschen lernen Programmieren, jüngeren Generationen wird es vielfach bereits in der Schule beigebracht.[29] Das Missverständnisrisiko (Sprachrisiko) und damit auch die Zurückhaltung, eine formale Sprache, wie zum Beispiel eine Programmiersprache, als rechtsgeschäftliches Erklärungsmittel zu verwenden, dürfte indes aktuell noch sehr groß sein. Formale Sprache ist zudem nicht gleich formale Sprache. Wer in der Schule Python lernt, hat es zwar vermutlich einfacher, andere formale Sprachen zu lernen als jemand, der italienisch spricht und spanisch lernen möchte,[30] aber auch hier besteht realistisch betrachtet eine nicht zu unterschätzende Sprachbarriere. Das Potenzial formaler Vertragssprachen wird daher voraussichtlich auch lang-

---

[23] Dies zeichnet sich auch schon in der jüngeren nationalen als auch europäischen Gesetzgebung ab, wie etwa dem Gesetz über elektronische Wertpapiere (eWpG) oder der mittlerweile umgesetzten Richtlinie (EU) 2019/770 (Digitale-Inhalte-Richtlinie).
[24] S. exemplarisch *Bertram*, MDR 2018, 1416 (1420 f.).
[25] S. dazu bereits § 1 Fn. 27.
[26] S. zu alldem bereits § 1 Fn. 3.
[27] Vgl. *Grundmann/Hacker*, ERCL 2017, 255 (276 ff.).
[28] *Evans Data; Computerwelt*, Global Developer Population and Demographic Study 2020.
[29] Laut einer Studie der Bitkom konnten 2014 bereits 24% der Kinder und Jugendlichen (zwischen 6 und 18 Jahren) in Deutschland programmieren, *BITKOM*, Jung und vernetzt – Kinder und Jugendliche in der digitalen Gesellschaft, S. 10.
[30] Dies dürfte jedenfalls für Programmiersprachen mit demselben Programmierparadigma gelten, vgl. *Gumm/Sommer,* Informatik, 2013, S. 82; zu Programmierparadigmen s. § 5 D. I.

fristig von der Entwicklung und Nutzung formaler Sprachen abhängen, die eine gewisse Nähe zu natürlicher Sprache aufweisen und insbesondere natürlichsprachliche Bezeichnungen verwenden.[31] Mit kontrollierter natürlicher Sprache und anderen Ansätzen stehen entsprechende Konzepte durchaus bereit.[32] Ihre umfassende (Weiter-)Entwicklung und Verbreitung im Vertragswesen stehen aber noch aus.

Auch diese könnten jedoch nicht darüber hinweghelfen, dass formalsprachliche Ausdrücke (Formalismen) zum Teil fehlerhaft implementiert werden (in der Informatik wird bei Fehlern in Computerprogrammen meist von „Bugs" gesprochen). Für manche Verträge, wie zum Beispiel Platzgeschäfte, bietet sich eine formale Vertragssprache zudem recht offensichtlich auch unabhängig von Sprach- und Implementierungsrisiken kaum an.

Selbst dann aber, wenn die Umstände grundsätzlich passen, fällt ein Umstand bei der Verwendung formaler Sprachen als Vertragssprache stets ins Gewicht: Die sogenannte semantische Lücke (Bedeutungslücke[33]) zwischen der formalen Sprache und der Realität.[34]

Verträge sind Versprechen der beteiligten Parteien über eine zukünftige Realität.[35] Die Formalisierung (künftiger) realer Zustände, Ereignisse und Konzepte setzt voraus, dass diese Realitätsabschnitte explizit beschrieben und formal erfasst werden.[36] Nur soweit sie formal modelliert wurden, sind sie auch formal interpretierbar. Da eine umfassende formale Modellierung eine praktisch unmögliche Herausforderung darstellt – die Realität sich nicht vollständig und eindeutig beschreiben lässt –, bleibt zwangsläufig eine semantische Lücke zwischen der formalen Modellierung und der Realität.[37]

Wenngleich auch zwischen natürlicher Sprache und der von ihr beschriebenen Realität eine semantische Lücke bestehen kann, fällt diese im Vergleich zu formaler Sprache deutlich kleiner aus.

---

[31] S. insoweit schon § 2 B. zur Einschätzung des Sprachrisikos.

[32] S. bereits § 1 Fn. 24.

[33] Unter Semantik versteht man die Bedeutung einer syntaktischen Entität bzw. Zeichens, s. zu dieser Definition statt aller: *Dengel,* Semantische Technologien, 2012, S. 4.

[34] Den Begriff „Semantische Lücke" ebenso verwendend: *Matthes,* in: Rechtshandbuch Smart Contracts, Rn. 31; In der Informatik findet sich für die „Semantische Lücke" aber auch die Definition, dass es sich dabei um den „inhaltliche[n] Sprung zwischen zwei Beschreibungsebenen" handelt (*Raabe u.a.,* Formalisierung, 2012, S. 53 Fn. 1), während die Schwierigkeiten bei der Formalisierung der Realität auch als „Qualifikationsproblem" bezeichnet werden (*Beierle/Kern-Isberner,* Wissensbasierte Systeme, 2019, S. 22).

[35] Zur Einschränkung auf Schuldverträge s. bereits § 2 B. Im Rahmen dieser Arbeit wird unterstellt, dass die Parteien realisierbare Verträge schließen wollen. Rechtlich möglich sind gemäß § 311a BGB aber auch Verträge, die in der Realität undurchführbar sind oder auf Konzepte Bezug nehmen, die nicht real sind.

[36] Vgl. *Raabe u.a.,* Formalisierung, 2012, S. 101.

[37] S. nur *Beierle/Kern-Isberner,* Wissensbasierte Systeme, 2019, S. 208: „Es ist schlichtweg unmöglich eine reale Situation im logischen Sinne vollständig zu beschreiben."

Zwar ist in diesem Zusammenhang nochmals auf die in der bisherigen (rechtswissenschaftlichen) Diskussion des Themas nicht beachtete Reichhaltigkeit der Methoden zur Formalisierung der Realität hinzuweisen. Denn die bisher meist betrachteten implementierungsnahen Ansätze formalsprachlicher Verträge wie der „klassische", imperativ ausgedrückte Smart Contract zeichnen sich durch besondere Ausdrucksarmut aus[38] und erlauben daher keine repräsentative Einschätzung (insbesondere der Möglichkeiten zur Formalisierung von Semantik). Selbst sehr ausdrucksmächtige Formalismen bieten praktisch jedoch eben stets nur eine Annäherung an die Realität.[39]

Worin besteht vor diesem Hintergrund dann der Anreiz, eine formale Vertragssprache zu wählen? Vorranging wohl in ihrer inhaltlichen Kalkulierbarkeit.

Gemeint ist die Möglichkeit, durch die formale Interpretierbarkeit eines formalsprachlichen Vertrages Gewissheit über den darin dokumentierten Vertragsinhalt zu erlangen; mithilfe einer formalen Vertragssprache also den Vertragsinhalt – soweit die Formalisierung reicht[40] und je nach verwendeter formaler Sprache[41] – eindeutig festlegen und interpretieren zu können. Ausgehend vom Wunsch der Parteien nicht nur nach einer Formalisierung des Vertrages, sondern auch einer darauf aufbauenden Automatisierung verschiedener Phasen im Vertragslebenszyklus,[42] wird der Vertragsinhalt somit gegebenenfalls nicht nur manuell kalkulierbar, sondern auch informatisch „berechenbar".[43]

Betrachtet man vertragliche Vereinbarungen als einfaches Kommunikationsmodell, lassen sich zwei Phasen eines zusammenhängenden Vorgangs differenzieren. Die Produktion einer vertraglichen Erklärung durch den Erklärenden und die Interpretation einer vertraglichen Erklärung durch den Empfänger.[44] An beiden Stellen kann es zu einem Scheitern der Kommunikation – zu einem Missverständnis – kommen. Einerseits betrifft dies die Verbindung zwischen Wille und Erklärung bei der Produktion, andererseits die zwischen der Erklärung und dem Verständnis des Empfängers bei ihrer Interpretation.[45] Entweder die Parteien benutzen Ausdrücke, die nicht ihren eigentlichen Willen

---

[38] Vgl. *Matthes*, in: Rechtshandbuch Smart Contracts, Rn. 31, 39, 45.
[39] *Liebwald*, in: Semiotik, S. 206; ähnlich *Allen*, ERCL 2018, 307 (336 f.).
[40] Zur möglichen unterschiedlichen Reichweite ausführlich § 6.
[41] Zu den wesentlichen Eigenschaften, die hier von einer formalen Vertragssprache eingefordert werden, s. § 4 B. (beachte dort zu den Grenzen der inhaltlichen Kalkulierbarkeit insb. Fn. 73).
[42] S.§ 2 A. I.
[43] Zum Berechenbarkeitsbegriff s. § 5 A.
[44] Vgl. das allgemeine Kommunikationsmodell und die entsprechende Terminologie bei *Klabunde*, in: Handbuch Pragmatik, S. 126; nach denselben Parametern verläuft das sog. Sender-Empfänger-Kommunikationsmodells nach *Shannon* und *Weaver* ab, die statt von Produktion und Interpretation, von Codierung und De-Codierung sprechen (s. dazu insb. *Shannon/Weaver*, Communication, 1964).
[45] Zum rechtlichen Umgang mit dieser Problematik s. § 11 B.

wiedergeben oder sie verwenden Ausdrücke, die zwar das Gemeinte bezeichnen, aber aufgrund der Mehrdeutigkeit natürlicher Sprache auch einer anderen Interpretation zugänglich sind, also durch den Empfänger „falsch" interpretiert werden können.[46]

Betrachtet man zunächst die Interpretationsphase, lässt sich also feststellen, dass die Ermittlung der „richtigen" Interpretation für den Empfänger kognitiven Aufwand bedeutet. Er kann die Interpretation, möchte er den Erklärenden richtig verstehen, nicht auf die Ermittlung eines möglichen Verständnisses der Erklärung beschränken, sondern muss ersuchen zu ermitteln, welche unter verschiedenen möglichen Lesarten der Erklärende meinte. Ausgehend von zweiseitigen Verträgen sind beide Parteien jeweils auch Empfänger und daher beide von entsprechendem Aufwand betroffen.

Dieser Aufwand lässt sich mit formalsprachlichen Ausdrücken vermeiden beziehungsweise substanziell begrenzen. Denn soweit eine Formalisierung möglich ist, wird der Vertragsinhalt mathematisch präzisiert und kann entsprechend eindeutig interpretiert werden.[47] Der Mangel an Exaktheit natürlicher Sprache weicht durch die Formalisierung einer begrenzteren, aber dafür eindeutigen Ausdrucksmöglichkeit.[48] Die inhaltliche Kalkulierbarkeit der vertraglichen Dokumentation erspart (kundigen) Parteien folglich Aufwand bei der Interpretation und damit Transaktionskosten.[49] Sie erlangen unmittelbar Gewissheit über den (formalsprachlich festgehaltenen) Vertragsinhalt.[50]

Fraglich ist dagegen, welche Auswirkungen die Verwendung formalsprachlicher Erklärungen auf die Produktionsphase hat. Angesichts der möglichen eindeutigen Interpretierbarkeit formalsprachlicher Ausdrücke lässt sich mutmaßen, dass deren Produktion (selbst dort, wo formalsprachliche Vorlagen existieren) von den Parteien eine erhöhte Ausdruckssorgfalt erfordert. Der kognitive Aufwand in der Produktionsphase könnte damit gegenüber dem Aufwand bei der Produktion natürlichsprachlicher Ausdrücke (auch unabhängig von einer Mitbeachtung des Sprachrisikos) erhöht sein.[51]

---

[46] Vgl. *Klabunde*, in: Handbuch Pragmatik, S. 127 mit einer schematischen Darstellung der Problematik im Hinblick auf allgemeine Kommunikation.

[47] Ausführlicher in § 4 B.

[48] Vgl. *Wiebe,* Elektronische Willenserklärung, 2002, S. 214 „Dies [eine programmgesteuerte und mittels Eingabeformularen und ähnlichen Erklärungshilfsmitteln standardisierte Kommunikation; Einschub d. Verf.] schränkt einerseits die kommunikativen Möglichkeiten des Erklärenden ein, kommt aber andererseits der Bestimmung des Erklärungsinhalts zugute und vereinfacht diese"; zu dieser Grundidee formaler Sprachen auch, *Kutschera*, in: Sprachphilosophie, S. 113.

[49] Zu Transaktionskosten s. ausführlicher § 9 C. V. und § 9 D. II. 3.

[50] Mit einem allgemeinen Berechnungsmodell des Werts korrekter Interpretation, s. *Klabunde*, in: Handbuch Pragmatik, S. 128.

[51] Vgl. *Klabunde*, in: Handbuch Pragmatik, S. 127: „Der Sprechernutzen [...] soll berücksichtigen, dass eine höhere Komplexität einer sprachlichen Form – sei es aufgrund von semantischer, syntaktischer, morphologischer und/oder phonologischer Komplexität – einen

Abgesehen von den Fällen, in denen die Vorteile, die der Erklärende aus der inhaltlichen Kalkulierbarkeit zieht, den erhöhten Aufwand bei der Produktion für ihn direkt rechtfertigen können,[52] kann selbst dort, wo kein erhöhtes Maß an Sorgfalt aufgebracht wird und damit das Risiko eines Auseinanderfallens von Wille und Erklärung im Vergleich zu natürlicher Sprache gegebenenfalls steigt, eine formalsprachliche Erklärung beziehungsweise ein formalsprachlicher Vertrag gewählt werden. Begründen lässt sich dies von einem wirtschaftlichen Standpunkt aus, der die Folgen der inhaltlichen Kalkulierbarkeit formalsprachlicher Ausdrücke in den Blick nimmt.

Aufschlussreich ist in diesem Zusammenhang eine Analyse von *Alan Schwartz* und *Robert E. Scott* zur vertraglichen Auslegung. In zwei insbesondere in den USA vielbeachteten Beiträgen erklärten sie, dass allein eine Verringerung der Kosten der gerichtlichen Vertragsauslegung bestimmte Parteien dazu motivieren kann, das Risiko eines Missverständnisses zu tragen.[53] Explizit stellten sie die Theorie auf, dass Unternehmer als Vertragsparteien unter Umständen eine beschränkte richterliche Auslegung vertraglicher Willenserklärungen (dort mittels einer Beschränkung auf die rein wörtliche Interpretation einer schriftlichen Vertragsdokumentation[54]) selbst dann bevorzugen, wenn das so gefundene Auslegungsergebnis im Einzelfall nicht mit ihren subjektiv angenommenen Vorstellungen vom Vertragsinhalt übereinstimmt. Dies täten sie, weil sie ihre Dokumentation ex ante einer begrenzten richterlichen Auslegung anpassen und somit bei gleichzeitiger Einsparung der Kosten für eine umfassende richterliche Auslegung von einer gewissen Wahrscheinlichkeit des richtigen Auslegungsergebnisses ausgehen könnten, sodass sich dieser Ansatz in einer Gesamtbetrachtung eher rechne als auf eine transaktionskostenreiche umfassende Auslegung (die das Risiko eines Missverständnisses verringert, indem mehr Auslegungsmaterial ausgewertet wird) zu setzen.[55]

---

höheren kognitiven Aufwand bei der Planung beinhaltet und sich somit der Nutzen für den Sprecher reduziert." S. zudem zum Zusammenspiel des wirklichen Willens und der Produktion formalsprachlicher Ausdrücke später § 12 C. IV. 2. a).

[52] Der erhöhte Aufwand in der Produktionsphase wird in diesem Fall mit dem Erreichen des Sprecherinteresses abgewogen, eine Botschaft so korrekt wie möglich rüberzubringen, vgl. *Klabunde*, in: Handbuch Pragmatik, S. 127, der diese beiden Aspekte in eine Kostenfunktion überführt.

[53] *Schwartz/Scott*, Yale Law Journal 2003, 541; *Schwartz/Scott*, Yale Law Journal 2010, 926.

[54] Ausführlicher zu den Ausgestaltungen einer solchen „textuellen Auslegung" s. später § 12.

[55] Ausführlich: *Schwartz/Scott*, Yale Law Journal 2003, 541 (573 ff.); später nochmals zusammenfassend in: *Schwartz/Scott*, Yale Law Journal 2010, 926 (944).

Schwartz' und *Scott*s Theorie ist aus verschiedenen Gründen nicht unumstritten geblieben.[56] Dass jedenfalls manche Parteien eine entsprechende Abwägung vornehmen dürften, ist aber aufgrund der empirischen Daten, die die Autoren zur Belegung ihrer Theorie aufzeigten,[57] nicht von der Hand zu weisen.

Sollte im Rahmen einer richterlichen Auslegung die Ermittlung des Vertragsinhalts auf das formalsprachlich Dokumentierte beschränkt werden, dürfte sich vergleichbar zu einer Beschränkung auf eine textuelle Auslegung natürlicher Sprache eine bessere Vorhersehbarkeit und unter Umständen dadurch auch eine Verringerung der Auslegungskosten einstellen.[58] Die Ergebnisse der Studie lassen sich insoweit grundsätzlich übertragen. Angesichts des bei einer rein wörtlichen Interpretation natürlicher Sprache verbleibenden Ambiguitätsspielraums, der bei einer rein formalen Interpretation wegfiele, könnte der Nutzen der begrenzten richterlichen Auslegung im Vergleich zu der von *Scott* und *Schwartz* angenommenen Ausgangslage gegebenenfalls sogar potenziert werden. Eine formale Auslegung könnte aus Sicht der Parteien daher also in bestimmten Fällen auch außerhalb des unternehmerischen Rechtsverkehrs und auch auf den individuellen Fall und nicht nur auf eine Gesamtzahl von Fällen gerechnet die Hinnahme eines etwaigen erhöhten Risikos des Auseinanderfallens von Wille und Erklärung in der Produktionsphase rechtfertigen.

Fernab der möglichen Kosteneinsparungen bei der richterlichen Auslegung dürften aber vor allem die Folgen der inhaltlichen Kalkulierbarkeit formalsprachlicher Verträge im Hinblick auf die darauf aufbauende Automatisierung verschiedener Vertragslebensphasen ausschlaggebend sein. Wenn der Vertrag bereits verbindlich in einer formalen Sprache verfasst ist, kann die Automatisierung desselben (insbesondere in Form der automatisierten Ausführung, aber zum Beispiel auch im Hinblick auf ein automatisiertes Monitoring) ohne beziehungsweise mit einer im Gegensatz zu einer natürlichsprachlichen Vertragsdokumentation signifikant verringerten[59] semantischen Lücke stattfinden. Es wird also der Situation, dass die faktischen Folgen der Automatisierung und die nach der auslegungsrelevanten Vertragsdokumentation bestehenden Rechte und Pflichten auseinanderfallen, entgegengewirkt.[60] Die für die

---

[56] Eine umfassende Liste an kritischen Reaktionen auf ihre Theorie findet sich bei *Schwartz/Scott*, Yale Law Journal 2010, 926 (929) selbst in Fn. 6; s. ferner prominent auch *Burton*, Elements of Contract Interpretation, 2009, S. 36 ff.

[57] *Schwartz/Scott*, Yale Law Journal 2010, 926 (956 f.) mit ausführlichen Nachweisen.

[58] Einzupreisen wäre indes noch der etwaige Rückgriff auf Sachverständige im Prozess. Zum Einsatz solcher im Hinblick auf den Umgang mit Smart Contracts in Gerichtsprozessen s. *Kaulartz/Kreis*, in: Rechtshandbuch Smart Contracts, Rn. 12.

[59] Auch zwischen verschiedenen formalen Sprachen (selbst bei maschineller Übersetzung eines Formalismus von einer in die andere Sprache) können semantische Lücken bestehen, s. etwa *Carstensen u.a.,* Computerlinguistik, 2010, S. 53 m.w.N.

[60] Ausführlicher hierzu § 6 A. I.

Automatisierung vorgebrachten Argumente der Kostenersparnisse und Sicherheit können im Grunde genommen sogar nur in diesem Fall nachhaltig zum Tragen kommen.[61] Mit anderen Worten: die Verarbeitungskomponente formalsprachlicher Verträge rentiert sich eigentlich nur, wenn auch auf ihre Sprachkomponente gesetzt wird.

Die Wahl einer formalen Vertragssprache (eines formalsprachlichen Vertrages) präsentiert sich für die Parteien daher also insgesamt als Kosten-Nutzen-Analyse. In dieser werden die Parteien je nach Einzelfall sowohl finanzielle Kostenerwägungen anstellen als auch ideelle Faktoren abwägen müssen.[62] Dem Kalkulierbarkeitsargument und seinen verschiedenen Ausprägungen werden das Sprachrisiko, der Aufwand, die finanziellen Kosten und die Möglichkeiten der Formalisierung, das Fehlerpotenzial bei der Implementierung formaler Sprachen und vor allem die semantische Lücke zwischen einer formalen Sprache und der zu modellierenden Realität gegenüberstehen. Ganz klar zeigt sich zudem schon, dass der Sprachvorteil formaler Sprachen – die eindeutige Interpretierbarkeit als Grundlage des Kalkulierbarkeitsargument – in vielen Fällen mit der rechtlichen Bewertung formalsprachlicher Verträge stehen und fallen wird.[63] Ein ausschlaggebender Punkt wird also die Beantwortung der Frage sein, inwieweit eine formale Interpretation als Grundlage des Kalkulierbarkeitsarguments in einer richterlichen Vertragsauslegung Berücksichtigung finden wird.[64]

Erkennbar gibt es bereits viele Akteure, die davon ausgehen, dass die Kosten-Nutzen-Analyse auch über die schon wahrnehmbaren Fälle hinaus künftig in nicht unerheblichem Ausmaß im Sinne formaler Vertragssprachen aufgehen wird.[65] Ihr zunehmender Einsatz bei der Entwicklung und Bereitstellung von formalsprachlichen Ressourcen für Verträge dürfte seinerseits auf die Abwägung einwirken. Auch ohne sich in dieser Analyse pauschal positionieren zu

---

[61] Ähnlich auch *Schnell/Schwaab*, BB 2021, 1091 (1096 f.) „Um im Lichte der bezweckten Automatisierung dem Smart Contract zur Durchsetzung zu verhelfen und etwaige Kollisionen zwischen technischer und rechtlicher Ebene möglichst von Anfang an zu vermeiden, kann es dabei durchaus Sinn machen, den Programmcode als (allein) maßgeblich festzulegen." Auch dann verbleibt allerdings noch die Problematik der Formalisierung weiterer Realweltdaten, sofern der Vertrag nicht vollständig im digitalen Raum gelagert ist, s. § 6 B.

[62] S. ferner etwa auch die bei *Exner*, Smart Contracts, 2022, S. 165 ff. genannten Aspekte zum Wert von Flexibilität, die für manche Parteien eine Rolle spielen könnten.

[63] Vgl. insoweit zur Bedeutung der Kenntnis richterlicher Auslegung für die Wahl einer Dokumentation auch schon: *Schwartz/Scott*, Yale Law Journal 2010, 926 (945) „Parties prefer correct interpretations to incorrect ones. Further, parties know the interpretive rules when they contract; hence, parties know what evidence a court will later see. A contract's character thus is partly a function of the legal rules. For example, if the rules restrict a court to a narrow evidentiary base, parties likely will write a more detailed contract than if the rules permit the court to see everything." Zur Bedeutung der Anerkennung durch das Recht s. ferner auch § 8.

[64] S. dazu insb. § 12 und § 15.

[65] Vgl. §1 Fn. 20 ff.; so explizit auch *Cannarsa*, ERCL 2019, 773 (781).

können, kann ein Spielraum für die Verwendung formaler Vertragssprachen also durchaus gesehen werden.

B. Wesentliche formale Merkmale formalsprachlicher Verträge

Die Annahmen über die Anreize zur Verwendung einer formalen Vertragssprache, insbesondere das Argument der inhaltlichen Kalkulierbarkeit, lassen Rückschlüsse darüber zu, welche formalen Merkmale eine formalsprachliche Vertragsdokumentation aufweisen muss, um potenziell als rechtsgeschäftliches Erklärungsmittel gewählt zu werden.

Namentlich muss es sich bei der formalsprachlichen Vertragsdokumentation vor diesem Hintergrund um eine symbolische Dokumentation handeln, die eindeutig interpretiert werden kann.

Dies bedeutet zunächst, dass der Vertrag formalisiert, also in einer formalen Sprache modelliert wird. Was angesichts der Bezeichnung als „formalsprachlicher Vertrag" beziehungsweise „formale Vertragssprache" als redundanter Hinweis erscheint, ist vor allem als Abgrenzungskriterium erwähnenswert. Denn die explizite Dokumentation des vertraglichen Inhalts (der getroffenen Versprechen und der dafür relevanten Informationen) in einer formalen Sprache unterscheidet formalsprachliche Verträge von der direkten maschinellen Verarbeitung natürlichsprachlicher Vertragsdokumentationen.[66] Im letzteren Fall wird zwar ebenfalls eine formale Interpretation vorgenommen, aber auf eine Formalisierung des Vertrages verzichtet. Dies kann für die Vertragsparteien durchaus ein attraktiver Ansatz sein,[67] gewährleistet aber keine präzise inhaltliche Kalkulierbarkeit der vertraglichen Ausdrücke. Bereits die geringfügige Umstellung der Satzstruktur einer natürlichsprachlichen Vertragsdokumentation kann dazu führen, dass sich das Ergebnis einer formalen Interpretation ändert. Nur wenn auch die vertragliche Dokumentation selbst in einer formalen Sprache erfolgt (der Vertrag formalisiert wird), besteht die Möglichkeit, die festgehaltenen Ausdrücke (entsprechend der hier angenommenen Grundidee hinter der Verwendung formaler Vertragssprachen) syntaktisch und/oder semantisch präzise kalkulierbar zu machen.

Weiter ist davon auszugehen, dass bei formalsprachlichen Verträgen nur auf *symbolische* Ansätze der Dokumentation zurückgegriffen wird. Im Methodenrepertoire der Wissensrepräsentation lässt sich zwischen den symbolischen und sub-symbolischen (oder konnektionistischen) Formen der formalen Darstel-

---

[66] In der Computerlinguistik wird insoweit von indirekter und direkter Deutung gesprochen, s. *Carstensen u.a.,* Computerlinguistik, 2010, S. 340: „Natürlichsprachliche Ausdrücke können entweder direkt modelltheoretisch interpretiert werden (direkte Deutung) oder zunächst in eine formale Zwischensprache übersetzt werden, welche selbst wiederum modelltheoretisch interpretiert wird (indirekte Deutung)."
[67] Hierzu gleich ausführlicher § 4 D. II.

lung von Wissen differenzieren.[68] Bei den symbolischen wird das formalisierte Wissen explizit repräsentiert, beispielsweise in semantischen Netzen oder Ontologien.[69] Bei den sub-symbolischen Ansätzen, die zum Beispiel Produkte des maschinellen Lernens sind, wird die formale Repräsentation dagegen in einer für Menschen typischerweise nicht mehr unmittelbar nachvollziehbaren, impliziten Weise erstellt.[70] In der allgemeinen Sprachverarbeitung, zum Beispiel bei der maschinellen Übersetzung, spielen sub-symbolische Ansätze mittlerweile die entscheidende Rolle. Als rechtsgeschäftliches Erklärungsmittel bieten sie sich jedoch deshalb nicht an, weil ein so formalisierter Vertrag durch die Parteien nicht unmittelbar manuell interpretiert werden könnte. Die Parteien wären darauf angewiesen, die Analyse implizit vorzunehmen, den Vertragsinhalt folglich mittelbar über gezielte Abfragen maschinell zu analysieren, ohne genau zu wissen, inwiefern die erlangten Antworten zustande kommen oder beeinflussbar sind. Dieses in der Rechtswissenschaft auch im Bereich der Haftung für Künstliche Intelligenz vielfach angesprochene Phänomen der Blackbox beziehungsweise eingeschränkten Erklärbarkeit sub-symbolischer Ansätze[71] steht dem bei formalsprachlichen Verträgen angestrebten Ziel der inhaltlichen Kalkulierbarkeit diametral entgegen, weshalb auf diese Repräsentationen als Erklärungsmittel (selbst unter Ausblendung der Frage, ob rechtsgeschäftlicher Wille damit überhaupt ausgedrückt werden kann[72]) kaum zurückgegriffen werden dürfte.

Schließlich ist die inhaltliche Kalkulierbarkeit der formalsprachlichen Vertragsdokumentationen nur dann realisierbar, wenn der darin festgehaltene Inhalt formal eindeutig interpretierbar ist – sowohl im Hinblick auf eine manuelle formale Interpretation als auch eine maschinelle Analyse beziehungsweise Interpretation.[73]

---

[68] Statt aller *Carstensen u.a.*, Computerlinguistik, 2010, S. 534.
[69] Hierzu gleich ausführlicher § 5 B. II. und § 5 B. III.
[70] Vgl. nur *Breitner*, in: Enzyklopädie der Wirtschaftsinformatik, auch zu den unterschiedlichen Verfahrensklassen.
[71] Statt vieler: *Wöbbeking*, in: Rechtshandbuch Artificial Intelligence und Machine Learning, S. 155 f. m.w.N.; zu der bei symbolbasierten, wie regelbasierten Systemen, im Vergleich guten Erklärungsfähigkeit s. exemplarisch: *Beierle/Kern-Isberner*, Wissensbasierte Systeme, 2019, S. 88 f.
[72] S. dazu später § 12 B. II.
[73] An dieser Stelle ist auf die Grenzen eines axiomatisch-deduktiven Systems hinzuweisen, die *Kurt Gödel* mit seinen Unvollständigkeitssätzen deutlich aufzeigte (zu diesen Unvollständigkeitssätzen anschaulich zusammenfassend *Adrian*, Rechtstheorie 2017, 77 (86 f.) m.w.N.; s. weiterführend etwa *Ebbinghaus u.a.*, Logik, 2018, S. 159 ff. m.w.N.) und die auch für die Vertragsformalisierung und inhaltliche Kalkulierbarkeit formalsprachlicher Verträge eine relevante Grenze darstellen können, der im Rahmen dieser Arbeit, die vor allem die grundsätzlichen Merkmale und Ansätze formalsprachlicher Verträge und deren Besonderheiten für die rechtliche Bewertung in den Blick nehmen will, aber nicht weiter nachgegangen werden kann.

Charakterisierung und Kontextualisierung   37

Wird der Vertrag oder Teile desselben (zum Beispiel die mehr Ausdrucksmacht erfordernde Begriffsebene[74]) in einer deklarativen formalen Sprache formuliert, muss ein korrektes Schlussverfahren vorliegen.

Ein eindeutiges Schlussverfahren stellt die sogenannte Deduktion, also der Schluss vom Allgemeinen auf das Besondere, dar (zu der auch der Syllogismus gehört).[75] Nur die Formalisierung dieser Inferenzart erlaubt folglich eine sichere Ableitung von Wissen aus der formalen Repräsentation. Da die Realität jedoch vielfach mit Unsicherheiten behaftet ist, die deduktive Schlüsse nicht zulassen,[76] existieren verschiedene Ansätze, diese Unsicherheiten auch formal zu erfassen. So können etwa heuristische Gewichtungen in die Repräsentation aufgenommen werden[77] oder auf Ansätze wie die Fuzzy Logik[78] zurückgegriffen werden. Darüber hinaus bestehen Verfahren zum unsicheren Schließen wie das fallbasierte Schließen welches auf Analogieschlüssen aufbaut.[79]

Die auf Grundlage dieser Repräsentationen von Vagheit oder mithilfe des unsicheren Schließens gewonnenen Erkenntnisse können plausibel oder wahrscheinlich sein, aber sie sind nicht notwendigerweise korrekt und damit auch nicht im selben Maße kalkulierbar wie die auf einer eindeutigen Repräsentation und einem deduktiven Schlussverfahren beruhenden Erkenntnisse. Für viele Anwendungen stellen plausible oder wahrscheinliche Ergebnisse dennoch eine bessere Alternative dar als die Modellierung einer eindeutigen Repräsentation und die Verwendung eines sicheren Schlussverfahrens. Dies unter anderem deshalb, weil unsichere Schlussverfahren im Vergleich weniger aufwendig sein können, insbesondere aber, weil Repräsentationen, die Vagheit berücksichtigen, eine größere Nähe der Formalisierung zur Realität ermöglichen können. Die schon angesprochene semantische Lücke zwischen der unscharfen Realität und ihrem formalen Abbild kann mit einer Repräsentation, die diese Vagheit berücksichtigt, kleiner gehalten werden als mit einer (notwendigerweise weiter von der Realität abstrahierenden) Repräsentation, in der die Reali-

---

[74] S. dazu § 6 A. II.
[75] Statt aller *Beierle/Kern-Isberner*, Wissensbasierte Systeme, 2019, S. 26, zu anderen Inferenzrelationen s. § 5 C. II.
[76] Dazu etwa *Beierle/Kern-Isberner*, Wissensbasierte Systeme, 2019, S. 24.
[77] Heuristische Gewichte sind manuell vergebene Gewichte, „die der Entwickler bestimmten Faktoren zuweist", *Carstensen u.a.*, Computerlinguistik, 2010, S. 403; eines der berühmtesten, da ersten, wissensbasierten Systeme, welches heuristische Gewichtungen zur Repräsentation von Unsicherheiten vorsah, war das medizinische Expertensystem MYCIN, ausführlich dazu *Beierle/Kern-Isberner*, Wissensbasierte Systeme, 2019, S. 91 ff.; s. auch *Klabunde*, in: Handbuch Pragmatik, S. 126 im Hinblick auf die Repräsentation von Unsicherheiten bei menschlicher Kommunikation: „Da Kommunikation immer mit Unsicherheiten versehen ist, werden Repräsentationen benötigt, die es ermöglichen, Unsicherheiten bei der Wahl der sprachlichen Handlung und bezüglich der epistemischen Zustände oder Kommunikationsteilnehmer mithilfe von Wahrscheinlichkeiten darzustellen."
[78] S. dazu etwa *Beierle/Kern-Isberner*, Wissensbasierte Systeme, 2019, S. 27, 496 ff.
[79] Ausführlich dazu *Beierle/Kern-Isberner*, Wissensbasierte Systeme, 2019, S. 161 ff.

tät zwecks Eindeutigkeit vereinfacht modelliert wird. Auflösen können aber auch die Ansätze zur formalen Erfassung der unsicheren Realität die semantische Lücke zur Realität nicht gänzlich.

Auch Verträge beziehen sich vielfach auf eine unscharfe Realität. Ein klassisches Beispiel hierfür sind Formulierungen wie „in angemessener Zeit". [80] Der Bezug auf solche vagen Konzepte stellt zum Teil eine vermeidbare Unschärfe dar, zum Teil lässt sich eine Präzisierung jedoch nur unter einem enormen Mehraufwand für die Parteien oder auch gar nicht erreichen. Nachgewiesenermaßen können Menschen nicht alle Eventualitäten, alle möglicherweise eintretenden Ereignisse, Entwicklungen und die daraus abzuleitenden Handlungen im Voraus bedenken.[81] Eine Unvermeidbarkeit der Unschärfe gilt spätestens dort, wo mit einem vagen Konzept (auch) Bezug auf ein noch unbekanntes Szenario genommen werden soll, wie es etwa häufig bei Dauerschuldverhältnissen der Fall ist.

Diese in der Ökonomie (und teilweise auch in den Rechtswissenschaften) unter dem Stichwort der „Vertrags(un)vollständigkeit" („incomplete contracts") besprochene Problematik[82] kann auch mittels der Methoden zur Formalisierung von Unsicherheiten nicht behoben werden. Diese Methoden setzen vielmehr bei der Erfassung bekannter Unschärfe in der realen Welt (einschließlich unscharfer Konzepte) an – also dem ersten Fall eines vertraglichen Bezugs auf Unsicherheiten (wobei die Grenzen schnell verschwimmen dürften).

Unter dem Gesichtspunkt der inhaltlichen Kalkulierbarkeit als dem voraussichtlich ausschlaggebenden Anreiz zur Verwendung einer formalen Vertragssprache wird daher hier davon ausgegangen, dass die Parteien, soweit sie auf eine formale Sprache als Vertragssprache rekurrieren wollen, auf eindeutige Repräsentationen und sichere Schlussverfahren setzen werden. Es wird also davon ausgegangen, dass sie hinsichtlich der ihnen bekannten Umstände nicht versuchen werden, die ohnehin bestehende semantische Lücke zwischen Repräsentation und Realität auf Kosten der Kalkulierbarkeit durch die Repräsentation von Vagheit und mit unsicheren Verfahren graduell zu verringern, sondern stattdessen bewusst auf eine abstraktere und vereinfachte, aber dafür kalkulierbare Modellierung und Verarbeitung der Realität beziehungsweise des Vertrages setzen werden. Im Sinne des in diesem Zusammenhang häufiger zitierten Ausspruches *Albert Einsteins*: „Insofern sich die Sätze der Mathematik auf die Wirklichkeit beziehen, sind sie nicht sicher. Und soweit sie sicher sind,

---

[80] S. auch *LSP Working Group*, Developing a Legal Specification Protocol, S. 11 mit entsprechenden Beispielen aus dem englischen Sprachraum.

[81] Statt vieler: *Möslein*, Dispositives Recht, 2011, S. 17.

[82] S. zu dieser Forschung überblicksartig allein die Preisansprache des Ökonomen *Oliver Hart*, der für seine Forschung zu „Incomplete Contracts" 2016 den Nobel Preis der Ökonomie erhielt: *Hart*, American Economic Review 2017, 1731.

beziehen sie sich nicht auf die Wirklichkeit",[83] entscheiden sie sich also, überspitzt gesagt, für die zweite Alternative und damit für die Gewissheit und gegen die Wirklichkeit. Auf der anderen Seite ist davon auszugehen, dass sie, soweit es um die vertragliche Erfassung einer zukünftigen, nicht vorhersehbaren Realität geht, von einer formalen Vertragssprache (jedenfalls für diese Klauseln) ohnehin eher absehen werden.

C. Formalsprachliche Verträge als angewandte Informatik und Computerlinguistik

Fernab der Behandlung formalsprachlicher Verträge in den Rechts- und anderen Wissenschaften sind es die Informatik und die Computerlinguistik, die das grundlegende Methodenrepertoire für formalsprachliche Verträge bieten. Formalsprachliche Verträge sind so gesehen Fälle der angewandten Informatik beziehungsweise angewandten Computerlinguistik.[84] Beide Wissenschaften finden ihre Grundlagen wiederum insbesondere in der Mathematik und formalen Logik und im Fall der Computerlinguistik zudem in der Linguistik.[85]

Die Informatik befasst sich mit der maschinellen Datenverarbeitung, insbesondere der automatischen Verarbeitung von Informationen beziehungsweise Daten mittels Computern.[86] Formale Sprachen können dabei als „Brot und Butter" der maschinellen Verarbeitung betrachtet werden. Sie sind unter anderem das Instrument zur Kommunikation mit dem Rechner; mit ihnen kann festgelegt werden, welche Informationen nach welchen Regeln wie verarbeitet, also zum Beispiel gespeichert oder dargestellt werden sollen.[87]

Für formalsprachliche Verträge können je nach Einsatzzweck und Umständen nahezu alle Bereiche der theoretischen und praktischen Informatik relevant werden. Besonderes Augenmerk verdient jedoch der Bereich der sogenannten Wissensrepräsentation und die dort eingesetzten formalen Sprachen und Modelle, wobei angesichts der hier angenommenen wesentlichen Merkmale formaler Vertragssprachen der Bereich der *symbolischen* Wissensrepräsentation im Vordergrund steht.[88] Denn während sehr einfach gelagerte Verträge, wie sie

---

[83] *Einstein*, in: Mein Weltbild, S. 119 f.; im Zusammenhang mit einer Rechtsformalisierung und -automatisierung zitiert etwa von *Reisinger*, Strukturwissenschaftliche Grundlagen, 1987 und *Adrian*, Rechtstheorie 2017, 77 (85).

[84] Zum Begriff der angewandten Informatik, auch unter Hinweis auf die verschwimmenden Grenzen zu den anderen Gebieten der Informatik, etwa *Gumm/Sommer,* Informatik, 2013, S. 3; zwischen angewandter und praktischer Computerlinguistik nicht weiter differenzierend, *Carstensen u.a.,* Computerlinguistik, 2010, S. 6 ff.

[85] Statt vieler zur Computerlinguistik und den sie beeinflussenden Disziplinen, *Carstensen u.a.,* Computerlinguistik, 2010, S. 3 ff.; zur Informatik vgl. *Broy*, in: Enzyklopädie der Wirtschaftsinformatik.

[86] Vgl. *Broy*, in: Enzyklopädie der Wirtschaftsinformatik.

[87] S. § 5 B. I.

[88] S. § 5 B.

im Zusammenhang mit Blockchain-basierten Smart Contracts vielfach ins Visier genommen werden, auch durchaus mit Methoden außerhalb der Wissensrepräsentation modelliert werden können,[89] kommt es mit zunehmender Komplexität des Vertrages beziehungsweise steigenden Anforderungen an die Formalisierung der Semantik des Vertrages entscheidend auf die Methoden für ausdrucksmächtige Wissensrepräsentationsformalismen an. Wenngleich unter diesem Begriff heute landläufig nur das maschinelle Lernen gezogen wird, wird eigentlich unter anderem auch die symbolische Wissensrepräsentation klassischerweise als Gebiet der Künstlichen Intelligenz gezählt.[90]

Ebenso versteht sich die Computerlinguistik als Teilbereich der Künstlichen Intelligenz.[91] Sie beschäftigt sich mit der maschinellen Verarbeitung natürlicher Sprache, wie zum Beispiel der maschinellen Übersetzung oder maschinellen Verarbeitung von Suchanfragen im Internet.[92] Sie steht damit im Überschneidungsbereich von Informatik und Linguistik, hat aber auf diesen aufbauend eigenständige neue Methoden entwickelt.[93]

Lenkt man den Blick auf die Bedeutung formaler Vertragssprachen als Mittel zur Vermeidung natürlichsprachlicher Ambiguität, liegt eine enge Orientierung an den Teilbereichen der Computerlinguistik, die sich mit der Verarbeitung geschriebener Sprache beschäftigen, nahe. Die Transition von natürlicher, ambiger Sprache in formale, präzise Repräsentationen bildete lange einen Hauptuntersuchungsgegenstand der Computerlinguistik.[94] In vielen Fällen der Verwendung formalsprachlicher Verträge dürften die Parteien wohl tatsächlich im Ausgangspunkt zunächst eine natürlichsprachliche Vertragsdokumentation verfassen und diese mithilfe der Methoden der Computerlinguistik in eine

---

[89] S. hierzu ausführlicher § 6 B.

[90] S. bspw. die Definition der Techniken und Konzepte der Künstlichen Intelligenz in Anhang I des Europäischen Vorschlags für ein Gesetz über Künstliche Intelligenz, COM(2021) 206 final, 2021/0106(COD), der auch „Logik- und wissensgestützte Konzepte, einschließlich Wissensrepräsentation, induktiver (logischer) Programmierung, Wissensgrundlagen, Inferenz- und Deduktionsmaschinen, (symbolischer) Schlussfolgerungs- und Expertensysteme" erfasst; auch aus einschlägigen Standardwerken zu „Künstlicher Intelligenz", wie *Görz,* Künstliche Intelligenz, 1995, wird deutlich, dass es sich beim maschinellen Lernen nur um eine von vielen Methoden der Künstlichen Intelligenz handelt.

[91] S. etwa die entsprechende Erfassung der Sprachverarbeitung als Teilbereich der Künstlichen Intelligenz in *Görz,* Künstliche Intelligenz, 1995, Kap. 5.

[92] Statt aller *Carstensen u.a.,* Computerlinguistik, 2010, S. 1 ff., zusammenfassend (S. 2): „Gegenstand der Computerlinguistik ist die Verarbeitung natürlicher Sprache (als Abgrenzung zu z.B. Programmiersprachen) auf dem Computer, was sowohl geschriebene Sprache (Text) als auch gesprochene Sprache (engl: speech) umfasst."

[93] *Carstensen u.a.,* Computerlinguistik, 2010, S. 1.

[94] *Carstensen u.a.,* Computerlinguistik, 2010, passim, insbesondere S. 6: „Das Hauptziel [der praktischen Computerlinguistik; Anm. d. Verf.] besteht somit darin, (sprachliches) Wissen erfolgreich auf einer Maschine zu modellieren und relevante praktische Probleme zu lösen." Mit der zunehmenden Nutzung sub-symbolischer Ansätze (s. § 4 B.), tritt der Fokus auf die formale Modellierung als Untersuchungsgegenstand stetig in den Hintergrund.

formale Sprache übersetzen. Zusätzlich zur formalen Repräsentation nichtsprachlichen Wissens (zum Beispiel über die Eigenschaften des Vertragsgegenstandes) ist in diesen Fällen auch formales Wissen über die natürliche Sprache notwendig (also zum Beispiel Wissen darüber, welche sprachlichen Einheiten es gibt und wie sie in Sätzen zusammengefügt werden können).[95] Der Zwischenschritt der natürlichsprachlichen Vertragsdokumentation ist indes keineswegs notwendig. Der Vertrag kann auch direkt in einer formalen Sprache formuliert beziehungsweise dokumentiert werden, ohne die Repräsentation einer natürlichsprachlichen Dokumentation des Vertrages zu sein.[96] Auf Methoden zur Repräsentation und Verarbeitung natürlichsprachlichen Wissens, wie zum Beispiel zur Konjugation oder möglichen Verbstellung in einem Satz, kommt es dann nicht an.

Selbst im Fall der direkten Dokumentation des Vertrages in einer formalen Sprache können Methoden der Computerlinguistik zur formalen Repräsentation sprachlichen Wissens aber einerseits angesichts einer gewünschten Orientierung der formalen Sprache an den sprachlichen Zeichen und der Syntax natürlicher Sprache wichtig werden; dies insbesondere im Hinblick auf eine bessere Sprachverständlichkeit und Reduzierung des Missverständnisrisikos. Andererseits können die Parteien gegebenenfalls ein Interesse daran haben, die formale Dokumentation anschließend maschinell in eine natürliche Sprache zu übersetzen.

Für formalsprachliche Verträge werden mithin sowohl Methoden der Informatik als auch unter Umständen Methoden der Computerlinguistik relevant. Abgesehen von den Fällen, in denen keine Wissensrepräsentation notwendig ist, lassen sich formalsprachliche Verträge zudem als Teil der Künstlichen Intelligenz begreifen. Die individuelle Zuordnung formalsprachlicher Verträge zu diesen Disziplinen und ihren Methoden hängt vom jeweiligen Verarbeitungsziel und anderen Aspekten wie der gewünschten Nähe zu natürlicher Sprache oder der Herangehensweise an die Formalisierung ab.[97]

---

[95] Zu Inhalt und Bedeutung nicht-sprachlichen Wissens: *Carstensen u.a.,* Computerlinguistik, 2010, S. 532 „In der formalen Semantik war nicht-sprachliches Wissen lange Zeit als sog. ‚Weltwissen' verpönt[.] Tatsächlich ist die […] Gleichsetzung nicht-sprachlichen Wissens mit Weltwissen aber unangemessen: nicht-sprachliches Wissen umfasst nicht nur die Kenntnis, was der Fall ist (Faktenwissen, episodisches Wissen), sondern ebenfalls, was es überhaupt gibt/wie unsere Auffassung der Welt strukturiert ist (konzeptuelles Wissen). Angelehnt an die philosophische Teildisziplin Ontologie (‚Lehre vom Seienden') spricht man daher bei Letzterem auch von ontologischem Wissen."
[96] Sich explizit für die Vorteilhaftigkeit dieses Ansatzes aussprechend etwa: *Wong*, in: Rechtshandbuch Legal Tech, S. 328 ff.
[97] S. § 6 B.

D. Formalsprachliche Verträge und verwandte Phänomene

Die Verwendung formaler Vertragssprachen schlägt eine weitere von vielen Brücken zwischen der tradierten analogen und der zunehmend digitalen Welt des Vertragswesens.[98] Hinsichtlich der ihnen zugrundeliegenden wesentlichen Merkmale und der vor diesem Hintergrund eingesetzten formalen Methoden offenbaren formale Vertragssprachen eine besondere Parallele zur Idee der Rechtsformalisierung und der Automatisierung juristischer Entscheidungen (I.). Gemessen an den Verarbeitungszwecken, die mit der Verwendung formaler Vertragssprachen verbunden sind, lassen sich wiederum Parallelen zu methodisch anders ansetzenden Anwendungen der sogenannten Legal Technology im Vertragswesen aufdecken (II.).

I. Parallelen und Abgrenzung zur Rechtsformalisierung

Formalwissenschaftliches Denken in den Rechtswissenschaften hat eine vergleichsweise lange Tradition.[99] Die Idee des Paragraphenautomaten oder Subsumtionsautomaten ist älter als die Erfindung des Computers.[100] Dass sie mit dessen Verfügbarkeit wieder Aufschwung erhalten hat und Versuche der Automatisierung juristischer Entscheidungen folgen würden, lag auf der Hand. Erste konkrete Ansätze wurden in den USA ab der Mitte des letzten Jahrhunderts entwickelt;[101] bald folgten Rechtswissenschaftler wie *Herbert Fiedler, Fritjof Haft* und *Leo Reisinger* mit Ansätzen für das deutsche Recht.[102] Mit der Idee der Rechtsautomatisierung als einem von mehreren Kernbereichen wurde gleichsam die Rechtsinformatik etabliert.[103] Ihren Höhepunkt erreichten die verschiedenen Ansätze zu automatisierten juristischen Entscheidungen in Gestalt von diversen sogenannten Expertensystemen in den 1970er und 1980er

---

[98] Formalsprachliche Verträge (insbesondere Smart Contracts) werden in diesem Sinne auch als weiterer Schritt in einer umfassenden Entwicklung vom ausgehandelten Vertrag zum immer weiter standardisierten Vertrag beschrieben, die mit einer stetigen Reduzierung menschlicher Einflussnahme auf den Vertragslebenszyklus einhergeht und sich diesbezüglich einreiht in eine durch die Digitalisierung befeuerte, weit über das Vertragswesen hinausgehende, gesellschaftliche Entwicklung. S. dazu insbesondere *Savelyev*, Information & Communications Technology Law 2017, insb. S. 120.; ähnlich *Wong*, in: Rechtshandbuch Legal Tech, S. 315 ff.; *Lee*, Decision Support Systems 1988, 27 (28); *Grundmann/Hacker*, ERCL 2017, insb. S. 276 ff., die in ihrem Beitrag auch auf die Entwicklungen im (europäischen) Recht eingehen.

[99] Historische Darstellung zum formalwissenschaftlichen Einfluss auf das Recht bei *Reisinger*, Rechtsinformatik, 1977, S. 19 ff.

[100] S. die ausführliche Darstellung verschiedener historischer Ansätze eines derart kalkulierbaren Rechts bei *Ogorek*, Subsumtionsautomat, 2008, insb. ab S. 39 ff.

[101] Pionierarbeit leistete insoweit der Beitrag *Loevinger*, Minnesota Law Review 1949, 455; zu dessen Bedeutung *Reisinger*, Rechtsinformatik, 1977, S. 31 f.

[102] Erste einschlägige Arbeiten dieser drei Autoren waren etwa: *Fiedler*, DRV 1962, 149; *Haft*, Kybernetische Systeme, 1968; *Reisinger*, Normanalyse, 1972.

[103] S. nur *Reisinger*, Rechtsinformatik, 1977, S. 31 ff.

Jahren.[104] Entsprechend der damalig vorherrschenden Methoden in der Informatik setzten diese Ansätze durchweg auf symbolische Repräsentationen.[105] Die Formalisierung musste dabei weitgehend manuell und damit zeit- und kostenintensiv erfolgen.

Dass die entwickelten Expertensysteme weit hinter den in sie gesteckten Erwartungen zurückblieben,[106] hatte indes vornehmlich Gründe, die auch mit heutigen Methoden nicht zu überwinden sind: Das Recht ist in seiner Komplexität erstens nicht vollständig explizierbar und damit auch nicht vollständig repräsentierbar und die so notwendigerweise bestehende Lücke zwischen Realität (beziehungsweise rechtsspezifischer Realität[107]) und formaler Repräsentation kann zweitens auch nicht im Hinblick auf eine gewonnene inhaltliche Kalkulierbarkeit hingenommen werden.

Genau hinsichtlich dieser Punkte unterscheidet sich die Rechtsformalisierung von der Vertragsformalisierung, wobei sich der erste als quantitativer, der zweite als qualitativer Unterschied beschreiben lässt.

Zunächst fallen Gemeinsamkeiten zwischen den Ansätzen zur Formalisierung eines Vertrages und der Formalisierung von Recht auf. Sowohl Verträge als auch das Recht arbeiten mit Sollenssätzen, beziehungsweise Ge- und Verboten und haben einen entsprechend vergleichbaren regelartigen Aufbau beziehungsweise eine vergleichbare Struktur.[108] Auch hinsichtlich der Ereignisse, Zustände und Konzepte (kurz: Realitätsabschnitte), auf die sie begrifflich Bezug nehmen, lassen sich Parallelen ziehen.[109]

Quantitativ betrachtet werden jedoch für das Gros an Rechtssätzen und Verträgen die folgenden Unterschiede relevant: Verträge sind auf Einzelfälle ausgerichtet und können damit in ihrem Regelungsausmaß klar(er) umrissen

---

[104] Eine umfassende Analyse damals bestehender juristischer Expertensysteme, einschließlich einer Übersicht (S. 229 ff.) bietet *Jandach,* Expertensysteme, 1993; s. ferner zu Expertensystemen auch § 5 B. II.
[105] Vgl. *Jandach,* Expertensysteme, 1993, S. 65 ff. zur formalen Logik als Entwicklungsgrundlage juristischer Expertensysteme; ein „bahnbrechendes" Beispiel (so *Schweighofer,* Rechtsinformatik, 1999, S. 100) entsprechender Rechtsformalisierung, welches aufgrund seiner Bedeutung für die Forschung zur Rechtsformalisierung und -automatisierung 2021 auch den Stanford-CodeX Preis gewann, war die Formalisierung des British Nationality Acts in: *Sergot u.a.*, Communications of the ACM 1986, 370.
[106] Statt vieler plakativ *Schweighofer,* Rechtsinformatik, 1999, S. 108.
[107] S. dazu später ausführlicher § 9 D. III. 2.
[108] Zu den Eigenschaften von Rechtssätzen statt vieler: *Larenz,* Methodenlehre, 1991, S. 250 ff.; zur entsprechenden Struktur bei Verträgen beziehungsweise privatdispositiven Regeln etwa *Raabe u.a.,* Formalisierung, 2012, S. 429.
[109] S. *LSP Working Group*, Developing a Legal Specification Protocol: Technological Considerations and Requirements (2019), insb. S. 6 ff, 19 ff., die insoweit die Vertragsformalisierung insgesamt als Zwischenschritt zur Entwicklung formalisierten Rechts betrachten („[W]e believe that an approach to enable contract specification and execution can also support legal specification." [S. 11]); s. zur Differenzierung zwischen Struktur und Begriff ferner später noch § 6 A. II.

werden;[110] Rechtsvorschriften erheben dagegen einen Anspruch der Allgemeingültigkeit und müssen entsprechend unbestimmter und dynamischer sein.[111] Das Recht kann ferner nicht mit dem Gesetz gleichgesetzt werden;[112] ungeschriebene Rechtsprinzipien erschweren eine erschöpfende Benennung aller für die Rechtsformalisierung entscheidenden normativen Gesichtspunkte. Billigkeits- beziehungsweise Erwägungen der Einzelfallgerechtigkeit dürften sich einer Formalisierung sogar nahezu vollständig entziehen. Juristische Entscheidungen sind gerade auch das Ergebnis einer aktiven Rechtserzeugung und nicht nur einer passiven, automatisierbaren Rechtsfindung.[113]

Eine Rechtsformalisierung wäre also nur bei Hinnahme einer entsprechenden (gegenüber der Vertragsformalisierung zusätzlich verstärkten) Komplexitätsreduktion möglich. Die Kalkulierbarkeit und die nahtlosen maschinellen Verarbeitungsmöglichkeiten des formalisierten Rechts müssten die so entstehende semantische Lücke aufwiegen, um einen entsprechenden Anreiz zur Rechtsformalisierung zu schaffen. Im Gegensatz zur parallelen Situation bei Verträgen dürfte diese Kosten-Nutzen-Analyse beim Recht (selbst, wenn man das Sprachrisiko ausblenden würde[114]) niemals zugunsten einer Formalisierung ausfallen – jedenfalls nicht zugunsten einer verbindlichen, vom Gesetzgeber ausgehenden Rechtsformalisierung.

Denn genau hier liegt der entscheidende qualitative Unterschied zwischen Recht und Vertrag: sie verfolgen unterschiedliche Ziele und Funktionen. Verträge haben (jedenfalls aus Sicht der Parteien) vorrangig die Funktion, ihren autonomen rechtlichen Handlungsspielraum auszuüben.[115] Zwar gibt es auch für Verträge rechtliche Vorgaben und ihnen kann die rechtliche Anerkennung versagt werden, aber im Grundsatz obliegt es den Parteien zu entscheiden, ob sie sich aufgrund einer Kosten-Nutzen-Analyse für eine formale Vertragssprache und die damit einhergehende Ausdrucksarmut entscheiden. Das Recht soll

---

[110] *LSP Working Group*, Developing a Legal Specification Protocol, S. 6: „Contracts present a relatively tractable problem: they are typically shorter, more discrete legal formulations than legislation or regulation"; dazu gehört auch, dass die Parteien eines Vertrages ihr eigenes Verständnis formalisieren können, während einer Rechtsformalisierung bereits entgegensteht, dass es selten ein einheitliches Rechtsverständnis gibt (s. etwa *Adrian*, Rechtstheorie 2017, 77 [86]) und Rechtssätze ferner vielfach unvollständig sind (s. etwa *Raabe u.a.*, Formalisierung, 2012, S. 70 ff., insb. S. 89 ff.).

[111] Anschaulich: *Raabe u.a.*, Formalisierung, 2012, passim, insb. S. 71, 123.; ähnlich auch *Möslein*, in: BeckOGK, Stand: 1.10.2020, § 133 BGB Rn. 5; ausführlich zu den spezifischen Ungenauigkeiten der Rechtssprache *Rüthers u.a.*, Rechtstheorie, 2022, S. 123 ff., insb. S. 127 f.; s. ferner insoweit auch *Exner*, Smart Contracts, 2022, S. 156 ff., der die Probleme einer Rechtsformalisierung jedoch ebenso für die Vertragsformalisierung sieht.

[112] S. dazu ausführlicher § 9 B.

[113] S. bereits § 3 Fn. 104 und den dazugehörigen Text.

[114] Zu diesem als eigenes Hindernis einer Rechtsformalisierung vgl. *Rüthers u.a.*, Rechtstheorie, 2022, S. 131 f.

[115] S. bereits § 4 A. und nachfolgend § 9 D.

dagegen das menschliche Zusammenleben insgesamt steuern und ordnen und muss dabei notwendigerweise auf heteronome Erwägungen wie etwa Gerechtigkeitserwägungen setzen.[116] Zwar setzen diese Erwägungen und das Steuerungs- und Ordnungsziel auch eine gewisse inhaltliche Kalkulierbarkeit der hierfür geschaffenen rechtlichen Regelungen voraus, der inhaltlichen Kalkulierbarkeit des deutschen Rechts wird nach heutigem rechtsstaatlichen und methodischem Verständnis allerdings keine so gewichtige Stellung eingeräumt, dass ihretwegen auf einen umfassenden, von Wertungen getragenen Regelungsanspruch verzichtet würde.[117] Eine entsprechende Art Neuentdeckung der Begriffsjurisprudenz und des Rechtspositivismus,[118] ein Wiederaufleben der Vorstellung vom geschlossenen Rechtssystem unter Hinnahme einer (noch weiteren) Entfernung des Rechts von der Realität, ist zum aktuellen Zeitpunkt nicht vorstellbar.[119]

Eine Rechtsformalisierung im Sinne der Verwendung formaler Sprachen als verbindlichem Ausdrucksmittel für das deutsche Recht kommt vor diesem Hintergrund daher nicht in Betracht. Denkbar ist lediglich – wie es teilweise auch schon praktisch in Angriff genommen wird – eine unterstützende, beziehungsweise unverbindliche oder jedenfalls nicht letztverbindliche *Automatisierung* des Rechts. Es geht also um den Fall, dass die mögliche semantische Lücke zwischen der eigentlichen Rechtslage und der automatisiert ermittelten rechtlichen Entscheidung zunächst im Hinblick auf die Vorzüge der Automatisierung hingenommen und dann gegebenenfalls korrigiert wird. Umso eher eine Nähe zur eigentlichen Rechtslage gewährleistet werden kann, umso wahrscheinlicher wird der Rückgriff auf die Automatisierung. Prädestiniert sind Rechtsgebiete wie das Steuer- oder Verwaltungsrecht.[120]

Die Automatisierungsansätze müssen dabei angesichts der in jedem Fall anzunehmenden Unverbindlichkeit einer formalsprachlichen Rechtsformulierung nicht zwangsläufig auf symbolische Repräsentationen und sichere Schlussverfahren zurückgreifen. Heutige Ansätze zur Rechtsautomatisierung

---

[116] S. etwa *Rüthers u.a.,* Rechtstheorie, 2022, S. 50 ff.

[117] Vgl. *Rüthers u.a.,* Rechtstheorie, 2022, S. 131; *Grüneberg,* in: Grüneberg, Einleitung Rn. 39, wonach ihr „trotz der mit ihr notwendigerweise verbundenen Einbuße an Rechtssicherheit und Vorausberechenbarkeit des Rechts" zu folgen sei.

[118] Statt vieler ausführlich zur Entwicklung der Rechtsmethodik seit dem 19. Jhdt.: *Larenz,* Methodenlehre, 1991, S. 11 ff. m.w.N.; explizit zu Idee und Ausprägungen des juristischen Positivismus ferner auch *Rüthers u.a.,* Rechtstheorie, 2022, S. 301 ff.

[119] Zustimmen lässt sich vielmehr etwa *Timmermann,* Legal Tech-Anwendungen, 2020, S. 83 ff. welcher „eine Renaissance der Begriffsjurisprudenz als Folge des technisch Möglichen" (S. 83) „entschieden ab[lehnt]" (S. 85); auch *Rüthers u.a.,* Rechtstheorie, 2022, S. 131 ff. kommen zu dem Ergebnis, dass eine „Symbolsprache als Mittel größerer Genauigkeit juristischer Aussagen […] rechtsstaatliche und methodische Einwände" (S. 131) entgegenstehen. Zu Recht betonen sie aber dennoch die Bedeutung der Logik für das Recht (S. 133 f.).

[120] So schon *Haft,* Rechtsinformatik, 1977, S. 94.

setzen entsprechend auch eher auf die kostengünstigeren oder realitätsnäheren sub-symbolischen Ansätze und Verfahren des unsicheren Schlussfolgerns wie das fallbasierte oder probabilistische Schließen.[121] Symbolische Repräsentationen rücken jedoch gerade wegen des Wunsches nach Transparenz und Erklärbarkeit der automatisierten Entscheidungsfindung wieder vermehrt in den Vordergrund.[122] Soweit eine Rechtsautomatisierung daher über den Zwischenschritt einer Rechtsformalisierung realisiert wird und diese den formalen Voraussetzungen genügt, die als wesentlich für die Vertragsformalisierung charakterisiert wurden,[123] können die entwickelten Ansätze und Ressourcen grundsätzlich auch für formalsprachliche Verträge nutzbar gemacht werden.

II. Legal Technology im Vertragswesen

Während mit den ersten Ansätzen zum Einsatz des Computers im Rechtswesen der Begriff der Rechtsinformatik geprägt wurde, wird seit einigen Jahren weitläufig von „Legal Technology" beziehungsweise kurz „Legal Tech" gesprochen.[124] Das Verhältnis von Legal Tech zur Rechtsinformatik wird unterschiedlich bewertet und hängt mit dem Verständnis beider Begriffe zusammen.[125] Teilweise wird Legal Tech auf den Einsatz von Software im unmittelbaren Kernbereich des anwaltlichen Geschäftsmodells beschränkt.[126] Im weitesten Sinne kann unter Legal Tech wohl insgesamt der Einfluss der Informatik und Computerlinguistik auf das Rechtswesen, einschließlich des Vertragswesens und aller genuin juristischen Tätigkeiten, verstanden werden.[127]

---

[121] Die Bedeutung der Verarbeitung unsicherer oder unvollständiger Informationen bei der Rechtsautomatisierung hervorhebend etwa *Schweighofer,* Rechtsinformatik, 1999, S. 92. Zusammenfassend könnte man diese Ansätze, im Gegensatz zu einem symbolischen, axiomatisch-deduktiven System, als „retrospektive" Ansätze bezeichnen, da die automatisierte Entscheidungsfindung auf Grundlage vergangener Fälle erfolgt (s. zu so einem Ansatz exemplarisch *Adrian*, Rechtstheorie 2017, 77 [insb. S. 95 ff.]). Anders als bei symbolischen Ansätzen und einer Rechtsformalisierung besteht die semantische Lücke hier dann nicht mehr (nur) im Hinblick auf die Unvollständigkeit eines reinen Rechtssystems, sondern in der Verkennung des Rechtserzeugungsanteils bei der Rechtsanwendung, dem die ausschließliche Betrachtung vergangener Fälle nicht gerecht werden kann.

[122] S. dazu schon § 4 B.

[123] § 4 B.

[124] S. allein einige der in jüngerer Zeit erschienen Fachbücher, die das Wort „Legal Tech" im Titel tragen: *Hartung u.a.*, Legal Tech, 2018; *Timmermann*, Legal Tech-Anwendungen, 2020; *Wagner*, Legal Tech, 2020; *Breidenbach/Glatz*, Rechtshandbuch Legal Tech, 2021.

[125] S. etwa die Nachweise bei *Timmermann*, Legal Tech-Anwendungen, 2020, S. 55 f., der sich selbst für Legal Tech als Unterfall der Rechtsinformatik ausspricht (S. 55).

[126] So etwa *Hartung*, in: Legal Tech, S. 8.

[127] In einem vergleichbar weiten Sinne fiel etwa die sehr frühe Definition von „Legal Tech" durch *Micha-Manuel Bues* aus in: *Bues*, Was ist „Legal Tech"?, abrufbar unter: https://legal-tech-blog.de/was-ist-legal-tech (zuletzt aufgerufen am 18.5.2023). Sodann würde man ein Synonym zur Rechtsinformatik annehmen können, jedenfalls sofern man diese ebenfalls in einem weiten Sinne und nicht etwa allein auf Aspekte der Rechts-

Unabhängig davon, wie man Legal Tech im Ergebnis definiert, zielen einige Phänomene, die typischerweise zu Legal Tech gezählt werden, auf dieselben Zwecke ab, die mit der maschinellen Verarbeitung formalsprachlicher Verträge angestrebt werden. Es geht jeweils um die Funktionalisierung beziehungsweise Automatisierung verschiedener Phasen des vertraglichen Lebenszyklus wie der Vertragsanalyse, dem Vertragsmonitoring oder der Vertragsausführung. Exemplarisch bieten Unternehmen wie *Kira Systems* solche Dienste an.[128] Insgesamt lassen sich alle diese Ansätze, einschließlich formalsprachlicher Verträge (die sich jedoch zusätzlich noch durch den Sprachaspekt auszeichnen[129]), in einem weiten Sinne als Ansätze (auf dem Weg zu) einer Vertragsautomatisierung beschreiben.[130]

Die eingesetzten formalen Methoden bei anderen Ansätzen der Vertragsautomatisierung können sehr vergleichbar oder sogar identisch zu denen bei formalsprachlichen Verträgen sein. Gemeint ist insbesondere der Fall, dass zwar eine den wesentlichen Merkmalen formalsprachlicher Verträge entsprechende Formalisierung des Vertrages vorgenommen wird, diese aber ausschließlich als Mittel zum Zweck der anschließenden Automatisierung eingesetzt wird. Die formalsprachliche Vertragsdokumentation soll also in diesem Fall nicht auch als auslegungsrelevantes Erklärungsmittel der Parteien eingesetzt werden; die formale Sprache ist in diesem Fall keine Vertragssprache.[131]

Die genannten und weitere Automatisierungsziele im Vertragslebenszyklus können aber auch gerade mit den formalen Methoden verwirklicht werden, die für formalsprachliche Verträge wegen des Sprachaspekts nicht in Betracht kommen. Die reine Vertragsautomatisierung kann ebenso wie die (unverbindliche beziehungsweise rein unterstützende) Rechtsautomatisierung, zum Beispiel mithilfe sub-symbolischer Ansätze oder Repräsentationen von Vagheit, probabilistischem oder fallbasiertem Schließen ermöglicht werden.[132] Nahezu

---

anwendung bezogen versteht (zu verschiedenen Definitionen der Rechtsinformatik s. etwa *Schweighofer*, Rechtsinformatik, 1999, S. 3 ff.; s. ferner bereits § 4 Fn. 103).

[128] Zum Angebot von Kira Systems s. etwa *Timmermann*, Legal Tech-Anwendungen, 2020, S. 120 f.

[129] Zu dem Begriff bereits § 1.

[130] Da die Begleitung der verschiedenen Phasen eines Vertragslebenszyklus unmittelbar den Kernbereich anwaltlicher Tätigkeiten betreffen kann, wären Ansätze der Vertragsautomatisierung und damit auch formalsprachliche Verträge selbst im genannten engeren Sinne des Begriffs, als Legal Tech zu verstehen. Ebenso im Hinblick auf Smart Contracts etwa *Hartung*, in: Legal Tech, S. 7, unter Bezug auf die von *Oliver Goodenough* eingeführte Einteilung von Legal Tech; so wohl auch *Schnell/Schwaab*, BB 2021, 1091 (1091); a.A. etwa *Fiedler/Grupp*, DB 2017, S. 1072. Es ist aber nochmals darauf hinzuweisen, dass eine maschinelle Verarbeitung, also Vertragsautomatisierung, bei formalsprachlichen Verträgen zwar stets mitbedacht wird, ein formalsprachlicher Vertrag aber noch nicht zwingend selbst automatisiert werden können muss, sondern auch nur eine Vorstufe auf dem Weg zu einer tatsächlich automatisierbaren Version sein kann (s. § 2 A. I.).

[131] Zur Beantwortung dieser Frage i.R.d. Auslegung s. insb. § 13 A. I. 3. b).

[132] Zu verschiedenen formalen Methoden s. bereits § 4 B. und § 4 D. I.

das gesamte Methodenrepertoire der Informatik und Computerlinguistik kann zum Einsatz kommen; die Beispiele bereits existierender konkreter Ansätze und Anwendungen sind unzählbar.[133]

Fernab der unterschiedlichen rechtlichen Auswirkungen[134] erlauben viele der verwendeten Methoden im Vergleich zu den für formalsprachliche Verträge wesentlichen Methoden unter anderem eine weitere Annäherung an die Realität[135] oder eine kostengünstigere Alternative oder aber auch die Vermeidung des Sprachrisikos, indem direkt natürliche Sprache verarbeitet wird.[136] Andererseits können sie nicht die mit den Eigenschaften formaler Sprachen einhergehenden Vorteile wie die präzise inhaltliche Kalkulierbarkeit und Vermeidung beziehungsweise Verringerung der semantischen Lücke zwischen rechtsgeschäftlicher Erklärung und maschineller Verarbeitung bieten. Es lässt sich damit keine pauschale Wahl zwischen der reinen Vertragsautomatisierung und formalsprachlichen Verträgen treffen. Die meisten der oben genannten Abwägungsargumente dürften auch in dieser Frage im Einzelfall zum Ausschlag in die eine oder andere Richtung führen.[137]

§ 5 Einschlägige Grundbegriffe und Methoden der Computerlinguistik und Informatik

Die wesentlichen Merkmale formalsprachlicher Verträge – formal eindeutige Interpretierbarkeit und symbolische Repräsentation – wurden bereits identifiziert und umrissen. Im Folgenden werden sie um damit einschlägige Methoden und allgemeine Grundlagen zu formalen Sprachen und ihrer Verarbeitung ergänzt. Auf diese Weise soll eine hinreichende Wissensbasis für die anschließende Systematisierung der Ansätze zur Vertragsformalisierung geschaffen werden.

---

[133] Ein aktueller Überblick über konkrete Legal Tech Anwendungen findet sich etwa hier: https://legal-tech-verzeichnis.de/ (zuletzt aufgerufen am 18.5.2023); eine Vorstellung einzelner Legal Tech Anwendungen, gerade auch zur Vertragsautomatisierung, findet sich auch bei *Timmermann*, Legal Tech-Anwendungen, 2020, S. 98 ff., insb. ab S. 122 ff.

[134] Exemplarisch zu den rechtlichen Auswirkungen einer reinen Vertragsautomatisierung s. *Specht*, Diktat der Technik, 2019, die sich explizit den rechtlichen Konsequenzen der einseitigen Nutzung technischer Systeme und Automatisierungsprozesse bei der Vertragsinhaltsgestaltung beziehungsweise zur Substitution einer vertraglichen Vereinbarung widmet – und damit Fällen der Vertragsautomatisierung fernab einer formalsprachlichen Vertragssprache; ähnlich bereits *Mackenrodt*, Technologie, 2015.

[135] Gerade sub-symbolische Ansätze können allgemein „sehr viel besser die graduellen Unterschiede, kontextuellen Abhängigkeiten und impliziten Zusammenhänge in eng begrenzten Anwendungsbereichen [erfassen]", *Carstensen u.a.*, Computerlinguistik, 2010, S. 534.

[136] Zu Vorteilen der verschiedenen Methoden siehe bereits § 4 B.

[137] S. § 4 A.

Bereits der Aufbau der nachfolgenden Abschnitte orientiert sich dabei an einem wichtigen Aspekt bei der Entwicklung und Nutzung formaler Sprachen, und zwar dem der Trennung zwischen Konzept und Umsetzung. Die Bedeutung formaler Sprachen in der Computerlinguistik und Informatik erschöpft sich nicht in formalen Sprachen, die eine Interaktion zwischen Mensch und Computer möglich machen (sogenannten Computersprachen).[138] Formale Sprachen und ihre Eigenschaften werden an verschiedenen Stellen losgelöst von den Anforderungen an die Interaktion mit einem bestimmten Rechner untersucht und eingesetzt. Solche „maschinenabstrakten" formalen Sprachen, mit denen noch keine unmittelbar maschinell verarbeitbaren Ausdrücke möglich sind, sind etwa Gegenstand der theoretischen Informatik, die sich explizit den formalen Eigenschaften wie der Ausdrucksmacht oder Entscheidbarkeit solcher Sprachen widmet.[139] Aber auch die praktische Informatik und Computerlinguistik beschäftigen sich nicht nur mit Computersprachen. Im Entwicklungsprozess für konkrete Anwendungen wird selten ad-hoc beziehungsweise direkt mit einer Computersprache gearbeitet, sondern, zum Beispiel aus Gründen der Wiederverwertbarkeit, zunächst auf Ausdrücke in maschinenabstrakten formalen Sprachen gesetzt.[140] Mit diesen Sprachen werden dann formale Spezifikationen entwickelt oder sogenannter Pseudo-Code geschrieben, die in einem nachfolgenden Abschnitt des Entwicklungsprozesses in Computersprachen überführt und in bestimmten Systemen realisiert werden.[141]

Diese Trennung von Konzept und Umsetzung widerspiegelnd, beginnen die nachfolgenden Abschnitte mit theoretischen Erwägungen zu formalen Sprachen, einschließlich deren Definition und einer kurzen Einführung in ihre Hierarchie nach *Noam Chomsky* (A.). Präsentiert werden anschließend die abstrakten Möglichkeiten zur symbolischen Wissensrepräsentation (B.), gefolgt von einer Einführung in die Algorithmik (C.). Im letzten Schritt (D.) wird auf die Implementierung formaler Sprachen eingegangen und es werden Beispiele konkreter Computersprachen und Ressourcen vorgestellt.

---

[138] S. dazu ausführlicher § 5 D. I.
[139] *Carstensen u.a.*, Computerlinguistik, 2010, S. 8; s. ferner gleich § 5 A.
[140] *Gumm/Sommer*, Informatik, 2013, S. 828 ff., eine direkte Implementierung kommt demnach nur bei kleinen Softwaresystemen in Betracht (insb. S. 830); *Carstensen u.a.*, Computerlinguistik, 2010, insb. S. 7: „Der Einsatz eines Formalismus, der unabhängig von einer bestimmten Sprache deklarativ die Modellierung sprachlicher Gegebenheiten erlaubt, ist von unschätzbarem Vorteil und hat konsequenterweise die direkte Implementierung von sprachverarbeitenden Algorithmen für die Behandlung bestimmter Phänomene in einer bestimmten Sprache weitgehend verdrängt."; Anklänge zu einer entsprechenden Entwicklung bei Smart Contracts finden sich bei *Matthes*, in: Rechtshandbuch Smart Contracts, Rn. 9 ff.
[141] Vgl. *Gumm/Sommer*, Informatik, 2013, S. 88 ff., ab S. 830 ff. auch mit Blick auf die verschiedenen Vorgehensmodelle bei der Softwareentwicklung wie das Wasserfallmodell oder inkrementelle Modelle wie die agile Softwareentwicklung.

A. Definition und Hierarchie formaler Sprachen

Formale Sprachen sind Gegenstand einer Vielzahl verschiedener Wissenschaften.[142] In weiten Teilen bestehen zwischen den Disziplinen Überschneidungen beziehungsweise Übereinstimmung hinsichtlich dessen, was unter formalen Sprachen verstanden und in diesem Zusammenhang besprochen wird. Zum Teil lassen sich aber auch Unterschiede erkennen, insbesondere sind innerhalb der Disziplinen jeweils unterschiedliche Schwerpunktsetzungen und unterschiedliche Bezugsrahmen auszumachen. Einigkeit besteht dahingehend, dass formale Sprachen ihre Grundlagen in der Mathematik finden. Explizit sind es unter anderem die Arithmetik, Mengenlehre, Graphentheorie und die formale Logik, wie insbesondere die Prädikatenlogik, die die Grundpfeiler formaler Sprachen ausmachen und Operationen auf formalen Sprachen ermöglichen.[143]

In der theoretischen Informatik, auf welche sich auch die Computerlinguistik bezieht, werden formale Sprachen als Menge von Wörtern über einem Alphabet definiert.[144] Ein Alphabet ist eine nicht-leere Menge an Elementen, die Zeichen oder Symbole genannt werden.[145] Es kann beispielsweise die Buchstaben des lateinischen Alphabets oder alle Zeichen des Amerikanischen Standard-Codes für Informationsaustausch (ASCII)[146] oder alle natürlichen Zahlen enthalten. Eine endliche Kette dieser Zeichen wird als Wort bezeichnet.[147] Erzeugt werden die Wörter mittels einer formalen Grammatik.[148] Diese greift für den Erzeugungsmechanismus unter anderem auf eine endliche Menge an Regeln zurück,[149] die Verknüpfungsbeziehungen der formalen Logik nutzen.[150]

Unter Beachtung der formalen Grammatik lässt sich im Umkehrschluss eindeutig feststellen, ob eine bestimmte Zeichenkette zur von der Grammatik

---

[142] Nennen lassen sich unter anderem die Mathematik, Linguistik, Computerlinguistik, Informatik und die Philosophie. Ein Überblick über die Formalwissenschaften findet sich bei *Reisinger*, Strukturwissenschaftliche Grundlagen, 1987, S. 18 ff.; explizit zu den Disziplinen, die sich mit der Formalisierung natürlicher Sprache auseinandersetzen: *Raabe u.a.*, Formalisierung, 2012, S. 71.

[143] S. etwa *Carstensen u.a.*, Computerlinguistik, 2010, S. 27 ff. mit jeweiliger Einführung in diese Grundlagen. Vertiefend ist insbesondere auf Werke zur formalen Logik zu verweisen wie *Zoglauer*, Logik, 2021; mit Blick auf Fragen der Logik speziell bei der Rechtsanwendung s. ferner insb. die Einführungen von: *Joerden*, Logik, 2018; *Schnapp*, Logik, 2016.

[144] Vgl. *Carstensen u.a.*, Computerlinguistik, 2010, S. 66.

[145] *Carstensen u.a.*, Computerlinguistik, 2010, S. 66, auf S. 28 zudem zum Mengenbegriff als „eine beliebige Ansammlung von Objekten".

[146] Zum ASCII-Code etwa *Gumm/Sommer*, Informatik, 2013, S. 11 ff.

[147] *Carstensen u.a.*, Computerlinguistik, 2010, S. 66.

[148] *Carstensen u.a.*, Computerlinguistik, 2010, S. 67.

[149] Hinzu kommen ein Alphabet mit Terminalsymbolen und eines mit Nichtterminalsymbolen sowie ein Startsymbol, *Carstensen u.a.*, Computerlinguistik, 2010, S. 67 f.

[150] *Kutschera*, in: Sprachphilosophie, S. 112 f.

erzeugten formalen Sprache gehört oder nicht.[151] Akzeptiert werden nur korrekte beziehungsweise *wohlgeformte*, also durch die Grammatik erzeugbare Wörter oder Verknüpfungen von Wörtern. Ob eine Zeichenkette wohlgeformt ist, lässt sich mithilfe eines Erkennungsmechanismus beziehungsweise theoretischen Berechnungsmodells in Gestalt eines Automaten feststellen (Teil der sogenannten Automatentheorie).[152]

Nach *Noam Chomsky* werden die formalen Grammatiken und die jeweils von ihnen beschriebenen formalen Sprachen in Komplexitätsklassen unterteilt.[153] Unterschieden wird zwischen Grammatiken von Typ 3 bis Typ 0 (sogenannte Chomsky-Hierarchie).[154] Diese Typen stehen ihrer Ausdrucksstärke entsprechend in einem hierarchischen Verhältnis zueinander, wobei die durch Grammatiktyp 0 beschriebenen Sprachen die ausdrucksmächtigsten sind.[155]

Entsprechend der verschiedenen Grammatiktypen und der durch sie beschriebenen Sprachen werden verschiedene Automaten als Erkennungsmechanismus herangezogen. Es besteht folglich eine direkte Verbindung zwischen Grammatiktyp, formaler Sprache und Erkennungsmechanismus.[156] Der allgemein bekannteste unter letzteren dürfte die sogenannte Turingmaschine sein, die der Erkennung einer mit dem Grammatiktyp 0 beschriebenen formalen Sprache dient.[157]

Neben der Ausdrucksmächtigkeit spielen die Entscheidbarkeitseigenschaften formaler Sprachen eine wichtige Rolle.[158] Nimmt man wieder die Frage nach der Wohlgeformtheit eines Wortes, so wäre diese Frage (das sogenannte „Wortproblem") dann entscheidbar, wenn der Automat bei Eingabe des Wortes zu dem Ergebnis kommen würde, dass das Wort der Sprache entspricht oder nicht entspricht. Kann der Automat dieses Problem nicht lösen, ist es nicht entscheidbar. Kann er nur beantworten, ob ein Wort zu der Sprache gehört,

---

[151] *Raabe u.a.*, Formalisierung, 2012, S. 70; *Carstensen u.a.*, Computerlinguistik, 2010, S. 67, 69.
[152] *Carstensen u.a.*, Computerlinguistik, 2010, S. 66 ff., insb. S. 70.
[153] Die sog. „Chomsky-Hierarchie" (s. zur Bezeichnung allein *Carstensen u.a.*, Computerlinguistik, 2010, S. 92 f.) nahm ihren Ausgangspunkt in einem Beitrag *Chomskys* aus dem Jahr 1959: *Chomsky*, Information and Control 1959, 137.
[154] *Chomsky*, Information and Control 1959, 137 passim.
[155] *Carstensen u.a.*, Computerlinguistik, 2010, S. 83, die Ausdrucksstärke folgt daraus, dass Grammatiktyp 0 nahezu keine Bedingungen an die Bildung der Regeln stellt. Die von Typ 0 erzeugten Sprachen können also sehr komplex sein, während die höheren Grammatikklassen spezifischere Regeldefinitionen angeben, darüber also nur weniger komplexe Sprachen erzeugt werden können (vgl. S. 68 f.).
[156] *Carstensen u.a.*, Computerlinguistik, 2010, S. 68, Zusammenfassung des jeweiligen Zusammenspiels auf S. 92 f.
[157] Auch mit weiteren Informationen zum ursprünglichen Zweck der Turingmaschine, *Carstensen u.a.*, Computerlinguistik, 2010, S. 88.
[158] *Carstensen u.a.*, Computerlinguistik, 2010, S. 91; s. auch *Beierle/Kern-Isberner*, Wissensbasierte Systeme, 2019, S. 41.

aber nicht, ob es nicht zur Sprache gehört, spricht man von semi-entscheidbar.[159]

Beschreibt man das (Wort-)Problem als charakteristische Funktion, lässt sich entsprechend des auf Funktionen zugeschnittenen Begriffs statt von Entscheidbarkeit auch von Berechenbarkeit sprechen.[160] Die Ermittlung der Ressourcen an Zeit und Speicher, die für die Berechnung aufgewendet werden müssen, sind dann wiederum Bestandteil der Komplexitätstheorie.[161]

Die Hierarchie formaler Sprachen gibt mithin Aufschluss über Möglichkeiten und Effizienz der maschinellen Verarbeitung eines formalsprachlich repräsentierten Realbereichs.[162] Dementsprechend ist bereits im Rahmen der formalen Modellierung eines Realbereichs – seiner Formalisierung – die Zielsetzung der maschinellen Verarbeitung und die hierfür notwendige Ausdrucksmächtigkeit relevant.

B. Symbolische Wissensrepräsentation

Die Methoden der symbolischen Wissensrepräsentation und entsprechende Repräsentationssprachen spielen für die Vertragsformalisierung aufgrund ihrer Ausdrucksmächtigkeit eine zentrale Rolle.[163] Nach einer Auseinandersetzung mit den entscheidenden Begrifflichkeiten rund um die Wissensrepräsentation (I.) wird daher im Folgenden in die Grundlagen der symbolischen Wissensrepräsentation (II.) eingeführt und ein Überblick über verschiedene Repräsentationsmodelle gegeben (III.).

I. Information und Wissen – Daten und Repräsentation

Wissen ist ein schwer zu fassendes Konzept.[164] Das zugrunde gelegte Verständnis variiert innerhalb und zwischen den Wissenschaften, die sich seiner bedienen; tiefergehende Auseinandersetzungen mit dem Wissensbegriff sind eigener Monographien würdig.

---

[159] Übersicht bei *Beierle/Kern-Isberner*, Wissensbasierte Systeme, 2019, S. 41; der Fall der Unentscheidbarkeit kann bei Turingmaschinen auftreten und wird dort als Halteproblem bezeichnet, s. *Carstensen u.a.*, Computerlinguistik, 2010, S. 92; ausführlicher zur (Un-)Entscheidbarkeit: *Ebbinghaus u.a.*, Logik, 2018, S. 160 ff.

[160] *Carstensen u.a.*, Computerlinguistik, 2010, S. 91 f., s. auch S. 31 f. zum Begriff der charakteristischen Funktion; s. auch *Ebbinghaus u.a.*, Logik, 2018, S. 165.

[161] *Carstensen u.a.*, Computerlinguistik, 2010, S. 90.

[162] Mit Blick speziell auf die Sprachverarbeitung: *Carstensen u.a.*, Computerlinguistik, 2010, S. 66.

[163] Ähnlich insoweit für die Rechtsformalisierung schon: *Schweighofer*, Rechtsinformatik, 1999, S. 12.

[164] S. allein die Zusammenführung verschiedener Definitionen bei *Stelzer*, in: Enzyklopädie der Wirtschaftsinformatik m.w.N.; zum Wissensbegriff weiterführend auch *Zech*, Information, 2012, S. 28 f. m.w.N.

Allgemein anerkannt ist die untrennbare Verbindung des Wissensbegriffs mit dem Informationsbegriff.[165] Orientiert man sich sodann an der Kognitionswissenschaft, lässt sich Information als eine durch den Menschen semantisch interpretierte Nachricht (die aus einem Zeichen oder einer Zeichenfolge bestehen kann) beschreiben.[166] Wissen wiederum lässt sich dann unter anderem als Speicherung, Verknüpfung und Organisation von Informationen definieren.[167] Informationen können Wissen erweitern und verändern; die Interpretation von Nachrichten – die Erlangung von Information – setzt wiederum Wissen voraus.[168] Es braucht also Wissen, um einer Nachricht, die zum Beispiel aus einem Wort bestehen kann, eine Bedeutung zu entnehmen. Ohne semantisches Wissen ist ein Wort nur ein bedeutungsloses Symbol, durch semantisches Wissen wird es ein Begriff.[169]

Auf die Informatik beziehungsweise Computerlinguistik gemünzt, ergibt sich ein etwas anderer Blick auf die Begriffe Information und Wissen – vor allem im Hinblick auf deren jeweilige formale Repräsentation. Eine zentrale Rolle nimmt dabei der Begriff der Daten ein. Gemeint ist damit zunächst nur die Darstellung einer Nachricht in einer Folge aus Bits (beziehungsweise Bytes), sprich als Folge von Nullen und Einsen (Alphabet des sogenannten Binärcodes).[170] Bezeichnet wird dieser Prozess als Kodierung.[171] Der Mensch kann die kodierte Nachricht (das Datum) wiederum potenziell interpretieren, ihr folglich eine Bedeutung beimessen und sie in Information umwandeln.[172] Der Rechner kann Daten verarbeiten, sie haben für ihn aber keine Bedeutung

---

[165] Statt vieler: *Schweighofer,* Rechtsinformatik, 1999, S. 16.
[166] Vgl. *Carstensen u.a.,* Computerlinguistik, 2010, S. 533; zu verschiedenen Informationsbegriffen ausführlich *Zech,* Information, 2012, S. 13 ff. mit umfassenden Nachweisen.
[167] Vgl. die verschiedenen entsprechenden Definitionen unter dem Abschnitt „Wissen als vernetzte Information" bei *Stelzer,* in: Enzyklopädie der Wirtschaftsinformatik; s. auch *Wiegerling,* in: Rechtshandbuch Legal Tech, S. 22.
[168] S. etwa *Schweighofer,* Rechtsinformatik, 1999, S. 16; *Dengel,* Semantische Technologien, 2012, S. 4.
[169] Statt vieler: *Liebwald,* in: Semiotik, S. 206. Unverkennbar ist an dieser Stelle die „allgemeine Unterscheidung zwischen Objekten, den Zeichen oder Wörtern, die sich auf sie beziehen, und der mentalen Vorstellung" angesprochen (*Dengel,* Semantische Technologien, 2012, S. 11), die als Modell vor allem in Gestalt des sog. Semiotischen Dreiecks bekannt ist (zurückgehend auf *Ogden/Richards,* Meaning, 1923). Für den aufmerksamen Leser ebenfalls unverkennbar, wurde in den bisherigen Ausführungen eine klare Differenzierung zwischen „Bezeichnung" und „Begriff" nicht immer durchgehalten. Sie wird auch im Folgenden aufgrund der unter Rechtswissenschaftlern sehr üblichen synonymen Verwendung nur dort bewusst vorgenommen, wo es auf sie ankommt.
[170] Statt vieler: *Gumm/Sommer,* Informatik, 2013, S. 4 ff.
[171] *Gumm/Sommer,* Informatik, 2013, S. 5.
[172] *Stelzer,* in: Enzyklopädie der Wirtschaftsinformatik, „Werden die Daten – semantischen Regeln folgend – interpretiert, entsteht Information."; *Schweighofer,* Rechtsinformatik, 1999, S. 15; vgl. auch *Wiegerling,* in: Rechtshandbuch Legal Tech, S. 22.

– keine Semantik.[173] Die in der Informatik ebenfalls geläufige Beschreibung von (unstrukturierten) Daten, nicht als „kodierte Nachrichten", sondern als „kodierte Informationen",[174] markiert daher einen entsprechenden Unterschied zum kognitionswissenschaftlichen Verständnis von Information.[175]

Mithilfe formaler Sprachen lässt sich allerdings durchaus eine Art formale Bedeutungsanreicherung der Daten vornehmen. Die formal-syntaktische Verarbeitung von Daten wird in diesen Fällen dem menschlichen Interpretationsprozess nachgebildet. Dem Rechner wird also vorgegeben, wie er Daten so zu verarbeiten (also zum Beispiel organisieren) hat, dass die Verarbeitung einer menschlichen Interpretation oder Teilen des Interpretationsvorgangs entspricht. So gesehen werden dadurch Informationen formal repräsentiert beziehungsweise verarbeitet.

Eine formale *Wissens*repräsentation soll hingegen auf einer anderen Stufe als eine Informationsverarbeitung stehen.[176] Es bleibt jedoch unklar, welches Verständnis von „Wissen" dieser Annahme zugrunde gelegt wird. Wissen im kognitiven Sinne kann auch mithilfe klassischer Informationsverarbeitung repräsentiert werden, wie zum Beispiel bei der formalen Darstellung und Verarbeitung sprachsyntaktischen Wissens.[177] Üblicherweise wird der Bereich der Wissensrepräsentation jedoch eher auf die formale Nachbildung von Bedeutung beziehungsweise auf die Repräsentation *semantischen* Wissens beschränkt.[178] Selbst diese Einschränkung bringt aber noch nicht die gewünschte Klarheit, denn zusätzlich wird eine Abgrenzungsnotwendigkeit der Wissensrepräsentation gegenüber einer Wissens*organisation* gesehen,[179] obwohl auch mit letzterer bereits semantisches Wissen repräsentiert wird und die Grenzen

---

[173] *Schweighofer,* Rechtsinformatik, 1999, S. 13.

[174] Vgl. *Carstensen u.a.,* Computerlinguistik, 2010, S. 533.

[175] S. etwa *Carstensen u.a.,* Computerlinguistik, 2010, S. 533: „[D]ies charakterisiert die semantische Auffassung von ‚Information' innerhalb der Kognitionswissenschaft, die von der syntaktischen, inhaltsleeren Auffassung der Informationstheorie zu unterscheiden ist."; s. auch *Schweighofer,* Rechtsinformatik, 1999, S. 14, der insoweit von einem „nachrichtentechnischen Begriff der Information in der Informatik" spricht; a.A. wohl *Wiegerling,* in: Rechtshandbuch Legal Tech, S. 22, der den informationswissenschaftlichen Begriff von Information ebenso definiert wie die Kognitionswissenschaft („[…] als erkannte und bewertete Gegebenheiten"); s. auch *Zech,* Information, 2012, S. 27.

[176] S. allein *Dengel,* Semantische Technologien, 2012, S. 4 f.

[177] Insoweit wird kognitionswissenschaftlich (und jedenfalls auch in der Computerlinguistik) ein gegenüber der Philosophie erweiterter Wissensbegriff angesetzt, s. *Carstensen u.a.,* Computerlinguistik, 2010, S. 533.

[178] Statt vieler: *Liebwald,* in: Semiotik, S. 208; vgl. auch die sogenannte „Knowledge Representation Hypothesis", wie wiedergegeben in *Carstensen u.a.,* Computerlinguistik, 2010, S. 534.

[179] Statt vieler: *Liebwald,* in: Semiotik, S. 208; im Hinblick auf semantisches Sprachwissen wird insoweit meist auf die Repräsentation „begrifflichen Wissens" abgestellt, s. nur *Raabe u.a.,* Formalisierung, 2012, S. 111.

zwischen beiden daher nur als fließend beschrieben werden können.[180] Ähnliche Abgrenzungsschwierigkeiten bestehen hinsichtlich einer Formalisierung pragmatischen Wissens.[181]. Der Begriff der *Wissens-Repräsentation* bietet so gesehen nur wenig Orientierung.[182]

Wenn daher im Folgenden von Wissensrepräsentation gesprochen wird, so ist damit ein in seinen Grenzen weithin anerkannter Bereich der Informatik beziehungsweise Computerlinguistik gemeint, der sich durch spezifische Methoden und Systeme mit bestimmten formalen Eigenschaften ausweist,[183] ohne dass dieser Bereich über den Wissensrepräsentationsbegriff in seinen Grenzen so festgelegt werden könnte.[184] Denn zwar wird dieser Bereich insbesondere zur Repräsentation von (semantischem) Wissen genutzt, eine Wissensrepräsentation im kognitiven Sinne ist aber auch mithilfe anderer Methoden möglich. Die Parallele zu (und auch Verflochtenheit mit) der nämlichen Herausforderung einer Zuordnung computationeller Vorgänge und Ansätze zum Begriff der *Künstlichen Intelligenz* ist unverkennbar.[185]

---

[180] Bei einer Wissensorganisation geht es vor allem um die Erfassung von Metadaten, welche „Informationen über Daten, etwa die Bedeutung, die Eigenschaften und die Kategorie von Dokumenten oder Dokumententeilen [beschreiben können]" (*Dengel,* Semantische Technologien, 2012, S. 13) und damit eigentlich nicht nur die „Grundlage zur Beschreibung und Erschließung von Semantik" (S. 13 a.a.O.), sondern bereits Bedeutungsanteile und damit semantisches Wissen repräsentieren. Auch der Vollständigkeitsanspruch, der vermeintlich an die Wissensrepräsentation gestellt wird, wird nicht bei allen Methoden, die klassischerweise dazu gezählt werden, durchgehalten. S. zu alldem ausführlicher § 6 B. I. 2. b).

[181] Unter Pragmatik versteht man die Beschäftigung „mit den unterschiedlichen kontextuellen Einflüssen auf die Interpretation" (*Carstensen u.a.,* Computerlinguistik, 2010, S. 394; anschaulich ist ferner die Definition bei *Schweighofer,* Rechtsinformatik, 1999, S. 13: „Der pragmatische Aspekt behandelt die Beziehungen zwischen den Zeichen und den Autoren, Sendern und Empfängern von Zeichen. Die Pragmatik analysiert die Rolle der Zeichen in der Anwendungspraxis."). Insoweit ist nochmals darauf hinzuweisen, dass es bei der Vertragsformalisierung maßgeblich um eine Vertragsinhaltsfestlegung (und damit um syntaktische und/oder semantische Aspekte geht) und keine Verbindung zu einer Automatisierung der Vertragsauslegung bestehen muss (s. bereits § 2 B.), welche ihrerseits eine formale Erfassung der Pragmatik jedenfalls versuchen müsste (dazu, dass eine solche aber potenziell keinen Erfolg hat s. § 12 B. II. und § 12 C. I.). Andererseits lassen sich Semantik (zur Definition s. § 4 Fn. 33) und Pragmatik auch bei einer formalen Modellierung nur schwer trennen (vgl. *Carstensen u.a.,* Computerlinguistik, 2010, S. 414 f.).

[182] Zu den Schwierigkeiten einer Begriffsbestimmung etwa auch *Görz,* Künstliche Intelligenz, 1995, S. 15.

[183] Einen Überblick über die verschiedenen Ansätze, die sich darunter fassen lassen, bietet etwa *Beierle/Kern-Isberner,* Wissensbasierte Systeme, 2019; zu einigen dieser Ansätze gleich § 5 B. III.

[184] Der Begriff „Wissen" wird im Folgenden weiterhin nach dem kognitionswissenschaftlichen Verständnis genutzt. Unter einer formalen Repräsentation werden zudem weiterhin (s. bereits § 4 B.), soweit nicht in einen besonderen Kontext gestellt, auch Formalismen verstanden, die nicht mit den Methoden der Wissensrepräsentation entwickelt wurden.

[185] S. bereits oben § 4 C.

II. Grundlagen der symbolischen Wissensrepräsentation

In der Informatik ist die Wissensrepräsentation ein entscheidender Bestandteil zur Bildung sogenannter wissensbasierter Systeme. Mithilfe der formalen Repräsentation von Wissen wird die sogenannte Wissensbasis geformt, die zusammen mit einer Inferenzkomponente (einer Komponente zur Verarbeitung des formalisierten Wissens[186]) die Kernbestandteile wissensbasierter Systeme ausmacht.[187] Eben diese Trennung zwischen Darstellung und Verarbeitung von Wissen charakterisiert wissensbasierte Systeme[188] und unterscheidet sie von klassischen Programmieransätzen.[189] Wissen kann direkt repräsentiert werden, losgelöst von der Einbindung in ein konkretes Programm und der Beachtung von dessen Spezifika wie Kontrollflussinformationen.[190] Problemlösungen, die mithilfe klassischer Ansätze nur schwer realisiert werden können, werden mit wissensbasierten Systemen einfacher möglich.[191]

Die Inhalte der Wissensbasen können danach differenziert werden, welche Art von Wissen repräsentiert wird (zum Beispiel Fakten- oder Handlungswissen; kategoriales oder individuelles Wissen; immanentes oder situatives Wissen; sprachliches oder nicht-sprachliches Wissen)[192] oder welchen Ursprungs das abgebildete Wissen ist. Es kann sich um die Repräsentation von Allgemeinwissen handeln oder um Wissen aus einer spezifischen Domäne,[193] welches durch einen Experten explizit gemacht werden muss. Im letzteren Fall, in dem sogenanntes Expertenwissen repräsentiert und verarbeitet wird, wird üblicherweise von einem Expertensystem gesprochen.[194]

---

[186] S. dazu gleich § 5 C. II.
[187] Statt vieler *Beierle/Kern-Isberner*, Wissensbasierte Systeme, 2019, S. 16 ff. Untersucht wird hier nur eine formale Wissensrepräsentation, dieser kann aber auch eine Modellierung auf „konzeptioneller Ebene", etwa in natürlicher Sprache, vorausgehen, s. dazu ausführlich *Görz*, Künstliche Intelligenz, 1995, S. 16 ff.
[188] *Beierle/Kern-Isberner*, Wissensbasierte Systeme, 2019, S. 11, beachte ferner auch S. 8, 17.
[189] Vgl. *Beierle/Kern-Isberner*, Wissensbasierte Systeme, 2019, S. 11.
[190] *Beierle/Kern-Isberner*, Wissensbasierte Systeme, 2019, insb. S. 7 f.
[191] Vgl. exemplarisch *Idelberger u.a.*, in: Rule Technologies, S. 172 ff.
[192] Zu den genannten und anderen Wissensarten auch *Carstensen u.a.*, Computerlinguistik, 2010, S. 534; *Beierle/Kern-Isberner*, Wissensbasierte Systeme, 2019, S. 17 f.; zu verschiedenen Wissenstypen auch *Wiegerling*, in: Rechtshandbuch Legal Tech, S. 23 f.
[193] Zu dieser Differenzierung etwa *Beierle/Kern-Isberner*, Wissensbasierte Systeme, 2019, S. 17, der domänenspezifisches Wissen als „bereichsbezogenes Wissen" bezeichnet.
[194] So etwa *Görz*, Künstliche Intelligenz, 1995, S. 703; *Beierle/Kern-Isberner*, Wissensbasierte Systeme, 2019, S. 11 f.; *Gabriel*, in: Enzyklopädie der Wirtschaftsinformatik: „Ein Expertensystem (XPS) ist ein computergestütztes Planungssystem, d.h. ein Softwaresystem, das über das Wissen (Knowledge) von Experten in einem bestimmten (abgegrenzten) Problembereich (Wissensdomäne) verfügt und fähig ist, dieses Wissen zur Lösung von Problemen anzuwenden."; auch andere Begriffsdefinitionen des „Expertensystems" aufführend: *Jandach*, Expertensysteme, 1993, S. 6 ff.

Der die Wissensbasis jeweils ausmachende Repräsentationsformalismus (das formal modellierte Wissen) wird mithilfe einer formalen (Wissens-)Repräsentationssprache gebildet, wobei es unterschiedliche Techniken der Wissensrepräsentation (Repräsentationsmodelle) gibt, die mit diversen Repräsentationssprachen verwirklicht werden können.[195] Es gibt somit nicht *die eine* Repräsentationssprache oder *die eine* Methode zur formalen Repräsentation von Wissen.

Formale Logik liefert die Grundlage für die gängigen Repräsentationssprachen und Repräsentationsmodelle.[196] Dies betrifft insbesondere die Aussagen- und (eingeschränkte Versionen der) Prädikatenlogik erster Stufe. Die verschiedenen Logiken werden zum Teil auch direkt selbst als Repräsentationssprache eingesetzt; Repräsentationsmodelle direkt mit ihnen beschrieben.[197]

Soweit die Repräsentationsmodelle auf klassischen Logiken basieren, erfolgt die semantische Erfassung von Bereichen der Realität (beziehungsweise die formale Modellierung von Wissen über die Realität) über die Zuweisung von Wahrheitswerten.[198] Explizit fungieren die gebildeten Repräsentationsformalismen als Modelle der Realität, sodass auf die Modelle bezogene Aussagen als wahr oder unwahr interpretiert werden können.[199] Diese sogenannte wahrheitsfunktionale Semantik der Repräsentationsformalismen ist folglich zweiwertig: wahr oder falsch (1 oder 0).[200]

Repräsentationsmodelle werden üblicherweise auch danach unterschieden, ob sie Wissen deklarativ oder prozedural beziehungsweise regelbasiert ab-

---

[195] Die Begriffe „Formalismus" und „Modell" werden in der Literatur zur Wissensrepräsentation nicht einheitlich verwendet. Vielfach werden sowohl die verschiedenen Techniken der Wissensrepräsentation als auch die Modelle, nach denen sie angefertigt werden können, als „Repräsentationsformalismus" bezeichnet (s. etwa *Bibel u.a.*, Wissensrepräsentation und Inferenz, 1993, S. 22; ebenso scheinbar *Görz*, Künstliche Intelligenz, 1995, S. 33) oder die Bezeichnungen genau andersherum verwendet (*Dengel*, Semantische Technologien, 2012, S. 83). Größere Einigkeit herrscht hinsichtlich des Begriffs der Repräsentationssprache (als Synonym hierzu wird teilweise von Beschreibungssprache oder Dokumentationssprache gesprochen). Den Begriff wie hier verwendend etwa: *Beierle/Kern-Isberner*, Wissensbasierte Systeme, 2019, S. 21; *Görz*, Künstliche Intelligenz, 1995, S. 39.

[196] *Beierle/Kern-Isberner*, Wissensbasierte Systeme, 2019, S. viii; auch mit Hinweisen auf die historische „Logifizierung": *Carstensen u.a.*, Computerlinguistik, 2010, S. 540; s. ferner *Görz*, Künstliche Intelligenz, 1995, S. 34; zu UML Klassenmodellen als Ausnahme: *Raabe u.a.*, Formalisierung, 2012, S. 127.

[197] Zum entsprechenden Einsatz der Prädikatenlogik etwa: *Dengel*, Semantische Technologien, 2012, S. 30.

[198] S. etwa *Beierle/Kern-Isberner*, Wissensbasierte Systeme, 2019, S. 21, 31 f.; zur Aussagenlogik ausführlich: *Carstensen u.a.*, Computerlinguistik, 2010, S. 33 ff.; s. auch *Raabe u.a.*, Formalisierung, 2012, S. 72, 75 f. insb. zur Prädikatenlogik.

[199] Man spricht insoweit auch von einer modelltheoretischen (Semantik-)Analyse, s. etwa *Carstensen u.a.*, Computerlinguistik, 2010, S. 28.

[200] Die Menge dieser Wahrheitswerte nennt man auch BOOL, s. insgesamt statt vieler: *Beierle/Kern-Isberner*, Wissensbasierte Systeme, 2019, S. 34.

bilden.[201] Im zweiten Fall bildet das so repräsentierte Wissen die Wissensbasis eines sogenannten regelbasierten Systems.[202] Auch die Verarbeitung regelhaft dargestellten Wissens erfolgt aber deklarativ und nicht imperativ, denn die prozedurale Darstellung enthält noch keine Informationen über die tatsächliche Verarbeitung der Regeln.[203] Weiter lässt sich jede Wissensart sowohl deklarativ als auch prozedural darstellen (Faktenwissen wie „Äpfel sind Obst" kann beispielsweise als Regel „Wenn etwas ein Apfel ist, dann ist es Obst" ausgedrückt werden).[204] Welche Art von Repräsentationsmodell und welche Repräsentationssprache gewählt wird, hängt sowohl von der möglichst adäquaten Darstellung des zu repräsentierenden Wissens als auch von Verarbeitungsaspekten ab, wie Effizienz oder dem Vorhandensein von Vorlagen.[205]

III. Repräsentationsmodelle im Überblick

Die Vielzahl an verschiedenen Repräsentationsmodellen lässt sich grob nach ihrer Expressivität sortieren. Ein recht einfaches Modell sind etwa Taxonomien (Begriffshierarchien) oder Thesauri.[206] Letztere entstammen dem Bibliothekswesen und sind insofern ausdrucksmächtiger als Taxonomien, weil nicht nur Begriffshierarchien, sondern auch Ähnlichkeiten und Synonym-Relationen zwischen Begriffen aufgezeigt werden können.[207]

Darüber hinaus lassen sich mit sogenannten semantischen Netzen nicht nur bestimmte Relationen abbilden, sondern beliebige.[208] Es handelt sich dabei um gerichtete (also in eine Richtung auszulesende) Graphen, die aus Objekten (Begriffen) bestehen (den sogenannten Knoten), die miteinander verbunden werden, wobei die Verbindungen (die sogenannten gerichteten Kanten) die Relationen zwischen den Objekten wiedergeben.[209] Eine sehr übliche Relation ist

---

[201] S. *Unland*, in: Enzyklopädie der Wirtschaftsinformatik; anschaulich auch *Manhart*, KI-Modelle, 1995, S. 74 ff.

[202] Zu dem Begriff noch weiterführend *Beierle/Kern-Isberner*, Wissensbasierte Systeme, 2019, S. 98.

[203] *Beierle/Kern-Isberner*, Wissensbasierte Systeme, 2019, S. 8. S. ferner ausführlicher § 5 B. III.

[204] *Manhart*, KI-Modelle, 1995, S. 76.

[205] Noch weitere Kriterien aufführend: *Unland*, in: Enzyklopädie der Wirtschaftsinformatik; s. auch *Görz*, Künstliche Intelligenz, 1995, S. 33; *Carstensen u.a.*, Computerlinguistik, 2010, S. 9; s. insoweit auch bereits § 5 A.

[206] S. etwa *Ullrich u.a.*, Taxonomie, Thesaurus, Topic Map, Ontologie – ein Vergleich, S. 3 f.

[207] *Ullrich u.a.*, Taxonomie, Thesaurus, Topic Map, Ontologie – ein Vergleich, S. 4; zu Thesauri und den häufigsten Beziehungen, die dort abgebildet werden s. auch: *Dengel*, Semantische Technologien, 2012, S. 92 ff.

[208] Statt vieler: *Liebwald*, in: Semiotik, S. 210; ausführlich zu semantischen Netzen, auch unter Abbildung verschiedener Arten: *Dengel*, Semantische Technologien, 2012, S. 33 ff., 73 ff.

[209] Statt vieler: *Unland*, in: Enzyklopädie der Wirtschaftsinformatik.

zum Beispiel die „ist-ein" („is-a") Beziehung zwischen zwei Knoten, die darauf hinweist, dass der eine Knoten die Merkmale des anderen erbt; also zum Beispiel die Relation von Klasse und Einzelfall wie bei „Möbel" und „Stuhl" wiedergibt.[210] Es existiert eine Vielzahl besonderer semantischer Netze wie beispielsweise Frames.[211]

Ein weiteres wichtiges Modell stellen lexikalisch-semantische Netze dar, die speziell der Repräsentation lexikalischen Wissens dienen, also beispielsweise nach Nomen, Adjektiven und Adverbien differenzieren und neben allgemein semantischen Relationen (wie zum Beispiel der Hyperonymie) auch lexikalische Relationen (wie zum Beispiel die Antonymie) erfassen.[212] Auch nicht-lexikalische Repräsentationsmodelle bedienen sich wohlgemerkt typischerweise natürlichsprachlicher Symbole.[213] Natürliche Sprache ist in diesem Fall jedoch nur das Mittel zur Repräsentation und nicht das Repräsentationsobjekt.

Ein besonders relevantes und mächtiges Instrument der Wissensrepräsentation sind sogenannte Ontologien.[214] Sie wurden ursprünglich entwickelt, um allgemeine und wiederverwendbare Ressourcen zur Repräsentation von konzeptuellem Wissen über die Welt (also eine Formalisierung der gemeinsamen Sicht auf die Welt) zur Verfügung zu haben.[215] Ihren Namen erhielten sie in entsprechender Anlehnung an die Philosophie (Ontologie als „Lehre vom Seienden").[216] Nach der gebräuchlichen Definition von *Tom Gruber* werden sie als „an explicit specification of a conceptualization" beschrieben.[217] Wie semantische Netze ermöglichen sie Modelle von Begriffen und ihren Verbindungen, wobei zusätzliche Logik in das Modell integriert wird, was logisches Folgern ermöglicht.[218] Der Begriff der Ontologie wird heute meist in einem sehr

---

[210] Ausführlich zur „ist-ein" Relation und ihren Ableitungen bzw. der Vererbungsrelation statt vieler: *Dengel,* Semantische Technologien, 2012, S. 25 ff.

[211] Ausführlich anhand des Beispiels FrameNet: *Carstensen u.a.,* Computerlinguistik, 2010, S. 511 ff.; zu Frames insgesamt: *Dengel,* Semantische Technologien, 2012, S. 39 ff.

[212] Vgl. *Carstensen u.a.,* Computerlinguistik, 2010, S. 504 ff.

[213] *Carstensen u.a.,* Computerlinguistik, 2010, S. 541.

[214] Sie stellen auch für die Rechtsformalisierung das vermutlich wichtigste Repräsentationsmodell dar, s. etwa *Liebwald,* in: Semiotik, S. 203 f.: „Ontologien als formale Wissensmodelle zur Beschreibung der Bedeutung von Informationen und deren Kontext werden gegenwärtig als Schlüsselinstrument zur expliziten Beschreibung von Konzepten der Domäne Recht betrachtet und stehen im Mittelpunkt der Forschung."; s. auch *Raabe u.a.,* Formalisierung, 2012, S. 127; allgemeiner auch *Unland,* in: Enzyklopädie der Wirtschaftsinformatik unter „Wissensrepräsentationstechniken".

[215] *Carstensen u.a.,* Computerlinguistik, 2010, S. 532 ff., insb. S. 539.

[216] *Carstensen u.a.,* Computerlinguistik, 2010, S. 532.

[217] *Gruber,* Knowledge Acquisition 1993, 199 (199).

[218] *Liebwald,* in: Semiotik, S. 210 insgesamt mit vielen weiterführenden Nachweisen zu Ontologien.

weiten Sinne verstanden und auch als Oberbegriff oder Synonym zu semantischen Netzen und anderen Arten der Wissensrepräsentation verwendet.[219]

Neben diesen Arten deklarativer Wissensdarstellung stehen die schon angesprochenen (Produktions-)Regeln als einfaches, aber unter anderem aufgrund ihrer Nähe zum menschlichen Denken besonders häufig eingesetztes Repräsentationsmodell.[220] Die Beziehungen zwischen Objekten werden hierbei mit Wenn-Dann-Aussagen ausgedrückt.[221] Ist die Vorbedingung (Prämisse oder Antezedenz) erfüllt, die sich auf einen oder mehrere Fakten bezieht, wird eine Aktion ausgelöst beziehungsweise eine Konklusion (oder Konsequenz) gezogen.[222] Regeln lassen sich entsprechend deklarativ interpretieren (es lässt sich also etwa feststellen, ob eine bestimmte Konklusion eintreten würde) oder prozedural als Produktionsregel einsetzen, die eine Aktion auslöst.[223] (Produktions-)Regeln unterscheiden sich von imperativen Programmen, die ebenfalls mit Wenn-Dann-Aussagen arbeiten, unter anderem dadurch, dass die Regeln in regelbasierten Systemen modular, also unabhängig voneinander sind, beliebig verändert, gelöscht oder ergänzt werden können und ihre Reihenfolge entsprechend irrelevant ist.[224]

Repräsentationsmodelle wie die genannten lassen sich auch miteinander verknüpfen oder für spezifischere Einsatzzwecke weiterentwickeln.[225]

C. Algorithmik

I. Definition und Eigenschaften von Algorithmen

Algorithmen sind Abfolgen von expliziten Anweisungen zur Lösung eines Problems,[226] wobei Problem in diesem Sinne auch als *Aufgabe* zu verstehen ist.[227] Algorithmen sind nicht zwingend Computerprogramme, sondern können auch in natürlicher Sprache verfasst sein (klassischstes Beispiel ist ein Koch-

---

[219] *Carstensen u.a.,* Computerlinguistik, 2010, S. 540; zu verschiedenen Ontologie-Typen auch *Liebwald*, in: Semiotik, S. 211; *Dengel,* Semantische Technologien, 2012, S. 66 f.

[220] *Beierle/Kern-Isberner,* Wissensbasierte Systeme, 2019, S. 74; s. auch *Unland*, in: Enzyklopädie der Wirtschaftsinformatik unter „Wissensrepräsentationstechniken".

[221] Ausführlich *Beierle/Kern-Isberner,* Wissensbasierte Systeme, 2019, S. 73 ff.

[222] *Beierle/Kern-Isberner,* Wissensbasierte Systeme, 2019, S. 73 ff., ab S. 80 ff. zur Inferenz in regelbasierten Systemen.

[223] Vgl. *Beierle/Kern-Isberner,* Wissensbasierte Systeme, 2019, S. 73

[224] S. nur *Beierle/Kern-Isberner,* Wissensbasierte Systeme, 2019, S. 97 f.

[225] Zur Weiterentwicklung und Spezifizierung von Repräsentationsmodellen beispielhaft *Raabe u.a.,* Formalisierung, 2012, S. 128 ff.

[226] Statt vieler: *Gumm/Sommer,* Informatik, 2013, S. 91.

[227] Vgl. etwa in Bezug auf Algorithmen als Computerprogramme *Kurbel*, in: Enzyklopädie der Wirtschaftsinformatik: „Aus Sicht eines Benutzers ist ein Programm ein Stück Software, das an einem Computerarbeitsplatz abläuft und bestimmte Aufgaben löst oder den Benutzer bei der Aufgabenlösung unterstützt."

rezept).²²⁸ Selbst innerhalb der Informatik und Computerlinguistik, die sich maßgeblich auf Algorithmen in formaler Sprache konzentrieren, differenziert man zwischen einem formalsprachlich formulierten Algorithmus, der erst noch implementiert werden soll (sogenannter Pseudo-Code²²⁹) und bereits in einer Programmiersprache geschriebenen Algorithmen ([Computer-]Programme²³⁰).

Eine mathematische Definition des Begriffs Algorithmus existiert nicht. In der Informatik und Computerlinguistik wird aber vielfach auf einen Vergleich mit dem Berechnungsmodell der Turingmaschine rekurriert:²³¹ „Ein Algorithmus kann als Konstrukt angesehen werden, das einer Turingmaschine mit besonderen Eigenschaften entspricht."²³² Eine Abfolge von Anweisungen ist demnach dann ein Algorithmus, wenn sie von einer Turingmaschine ausgeführt werden kann.²³³ Als charakteristische Eigenschaften werden Algorithmen unter anderem Terminierung, Ausführbarkeit und Korrektheit zugeschrieben.²³⁴ Sie können determiniert (bei derselben Eingabe folgt immer dasselbe Ergebnis, ohne dass der Weg dahin festgelegt sein muss) und deterministisch sein (zu jedem Zeitpunkt im Verfahren steht die Folgeoperation – der nächste Schritt – eindeutig fest).²³⁵

Algorithmen lassen sich unter anderem als „Herzstück jeder nichttrivialen Anwendung von Computern" bezeichnen.²³⁶ Es existiert eine Vielzahl verschiedener Typen von Algorithmen.²³⁷ Ein passender Algorithmus (ob zunächst als Pseudo-Code oder direkt als Programm) für ein spezifiziertes Problem, welches mithilfe des Rechners gelöst werden soll, kann unter verschiedenen Gesichtspunkten gewählt werden.²³⁸ Relevant werden hierbei insbesondere die im Zusammenhang mit dem Wortproblem schon aufgeworfenen Aspekte der Berechenbarkeit und Komplexität.²³⁹

---

²²⁸ S. exemplarisch *Gumm/Sommer*, Programmierung, 2016, S. 75 f.
²²⁹ S. nur *Dietzfelbinger u.a.*, Algorithmen und Datenstrukturen, 2014, S. 32 ff.
²³⁰ *Dietzfelbinger u.a.*, Algorithmen und Datenstrukturen, 2014, S. 39; s. auch *Kurbel*, in: Enzyklopädie der Wirtschaftsinformatik.
²³¹ Alternativ ist auch die Beschreibung mit anderen Maschinenmodellen möglich und üblich, *Weicker/Weicker*, Algorithmen und Datenstrukturen, 2013, S. 17 ff.
²³² *Carstensen u.a.,* Computerlinguistik, 2010, S. 67.
²³³ Vgl. *Weicker/Weicker*, Algorithmen und Datenstrukturen, 2013, S. 17 ff.
²³⁴ Statt vieler: *Weicker/Weicker*, Algorithmen und Datenstrukturen, 2013, S. 20 f.
²³⁵ Statt aller: *Weicker/Weicker*, Algorithmen und Datenstrukturen, 2013, S. 19.
²³⁶ *Dietzfelbinger u.a.*, Algorithmen und Datenstrukturen, 2014, S. VII.
²³⁷ S. exemplarisch die verschiedenen Algorithmentypen bei *Gumm/Sommer*, Programmierung, 2016, S. 317 ff.
²³⁸ S. dazu *Gumm/Sommer*, Programmierung, 2016, S. 77 f.
²³⁹ S. dazu bereits § 5 A.

II. Inferenzalgorithmen zur Verarbeitung symbolischer Repräsentationsformalismen

Wissensrepräsentationsformalismen sind keine Algorithmen. Sie enthalten keine Abfolgen von Anweisungen zu ihrer Verarbeitung, selbst dann nicht, wenn die Wissensdarstellung in Form von Regeln erfolgt.[240] Die Verarbeitung beziehungsweise Operationalisierung dieses Wissens (der formalen Wissensbasis) erfolgt jedoch mithilfe von Algorithmen.[241] Namentlich handelt es sich um sogenannte Inferenzalgorithmen, die die zweite Kernkomponente wissensbasierter Systeme ausmachen.[242] Ihre Aufgabe ist es, den Prozess des menschlichen Schlussfolgerns (aus gegebenem Wissen neues Wissen abzuleiten) nachzubilden,[243] um beispielsweise Prognosen oder Entscheidungen treffen zu können oder Erklärungen zu finden.[244] Die Möglichkeiten der Inferenz sind dabei abhängig von der Ausgestaltung der Wissensrepräsentation. Bei (Produktions-)Regeln wird etwa ein sogenannter Regelinterpreter eingesetzt, bei der Prädikatenlogik erster Stufe ein Beweissystem.[245] Nicht jede Repräsentation erlaubt jede Inferenzrelation oder sieht jede Inferenzregel vor.[246] Je nach Spezifikation, also gewünschter Problemlösung, kommen ferner gegebenenfalls auch nur bestimmte Inferenzrelationen in Betracht, wie etwa bei formalsprachlichen Verträgen nur sichere Schlussverfahren.[247]

Nach *Charles Sanders Peirce* unterscheidet man klassischerweise zwischen den Inferenzrelationen der Deduktion (Schluss vom Allgemeinen aufs Besondere), Induktion (Schluss vom Besonderen aufs Allgemeine) und Abduktion

---

[240] S. dazu bereits § 5 B. II.
[241] Statt aller *Görz*, Künstliche Intelligenz, 1995, S. 39 ff.
[242] S. dazu bereits § 5 B. II.
[243] *Beierle/Kern-Isberner*, Wissensbasierte Systeme, 2019, S. 20 f.
[244] S. etwa *Beierle/Kern-Isberner*, Wissensbasierte Systeme, 2019, S. 22; noch mehr Beispiele für Einsatzgebiete (speziell im Hinblick auf Expertensysteme) bei *Gabriel*, in: Enzyklopädie der Wirtschaftsinformatik.
[245] *Beierle/Kern-Isberner*, Wissensbasierte Systeme, 2019, S. 17.
[246] Vgl. *Beierle/Kern-Isberner*, Wissensbasierte Systeme, 2019, S. 20 ff.
[247] S. § 4 B. Das Schließen unter Berücksichtigung von Regel-Ausnahme-Wissen beziehungsweise vorläufigen Schlussfolgerungen wird bei wissensbasierten Systemen dagegen eigentlich als unsicheres Schließen betrachtet, da bei klassisch deduktiven Systemen Schlussfolgerungen nicht zurückgenommen werden können (s. *Beierle/Kern-Isberner*, Wissensbasierte Systeme, 2019, S. 27, als klassisches Beispiel wird dort der Schluss von „Vögel können fliegen" und „Tweety ist ein Vogel" auf „Tweety kann fliegen" angeführt, der revidiert werden muss wenn man die zusätzliche Information erhält, dass Tweety ein Pinguin ist.). Ist das eingesetzte System allerdings so konstruiert, dass nicht formal repräsentierte Ausnahmen als nicht existent betrachtet werden, kann auch sogenanntes nicht-monotones – also revidierbares – Schließen als sicheres Schließen über die formal repräsentierten Inhalte betrachtet werden.

(Schluss auf eine typischerweise intuitiv gefundene Hypothese).[248] Das Kriterium des sicheren oder korrekten Schließens erfüllt nur die Deduktion.[249] Beispiele deduktiver Schlüsse sind der *modus ponens* und seine Umkehrung der *modus tollens*.[250]

III. Algorithmengestützter Aufbau symbolischer Repräsentationsformalismen

In der bisherigen Darstellung wurde der Schwerpunkt auf die manuelle Erstellung von Repräsentationsformalismen gelegt. Daneben ist auch eine rein maschinelle (algorithmische) oder hybride (Kombination aus algorithmischer und manueller) Erstellung von Repräsentationsformalismen möglich.

Es besteht eine Vielzahl verschiedener Ansätze zur maschinellen oder hybriden Erstellung von Repräsentationsformalismen, die auch miteinander kombiniert werden können.[251] Weit überwiegend werden die Repräsentationen auf der Grundlage von in natürlicher Sprache geschriebenen Ressourcen (sogenannten Textkorpora) erstellt. So können beispielsweise Websites als Ressource zur Erstellung von Ontologien dienen[252] oder aus Datenbanken maschinell Muster beziehungsweise Regeln für dort beschriebene Entscheidungen extrahiert werden.[253] Methodisch bieten sich in diesen Fällen zunehmend Ansätze des maschinellen Lernens an.[254] Allerdings steigt der Bedarf einer zusätzlichen (kontrollierenden, korrigierenden oder ergänzenden) manuellen Einflussnahme auf den Aufbau der Wissensbasis, je anspruchsvoller beziehungsweise leistungsfähiger das zu entwickelnde System sein soll.[255]

Vielfach können bereits vorhandene Wissensrepräsentationen verwendet werden, um konkretes Wissen formal zu erfassen. Ein Beispiel hierfür stellt die maschinelle Formalisierung natürlichsprachlicher Ausdrücke dar. Hier kann bereits symbolisch repräsentiertes allgemeines Sprachwissen eingesetzt werden, um konkrete natürlichsprachliche Ausdrücke, zum Beispiel einen Text,

---

[248] Übersicht und weitergehende Erläuterungen bei *Beierle/Kern-Isberner*, Wissensbasierte Systeme, 2019, S. 23 f.; zu weiteren Inferenzrelationen, wie dem Analogieschluss beim fallbasierten Schließen, s. schon § 4 B.

[249] S. bereits § 4 B.

[250] Statt vieler zum *modus tollens* und *modus ponens*: *Carstensen u.a.*, Computerlinguistik, 2010, S. 38.

[251] S. etwa die Beispiele verschiedener Vorgehensmodelle zur algorithmischen Erstellung von Rechtsbegriffsontologien bei *Raabe u.a.*, Formalisierung, 2012, S. 138 ff. m.w.N.; weitere Beispiele zur algorithmischen und algorithmengestützten Erstellung von Rechtsbegriffsontologien bei *Ashley*, Artificial Intelligence, 2017, S. 178 ff. m.w.N.

[252] Dazu etwa *Carstensen u.a.*, Computerlinguistik, 2010, S. 542.

[253] Speziell im Hinblick auf die automatisierte Extraktion von rechtlichen Regeln s. *LSP Working Group*, Developing a Legal Specification Protocol, S. 12.

[254] Vgl. exemplarisch zur Rechtsformalisierung *Ashley*, Artificial Intelligence, 2017, S. 178 ff.

[255] Statt vieler etwa *Raabe u.a.*, Formalisierung, 2012, S. 141; sehr deutlich auch *Beierle/ Kern-Isberner*, Wissensbasierte Systeme, 2019, S. 161.

formal zu repräsentieren. So kann etwa mithilfe einer maschinellen semantischen Lesartendisambiguierung unter Rückgriff auf symbolisch repräsentiertes Sprachwissen die Semantik eines natürlichsprachlichen Satzes formal ausgedrückt werden.[256]

D. Implementierung

Die Erstellung von maschinenabstrakten formalen Spezifikationen und Pseudo-Code kann ein wichtiger Schritt zur Vorbereitung einer maschinellen Verarbeitung von Informationen und Wissen sein. Den entscheidenden Schritt zur Realisierung der maschinellen Verarbeitung stellt jedoch ihre Implementierung mithilfe von konkreten Computersprachen dar. Mit ihr rückt gleichsam die Beachtung der Anforderungen an ein tatsächlich funktionierendes System in den Vordergrund.

I. Höhere Computersprachen

Für den Prozessor eines Computers ist die entscheidende formale Sprache stets Maschinensprache.[257] Da Ausdrücke in Maschinensprachen aufgrund ihrer binären Ausdrucksweise für Menschen jedoch schwer zu lesen beziehungsweise zu verstehen und zudem sehr kleinschrittig und naturgemäß maschinenabhängig sind, bedient man sich sogenannter höherer Computersprachen. Diese werden der jeweiligen Maschinensprache gewissermaßen vorgelagert, können maschinenunabhängiger eingesetzt werden und die Kommunikation zwischen Mensch und Rechner erleichtern.[258] Die Kommunikation wird vielfach schon dadurch erleichtert, dass sich die höhere Computersprache natürlichsprachlicher Wörter bedient, wie zum Beispiel „print" als wohlgeformter Ausdruck der höheren Computersprache Python.[259] Höhere Computersprachen sind folglich formale Sprachen, die sich unter anderem dadurch auszeichnen, dass sie durch Menschen kognitiv einfacher verarbeitet und eingesetzt werden können und dass für sie Programme existieren, mit deren Hilfe sie in die Maschinensprache eines oder mehrerer Systeme übersetzt werden können.[260] Damit eine Übersetzung in Maschinencode und somit eine maschinelle Verarbeitung möglich ist,

---

[256] S. dazu beispielhaft im Hinblick auf einen solchen Einsatz semantischer Netze *Carstensen u.a.,* Computerlinguistik, 2010, S. 510, wobei die Formalisierung i.R.d. Computerlinguistik nur als Zwischenstufe für die weitere Verarbeitung, z.B. maschinelle Übersetzung in eine andere natürliche Sprache, relevant wird, vgl. bereits § 4 Fn. 66.

[257] Statt aller *Gumm/Sommer,* Informatik, 2013, S. 496.

[258] Zu dieser Entwicklung statt vieler etwa *Haft,* Rechtsinformatik, 1977, S. 54 f.; zur binären Ausdrucksweise in Maschinensprache statt aller *Kurbel,* in: Enzyklopädie der Wirtschaftsinformatik.

[259] Andere Beispiele von „umgangssprachliche[n] Anweisungen" finden sich bei *Haft,* Rechtsinformatik, 1977, S. 55.

[260] Zur Übersetzung und den dafür eingesetzten sogenannten Compilern und Interpretern etwa *Gumm/Sommer,* Informatik, 2013, S. 82 ff.

müssen höhere Computersprachen funktionsbedingte Vorgaben beachten. Gerade dieser Punkt unterscheidet sie sie von maschinenabstrakten formalen Sprachen und damit ausgedrückten Spezifikationen oder Pseudo-Code, welche im Wege der (deshalb klassischerweise rein manuellen) Überführung in eine bestehende Computersprache daher meist noch funktionsbedingt eingeschränkt werden müssen. So sind beispielsweise Repräsentationsformalismen, die mit der Prädikatenlogik erster Stufe ausgedrückt wurden, unentscheidbar. Ihre Implementierung muss daher unter funktionsbedingten Einschränkungen erfolgen, die eine Entscheidbarkeit gewährleisten.[261]

Computersprachen existieren in unzähligen Ausgestaltungen und Variationen. Je nach Einsatzweck wird auf verschiedene Arten von Computersprachen gesetzt. Interessant ist vor allem die Unterscheidung zwischen Programmiersprachen und anderen Computersprachen wie Datenbanksprachen und Auszeichnungssprachen. Nur erstere bieten die Möglichkeit, dem Rechner Anweisungen zu geben. Letztere dienen etwa der Darstellung oder Strukturierung von Daten.[262]

Innerhalb der Programmiersprachen wird unter anderem nach der Spezifität der Sprachen (zum Beispiel domänenspezifische oder Universalsprache) und nach dem zugrundeliegenden charakteristischen Programmierparadigma unterschieden. Das bekannteste Programmierparadigma ist die imperative Programmierung. Sie bedient sich der klassischen Eigenschaften von Algorithmen und beschreibt Abfolgen von Befehlen an den Rechner.[263] Innerhalb des Programms werden dabei Verfahren zur Organisierung und Modifizierung von Daten eingesetzt (man spricht in diesem Zusammenhang von Datenstrukturen).[264] Die Bedeutung des imperativen Programms liegt somit in den angeordneten Zustandsänderungen. Programmiersprachen, die klassischerweise zur imperativen Programmierung eingesetzt werden, sind etwa Pascal oder Solidity.[265] Wie auch bei anderen Programmiersprachen üblich, werden solche

---

[261] Vgl. *Görz*, Künstliche Intelligenz, 1995, S. 33 f., 44, durch die funktionsbedingte Einschränkung wird also „gegenüber der Prädikatenlogik tatsächlich etwas gewonnen – auf dem Gebiet der Berechenbarkeitseigenschaften. Allerdings [...] natürlich auch etwas von der Ausdrucksfähigkeit der Prädikatenlogik eingebüßt" (S. 40); hierzu auch *Beierle/Kern-Isberner*, Wissensbasierte Systeme, 2019, S. 69; s. dazu auch gleich § 5 Fn. 270.

[262] S. exemplarisch *Neumann*, in: Enzyklopädie der Wirtschaftsinformatik.

[263] Statt aller *Kastens*, in: Enzyklopädie der Wirtschaftsinformatik, Abschnitt „Imperative Programmierung".

[264] Vgl. *Görz*, Künstliche Intelligenz, 1995, S. 863; zu verschiedenen möglichen Datenstrukturen etwa *Gumm/Sommer*, Informatik, 2013, S. 102 ff.

[265] Weitere Beispiele etwa bei *Gumm/Sommer*, Informatik, 2013, S. 82; speziell zu Solidity s. *Antonopoulos/Wood*, Smart Contracts and Solidity, abrufbar unter: https://github.com/ethereumbook/ethereumbook/blob/develop/07smart-contracts-solidity.asciidoc (zuletzt aufgerufen am 18.5.2023).

Sprachen entsprechend des für sie charakteristischen Programmierparadigmas vielfach direkt als „imperative Programmiersprachen" bezeichnet.[266]

Neben der imperativen Programmierung gibt es insbesondere noch die objektorientierte Programmierung und die deklarative Programmierung, zu der zusätzlich zur funktionalen auch die logische Programmierung gehört.[267] Die Besonderheit des deklarativen Programmierparadigmas liegt darin, dass der Ausführungsalgorithmus bereits vorab festgelegt ist. Der Nutzer muss daher bei Verwendung der Sprache kein Programm schreiben, das die einzelnen zur Verarbeitung notwendigen Befehle enthält, sondern lediglich festlegen, welche Bedingungen das gewünschte Verarbeitungsergebnis erfüllen muss. Statt um das „Wie" der maschinellen Verarbeitung geht es bei der deklarativen Programmierung nur um das „Was".[268]

Die deklarative Programmierung ist das üblicherweise genutzte Programmierparadigma zur Implementierung wissensbasierter Systeme.[269] Eine besonders wichtige Programmiersprache in diesem Zusammenhang ist *Prolog* (*Programmation en Logique*), die eine informatisch realisierbare Version der Prädikatenlogik erster Stufe darstellt.[270] Aufgrund ihrer Ausdrucksmächtigkeit eignet sie sich besonders gut zur Implementierung komplexer wissensbasierter Systeme.[271]

Hinsichtlich der Realisierung von Ontologien lässt sich weiter auf die ähnlich mächtige Web Ontology Language (OWL) hinweisen.[272] Weniger komplexe Wissensrepräsentationen werden dagegen auch mit Auszeichnungssprachen, etwa auf Basis von XML (Extensible Markup Language), implementiert.[273] Bekannt sind diesbezüglich etwa Topic Maps, ein als ISO-Standard festgehaltenes Konzept zur Wissensrepräsentation mittels XML.[274] Auch die

---

[266] Diese Bezeichnung wird auch im Rahmen dieser Arbeit verwendet, soll aber nicht darüber hinwegtäuschen, dass Programmiersprachen nicht (zwingend) auf das für sie typische Paradigma beschränkt sind. Zum Fehlen einer solchen Beschränkung auf ein Paradigma etwa *Görz*, Künstliche Intelligenz, 1995, S. 864.

[267] Statt vieler: *Gumm/Sommer*, Informatik, 2013, S. 204.

[268] Statt vieler: *Idelberger u.a.*, in: Rule Technologies, S. 172 f.

[269] Vgl. *Bibel u.a.*, Wissensrepräsentation und Inferenz, 1993, S. 107; *Beierle/Kern-Isberner*, Wissensbasierte Systeme, 2019, S. 278 ff.

[270] Ausführlich zu *Prolog* etwa *Görz*, Künstliche Intelligenz, 1995, S. 875 ff., insb. ab S. 881 zum Verhältnis zur Prädikatenlogik; s. dazu und zum Ursprung von *Prolog* auch *Carstensen u.a.*, Computerlinguistik, 2010, S. 469; als Beispiel der Nutzung von Prolog für die Vertragsformalisierung s. *Agarwal u.a.*, Toward Machine-Understandable Contracts, 2016.

[271] Vgl. etwa *Beierle/Kern-Isberner*, Wissensbasierte Systeme, 2019, S. 278.

[272] S. etwa *Unland*, in: Enzyklopädie der Wirtschaftsinformatik.

[273] Ausführlich zu XML und konkreten Auszeichnungssprachen (auch Markup-Sprachen genannt) und deren Verwendung zur Repräsentation natürlichsprachlichen Wissens *Carstensen u.a.*, Computerlinguistik, 2010, S. 159 ff.

[274] *Liebwald*, in: Semiotik, S. 210 m.w.N.; kritisch zur Bedeutung von Topic Maps für die Wissensrepräsentation *Carstensen u.a.*, Computerlinguistik, 2010, S. 541.

Auswahl der konkreten Computersprache oder Kombination verschiedener Computersprachen zur Wissensrepräsentation kann nach einer Vielzahl von Faktoren vorgenommen werden.[275] Namhafte Ressourcen implementierter Wissensrepräsentationsformalismen sind etwa das WordNet und dessen deutscher Ableger, das GermaNet.[276]

II. Ausführungsplattformen

Programme werden (unabhängig von dem ihnen zugrundeliegenden Programmierparadigma) über sogenannte Plattformen ausgeführt. Gemeint sind damit neben der Hardware und dem Betriebssystem auch sogenannte Virtual Machines als vorgeschaltete Anwendungsprogramme.[277] Eine Virtual Machine wird auf einem Rechner nachgebildet (emuliert) und erzeugt somit eine Art Zwischenplattform: Programme in höheren Programmiersprachen werden zunächst in die Sprache der Virtual Machine, den sogenannten Bytecode, übersetzt und erst im Anschluss wird der Bytecode in die Maschinensprache des zugrundeliegenden Rechners übersetzt.[278] Als weitere Abstraktionsebene kommen Cloud-Computing-Plattformen in Betracht. Statt über den eigenen Rechner wird in solchen Fällen ein Programm oder auch ein Anwendungsprogramm (wie eine Virtual Machine) über die Systeme und Hardware des Cloud-Service-Providers ausgeführt.[279]

Cloud-Computing-Plattformen sind klassischerweise zentrale Plattformen.[280] Daneben existieren aber auch dezentral organisierte Ausführungsplattformen. Dezentrale Plattformen ermöglichen im Gegensatz zu zentralen Plattformen eine Ausführung (einschließlich Speicherung) der Programme und dazugehörigen Daten beziehungsweise Formalismen, die mit ihrer Ingangsetzung nicht mehr einseitig von einer Partei oder dem Plattformbetreiber verändert werden kann. Besonders beachtenswert sind in diesem Zusammenhang Plattformen, die auf der – mittlerweile auch in den Rechtswissenschaften viel beachteten[281] – Blockchain-Technologie aufbauen. Statt auf einen zentralen Be-

---

[275] Zu dem insoweit breiten Spektrum an beachtenswerten Faktoren allein bei Programmiersprachen in der Computerlinguistik *Carstensen u.a.,* Computerlinguistik, 2010, S. 466 m.w.N.
[276] *Carstensen u.a.,* Computerlinguistik, 2010, S. 504 ff.
[277] *Suhl,* in: Enzyklopädie der Wirtschaftsinformatik.
[278] S. *Gumm/Sommer,* Informatik, 2013, S. 83 ff., insb. S. 85, auch zum Nutzen und Hintergedanken hinter einer Virtual Machine; exemplarisch zur Ethereum Virtual Machine: *Reitwiessner,* in: Rechtshandbuch Smart Contracts, Rn. 2 ff.
[279] Ausführlich und m.w.N. *Urbach,* in: Enzyklopädie der Wirtschaftsinformatik.
[280] S. beispielhaft die Beschreibung zentraler Plattformen bei *Matthes,* in: Rechtshandbuch Smart Contracts, Rn. 48 ff.
[281] Die rechtswissenschaftliche Literatur zu Blockchain-Themen ist mittlerweile unüberschaubar. Johannes *Arndt* teilt die erschienenen Beiträge im Hinblick auf Bitcoins in zwei „Wellen", die im Zusammenhang mit entsprechenden Kursentwicklungen etwa ab 2014 und dann seit 2018 erschienen sind, s. *Arndt,* Bitcoin-Eigentum, 2022, S. 2 f. mit umfassenden

treiber wird bei diesen auf ein dezentrales Netzwerk an Betreibern gesetzt.[282] Je nach Ausgestaltung der Blockchain, die *permissionless* oder *permissioned* sowie *public* oder *private* sein kann,[283] können die Blockchain-basiert ausgeführten Programme und gespeicherten Daten quasi manipulationssicher sein.[284] Ferner wird ein positiver Effekt auf die Ausführungskosten erwartet.[285] Die Verwendung der Blockchain-Technologie geht aber auch mit Nachteilen wie beträchtlichen funktionsbedingten Einschränkungen der verarbeitbaren Programme (insbesondere in puncto Ausdrucksmächtigkeit) einher.[286] Auch der Aspekt der Transparenz – die Möglichkeit für jedermann, Transaktionen, die über die Blockchain abgewickelt wurden, je nach Ausgestaltung derselben einsehen zu können[287] – kann gleichermaßen als Vor- und als Nachteil gesehen werden.[288] Blockchain-basierte Ausführungsplattformen bieten sich damit insgesamt nur in bestimmten Fällen an.[289]

Nachweisen zu rechtswissenschaftlichen Beiträgen mit Blockchain-Bezug und auch über Bitcoin hinausgehend (insb. in Fn. 7 ff.), auf S. 9 in Fn. 40 zudem mit einer guten Übersicht über (auch nicht-juristische) Beiträge, die die Funktionsweise der Blockchain-Technologie erklären.

[282] Statt aller: *Matthes,* in: Rechtshandbuch Smart Contracts, Rn. 52 ff. einschließlich Beschreibung der eingesetzten technischen Methoden.

[283] Statt vieler: *Kuntz,* AcP 2020, 51 (69 f.) mit leicht anderer Wortwahl. Mit Fokus auf die unterschiedliche Regelbildung je nach Ausgestaltung s. auch *Hofert,* Regulierung der Blockchains, 2018, S. 14 ff.

[284] Zur hohen Fälschungssicherheit aufgrund der nur mit der Hälfte der beteiligten Rechner möglichen Manipulation und zu dem in diesem Zusammenhang entscheidenden sog. Double-Spending-Problem, s. etwa: *Kaulartz,* InTer 2016, 201 (202 ff.); *Schrey/Thalhofer,* NJW 2017, 1431 (1432); *Heckelmann,* NJW 2018, 504 (505).

[285] Statt aller: *Matthes,* in: Rechtshandbuch Smart Contracts, Rn. 53. S. zudem bereits § 1 Fn. 3.

[286] Vgl. insoweit bereits § 4 Fn. 38.

[287] S. zur Transparenz statt vieler: *Voshmgir,* in: Rechtshandbuch Smart Contracts, Rn. 9; zu den Eigenheiten bei den verschiedenen Ausgestaltungen der Blockchain s. auch hier statt vieler: *Kuntz,* AcP 2020, 51 (69 f.)

[288] S. exemplarisch die mit der Transparenz potenziell einhergehenden Datenschutzrisiken bei: *Pesch,* in: Smart Contracts, S. 18 ff.; *Schrey/Thalhofer,* NJW 2017, 1431 (1433 ff.); *Lupu,* CR 2019, 631 (633 f.).

[289] Zu verschiedenen weiteren rechtlichen Risiken, die aus den Eigenschaften einer Blockchain-basierten Ausführungsplattform (insbesondere der Unveränderbarkeitseigenschaft) ergeben können und gegen deren Verwendung sprechen können: *Schrey/Thalhofer,* NJW 2017, 1431 (1435 f.); *Heckelmann,* NJW 2018, 504 (507); *Djazayeri,* jurisPR-BKR 2016, Anm. 1 unter E. III.; *Kaulartz,* InTer 2016, 201 (206); *Lupu,* CR 2019, 631 (632 ff.); *Lupu,* InTer 2020, 2 (4 ff.); *Bremann,* DSRITB 2018, 299 (303 ff.).

§ 6 Systematisierung der Ansätze zur Vertragsformalisierung

Für die Aufgaben der Informatik und Computerlinguistik gibt es klassischerweise nicht *die* einschlägige oder *die* beste Methode.[290] Speziell bezogen auf die Rechtsformalisierung formulierte *Reisinger* diesen Fakt prägnant als „Relativität der Formalisierung".[291] Übertragen auf die Vertragsformalisierung erlangt diese Beschreibung in gleichem Maße Gültigkeit.

Es können unzählige unterschiedliche Ansätze zur Entwicklung spezifischer formaler Vertragssprachen ausgemacht werden[292] und es lassen sich im juristischen beziehungsweise vertraglichen Bereich bereits eine Vielzahl an Ressourcen in Form von wiederverwendbaren Formalismen, wie zum Beispiel Ontologien juristischer Begriffe, oder Formalisierungsvorlagen finden.[293] Hinzu kommen diverse formale Sprachen, die nicht spezifisch für Verträge entwickelt wurden, aber zum Zweck der Vertragsformalisierung eingesetzt werden oder werden könnten und damit zweckbetrachtet gleichermaßen formale *Vertragssprachen* sein können.[294] Ebenso bestehen Ressourcen aus nicht-juristischen Bereichen, die für die Vertragsformalisierung fruchtbar gemacht werden können, wie beispielsweise die bereits genannten lexikalisch-semantischen Netze WordNet oder GermaNet.[295]

Die Anforderungen der wesentlichen formalen Merkmale, die für die Verwendung einer formalsprachlichen Repräsentation als auslegungsrelevante Dokumentation identifiziert wurden, erfüllen bereits eine Filterfunktion beim Blick auf die Gesamtheit der Ansätze zur Vertragsformalisierung. Selbst die dann noch übrigbleibenden formalen Sprachen und formalen Beschreibungsmethoden unterscheiden sich voneinander aber unter anderem hinsichtlich ihrer Ausdrucksmacht, ihres Formalisierungsgrades, ihrer Abbildung von Semantik und anderen potenziell vertragsrechtlich- beziehungsweise auslegungsrelevanten Punkte.

Ein Aufzeigen dieser Unterschiede durch eine enumerative Darstellung sämtlicher in der Praxis und Wissenschaft entwickelten Ansätze der Vertragsformalisierung, die die wesentlichen Merkmale formalsprachlicher Verträge erfüllen, ist – selbst abgesehen von den praktischen Schwierigkeiten und dem

---

[290] So allein zur Wissensrepräsentation als Teilgebiet der Informatik etwa *Beierle/Kern-Isberner*, Wissensbasierte Systeme, 2019, S. 1; ebenso *Görz*, Künstliche Intelligenz, 1995, S. 33 „Die Diversifikation des Instrumentariums der Wissensrepräsentation ist einerseits bedauerlich, andererseits wohl unvermeidlich, um zum einen eine natürliche Darstellung und zum anderen eine effiziente Verarbeitung des dargestellten Wissens anzubieten."
[291] *Reisinger*, Messung, 1973, S. 16.
[292] Vgl. § 1 Fn. 20 ff., insb. Fn. 26.
[293] S. zu beiden ausführlicher und mit Nachweisen § 6 B. I. 3.
[294] S. etwa bereits die Beispiele zur Verwendung von XML zur Vertragsformalisierung in § 1 Fn. 23.
[295] S. § 5 D. I.

beträchtlichen Umfang einer solchen Darstellung – für die folgende Untersuchung wenig ertragreich. Sie könnte einerseits lediglich eine (voraussichtlich) schnell überholte Momentaufnahme bieten, andererseits ließe sich von ihr kein Rückschluss auf das Gesamtbild theoretisch möglicher Vertragsformalisierungsansätze vornehmen.

Auf dieselben Vorbehalte stößt eine historische Darstellung der Ansätze zur Vertragsformalisierung[296] oder eine Beschränkung der Darstellung auf die verschiedenen (vielfach zudem auch noch uneinheitlich verstandenen) Konzepte, die dem formalsprachlichen Vertrag zugeordnet werden können, wie den Computable Contract oder Data-oriented Contract.[297] Für die vertragsrechtliche Aufbereitung bietet sich daher nur eine von den konkreten Ansätzen losgelöste und – *relativ* betrachtet – zeitlosere, systematische Darstellung an. Auch eine solche muss hier notwendigerweise auf einem hohen Abstraktionsniveau bleiben und kann die Relativität der Vertragsformalisierung durch die Heranziehung zusätzlicher Filter lediglich weiter einschränken, nicht aber abschließend auflösen.

A. Systematisierungskriterium und Vorüberlegungen

I. Der zusätzliche Verwendungszweck eines formalsprachlichen Vertrags als Systematisierungskriterium

Ein formalsprachlicher Vertrag wurde hier als eine Vertragsdokumentation definiert, die aus Sicht der beteiligten Parteien als rechtsgeschäftliches Erklärungsmittel dient und damit auslegungsrelevant ist.[298] Er zielt damit zunächst einmal auf dieselben Funktionen ab wie seine natürlichsprachlichen Äquivalente. Seine Funktionen gehen aber, wie ebenfalls angesprochen, auch darüber hinaus, denn den Parteien dürfte jedenfalls auch daran gelegen sein, eine formalsprachliche Vertragsdokumentation nicht nur manuell (formal) interpretieren zu können, sondern auch maschinell.[299] Gemeint ist die Möglichkeit, den formalisierten Vertrag im Hinblick auf vertraglich relevante Fragen, wie zum Beispiel nach dem einschlägigen Leistungszeitpunkt oder auch im Hinblick auf

---

[296] Soweit ersichtlich ist die umfassendste (und zwar nicht für die hier verfolgten Zwecke geeignete, aber dennoch sehr aufschlussreiche) historische Darstellung (die allerdings nicht die hier als wesentlich ermittelten Merkmale formalsprachlicher Verträge beachtet) noch immer die von *Meng Wong* in: *Wong*, in: Rechtshandbuch Legal Tech, S. 315 ff.

[297] S. zu diesen Konzepten bereits § 1 und § 2 A. I.

[298] S. § 2 A. I. Erneut sei aber auch auf die variable Nutzung des Begriffs „Vertrag" in dieser Untersuchung hingewiesen (§ 2 A. II.). Ob und wann ein formalsprachlicher Vertrag rechtlich als rechtsgeschäftliches Erklärungsmittel zu qualifizieren ist (also nicht nur aus Sicht der Parteien auslegungsrelevant wird) wird erst in Teil drei dieser Untersuchung besprochen.

[299] S. auch insoweit bereits § 2 A. I.; s. ferner zu den Vorteilen, die sich aus der inhaltlichen Kalkulierbarkeit für die Nutzung einer maschinellen Verarbeitung versprochen werden können: § 4 A.

die Vereinbarkeit mit einem hypothetischen Sachverhalt (etwa auf das Übereinstimmen einer bestimmten hypothetischen Leistung mit der vertraglich geschuldeten Leistung) maschinell untersuchen zu können.

Insgesamt lässt sich diese automatisierte Interpretation als Bestandteil einer automatisierten Analyse des formalsprachlichen Vertrages verstehen. Die Analyse kann darüber hinaus aber etwa auch darin bestehen, den formalsprachlichen Vertrag maschinell auf seine inhaltliche Vollständigkeit oder Widerspruchsfreiheit hin zu prüfen, um entsprechende Ergänzungen oder Korrekturen vornehmen zu können.[300] Die Vertragsformalisierung zur präzisen verbindlichen Dokumentation des Vertragsinhalts und die Vertragsformalisierung zur maschinellen Vertragsanalyse geben sich sprichwörtlich die Klinke in die Hand: Selbst wenn die Nutzung des Sprachvorteils die Hauptmotivation zur Vertragsformalisierung ist, muss die Vertragsformalisierung schon auf die Ermöglichung einer automatisierten Analyse hin ausgerichtet sein, um die sprachlichen Vorteile auch maschinell realisieren zu können. Selbst wenn der Hauptzweck in einer automatisierten Analyse des Vertrages liegt, wird dieser Zweck eigentlich nur dann vollends verwirklicht, wenn die aus der Analyse gewonnenen Erkenntnisse direkt wieder für den Zweck der verbindlichen formalsprachlichen Dokumentation eingesetzt werden.

Eine nicht ebenso symbiotische, aber zumindest im Ansatz vergleichbare Beziehung kann zwischen der Dokumentationsfunktion und dem Zweck, den Vertrag zu formalisieren, um eine andere Phase des Vertragslebenszyklus zu automatisieren, bestehen. Am deutlichsten wird dies bei der Automatisierung der Ausführung. Nur wenn die Formalisierung, die die automatisierte Ausführung ermöglicht, zugleich auch die Dokumentationsfunktion eines rechtsgeschäftlichen Erklärungsmittels erfüllt, wird eine semantische Lücke zwischen der Ausführung und einer Vertragsdokumentation vermieden beziehungsweise verringert.[301] Schließlich ist auch der Fall denkbar, dass die Formalisierung ursprünglich primär zum Zwecke der Automatisierung einer Phase im Vertragslebenszyklus erfolgte, die Parteien ihr aber nachrangig auch eine Dokumentationsfunktion zuweisen.

In jedem Falle ist davon auszugehen, dass die Vertragsformalisierung stets nicht nur der Dokumentation, sondern auch einer maschinellen Verarbeitung des Vertrages dienen soll und daher immer auch vor diesem Hintergrund

---

[300] Vgl. *LSP Working Group*, Developing a Legal Specification Protocol, S. 18. Ansätze für Vertragsanalysen (die allerdings nicht alle die für formalsprachliche Verträge wesentlichen Merkmale erfüllen) bieten etwa: *Angelov u.a.*, AnaCon framework; *Angelov u.a.*, Logic and Algebraic Programming 2013, 216; *Camilleri*, Analysing normative contracts, 2015; *Azzopardi u.a.*, Reasoning about Partial Contracts, 2016.

[301] Dies gilt jedenfalls für die semantische Lücke bei der Vertragsformalisierung (s. insoweit bereits § 4 A.). Eigenständig zu bewerten ist jedoch auch dann noch die, je nach gewünschtem Verarbeitungszweck zusätzlich auftretende, semantische Lücke bei der Erfassung des Sachverhaltes, dazu gleich § 6 B. und § 7.

entwickelt wird. Dieser zusätzliche Verwendungszweck der Formalisierung wird nachfolgend als maßgebendes Kriterium zur Systematisierung der verschiedenen Möglichkeiten zur Vertragsformalisierung ins Visier genommen. Er bietet sich als Systematisierungskriterium insbesondere deshalb an, weil die Realisierung der angestrebten Automatisierung der Vertragslebensphase nach der Beachtung der wesentlichen formalen Merkmale den größten Einfluss auf die Formalisierung nehmen dürfte. Ihr Einfluss ist voraussichtlich vorrangig zu allen anderen Faktoren, wie etwa den unterschiedlichen Anforderungen an die Formalisierung verschiedener Vertragstypen (wie zum Beispiel eines Kauf-, Werk- oder Mietvertrags) oder der optimalen praktischen Realisierung. Anhand des zusätzlichen Verwendungszwecks der Formalisierung lassen sich die Möglichkeiten zur Vertragsformalisierung folglich am anschaulichsten und für die nachfolgende rechtliche Untersuchung hinreichend einrahmen.

Neben der automatisierten Vertragsanalyse und dem in der rechtswissenschaftlichen Debatte omnipräsenten Zweck der Automatisierung der Ausführung des Vertrages kommen verschiedene andere Gründe in Betracht, Verträge zusätzlich zur Dokumentationsfunktion zu formalisieren.

Dem Vertragslebenszyklus folgend sind dies im Wesentlichen die inhaltliche Vertragsmitgestaltung oder -ausgestaltung durch elektronische Agenten, die Automatisierung des Vertragsschlusses durch den Einsatz elektronischer Agenten, die automatisierte Prüfung des Vertrages auf Konformität mit externen Vorgaben (zum Beispiel rechtlichen Vorgaben oder Rahmenverträgen), das automatisierte Monitoring der Vertragsausführung und die automatisierte Vertragsanpassung.

Entsprechend der eingangs vorgenommenen Einschränkung dieser Untersuchung wird der Einsatz elektronischer Agenten im Vertragslebenszyklus und die vor diesem Hintergrund beeinflusste Formalisierung ausgeblendet. Nämliches gilt für eine etwaige Kombination formalsprachlicher Verträge mit einer Automatisierung der Streitbeilegung.[302]

Die Formalisierungen zum Zwecke der automatisierten Vertragsanpassung, dem automatisierten Monitoring und der automatisierten Prüfung auf Konformität mit externen Vorgaben werden aufgrund des für ihre Realisierung jeweils charakteristischen Erfordernisses des Zusammenspiels mit einer weiteren formalsprachlichen Informationsquelle zusammengefasst.

II. Grundlegende Annahmen zur Formalisierung von Verträgen

Verträge können sehr unterschiedlicher Natur sein: Einmalig oder auf Dauer angelegt, zwischen zwei oder mehreren Parteien, individuell oder standardisiert, gebietend oder verbietend und so weiter. Diese Unterschiede können sich auf die Formalisierung des Vertrages (und auch auf die Ausgestaltung des für

---

[302] S. jeweils § 2 B.

eine maschinelle Verarbeitung erforderlichen Gesamtsystems) durchaus auswirken, sodass je nach Vertragstypus und Vertragsspezifika gegebenenfalls unterschiedliche Methoden gewählt werden müssen.[303]

Für Verträge insgesamt lassen sich jedoch auch charakteristische Gemeinsamkeiten ausmachen, die im Rahmen einer Formalisierung stets zu berücksichtigen sein werden und daher auch in der nachfolgenden systematischen Darstellung zusätzlich zum Systematisierungskriterium des Verwendungszwecks eine Rolle spielen. So ist im Hinblick auf die Formalisierung von Verträgen sinnvollerweise zwischen zwei Ebenen zu differenzieren: der vertraglichen Struktur und den vertraglichen Begriffen.[304]

Mit der Vertragsstruktur ist gemeint, welche prozeduralen Vorgaben der Vertrag enthält. Klassischerweise handelt es sich um an bestimmte Voraussetzungen gebundene Ge- oder Verbote, also vertraglich festgelegte Regeln.[305] Gegebenenfalls werden diese über verschiedene Ebenen entwickelt und auch alternative Wege für den Fall der Nichterfüllung der ursprünglich vorgesehenen bereitgehalten und sich dabei etwa auch an gesetzlichen Vorgaben für solche Fälle orientiert.[306]

Die Begriffsebene stellt dagegen die Bedeutungsebene oder semantische Ebene dar. Sie liefert die Bezüge zu allen vertraglich relevanten (künftigen)

---

[303] Diese weitergehenden Differenzierungsmöglichkeiten richten sich nach dem jeweiligen Einzelfall. Sie haben wie gerade angesprochen weniger Auswirkungen auf die prinzipielle Herangehensweise an eine Vertragsformalisierung als der Verwendungszweck derselben und werden hier daher nicht weiter berücksichtigt. Beispiele der unterschiedlichen formalen Anforderungen bei verschiedenen Vertragsklauseln finden sich aber etwa bei *Hvitved*, Contract Formalisation, 2012, S. 5 ff. im Hinblick auf Kaufverträge; ebenfalls zwischen verschiedenen Vertragsklauseln differenzierend: *LSP Working Group*, Developing a Legal Specification Protocol, S. 19 ff.

[304] S. etwa die nämliche Differenzierung bei der Rechtsformalisierung bei *Raabe u.a.*, Formalisierung, 2012, S. 57 ff., dort als „symbolische und begriffliche Ebene" bezeichnet; ähnlich auch: *Idelberger u.a.*, in: Rule Technologies, S. 182 „By providing a declarative specification of the content of the contract, to be complemented with a procedural definition of the steps needed to perform the obligations in the contract"; vgl. auch *LSP Working Group*, Developing a Legal Specification Protocol, S. 14 ff. welche diesbezüglich dann einerseits von „legal event and consequence" und andererseits von „Data/Information Needs" sprechen (S. 14 ff. a.a.O.) und diese Differenzierung bei Verträgen und Recht gleichermaßen sehen. Zu dieser Differenzierung für das Recht auch schon *Haft*, Rechtsinformatik, 1977, S. 95.

[305] S. nur *Lee*, Decision Support Systems 1988, 27 (29): „[A] contract is much like a plan in that it specifies a (possibly contingent) series of activities, some of which are to be performed sequentially, others which may be performed concurrently." (S. 7); *LSP Working Group*, Developing a Legal Specification Protocol, S. 7: „Functionally, a contract provides an actionable outline for committed performance in a multi-party relationship. The specified actions can be affirmative: things a party promises to do. The specification can also create boundaries: things that a party will not do, such as a non-disclosure or limits on the exercise of rights granted."; s. auch bereits § 4 D. I. und dort insb. Fn. 108.

[306] Statt vieler: *LSP Working Group*, Developing a Legal Specification Protocol, S. 7 ff.

Realweltphänomenen, wie etwa zu Gegenständen, Personen, Ereignissen und Zuständen.[307] Es geht also insbesondere um das, was eine bestimmte Regelungsfolge auslöst und was das Ergebnis derselben sein soll.

Im herkömmlichen Vertragswesen werden beide Ebenen mit natürlicher Sprache beschrieben. Da natürlichsprachliche Wörter für ihre Verwender (deren Sprachkenntnisse unterstellt) immer auch eine Bedeutung haben, wird bei der natürlichsprachlichen Vertragsdokumentation naturgemäß keine (gedankliche) Trennung der Bedeutungs- von der Strukturebene vorgenommen.

Im Hinblick auf eine formale Modellierung stellen die beiden Ebenen aber unterschiedliche Anforderungen und sind daher zu trennen. Bei der Formalisierung der Strukturebene geht es nur um die Erfassung der prozeduralen Beziehung der vertraglichen Bezugspunkte. Die Bezugspunkte werden als Symbole erfasst, die Bedeutung der Symbole aber (noch) nicht formalisiert. Erst auf der begrifflichen Ebene wird den Symbolen formal ein Inhalt zugewiesen.[308] Die bei der Interpretation natürlicher Sprache durch den Menschen gedanklich vorgenommene Bedeutungszuweisung muss insoweit für den Rechner explizit gemacht werden.[309]

B. Systematische Darstellung der Vertragsformalisierung anhand des zusätzlichen Verwendungszwecks

Die identifizierten zusätzlichen Verwendungszwecke einer Vertragsformalisierung bieten im Folgenden die Möglichkeit, den durch die wesentlichen Merkmale an einen formalsprachlichen Vertrag gesetzten Rahmen systematisch zu verkleinern. Namentlich kann über die automatisierte Analyse (I.), die automatisierte Anpassung beziehungsweise das Monitoring und den Abgleich mit externen Vorgaben (II.) sowie die automatisierte Ausführung (III.) jeweils ein spezifischerer Blick auf die Anforderungen an eine Vertragsformalisierung geworfen werden.

Anhand der verschiedenen Verwendungszwecke wird jeweils informal und abstrakt spezifiziert, welche Aufgabe (welches *Problem*) das System lösen soll; worin also die maschinelle Verarbeitung des Vertrags bestehen soll. Darauf aufbauend werden die möglichen Ansätze, den Vertrag in einer formalen Sprache zu repräsentieren, kursorisch aufgezeigt. Dies umfasst sowohl eine Nennung möglicher Arten formaler Vertragssprachen als auch möglicher Methoden der formalen Beschreibung – jeweils unter Berücksichtigung der unter-

---

[307] Vgl. die Beschreibung bei *LSP Working Group*, Developing a Legal Specification Protocol, S. 14 in Bezug auf eine Rechtsformalisierung als: „details about the world that law digests and emits for its operations"; vgl. auch *Raabe u.a.,* Formalisierung, 2012, S. 61.

[308] S. insoweit nochmals die oben angesprochene Trennung zwischen Objekt, Vorstellung und Bezeichnung unter § 5 B. I. insb. Fn. 169.

[309] Dazu gleich ausführlicher insb. § 6 B. I. 2. b).

schiedlichen Formalisierungsanforderungen an die vertragliche Struktur- und Begriffsebene.

Je nach Spezifikation kommt es neben der Vertragsformalisierung auch auf eine Verknüpfung mit einem weiteren Formalismus beziehungsweise einer formalsprachlichen Informationsquelle oder Verknüpfung mit anderen Systemen an. Diese Punkte und die verschiedenen grundlegenden Realisierungsmöglichkeiten des Gesamtsystems werden aufgrund ihrer engen praktischen Verbindung zu einer Vertragsformalisierung ebenfalls aufgegriffen. Entwicklungstechnische Aspekte werden dagegen soweit möglich ausgeblendet und konkrete formale Sprachen und konkrete Ressourcen nur beispielhaft angeführt.

I. Automatisierte Analyse

1. Spezifikation

Analysen einer vertraglichen Dokumentation können sowohl vor als auch nach einem Vertragsschluss wichtig werden. Vor dem Vertragsschluss nehmen sie im Vertragswesen parallel zum Ansteigen des vertraglichen Werts (ideell oder finanziell bemessen) eine zunehmend wichtige Rolle ein. Es geht insbesondere darum, festzustellen, inwieweit das mit den eigenen Vertragserklärungen Gemeinte bereits Niederschlag in der Dokumentation gefunden hat und welche Konsequenzen aus dem Vertrag insgesamt beziehungsweise den Erklärungen des anderen Vertragspartners erwachsen. Nach dem Vertragsschluss kann eine vertragliche Analyse je nach den Umständen insbesondere wichtig werden, um etwaige Pflichten und Rechte in Umfang, Inhalt oder Zeitpunkt genau zu kennen, um sich bei der Vertragsabwicklung daran orientieren zu können.[310]

Eine Automatisierung der Analyse stellt an die Formalisierung des Vertrages die Anforderung, dass alles, was für die Beantwortung der Fragen relevant wird, formal erfasst wird. Was relevant wird, richtet sich nach dem jeweiligen Analyseziel. Eine Analyse der vertraglichen Struktur hat andere Anforderungen als eine begriffliche Analyse. Eine begriffliche Analyse kann zudem auf verschiedene Bedeutungsdimensionen ausgerichtet sein. Bereits an dieser Stelle lässt sich festhalten, dass die wahre Herausforderung der Automatisierung einer Begriffsanalyse in der Erreichung der dafür erforderlichen Ausdrucksmacht der Formalisierung und nicht in der Entwicklung eines Analysemechanismus liegt.[311]

Zu trennen ist die automatisierte Analyse des formalsprachlich festgehaltenen Vertragsinhalts von einer „formalen Analyse" des formalsprachlichen Vertrags als Formalismus. Gemeint sind Analysen, wie zum Beispiel das Model

---

[310] S. insoweit bereits § 6 A. I.
[311] So für das Recht auch schon *Haft*, Rechtsinformatik, 1977, S. 95 „Aber die eigentlichen Probleme bleiben deswegen offen. Sie liegen nicht in der formalen Struktur von Normen […], sondern in den Begriffen und Urteilen."; ebenso *Liebwald*, in: Semiotik, S. 205.

Checking als Unterfall der formalen Verifikation, bei welchem ein formalsprachlicher Vertrag auf seine Qualität beziehungsweise die Korrektheit seiner formalen Eigenschaften geprüft wird.[312] Diesen formalen Analysen kann eine elementare Bedeutung für eine erfolgreiche maschinelle Verarbeitung eines formalsprachlichen Vertrages zukommen. Sie nehmen jedoch keinen wesentlichen Einfluss auf den Ansatz der Vertragsformalisierung.

2. Formalisierung

a) Strukturebene

Ein erster entscheidender Schritt auf dem Weg zu einer Formalisierung besteht darin, den betreffenden Realitätsabschnitt zu identifizieren und diesen zu explizieren, soweit es für den gewünschten Verwendungszweck notwendig ist.[313] Für die Formalisierung der Vertragsstruktur gilt es somit, die Realweltphänomene, auf die der Vertrag Bezug nimmt (die Begriffe des Vertrages), zu identifizieren und als formalsprachliche Symbole zu notieren, um die prozeduralen Verbindungen zwischen ihnen formal beschreiben zu können. Für die formale Beschreibung der vertraglichen Struktur wird also von der begrifflichen Ebene abstrahiert; die entscheidenden Realweltphänomene werden lediglich als – formal – bedeutungsleere Symbole benötigt, die die Verbindungsglieder für die zu formalisierende Struktur bilden.[314]

Die Erfassung der prozeduralen Vorgaben in Verträgen fällt üblicherweise sehr leicht. Verträge sind typischerweise regelartig aufgebaut.[315] Ihre Struktur lässt sich als Wenn-Dann-Abfolge beschreiben.[316] Schwierigkeiten bei der expliziten Beschreibung aufgrund struktureller Komplexität kann zwar angesichts einer potenziell großen Menge an Vorgaben (zum Beispiel bei vertraglichen Regelungen für diverse alternative Szenarien wie in einem Versicherungsvertrag) durchaus entstehen, qualitativ betrachtet handelt es sich aber auch dann noch stets um Wenn-Dann-Abfolgen. Im Gegensatz zu Rechtssätzen

---

[312] Beispiele solcher Analysen liefern etwa: *Pace u.a.*, in: Automated Technology for Verification and Analysis; *Abdelsadiq*, A Toolkit for model checking of electronic contracts, 2013; ein weiteres Beispiel einer formalen Analyse sind etwa auch sog. Stress Tests, vgl. *LSP Working Group*, Developing a Legal Specification Protocol, S. 23.

[313] Vgl. etwa *Raabe u.a.*, Formalisierung, 2012, S. 76; im Hinblick auf die Methoden der Wissensrepräsentation auch *Unland*, in: Enzyklopädie der Wirtschaftsinformatik; speziell zu Smart Contracts auch *Matthes*, in: Rechtshandbuch Smart Contracts, Rn. 28; vgl. ferner *LSP Working Group*, Developing a Legal Specification Protocol, S. 12.

[314] Vgl. zur Rechtsformalisierung *Raabe u.a.*, Formalisierung, 2012, S. 58 „Abstrahiert man von der Bedeutung dieser Begriffe, so erhält man die symbolische Ebene des Rechtssatzes."

[315] S. schon § 4 D. I. und dort insb. Fn. 108 sowie § 6 A. II.

[316] Statt vieler: *LSP Working Group*, Developing a Legal Specification Protocol, S. 15 f. „[C]urrent legal drafting (including contracts) reduces to relatively simple conditional structures, such as if-then-else statements."

lassen sich vertragliche Strukturen üblicherweise einfacher vollständig erfassen: Entweder wird der Vertrag als abschließender Regelungskomplex konzipiert oder es lassen sich eindeutige Verweise auf ausgelagerte Regelungen ausmachen, zum Beispiel auf einen Rahmenvertrag.[317]

Für die formale Modellierung vertraglicher Strukturen bedeutet dies also, dass die verwendete formale Sprache lediglich in der Lage sein muss, Wenn-Dann-Funktionen abbilden zu können. Hierzu sind jedenfalls alle formalen Sprachen in der Lage, die auf formaler Logik basieren. Dies umfasst sämtliche Programmiersprachen, aber auch eine Vielzahl anderer Computersprachen sowie sämtliche mit diesen formalen Sprachen entwickelte Repräsentationsmodelle.[318]

Einschränkend wird zum Teil darauf verwiesen, dass vertragliche Strukturen einer deontischen Logik bedürften, welche den Besonderheiten von Sollenssätzen Rechnung trage.[319] Dieses, gerade auch bei der Gesetzesformalisierung gängige Argument,[320] vermag jedoch jedenfalls für Verträge nicht zwingend zu verfangen. Denn wenngleich vertragliche Verpflichtungen nicht immer durchgesetzt werden können – Sollen und Sein der vertraglichen Pflichtenerfüllung nicht gleichgesetzt werden können –, sind die Parteien frei darin, die vertraglichen Verpflichtungen als Implikationen zu beschreiben, die beim Vorliegen festgelegter Voraussetzungen erfüllt werden müssen. Ob die Verpflichtungen tatsächlich erfüllt werden oder ein rechtlicher Zwang zu ihrer Erfüllung vorliegt, sind davon zu trennende Fragen, deren Beantwortung außerhalb der vertraglichen Dokumentation liegt.[321] Eine auf deontischer Logik basierende formale Vertragssprache ist folglich also zwar denkbar, aber kein Muss.[322]

Fernab der Beachtung klassischer Kriterien, die zur Auswahl formaler Sprachen herangezogen werden, wie etwa die Effizienz ihrer Verarbeitung,[323]

---

[317] Insoweit ist auch nochmals auf die Unterschiede zur Rechtsformalisierung hinzuweisen, s. § 4 D. I.

[318] Vgl. *LSP Working Group*, Developing a Legal Specification Protocol, S. 17; *Lee*, Decision Support Systems 1988, 27 (29).

[319] So etwa *Idelberger u.a.*, in: Rule Technologies, S. 173; ähnlich *Wong*, in: Rechtshandbuch Legal Tech, S. 321; s. auch *Pace/Schneider*, Challenges in the Specification of Full Contracts, 2009; *Prisacariu/Schneider*, The Journal of Logic and Algebraic Programming 2012, 458. Allgemein zu einer deontischen Logik und ihrer Berücksichtigung von Sollenssätzen statt vieler: *Zoglauer*, Logik, 2021, S. 135 ff.

[320] S. allein *Schweighofer*, Rechtsinformatik, 1999, S. 99, 108 ff. m.w.N. („Andererseits wurde die letztendlich richtige Meinung vertreten, daß zur Darstellung von Rechtsregeln eine besondere Rechtslogik notwendig ist [...]. Daher muß erst die theoretische Grundlage einer deontischen Logik vorhanden sein, bevor Prototypen gebaut werden können.").

[321] Ähnlich zur Rechtsformalisierung *Raabe u.a.*, Formalisierung, 2012, S. 414.

[322] So im Ergebnis auch *LSP Working Group*, Developing a Legal Specification Protocol, S. 18 f.

[323] S. dazu bereits § 5 A.

lassen sich jedoch verschiedene Mutmaßungen über die präferierten Logiken und formalen Sprachen anstellen, die zur Vertragsformalisierung eingesetzt werden dürften. So dürften viele vertragliche Strukturen Ausnahmeregelungen vorsehen, die besonders gut durch revidierbares Schließen, also durch nichtmonotone Logik wie Defeasable Logic abgebildet werden können.[324] Weiter spricht vieles dafür, schon für die Formalisierung der Vertragsstruktur auf deklarative Verarbeitungsparadigmen zurückzugreifen. Die imperative Beschreibung einer Vertragsstruktur muss den gewählten Anweisungen entsprechend ausgelesen werden, was sie jedenfalls bei längeren Verträgen deutlich fehleranfälliger macht als eine deklarative Beschreibung der Vertragsstruktur, die eine beliebigere Auswertung zulässt.[325] Bereits auf struktureller Ebene kann ein deklarativer Ansatz zudem zur Verständlichkeit des formalsprachlichen Vertrages beitragen und darüber hinaus eine kompaktere Darstellung und effizientere Bearbeitung erlauben.[326]

Auch unter Beachtung dieser und weiterer Kriterien[327] ist das Feld an in Betracht kommenden formalen Sprachen noch immer ein sehr großes. Allein für die Formalisierung vertraglicher Strukturen sind formale Sprachen, die spezifisch für Verträge entwickelt wurden, wie etwa Legalese,[328] nicht zwingend notwendig.[329] Je nach Einzelfall muss aber die Möglichkeit zur Interoperabilität mit derjenigen formalen Sprache, die zur Erfassung der Begriffsebene genutzt wird, gewährleistet sein,[330] was für die Verwendung spezifischer formaler Sprachen für Verträge auch schon auf der Struktur-Ebene sprechen kann.

Die formalsprachlich repräsentierte Vertragsstruktur kann je nach Ausgestaltung bereits verschiedene Analysen ermöglichen. Es können strukturelle Widersprüche und Ambiguitäten aufgedeckt werden oder leerlaufende Strukturen, sprich vertragliche Unvollständigkeiten, festgestellt werden.[331] Weiter können je nach zugrundeliegender formaler Sprache die Voraussetzungen für den Eintritt bestimmter Situationen herausgefiltert oder konkrete Folgen vertraglich vorgesehener Ereignisse benannt werden.[332]

---

[324] Vgl. *LSP Working Group*, Developing a Legal Specification Protocol, S. 16 f.; *Idelberger u.a.*, in: Rule Technologies, S. 173; s. insoweit auch § 5 Fn. 247.

[325] *Idelberger u.a.*, in: Rule Technologies, S. 173.

[326] Vgl. *Idelberger u.a.*, in: Rule Technologies, S. 173 f.; s. zu diesen Punkten auch schon § 5 D. I.

[327] Beispiele für weitere beachtenswerte Kriterien nennt etwa *Lee*, Decision Support Systems 1988, 27 (29 ff.).

[328] S. § 1 Fn. 25.

[329] So auch *LSP Working Group*, Developing a Legal Specification Protocol, S. 17.

[330] *LSP Working Group*, Developing a Legal Specification Protocol, S. 13.

[331] *LSP Working Group*, Developing a Legal Specification Protocol, S. 18.

[332] Zu den entsprechenden Möglichkeiten bei formalisiertem Recht *Raabe u.a.*, Formalisierung, 2012, S. 96 ff., 99 ff.

b) Begriffsebene

Wenngleich mit der Formalisierung der vertraglichen Struktur bereits „Unklarheiten analysiert und nutzbringend beseitigt werden können",[333] erlaubt erst die Formalisierung der begrifflichen Ebene eine Interpretation des Vertrages im umfassenderen Sinne.[334]

Viele Verträge orientieren sich an denselben Kategorien von Realweltphänomenen und nutzen dementsprechend dieselben Begriffskategorien, um sich auf diese Phänomene zu beziehen. Dies umfasst etwa den begrifflichen Bezug auf Vertragsparteien, Vertragsgegenstände oder Leistungszeitpunkte. Hinzu kommen diverse vertragsspezifische Phänomene, die nur für bestimmte Verträge und Vertragsarten relevant werden. Es lässt sich weiter zwischen dem Bezug auf allgemeine Phänomene (zum Beispiel Kalendertage) und auf spezifisch im Vertrags- und Rechtswesen angesiedelte Phänomene (zum Beispiel ein Anwartschaftsrecht) unterscheiden.[335] Die gemeinsame Herangehensweise an die Formalisierung dieser unterschiedlichen Begriffe besteht zunächst (insoweit noch vergleichbar zur Formalisierung der Vertragsstruktur) darin, die vertragsrelevanten Begriffe zu identifizieren. Darauf folgt als nächster Schritt, das jeweilige begriffliche Wissen zu externalisieren, den Begriff also so explizit zu beschreiben, dass auf Grundlage dieser Beschreibung die Modellierung eines formalen Äquivalents erfolgen kann.[336]

Im Grundsatz kommen für die beiden letzten Schritte dieselben Erwägungen zum Tragen, die bei der Formalisierung natürlichsprachlicher Semantik in der Computerlinguistik Beachtung finden. Der Blickwinkel ist indes ein leicht anderer. Der Computerlinguistik geht es um die möglichst vollständige formale Modellierung der Semantik natürlichsprachlicher Wörter einer Sprache, um später beliebige Ausdrücke, etwa einen natürlichsprachlichen Satz, vor dem Hintergrund des formal modellierten semantischen Wissens maschinell interpretieren und gegebenenfalls weiterverarbeiten zu können.[337] Bei der Vertragsformalisierung geht es hingegen darum, dasjenige semantische Wissen zu formalisieren, das in eine formalsprachliche Vertragsdokumentation aufgenommen werden soll und/oder die gewünschte maschinelle Analyse des jeweiligen individuellen Vertrages ermöglicht. Die Erreichung dieser Ziele der Vertragsformalisierung kann sich im Einzelfall mit dem Vollständigkeitsanspruch der Computerlinguistik decken; den Parteien kann aber unter Umständen auch

---

[333] So *Haft*, Rechtsinformatik, 1977, S. 95 bezogen auf die Formalisierung der Struktur von Gesetzen.

[334] Ähnlich *Raabe u.a.*, Formalisierung, 2012, S. 61, 69 in Bezug auf die Subsumtion unter Rechtsnormen im engeren Sinne.

[335] Man könnte diesbezüglich auch von Welt- und Rechtswissen sprechen, vgl. *Liebwald*, in: Semiotik, S. 206.

[336] S. etwa *Raabe u.a.*, Formalisierung, 2012, S. 108 ff. zur nämlichen Herangehensweise an die Rechtsbegriffsformalisierung.

[337] Vgl. § 4 C.

schon eine formale Modellierung von Bedeutungsteilen der relevanten Begriffe ausreichen. Gerade dies unterscheidet die Möglichkeiten der begrifflichen Vertragsformalisierung auch wieder von denen einer begrifflichen Rechtsformalisierung, die naturgemäß ebenso wie die Computerlinguistik einen Vollständigkeitsanspruch erheben muss.[338]

Wo die Formalisierung von Bedeutung (beziehungsweise Bedeutungsteilen) über die Referenz zu individuellen Objekten für die Zielerreichung der Computerlinguistik oder Rechtsformalisierung kaum von Nutzen ist, ist sie für die Zwecke der Vertragsformalisierung daher gegebenenfalls ausreichend. Dies gilt einerseits, da in Verträgen vielfach Individualbegriffe verwendet werden (zum Beispiel, um auf bestimmte Personen, Gegenstände oder Orte zu verweisen) und die Variabilität von Allgemeinbegriffen vielfach einzelfallspezifisch auf bestimmte Lesarten beschränkt werden kann;[339] andererseits aber auch, weil es auf die Erfassung bestehender Bedeutungsvariabilität für die Erreichung der Zwecke der jeweiligen Vertragsformalisierung vielleicht nicht ankommt.

Ein in der Praxis bereits gehäuft vorzufindendes Beispiel einer bewusst eingeschränkten begrifflichen Vertragsformalisierung liegt in der Verwendung von Auszeichnungssprachen.[340] Während Auszeichnungssprachen ursprünglich zur Markierung von Elementen in einer Dokumentenstruktur (zum Beispiel zur Auszeichnung von Überschriften) entwickelt wurden, lassen sich mit diesen formalen Sprachen beliebige Strukturen und somit auch vertragliche Begriffe als Instanzen arbiträrer Kategorien auszeichnen.[341] Beispielsweise könnte basierend auf der formalen Auszeichnungssprache XML eine formale Auszeichnungssprache spezifiziert werden, die unter anderem das deklarative Etikett „Vertragspartei" vorsieht. Die in einem Text (zum Beispiel einer natürlichsprachlichen Vertragsdokumentation oder einer nur symbolisch formalisierten Vertragsdokumentation) genannten Begriffe eines Vertrages, die für die Vertragsparteien stehen, könnten entsprechend mit diesem Etikett ausge-

---

[338] Der Anspruch der Computerlinguistik dürfte sich einerseits auf die Erfassung aller Begriffe einer Sprache erstrecken und andererseits darauf, die Bedeutung der Begriffe vollständig formal zu erfassen. Nur dieser letzte ist hier als „Vollständigkeitsanspruch" gemeint. Zu einem solchen Vollständigkeitsanspruch einer verbindlichen Rechtsformalisierung bereits § 4 D. I. Diesen Anspruch dürften aber auch private Ansätze der Rechtsformalisierung und -automatisierung, die für eine Vielzahl an Nutzern entwickelt werden, üblicherweise schon deshalb verfolgen, um eine möglichst umfassende Lösung für verschiedene juristische Fragestellungen bereitstellen zu können. Anders als bei der Computerlinguistik ist es aber weder für die Rechts- noch die Vertragsformalisierung entscheidend alle Begriffe einer natürlichen Sprache zu erfassen.

[339] Ein Vertrag, der sich auf einen „Vertreter" bezieht, meint beispielsweise nur den Stellvertreter und keine anderen Lesarten des Wortes.

[340] Zur praktischen Bedeutung von Auszeichnungssprachen s. allein *Liebwald*, in: Semiotik, S. 207 f. m.w.N.

[341] *Carstensen u.a.*, Computerlinguistik, 2010, S. 161.

zeichnet werden. Durch diese Zuweisung würde also bereits ein Teil der Bedeutung des ausgezeichneten Ausdrucks, nämlich die Zugehörigkeit zur Kategorie „Vertragspartei", formalisiert werden. Die formal erfassten Eigenschaften eines Etiketts würden dann auch dem jeweilig ausgezeichneten Begriff vererbt.[342] Die Etiketten können zudem ihrerseits semantisch weiter angereichert sein. Zum Beispiel durch die Formalisierung ihrer Relationen zu anders ausgezeichneten Textelementen.[343]

Die Verwendung von Auszeichnungssprachen bei Verträgen wird teilweise als etwas anderes als eine Begriffsformalisierung gesehen. Statt der Semantik des Vertrages würden nur dessen Metadaten erfasst.[344] Wenngleich diese Differenzierung insofern nachvollziehbar ist, als dass mit Auszeichnungen stets nur kategoriale Zuordnungen stattfinden und die formale Modellierung der speziellen Eigenschaften des ausgezeichneten Begriffs unerreichbar bleibt, findet dadurch dennoch die Formalisierung eines Teils der Semantik des ausgezeichneten Begriffs statt.[345] Es bietet sich also auch bei der Nutzung von Auszeichnungssprachen schon an, von einer begrifflichen Formalisierung zu sprechen. Dies ergibt speziell im Kontext der Vertragsformalisierung auch deshalb Sinn, weil die begriffliche Formalisierung auch bei der Nutzung von ausdrucksmächtigeren Repräsentationsmodellen der Wissensrepräsentation, die zur Abbildung begrifflichen Wissens geeigneter sind, etwa aus Kostengründen bewusst auf bestimmte semantische Aspekte beschränkt sein kann. Eine feste Grenze, die überschritten werden muss, bevor die Formalisierung von „echter" Semantik anfängt, lässt sich nicht ausmachen.[346] Insbesondere bleibt zuletzt selbst dort, wo ein Vollständigkeitsanspruch an die begriffliche Vertragsformalisierung gestellt wird[347] – wo die wesentlichen Eigenschaften eines Begriffs so erfasst werden sollen, dass seine Bedeutung in sämtlichen Zusammenhängen erkennbar ist (Begriffsdefinition[348]) –, dessen Erreichung üblicherweise

---

[342] Zur Vererbungsrelation s. schon § 5 B. III.

[343] Hierzu und weiterführend zum Aufbau und zur Nutzungsweise von Auszeichnungssprachen zur formalen Modellierung semantischen Wissens etwa *Carstensen u.a.,* Computerlinguistik, 2010, S. 159 ff. m.w.N.

[344] Vgl. etwa *Liebwald,* in: Semiotik, S. 206 ff.

[345] S. insoweit bereits § 5 B. I.; zu verschiedenen Arten von Metadaten und was diese erfassen können s. ferner etwa *Dengel,* Semantische Technologien, 2012, S. 13 ff.

[346] Vgl. auch insoweit bereits § 5 B. I.

[347] Von einem solchen geht anscheinend etwa *Liebwald* aus, bezieht sich dabei aber auf maschinenverarbeitbare Semantik, wobei offenbleibt, inwieweit sie denselben Anspruch an eine Semantikformalisierung formulieren würde, *Liebwald,* in: Semiotik, S. 208.

[348] Zur entsprechenden Definition von „Definition" s. statt vieler: *Raabe u.a.,* Formalisierung, 2012, S. 109 m.w.N., die Realisierung einer natürlichsprachlichen Definition in einem formalen Äquivalent wird dort als „formalisiertes Definiens" bezeichnet (S. 112 ff.); noch weitergehend zu den Grundlagen der Definitionslehre etwa *Rüthers u.a.,* Rechtstheorie, 2022, S. 134 ff.

unmöglich. Die Formalisierung von Semantik ist damit ohnehin stets eher als formale Erfassung von Bedeutungsteilen zu verstehen.[349]

Über die Ansätze zur begrifflichen Vertragsformalisierung lassen sich weniger Vermutungen anstellen als über die strukturelle Vertragsformalisierung: Zu divers können die verschiedenen begrifflichen Analyse- und Dokumentationsziele sein. Klar ist aber, dass in den überwiegenden Fällen eine vertragsspezifische Begriffsformalisierung notwendig sein wird.[350] Der Rückgriff auf allgemeine Ressourcen der Semantikformalisierung kann höchstens auf einer Vorstufe hilfreich sein.[351] Ferner lässt sich festhalten, dass mit steigenden Anforderungen an die Begriffsformalisierung praktisch nur noch Ansätze aus der Wissensrepräsentation, insbesondere Ontologien, in Betracht kommen.[352]

Nicht unbedingt ein Fall der Begriffsformalisierung ist dagegen das insbesondere im Zusammenhang mit Smart Contracts übliche Vorgehen, bestimmte Phänomene, auf die der Vertrag Bezug nehmen soll, nicht im Formalismus selbst zu beschreiben, sondern dort insoweit nur den Rückgriff auf eine externe Informationsquelle festzulegen; die Begriffsbestimmung also gewissermaßen auszulagern.[353] So kann in der formalsprachlichen Vertragsdokumentation etwa festgelegt werden, dass hinsichtlich der Bedeutung eines Symbols auf Angaben von einem oder mehreren Menschen (beziehungsweise diesen zugeordnete Benutzerschnittstellen) zu rekurrieren ist, die den hinter dem Symbol stehenden Begriff zum Beispiel im Hinblick auf eine bestimmte Frage (insbesondere im Hinblick auf sein Vorliegen in einer bestimmten Situation) natürlich analysieren und das Ergebnis der Analyse – meist in schlichten Wahrheitswerten (Ja oder Nein/1 oder 0) – formal einspeisen. Die Person oder Personen, auf deren Angaben zurückgegriffen werden, werden im Blockchain-Kontext

---

[349] Auch hier ist die Vertragsformalisierung allerdings von der Rechtsformalisierung und der Semantikformalisierung in der Computerlinguistik abzugrenzen, da sie einige der dort auftretenden Probleme umgehen kann, die einer vollständigen Begriffsformalisierung im Ergebnis final entgegenstehen. Zum Beispiel werden manche semantischen Sprachphänomene, wie sog. „opake Kontexte", die nur schwer formal erfasst werden können (s. dazu *Carstensen u.a.,* Computerlinguistik, 2010, S. 339) für die Vertragsformalisierung weniger relevant. Zu den Problemen einer (begrifflichen) Rechtsformalisierung s. bereits § 4 D. I.

[350] So auch *LSP Working Group*, Developing a Legal Specification Protocol, S. 17.

[351] S. dazu gleich § 6 B. I. 3.

[352] S. zu den verschiedenen Ansätzen der Wissensrepräsentation bereits § 5 B. III. und dort auch Fn. 214 zur parallelen Bedeutung von Ontologien für die (begriffliche) Rechtsformalisierung.

[353] Unter Vorgriff auf die rechtliche Bewertung solcher Informationsquellen-Bezüge kann hier bereits festgehalten werden, dass das ausgelagerte Wissen im Einzelfall nicht zwingend als Teil des Vertrages qualifiziert wird (nur wenn es Teil des Vertrages wird, könnte man auch in gewisser Weise von einer [ausgelagerten] begrifflichen Vertragsformalisierung sprechen). Vielfach wird der Bezug auf Informationsquellen vielmehr der Erfassung eines Sachverhaltes dienen (s. dazu gleich§ 6 B. II. und § 6 B. III.). Zur rechtlichen Bewertung s. § 13 A. II. 2. b).

üblicherweise als menschliches „Oracle" bezeichnet.³⁵⁴ Statt des Rückgriffs auf ein menschliches Oracle kann in einer Vertragsformalisierung auch der automatisierte Rückgriff auf eine Informationsquelle vorgesehen werden, die Informationen über Sensoren formalsprachlich erfasst, wie zum Beispiel die Daten eines Wetterdienstes oder einer Börse.³⁵⁵ Die eingebundene Informationsquelle muss allerdings nicht notwendigerweise eine Schnittstelle zwischen formaler und realer Welt sein, sondern kann auch vollkommen in der digitalen Welt angesiedelt sein und Informationen aus dieser bereithalten, zum Beispiel zum Zustand einer bestimmten Blockchain.³⁵⁶

Soweit der Bedeutungsgehalt eines Begriffs formalisiert ist, ist der erste Bestandteil für eine auf ihn bezogene automatisierte Begriffsanalyse gesetzt. Unter der Voraussetzung einer entsprechenden Realisierung³⁵⁷ können sodann etwa einfache Abfragen vorgenommen werden, wie die Abfrage der Vertragsparteien oder der Leistungsgegenstände. Bei ausdrucksmächtigeren Begriffsformalisierungen dürften aber vor allem Überprüfungen mit hypothetischen Sachverhalten im Vordergrund stehen.³⁵⁸ Auf die Begriffsebene allein bezogen wäre dies etwa die Ziehung der Inferenz, ob ein formal beschriebenes hypothetisches Phänomen den Anforderungen eines im Vertrag formal beschriebenen Begriffs entspricht beziehungsweise sich darunter subsumieren lässt.³⁵⁹ Ob es also zum Beispiel die Eigenschaften des formalisierten Begriffsinhalts aufzeigt oder vom Begriffsumfang erfasst wird. Werden die formalisierten Begriffe mit der formalisierten strukturellen Ebene des Vertrages kombiniert,³⁶⁰ können diese Prüfungen entsprechend ausgeweitet und auch komplexere

---

³⁵⁴ Statt vieler: *LSP Working Group*, Developing a Legal Specification Protocol, S. 11 m.w.N.

³⁵⁵ Zu solchen „Oracles" statt vieler: *Wright/De Filippi*, Blockchain, 2019, S. 71 m.w.N.

³⁵⁶ Vgl. etwa *LSP Working Group*, Developing a Legal Specification Protocol, S. 20. Die Grenzen zwischen Begriffsformalisierung und Sachverhaltsformalisierung bzw. -erfassung als auch Vertragsanpassung (s. zu den letzteren gleich § 6 B. II. und § 6 B. III.) können für alle diese Fälle nicht ohne Einzelfallbetrachtung gezogen werden. S. dazu bereits § 6 Fn. 353.

³⁵⁷ Wie unter § 5 gezeigt, ist die Entwicklung eines Formalismus nur einer mehrerer Schritte auf dem Weg zu einem funktionierenden System und damit auch einer automatisierten Analyse. Zur Realisierung s. ferner gleich noch § 6 B. I. 3.

³⁵⁸ Der Aspekt, dass es um hypothetische Sachverhalte geht, unterscheidet die automatisierte Analyse an dieser Stelle vom automatisierten Monitoring, welches eine Erfassung des echten Sachverhaltes in realer Zeit und damit (soweit sich der Sachverhalt nicht ausschließlich in der digitalen Welt abspielt) eine Schnittstelle zur realen Welt erfordert (s. dazu gleich § 6 B. II.). Im Rahmen der automatisierten Analyse, wird also ein hypothetischer Sachverhalt als konkrete Formel modelliert (i.d.R. manuell und direkt in derselben Sprache, in der auch der Vertrag formalisiert wurde).

³⁵⁹ Zu Inferenzen und dem Syllogismus als Form der deduktiven Inferenzrelation s. bereits § 4 B. und § 5 C. II.

³⁶⁰ Zur dabei auch möglichen Kombinierbarkeit verschiedener formale Sprachen s. etwa *Idelberger u.a.*, in: Rule Technologies, S. 182.

Sachverhalte auf ihre strukturelle und begriffliche Vereinbarkeit mit dem formalisierten Vertrag geprüft werden.

3. Aufbau, Ressourcen und Realisierung

Eine formalsprachliche Vertragsversion, die einer automatisierten Analyse (ob struktureller, begrifflicher oder kombinierter Art) zugänglich ist, kann über verschiedene Herangehensweisen erstellt werden. Die vorangegangene Darstellung beschränkte sich maßgeblich auf manuelle und individuelle Formalisierungsansätze. Besprochen wurde in diesem Sinne bisher nur der Fall, dass die Vertragsparteien (oder für sie agierende Personen) von einem spezifischen Vertrag ausgehend Formalismen für dessen Struktur und/oder Begriffe entwickeln (und sich dabei später zu übersetzender berechnungsuniverseller oder direkt höherer Computersprachen bedienen).

Daneben bestehen aber auch noch andere Möglichkeiten, eine formalsprachliche Vertragsversion zu erstellen. Intuitiv liegt für den Formalisierungsvorgang eine Nutzung der computerlinguistischen Methoden zur Übersetzung von natürlicher in formale Sprache auf der Hand.[361] Hierfür müsste jeweils eine natürlichsprachliche Vertragsdokumentation vorliegen, die sodann mithilfe der computerlinguistischen Ressourcen und Verfahren zur maschinellen Formalisierung natürlichsprachlicher Phänomene in eine formale Repräsentation übersetzt würde. Solange die jeweilige Repräsentation als Ergebnis des maschinellen Formalisierungsvorgangs den wesentlichen Merkmalen formalsprachlicher Verträge entspricht – das Ergebnis also eine explizite symbolische Repräsentation ist, die eindeutige Schlussfolgerungen zulässt[362] –, kommen dafür nicht nur regelbasierte, sondern etwa auch stochastische Verfahren in Betracht.[363]

Der Großteil vorhandener computerlinguistischer Ressourcen, die eine solche automatisierte Formalisierung ermöglichen würden, basiert auf allgemeinem Sprachwissen. Für eine Formalisierung vertraglicher Strukturen, die dem Zweck einer möglichen automatisierten Strukturanalyse dienen soll, dürfte allgemeines Sprachwissen in vielen Fällen ausreichen. Hierfür wird zunächst auch die syntaktische Struktur der natürlichsprachlichen Vertragsdokumentation formal erfasst und interpretiert. Die Formalisierung der *Vertrags*struktur ist indes nicht mit der Formalisierung der syntaktischen Struktur der natürlichsprachlichen Vertragsdokumentation zu verwechseln. Die Vertragsstruktur betrifft das inhaltliche Regelwerk des Vertrages, die syntaktische Struktur betrifft die Anordnung der Wörter innerhalb der natürlichsprachlichen Dokumentation und stellt damit nur einen notwendigen Zwischenschritt auf dem Weg zur formalen Erfassung der strukturellen als auch begrifflichen Ebene des Vertrages dar.

---

[361] S. insoweit bereits § 4 C.
[362] S. § 4 B.
[363] S. insoweit bereits § 5 C. III.

Hinsichtlich bestimmter Begriffe sowie bei einfachen Ansprüchen dürfte allgemeines Sprachwissen als Formalisierungsgrundlage gegebenenfalls auch für eine Begriffsformalisierung ausreichen. Spätestens aber wenn es um spezifisch im Vertrags- beziehungsweise Rechtssektor angesiedelte Begriffe geht, reichen Ressourcen, die von allgemeinem Sprachwissen ausgehen, in der Regel nicht mehr aus. Es bedarf jedenfalls für diese Fälle Ressourcen, die auf dem Sprachgebrauch der Vertrags- beziehungsweise Rechtsdomäne basieren.[364] In sehr unterschiedlichen Ausprägungen, die sich unter anderem in puncto Ausdrucksmacht oder ihrer Ausrichtung auf spezielle Rechtsgebiete unterscheiden, werden Ressourcen für diesen Sektor geplant oder existieren bereits.[365] Weitere ließen sich über allgemeine Wissensrepräsentationsressourcen wie zum Beispiel Grundlagen-Ontologien entwickeln oder mit solchen verbinden.[366] Eine automatisierte Formalisierung unter Verwendung dieser Ressourcen ist indes nur möglich, wenn sie auch Sprachwissen enthalten oder sich jedenfalls für einen computerlinguistischen Einsatz, also die maschinelle Übersetzung von natürlicher in formale Sprache, anpassen lassen.

Selbst soweit unter Heranziehung solcher Ressourcen eine unter Umständen adäquate maschinelle Übersetzung von natürlichsprachlichen Verträgen möglich wird, dürfte in den überwiegenden Fällen noch eine nachträgliche manuelle Anpassung der formalsprachlichen Repräsentation vonnöten sein, etwa weil die Parteien spezifische Vorstellungen von einem Begriff oder Strukturelement haben, welche maschinell nicht (korrekt) erfasst wurden.

Wenngleich eine maschinelle Formalisierung trotz gegebenenfalls notwendiger anschließender Anpassung des Formalismus verlockend klingt, geht sie auch mit spezifischen Nachteilen einher. Insbesondere dürfte nämlich ein Interesse der Vertragsparteien daran bestehen, die Unschärfe und Ambiguität, die einer natürlichsprachlichen Vertragsdokumentation inhärent sind, nicht als Ausgangsbasis für eine formalsprachliche Vertragsdokumentation zu wählen. Die Verwendung unterschiedlicher Bezeichnungen für dasselbe Phänomen oder die Verwendung unscharfer Begriffe, wie sie in natürlichsprachlichen Vertragsdokumentationen auftauchen, würden sich nämlich auch auf die formalsprachliche Version durchschlagen: Unterschiedlichen Bezeichnungen würden gegebenenfalls maschinell unterschiedliche formale Bedeutungen zugewiesen werden; unscharfen Begriffen würde durch den Prozess der

---

[364] S. insoweit schon § 6 B. I. 2. b).
[365] S. etwa *Hoekstra u.a.*, The LKIF Core Ontology of Basic Legal Concepts, 2007; *Casanovas u.a.*, Semantic Web 2016, 213; *Clack u.a.*, Smart Contract Templates, 2016; *Sartor u.a.*, Legal Ontologies, 2011; weitere Beispiele finden sich etwa bei *Ashley*, Artificial Intelligence, 2017, S. 171 ff.; umfassende Beispiele auch bei: *Liebwald*, in: Semiotik, S. 214 ff. m.w.N.; ältere Bsp. finden sich ferner bei *Schweighofer*, Rechtsinformatik, 1999, S. 93 ff.
[366] Speziell zu Grundlagenontologien etwa *Raabe u.a.*, Formalisierung, 2012, S. 128; zur Bedeutung der Miterfassung von nicht-sektorspezifischem Wissen auch *Liebwald*, in: Semiotik, S. 206.

maschinellen Formalisierung zwar gegebenenfalls jeweils eine eindeutige Lesart zugewiesen werden, diese entspricht aber vielleicht gerade nicht der gemeinten.

Die Vermeidung solcher Szenarien würde entweder bereits bei der Formulierung des natürlichsprachlichen Vertrages, der maschinell formalisiert werden soll, eine aufwendigere Formulierungsarbeit (zum Beispiel durch Vorgaben an die zu verwendenden Bezeichnungen und die Einspeisung weiterer, eine maschinelle Disambiguierung ermöglichende Informationen) erfordern oder aber eine weitergehende manuelle Prüfung und Nachjustierung der maschinell erstellten formalsprachlichen Dokumentation erforderlich machen.

Die entwickelten und sich in der Entwicklung befindlichen Ressourcen zur Vertragsformalisierung sind daher vielfach auch nicht (oder jedenfalls nicht primär) vor dem Ziel der Ermöglichung einer maschinellen Formalisierung entwickelt worden, sondern sollen als Ressourcen zur direkten, maßgeblich manuellen Formulierung des Vertrages in einer formalen Sprache dienen.[367] Die Erfassung von Sprachwissen ist insoweit nicht notwendig. Zur Vereinfachung der manuellen Formalisierung werden jedoch vielfach modulare Vorlagen (Templates) zur Verfügung gestellt.[368]

Je nach Herangehensweise an die Formalisierung werden bereits funktionierende Systeme vorliegen, die schließlich auch tatsächlich eine automatisierte Vertragsanalyse erlauben. Teilweise werden noch weitere Schritte zur Realisierung der automatisierten Analyse notwendig sein, zum Beispiel die Übersetzung des Formalismus in eine existierende Computersprache oder die Entwicklung eines Inferenzmechanismus. Zudem besteht grundsätzlich unabhängig von der verwendeten Computersprache und der verwendeten Ressourcen die Möglichkeit, die maschinelle Analyse des formalsprachlichen Vertrags über eine dezentrale statt über eine zentrale Plattform auszuführen, zum Beispiel über eine Blockchain-basierte Plattform.[369]

---

[367] Vgl. *Wong*, in: Rechtshandbuch Legal Tech, S. 328 ff.; vgl. auch *LSP Working Group*, Developing a Legal Specification Protocol, S. 10.

[368] S. etwa *Clack u.a.*, Smart Contract Templates, 2016; zur Nutzung und Bedeutung von Templates bei formalsprachlichen Verträgen bzw. Smart Contracts s. auch *Cohney/Hoffman*, Minnesota Law Review 2020, 319 (328 f.); *Hvitved*, Contract Formalisation, 2012, passim, etwa S. 4; s. in diesem Zusammenhang auch *Surden*, U.C. Davis Law Review 2012, 629 (654 f.).

[369] Vgl. *Idelberger u.a.*, in: Rule Technologies, S. 175; s. zu Ausführungsplattformen ferner bereits § 5 D. II.

II. Automatisierte Anpassung, automatisiertes Monitoring und automatisierter Abgleich mit externen Vorgaben

1. Spezifikation

Bei der Vertragsanpassung, dem Vertragsmonitoring und dem Abgleich des Vertrages mit externen Vorgaben handelt es sich um Vorgänge, die im Lebenszyklus einer Vielzahl von Verträgen auftreten beziehungsweise relevant werden können.

Unter dem Abgleich des Vertrages mit externen Vorgaben ist gemeint, dass (meist vermutlich schon im Rahmen der Vertragsverhandlungen) eine Überprüfung des Vertragsentwurfs auf seine Konformität mit bestimmten Vorgaben vorgenommen wird. Dies kann insbesondere rechtliche Vorgaben betreffen, also eine Vorabprüfung der voraussichtlichen Rechtskonformität des Vertrages oder aber auch eine Überprüfung auf die Vereinbarkeit mit einschlägigen Rahmenverträgen oder Allgemeinen Geschäftsbedingungen der Vertragsparteien. Beim Vertragsmonitoring handelt es sich um die Prüfung, ob die tatsächliche Ausführung des Vertrages stattfindet und mit den festgelegten Vertragsvorgaben übereinstimmt.[370] Unter einer Vertragsanpassung wird hier einerseits der Fall verstanden, dass die Parteien bereits ex ante festlegen, dass der Vertrag in Abhängigkeit von bestimmten Ereignissen eine festgelegte Anpassung erfahren soll, etwa hinsichtlich des zu zahlenden Preises. Darunter wird andererseits aber auch der Fall gezogen, dass die Leistungsbestimmung nicht beim Vertragsschluss vorgenommen, sondern auf einen späteren Zeitpunkt gelegt wird und gegebenenfalls durch einen Dritten vorgenommen werden soll. Zwar sind die Fälle der nachträglichen Leistungsanpassung und nachträglichen Leistungsbestimmung rechtlich unterschiedlich zu behandeln,[371] ihre tatsächliche Durchführung erfordert aber ein vergleichbares Vorgehen.

Die Automatisierung all dieser Vorgänge sieht sich fernab der Notwendigkeit der Formalisierung des Vertrages selbst derselben zusätzlichen Herausforderung ausgesetzt: Es muss eine weitere formalsprachliche Informationsquelle bestehen und ein automatisierter Informationsabgleich zwischen dieser und dem formalsprachlichen Vertrag möglich sein.

2. Formalisierung

Der automatisierte Austausch zwischen der formalsprachlichen Vertragsdokumentation und einer weiteren Informationsquelle ist stets dann möglich, wenn die Informationsquelle in derselben formalen Sprache wie der formalisierte

---

[370] Statt aller: *Idelberger u.a.*, in: Rule Technologies, S. 175.
[371] Je nach Einzelfall können insb. die §§ 315 ff. BGB einschlägig sein (s. dazu später § 13 A. II. 2. b)). Es ergibt sich dann u.U. auch eine Abgrenzungsproblematik gegenüber der bereits angesprochenen Bezugnahme auf externe Wissensquellen im Rahmen der Begriffsformalisierung (s. § 6 B. I. 2. b)).

Vertrag vorliegt oder übersetzt wird beziehungsweise beide Sprachen interoperabel sind.

Eine Art Informationsaustausch findet auch bereits bei bestimmten Formen der automatisierten Analyse statt, wenn hypothetische Sachverhalte formalsprachlich ausgedrückt und anhand des in derselben formalen Sprache ausgedrückten Vertrags überprüft werden.[372] Geht es um eine Automatisierung des Abgleichs eines Vertrages mit statischen Vorgaben wie formalisierten Gesetzen, Allgemeinen Geschäftsbedingungen oder anderen Verträgen besteht insoweit kein wesentlicher Unterschied zur automatisierten Analyse.[373] Soweit der Vertrag und die Vorgaben in derselben oder einer interoperablen formalen Sprache vorliegen und hinsichtlich der modellierten Struktur und Begriffe denselben Formalisierungsgrad aufweisen, kann eine maschinelle Überprüfung vorgenommen werden. Anders als bei der automatisierten Analyse dient hier jedoch nicht der formalsprachliche Vertrag, sondern es dienen die statischen Vorgaben als Modell, anhand dessen geprüft wird.

Beim automatisierten Monitoring sowie einer automatisierten Vertragsanpassung besteht die Informationsquelle hingegen nicht in statischen Vorgaben, die manuell formalisiert werden können, sondern in einer formalsprachlichen Version eines tatsächlichen Sachverhalts. Es bedarf also einer weiteren Schnittstelle zwischen der realen und der digitalen Welt. Die Herausforderung liegt dabei darin begründet, dass die semantische Lücke, die bei der Vertragsformalisierung bis zu einem gewissen Grad hinnehmbar sein kann,[374] bei der Formalisierung des tatsächlichen Sachverhalts sinnvollerweise soweit wie möglich vermieden werden soll.[375] Dies gestaltet sich gerade deshalb schwierig, weil eine Echtzeitautomatisierung des Monitorings oder der Anpassung jeweils eine maschinelle Formalisierung des Sachverhalts erfordern dürfte, bei welcher die semantische Lücke zur Realität typischerweise besonders groß ausfällt.[376] Eine Ausnahme bilden hier nur Sachverhalte, die sich ohnehin im

---

[372] S. § 6 B. I. 2. b).

[373] Der Erfolg einer solchen Analyse bzw. automatisierten Abgleichung ist wiederum den Grenzen einer Formalisierung der externen Vorgaben unterworfen. Gerade eine Rechtskonformitätsprüfung dürfte angesichts der bereits angesprochenen Probleme einer vollständigen bzw. korrekten Rechtsformalisierung (s. § 4 D. I.) nur Ergebnisse mit einer gewissen Wahrscheinlichkeit der Richtigkeit liefern können.

[374] S. § 4 A.

[375] Auch hier verbleibt vermutlich ein (kleiner) Abwägungsspielraum: Auch ein nicht perfekt automatisiertes Monitoring entpuppt sich für die Parteien vielleicht als bessere Option als ein präziseres manuelles, aber dafür kostenintensiveres Monitoring. Bei der Vertragsanpassung kann dieses Argument indes nur noch halten, wenn die automatisierte Anpassung unter den Geltungsvorbehalt gestellt wird, dass die formalsprachliche Informationsquelle eine korrekte Abbildung der Realität ist (s. § 13 A. II. 2. b)).

[376] Vgl. insoweit schon § 6 B. I. 3.; explizit zu den Schwierigkeiten einer Sachverhaltsformalisierung (zwar im Zusammenhang mit einer automatisierten Rechtsanwendung, in weiten Teilen aber übertragbar) s. ferner: *Timmermann*, Legal Tech-Anwendungen, 2020,

digitalen Raum abspielen, wie zum Beispiel die Ausführung von Programmen oder elektronische Transaktionen. Geht es um „analoge" Sachverhalte, sind die Voraussetzungen für maschinelle Formalisierungen spezifisch auf den etwaigen Vertrag hin auszurichten. Informationen können hier primär über Sensoren formal erfasst werden,[377] was im selben Atemzug aber auch die Einschränkung auf solches Wissen, welches per Sensor überhaupt erfasst werden kann, bedingt, was wiederum mit einer gewissen Ausdrucksarmut einhergeht.

Soweit die zweite Informationsquelle keine Informationen in Echtzeit erfassen muss und ihre Modellierung einer gewissen Ausdrucksmacht bedarf, was insbesondere bei externen Vorgaben wie gesetzlichen Vorgaben oder anderen Verträgen der Fall sein dürfte, bietet sich aufgrund der einfacheren Interoperabilität aber sowohl für die Formalisierung des Vertrages als auch die jeweiligen anderen Informationsquellen wieder eher ein Rückgriff auf deklarative als imperative Sprachen an.[378]

Neben der Möglichkeit, im Rahmen eines automatisierten Abgleichs mit externen Vorgaben und einem automatisierten Monitoring eine Vereinbarkeit des Vertragsformalismus mit der über die zweite Informationsquelle bereitgestellten formalsprachlichen Informationen festzustellen, kann je nach Analysemechanismus, im Falle einer Friktion auch automatisiert aufgedeckt werden, worin diese liegt. Hinsichtlich einer Anpassung des formalsprachlichen Vertrages muss unabhängig von der grundsätzlichen Formalisierung des Vertrages und des die Anpassung auslösenden Ereignisses sowie deren Abgleichs zudem noch ein Algorithmus vorliegen, welcher die Anpassung der formalsprachlichen Vertragsversion gemäß den zuvor festgelegten Vorgaben vornimmt.

3. Aufbau, Ressourcen und Realisierung

Die hier besprochenen Automatisierungsvorgänge unterscheiden sich hinsichtlich ihrer Realisierung vor allem dahingehend von der automatisierten Analyse, dass verschiedene Systeme miteinander agieren können müssen. Für den Abgleich des Vertrages mit externen Vorgaben bestehen dabei noch die geringsten systemischen Anforderungen. Es muss grundsätzlich lediglich eine Programmierschnittstelle (Interface) zur Kommunikation zwischen der formalsprachlichen Vertragsversion und den externen formalsprachlichen Vorgaben bestehen. Im Fall der Einbeziehung von Echtzeitdaten wie beim Monitoring und der Vertragsanpassung sind weitere Verknüpfungen notwendig, um beispielsweise die über Sensoren erfassten Daten zu verarbeiten und den formal-

---

S. 93 ff., 114 ff.; zur Bedeutung der Sachverhaltsermittlung im nämlichen Rahmen auch *Rüthers u.a.,* Rechtstheorie, 2022, S. 131.

[377] S. etwa *LSP Working Group*, Developing a Legal Specification Protocol, S. 20; *Matthes,* in: Rechtshandbuch Smart Contracts, Rn. 23, 25.

[378] Vgl. *Idelberger u.a.*, in: Rule Technologies, S. 175.

sprachlichen Vertrag anzupassen oder seine Ausführungshistorie zu aktualisieren.[379]

Statt zentraler Ausführungsplattformen kommen auch für die Vorgänge der Vertragsanpassung, des Monitorings und des Abgleichs mit externen Vorgaben wieder insbesondere Blockchain-basierte Plattformen in Betracht. Es gilt indes wiederum jedenfalls aber der Kostenvorbehalt, der gegen eine „on-chain"-Verarbeitung sprechen kann.[380] Insbesondere hinsichtlich der automatisierten Anpassung ist zudem zu beachten, dass einmal in der Blockchain gespeicherte Daten nicht wieder verändert werden können, sondern nur als aktualisierte Version neu gespeichert werden.[381]

III. Automatisierte Ausführung

1. Spezifikation

Kein Verwendungszweck für eine formalsprachliche Vertragsrepräsentation hat bisher so viel öffentliche und fachliche Aufmerksamkeit erfahren wie die Automatisierung der vertraglichen Ausführung.[382]

„Vertragliche Ausführung" ist dabei weit zu verstehen. Es kann etwa sowohl um eine Automatisierung der Ausführung der originären Hauptleistungspflichten als auch von alternativen Folgen gehen, die insbesondere bei Nichterfüllung der originären Pflichten an deren Stelle treten.[383] Zum Beispiel kann bei fehlender rechtzeitiger Gegenleistung automatisiert der Zugang zu einer Datenbank gesperrt werden.[384]

2. Formalisierung

Für die Formalisierung von Verträgen, deren Ausführung automatisiert werden soll, kann zunächst ebenfalls auf die vor dem Hintergrund anderer Verwendungszwecke genannten Ausführungen verwiesen werden. Jedenfalls die Bestandteile des Vertrages – auf struktureller wie auch begrifflicher Ebene –, die die zu automatisierenden Vertragsvorgaben festlegen sowie die Informationen, die deren tatsächliches Vorliegen in Echtzeit erfassen, müssen grundsätzlich formal so vorliegen, wie dies auch für die Automatisierung des Monitorings vorausgesetzt wird. Es müssen also die formalen Voraussetzungen geschaffen

---

[379] Vgl. etwa *Matthes*, in: Rechtshandbuch Smart Contracts, Rn. 23, 39 ff.; vgl. auch *LSP Working Group*, Developing a Legal Specification Protocol, S. 14 f.

[380] S. § 5 D. II.

[381] Dies betrifft insbesondere die hier nicht weiter betrachteten nachträglichen Vertragsänderungen. Dazu aber etwa *Idelberger u.a.*, in: Rule Technologies, S. 175 f.

[382] S. schon § 1.

[383] S. insoweit schon § 6 A. II.

[384] S. auch die weiteren Beispiele in § 6 B. III. 3. und dort insb. Fn. 392.

werden, die eine Echtzeitanalyse des tatsächlichen Eintritts bestimmter, vertraglich festgelegter Ereignisse erlauben.[385]

Hinzu kommt aber noch eine besondere Anforderung an die Formalisierung zum Zwecke der Ausführungsautomatisierung, und zwar muss als Folge der Analyse auch eine Aktion durchgeführt werden können und nicht nur eine Aussage getroffen werden.[386] Es muss also beispielsweise die bereits angesprochene Zugangssperre für eine Datenbank ausgelöst oder eine Zahlung eingeleitet werden. Statt einer statischen Beschreibung des Vertrages muss eine dynamische Vertragsversion modelliert werden. Die bisher rein deskriptiv formalisierte Struktur des Vertrages muss nun auch tatsächliche Folgen herbeiführen. Hierfür bedarf es jedenfalls für die Begriffe, die für vertragsrelevante Konklusionen stehen – also der vertraglichen Struktur folgend tatsächlich ein entsprechendes Ereignis auslösen sollen –, eines veränderten Ansatzes der Begriffsformalisierung. Die einschlägigen Begriffe müssen um eine formale Komponente ergänzt werden, die sie mit einer Aktion verknüpft.[387] Der Begriff der „Zahlung" muss beispielsweise formal so erfasst werden, dass beim Eintreten einer Prämisse, etwa eines bestimmten Zeitpunktes (dessen Vorliegen zum Beispiel über eine Verknüpfung mit der von der Physikalisch-Technischen Bundesanstalt angegebenen Atomzeit festgestellt wird), eine Transaktion, zum Beispiel eine elektronische Zahlung, eingeleitet wird. Den einschlägigen Begriffen wird somit eine Art zustandsverändernde beziehungsweise aktionsauslösende formale Begriffsbedeutung zugewiesen.[388]

Auf der Hand liegen hierfür insbesondere imperative Programmiersprachen wie Solidity, da die aktionsauslösende Begriffsbedeutung ein imperatives Element (die tatsächliche Auslösung der Aktion) voraussetzt. Eine Zustandsveränderung lässt sich aber auch durch eine deklarative Beschreibung der Regel realisieren, deren Interpretation bei Vorliegen der Prämisse die beschriebene Aktionsfolge auslöst (sogenannte Produktionsregel).[389] Eine deklarative Programmierung kann auch hier unter anderem wieder den Vorteil der geringeren Fehleranfälligkeit mit sich bringen.[390] Die größere begriffliche Ausdrucksmacht einer deklarativen Darstellung gestaltet sich in der Theorie zudem vorteilhaft für die formale Beschreibung derjenigen Begriffe, die die Prämissen in der Vertragsstruktur bilden. Während die formale Modellierung der Konklusionsbegriffe zum Zwecke einer Ausführungsautomatisierung üblicherweise auf die jeweilige Zustandsveränderung begrenzt werden kann (es bedarf beispiels-

---

[385] S. bereits § 6 B. II.
[386] S. zu dieser Differenzierung allgemein etwa *Beierle/Kern-Isberner,* Wissensbasierte Systeme, 2019, S. 73.
[387] Vgl. *LSP Working Group*, Developing a Legal Specification Protocol, S. 19 m.w.N.
[388] Vgl. *Surden*, U.C. Davis Law Review 2012, 629 (665 ff.).
[389] S. etwa *Beierle/Kern-Isberner,* Wissensbasierte Systeme, 2019, S. 73; zu Produktionssystemen auch *Schweighofer*, Rechtsinformatik, 1999, S. 100.
[390] Vgl. § 6 B. I. 2. a).

weise keiner Beschreibung des Inhalts oder Umfangs des Begriffes „Zahlung", um die Auslösung einer bestimmten Zahlung formal zu modellieren), kann die formale Beschreibung der Prämissen für Aktionen anspruchsvoll und damit auf ausdrucksmächtige Formalismen angewiesen bleiben. Da in der Praxis aber üblicherweise eine automatisierte Ermittlung des Vorliegens von Prämissen in Echtzeit erwünscht ist, kommt praktisch nur eine maschinelle Formalisierung der Sachverhalte, die auf das Vorliegen der vertraglichen Prämisse hin zu prüfen sind, in Betracht. Aufgrund der Schwierigkeiten, einen komplexen analogen Sachverhalt maschinell zu formalisieren, dürfte wie schon bei der Automatisierung des Monitorings und der Vertragsanpassung daher eine praktische Beschränkung auf einfachgelagerte Sachverhalte, die per Sensor oder vergleichbaren Quellen formal erfasst werden können, stattfinden.[391] Eine Formalisierung zum Zwecke der Ausführungsautomatisierung wird daher praktisch ebenfalls auf weniger ausdrucksstarke formale Sprachen oder digitale Vertragsinhalte reduziert.

3. Aufbau, Ressourcen und Realisierung

Um die automatisierte Ausführung tatsächlich zu gewährleisten, bedarf es Programmierschnittstellen, die die nämlichen Voraussetzungen wie für ein automatisiertes Monitoring erfüllen müssen (also insbesondere über Sensoren erfassten Input verarbeiten können), aber darüber hinaus auch die Möglichkeiten für bestimmten Output vorsehen müssen, also die Auslösung von Aktionen in der digitalen oder über sogenannte Aktuatoren auch in der realen Welt ermöglichen.[392] Eine maschinelle Formalisierung der automatisiert auszuführenden Verträge kommt jedenfalls hinsichtlich des in Echtzeit zu erfassenden Inputs und der Festlegung von auszulösenden Aktionen kaum in Betracht. Angedacht und entwickelt werden aber auch formale Sprachen und dazugehörige Systeme, die Mustervorlagen für vertragsspezifische Aktionen und Ereignisse vorsehen, die manuell angepasst werden können.[393]

Für keine andere Phase im Vertragslebenszyklus, deren Automatisierung angedacht wird, wird die Verwendung der Blockchain-Technologie in gleichem Maße als Vorteil beschrieben.[394] Dank der Eigenschaften bestimmter Blockchains, soll die automatisierte Ausführung eines formalsprachlichen

---

[391] S. § 6 B. II.
[392] Vgl. *Matthes*, in: Rechtshandbuch Smart Contracts, Rn. 23; *Heckmann/Kaulartz*, bank und markt 2016, 34. Die Aktion über einen Aktuator könnte etwa in der Schließung eines elektronischen Türschlosses liegen; weitere Beispiele bei: *Paulus/Matzke*, NJW 2018, 1905; *Potel/Hessel*, JM 2020, 354 (355); *Möslein*, in: BeckOGK, Stand: 1.5.2019, § 145 BGB Rn. 72; *Hohn-Hein/Barth*, GRUR 2018, 1089 (1094).
[393] Vgl. *Cohney/Hoffman*, Minnesota Law Review 2020, 319 (329 f.); s. zudem bereits § 6 Fn. 365 und Fn. 368.
[394] S. bereits § 1 und § 5 D. II.

Vertrags – insoweit auch hier als „Smart Contract" bezeichnet[395] – insbesondere kostengünstig das schon angesprochene Vertrauensproblem zwischen Parteien lösen.[396] Die Rechnung geht indes nur auf, wenn die Kosten der Blockchain-Technologie die Kosten eines Intermediäres tatsächlich nicht überschreiten, was neben der schon angesprochenen formalisierungsbedingten Einschränkung der vertraglichen Ausdrucksmacht zum Zwecke der Ausführungsautomatisierung gegebenenfalls noch weitere Einschränkungen mit sich bringen dürfte, um die Verarbeitungskosten niedrig zu halten.

§ 7 Fazit zum ersten Teil

Zahlreiche Beispiele konkreter Ansätze und praktischer Einsätze zeigen die bestehende und zunehmende Bedeutung formalsprachlicher Verträge. Vor dem Hintergrund der abstrakten Möglichkeiten und Grenzen formaler Sprachen konnte herausgearbeitet werden, dass der Anreiz zur Verwendung einer formalen Vertragssprache für die Parteien maßgeblich in deren inhaltlichen Kalkulierbarkeit liegen dürfte.[397] Diese Annahme erlaubte es wiederum, den formalsprachlichen Vertrag im Hinblick auf das Vorliegen bestimmter Eigenschaften zu definieren, mit denen sich eine inhaltliche Kalkulierbarkeit realisieren lässt und die daher im Rahmen dieser Untersuchung als wesentlich angenommen wurden.[398]

Der so gesetzte Rahmen erlaubte eine wissenschaftliche Einordnung[399] sowie eine Abgrenzung gegenüber und einen Vergleich mit verwandten Konzepten.[400] Über die Einführung eines weiteren Systematisierungskriteriums in Gestalt des jeweils zusätzlich zum Dokumentationszweck anzunehmenden Zwecks einer Vertragsformalisierung konnte der durch die wesentlichen Eigenschaften formalsprachlicher Verträge gesetzte Rahmen weiter konkretisiert werden.[401] Die so mögliche systematische Betrachtung formalsprachlicher Verträge unter Berücksichtigung der zuvor aufgezeigten einschlägigen Methoden und formalen Grundlagen[402] zeigte, unter welchen Umständen sich verschiedene Ansätze der Vertragsformalisierung anbieten können.

---

[395] S. § 2 A. I.
[396] Zum Vertrauensproblem s. schon § 4 A.; zu Smart Contracts als potenzieller Lösung für das Vertrauensproblem (meist besprochen unter dem Stichwort „trustless trust") s. etwa: *Heckmann/Kaulartz*, Bank 2017, 60; *Kloth*, VuR 2022, 214 (214 f.); *Bomprezzi*, EuCML 2021, 148, insb. S. 152 ff; *Steinrötter/Stamenov*, in: Legal Tech, Rn. 2.
[397] § 4 A.
[398] § 4 B.
[399] § 4 C.
[400] § 4 D.
[401] § 6.
[402] § 5.

Diese Systematisierung liefert nunmehr die entscheidende Basis, um das gesamte Ausmaß der Variabilität formalsprachlicher Verträge zu erkennen, welches im Rahmen einer rechtlichen Bewertung, insbesondere der richterlichen Auslegung, relevant werden kann. Demnach können die eingesetzten Sprachen und damit gebildeten Formalismen sowohl maschinenabstrakt als auch maschinennah beziehungsweise -näher sein. Derselbe Vertrag kann auf diesem Spektrum in verschiedenen Versionen repräsentiert werden, die von einer in die nächste Ebene übersetzt werden. Die Formalisierung kann nur bestimmte Teile des Vertrages betreffen (beispielsweise nur die unmittelbar ausführungsrelevanten Teile) oder auch nur bestimmte Ebenen des Vertrages (zum Beispiel nur die Struktur oder nur die Begriffsebene). Gerade innerhalb der Begriffsformalisierung ist dabei eine immense Bandbreite an Ansätzen erkennbar, die sich primär in ihrer Ausdrucksmacht unterscheiden und von der ausschließlich kategorialen Begriffszuordnung oder zustandsorientierten Semantik bis hin zu komplexen formalen Begriffsdefinitionen reichen können. Der formalsprachliche Vertrag kann manuell, maschinell oder hybrid erstellt werden. Er kann seinen Ausgangspunkt in einer natürlichsprachlichen Vertragsdokumentation nehmen oder direkt in einer formalen Sprache formuliert werden. Er kann Sprachwissen enthalten, aber auch ohne dieses auskommen. Seine Grundlage können bestehende Ressourcen als auch individuell entwickelte Ansätze sein. Verarbeitet werden kann er nach verschiedenen Paradigmen, wobei insbesondere die deklarative Programmierung ein wichtiges Paradigma darstellt. Schließlich kann er durch Systeme mit besonderen Eigenschaften verarbeitet werden, die ebenfalls bereits seine Formalisierung beeinflussen.

Es ergibt sich somit ein differenziertes Bild des formalsprachlichen Vertrages und seiner potenziell insbesondere für die rechtsgeschäftliche Auslegung relevanten (Sprach-)Aspekte. Der Fokus auf den Vertrag soll dabei nicht darüber hinwegtäuschen, dass sich diese Variabilität natürlich bereits bei einzelnen formalsprachlichen Willenserklärungen zeigen kann.

Die Grundlage für die nachfolgende Untersuchung der Auslegung formalsprachlicher Verträge ist hiermit gelegt.

Die vorangegangene Untersuchung erlaubt indes zusätzlich auch noch einen Rückschluss auf die praktische Bedeutung formalsprachlicher Verträge, welcher hier trotz des Fokus auf die Vertragsformalisierung und die Auslegung formalsprachlicher Verträge nicht unerwähnt bleiben soll.

So hat sich bestätigt, dass eine entscheidende gemeinsame Herausforderung nahezu aller Ansätze darin liegt, mit der Vertragsformalisierung eine Brücke von der realen in die formale beziehungsweise digitale Welt zu schlagen. Erwiesenermaßen kann eine solche in der Praxis nicht perfekt gelingen. Muss sie aber auch nicht. Der große Vorteil bei der Vertragsformalisierung (gerade im Vergleich zur Rechtsformalisierung) liegt darin, dass Bedeutungsverluste beim Schlagen der Brücke unter Umständen hingenommen und der eingeschränkte

Bedeutungsgehalt im Hinblick auf die bessere Bestimmbarkeit des Erklärungsinhalts verschmerzt werden kann.

Allerdings – dies hat die Systematisierung *en passant* gezeigt – ist es mit einer erfolgreichen Vertragsformalisierung nicht getan. Sowohl im Hinblick auf eine automatisierte Vertragsausführung als auch schon bei der Automatisierung des Monitorings und der Vertragsanpassung hat sich besonders deutlich gezeigt, dass es neben der Formalisierung des Vertrages selbst auch an anderen Stellen Brücken in die digitale Welt oder aus der digitalen Welt zurück in die reale Welt bedürfen kann. Auch unabhängig vom zusätzlichen Verwendungszweck bedarf es einer solchen weiteren Schnittstelle bereits dann, wenn formalsprachliche Verträge Sachverhalte in der realen Welt regeln sollen. Entweder ist der formalsprachliche Vertrag dann nämlich formal zu interpretieren und ein realer Sachverhalt manuell unter ihn zu subsumieren (die inhaltliche Kalkulierbarkeit ließe sich hier durchaus immer noch vorteilhaft nutzen, die mögliche maschinelle Verarbeitung wäre indes Makulatur). Oder der reale Sachverhalt ist ebenfalls zu formalisieren, wobei dann jedoch die semantische Lücke, die bei der Vertragsformalisierung hingenommen werden kann, unbedingt zu vermeiden ist (was wiederum praktisch eine Beschränkung auf recht einfache Sachverhalte bedeutet). Das „Spannungsfeld zwischen formalem Modell und nichtformaler Wirklichkeit", wie es *Erich Schweighofer* seinerzeit als wichtigste Problematik der Rechtsinformatik identifizierte,[403] entlädt sich also genau an diesen Stellen.

Die praxisrelevante Quintessenz – die sich bemerkenswerterweise gerade nicht aus den Herausforderungen der Vertragsformalisierung selbst, sondern erst aus den Herausforderungen bei der tatsächlichen Nutzung und Subsumtion unter eine formalsprachliche Vertragsdokumentation ergibt – ist die folgende: Der wichtigste Anwendungsfall für formalsprachliche Verträge sind Regelungen über Sachverhalte, die sich (weitestgehend) in der digitalen Welt abspielen.

---

[403] *Schweighofer,* Rechtsinformatik, 1999, S. 5.

Zweiter Teil

Das allgemeine Vertragsrecht als Maßstab zur Auslegung formalsprachlicher Verträge

Wie Willenserklärungen auszulegen sind und inwieweit dabei Unterschiede zwischen verschiedenen Erklärungsmitteln zu behandeln sind, richtet sich nach dem jeweilig bestehenden rechtlichen Auslegungsmaßstab. Wie bei kaum einem anderen Phänomen wird jedoch gerade bei Smart Contracts von vielen Seiten bezweifelt, dass dem Recht für die Frage der Auslegung derselben überhaupt eine Maßstabsfunktion zukommt. Unabhängig davon stellt sich der Rechtsmaßstab zur Auslegung formalsprachlicher Verträge auch in besonderer Weise abhängig vom Verständnis des inneren Systems des allgemeinen Vertragsrechts dar, welches seinerseits umstritten ist.

Bevor sich der Auslegung formalsprachlicher Verträge, einschließlich Smart Contracts, gewidmet werden kann, ist daher zunächst die Auslegung beziehungsweise das sie umspannende allgemeine Vertragsrecht als Bewertungsmaßstab sowohl von einer Art Außenperspektive (im Hinblick auf seine Funktion [§ 8]) und andererseits aus einer Binnenperspektive (gerichtet auf seinen Inhalt [§ 9]) zu untersuchen.

§ 8 Das Verhältnis formalsprachlicher Verträge zum (Vertrags-)Recht

A. „Code is Law" und die Maßstabsfunktion staatlichen Rechts

Formalsprachliche Verträge werden den „herkömmlichen Vertrag" – in natürlicher Sprache ausgedrückt beziehungsweise dokumentiert und manuell („analog") abgewickelt – nicht ersetzen. Die aufgezeigten Beschränkungen des Einsatzbereichs, insbesondere die Problematik der semantischen Lücke zwischen formaler Sprache und Realität, zeigen dies sehr deutlich. Andererseits ist aber auch ein sinnvoller und bereits praktisch genutzter Einsatzbereich für formalsprachliche Verträge erkennbar.[1] Vor diesem Hintergrund sind auch verschiedene potenzielle Wechselwirkungen in Form gegenseitiger Einflussnahme

---

[1] S. insoweit insb. § 6 B., § 7 und zu den bestehenden Einsatzbereichen bereits § 1 insb. Fn. 27.

zwischen formalsprachlichen Verträgen als Innovation auf der einen und dem Recht, insbesondere dem Vertragsrecht, auf der anderen Seite zu erwarten.[2]

Welchen Ausmaßes diese Wirkungen sein werden, wird indes sehr unterschiedlich beurteilt: Während zum Teil von einer nahtlosen Eingliederung formalsprachlicher Verträge in das Vertragsrecht ausgegangen wird,[3] gehen andere von einer „Disruption" des Rechts aus.[4] Nicht die Wechselwirkung zwischen Recht und formalsprachlichem Vertrag, sondern die einseitige Loslösung formalsprachlicher Verträge vom Recht stünde im Raum.[5] Viele Autoren gehen sogar noch einen Schritt weiter und sprechen nicht nur von einer Entziehung des formalsprachlichen Vertrags vom Vertragsrecht, sondern einer etwaigen Ersetzung des Vertragsrechts durch den formalsprachlichen Vertrag.[6] Im

---

[2] S. *Grundmann/Möslein*, in: Innovation und Vertragsrecht, S. 16 f., die die Wechselwirkung von Innovation und Vertragsrecht auf vier Dimensionen herunterbrechen („Auf Recht wird durch externe Innovationen eingewirkt, positiv [rechtliche Aufgaben unterstützend] oder negativ [rechtlichen Regulierungsbedarf begründend]; und Recht wirkt umgekehrt auf Innovationsfähigkeit und -bereitschaft ein [diese fördernd], bildet dann deren Infrastruktur [natürlich auch potenziell negativ/behindernd, im Folgenden als Dimension nicht gesondert thematisiert]; schließlich gibt es intern im Recht Innovationsprozesse.") und Smart Contracts explizit als Innovation und Ausgangs- beziehungsweise Wirkungspunkt aller vier Dimensionen von Wechselwirkungen benennen (S. 47 ff. a.a.O.); Wechselwirkungen sind selbstverständlich auch mit anderen Rechtsgebieten zu erwarten, zur Behandlung von Smart Contracts in anderen Rechtsgebieten s. bereits § 2 Fn. 61 ff.; allgemeiner zu den Wechselwirkungen von Recht und Technik, mit besonderen Bezügen zum Urheberrecht: *Specht*, GRUR 2019, 253.
[3] *Paulus/Matzke*, ZfPW 2018, 431 (464) „Smart Contracts und ihre Wirkungen lassen sich ohne weiteres und zwanglos mit den bestehenden Regelungen des BGB sowohl abbilden als auch bewältigen." (zitiert ohne Fn.); *Paulus*, JuS 2020, 107 (107 f.); *Wilhelm*, WM 2020, 1849 (1854); *Schurr*, ZVglRWiss 2019, 257 (284); s. weiterführend auch *Raskin*, Georgetown Law Technology Review 2017, 305, der für das amerikanische Vertragsrecht insgesamt zu demselben Ergebnis kommt.
[4] S. dazu etwa *Kuntz*, AcP 2020, 51 (53) m.w.N.; *Werbach/Cornell*, Duke Law Journal 2017, 313 (364) „Some traditional solutions can be grafted onto the technical apparatus with limited disruption. Others, however, will involve reintroduction of law."; zum Begriff der Disruption in diesem Zusammenhang auch: *Simmchen*, MMR 2017, 162 (162).
[5] S. *Rodríguez de las Heras Ballell*, Uniform Law Review 2017, 693 (711 f.); deutlich auch *Knieper*, KJ 2019, 193 (202), „Normen über das individuelle Aushandeln und Abschließen von Verträgen, ihre Erfüllung und Durchsetzung, Rechtsfolgen bei Vertragsstörungen, über die Beweislast werden ebenso überflüssig wie diejenigen, die sich mit ihrer Entstehung und Wirkung beschäftigt haben."; in diese Richtung geht auch die Beschreibung bei *Werbach/Cornell*, Duke Law Journal 2017, 313 (360), „If contract law is a commitment mechanism, then smart contracts seem to be a superior commitment mechanism.", die sich aber jedenfalls im Ergebnis klar gegen eine Vergleichbarkeit von Smart Contracts und Vertragsrecht aussprechen (S. 360 ff. a.a.O.); jedenfalls von der „Gefahr, dass der Smart Contract das tatsächliche Geschehen beherrscht und die Grenzen zwischen ‚Code' und ‚Law' verschwimmen", spricht auch *Legner*, VuR 2021, 10 (14).
[6] Deutlich etwa *Möslein*, in: BeckOGK, Stand: 1.5.2019, § 145 BGB Rn. 72 „[...] besteht die eigentliche Herausforderung solcher Smart Contracts darin, dass diese ein alternatives Regelungsregime erschaffen, das sich durch hohe, technisch abgesicherte Durchsetz-

Zusammenhang mit dieser mehr oder weniger groß eingeschätzten Konkurrenz liest man gehäuft von *Lex Informatica*,[7] *Lex Cryptographia*[8] und Vergleichen mit der Entwicklung der *Lex Mercatoria*.[9] Es werden Rechtsvergleiche[10] oder kollisionsrechtliche Erwägungen[11] zwischen formalsprachlichen Verträgen und dem Recht getroffen. Der vor diesem Hintergrund übermäßig häufig zitierte Ausspruch „Code is Law" von *Lawrence Lessig*[12] wird als Aussage über die normative Wirkung von Code interpretiert: Der formalsprachliche Vertrag als Code könne das Recht ersetzen – der Code *setze* Recht.[13] Das Ende des traditionellen Vertragsrechts wird entsprechend eingeläutet.[14]

Weitestgehend offen bleibt jedoch, was im Detail gemeint ist, wenn formalsprachliche Verträge als *Recht* betitelt werden. Zumeist wird trotz der angezeigten Disruption zutreffend angemerkt, dass das staatliche Recht selbst-

---

ungsintensität auszeichnet, aber neben das staatliche Vertragsrecht tritt und mit diesem auch in Konflikt treten kann."; ebenso in *Grundmann/Möslein*, in: Innovation und Vertragsrecht, S. 47; s. auch *Schurr*, ZVglRWiss 2019, 257 (257, 284); *Savelyev*, Information & Communications Technology Law 2017, 116 (132) „De facto, they represent a technological alternative to the whole legal system"; sich insgesamt mit dem Potenzial von Smart Contracts für die Ersetzung des Vertragsrechts auseinandersetzend: *Frankenreiter*, Journal of Institutional and Theoretical Economics 2019, 149; von einem (faktischen) Konkurrenzverhältnis sprechend auch: *Blocher*, AnwBl 2016, 612 (618); *Schnell/Schwaab*, BB 2021, 1091 (1092).

[7] S. etwa *Savelyev*, Information & Communications Technology Law 2017, 116 (133), Bezug nehmend auf die ursprüngliche Entwicklung des Begriffes durch *Reidenberg* in: *Reidenberg*, Texas Law Review 1998, 553.

[8] Als Begriff erstmalig ins Leben gerufen durch *Wright/De Filippi*, Decentralized Blockchain Technology and the Rise of Lex Cryptographia, 2015.

[9] S. etwa *Cuccuru*, International Journal of Law and Information Technology 2017, 179 (191) m.w.N.; allgemein und umfassend zur Lex Mercatoria: *Stein*, Lex Mercatoria, 1995.

[10] *Reyes*, Nebraska Law Review 2017, 384 (389).

[11] *Möslein*, in: BeckOGK, Stand: 1.5.2019, § 145 BGB Rn. 72 „[E]s wird einer Art Kollisionsrecht bedürfen"; *Möslein*, in: Regulating Blockchain, S. 275 ff.; *Möslein*, in: Rechtshandbuch Smart Contracts, Rn. 2.

[12] *Lessig*, Code, 2006, passim, insb. S. 5: „As William Mitchell puts it, this code is cyberspace's ‚law'. ‚Lex Informatica,' as Joel Reidenberg first put it, or better, ‚code is law'."

[13] Zum verbreiteten normativen Verständnis und der differierenden, von *Lessig* eigentlich gemeinten faktischen Bedeutung instruktiv *Miller*, Smart Contracts and the Role of Lawyers (Part 2) – About „Code is Law", abrufbar unter: http://biglawkm.com/2016/10/22/smart-contracts-and-the-role-of-lawyers-part-2-about-code-is-law/ (zuletzt aufgerufen am 18.5.2023); s. dazu ferner auch *Wilhelm*, WM 2020, 1807 (1810); *Aufderheide*, WM 2021, 2313 (2314); eine normative Bedeutung zugrunde zu legen scheinen etwa: *Heckmann/Kaulartz*, Bank 2017, 60; *Kaulartz*, InTer 2016, 201 (203); *Grundmann/Möslein*, in: Innovation und Vertragsrecht, S. 47; *Möslein*, in: BeckOGK, Stand: 1.5.2019, § 145 BGB Rn. 72; zurückhaltender dagegen in *Möslein*, in: Rechtshandbuch Smart Contracts, Rn. 1.

[14] S. *Savelyev*, Information & Communications Technology Law 2017, 116 (128 ff.) mit dem bereits sehr plakativen Titel „Contract law 2.0: ‚Smart' contracts as the beginning of the end of classic contract law."

verständlich auch für formalsprachlichen Verträge gelte.[15] Kollisionsrechtlich ist eine Wahl außerstaatlichen „Rechts" nicht möglich.[16] Sollen die entsprechenden Ausrufe also lediglich auf ein faktisches Ignorieren oder Verdrängen des Primats des Rechts durch formalsprachliche Verträge in der Praxis hinweisen? Jedenfalls soweit formalsprachliche Verträge mit der Entwicklung eines eigenen Rechts in Zusammenhang gestellt werden, scheint es den Autoren um mehr als nur eine solch tatsächliche Betrachtung zu gehen.

In der Tat reihen sich die verschiedenen Ausrufe zum (vermeintlichen) Konkurrenzverhältnis des formalsprachlichen Vertrags zum Recht nahtlos in eine Debatte ein, die in den letzten Jahrzehnten insbesondere zur rechtlichen Unabhängigkeit des Internets populär geführt wurde.[17] Wie der Vergleich mit der *Lex Mercatoria* zeigt, handelt es sich aber keineswegs um eine erst wenige Jahrzehnte alte Debatte, die gar den Besonderheiten des Cyberspace geschuldet wäre.[18] Vielmehr geht es ganz grundsätzlich um das Verhältnis der staatlichen Rechtsordnung zur Ordnung des Zusammenlebens durch Private; kurzgesagt, um das Phänomen „privater Ordnung".[19]

Ersichtlich entfacht sich die wahrgenommene Problematik aber nicht am Sprachaspekt formalsprachlicher Verträge (also der verbindlichen Dokumentation des vertraglichen Inhalts in einer formalen Sprache[20]). Explizit wird das Verhältnis zum Recht stets nur im Hinblick auf solche formalsprachlichen Verträge problematisiert, die eine Automatisierung der Vertragsausführung vorsehen, welche unter Nutzung einer Blockchain-basierten Ausführungsplattform[21] auch tatsächlich realisiert wurde. Es geht mit anderen Worten ausschließlich

---

[15] *Allen*, ERCL 2018, 307 (320); *Wright/De Filippi*, Blockchain, 2019, S. 78 („[S]mart contracts […] do not operate in a vacuum."). Deutlich gezeigt hat dies kürzlich auch der Fall eines (nicht-blockchainbasierten) Smart Contracts vor dem BGH, s. insoweit schon § 1 Fn. 29 und § 2 Fn. 76.

[16] Statt vieler: *Riesenhuber*, in: Privates Recht, S. 50 m.w.N. Allgemein zur nicht möglichen Anwendung außerstaatlicher Regelwerke auf Sachverhalte, die nationalem und internationalem Recht unterfallen: *Kling*, Sprachrisiken, 2008, S. 151 m.w.N.

[17] Prononciert ausgerufen wurde die (vermeintliche) Unabhängigkeit 1996 durch *Barlow*, A Declaration of the Independence of Cyberspace, abrufbar unter: https://www.eff.org/cyberspace-independence (zuletzt aufgerufen am 18.5.2023); zur Debatte s. statt vieler, die an *Barlows* Behauptung anknüpfende Analyse der Wechselwirkung von Recht und Internet bei *Brown/Marsden*, Regulating Code, 2013.

[18] So auch *Reyes*, Nebraska Law Review 2017, 384 (443).

[19] Für eine erste begriffliche Annäherung s. *Bachmann*, Private Ordnung, 2006, S. 1 ff. m.w.N.

[20] Zum Begriff s. bereits § 1.

[21] Ohne dass dies immer kenntlich gemacht wird, wird von wohl allen Autoren dabei von einer public, permissionless Blockchain ausgegangen, da nur diese Ausgestaltung mit den jeweiligen Aussagen konform geht. S. zu dieser Ausgestaltung und zur Blockchain-Technologie insgesamt schon § 5 D. II. Auch hier ist nachfolgend daher, soweit nicht anderweitig kenntlich gemacht, mit einer Blockchain stets eine public, permissionless Blockchain gemeint.

um einen Unterfall formalsprachlicher Verträge: den bereits maschinell ausgeführten Smart Contract.[22]

Sollten sich Smart Contracts durch ihre Verarbeitung dem Recht tatsächlich entziehen oder als private Ordnung selbst zu „Recht" werden, wie es die verschiedenen Stimmen vermuten lassen, würde der Automatisierungsaspekt dieser Verträge eine Auseinandersetzung mit dem Sprachaspekt vor dem Hintergrund staatlichen Rechts indes obsolet werden lassen. Will man Smart Contracts als den in der Praxis bisher bedeutsamsten potenziellen Unterfall formalsprachlicher Verträge nicht von der Untersuchung ausnehmen, kann die Untersuchung der Auslegung formalsprachlicher Verträge am Maßstab des deutschen Vertragsrechts folglich nicht erfolgen, ohne sich vorab zunächst dem umstrittenen Verhältnis zwischen dem (Vertrags-)Recht auf der einen und Smart Contracts auf der anderen Seite zu widmen. In freier Anlehnung an *Gunnar F. Schuppert* ließe sich wohl überspitzt sagen, dass jemand, der ein etwaiges Phänomen der privaten Ordnung anhand des staatlichen Rechts untersuchen möchte, nicht umhinkommt, sich auch der Frage zu widmen, ob beziehungsweise wie weit dem staatlichen Recht für die Bewertung dieses Phänomens „überhaupt noch eine *Maßstabsfunktion* zukommt."[23]

B. Smart Contracts als private Ordnung

Unter der Bezeichnung „private Ordnung" wird in diversen Wissenschaften wie der Ökonomie, Soziologie, Philosophie und seit vielen Jahrzehnten auch in den Rechtswissenschaften Forschung betrieben.[24] Nähert man sich dem Thema in den Rechtswissenschaften, stößt man insbesondere auf die Begriffe der privaten Regelsetzung, privaten Rechtssetzung und privaten Durchsetzung.[25]

---

[22] Dies gilt unabhängig davon, ob der Smart Contract Code auch als rechtsgeschäftliche Erklärung dienen soll (dieses Kriterium wird hier angenommen [s. § 2 A. I.]) oder man diesen Aspekt ausblendet bzw. bereits eine entsprechende Möglichkeit verneint.

[23] S. *Schuppert*, AöR 2017, 614 (622) (zitiert ohne Fn.), der die Frage aufwirft, ob dem Recht, wie es an deutschen Universitäten gelehrt wird, angesichts der steigenden Bedeutung privater Ordnung noch eine Maßstabsfunktion zukommt.

[24] Einen Überblick über die relevantesten Ansätze zur rechtswissenschaftlichen Erforschung privater Ordnung liefert *Seinecke*, Rechtspluralismus, 2015, S. 69 ff.; Ansätze der genannten Nachbarwissenschaften beschreibt etwa *Bachmann,* Private Ordnung, 2006, S. 7 ff., 48 ff. jeweils m.w.N.

[25] Als Oberbegriff zur privaten Ordnung wird zudem teilweise derjenige der „Selbstregulierung" verwendet, der gleichermaßen private als auch öffentlich-rechtliche Erscheinungsformen erfasse, während letztere ausschließlich die Ordnung durch Private meine. Zur Bedeutung des Begriffs „privat" in diesem Zusammenhang und zur Abgrenzung öffentlich-rechtlicher Ordnung: *Engler*, Private Regelsetzung, 2017, S. 27 f. m.w.N.

Als Regel ist insoweit jeder Ausdruck eines selbst oder durch andere gesetzten Sollens zu verstehen.[26] Erfasst sind damit sowohl Fälle, in denen Regelsetzer und Regeladressat identisch sind (autonome Regeln[27]), als auch jene, bei denen sie auseinanderfallen (heteronome Regeln).[28]

Neben der privaten Regelsetzung – Regelsetzung durch Private – steht das Phänomen der privaten Durchsetzung. Gemeint sind Verfahren durch private Institutionen oder Personen, welche die Einhaltung von privaten Regeln oder aber auch staatlich gesetztem oder anerkanntem Recht zum Ziel haben.[29] Beispiele wären sowohl Schiedsverfahren[30] als auch spezielle Streitbeilegungsmechanismen, wie die Konfliktlösung von PayPal.[31]

Während sowohl privat gesetzte Regeln als auch die private Regeldurchsetzung zum Teil durch den Staat mittel- oder unmittelbar anerkannt werden,[32] sind es private Regeln und Mechanismen der Durchsetzung, denen eine solche Anerkennung versagt wird (beziehungsweise würde), die die rechtswissenschaftliche Forschung zu privater Ordnung vorantreiben. Im Zusammenhang mit dieser Problematik steht auch der umstrittene Begriff des „privaten Rechts", der im Folgenden näher zu betrachten ist.

Als Ausgangspunkt der rechtswissenschaftlichen Forschung zu privater Ordnung kann die Beobachtung des zunehmenden Auseinanderfallens vom staatlich-normativen Rechtsanspruch und der Rechtswirklichkeit gesehen werden.[33] Private Regeln würden in der globalisierten Welt eine stetig steigende

---

[26] *Bachmann,* Private Ordnung, 2006, S. 22 in Anlehnung an *Kantorowicz,* Begriff des Rechts, 1963, S. 38 f. „Regeln sind Bezeichnungen für Beziehungen, wie sie zwischen einem Verhalten (A) und einigen seiner möglichen Eigenschaften (B) bestehen sollen, sei es in der kategorischen Form von ‚A soll B sein', sei es in der hypothetischen Form ‚Wenn A ist, so soll B sein'." Nicht jede Form der Ordnung oder Selbstregulierung erfolgt zwingend durch Regeln, da jedoch auch der Staat das Zusammenleben weitestgehend durch Regeln ordnet, erlangt der durch den Begriff der privaten Regelsetzung beschriebene Teilbereich privater Ordnung aus rechtlicher Sicht spürbar mehr Relevanz als jener Teil, der eine Ordnung durch andere Mittel beschreibt (s. insoweit auch *Bachmann,* Private Ordnung, 2006, S. 17 ff.).

[27] „Autonom" beschreibt hier also lediglich, wer die Regel gesetzt hat und für wen sie wirken soll. Es wird damit noch keine Aussage über das Verhältnis dieser Regeln zum Recht getroffen.

[28] Zum potenziell danebenstehenden Regel*betroffenen* s. *Bachmann,* Private Ordnung, 2006, S. 25.

[29] Vgl. *Binder,* Regulierungsinstrumente, 2012, S. 202 ff., 228 ff., der insoweit übergreifend von Normdurchsetzungsmechanismen spricht und neben der privaten und hoheitlichen auch noch eine teilprivatisierte Normdurchsetzung sieht.

[30] Statt vieler: *Ebbing,* Private Zivilgerichte, 2003, S. 29 ff.

[31] S. zu dieser und ihrer rechtlichen Qualifizierung etwa *Fries,* in: Blog zur Verbraucherstreitbeilegung.

[32] S. dazu gleich § 8 B. II. 1.

[33] Das Auseinanderfallen von Recht und Rechtswirklichkeit ist in den Rechtswissenschaften allgemein spätestens seit Etablierung der Rechtssoziologie ein bekanntes Phänomen, s. etwa *Ehrlich,* Soziologie des Rechts, 1913, deutlich bereits auf S. 1; pointiert dazu auch *Bachmann,* Private Ordnung, 2006, S. 17 f.; zum hier im Fokus stehenden zunehmenden

Relevanz erlangen, die in manchen Bereichen die Relevanz und Geltungswirkung staatlichen Rechts übersteige.[34] Gesprochen wird von einer „graduellen Entkoppelung von Staat und Recht"[35] beziehungsweise einer Entstaatlichung des Rechts.[36]

Ursprünglich eine aus der Rechtssoziologie angetriebene Forschung, befindet sich die Diskussion um die Bedeutung privater Regeln und ihrer Rolle als privates Recht heute auf einem Stand, der sich durch eine schier undurchdringbare Anzahl an Positionen und Fragestellungen aus verschiedenen Bereichen der Rechtswissenschaften auszeichnet.[37]

Dem Diskurs lassen sich jedoch zwei elementare Betrachtungsweisen entnehmen, vor deren Hintergrund sich formalsprachliche Verträge beziehungsweise Smart Contracts jeweils untersuchen lassen. Auf der einen Seite steht eine rechtstatsächliche, empirische Erfassung des Themas privater Ordnung und auf der anderen eine die normative Wirkung in den Blick nehmende (und ihrerseits noch weiter zu unterteilende) Erfassung desselben. Während die erste ausschließlich Aussagen zur faktischen Wirkungsweise des staatlichen Rechts und privater Regeln zulässt, sich also gänzlich dem *Sein* widmet, bezieht sich die zweite mit der normativen Wirkung auf das *Sollen*.

I. Smart Contracts als faktisches Recht

Um das faktische Verhältnis von Smart Contracts zum Recht zu beurteilen, interessiert die tatsächliche Wirkung von Smart Contracts als privater Regel nur insoweit, wie sie einen Bereich betrifft, für den das staatliche Recht sich die Regelungshoheit vorbehält.[38] Die Untersuchung der faktischen Wirkung von Smart Contracts als privaten Regeln ist in diesem Rahmen also gleichsam

---

Auseinanderdriften von Recht und Rechtswirklichkeit durch die Entwicklung privater Regeln s. die Übersicht über den Stand der Forschung durch *Arndt,* Soft Law, 2011, S. 92 ff.; *Seinecke*, Rechtspluralismus, 2015, insb. 167 ff.

[34] *Arndt,* Soft Law, 2011, S. 35; ähnlich *Schuppert*, AöR 2017, 614 (621); allgemein zur Geltung des Rechts und verschiedenen Arten der Geltung: *Rüthers u.a.,* Rechtstheorie, 2022, S. 211 ff.

[35] *Schuppert*, AöR 2017, 614 (621) in Anlehnung *Möllers*, in: Globalisierung, insb. wohl S. 59.

[36] S. etwa *Möslein*, in: Regelsetzung im Privatrecht, S. 9 f. m.w.N.

[37] Ähnlich beschrieb dies *Stein* bereits vor über 25 Jahren allein für die Positionen und Fragestellungen zum privaten Regelwerk der *Lex mercatoria*, s. *Stein*, Lex Mercatoria, 1995, S. 5.

[38] Nur insoweit kann sich jedenfalls das hier im Fokus stehende potenzielle Konkurrenzverhältnis ergeben. Offenbleiben kann dabei, ob es überhaupt Regelungsbereiche gibt, über die sich das Recht nicht jedenfalls eine negative Regelungshoheit vorbehält, so eher *Riesenhuber*, in: FS Canaris, S. 191, allerdings nur für „regelungsbedürftige" Fragen; offener *Bachmann*, Private Ordnung, 2006, S. 22; jedenfalls davon ausgehend, dass sich bei „[privaten] Regeln [...] in unterschiedlicher Schärfe die Frage nach ihrem Verhältnis zum ‚Recht' in dem uns geläufigen Sinne [stellt]." *Schuppert*, in: Regelsetzung im Privatrecht, S. 39.

eine Untersuchung der tatsächlichen (Nicht-)Wirkung des Rechts (speziell des Vertragsrechts und Zivilprozessrechts) auf diese privaten Regeln.[39] Als (mittelbar) auf die Identifizierung der Rechtswirklichkeit gerichtete Analyse unterfällt sie damit dem Gebiet der Rechtstatsachenforschung.[40]

Zum Einstieg in die Betrachtung ist dabei zunächst nochmals zu betonen, dass bereits das faktische Verhältnis von Smart Contracts zum (Vertrags-)Recht von denen, die es problematisieren, auf zwei verschiedene Arten gesehen wird. Einige betonen ausschließlich, dass sich Smart Contracts dem Recht faktisch entziehen, andere sehen dagegen sogar ein Konkurrenzverhältnis zwischen Smart Contracts und dem Vertragsrecht.[41] Um ein faktisches Konkurrenzverhältnis annehmen zu können, müsste neben dem tatsächlichen Entzug vom staatlichen Recht also auch eine funktionale Vergleichbarkeit zum Vertragsrecht bestehen.[42]

Als Funktionen des Vertragsrechts lassen sich insbesondere die Setzung eines Rahmens zur Anerkennung von Verträgen, der auch den Maßstab für eine etwaige staatliche Durchsetzung schafft, und die Bereitstellung dispositiven Rechts als Reserveordnung für unvollständige Verträge nennen.[43]

Im Hinblick auf eine funktionale Vergleichbarkeit kommt es daher zunächst entscheidend auf die in der bisherigen Literatur vielfach übergangene Differenzierung zwischen dem Smart Contract als formalsprachlicher Vertragsdokumentation und dem System an, das für seine automatisierte Ausführung genutzt wird.[44] Denn nicht nur der Smart Contract repräsentiert private Regeln, sondern auch die Blockchain-basierte Ausführungsplattform ist ihrerseits ein – allerdings durch andere beziehungsweise weitere Akteure als die Vertragsparteien ausgestaltetes – privates Regelwerk.

Bei der Blockchain-Technologie, wie auch bei anderen Technologien beziehungsweise bei anderer Technik,[45] scheint der Fokus auf die tatsächlich ermög-

---

[39] Vgl. zu diesem Wechselspiel im Allgemeinen etwa *Rüthers u.a.*, Rechtstheorie, 2022, S. 214.

[40] S. statt vieler: *Spindler/Gerdemann*, AG 2016, 698 m.w.N., zu den Grundlagen und der Entwicklung der Rechtstatsachenforschung als „wissenschaftliche[m] Brückenschlag zwischen dogmatischer Jurisprudenz und empirisch erfasster Wirklichkeit" (S. 698); zu Umfang und Bedeutung rechtstatsächlicher Forschung für die Rechtsdogmatik s. ferner statt vieler: *Bayer*, in: FS Canaris, S. 320 ff. m.w.N.

[41] S. § 8 A.

[42] Für eine funktionelle Vergleichbarkeit als Ausgangspunkt für die Annahme „privaten Rechts" auch *Engler*, Private Regelsetzung, 2017, S. 33 m.w.N.

[43] Statt vieler: *Möslein*, Dispositives Recht, 2011, S. 17 f.; den Ex-Post-Charakter von Vertragsrecht sehr gut verdeutlichend auch *Werbach/Cornell*, Duke Law Journal 2017, 313 (361): „Contract law [...] exists to adjudicate the justice of a situation ex post. It is backward looking. Its basic function is to decide whether one party has wronged another party by failing to perform a promised action. That is, contract law is a fundamentally remedial institution."

[44] S. § 5 D. II., § 6 B. I. 3., § 6 B. II. 3. und § 6 B. III. 3.

[45] Beachte zur Terminologie bereits § 1 Fn. 2.

lichte maschinelle Verarbeitung anderer Regeln (in diesem Fall der Regeln des Smart Contracts), die Wahrnehmung des der Ausführungstechnik selbst zugrundeliegenden Regelwerks für viele zu verdecken.[46] Auch *Lessigs* berühmte Differenzierung von Regulierung durch Recht, soziale Normen, Märkte und durch Architektur, worunter er auch Technik beziehungsweise Code zieht,[47] scheint den Ansatz zu liefern, Technik als etwas Eigenständiges oder Feststehendes zu bewerten, das neben menschlicher Ordnung steht. In diesem Sinne ist aber klarzustellen, dass Technik zwar besonderen Spezifika und daraus folgenden Grenzen unterliegt, die eine Regelsetzung durch Technik (und auch eine Regulierung *von* Technik) zu beachten hat, ihre Ausgestaltung aber menschlich ist und sie ohne menschlichen Willen nicht zum Einsatz kommt.[48] Statt eines „Diktats der Technik" liegt also eigentlich nur ein „Diktat des Menschen durch die Technik" vor.[49]

Im Fall der Blockchain-basierten Ausführungsplattform ist ferner herauszustellen, dass diese sich aus verschiedenen Ebenen zusammensetzt, die gegebenenfalls von unterschiedlichen Akteuren ausgestaltet werden und zusammen das Gesamtregelwerk des Systems ergeben.[50] Dieses Gesamtregelwerk des Ausführungssystems wirkt für die Vertragsparteien heteronom. Es gibt ihnen einen Rahmen vor, wie und unter welchen Umständen ihr Smart Contract überhaupt verarbeitet werden kann. Die Regeln ihres Smart Contracts wirken für die Parteien dagegen, soweit man wie hier vom Leitbild des zweiseitigen Vertrages ausgeht,[51] autonom.[52]

Funktional betrachtet könnte es also eher das der jeweilig genutzten Blockchain-basierten Ausführungsplattform zugrundeliegende Regelwerk (kurz:

---

[46] Dies kann man jedenfalls bei vielen Beiträgen, die sich unmittelbar mit Smart Contracts beschäftigen, annehmen. Solche, die ihren Fokus dagegen auf die Blockchain-Technologie legen, gehen auf das dieser zugrunde liegende Regelwerk dagegen durchaus ein, vgl. etwa *Hofert*, Regulierung der Blockchains, 2018, S. 25 ff.
[47] *Lessig*, Harvard Law Review 1999, 501 (506 ff.).
[48] Insgesamt mehr Aufmerksamkeit erfährt die Rolle des menschlichen Einsatzes bei der rechtlichen Beurteilung von Technik im Zusammenhang mit der Diskussion um die (Un-)Abhängigkeit künstlicher Intelligenz von menschlichen Entscheidungen im Rahmen von Haftungsfragen, s. dazu statt vieler: *Spindler*, CR 2015, 766 (774 f.).
[49] Geprägt wurde der Ausdruck „Diktat der Technik" durch die gleichnamige Habilitationsschrift: *Specht*, Diktat der Technik, 2019, deren Untertitel („Regulierungskonzepte technischer Vertragsinhaltsgestaltung am Beispiel von Bürgerlichem Recht und Urheberrecht") sodann aber auch die menschliche Steuerungskomponente durchscheinen lässt.
[50] S. exemplarisch zu möglichen verschiedenen Ebenen (dem „Stack") *@saif-11bit*, Introduction to the Ethereum Stack, abrufbar unter: https://ethereum.org/en/developers/docs/ethereum-stack/ (zuletzt aufgerufen am 18.5.2023). Zu beachten ist hierbei, dass auch diese Ebenen ihrerseits durch „Smart Contracts" ausgestaltet werden können, die als Teil der Systemarchitektur vom individuellen Smart Contract, der über diese Plattform abgewickelt wird, zu trennen sind.
[51] S. § 2 B.
[52] S. zum Begriff bereits § 8 Fn. 27.

Blockchain-Regelwerk) sein, das eine zum ebenfalls heteronom wirkenden Vertragsrecht vergleichbare Rolle mimt. Der zweiseitige Smart Contract selbst wäre also funktional betrachtet kein Recht, beziehungsweise nur insoweit, wie im funktionalen Vergleich ein Vertrag durch seine Anerkennung im staatlichen Recht selbst zu Recht wird. Für autonom wirkende Verträge wird dies überwiegend abgelehnt.[53] In jedem Falle erfüllt der autonom gesetzte Smart Contract nicht die Funktionen des *Vertrags*rechts.

Auch der funktionale Vergleich des Blockchain-Regelwerks mit dem Vertragsrecht hinkt jedoch. Das Vertragsrecht gibt Verträgen einen materiellen Maßstab vor, dessen Gerechtwerden eine staatliche Durchsetzung des Vertragsinhalts bedingen kann. Viele scheinen diese Funktion auch im Blockchain-Regelwerk zu erblicken, denn statt von einer automatisierten „Ausführung" des Smart Contracts wird mannigfach von seiner automatisierten „Durchsetzung" gesprochen.[54]

Grundsätzlich wäre der Fall, dass die Automatisierung der Ausführung des Smart Contracts mithilfe der Blockchain-Technologie simultan auch seine Durchsetzung sein soll, durchaus konstruierbar. Da die Ausführungsschritte formal eindeutig interpretiert werden können, könnte man eine der Ausführung nachgelagerte zusätzliche Auseinandersetzung mit dem Maßstab des Blockchain-Regelwerks als obsolet betrachten: wo (vermeintlich) kein Streit entstehen kann, braucht es auch keiner Streitbeilegung. Dass das Blockchain-Regelwerk in seiner grundlegenden Ausgestaltung sehr „egalitär" ist – also im Grunde genommen an die Ausführung des Smart Contracts auch unabhängig von dessen Nutzern keine inhaltlichen Maßstäbe in dem Sinne stellt, sondern lediglich technische Bedingungen vorsieht[55] –, stünde dem nicht entgegen. Gerade dieser Fakt wird sogar als Vorteil gesehen: Endlich könnten sich Parteien maßgeblich an ihren eigenen, autonom gesetzten Vorgaben des Smart Contracts messen lassen; die Blockchain-basierte Ausführungsplattform würde

---

[53] S. dazu gleich § 8 Fn. 96.

[54] S. etwa die verschiedenen zitierten Definitionsversuche bei *Braegelmann/Kaulartz*, in: Rechtshandbuch Smart Contracts, Rn. 9 ff., in denen fast durchgängig von „Durchsetzung" gesprochen wird; so auch bereits *Blocher*, AnwBl 2016, 612 (618); früher auch noch *Wöbbeking*, JIPITEC 2019, 105 (insb. S. 109 f.); sehr deutlich: *Möslein*, in: BeckOGK, Stand: 1.5.2019, § 145 BGB Rn. 72 „Smart Contracts sind insofern eine digitale Form privater Rechtsdurchsetzung" (zitiert ohne Fn.); auch in *Möslein*, ZHR 2019, 254 (281); s. ferner *Idelberger u.a.*, in: Rule Technologies, passim; *Wagner*, AcP 2022, 56 (60 ff.); *Eidenmüller/Wagne*r, Law by Algorithm, 2021, S. 230 f.

[55] Vgl. *Savelyev*, Information & Communications Technology Law 2017, 116 (131 f.) „Smart contracts are egalitarian by its nature. Thus, Smart contract architecture does not allow protection of weaker parties, such as consumers, to be ensured. The whole layer of legal provisions relating to consumer law and unfair contract terms is inapplicable to Smart contracts."

das minimale Regelwerk und gleichzeitig den Durchsetzungsmechanismus für den Smart Contract gemessen anhand dieses minimalen Regelwerks bieten.[56]

Das Ende der Konstruktion einer funktionalen Vergleichbarkeit ist aber spätestens dort erreicht, wo die formale Interpretation beziehungsweise die maschinelle Verarbeitung des Smart Contracts an ihre Grenzen stößt. Da Vertragsvollständigkeit (insbesondere bei einer formalsprachlichen Dokumentation) ein insgesamt unerreichbares Ziel bleibt,[57] werden zwangsläufig Situationen entstehen, in denen schon keine automatisierte Ausführung – geschweige denn eine simultane Durchsetzung – stattfinden kann oder sich die Frage nach einer retrograden Streitbeilegung eben doch stellt.[58] Das klassische Blockchain-Regelwerk bietet für diese Fälle grundsätzlich keinen Maßstab, anhand dessen eine Auslegung und Bewertung des Smart Contracts erfolgen könnte und bietet auch keine Reserveordnung. Wohlgemerkt sind zwar Konstellationen denkbar, in denen auf die für eine automatisierte Ausführung eines Smart Contracts notwendigen Ebenen hinaus weitere Regelwerke auf das Blockchain-Regelwerk „aufgesetzt" werden, die einen solchen materiellen Maßstab bieten. Dann stellt sich aber die Frage nach der funktionalen Vergleichbarkeit nicht mehr spezifisch im Hinblick auf die Blockchain-Technologie als Regelwerk. Das Blockchain-Regelwerk ist in seiner klassischen Grundform folglich kein funktionales Äquivalent zum Vertragsrecht und sein tatsächlicher Einsatz entspricht keinem echten Durchsetzungs- oder gar Streitbeilegungsmechanismus. Seine genuine Funktion im Hinblick auf individuelle Smart Contracts liegt in der Ermöglichung von deren automatisierter *Ausführung*.[59]

Ein faktisches Konkurrenzverhältnis zwischen zweiseitigen Smart Contracts und/oder dem klassischen Blockchain-Regelwerk auf der einen und dem Vertragsrecht auf der anderen Seite besteht mithin nicht. Es stellt sich

---

[56] *Mik*, 2017, S. 10, „Smart contracts, however, equate enforceability with guaranteed performance, effectively collapsing these two concepts."; s. auch die Ideen der sog. Crypto-Anarchisten wie etwa beschrieben bei *Wright/De Filippi*, Blockchain, 2019, S. 1 f. m.w.N.; in Anlehnung an *Grundmann/Hacker*, ERCL 2017, 255 (287) könnte man also in diesem Fall ebenfalls sagen: „[W]ith the digitalization of contracting, the life cycle of a contract quite literally, in many aspects, becomes a real cycle in which beginning, end and other stages tend to overlap and mutually influence one another."

[57] S. bereits § 4 B. und dort insb. Fn. 81 f.

[58] So exemplarisch zum DAO-Hack etwa *Heckelmann*, NJW 2018, 504 (509); dazu auch *Bomprezzi*, EuCML 2021, 148 (154, 157 f.).

[59] Im Ergebnis ebenso (wenngleich nicht zwischen Smart Contract und Ausführungsplattform differenzierend): *Werbach/Cornell*, Duke Law Journal 2017, 313 (363) „[I]t is apparent that smart contracting does not even purport to do what contract law does. The two have fundamentally different objectives. Smart contracting functions to ensure action. Contract law functions to recognize and remedy grievances. Smart contracts could not – even in theory – replace contract law. At best, smart contracts might reduce the need for contract litigation."

jedoch noch die Frage, ob und inwieweit sich Smart Contracts dem Vertragsrecht faktisch *entziehen*.

Entsprechende empirische Studien hierzu existieren de dato nicht.[60] Entscheidende Rückschlüsse auf die bestehende Rechtswirklichkeit lassen sich aber bereits über die Betrachtung der Parameter für eine entsprechende empirische Analyse feststellen. Entscheidend ist hierbei die Betonung des Kriteriums der Finalität: Um von einem faktischen Entzug auszugehen, müsste sich der Smart Contract als private Regel dem Vertragsrecht final entziehen.

Die automatisierte Ausführung des Smart Contracts an sich vermag diese Finalität nicht herbeizuführen. Sie schließt für die Parteien eine prozessuale Geltendmachung etwaiger staatlich gewährleisteter Rechte ebenso wenig aus wie dies ein manuell oder über einen Warenautomaten (mit welchem Smart Contracts immer wieder verglichen werden[61]) ausgeführter Vertrag vermag. Dies gilt auch insoweit, als man die Automatisierung als erlaubte oder unerlaubte Selbsthilfe einstufen kann.[62] Zwar hat die Automatisierung ebenso wie eine manuelle Ausführung Auswirkungen auf einen anschließenden Zivilprozess;[63] die Automatisierung selbst führt aber nicht dazu, dass sich die private Regel dem Zivilprozess entziehen kann.[64]

Es ist zudem selbst fernab der Problematik vertraglicher Unvollständigkeit davon auszugehen, dass auch bei einer formalsprachlichen (eindeutig interpretierbaren) Dokumentation Streitigkeiten über den Vertragsinhalt auftreten werden. Ihren vorläufigen Charakter verliert die Ausführung des Smart Contracts somit nur dann, wenn die Parteien eine staatliche beziehungsweise staatlich anerkannte Streitbeilegung bewusst dauerhaft nicht wahrnehmen (insbesondere, weil sie dem Smart Contract, so wie er durch die Blockchain-basierte Plattform automatisiert ausgeführt wurde, auch ex post zustimmen, weil sie gesellschaftlichen oder wirtschaftlichen „Zwängen" unterliegen[65] oder weil sie etwa aus Gründen rationaler Apathie[66] keine Klage erheben).

---

[60] Zu den zudem hohen Anforderungen (rechts-)empirischer Forschung etwa *Bayer*, in: FS Canaris, S. 331 ff.

[61] S. hierzu § 12 B. III.

[62] Zurecht ist daher auch ein Vergleich der Selbsthilferechte nach §§ 229–231 BGB mit zivilprozessualem einstweiligen Rechtsschutz als irreführend abzulehnen, s. *Beurskens,* Privatrechtliche Selbsthilfe, 2017, S. 198.

[63] S. dazu bereits § 2 Fn. 75.

[64] Statt vieler ebenso *Wright/De Filippi*, Blockchain, 2019, S. 78 f.; zum nämlichen Ergebnis selbst beim Einsatz einer „programmierten Schiedsstelle" ferner *Schawe*, MMR 2019, 218 (222).

[65] S. zu diesem Grund im Allgemeinen statt vieler: *Raiser*, in: Hundert Jahre Deutsches Rechtsleben, S. 115.

[66] Zu diesem Phänomen statt vieler ausführlich: *Weber*, VuR 2013, 323 (325) m.w.N. S. insoweit auch *Grundmann/Hacker*, ERCL 2017, 255 (274), die in solchen Fällen u.U. einen staatlichen Regulierungsbedarf der privaten Ordnung erblicken.

Der eigentlich relevante Fall, der insgesamt die Diskussion um eine faktische Nichtgeltung staatlichen Rechts für ausgeführte Smart Contracts ausgelöst haben dürfte, ist aber der, dass die Parteien aufgrund der Blockchain-Architektur gegebenenfalls anonym bleiben können und sich dadurch jeweils einseitig dem staatlichen Recht final entziehen können.[67] Selbst wenn die Parteien ermittelt werden können,[68] kann staatlicher Zwang zudem scheitern, beispielsweise weil es an einem zentralen Intermediär fehlt, der eine technische Rückabwicklung auch ohne Hilfe der anderen Partei herbeiführen kann.[69]

Wie häufig der Fall eintritt, dass sich der Smart Contract dem Vertragsrecht (beziehungsweise dem staatlichen Prozess und dadurch mittelbar dem Vertragsrecht) mittels der Blockchain-Technologie entzieht, wurde, wie besagt, bisher noch nicht empirisch untersucht. Sicherlich dürfte aufgrund der verschiedenen Ansatzpunkte für Durchsetzungsschwierigkeiten häufiger ein faktischer Entzug vom Vertragsrecht stattfinden als in Fällen, in denen kein Rückgriff auf eine *public, permissionless* Blockchain genommen wird. Das staatliche Recht gilt dann jeweils nur noch in der Theorie, faktisch aber wirkt die private Regel. Dem werden indes bereits Regulierungsansätze entgegengesetzt, die die faktische Wirkung staatlichen Rechts auch in diesen Fällen zu sichern versuchen.[70]

Als Ergebnis ist aber selbst unabhängig von diesen Ansätzen festzuhalten, dass sich keineswegs jeder unter Einsatz der Blockchain-Technologie automatisiert ausgeführte Smart Contract dem Vertragsrecht entzieht. Mangels funktionaler Vergleichbarkeit des Smart Contracts und des Blockchain-Regelwerks mit dem Vertragsrecht liegt zudem auch in den Fällen des faktischen Entzugs kein Konkurrenzverhältnis zum Recht vor. Die faktische Wirkungslosigkeit staatlichen Rechts allein führt gerade nicht dazu, dass die sich entziehenden und dadurch spiegelbildlich wirkungsmächtigen privaten Regeln des Smart Contracts und der Blockchain die Funktionen des Rechts übernehmen. Ebenso, wie es sich nicht anbietet, von „automatisierter Durchsetzung" zu sprechen, bietet es sich daher auch insgesamt nicht an, im Hinblick auf Smart Contracts oder Blockchain-Regelwerke an sich von „faktischem Recht" zu sprechen. Diesem Begriff liegt gerade ein funktionsgetragenes Verständnis zugrunde,

---

[67] S. dazu etwa *Kaulartz/Heckmann*, CR 2016, 618 (620) 38 f.; s. auch *Wright/De Filippi*, Blockchain, 2019, S. 38 f.

[68] Zu Möglichkeiten der Identifizierung von Blockchain-Nutzern, s. *Wright/De Filippi*, Blockchain, 2019, S. 175 f.; zum aufsehenerregenden Fall der Identifizierung des Gründers der auf Bitcoin-Zahlungen basierenden Online-Schwarzmarktplattform „Silk Road", s. *Greenberg*, Silk Road, 2015.

[69] S. dazu etwa *Savelyev*, Information & Communications Technology Law 2017, 116 (133 f.)

[70] Einen guten Überblick über verschiedene Blockchain-Regulierungsansätze bietet *Wright/De Filippi*, Blockchain, 2019, S. 173 ff.

welches auf die – hier in den Grundformen fehlende – faktische Vergleichbarkeit abstellt.

II. Smart Contracts als privates Recht

Erlaubt die soeben vorgenommene rechtstatsächliche Bestandsaufnahme Rückschlüsse darauf, welche faktische Rolle Smart Contracts und Blockchain-Regelwerken im Verhältnis zum (Vertrags-)Recht zukommt, stellt sich davon unabhängig die Frage nach ihrer normativen Wirkung.

1. Privates Recht – eine Frage der Legitimation

In einem engen Sinne meint die Bezeichnung privater Regeln als *privates Recht,* dass diese Regeln zwar privaten Ursprungs, aber dennoch geltendes Recht sind.[71] Es geht um private Regeln, denen eine normative Wirkung zukommt; die als Recht privaten Ursprungs tatsächlich gelten *sollen.* Dass privates Recht in diesem Sinne besteht, ist in den Rechtswissenschaften mittlerweile wohl unumstritten. Einigkeit besteht auch hinsichtlich des Aspekts, dass die Entstehung privaten Rechts eine Frage der Legitimation ist.[72] Uneinig ist man sich jedoch dahingehend, worin die erforderliche Legitimation erblickt wird. Es stehen sich (scheinbar) zwei zentrale Lager gegenüber: Jene, für die es entscheidend auf die *formale* Legitimation der privaten Regeln durch den Staat ankommt (staatszentralistische beziehungsweise rechsetatistische Sichtweise) und solche, die private Regeln unabhängig von ihrer staatlichen Anerkennung über ihre *innere* Legitimation als privates Recht definieren (rechtspluralistische Sichtweise).

Die Ansicht, dass der Staat ein Recht*setzungs*monopol habe, kann heute als überholt bezeichnet werden. Insbesondere *Ferdinand Kirchhof* prägte mit seiner Habilitationsschrift stattdessen die Überzeugung von einem Recht*anerkennungs*monopol.[73] Ausgehend von der Erkenntnis, dass der Staat nicht für alle Bereiche menschlichen Zusammenlebens Ordnung schaffen könne,[74] könne er private Regeln einer rechtlichen Verbindlichkeit zuführen, indem er

---

[71] Versteht man unter einer „Rechtsquelle" das geltende Recht (so *Riesenhuber,* System, 2003, S. 32 m.w.N. „Rechtsquellen sind nach der herkömmlichen Lehre Gesetz und Gewohnheitsrecht.") wäre also auch privates Recht eine Rechtsquelle.

[72] Statt vieler plakativ: *Bachmann,* Private Ordnung, 2006, S. 225 („Legitimation ist der Schlüssel zur rechtswissenschaftlichen Bewältigung privater Regelsetzung.").

[73] *Kirchhof,* Private Rechtsetzung, 1987, zur Ablehnung eines „gesamthafte[n] staatliche[n] Rechtsetzungsmonopol[s]" ab S. 107 ff., zum „Rechtsanerkennungs- und Rechtsaberkennungsmonopol" des Staates insb. ab S. 133 ff.

[74] Statt vieler: *Bachmann,* Private Ordnung, 2006, S. 25 („Die Ordnung des sozialen Lebens, das steht heute außer Streit, kann durch hoheitliche Planung nicht allein bewältigt werden."), der u.a. auf S. 42, S. 54 f. und S. 60 noch weitere Vorteile der Integration privater Ordnung gegenüber einer ausschließlich staatlichen Ordnung nennt, wie beispielsweise die Nutzung privaten Sachverstands oder eine Entlastung des Gesetzgebers.

diese anerkenne. Er bestimme mithin den institutionellen Rahmen, innerhalb dessen „sich private Ordnung entfalten darf".[75]

Während viele private Regeln daher kraft staatlicher Anerkennung potenziell zu privatem Recht werden können, gilt dies längst nicht für alle privaten Regeln. Auch umfassende heteronome und generell-abstrakte Regelwerke, die durch private Organisationen gesetzt werden, können zudem meist nur in Form des Rechtsgeschäfts anerkannt werden, was auf entsprechende Kritik gestoßen ist: Die Dichotomie zwischen Gesetz und Vertrag entspräche nicht mehr der Wirklichkeit.[76] Die Wirklichkeit sei vielmehr durch eine stetig steigende Anzahl und Bedeutung privater Regeln geprägt, die das Zusammenleben oder Arbeiten gesellschaftlicher Gruppen in einem Ausmaß prägen, welchem die derzeitige Anerkennung durch den Staat nicht mehr gerecht würde.[77] Die Forderungen nach einer normativen Berücksichtigung dieses faktisch bestehenden „Rechtspluralismus" wurde daher in den letzten Jahrzehnten immer lauter.[78]

Dreh- und Angelpunkt einer normativen Berücksichtigung, so lässt sich den verschiedenen Stimmen entnehmen, die sich unter dem Stichwort „Rechtspluralismus" vereinen lassen, ist dabei die innere Legitimation der privaten Regeln. Denn wenngleich zwar ihre faktische Bedeutung die Diskussion um privates Recht fernab staatlicher Anerkennung vorantreibt, kommt die faktische Wirkung privater Regeln als Legitimationskriterium nicht in Betracht.[79] Es gilt den bekannten Fehlschluss vom Sein auf das Sollen zu vermeiden.[80]

Ein eigener rechtstheoretischer Standpunkt, eine überzeugende Theorie des privaten Rechts, wurde indes bisher nicht gefunden. Immer wieder scheiterten Rechtswissenschaftler an der Unterscheidung von Recht und sozialen Nor-

---

[75] *Bachmann*, Private Ordnung, 2006, S. 44, s. auch S. 106 a.a.O. („Die positivistische Lehre sieht als maßgebend den staatlichen Geltungsbefehl an, der privat gesetzten Normen Verbindlichkeit verleihe und seinerseits durch den historisch und grundrechtlich verbürgten Gedanken ‚gesellschaftlicher Selbstorganisation' legitimiert sei.").

[76] Vgl. *Meyer-Cording*, Rechtsnormen, 1971, S. 154 f.

[77] *Fischer-Lescano* und *Teubner* beschrieben diese Entwicklung als Ausbildung spezifischer Regelungsregime, die sich nicht etwa anglichen und zu einer Rechtseinheit verschmölzen, sondern zu einer Fragmentierung der Gesellschaft führten, die sich auf das Recht durchschlage: *Fischer-Lescano/Teubner*, Regime-Kollisionen, 2006, S. 36 f.

[78] Zu verschiedenen Vertretern rechtspluralistischer Forschung und deren Ansätzen s. etwa die Übersichten bei: *Seinecke*, Rechtspluralismus, 2015, insb. 167 ff.; *Arndt*, Soft Law, 2011, S. 92 ff.

[79] Vertreter einer Legitimation qua faktischer Wirkung scheint hingegen *Arndt*, Soft Law, 2011, S. 35 zu sein, der sich u.a. wie folgt äußert: „Der Rechtsbegriff muss sinnvollerweise alle Normen umfassen, die wie Recht wirken […]. Die Belanglosigkeit juristischer Qualifizierungen im Sinne des Rechtspositivismus zeigt sich insbesondere dann, wenn ‚Nicht-Recht' faktisch eine höhere Relevanz und Geltungswirkung aufweist als kodifiziertes ‚Recht'." (zitiert ohne Fn.).

[80] Zu diesem Fehlschluss, der insb. *David Hume* zugeschrieben wird, s. statt vieler: *Joerden*, Logik, 2018, S. 183 m.w.N.

men.⁸¹ Die verschiedenen Legitimationskonzepte, die von einem Gerechtigkeits- oder Effizienzerfordernis bis hin zur Notwendigkeit von Vertrauen oder Regeln zur Selbstreproduktion reichen, fanden keine breite Anerkennung.⁸²

Überzeugenderweise könnten Untersuchungen zur inneren Legitimation solcher Regeln, die durch den Staat bereits formal legitimiert werden (bei denen es sich also auch aus staatszentralistischer Sicht um privates Recht handelt), gegebenenfalls einen Weg aus dem „Gestrüpp" bieten, durch welches die Konzepte des (rechtssoziologischen) Rechtspluralismus, wie *Gregor Bachmann* es beschrieb, selbst „keinen gangbaren Pfad" weisen.⁸³ Die in jüngerer Zeit etwa sowohl von ihm als auch von *Carolin M. Engler* für die Binnenperspektive – also als Anknüpfung an die bestehende Rechtsdogmatik der Anerkennung privater Regeln – entwickelten Legitimationskonzepte könnten spiegelbildlich auch in der von Rechtspluralisten geforderten Außenperspektive eingesetzt werden.⁸⁴ Auch die Legitimationselemente anerkannter privater Regeln sind aber, wie allein die differierenden Konzepte der beiden zeigen,⁸⁵ nicht unumstritten.

Die Problematik des Rechtspluralismus liegt aber, wie sich zeigt, auch gar nicht nur in der schwierigen Bestimmung innerer Legitimation. Sie liegt ebenfalls in der Frage danach, welche Konsequenzen aus der festgestellten Legitimation einer privaten Regel folgen sollen. Mit anderen Worten: was meinen Rechtswissenschaftler, wenn sie von „*Recht*spluralismus" sprechen?

Eine rechtsdogmatische Berücksichtigung beziehungsweise die verbindliche Geltung privater Regeln steht vor dem Hintergrund der Verwendung der

---

⁸¹ S. statt vieler dazu: *Schuppert*, AöR 2017, 614 (627) m.w.N.; die Erforschung der inneren Legitimation von Regeln war zunächst ein unter anderem vom Rechtssoziologen *Eugen Ehrlich* formuliertes Postulat (vgl. etwa *Ehrlich*, Soziologie des Rechts, 1913, S. 7 ff.; zur Rolle *Ehrlichs* für den Rechtspluralismus s. weiterführend auch *Seinecke*, Rechtspluralismus, 2015, S. 60. 94 ff.; *Arndt*, Soft Law, 2011, S. 103 f.). Die Bewertung des Rechtspluralismus primär mit soziologischen Theorien stieß auf entsprechende Kritik: s. etwa *Bachmann*, Private Ordnung, 2006, S. 41 f. m.w.N.; zur Bedeutung „eines eigenen rechtstheoretischen Standpunktes" auch *Rüthers u.a.*, Rechtstheorie, 2022, S. 211.

⁸² Zu den genannten und anderen Legitimationsansätzen überblicksartig *Engler*, Private Regelsetzung, 2017, S. 33 ff. mit umfassenden Nachweisen; auch *Arndt*, Soft Law, 2011, S. 92 ff. m.w.N. fasst verschiedene Ansätze zusammen, die sich u.a. der inneren Legitimation von privaten Regeln widmen; zu verschiedenen Legitimationsgründen auch *Calliess*, Grenzüberschreitende Verbraucherverträge, 2006, S. 243 f.

⁸³ *Bachmann*, Private Ordnung, 2006, S. 43.

⁸⁴ Zu *Bachmanns* Legitimationskonzept s. *Bachmann*, Private Ordnung, 2006, insb. S. 204 ff.; *Engler*, Private Regelsetzung, 2017, S. 129 ff.

⁸⁵ Während *Bachmann* auf die Legitimationselemente Zustimmung und Gemeinwohl setzt (s. insb. *Bachmann*, Private Ordnung, 2006, S. 205), setzt *Engler* auf Zustimmung und Gerechtigkeit (s. insb. *Engler*, Private Regelsetzung, 2017, S. 147 f.). S. weiterführend schon § 8 Fn. 84.

Bezeichnung „Recht" bei vielen bei näherer Betrachtung gar nicht im Fokus.[86] Andere hingegen sprechen explizit von privatem Recht als Rechtsquelle.[87] Es ist damit die Frage aufgeworfen, ob aus der inneren Legitimation privater Regeln ihre Qualifizierung als verbindliche Rechtsquelle, also als Rechtsgeltungsquelle,[88] folgt und solche Regeln daher rechtsdogmatisch Beachtung finden müssten.

Verfassungsrechtlich besteht jedenfalls keine Pflicht, legitime private Regeln per se oder in bestimmter Form anzuerkennen und damit als verbindliche Rechtsquelle zu beachten.[89] Auf eine Rechtsverbindlichkeit legitimer privater Regeln aus sich heraus, wie es insbesondere durch Naturrechtler für den Vertrag angenommen wurde,[90] scheinen die Vertreter eines „Rechtspluralismus" jedenfalls nicht mit der Konsequenz einer Loslösung vom staatlichen Gel-

---

[86] Vielmehr geht es zumindest einigen eher um eine offene Beschreibung verschiedener, miteinander agierender Rechtswelten, wie die Definition von Rechtspluralismus, bei *Seinecke*, Rechtspluralismus, 2015, S. 19 zeigt (Rechtspluralismus als „alle rechtlichen oder sozialen Konstellationen, Lagen oder Situationen in denen verschiedene Arten von Rechtsregeln, Rechtsordnungen oder Rechtsquellen in normativer, deskriptiver oder weltanschaulicher Perspektive unterschieden werden können"). S. auch *Schuppert*, in: Regelsetzung im Privatrecht, S. 35, der davon ausgeht, dass „eine auf die Semantik des staatlichen Rechts beschränkte Sprache des Rechts den Realitäten normativer Vielfalt [...] nicht gerecht wird". Es geht mithin nicht nur um einen Rechtspluralismus, sondern auch um die Beschreibung eines Rechts*begriffs*pluralismus, wie *Seinecke* a.a.O. S. 283 ff. darlegt.

[87] S. *Arndt*, Soft Law, 2011, S. 88 ff. m.w.N. Der Begriff der Rechtsquelle ist dabei seinerseits schon mehrdeutig. Dies beginnt bei dem noch recht unproblematischen Punkt, ob lediglich der Ursprung einer Norm gemeint ist (s. etwa *Larenz*, Methodenlehre, 1991, S. 432: „[...] so sind Rechtsquellen des innerstaatlichen Rechts nur die Gesetzgebung und die von einer allgemeinen Rechtsüberzeugung getragene Übung [als Quelle des Gewohnheitsrechts].") oder die Norm selbst als Rechtsquelle bezeichnet wird (so etwa *Riesenhuber*, System, 2003, S. 32: „Rechtsquellen sind nach der herkömmlichen Lehre Gesetz und Gewohnheitsrecht."; zu dieser Mehrdeutigkeit auch *Meyer-Cording*, Rechtsnormen, 1971, S. 49 ff.). Nur letzteres Verständnis ergibt im Hinblick auf „privates Recht als Rechtsquelle" Sinn (andernfalls müsste man von „Privatpersonen als Rechtsquelle" sprechen). Darüber hinaus wird aber auch zwischen verschiedenen Rechtsquellen differenziert. Besonders prägnant tat dies *Canaris*, der von Rechtsgeltungs-, Rechtsgewinnungs- und Rechtserkenntnisquellen sprach, s. *Canaris*, in: Europäische Vertragsrechtsvereinheitlichung und deutsches Recht, S. 8 ff.; dazu auch *Riesenhuber*, in: Privates Recht, S. 50; ähnlich *Larenz*, Methodenlehre, 1991, S. 432. Insoweit ist hier also der Fall gemeint, in dem von privatem Recht als Rechtsgeltungsquelle ausgegangen wird.

[88] Zur Begrifflichkeit ebenfalls schon § 8 Fn. 87.

[89] Der Staat ist nicht in unbedingtem Maße verpflichtet, legitimen privaten Regeln zur Anerkennung zu verhelfen. Er kann die Anerkennung indes nur bei Vorliegen einer grundrechtlichen Rechtfertigung und nur bis zu einem unantastbaren Kern privatautonomer Selbstbestimmung hin versagen. Angesprochen ist insoweit das Übermaßverbot im Hinblick auf die gewährleistete Privatautonomie. S. zu alldem ausführlich und m.w.N.: *Hellgardt*, Regulierung und Privatrecht, 2016, S. 67 ff.

[90] Ausführlich dazu: *Hillgruber*, ARSP 1999, 348 (353 ff.) mit umfassenden Nachweisen; *von Hippel*, Privatautonomie, 1936, S. 91 ff.; s. auch *Wiebe*, Elektronische Willenserklärung, 2002, S. 60 ff. m.w.N.

tungsbefehl abzustellen. Wenngleich sich viele der Ausrufe um privates Recht also so darstellen, als ob es um eine rechtsdogmatisch notwendige Beachtung der legitimen privaten Regelwerke ginge, ist bei näherer Betrachtung nicht ausdrücklich ersichtlich, dass damit die Prämisse verbunden wird, sie allein aufgrund ihrer inneren Legitimation zu geltendem Recht zu erheben und mit einem staatlichen Durchsetzungsbefehl auszustatten. Auch die innere Legitimation der Regeln soll also (bisher) die Dichotomie von Recht und Nicht-Recht im herkömmlichen Sinne nicht zerschlagen.

Weit überwiegend ist der Begriff *Rechts*pluralismus folglich nicht als Hinweis auf ein parallel zum staatlich explizit anerkannten Recht bereits bestehendes privates Recht im Sinne einer Rechtsgeltungsquelle zu verstehen.[91] Vielmehr ist der Begriff als Reflektion und wohl vor allem auch als (rechtspolitischer) Appell zu verstehen, der auf das Bestehen und die Notwendigkeit einer angemessenen rechtlichen Integration von privaten Regeln hinweist, die aufgrund ihrer inneren Legitimation als Recht qualifiziert werden könnten.[92] Wie eine solche Integration in das Recht oder auch eine Weiterentwicklung der Rechtsquellenlehre aussehen könnte, bleibt bei den meisten allerdings offen.[93] Im Rahmen der verfassungsrechtlichen Grenzen bestünde jedenfalls durchaus ein Integrations- beziehungsweise Legalisierungsspielraum,[94] mit dem der

---

[91] Anders wird dies für die Qualifizierung als mögliche Rechtserkenntnis- oder Rechtsgewinnungsquelle gesehen, s. etwa *Riesenhuber*, in: Privates Recht, S. 50 („Private Regelwerke können zwar nicht als Rechtsgeltungsquellen eingeordnet werden, sie können aber durchaus als Rechtserkenntnisquellen und als Rechtsgewinnungsquellen einen Beitrag zur Rechtsfindung leisten.").

[92] Vgl. etwa *Calliess*, Grenzüberschreitende Verbraucherverträge, 2006, S. 243: („[...] Chance, die hybriden Zivilregimes durch Zivilverfassungsrecht zu konstitutionalisieren. Im Interesse der Fortschreibung der aufklärerischen Idee einer legitimen Herrschaft des Rechts erscheint es deshalb als theoriestrategisch sinnvoll und geboten, die auf globaler Ebene zu beobachtende Entstehung von hybriden Ordnungen als Privatisierung von Recht anzuerkennen, um auf dessen Zivilisierung hinzuwirken.").

[93] Zustimmen lässt sich jedenfalls bereits *Möslein*, in: Regelsetzung im Privatrecht, S. 20 dahingehend, dass „[u]nterschiedliche Regelgeber, Regelungsintensitäten und -zuschnitte [...] potentiell Anpassungen oder zumindest Feinjustierungen der juristischen Methode [erfordern]".

[94] S. dazu ausführlich *Hellgardt,* Regulierung und Privatrecht, 2016, S. 232 ff. der eine weitergehende Integration privater Regeln in das Recht bzw. die Verlagerung der Rechtssetzung auf Private fernab eines engen Kernbereichs, der staatlicher Letztverantwortung bedarf (insb. die Staatsorganisation und Staatsfinanzierung), in einem sehr weiten Rahmen bejaht. Die Art der Rechtssetzung durch Private unterliegt innerhalb dieses Rahmens allerdings gewissen Voraussetzungen, insb. dynamische Verweisungen sind u.U. bedenklich, s. dazu und zur insoweit relevanten Facharztentscheidung des *BVerfG*: *Bachmann,* Private Ordnung, 2006, S. 66 ff., 133. Hinsichtlich einer privaten Streitbeilegung, die im Zusammenhang mit der Blockchain-Technologie wie besehen ebenfalls diskutiert wird, ist ferner zu beachten, dass der Staat aus verfassungsrechtlichen Gründen „[s]eine Aufgabe, die Gerichtsbarkeit in Zivilsachen zu gewährleisten [...] nur in engen Grenzen an Private delegieren [darf]" (*Fries*, Verbraucherrechtsdurchsetzung, 2016, S. 12). Noch nichts gesagt ist damit insgesamt jedoch

wahrgenommenen „Armut der traditionellen Rechtsquellenlehre"[95] begegnet werden könnte.

2. Normative Wirkung von Smart Contracts

Betrachtet man Smart Contracts vor dem Hintergrund der verschiedenen Sichtweisen auf „privates Recht", lässt sich im Hinblick auf eine staatszentralistische Sicht klar festhalten, dass Smart Contracts durch ihre staatliche Anerkennung eine normative Wirkung zukommen kann. Ob man auch beim zweiseitigen Smart Contract als autonomer Regel in diesem Fall von „privatem Recht" sprechen will,[96] kann auch dahingehend offenbleiben, dass diejenigen Autoren, die den Smart Contract als „Recht" bezeichnen, offenkundig nicht den Fall seiner staatlichen Anerkennung meinen. Es geht ihnen um eine vom Recht unabhängig bestehende – mit dem Recht konkurrierende – Wirkung. Soll damit eine normative Wirkung gemeint sein, geht es folglich um die Bewertung von Smart Contracts als Teil der Diskussion um einen Rechtspluralismus.

Selbst wenn man ausblendet, dass autonome Regeln üblicherweise nicht das Hauptaugenmerk rechtspluralistischer Untersuchungen sind und daher schon fraglich sein kann, inwieweit die gefundenen Ergebnisse auf diese übertragbar sind, erweist es sich als schwierig, Smart Contracts abstrakt beziehungsweise pauschal in die Debatte um Rechtspluralismus einzuordnen. Begründet liegen diese Schwierigkeiten in der Feststellung innerer Legitimation als Kernaspekt eines privaten Rechtspluralismus. Denn wenngleich unklar bleibt, worin genau die entscheidenden Legitimationselemente liegen, wird jedenfalls deutlich, dass Smart Contracts, die wie andere Verträge als autonome als auch als heteronome Regelwerke ausgestaltet sein können, jedenfalls in Anlehnung an die Legitimation anerkannter Verträge,[97] nicht per se ein Merkmal aufweisen, was

---

zu unionsrechtlichen Grenzen der Integration privater Regeln oder auch der Anerkennung privater Streitbeilegung.

[95] *Köndgen*, AcP 2006, 477 (516).

[96] So vertritt bspw. *Kirchhof*, Private Rechtsetzung, 1987, S. 64 ff. die Auffassung, dass private Regeln nur dann durch staatliche Anerkennung zu privatem Recht würden, wenn sie die Kriterien der Generalität und Heteronomität erfüllen. Der autonome zweiseitige Vertrag und das einseitige Rechtsgeschäft wären damit als autonome und individuelle Regeln nicht erfasst. A.A. etwa *Rehberg*, in: BeckOGK, § 116 BGB Rn. 160.1: „Auch Private – darunter die Parteien eines Rechtsgeschäfts – setzen Recht. Privatautonomie [...] ist nichts anderes als die freie Setzung von Recht durch den Einzelnen."; zum Vertrag als Recht auch *Hillgruber*, ARSP 1999, 348 passim; ausführlich zur historisch üblichen Bezeichnung von privatautonom abgeschlossenen Rechtsgeschäften als Recht ferner *Hellgardt,* Regulierung und Privatrecht, 2016, S. 529 ff. mit umfassenden Nachweisen; sich jedenfalls gegen die Verfolgung von Einzel- und Eigeninteressen als Voraussetzung für die Annahme von „Recht" aussprechend: *Bachmann,* Private Ordnung, 2006, S. 21 m.w.N.; s. zu diesem Meinungsstand, der bereits unter dem Begriff der Selbstregulierung geführt wird, ferner *Engler*, Private Regelsetzung, 2017, S. 25 f. mit umfassenden Nachweisen.

[97] Zu den Legitimationselementen s. später insb. § 9 D. III. 3.

die pauschale Annahme ihrer inneren Legitimation eher rechtfertigen könnte als bei anderen Verträgen. Was automatisierte Smart Contracts von anderen Verträgen unterscheiden kann, ist vor allem ihre mögliche faktische Wirkung, die jedoch gerade nicht als inneres Legitimationskriterium in Betracht kommt.

Natürlich kann ein Smart Contract im Einzelfall so ausgestaltet sein, dass man seine innere Legitimation bejahen könnte. Gerade bei Fällen sogenannter Decentralized Autonomous Organizations (DAOs)[98] ließen sich, wie auch bei natürlichsprachlich dokumentierten und nicht automatisiert ausgeführten Verträgen, im jeweiligen Einzelfall Erwägungen zur inneren Legitimation anstellen – eine Einigkeit über die Legitimationskriterien vorausgesetzt. Die aufgrund der zugrundeliegenden Blockchain-Architektur gegebenen Möglichkeiten, in die DAO als formalsprachlichen Vertrag bestimmte Konsensmechanismen einzubauen,[99] dürfte sogar tatsächlich ein Aspekt sein, der für die innere Legitimation so ausgestalteter Smart Contracts spricht. Diese Mechanismen sind Smart Contracts aber eben keineswegs inhärent, sondern Aspekte des Einzelfalls. Es lässt sich nicht pauschal auf die innere Legitimation von Smart Contracts schließen.

Wie schon bei der Annahme faktischen Rechts kommt auch die Annahme privaten Rechts im Sinne des Rechtspluralismus ohnehin eher für die Blockchain-Technologie als Regelwerk selbst in Betracht, denn diese sieht stets besondere Konsensmechanismen vor, die für eine innere Legitimation qua Regelverfahren sprechen könnten. Selbst bei der vorgenommenen Beschränkung auf *public, permissionless* Blockchains können die Konsensmechanismen aber unterschiedlich ausgestaltet sein. Ob man darauf gestützt bereits pauschal eine innere Legitimation in Erwägung ziehen möchte, ist äußerst fraglich. Schließlich kann aber auch dieser Punkt hier ungeklärt bleiben, denn selbst wenn jedenfalls für das Blockchain-Regelwerk eine innere Legitimation pauschal bejaht und damit privates Recht angenommen würde, wäre nochmals auf die Konsequenzen hinzuweisen, die sich daraus ergeben.

So ist die Diskussion um den Rechtspluralismus ihrerseits pluralistischer Natur. Bei den verschiedenen Aussprüchen zu Smart Contracts als privatem Recht wird zwar selten verdeutlicht, auf welche Ebene sie sich beziehen sollen und es drängt sich daher vielfach der Eindruck auf, dass damit eine bereits staatlich zu berücksichtigende normative Wirkung derselben beschrieben wird. Der insoweit doch von nahezu allen Vertretern eines Rechtspluralismus im Hinblick auf die Frage der bestehenden normativen Geltung privater Regeln als Rechtsgeltungsquelle eingenommene „rechtsdogmatische" Blick auf das Thema lässt diesen Schluss, wie besehen, im Ergebnis bisher aber nicht zu. Im Status Quo können Smart Contracts beziehungsweise formalsprachliche Verträge einschließlich des Blockchain-Regelwerks nur dann zu privatem Recht

---

[98] S. dazu bereits § 1 Fn. 19.
[99] S. zu solchen Möglichkeiten etwa *Hofert*, Regulierung der Blockchains, 2018, S. 39 ff.

erstarken und nur dann eine aus rechtsdogmatischer Sicht relevante normative Wirkung erzielen, soweit sie staatlich anerkannt werden. Der rechtsdogmatische Blick auf den Rechtspluralismus entspricht somit bisher dem staatszentralistischen Verständnis von privatem Recht. Um entsprechenden Missverständnissen vorzubeugen, spricht vieles dafür, die Bezeichnung „privates Recht" daher aktuell auch nur im Sinne solcher privaten Regeln zu nutzen, die staatlich anerkannt werden. Die Attraktivität der Bezeichnung für die Zwecke des Rechtspluralismus als Reflektion und rechtspolitischen Appell und auch die Schwierigkeiten der Findung passender alternativer Bezeichnungen, die einen Rechts*begriffs*pluralismus[100] letztlich ausgelöst haben dürften, sind jedoch kaum zu leugnen.

C. Fazit zum Verhältnis formalsprachlicher Verträge zum (Vertrags-)Recht

Die Beschreibung von Smart Contracts als ein dem Vertragsrecht gegenüberstehendes, eigenständiges „Recht" ist weit verbreitet. Sie präsentiert sich jedoch bei näherer Betrachtung als wenig gewinnbringend. Nicht nur, weil die Bezeichnung „Recht" auf vollkommen verschiedene Weise verstanden werden kann und selten verdeutlicht wird, auf welche Bedeutung abgestellt wird, sondern vor allem, weil die Bezeichnung des Smart Contracts als Recht auf keiner der verschiedenen in Frage kommenden Ebenen wirklich aufgeht. Weder liegt eine faktisch-funktionale Vergleichbarkeit mit dem Vertragsrecht vor, die die Rede von „faktischem Recht" rechtfertigen würde,[101] noch lassen die Eigenschaften von Smart Contracts pauschal auf deren innere Legitimation schließen, was die Voraussetzung für die Annahme „privaten Rechts" wäre.[102]

So unpassend die Bezeichnung des Smart Contracts als Recht daher ist, fördert eine entsprechende Untersuchung von Smart Contracts als privater Ordnung jedoch Erkenntnisse zu Tage, die man als Art wahren Kern der verschiedenen Aussprüche identifizieren kann. Dies betrifft zunächst das tatsächliche Verhältnis von Smart Contracts zum Vertragsrecht. So können sich Smart Contracts in bestimmten Einzelfällen – allerdings nicht aufgrund ihres Regelwerks selbst, sondern ausschließlich aufgrund dessen tatsächlicher Ausführung unter Zuhilfenahme der Blockchain-Technologie – einer Bewertung am Maßstab des (Vertrags-)Rechts faktisch entziehen.[103]

Auch im Hinblick auf eine normative Wirkung lässt sich ein möglicherweise für die Annahme innerer Legitimation entscheidender Unterschied zu herkömmlichen Verträgen feststellen. Dieser Unterschied in Gestalt besonderer Konsensmechanismen bei der inhaltlichen Ausgestaltung der privaten Regeln liegt jedoch ebenfalls gerade nicht pauschal bei allen Smart Contracts vor.

---

[100] S. dazu schon § 8 Fn. 86.
[101] S. § 8 B. I.
[102] S. § 8 B. II. 2.
[103] S. § 8 B. I.

Auch hier könnte man pauschal eher wieder die Blockchain-Architektur als privates Regelwerk in den Blick nehmen.[104] So gesehen setzt der Vergleich des Smart Contracts mit dem Recht also auf beiden Ebenen bereits falsch an. Gefragt werden müsste vielmehr nach der Vergleichbarkeit der Blockchain-basierten Ausführungsplattform beziehungsweise dem der Plattform zugrundeliegenden privaten Regelwerk mit dem (Vertrags-)Recht. Denn wenngleich es sich hierbei nicht mehr um ein autonom (und zweiseitig) wirkendes Regelwerk und damit nicht mehr um das hier angenommene und untersuchte Leitbild handelt,[105] kann auch dieses Regelwerk ein formalsprachlicher Vertrag sein. Auch dieser treffendere (wenngleich im Ergebnis ebenfalls nicht pauschal aufgehende) Vergleich zwischen dem heteronom wirkenden Regelwerk und dem (Vertrags-)Recht führt aber im Ergebnis nicht dazu, dass die hier gestellte Ausgangsfrage nach der faktischen und normativen Maßstabsfunktion des staatlichen (Vertrags-)Rechts für die Auslegung formalsprachlicher Verträge verneint werden muss. Denn auch Blockchain-basierte Plattformen können sich dem Recht faktisch nicht vollständig entziehen, sondern müssen Brücken zur analogen Welt aufrechterhalten, die Regulierungsmöglichkeiten bieten.[106] Ihre *etwaige* innere Legitimation als privates Recht führt zudem aus einem – für die Frage nach der Maßstabsfunktion entscheidenden – rechtsdogmatischen Blickwinkel heraus bisher auch keine normative Geltung herbei.

§ 9 Das System des allgemeinen Vertragsrechts

Die Untersuchung der Maßstabsfunktion des staatlichen Vertragsrechts hat entgegen anderweitiger Postulierung gezeigt, dass dieses (sowohl normativ als auch weitestgehend faktisch) den Maßstab zur rechtlichen Bewertung formalsprachlicher Verträge beziehungsweise Smart Contracts stellt.

Die Auslegung formalsprachlicher Verträge anhand des allgemeinen Vertragsrechts stellt indes in verschiedenerlei Hinsicht eine Herausforderung dar, weshalb es zudem eines eingehenderen Blicks auf die rechtliche Binnenperspektive – einer Ermittlung des rechtlichen Maßstabs in Gestalt des inneren Systems des allgemeinen Vertragsrechts – bedarf.

A. Bedeutung des inneren Systems für die Auslegung formalsprachlicher Verträge

Die im Rahmen des ersten Teils dieser Untersuchung gewonnenen Erkenntnisse über formalsprachliche Verträge lassen sich in eine Vielzahl an speziellen

---

[104] S. § 8 B. II. 2.
[105] S. § 2 B.
[106] S. § 8 B. I.

Rechtsfragen übersetzen, die sich bezüglich der Auslegung dieser Verträge stellen. Dies betrifft unter anderem die Frage, ob die rechtliche Qualifizierung eines formalsprachlichen Vertrages oder einer formalsprachlichen Erklärung als rechtsgeschäftliches Erklärungsmittel davon abhängt, ob bei der Vertragsformalisierung auf eine deklarative oder imperative Ausdrucksweise zurückgegriffen wurde oder die Frage, wie mit der unterschiedlichen Ausdrucksmacht oder auch Ausdrucksarmut formalsprachlicher Verträge im Hinblick auf ihren rechtsgeschäftlichen Erklärungswert umzugehen ist. Vor allem aber steht die Frage nach dem rechtlichen Umgang mit einem Merkmal im Raum, das allen Ansätzen der Vertragsformalisierung gemein ist und insofern als charakteristisches Merkmal formalsprachlicher Verträge bezeichnet werden kann: der eindeutigen Interpretierbarkeit. Diese kann sich sowohl als Vorteil gerieren;[107] eine Bindung allein oder vorrangig an den formalsprachlichen Erklärungswert kann sich aber auch als Nachteil entpuppen.[108]

Die positiven Normen zur Auslegung von Verträgen und Willenserklärungen, §§ 133, 157 BGB, enthalten keine gesonderten Regelungen für den Umgang mit einzelnen Erklärungsmitteln oder bestimmten Eigenschaften von Erklärungsmitteln. Ihr Abstraktionsniveau ist bewusst sehr hochgehalten.[109] Ein rationaler rechtlicher Maßstab ist daher jedoch nicht allein über den niedrigen lex lata-Regelungsgehalt zu finden. Besonders relevant wird vielmehr das überpositive innere System des allgemeinen Vertragsrechts, dessen Bestandteil die Auslegungsnormen sind und in dessen Lichte sie zu verstehen sind.

Für das Verständnis der Auslegungsnormen im Hinblick auf formalsprachliche Verträge und Erklärungen gilt dies verstärkt. So deutet sich an, dass eine entscheidende Weichenstellung zum rechtlichen Umgang mit der eindeutigen Interpretationsmöglichkeit des formalsprachlich dokumentierten Vertragsinhalts in der Anwendbarkeit des § 133 Hs. 2 BGB (dem Verbot einer Haftung am buchstäblichen Sinne eines Ausdrucks) liegt. Das innere System, die übergreifende ratio iuris,[110] wird hinsichtlich formalsprachlicher Verträge insoweit bereits für die Frage nach der Anwendbarkeit der positiv-normierten Auslegungsvorgaben entscheidend.[111]

Das in diesem Fall entscheidende innere System ist dabei jenes des allgemeinen Vertragsrechts, denn die Auslegungsnormen – soweit sie sich auf die Auslegung von Verträgen und von den sie konstituierenden Willenserklärungen beziehen – stehen in einem engen inhaltlichen Zusammenhang zu anderen Normen des Bürgerlichen Gesetzbuchs, die sich insgesamt auf den Realbereich

---

[107] S. dazu bereits § 4 A.
[108] S. insb. § 9 D. III. 1.
[109] S. dazu ausführlicher § 11 A.
[110] Zur Begriffsverwendung statt vieler: *Canaris,* Systemdenken, 1983, S. 46.
[111] S. dazu § 9 D. III. 1. und insb. ausführlich § 12.

„Vertrag" beziehen und eine normative Spezifität rund um die Frage der normativen Funktion des Vertrages aufweisen.[112]

Es gilt also im Folgenden das innere System des allgemeinen Vertragsrechts zu eruieren, um es bei der Auslegung formalsprachlicher Verträge als Maßstab heranziehen zu können.

Die Ermittlung des inneren Systems des allgemeinen Vertragsrechts bedarf dabei jedoch aus einem allgemeinen und einem speziellen Grund besonderer Aufmerksamkeit. Einerseits ist es die generelle Feststellung, dass „was einmal systemrichtig schien oder es sogar war, [...] sich [...] u. U. schon wenig später als überholt erweisen" kann.[113] Darstellungen eines inneren Systems können, soweit es als Maßstab zur Rechtsgewinnung dienen soll, mithin nicht unbesehen übernommen werden, sondern sind grundsätzlich auf einen etwaigen Wandel hin zu prüfen.[114]

Speziell für das allgemeine Vertragsrecht lässt sich eine Darstellung beziehungsweise Stellungnahme zum inneren System andererseits schon deshalb nicht vermeiden, weil sich schon bei überblicksartiger Betrachtung ein Kanon an verschiedenen Theorien und Auffassungen über eben jenes System – von der Existenz und Bedeutung seiner Prinzipien bis hin zu deren Zusammenspiel – offenbart.[115] Bereits eine etwas weitergehende Prüfung zeigt sodann, dass die verschiedenen Vorstellungen gerade für die rechtliche Bewertung formalsprachlicher Verträge unterschiedliche Ergebnisse zulassen, die von einer untergeordneten bis hin zur ausschließlichen Beachtung des formalsprachlichen Auslegungsmaterials reichen.[116] Eine Entscheidung über das zugrunde zu legende Verständnis des inneren Systems des allgemeinen Vertragsrechts erweist sich geradezu als Schlüssel für die anschließende rechtliche Bewertung dieses Phänomens.

Es folgt daher eine entsprechende Darstellung des Systems des allgemeinen Vertragsrechts anhand der ihm zugrundeliegenden Prinzipien (C.) und deren Zusammenspiel im Vertragsmodell (D.). Als Grundlage vorangestellt wird ein Überblick über das Systemdenken im Privatrecht (B.).

B. Systemdenken im Privatrecht

Im Vordergrund des Systemdenkens im (Privat-)Recht steht die Rationalisierung normativer Orientierung.[117] Es dient der „rationale[n] Erfassung der Fol-

---

[112] S. bereits § 2 B. und dort insb. Fn. 72.
[113] *Canaris*, Systemdenken, 1983, S. 106.
[114] Dies folgt unmittelbar aus der Offenheit des Systems, siehe dazu § 9 B. II. 1. c) und § 9 B. II. 2., s. ferner auch § 9 D. III. 2.
[115] S. dazu später ausführlich § 9 D. II.
[116] S. § 9 D. III. 1.
[117] S. etwa plakativ *Bydlinski*, der seine entsprechende Forschung zur prinzipiell-systematischen Rechtsfindung (zum Begriff s. später § 9 B. III. 1.) wie folgt einordnet: „Sie gehören zu den Bestrebungen in der Rechtswissenschaft, deren Leitziel es ist, das rationale,

gerichtigkeit rechtlicher Wertungszusammenhänge" und einer entsprechend rational geleiteten Rechtsanwendung.[118] Es lässt sich mithin als Zweischritt verstehen und nutzen: Zunächst geht es um die Darstellung des Rechts *als* System, dem die Gewinnung des Rechts *aus dem* System folgt. Beide Schritte werden im Folgenden erläutert (II. und III.), wobei im Anschluss auch auf die Einwirkung durch die europäische Rechtsordnung eingegangen wird (IV.). Diesen Abschnitten geht eine Untersuchung des Systembegriffs voraus (I.).

I. Systembegriff

Prägend für das heute vorherrschende Systemverständnis – den vorherrschenden Systembegriff – im Privatrecht ist das Werk „Systemdenken und Systembegriff in der Jurisprudenz" von *Claus-Wilhelm Canaris*.[119] Als Charakteristika des juristischen Systems nennt er die Merkmale der Einheit und Ordnung.[120] Beide Merkmale lassen sich als Ausdruck der Rechtsidee selbst (sowohl als Konsequenz des Gleichheitssatzes und damit des Gerechtigkeitspostulats als auch als Ausdruck der Rechtssicherheit) verstehen.[121] Für das Merkmal der Ordnung ist dies mit dem Erfordernis der Folgerichtigkeit zu über-

---

argumentative Element in der Rechtsfindung [...] tunlichst zu verstärken und damit das irrational-volitive Element, das realistischerweise nicht geleugnet werden sollte, auf den Restbereich des Unvermeidlichen zu beschränken." (*Bydlinski*, Rechtsfindung im Privatrecht, 1995, S. 5); zum übergeordneten Ziel der Ermittlung eines solchen Maßstabs in der Rechtsdogmatik, welches auch hier zugrunde gelegt wird (s. insoweit bereits § 3) s. statt vieler: *Wissenschaftsrat*, Perspektiven der Rechtswissenschaft, S. 31 („Die Methode der dogmatischen Fächer ist auf Rationalität der Rechtserkenntnis und Richtigkeit der Rechtsanwendung gerichtet. [...] Die Rechtsdogmatik als begrifflich-systematische Bearbeitung des Rechts schafft einen gemeinsamen Kommunikationsraum für Wissenschaft und Praxis. Die Notwendigkeit, bei der Lösung dogmatischer Fragestellungen und bei Rechtsanwendung, Rechtsberatung und Rechtsetzung stets die Rechtsordnung als Ganze im Blick zu behalten, sichert in hohem Umfang die Einheit der Rechtswissenschaft, senkt den Grad der Spezialisierung und mildert deren Auswirkungen.").

[118] *Canaris*, Systemdenken, 1983, S. 43. Systemdenken unterscheidet sich damit insb. vom freien Dezisionismus, einschließlich der Topik, die insb. durch *Theodor Viewen* geprägt wurde (s. dazu insb. sein seit 1953 mittlerweile in 5. Auflage erschienenes Werk „Topik und Jurisprudenz"; zum Systemdenken, wie es *Canaris* prägte, als Gegenentwurf zu *Viehwegs* Topik, s. *Paas*, Bewegliches System, 2021, S. 8 f.).

[119] *Canaris*, Systemdenken, 1983. Zur Bedeutung von *Canaris* Werk s. statt vieler: *Riesenhuber*, in: Privates Recht, S. 52, der dieses als grundlegend für das Systemdenken beschreibt.

[120] *Canaris*, Systemdenken, 1983, S. 11 ff., der sich ab S. 19 ff. auch mit anderen Verwendungen des Rechtssystem-Begriffs auseinandersetzt; s. zu anderen Begriffsverständnissen auch *Riesenhuber*, System, 2003, S. 5 mit umfangreichen Nachweisen.

[121] *Canaris*, Systemdenken, 1983, S. 16 f.; ausführlicher dazu *Riesenhuber*, System, 2003, S. 7 ff., der sich zudem mit Kritik an einer Rückführung der Systemmerkmale auf den Gleichheitssatz auseinandersetzt; zur Rechtsidee und ihren Fundamentalgrundsätzen s. auch *Bydlinski/Bydlinski*, Methodenlehre, 2018, passim, z.B. S. 21 f., und *Bydlinski*, Rechtsgrundsätze, 1988.

setzen.¹²² Für den eigenständigen Gehalt¹²³ des Merkmals der Einheit bedeutet es die Rückführbarkeit der Rechtssätze auf verhältnismäßig wenige allgemeine Grundwertungen.¹²⁴

Die Masse der geschriebenen Rechtssätze kann in ihrer Gesamtheit bereits durch ihre Unterteilung in beispielsweise (Gesetzes-)Bücher, Teile, Abschnitte, Titel, Untertitel oder Paragraphen geordnet werden.¹²⁵ Als sogenanntes „äußeres System" bleibt diese Ordnung allein jedoch „eine tote Masse [...], mit der man letztlich so oder so ‚operieren' kann."¹²⁶ Erst soweit für die Rechtssätze eine wertungsmäßige Folgerichtigkeit festgestellt werden kann, ist das Merkmal der „Ordnung" im Sinne des Systembegriffs erfüllt. Und erst soweit die geordneten Einzelwertungen zudem auf einigen wenigen Grundwertungen beruhen, lässt sich auch deren „Einheit" bejahen. Nur unter diesen Voraussetzungen lässt sich dem „äußeren System" das (im Sinne des Systembegriffs entscheidende) „innere System" bescheinigen.

Die entscheidenden Grundwertungen dieses (inneren) Systems liefern die sogenannten allgemeinen Rechtsprinzipien.¹²⁷ Ihre Ordnung, sprich eine teleologische Ordnung auf Prinzipienebene, ist konstitutiv für das System und damit auch entscheidend für die Ordnung der Regelebene.¹²⁸ Prononciert definiert *Karl Riesenhuber* in Anlehnung an *Canaris* eine Rechtsordnung beziehungsweise Teile davon daher dann als System, „wenn die Regeln auf einheit-

---

¹²² *Canaris,* Systemdenken, 1983, S. 16, der die Folgerichtigkeit dabei deutlich von materieller Richtigkeit abgrenzt, denn sie (die Folgerichtigkeit) erlaubt „allein, eine einmal gesetzte (primäre) Wertung in allen ihren Konsequenzen zu Ende zu denken, sie auf vergleichbare Fälle zu übertragen, Widersprüche mit anderen, schon gesetzten Wertungen zu beseitigen und Widersprüche bei der Setzung neuer Wertungen [...] zu verhüten." (S. 46 a.a.O.), sie verhilft nicht dazu, „eine irgendwie a priori inhaltlich ‚richtige' Regelung zu finden" (S. 45 a.a.O.).
¹²³ Soweit „Einheit" auch „Widerspruchslosigkeit der Rechtsordnung" bedeutet, geht dieses Untermerkmal bereits in der „Folgerichtigkeit" und damit dem Merkmal der „Ordnung" auf, s. *Canaris,* Systemdenken, 1983, S. 16 f.; zustimmend *Riesenhuber,* System, 2003, S. 6.
¹²⁴ *Riesenhuber,* System, 2003, S. 6; vgl. *Canaris,* Systemdenken, 1983, S. 17.
¹²⁵ Siehe insoweit allein die entsprechende Unterteilung des Bürgerlichen Gesetzbuches.
¹²⁶ *Larenz,* Methodenlehre, 1991, S. 489. *Larenz* Aussage ist indes dahingehend zu relativieren, dass die äußeren Unterteilungen häufig bereits „systemtauglich" in dem Sinne sind, als dass sich für sie eigenständige (Teil-)Systeme ausmachen lassen, s. insoweit bereits § 2 Fn. 72; s. dazu ebenfalls *Hönn,* Vertragsparität, 1982, S. 61 f.
¹²⁷ *Canaris,* Systemdenken, 1983, S. 46, der auf S. 48 ff. auch aufzeigt, warum sich im Gegensatz zu anderen Elementen (wie Normen, Begriffen und Rechtsinstituten) gerade Prinzipien für die Systembildung eignen.
¹²⁸ Überzeugend zeigt *Riesenhuber* auf, dass *Canaris* Systemdefinition als „[...] als eine axiologische oder teleologische Ordnung allgemeiner Rechtsprinzipien" (*Canaris,* Systemdenken, 1983, S. 47) als Spezifizierung des Systembegriffs zu verstehen ist und die Feststellung des Systems über die Prinzipienebene sich auch auf die Regelebene auswirkt, *Riesenhuber,* System, 2003, S. 11.

lichen Prinzipien beruhen und diese Prinzipien zu einander in einem Verhältnis wertungsmäßiger Ordnung stehen".[129]

II. Bildung des inneren Systems

1. Rechtsprinzipien als Grundwertungen des inneren Systems

Wendet man sich dem ersten Bestandteil der soeben angenommenen Definition des Rechtssystems – dem „Beruhen der Regeln auf einheitlichen Prinzipien" und damit dem Merkmal der Einheit des Systems – zu, so ist damit zunächst angesprochen, dass dem Recht verschiedene Ebenen innewohnen (a)). Die Elemente dieser Ebenen gilt es nachzuzeichnen und in ihren Eigenschaften einander gegenüberzustellen (b)). Sodann wird im letzten Schritt mit der Aufdeckung der Prinzipien auf das einheitsstiftende Rückführungsverhältnis der Regel- auf die Prinzipienebene eingegangen (c)).

a) Ebenen des Rechts

Die Annahme eines über die geschriebenen Gesetze hinausgehenden Rechts ist eine Absage an den Rechtspositivismus.[130] Eine Absage, die laut des Bundesverfassungsgerichts, „allgemeiner Meinung" entspricht und bereits dem Grundgesetz und der dort festgehaltenen Bindung nicht nur an das Gesetz, sondern eben auch an das „Recht" (Art. 20 Abs. 3 GG) entnommen werden kann.[131] Soweit das Bundesverfassungsgericht in diesem Zusammenhang davon spricht, dass das „Mehr an Recht [...] in der verfassungsmäßigen Rechtsordnung als einem Sinnganzen" zu finden sei, es sich dabei um immanente Wertvorstellungen handele und von „fundierten allgemeinen Gerechtigkeitsvorstellungen der Gemeinschaft" die Rede ist,[132] entspricht dies dem, was im Rahmen des Systemdenkens als allgemeine Rechtsprinzipien beschrieben wird, die auf einer Rechtsebene hinter den positiv normierten Regeln stehen.[133]

b) Grundlegende Differenzierung zwischen Regeln und Prinzipien

In besonderer Weise haben sich um die Herausarbeitung der Eigenschaften und der Bedeutung von Prinzipien und deren Abgrenzung zu Regeln im deutschen Sprachraum *Josef Esser*, *Robert Alexy*, *Karl Larenz* sowie *Claus-Wilhelm*

---

[129] *Riesenhuber*, System, 2003, S. 11.
[130] Zu Begriff und Idee des Rechtspositivismus s. bereits § 4 D. I. insb. Fn. 119.
[131] BVerfGE 34, 269 (286 f.).
[132] BVerfGE 34, 269 (286 f.); zu den „fundierten allgemeinen Gerechtigkeitsvorstellungen der Gemeinschaft" auch BVerfGE 9, 338 (349).
[133] Vgl. *Riesenhuber*, System, 2003, S. 12 m.w.N.

Canaris verdient gemacht.[134] International wird mit der Prinzipienlehre vornehmlich *Ronald Dworkin* und sein Werk „Taking Rights Seriously" („Bürgerrechte ernstgenommen") verbunden,[135] welches er als Kritik an *H.L.A. Harts* Rechtspositivismus verfasste.[136]

Wenngleich das Verständnis von Prinzipien und ihrer Abgrenzung zu Regeln bei den verschiedenen Autoren durchaus Unterschiede aufzeigt, lässt sich insgesamt unter ihnen ein breiter Konsens ausmachen. So sollen Regeln und Prinzipien insbesondere nicht dem Grade nach zu unterscheiden, sondern „normative Maßstäbe ganz unterschiedlicher logischer Struktur" sein.[137] Von den verschiedenen möglichen Kriterien zur Feststellung der Strukturunterschiede[138] werden insbesondere die Anwendbarkeit und das Kollisionsverhalten hervorgehoben.

So soll die Regel, um als solche charakterisiert werden zu können, als Rechtssatz ausgestaltet sein und in ihrem Bereich grundsätzlich verbindliche Anwendung finden, während das Prinzip keine solch unmittelbare Wirkung entfaltet, sondern vielmehr als „Grund, Kriterium und Rechtfertigung" für die Weisung der Regel zu verstehen sei.[139] Prinzipien seien somit „leitend[e] Rechtsgedanken"[140] und Ausdruck der den Regeln zugrundeliegenden Wert-

---

[134] Ihre insoweit richtungsweisenden Werke sind: *Esser*, Grundsatz und Norm, 1956, insb. ab S. 39 ff.; *Alexy,* Recht, Vernunft, Diskurs, 1995, insb. S. 177 ff.; *Larenz*, Rechtsethik, 1979, insb. S. 23 ff.; *Canaris,* Systemdenken, 1983, insb. S. 46 ff.

[135] *Dworkin,* Taking rights seriously, 1978.

[136] Zur Bedeutung und Kontextualisierung *Dworkins* Werk s. statt vieler: *Alexy,* Recht, Vernunft, Diskurs, 1995, S. 177 ff.

[137] *Alexy,* Recht, Vernunft, Diskurs, 1995, S. 184, der diese ursprünglich von *Dworkin* aufgestellte These (s. *Dworkin,* Taking rights seriously, 1978, S. 24 ff.) als „strenge Trennungsthese" benennt; ähnlich *Esser*, Grundsatz und Norm, 1956, S. 51.

[138] S. den Überblick bei *Alexy,* Recht, Vernunft, Diskurs, 1995, S. 185 f. mit zahlreichen Nachweisen.

[139] *Esser*, Grundsatz und Norm, 1956, S. 51 f.; dieses Verständnis lässt sich auch als Fortführung von *Dworkins* These verstehen, dass Regeln einen „Alles-oder-Nichts" Charakter hätten, also bei Vorliegen der Tatbestandsmerkmale entweder gültig oder nicht gültig seien, s. *Dworkin,* Taking rights seriously, 1978, S. 24 f.; gegen die „Alles-oder-Nichts" Charakterisierung als geeignetes Unterscheidungsmerkmal *Alexy,* Recht, Vernunft, Diskurs, 1995, S. 188 ff. *Esser* ausdrücklich zustimmend: *Larenz*, Rechtsethik, 1979, S. 24 f. (s. allerdings insoweit auch *Larenz/Canaris,* Methodenlehre, 1995, S. 307 f., die daneben auch noch „rechtssatzförmige Prinzipien" nennen, die sich zu einer Regel verdichten können und sich dadurch von „offenen Prinzipien" unterscheiden.)

[140] *Larenz*, Rechtsethik, 1979, S. 27.

ungen.[141] Mit ihrem Grad an Konkretisierung stünden sie zwischen den generelleren Werten und den konkreteren Regeln.[142]

Weiter liefere das unterschiedliche Kollisionsverhalten von Regeln und Prinzipien ein geeignetes Entscheidungskriterium. Soweit Regeln einander widersprechen, sei mindestens eine von ihnen ungültig.[143] Lasse sich indessen ein Widerspruch zwischen Prinzipien entdecken, so führe dies nicht zur Ungültigkeit eines der Prinzipien, sondern es zeige sich gerade dann, dass Prinzipien ihren „eigentlichen Sinngehalt erst in einem Zusammenspiel wechselseitiger Ergänzung und Beschränkung" entfalten.[144] Ihnen komme anders als Regeln eine „Dimension des Gewichts" zu,[145] wobei das Gewicht nicht absolut im Sinne eines feststehenden Vorrangverhältnisses, sondern relativ im konkreten Fall der Kollision bestimmt werde.[146]

Ob die Trennlinie zwischen Regeln und Prinzipien tatsächlich derart gezogen werden kann, wird zum Teil bezweifelt.[147] Ausschlaggebend und durchaus vermittelnd zwischen dem hergebrachten Verständnis von Prinzipien und Regeln und der Kritik an diesem erscheint insoweit die klare Unterscheidung zwischen dem isoliert betrachteten Prinzip und seinen Eigenschaften auf der einen Seite sowie dem paradigmatischen Zusammenspiel von Prinzipien innerhalb eines Regelungskomplexes auf der anderen Seite. Jedenfalls für letzteres als

---

[141] Statt vieler: *Bydlinski/Bydlinski,* Methodenlehre, 2018, S. 98, welcher Prinzipien als „die gesamte betroffene Rechtsmaterie wesentlich beeinflussende Grundwertungen" beschreibt.

[142] *Canaris,* Systemdenken, 1983, S. 51 f., der insoweit von einer bereits „Rechtssatz charakteristische[n] Zweiteilung in Tatbestand und Rechtsfolge" spricht, aber auch festhält, dass „der Übergang vom Wert zum Prinzip außerordentlich fließend" sei (S. 51).

[143] *Dworkin,* Taking rights seriously, 1978, S. 27; zustimmend: *Alexy,* Recht, Vernunft, Diskurs, 1995, S. 196.

[144] *Canaris,* Systemdenken, 1983, S. 53, 55, zudem mit Beispielen für die Gegensätzlichkeit von Prinzipien und unter Erläuterung des fehlenden Ausschließlichkeitsanspruchs derselben auch bei entgegengesetzten Wertungen auf S. 53 ff.; durchaus kritisch aber im Ergebnis wohl ebenso *Alexy,* Recht, Vernunft, Diskurs, 1995, S. 196 ff.

[145] *Dworkin,* Taking rights seriously, 1978, S. 26.

[146] S. etwa *Alexy,* Recht, Vernunft, Diskurs, 1995, S. 196 ff., der in dem Zusammenhang auch absolute Prinzipien, wie die Achtung der Würde des Menschen, anspricht. *Alexy* war es auch, der im Zusammenhang mit dem Kollisionsverhalten von Prinzipien deren Bezeichnung als „Optimierungsgebote" prägte, die „relativ zu den rechtlichen und tatsächlichen Möglichkeiten in möglichst hohem Maß zu schützen" seien (*Alexy* a.a.O. S. 203). Diese, von *Alexy* zentral vor dem Hintergrund der Grundrechte vorgenommene Charakterisierung ist für die Prinzipien des Vertragsrechts jedenfalls nicht in dem Sinne übertragbar, als dass daraus eine Bindung des Gesetzgebers an einen möglichst optimalen Ausgleich der Prinzipien folgt (s. *Riesenhuber,* System, 2003, S. 13 f.).

[147] Sehr deutliche Kritik übend etwa *Auer,* in: Gesetz und Richterliche Macht, S. 121 ff. m.w.N.

Ausdruck des inneren Systems[148] besteht nämlich kein kategorialer, sondern ein gradueller Unterschied zur Regel.[149]

Die Frage nach dem Zusammenspiel verschiedener Prinzipien in einem Regelungskomplex stellt sich dabei von vorneherein nur für solche Prinzipien, die dem in den Blick genommenen Rechtskomplex überhaupt angehören, sprich, in diesem aufgedeckt werden können.[150]

c) Aufdeckung von Prinzipien

Rechtsprinzipien werden insbesondere induktiv aus dem gesetzten Recht (den Regeln) gewonnen.[151] Da Prinzipien jedoch typischerweise nicht in einzelnen Regeln in ihrem vollständigen Gehalt enthalten sind und den meisten Regeln auch nicht eines, sondern mehrere Prinzipien zugrunde liegen, erfolgt die

---

[148] S. dazu gleich § 9 B. II. 2.

[149] Nach vorliegendem Verständnis ist weder bei der Systembildung noch bei der Rechtsgewinnung aus dem System ein Prinzip isoliert in den Blick zu nehmen, sondern stets nur im Zusammenhang mit seinem paradigmatischen Zusammenspiel mit anderen Prinzipien innerhalb des jeweiligen spezifischen Regelungskomplexes (s. zu diesem Verständnis ausführlicher gleich § 9 B. II. 2.). Im Hinblick auf dieses Zusammenspiel (jedenfalls bei einem festen Zusammenspiel, s. auch dazu gleich § 9 B. II. 2.) kann richtigerweise nur noch ein gradueller Unterschied zur Regel in Gestalt der Abstraktionshöhe wahrgenommen werden. Dieses Ergebnis scheint der Verfasserin sowohl mit der kategorialen Unterscheidung zwischen Prinzip und Regel konform zu gehen (soweit man diese jeweils auf das einzelne Prinzip bezieht), andererseits aber auch die Kritik an der Unterscheidung zu berücksichtigen, denn auch diese scheint sich eigentlich nicht an der Eigenschaftsbeschreibung isolierter Prinzipien zu entladen, sondern an deren Funktion bei der Rechtsgewinnung und damit eben paradigmatischem Zusammenspiel (dies zeigt etwa der Vergleich *Auers* von Prinzipien und Generalklauseln in § 9 Fn. 147 oder auch ihre Äußerung über Prinzipien, dass „ihr *Anwendungsmuster* letztlich genau dem Regelmodus strikter, vollständiger Alles-oder-Nichts-Erfüllung [entspricht]: Sie sind genau dann strikt und vollständig erfüllt, wenn die geschuldete Optimierung – ähnlich der eindeutigen Lösung einer Gleichung – vorgenommen wurde" [*Auer*, in: Gesetz und Richterliche Macht, S. 125, zitiert ohne Fn. und hervorgehoben durch die Verf.]).

[150] Statt vieler: *Alexy*, Recht, Vernunft, Diskurs, 1995, S. 198.

[151] S. etwa *Riesenhuber*, System, 2003, S. 18; ausführlich auch *Canaris*, Lücken im Gesetz, 1983, S. 97 ff. m.w.N., der sich in diesem Zusammenhang auch mit der „wenig glücklichen" Bezeichnung als „Rechtsanalogie" auseinandersetzt; vgl. ferner auch *Nierwertberg*, Begriff und Wirklichkeit, 1983, S. 18 „Nachdem man in einem ersten Schritt versucht hat, soweit als möglich einen positivrechtlichen Befund aus der Regelung [...] zu sichern, kann man nunmehr zu der Frage übergehen, ob diese dogmatische Begrifflichkeit eine übergeordnete geistige Konzeption hinter sich hat und inwiefern das betreffende Begriffssystem mit dieser Konzeption in einem spezifischen Zusammenhang steht."; zusätzlich auch für die Berücksichtigung faktischer Gegebenheiten bei der Aufdeckung von Prinzipien: *Bydlinski/Bydlinski*, Methodenlehre, 2018, S. 99 ff., die allerdings aus den schon genannten Gründen einer notwendigen Trennung von Sein und Sollen kritisch zu bewerten ist (s. dazu auch *Larenz*, Methodenlehre, 1991, S. 132 m.w.N.).

Induktion nicht in Form einer einfachen Ableitung.[152] Entscheidend ist vielmehr, den (oder die) Regelungs*gedanken* hinter einzelnen Regeln beziehungsweise Regelungskomplexen zu ermitteln.[153] Eine inhaltliche Konturierung erfordert dabei grundsätzlich auch die Abgrenzung von anderen, den Regelungskomplexen ebenfalls zugrunde liegenden Prinzipien.[154]

Als Bestätigung des so gefundenen und umrissenen Rechtsprinzips kann schließlich seine Rückführbarkeit auf die sogenannte Rechtsidee gesehen werden,[155] welche sich ihrerseits über die fundamentalen Rechtsprinzipien der Gerechtigkeit, der Rechtssicherheit und der Zweckmäßigkeit erfassen lässt.[156]

Lassen sich vor diesem Hintergrund der Regelungsschicht (sei es hinsichtlich der Gesamtrechtsordnung als auch einzelnen Regelungskomplexen) zugrunde liegende allgemeine Rechtsprinzipien ermitteln, so ist damit zugleich das systembildende Merkmal der Einheit erfüllt.[157] Soweit für bestimmte Regeln keine allgemeinen Grundwertungen identifiziert werden können, bleibt das System folglich fragmentarisch.[158] Ferner zeigt sich bereits als Konsequenz des Induktionsschlusses aus den Regeln, dass das System als Ordnung der so gewonnenen Prinzipien stets ein offenes, im Sinne eines durch Veränderungen

---

[152] Eine gewisse Ausnahme liefern Prinzipien, die in der Verfassung oder im einfachen Gesetz direkten Niederschlag gefunden haben, vgl. *Larenz,* Methodenlehre, 1991, S. 474.

[153] Zu dieser Herangehensweise s. statt vieler *Larenz*, Rechtsethik, 1979, S. 26; explizit zur Bedeutung von Zweck und Funktion einer Norm für die Prinzipienermittlung anschaulich auch: *Hönn*, Vertragsparität, 1982, S. 71 ff.

[154] Das Zusammenspiel der Prinzipien ist daher im Grunde genommen schon im Rahmen der Aufdeckung mitzudenken, die Trennung zwischen der Aufdeckung (als Voraussetzung der Einheit) und dem Zusammenspiel der Prinzipien (als Voraussetzung der Ordnung) ist daher im Grunde genommen artifizieller Natur und dient hier primär der übersichtlicheren Darstellung. In diese Richtung lässt sich etwa auch *Canaris* verstehen, wenn er sagt „[…] das Verständnis eines Prinzips ist stets zugleich das seiner Schranken" (*Canaris,* Systemdenken, 1983, S. 56) und in der dazugehörigen Fn. 155 a.a.O. noch ergänzt: „Und zwar seiner immanenten wie seiner ‚externen', d. h. durch den Gegensatz zu anderen Prinzipien bedingten" und damit den Kreis schließt zu folgender Aussage „Mit dem Merkmal der Einheit muß folgerichtig aber auch das der Ordnung bejaht werden, da es jene nicht ohne diese geben kann" (S. 77 a.a.O.).

[155] *Canaris* Lücken im Gesetz, 1983, S. 99 f.; *Bydlinski/Bydlinski,* Methodenlehre, 2018, S. 58.

[156] S. dazu bereits § 9 Fn. 121. Gegen eine Berücksichtigung der Zweckmäßigkeit als Komponente der Rechtsidee: *Larenz*, Rechtsethik, 1979, S. 33 ff.

[157] Manche Prinzipien sind für nahezu alle Rechtsbereiche einheitsstiftend, während andere nur für bestimmte Regelungsbereiche von Bedeutung sind. *Canaris* spricht in diesem Zusammenhang von „allgemeinen" und „rechtstechnischen" Prinzipien (*Canaris,* Systemdenken, 1983, S. 47 f.), wobei die Unterscheidung nur mit Blick auf die gesamte Rechtsordnung trägt, denn auch rechtstechnische Prinzipien sind mit Blick auf ihren Wirkungsbereich allgemeine Rechtsprinzipien (*Canaris,* Systemdenken, 1983, S. 48).

[158] *Larenz*, Methodenlehre, 1991, S. 489 („Das innere System ist ferner ‚fragmentarisch' in dem Sinne, daß ihm nicht alle Normen oder Regelungen integriert werden können.").

der Rechtsordnung wandelbares bleibt.[159] Als Folge neuer Gesetzgebung können sich daher etwa neue systemtragende Prinzipien herausbilden oder bestehende Prinzipien einer inhaltlichen Neuausrichtung unterliegen.[160] Die Offenheit des Systems zeigt sich über Änderungen des positiven Rechts hinaus zudem auch darin, dass wissenschaftliche Erkenntnisse über die Rechtsordnung einem stetigen Wandel unterliegen, der sich auf das Verständnis und die Anwendung des geschriebenen Rechts und damit auch auf das Verständnis der Prinzipien auswirken kann.[161]

2. Zusammenspiel der Prinzipien als wertungsmäßige Ordnung

Wurde mit den grundsätzlichen Ausführungen zur Aufdeckung von Prinzipien bereits auf das Merkmal der Einheit des Systems eingegangen, wird nunmehr die Ordnung der so ermittelten Prinzipien und damit das zweite systembildende Merkmal in den Blick genommen.[162] Im Vordergrund steht mithin nicht länger die Frage, ob beziehungsweise wo ein Prinzip in der Rechtsordnung vorkommt, sondern wie das aufgedeckte Prinzip an entsprechender Stelle wirkt.[163]

Diese Wirkung ergibt sich, wie schon im Zusammenhang mit dem Kollisionsverhalten von Prinzipien angesprochen,[164] nicht aus dem isoliert betrachteten Prinzip,[165] sondern nur im Hinblick auf das Zusammenspiel der Prinzipien. Eine Aussage über die Bedeutung der Prinzipien lässt sich auch dann nicht für die gesamte Rechtsordnung, sondern nur hinsichtlich bestimmter, insbesondere

---

[159] Anschaulich und ausführlich zur Offenheit des Systems in ihren verschiedenen Ausprägungen *Canaris,* Systemdenken, 1983, S. 61 ff. m.w.N.

[160] S. etwa *Canaris,* Systemdenken, 1983, S. 63 f.; *Bydlinski/Bydlinski,* Methodenlehre, 2018, S. 115 f.; s. ferner gleich § 9 B. II. 2.

[161] Denkbar sind sowohl aus der Rechtswissenschaft selbst entstammende Erkenntnisgewinne, etwa die Aufdeckung von bisher nicht wahrgenommenen Funktionswandelungen einzelner Prinzipien und ein daraus folgender Neuentwurf des Systems (auch auf diese Fälle dürfte *Canaris,* Systemdenken, 1983, S. 62 f. anspielen), besonders relevant sind aber vor allem rechtstatsächliche und fremdwissenschaftliche Erkenntnisgewinne, die eine potenzielle rechtliche Neubewertung der zuvor vom Gesetzgeber zugrunde gelegten Annahmen über Tatsachen erfordern (s. dazu etwa *Larenz,* Methodenlehre, 1991, S. 487; *Bydlinski/Bydlinski,* Methodenlehre, 2018, S. 115; *Hellgardt,* Regulierung und Privatrecht, 2016, S. 413 ff.; instruktiv auch BVerfGE 96, 375 (394 f.); s. dazu exemplarisch auch später § 9 D. III. 2.). Davon zu trennen ist die normative Berücksichtigung fremdwissenschaftlicher Erkenntnisgewinne, s. dazu bereits § 3 und gleich § 9 B. II. 2.

[162] Nochmals sei aber darauf hingewiesen, dass das Merkmal der Einheit bereits nicht ohne das Merkmal der Ordnung denkbar ist, s. § 9 Fn. 154.

[163] Anschaulich *Canaris,* Systemdenken, 1983, S. 56 („Es kommen nämlich unterschiedliche Aspekte in den Blick je nachdem, ob man beschreibt, *wo* ein Rechtsprinzip an *verschiedenen* Stellen der Rechtsordnung Bedeutung hat, oder ob man herausarbeitet, *wie* es an einer *bestimmten* Stelle wirkt.").

[164] S. § 9 B. II. 1. b).

[165] Treffend daher auch *Riesenhuber,* der die isolierte Auflistung von Prinzipien mit einem Stichwortregister vergleicht, *Riesenhuber,* System, 2003, S. 20.

normativ spezifischer Ausschnitte der Rechtsordnung treffen.[166] Aufschluss über das Zusammenspiel der Prinzipien innerhalb eines solchen Bereiches (eine paradigmatische Prinzipienkombination) vermittelt auch hier der Blick auf die Regelebene.[167] Mithilfe der Regelebene und der dort formulierten Tatbestände lässt sich sowohl modellhaft festhalten, welche Prinzipien in Ausgleich zu bringen sind, als auch vielfach ausmachen, welche Gewichtungsverhältnisse den einschlägigen Prinzipien zukommen.[168] Erst in den so ermittelten paradigmatischen Prinzipienkombinationen drückt sich das innere System aus.[169]

Letzteres soll indessen nicht für alle Prinzipienkombinationen gelten. An einigen Stellen soll sich das Gesetz bewusst der Entscheidung über ein festes Rangverhältnis entziehen und die Gewichtung dem Rechtsanwender überlassen.[170] Für diese Bereiche ließen sich zwar zu berücksichtigende Prinzipien aufdecken, nicht jedoch ein feststehendes Zusammenspiel derselben ausmachen.[171] Angesprochen ist das sogenannte bewegliche System, bei dem es sich um eines der „bis heute in der Rechtswissenschaft äußerst beliebten metho-

---

[166] Vgl. *Riesenhuber,* System, 2003, S. 20. Zum Kriterium der normativen Spezifität und der Bedeutung auch des äußeren Systems, s. bereits § 9 Fn. 126 einschließlich des dortigen Querverweises.

[167] *Riesenhuber,* System, 2003, S. 22.

[168] Vgl. *Canaris,* Systemdenken, 1983, S. 78 zu den unbeweglichen Teilen eines Systems und ferner auf S. 55 auch schon mit Hinblick auf das charakteristische Prinzipienzusammenspiel bei der rechtsgeschäftlichen Bindung. Zu letzterem später ausführlich § 9 C. II. Zur möglichen Ableitung der Funktion eines Rechtsinstituts anhand des Prinzipienzusammenspiels zudem ausführlich § 9 D. III.

[169] Ähnlich *Riesenhuber,* System, 2003, S. 22, der zuvor auch schon das Bild von den verknüpften beziehungsweise zusammenspielenden Prinzipien als „Netz hinter den Regeln", das die „tragenden Wertungen aufzuzeigen" vermag, (S. 20 a.a.O.) zeichnet, allerdings die Deutlichkeit, dass nur durch das Zusammenspiel der Prinzipien (durch „das Netz") das System dargestellt werden kann, vermissen lässt; interessanterweise stellt auch *Canaris* erst 1992 ausdrücklich fest, dass das Zusammenspiel der Prinzipien (das „sich in paradigmatischen Problemlösungen konkretisiert") „in die Darstellung des Systems aufgenommen werden müßte; denn natürlich wird das System einer Rechtsordnung nicht allein durch die – isoliert gesehenen – Prinzipien, sondern zugleich durch die Art und Weise ihres Zusammenwirkens bestimmt." (*Canaris,* in: FS Kitagawa, S. 74), wobei sich *Canaris* aus Sicht der Verfasserin auch vorher so deuten ließ (vgl. etwa *Canaris,* Systemdenken, 1983, S. 78 wenn er sagt: „[D]as System des geltenden deutschen Rechts [...] weist den einzelnen Prinzipien i.d.R. klar umgrenzte Anwendungsbereiche zu", denn diese klar umgrenzten Anwendungsbereiche ergeben sich nur aus dem Zusammenspiel der Prinzipien in spezifischen Regelungsbereichen) und sich das System aus Sicht der Verfasserin auch nur durch das Zusammenspiel der Prinzipien bestimmt, während die isolierte Ermittlung der Prinzipien lediglich einen notwendigen Schritt hin zur Systembildung darstellt.

[170] S. *Canaris,* Systemdenken, 1983, S. 78 ff. mit verschiedenen Beispielen.

[171] S. *Bydlinski,* Methodenlehre, 1982, S. 529 ff., insb. S. 531.

dischen und dogmatischen Instrument[e]" handelt.[172] Zugeschrieben wird es vor allem *Walter Wilburg*.[173] Wenngleich es sich bei seinem Konzept gemäß einer kürzlich erschienenen ausführlichen Untersuchung durch *Susanne Karoline Paas* trotz entsprechender Befürchtung nicht um eine typisch nationalsozialistische Lehre handeln soll,[174] erwähnt auch diese richtigerweise im Ergebnis, dass es „in seiner Weite missbrauchsanfällig" sei.[175] Ob das heutige Verständnis des beweglichen Systems, wie es nach *Wilburg* vor allem durch *Canaris* und *Bydlinski* einen veränderten Anstrich erfahren hat,[176] methodisch überzeugt, kann und muss hier offenbleiben. Insoweit ist im Hinblick auf das hier entscheidende Vertragsmodell vorzugreifen und festzuhalten, dass es sich dabei jedenfalls um ein unbewegliches System, ein feststehendes Zusammenspiel der einschlägigen Prinzipien handelt.[177]

Angesichts der Relevanz der Regelebene für die Bestimmung des konkreten Prinzipienzusammenspiels, sowohl hinsichtlich der Feststellung der auszugleichenden Prinzipien als auch hinsichtlich deren Gewichtungsverhältnis ist aber auch an dieser Stelle wieder auf die zuvor angesprochene Offenheit des Systems hinzuweisen.[178] Legislatorische Änderungen und ein verändertes Verständnis bestehender Regeln aufgrund wissenschaftlicher Erkenntnisgewinne können dementsprechend nicht nur die Existenz oder das Verständnis von Prinzipien beeinflussen, sondern auch deren Relevanz für und Gewichtung im Prinzipienzusammenspiel in bestimmten Rechtsbereichen verändern.[179]

Nämliche Wandelbarkeit gilt für das Verständnis sogenannter funktionsbestimmter Begriffe, die aus der Analyse rechtstechnischer Begriffe der Regelebene auf ihre Funktion und damit ihre spezifische „Sinnbeziehung auf ein maßgebendes Prinzip" hin entwickelt werden und diese zum Ausdruck bringen.[180] Die normative Funktion eines Begriffs beziehungsweise Rechtsinstituts

---

[172] *Paas*, Bewegliches System, 2021, S. 1, die sich auf S. 1 ff. ausführlich und mit umfangreichen Nachweisen mit der Beliebtheit und dem Rückgriff auf dieses Instrument durch verschiedene Autoren auseinandersetzt.

[173] Grundlegend wird insoweit sein Werk „Die Elemente des Schadensrechts" aus 1941 gesehen, so *Paas*, Bewegliches System, 2021, S. 36 ff.

[174] *Paas*, Bewegliches System, 2021, insb. S. 109 ff.

[175] *Paas*, Bewegliches System, 2021, S. 235.

[176] Beide haben das bewegliche System als Teil der Wertungsjurisprudenz und als Teil des Systemdenkens verstanden, s. zu ihren Interpretationen und Prägungen des beweglichen Systems ausführlich *Paas*, Bewegliches System, 2021, S. 5 ff., 221 ff. m.w.N. und S. 81 ff. zu zeitgenössischen Deutungen und S. 217 ff. zu Veränderungen des beweglichen Systems auch durch andere Autoren.

[177] S. dazu gleich ausführlich § 9 D. III. 2.; mit *Canaris* lässt sich darüber hinaus ferner jedenfalls davon ausgehen, dass „das System des geltenden deutschen Rechts […] grundsätzlich nicht beweglich, sondern unbeweglich [ist]." (*Canaris*, Systemdenken, 1983, S. 78).

[178] S. § 9 B. II. 1. c).

[179] Vgl. *Canaris*, Systemdenken, 1983, S. 63 ff., 72 f.

[180] *Larenz*, Methodenlehre, 1991, S. 482; fortgeführt in: *Larenz/Canaris*, Methodenlehre, 1995, S. 310 ff.

und damit seine Rückbeziehung auf ein Prinzip dürfte nicht ohne die Ermittlung des spezifischen Zusammenspiels der Prinzipien innerhalb des Regelungsbereichs, dem der Begriff oder das Institut angehört, möglich sein.[181] Funktionsbestimmte Begriffe kann man daher als Ableitung aus paradigmatischen Prinzipienkombinationen und damit ebenso wie diese als Ausdruck des inneren Systems verstehen.[182]

III. Rechtsgewinnung aus dem inneren System

Die Systembildung beziehungsweise -darstellung mithilfe der Merkmale der Einheit und Ordnung erlaubt es bereits, Aussagen über das System zu treffen und beispielsweise Systembrüche und Systemlücken zu identifizieren.[183] Darüber hinaus dient die Systembildung der Rechtsgewinnung.[184] So können die aus der wertenden Zusammenschau des Besonderen (der Regelebene) für das Allgemeine (die Prinzipienebene und das innere System) gewonnenen Erkenntnisse bis zu einem gewissen Grad wieder für die Regelebene fruchtbar gemacht werden. Namentlich stellt das innere System eines Rechtsbereichs einen eigenen Maßstab für das Verständnis und die Anwendung der Regeln dieses Rechtsbereiches.[185]

---

[181] Dies gilt jedenfalls wie in § 9 D. III. 2. ausführlich gezeigt wird für den funktionsbestimmten Begriff des Vertrages.

[182] Im Ergebnis so bereits *Larenz*, Methodenlehre, 1991, S. 481 ff.; aufrecht erhalten durch *Larenz/Canaris*, Methodenlehre, 1995, S. 309 f.; anders klingt *Hönn*, Vertragsparität, 1982, S. 63, der an einer reinen Prinzipiensystematik festhalten will, dabei aber wohl die Verbindung funktionsbestimmter Begriffe zum Zusammenspiel der Prinzipien übersieht; *Riesenhuber* geht auf funktionsbestimmte Begriffe nicht weiter ein, beschreibt dafür aber neben paradigmatischen Problemlösungen auch „Allgemeine Lehren" als geeignet für die Darstellung des Systems (*Riesenhuber*, System, 2003, S. 22 ff.) und spricht insoweit von einer „mittlere[n] Ebene" (S. 22). Aus Sicht der Verfasserin (s. dazu insb. § 9 Fn. 169 und den dazugehörigen Text) befindet sich das innere System damit (insoweit in Anlehnung an *Riesenhuber*) zwischen der Regelebene und der Prinzipienebene. Ob neben den paradigmatischen Prinzipienkombinationen und davon abgeleiteten funktionsbestimmten Begriffen auch die von *Riesenhuber* genannten „Allgemeinen Lehren" und die von *Larenz* und *Canaris* genannten Typen und Typenreihen (*Larenz*, Methodenlehre, 1991, S. 460 ff., 490; fortgeführt in: *Larenz/Canaris*, Methodenlehre, 1995, S. 290 ff.) Ausdruck des inneren Systems sind, kann im Rahmen dieser Untersuchung offenbleiben.

[183] S. *Canaris*, Systemdenken, 1983, S. 112 ff., 133 ff.

[184] Gemeint sein kann damit auch die Bedeutung des Systemdenkens für die legislatorische Rechtssetzung (s. etwa *Canaris*, Systemdenken, 1983, S. 46 Fn. 130 und insb. S. 125 ff.). Angesichts des Zuschnitts dieser Arbeit wird im Folgenden ausschließlich die Nutzung des Systems zur richterlichen Rechtsgewinnung betrachtet.

[185] Anschaulich lassen sich insoweit *Canaris* Aussagen speziell zum Verhältnis der ratio legis einzelner Regeln und der ratio iuris des inneren Systems auf das gesamte Wechselverhältnis der Gewinnung des Systems aus den Regeln und der Gewinnung des Rechts aus dem System übertragen: „Es liegt also ein dialektischer Prozeß wechselseitiger Sinnerhellung vor. Daß dabei stets die Gefahr des Zirkelschlusses droht, ist nicht zu leugnen, doch handelt es sich hier lediglich um einen Sonderfall des in der Hermeneutik auch sonst wohlbekannten

1. Legitimation und Möglichkeit der Rechtsgewinnung aus dem inneren System

Nicht immer vermag das positive Recht seine Funktion zu erfüllen, Rechtsproblemen vollumfänglich gerecht zu werden.[186] Antworten auf bestimmte Rechtsfragen können etwa in Form von unbestimmten Rechtsbegriffen oder Generalklauseln bewusst oder als planwidrige Lücken unbewusst offengelassen worden sein; dort wo an sich klare Regelungen bestehen, kann sich etwa angesichts neuartiger Rechtsprobleme die Frage nach der fortdauernden Anwendbarkeit der Regelung stellen. In diesen Fällen ist der Richter auf einen über das positive Recht hinausgehenden normativen Maßstab zur Orientierung oder als Korrektiv angewiesen.

Die Rechtsgewinnung aus dem betreffenden inneren System weist sich dabei gerade aufgrund der engen Beziehung zum positiven Recht als rechtsstaatlich besonders geeignet aus, um das positive Recht folgerichtig anzuwenden.[187] Mit *Bydlinski* ist diesbezüglich von einer prinzipiell-systematischen Rechtsgewinnung zu sprechen.[188]

2. Grenzen der Rechtsgewinnung aus dem inneren System

Die Rechtsgewinnung aus dem inneren System sieht sich verschiedenen Grenzen ausgesetzt. Hervorzuheben ist in diesem Rahmen zunächst die gegenüber

---

Zirkels zwischen dem Allgemeinen und dem Besonderen [...]; dieser ist allem geisteswissenschaftlichen Verstehen eigentümlich und läßt sich daher nie von vornherein ausschließen" (*Canaris,* Systemdenken, 1983, S. 90, zitiert ohne Angabe der Fn.).

[186] Statt vieler: BVerfGE 34, 269 (286 f.).

[187] Eine Rechtsgewinnung aus dem inneren System (daher) bejahend: *Riesenhuber,* System, 2003, S. 26 ff. m.w.N.; *Canaris,* Systemdenken, 1983, S. 86 ff.; *Canaris,* Lücken im Gesetz, 1983, S. 93 ff.; *Hönn,* Vertragsparität, 1982, S. 64 ff.; *Bydlinski/Bydlinski,* Methodenlehre, 2018, S. 97 ff.; vgl. auch BVerfGE 34, 269 (286 f.), „Die Aufgabe der Rechtsprechung kann es insbesondere erfordern, Wertvorstellungen, die der verfassungsmäßigen Rechtsordnung immanent, aber in den Texten der geschriebenen Gesetze nicht oder nur unvollkommen zum Ausdruck gelangt sind, in einem Akt des bewertenden Erkennens, dem auch willenhafte Elemente nicht fehlen, ans Licht zu bringen und in Entscheidungen zu realisieren.", allerdings wird dort die Heranziehung eines überpositiven Maßstabs auf den Fall beschränkt, dass „das geschriebene Gesetz seine Funktion, ein Rechtsproblem gerecht zu lösen, nicht erfüllt." (ebenfalls S. 1225 a.a.O.), wofür bei der Heranziehung des inneren Systems unter Berücksichtigung von dessen Grenzen und insbesondere dessen Verhältnis zum gesetzgeberischen Willen (s. dazu gleich § 9 B. III. 2.) keine Notwendigkeit besteht.

[188] *Bydlinski,* Rechtsfindung im Privatrecht, 1995; ebenso *Riesenhuber,* System, 2003, S. 27 f. zur Auslegung, der sehr deutlich zwischen einer systematischen Auslegung („[E]ine Auslegung mit Hilfe des äußeren Systems des Gesetzes." [S. 27]) und der prinzipiell-systematischen Auslegung („Auslegung mit Hilfe des inneren Systems" [S. 27]) differenziert; diese Begriffsbezeichnung ist nach dem hier zugrunde gelegten Verständnis der Telos-Ermittlung als Ziel der Gesetzesauslegung (s. dazu später § 12 C. II.) ohne weiteres vereinbar mit dem Verständnis von *Canaris,* Systemdenken, 1983, S. 88 („[D]as Systemargument ist dann nur eine besondere Form einer teleologischen Begründung.").

gesetzgeberischen Entscheidungen subsidiäre Rolle des Systems als rechtlicher Maßstab, die bereits im Hinblick auf die Möglichkeit von Brüchen im System angedeutet wurde.[189] Namentlich stößt die prinzipiell-systematische Rechtsgewinnung dort auf eine Schranke, wo sie zu einem Ergebnis führen würde, welches mit einer klaren gesetzgeberischen Entscheidung kollidiert.[190] Die Korrektur eines durch die gesetzgeberische Wertung gefundenen Ergebnisses anhand des inneren Systems kommt nur dann in Betracht, wenn nicht von der fortlaufenden Gültigkeit ersterer auszugehen ist.[191] Als Faustformel lässt sich hier sagen, dass die Möglichkeiten der Korrektur der Regel anhand des inneren Systems „umso enger sind, je zeitnäher und je expliziter der Gesetzgeber sein Regulierungsziel definiert hat".[192] Soweit für eine Rechtsgewinnung aus dem System mithin kein Raum bleibt, kann das Systemdenken lediglich noch der Feststellung eines entsprechenden Systembruchs dienen.

Aber auch dort, wo das innere System als rechtlicher Maßstab bei der Anwendung eines Gesetzes Beachtung findet, vermag unter Umständen kein eindeutiges Ergebnis herbeigeführt werden zu können. Auch die Rechtsgewinnung aus dem System bewirkt also nicht per se, dass es eine einzige folgerichtige Lösung aus den rechtlichen Wertungen heraus gibt.[193] Dies mindert zwar keineswegs den Nutzen des Systemdenkens, die vorhandenen Wertungsmaß-

---

[189] S. bereits § 9 Fn. 183 und den dazugehörigen Text; zu dieser Verbindung zudem auch sehr deutlich *Canaris,* Systemdenken, 1983, S. 110 f.

[190] S. etwa *Canaris*, Lücken im Gesetz, 1983, S. 108 ff. „[M]uß auch hier noch einmal nachdrücklich an die Notwendigkeit der Abstimmung mit dem positiven Recht erinnert werden: dieses hat die Macht, eine die Rechtsidee mißachtende Regelung zu treffen, und die Korrektur einer solchen Bestimmung fällt dann nicht mehr in das Gebiet der Rechtsfindung praeter legem, sondern ist unter den ganz anderen Voraussetzungen des Contra-legem-Judizierens zu beurteilen" (S. 108); zustimmend *Riesenhuber,* System, 2003, S. 19; in Anlehnung an *Hellgardt* könnte man sagen, dass es sich bei dieser Subsidiarität um nichts anderes handelt als „die Feststellung, dass der Grundsatz der Gewaltenteilung und das Demokratieprinzip es erfordern, Gesetze grundsätzlich entsprechend dem Willen des Gesetzgebers anzuwenden." (*Hellgardt,* Regulierung und Privatrecht, 2016, S. 417).

[191] In Betracht kommt dies insbesondere bei einem System- bzw. Funktionswandel (s. zu dessen Begründung insb. schon § 9 B. II. 1. c)). Vgl. dazu auch den von *Bydlinski/Bydlinski,* Methodenlehre, 2018, S. 116 aufgezeigten Zusammenhang zwischen „neueren Gesetzesschichten", die dazu führen können, dass „anstelle des historischen Zwecks ein geltungszeitlich-objektiver zu setzen [ist], der den Wertungswiderspruch [mit einer älteren Norm] behebt"; s. ferner auch *Riesenhuber,* System, 2003, S. 15 Fn. 69 und seinen Hinweis darauf, dass sich Systemveränderungen „auch auf das Verständnis von Einzelregeln auswirken [können], die davon formal unberührt bleiben, deren Bedeutungsgehalt aber im Lichte der Systemveränderung anders erscheint".

[192] *Hellgardt,* Regulierung und Privatrecht, 2016, S. 417 der diese (hier direkt auf das innere System übertragene) Aussage im Zusammenhang mit gesetzgeberischen Zielen tätigte, die aufgrund neuer empirischer Erkenntnisse überholt sind.

[193] S. insoweit schon § 3 Fn. 102.

stäbe soweit wie möglich rational „zu Ende zu denken",[194] lässt aber die Frage aufkommen, wie mit dem verbleibenden Wertungsspielraum umzugehen ist. Zurecht ist dieser als „legitimes Feld für nicht-systemorientierte Denkweisen"[195] zu bewerten. Mit *Alexander Stark* kann man hier übergreifend die Aufgabe der Dogmatik nur noch darin erkennen, „Vorschläge für oder gegen jeweils rechtlich zulässige Optionen" zu erarbeiten.[196] Neben der Topik,[197] kann in solchen Fällen also unter anderem Raum für die Berücksichtigung normativer Kriterien anderer Disziplinen,[198] Erkenntnisse aus den Grundlagenfächern der Rechtswissenschaften[199] als auch für die überobligatorische Integration unionaler Rechtsgrundsätze[200] bestehen. Nicht nur letztere kommt jedoch wiederum nur insoweit in Betracht, wie das Unionsrecht nicht bereits in verbindlicher Weise auf die Rechtsgewinnung einwirkt.

IV. Einwirkungen durch das Unionsrecht

Ließ sich das deutsche Recht auf allen Ebenen vor einigen Jahrzehnten noch aus rein nationaler Sicht und mithilfe ausschließlich nationaler Rechtsmethoden erschließen, ist die Beeinflussung durch das europäische Recht und die europäische Dogmatik heute präsenter denn je. Das Ausmaß der Einwirkung des Unionsrechts auf das nationale Recht variiert indes je nach beziehungsweise innerhalb verschiedener Rechtsgebiete. Angesichts des vorliegenden Untersuchungsgegenstandes wird daher nach einer kurzen Betrachtung von System und Methodik des Unionsrechts (1.) der Blick explizit auf die spezifische Bedeutung des Unionsrechts für das allgemeine Vertragsrecht gelenkt (2.).

---

[194] So ursprünglich *Canaris,* Systemdenken, 1983, S. 23 zur „Aufgabe des Juristen, Wertungen verstehend nachzuvollziehen [und] zu Ende zu denken".

[195] *Canaris,* Systemdenken, 1983, S. 134.

[196] *Stark*, Rechtsdogmatik, 2020, S. 112. In dem so gesetzten Rahmen kann also auch die Dogmatik mit den Worten von *Holger Fleischer* als „nichteingebettete Forschung" betrieben werden, s. *Fleischer*, ZGR 2007, 500 (501 f.). Eine Ausnahme stellt insoweit u.U. die Berücksichtigung von Präjudizen dar, s. dazu und zur ansonsten normativ beschränkten Bedeutung von Präjudizen statt vieler anschaulich: *Larenz,* Methodenlehre, 1991, S. 429 ff.

[197] Vgl. *Canaris,* Systemdenken, 1983, S. 152 („nur topisch zu erfassendem Restbereich").

[198] S. insb. *Stark*, Rechtsdogmatik, 2020, S. 112 f.; die normative Berücksichtigung fremdwissenschaftlicher Erkenntnisse jedenfalls bei „fundierte[r] Begründung" ebenfalls als möglich erachtend: *Hellgardt*, Regulierung und Privatrecht, 2016, S. 418.

[199] S. etwa *Bydlinski/Bydlinski,* Methodenlehre, 2018, S. 58 ff. zur Berücksichtigung von Argumenten der Rechtsvergleichung.

[200] Zu einem solchen Plädoyer vgl. etwa *Drexl*, JZ 1998, 1046 (1058); sich diesem anschließend: *Riesenhuber*, System, 2003, S. 73.

1. System und Dogmatik des Unionsrechts

Das Verhältnis mitgliedschaftlicher Rechtsordnungen zur europäischen Rechtsordnung ist durch eine Vielzahl methodischer und insbesondere hierarchischer Fragen determiniert, deren Auslotung in Teilen durchaus schwerfällt.[201] Antworten auf diese Fragen lassen sich einerseits vor dem Hintergrund des Systems der europäischen Rechtsordnung und andererseits durch Heranziehung der umfangreichen Rechtsprechung des Europäischen Gerichtshofs finden.

Dabei ist zunächst eine Unterscheidung zwischen dem Recht der Mitgliedstaaten, dem acquis commun, und dem europäischen Gemeinschaftsrecht, dem acquis communautaire, vorzunehmen. Nur Letzteres kann unmittelbare Rechtsgeltung für alle Mitgliedstaaten für sich beanspruchen;[202] nur die Klärung seines Verhältnisses zur nationalen Rechtsordnung steht daher hier im Raum.

Die Rechtsordnung der europäischen Union ist geprägt durch ihren Charakter als „zielorientiertes Handlungssystem".[203] Sie ist darauf ausgelegt, ihre in Art. 3 EUV festgelegten Ziele durch Integration zu erreichen.[204] Hierfür bedient sie sich der Schaffung unionsrechtlicher Vorschriften, was meist als positive Integration bezeichnet wird.[205] Hinsichtlich dieses Integrationsprozesses durch Rechtsharmonisierung unterliegt die Europäische Union definierten Kompetenzgrenzen, welche ihren Grundsatz im Prinzip der begrenzten Einzelermächtigung, Art. 5 Abs. 2 EUV, finden.[206] Konsequenz der festgelegten Ziele und der beschränkten Zuständigkeit ist der fragmentarische Charakter des Unionsrechts.[207]

---

[201] Vgl. *Lüttringhaus*, Vertragsfreiheit, 2018, S. 25; *Riesenhuber*, in: FS Canaris, S. 186.

[202] Die rechtliche Berücksichtigung gemeineuropäischer Grundsätze des acquis commun kommt allerdings unter denselben Vorzeichen in Betracht unter denen auch in der nationalen Dogmatik rechtssystemfremde Argumente berücksichtigt werden können (s. dazu bereits § 9 B. III. 2.). Zu dieser Möglichkeit s. etwa *Riesenhuber*, System, 2003, S. 71, der aber auch zurecht darauf hinweist, dass nicht jede Lücke im europäischen Rechtssystem ein solch potenzieller Anknüpfungspunkt für die Berücksichtigung des acquis commun ist und sogar davon ausgeht, dass es kaum praktische Fälle wertungsfreier Räume geben dürfte; zur Rechtsvergleichung als gerade im Unionsprivatrecht weit verbreiteter, aber rechtfertigungsbedürftiger Rechtsgewinnungsmethode s. auch *Fleischer*, RabelsZ 2011, 700 (ff.) m.w.N.; s. ferner *Lüttringhaus*, Vertragsfreiheit, 2018, S. 22 m.w.N. zur „Gewinnung allgemeiner Rechtsgrundsätze [aus] acquis commun und […] acquis communautaire".

[203] *Ruffert*, in: Calliess/Ruffert-EUV/AEUV, Art. 3 EU-Vertrag (Lissabon) Rn. 3.

[204] Statt vieler: *Ruffert*, in: Calliess/Ruffert-EUV/AEUV, Art. 3 EU-Vertrag (Lissabon) Rn. 1 ff. m.w.N.

[205] Statt vieler: *Kingreen*, in: Calliess/Ruffert-EUV/AEUV, Art. 36 AEUV Rn. 2.

[206] S. etwa *Pache*, in: Frankfurter Kommentar, Art. 5 EUV Rn. 17 ff.; *Streinz*, in: Streinz-EUV/AEUV, Art. 5 EUV Rn. 2 ff.

[207] Statt vieler: *Lüttringhaus*, Vertragsfreiheit, 2018, S. 5 m.w.N.; beachte zudem auch die von *Kötz* eingebrachte Bezeichnung als „pointilistisch" (*Kötz*, RabelsZ 1986, 1 [5]) und

Soweit das positive Unionsrecht reicht, soweit sind seine Vorschriften in das nationale Recht zu integrieren. Dies kann eine Überlagerung, Ergänzung als auch inhaltliche Justierung des nationalen Rechts bedeuten.[208] Von entscheidender methodischer Bedeutung ist dabei der unionale „ordre juridique propre"; das Unionsrecht, auch soweit es in nationales Recht transformiert wurde, wird autonom ausgelegt (mitgliedschaftliche Grundrechte oder gar einfachgesetzliche nationale Regelungen vermögen mithin keinen Maßstab zu bilden, an welchem das Unionsrecht zu messen ist) und genießt Anwendungsvorrang vor nationalen Vorschriften.[209]

Ferner ist der (in seinem Ausmaß nicht unumstrittene) sogenannte effet utile-Auslegungsgrundsatz, welcher der Gewährleistung der „praktischen Wirksamkeit" des Unionsrechts dient, von hoher Relevanz.[210] Eine Vielzahl der Entscheidungen des Europäischen Gerichtshofs zum Verhältnis der europäischen zur nationalen Rechtsordnung lassen sich auf eben jene Leitlinie zurückführen. Ihre Ausprägungen reichen vom Effektivitäts- und Äquivalenzgrundsatz bis hin zur Horizontalwirkung von Richtlinien oder der Messung nationalen Rechts anhand der Grundfreiheiten.[211] Über den effet utile-Auslegungsgrundsatz lässt sich somit auch eine Einwirkung des Unionsrechts auf ausschließlich national determinierte Vorschriften ausmachen. Diese Einwirkung ist meist auf die Ausräumung nationalrechtlicher Hindernisse für das Unionsrecht gerichtet und wird angesichts dieser negativen Wirkung auch als negative Integration bezeichnet.[212] Auch der effet utile-Auslegungsgrundsatz und seine Ausprägungen sind jedoch den bestehenden Kompetenzgrenzen der Union und ihrer Rechtsordnung unterworfen.[213] Fehlt es an einem unionsrechtlichen Bezug, bleibt das nicht-harmonisierte Recht europarechtlich frei.

Dies spiegelt sich auch im Verständnis vom inneren europäischen Rechtssystem wider. Denn zwar steht weder die Fragmentierung noch der andauernde dynamische Entwicklungsprozess des Unionsrechts (das Unionsrecht als

---

deren (auch kritische) Rezeption (s. dazu *Riesenhuber,* in: FS Canaris, S. 187 Fn. 32; *Riesenhuber*, in: Privates Recht, S. 54 f.).

[208] Statt vieler: *Riesenhuber,* in: FS Canaris, S. 185.

[209] S. statt aller dazu ausführlich *Lüttringhaus,* Vertragsfreiheit, 2018, S. 7 ff. mit umfassenden Nachweisen zur grundlegenden und aktuellen Rechtsprechung des EuGH und auch zum Ursprung des Terminus „ordre juridique propre" in der französischsprachigen Version des Urteils Costa/E.N.E.L des EuGH v. 15.7.1964 – C-6/64.

[210] Ausführlich und mit umfassenden Nachweisen auch zu Hintergrund, einschlägiger europäischer Rechtsprechung und entsprechender Kritik am effet utile-Auslegungsgrundsatz: *Potacs*, EuR 2009, 465.

[211] S. jeweils *Potacs*, EuR 2009, 465 (480 ff.) m.w.N. und teils kritischen Anmerkungen.

[212] S. auch insoweit statt vieler: *Kingreen*, in: Calliess/Ruffert-EUV/AEUV, Art. 36 AEUV Rn. 2.

[213] Gerade aus diesem Grund wird auch Kritik an einer „fortschreitenden negativen Integration" geübt, s. etwa *Kingreen*, in: Calliess/Ruffert-EUV/AEUV, Art. 36 AEUV Rn. 2 f. m.w.N.

"Recht im Werden"[214]) einer unionsrechtlichen Systembildung per se entgegen.[215] Sie erfordern indes insbesondere insoweit ein anderes Systemverständnis, als es beim nationalen Recht angesetzt werden kann, indem stets der (fehlende) Vollständigkeitsanspruch des europäischen Rechtssystems mitgedacht werden muss (welcher vor dem Hintergrund des zielgeleiteten Regelungsplans und der bestehenden Kompetenzgrenzen zu rahmen ist).[216] Für das Verhältnis zur nationalen Rechtsordnung lässt sich hieraus schließen, das Regelungsbereiche, die außerhalb des Regelungs- und Kompetenzrahmens der europäischen Rechtsordnung liegen, keine Lücken darstellen, die im Hinblick auf das europäische Rechtssystem zu beanstanden oder über dieses zu schließen wären, sondern dem fragmentarischen Charakter des Unionsrechts notwendigerweise geschuldete unionsrechtlich freibleibende Lücken sind.[217]

2. Bedeutung des Unionsrechts speziell für das allgemeine Vertragsrecht

Negativ gesprochen ist nach dem Vorangegangenen nunmehr also zu klären, wie unionsrechtlich frei das allgemeine Vertragsrecht ist. Dazu gehört auch der soeben noch nicht angesprochene (da allein aus der nationalen Dogmatik folgende) Aspekt, inwieweit über die nationale Systembildung eine (aus Sicht der unionsrechtlichen Dogmatik) überobligatorische Integration des Unionsrechts stattfinden kann oder muss.

Lenkt man den Blick zunächst auf das Vertragsrecht insgesamt, so lässt sich eine umfangreiche positive Beeinflussung des nationalen durch das europäische Recht feststellen. Der vertragsrechtliche acquis communautaire umfasst Regeln des europäischen Primärrechts sowie insbesondere eine Vielzahl auf seiner Grundlage erlassene Sekundärrechtsakte.[218] Längst bezieht sich das unionsrechtliche Vertragsrecht nicht mehr nur auf binnenmarktrelevante Fälle, sondern auch auf rein innerstaatliche Sachverhalte.[219] Die unionsrechtlichen Vorschriften zum Vertragsrecht prägen insbesondere das Schuldvertragsrecht. Sie reichen von umfangreichen Regelungen zum Verbraucherschutzrecht über

---

[214] *Riesenhuber,* System, 2003, S. 62.
[215] Zum Systemdenken im Unionsrecht, dessen Entwicklung und namhaften Vertretern (wie insb. *Stefan Grundmann*) und Kritikern, s. *Riesenhuber,* in: Privates Recht, S. 52 ff., welcher mit seinem Werk *Riesenhuber,* System, 2003 seinerseits zu den wichtigsten Vertretern des unionsrechtlichen Systemdenkens gehört.
[216] Anschaulich insoweit etwa *Fleischer,* RabelsZ 2011, 700 (711) „Systemfragen sind im Unionsprivatrecht wegen seines fragmentarischen Charakters und seiner Mehrschichtigkeit komplexer und vielschichtiger als im nationalen Recht." (zitiert ohne Fn.); s. ferner insb. auch *Riesenhuber,* in: FS Canaris, S. 191.
[217] Vgl. *Riesenhuber,* System, 2003, S. 69.
[218] Statt aller: *Schulze/Zoll,* Europäisches Vertragsrecht, 2021, S. 41 ff. mit umfassenden Nachweisen.
[219] Statt vieler: *Lüttringhaus,* Vertragsfreiheit, 2018, S. 4.

arbeitsrechtliche bis zu finanzdienstleistungsrechtlichen und weiteren Vorschriften.²²⁰ Abgesichert werden diese materiellen Vorschriften durch ein unionsrechtlich-determiniertes Kollisionsrecht, welches sich zusammen mit den Grundfreiheiten als Rahmenordnung des europäischen Privatrechts verstehen lässt.²²¹ Während die Vorschriften dieser Rahmenordnung als Primärrecht oder sekundärrechtliche Verordnungen direkte Geltung in den Mitgliedsstaaten erlangen, beruhen die meisten Vorschriften des Unionsvertragsrechts auf Richtlinien und sind dementsprechend in das nationale Recht umgesetzt worden oder harren eben jener Umsetzung.²²²

Die feststellbare und zunehmend dichter werdende „Verflechtung von Unionsrecht und mitgliedstaatliche[m] Recht",²²³ beziehungsweise die zunehmende Harmonisierung auf dem Gebiet des Vertragsrechts ist dabei angesichts der essenziellen Bedeutung dieses Rechtsgebiets für das Funktionieren des europäischen Binnenmarkts wenig überraschend.²²⁴

Das unionale Vertragsrechtsregelwerk sei allerdings primär auf eine Regulierung und weniger auf eine Gewährleistung vertraglicher Freiheit gerichtet;²²⁵ die Geschichte der Vertragsfreiheit im Unionsrecht sei „die ihrer Beschränkung".²²⁶ An den elementaren Vorschriften eines allgemeinen Vertragsrechts fehlt es dem europäischen Privatrecht jedenfalls bisher. Das Kerngebiet der Rechtsgeschäftslehre, einschließlich der Auslegung von Willenserklärungen und Verträgen und der Regelungen zu Willensmängeln und deren Folgen,

---

²²⁰ Eine umfassende Übersicht über die wichtigsten Rechtsakte findet sich insb. bei: *Schulze/Zoll*, Europäisches Vertragsrecht, 2021, S. 41 ff. und insb. S. 46 ff.; s. auch *Lüttringhaus*, Vertragsfreiheit, 2018, S. 4 m.w.N.; *Säcker*, in: MüKo BGB, Einleitung BGB Rn. 239 ff.

²²¹ S. *Riesenhuber*, in: Privates Recht, S. 56; zum europäischen Kollisionsrecht und seinem Zusammenspiel mit den Grundfreiheiten s. weiterführend statt vieler: *Hellgardt*, Regulierung und Privatrecht, 2016, S. 217 ff.

²²² Zum Verhältnis von Primärrecht zu Sekundärrecht im europäischen Vertragsrecht s. bereits § 9 Fn. 218.

²²³ *Riesenhuber*, in: FS Canaris, S. 185.

²²⁴ Zu dieser Bedeutung des Vertragsrechts für den Binnenmarkt anschaulich: *Schulze/Zoll*, Europäisches Vertragsrecht, 2021, S. 29 f.; plakativ auch in diese Richtung *Lüttringhaus*, Vertragsfreiheit, 2018, S. 2 f. „Neben der Eigentumsgarantie und den Grundfreiheiten zählt die rechtsgeschäftliche Privatautonomie zu den Angeln, in denen die Tür zum Binnenmarkt schwingt", der allerdings das Prinzip der europäischen Vertragsfreiheit explizit nicht nur auf das Binnenmarktziel bezogen sieht (S. 634).

²²⁵ Vgl. etwa *Riesenhuber*, System, 2003, S. 557; ähnlich auch später in *Riesenhuber*, in: FS Canaris, S. 187; s. zudem auch *Schulze/Zoll*, Europäisches Vertragsrecht, 2021, S. 128.

²²⁶ So *Lüttringhaus*, Vertragsfreiheit, 2018, S. 6 (unter Bezug auf die ursprünglich auf das nationale Recht abzielende Aussage von *Leisner*, Grundrechte und Privatrecht, 1960, S. 323 f.), der a.a.O. auch anmerkt, dass die Regelungen „auf die Verkürzung der Vertragsfreiheit zumindest einer Partei zielen", womit bereits angedeutet ist, dass sich die Regelungen (jedenfalls) für die andere Partei u.U. auch anders deuten lassen. Zu den Deutungsmöglichkeiten dieser sogenannten „Materialisierungsnormen" s. später insb. § 9 D. II. 1.

bleibt vom Unionsrecht nahezu unberührt.[227] Eine Ausnahme bilden insoweit Art. 5 S. 2 und 3 der Richtlinie 93/13/EWG, umgesetzt in § 305c Abs. 2 BGB, der für Allgemeine Geschäftsbedingungen eine Auslegungsregel vorsieht.[228]

Wenngleich mit den „Principles of European Contract Law" (PECL), dem „Vorentwurf des Europäischen Vertragsrechts" und infolge des „Aktionsplan[es] für ein kohärenteres europäisches Vertragsrecht" der Europäischen Kommission auch mit dem „Draft Common Frame of Reference" (DCFR) jeweils wissenschaftlich ausgearbeitete Vertragsrechtsmodelle entstanden, die ein umfassendes allgemeines europäisches Vertragsrecht in den Fokus stellten, kam keine entsprechende unionsrechtliche Kodifikation eines solchen zustande.[229] Der Versuch, mit dem „Gemeinsamen Europäischen Kaufrecht" ein optionales Regelungsinstrument zu erlassen, dessen Schwerpunkt zwar auf dem Kaufrecht lag, anknüpfend an die wissenschaftlichen Vorarbeiten aber auch einen Teil zum Kernbereich des allgemeinen Vertragsrechts vorsah, scheiterte 2014 – unter anderem wegen Bedenken einiger Mitgliedsstaaten hinsichtlich der Rechtsgrundlage der Europäischen Union für ein solches Regelwerk.[230] Von der „großen Vision"[231] des Gemeinsamen Europäischen Kaufrechts sind zwei mittlerweile ins nationale Recht umgesetzte Richtlinien verblieben,[232] die jeweils keine Vorgaben zur Rechtsgeschäftslehre mehr enthalten.

Das europäische allgemeine Vertragsrecht ist somit ein Sinnbild des fragmentarischen Charakters des Unionsrechts. Es beschränkt sich auf bestimmte Bereiche wie die AGB-Kontrolle oder das Verbraucher-Widerrufsrecht, während der überwiegende Regelungsbereich des allgemeinen Vertragsrechts nach wie vor durch das jeweilige mitgliedstaatliche Recht determiniert wird. Klar ist jedoch andererseits, dass die „praktische Wirksamkeit" der harmonisierten Bereiche gewisse Anforderungen an die nicht-harmonisierten Bereiche des

---

[227] Vgl. die ausführliche Darstellung der unionsrechtlichen Vorgaben im allgemeinen Vertragsrecht bei *Schulze/Zoll*, Europäisches Vertragsrecht, 2021, S. 164 ff., die darin auch mehrfach die entsprechende Fragmentierung ansprechen, s. bspw. S. 188 a.a.O. („Im Acquis communautaire finden sich kaum Bestimmungen zu den ‚klassischen' Kerngebieten des Rechtes der Willensmängel wie den Folgen von Irrtum, Drohung und arglistiger Täuschung."); ebenso *Riesenhuber*, in: FS Canaris, S. 187 („Das ‚allgemeine Vertragsrecht' ist […] in vielen Bereichen unberührt.").

[228] S. dazu später weiterführend § 9 D. III. 2.; zu den vereinzelten unionsrechtlichen Auslegungsregeln insgesamt ferner *Riesenhuber*, System, 2003, S. 356 ff. m.w.N.; vgl. auch *Schulze/Zoll*, Europäisches Vertragsrecht, 2021, S. 164 ff.

[229] Ausführlich und mit umfassenden Nachweisen zu diesen Ansätzen sowie deren Fundstellen s. *Schulze/Zoll*, Europäisches Vertragsrecht, 2021, S. 53 ff.

[230] S. auch insoweit *Schulze/Zoll*, Europäisches Vertragsrecht, 2021, S. 59 ff., insb. S. 63 f. mit umfassenden Nachweisen.

[231] *Bach*, NJW 2019, 1705 (1705).

[232] Richtlinie (EU) 2019/771 (Warenkauf) und Richtlinie (EU) 2019/770 (Digitale-Inhalte-Richtlinie).

allgemeinen Vertragsrechts stellt. So lässt sich für die bestehenden europäischen Vertragsrechtsnormen unter anderem zweifelsfrei das Prinzip der Vertragsfreiheit aufdecken[233] und damit auch festhalten, dass die nicht-harmonisierten Bereiche des allgemeinen Vertragsrechts dem effet utile-Gedanken entsprechend einen Kernbereich der Vertragsfreiheit gewährleisten müssen. Mit dem deutschen Recht ist das, dies lässt sich hier ohne weiteres vorwegnehmen, grundsätzlich vereinbar, da ein solcher Kernbereich im allgemeinen Vertragsrecht (auch hinsichtlich der genannten Ausprägungen) gewährleistet wird.[234]

Gerade weil es aber an einer europäischen Rechtsgeschäftslehre fehlt und das europäische allgemeine Vertragsrecht auch ansonsten eher spezifische Bereiche des allgemeinen Vertragsrechts regelt, liegen, auch insoweit ist hier teilweise vorwegzugreifen, nicht genügend europäische Vorschriften zum allgemeinen Vertragsrecht vor, über welche ein paradigmatisches Zusammenspiel der Prinzipien im Hinblick auf eine normative Vertragsfunktion bestimmt werden könnte.[235] Namentlich bleibt mit Blick allein auf das allgemeine europäische Vertragsrecht jedenfalls das abschließende Verhältnis der Vertragsfreiheit

---

[233] S. etwa *Schulze/Zoll*, Europäisches Vertragsrecht, 2021, S. 127 ff. auch mit verschiedenen Fundstellen, wo das Prinzip in der Unionsgesetzgebung explizit erwähnt wird; ausführlich zum Prinzip der Vertragsfreiheit im Unionsrecht *Lüttringhaus*, Vertragsfreiheit, 2018, etwa S. 51 ff.; s. ferner *Riesenhuber*, System, 2003, insb. S. 557 ff.; ähnlich auch schon *Kilian*, in: Systembildung, S. 429 ff.

[234] Insoweit überzeugend skizziert u.a. *Lüttringhaus* ausführlich einen Kernbereich der echten Selbstbestimmung, den das europäische Prinzip der Vertragsfreiheit voraussetzt bzw. gewährleistet und den er (wie viele) als „Materialisierung" bezeichnet (s. insb. *Lüttringhaus*, Vertragsfreiheit, 2018, S. 323 ff.). Wie hier später gezeigt wird, geht dies mit dem vorherrschenden nationalen Prinzip der Vertragsfreiheit konform (§ 9 D. III.), wäre aber voraussichtlich auch mit anderen Vertragstheorien (da auch diese allesamt einen Kernbereich der Vertragsfreiheit vorsehen und diesen wohl auch im Hinblick auf eine echte Selbstbestimmung verstehen) vereinbar (s. dazu § 9 D. II. 4.). Es wird hier daher davon ausgegangen, dass der effet utile-Grundsatz im allgemeinen Vertragsrecht nur in Einzelfällen das europäische Prinzip der Vertragsfreiheit gestützte Beachtung erfordern dürfte. Als Beispiel kann man die Figur der Kipp'schen Doppelwirkung verstehen. Zu dieser und zur Untersuchung einzelner nationaler Normen spezifisch vor dem Hintergrund der europäischen Vertragsfreiheit (welcher i.R.d. Untersuchung nicht mehr weiter nachgegangen wird), s. ebenfalls *Lüttringhaus* a.a.O. S. 404 ff. m.w.N.

[235] Es gibt beispielsweise keine unionsrechtlichen Normen die Aufschluss zu den allgemeinen bzw. systematischen Möglichkeiten, Grenzen und Gründen einer Vertragskorrektur geben, andererseits aber verschiedene Normenkomplexe wie die AGB-Kontrolle, die zeigen, dass eine Vertragskorrektur aus unionsrechtlicher Sicht zum Teil vorgesehen ist (zu den unionsrechtlichen Vorgaben zur Vertragsinhaltskontrolle s. etwa *Riesenhuber*, System, 2003, S. 426 ff.), womit die Frage nach dem Vertragsmodell also auch nicht pauschal zugunsten eines deontologischen Vertragsmodells (s. zu diesem später § 9 D. II. 1.) beantwortet werden kann. Über das Ziel dieser Untersuchung hinausgehend und daher explizit offengelassen wird dagegen die Frage, ob aus dem allgemeinen unionsrechtlichen Vertragsrecht in anderer Hinsicht ein inneres System gebildet werden kann (zur Annahme verschiedener paradigmatischer Prinzipienkombinationen innerhalb eines Regelungskomplexes, die so gesehen verschiedene Teile eines inneren Systems darstellen s. später § 9 Fn. 315).

zur Vertragsgerechtigkeit (die ihrerseits als Prinzip dem europäischen Vertragsrecht entnommen werden kann[236]) offen.[237] Es fehlt also jedenfalls im Hinblick auf das Vertragsmodell und die normative Vertragsfunktion an einem inneren System des allgemeinen europäischen Vertragsrechts. Rechtsfragen, die im Hinblick auf die normative Vertragsfunktion zu beantworten sind, wie insbesondere Fragen bei der Auslegung von (formalsprachlichen) Verträgen,[238] können daher nicht über den Rückgriff auf ein allgemeines europäisches Vertragsrechtssystem beantwortet werden. Speziell mit Blick auf die Auslegung bleibt *Riesenhubers* Feststellung zum Unionsrecht unverändert gültig: „Allgemeine Auslegungsvorschriften lassen sich aus den Einzelvorschriften [...] nicht ableiten."[239] Die brisante Kompetenzfrage, ob Fragen der Anwendung des allgemeinen nationalen Vertragsrechts und insbesondere der Auslegung unter Rückgriff auf ein entsprechendes inneres System des allgemeinen europäischen Vertragsrechts beantwortet werden müssten, stellt sich also insoweit (aktuell) gar nicht erst.[240]

---

[236] Statt vieler: *Riesenhuber,* System, 2003, S. 244 m.w.N. Auch im Hinblick auf die unionsrechtlich in verschiedenen Regelungen gewährleistete Vertragsgerechtigkeit ergibt sich also über den effet utile-Grundsatz die Notwendigkeit, dass auch das nicht-harmonisierte Recht, soweit es der Wirksamkeit der Vertragsgerechtigkeit in diesen Regelungen entgegensteht, unionsrechtlichem Einfluss unterliegt. Auch hier dürfte sich aber wieder grundsätzliche Konformität mit dem nationalen Recht ergeben, welches die Vertragsgerechtigkeit als Prinzip ebenfalls kennt (s. dazu § 9 C. IV.).

[237] S. insoweit allein die unterschiedlichen Deutungsmöglichkeiten des Widerrufsrechts und der AGB-Kontrolle in § 9 D. III. 2. Anders wohl *Riesenhuber,* der auf diesen Widerspruch allerdings nicht im Detail eingeht, sondern bereits aufgrund der „vornehmlich" im Sinne der „materialen Selbstbestimmung" zu deutenden Unionsrechtsnormen im Vertragsrecht im Ergebnis ein deontologisches Vertragsmodell (s. zu diesem Modell später § 9 D. II. 1.) bejaht, s. *Riesenhuber,* System, 2003, S. 564 ff., insb. S. 568 f. Dieses wäre dann allerdings wiederum auch mit dem hier vertretenen Vertragsmodell im nationalen Recht vereinbar (s. § 9 D. III.).

[238] S. verdeutlichend insb. § 9 D. III. 1.

[239] *Riesenhuber,* System, 2003, S. 359; zu den einzelnen Vorschriften s. bereits (einschließlich des dortigen Querverweises) § 9 Fn. 228.

[240] Gerade wegen der potenziell weitgehenden kompetenzrechtlichen Auswirkungen, auf die hier nicht weiter eingegangen werden kann, ist insgesamt *Riesenhuber* zuzustimmen, soweit dieser zur Zurückhaltung bzw. kritischen Prüfung bei der europäischen Systembildung mahnt, s. etwa *Riesenhuber,* in: Privates Recht, S. 59 f. m.w.N. („Wer den unionsrechtlichen Normbestand des Vertragsrechts für das Ganze des Vertragsrechts nimmt, kommt zu einem verzerrten Bild." (S. 59), „[i]n der Sache geht es um die Gefahren, die mit der wissenschaftlichen Systembildung einhergehen." [S. 60]). Zu den unionsrechtlichen Kompetenzen bei der Lückenfüllung und zu unionsrechtlichen Hebelwirkungen im nationalen Recht (insb. bei Generalklauseln) s. ferner auch schon: *Riesenhuber,* System, 2003, S. 71 ff. (s. insoweit auch schon § 9 Fn. 217). Der Annahme eines umfassenden Unionsrechtssystem im allgemeinen Vertragsrecht gegenüber offener klingt dagegen etwa *Lüttringhaus,* Vertragsfreiheit, 2018, S. 396. Zur umstrittenen Frage der Überprüfung nicht-harmonisierter Privatrechtsregelungen anhand der Grundfreiheiten s. ferner *Hellgardt,* Regulierung und Privatrecht, 2016, S. 208 ff., insb. S. 211 mit umfassenden Nachweisen.

Ist das nicht-harmonisierte allgemeine Vertragsrecht also auch insoweit aus unionsrechtsdogmatischer Sicht frei, ist damit noch nichts dazu gesagt, inwieweit die harmonisierten Bereiche aus der nationalen Dogmatik heraus Einfluss auf die nationale Systembildung nehmen. Es ist durchaus vorstellbar, dass sich das innere System des allgemeinen Vertragsrechts mit Blick auf das paradigmatische Zusammenspiel der Prinzipien im Vertragsmodell und damit im Hinblick auf die normative Vertragsfunktion unterschiedlich gestaltet, je nachdem, ob die harmonisierten Rechtsvorschriften bei der Systembildung eingebunden oder außer Acht gelassen werden.

Methodisch spricht alles dafür, die harmonisierten Regeln grundsätzlich ebenso bei der Systembildung zu beachten wie jedwede neue Gesetzgebung durch den nationalen Gesetzgeber. Das heißt, ihnen kommt eben gerade auch keine unmittelbare Hebelwirkung auf das System zu, sondern es ist, wie auch sonst, (aus allein nationaler Sicht[241]) zu prüfen, ob sich Regeln in das innere System einfügen, dieses verändern oder als Systembruch und damit als unbeachtlich für die Systembildung und dessen Bestand zu bewerten sind. Insoweit ist die eben getroffene Aussage, sie wie jedwede nationale Norm zu behandeln, sodann auch zu relativieren, als dass wohl gerade die zwar national anerkannte, aber eben doch nicht spezifisch auf das nationale Recht ausgerichtete europäische Gesetzgebung eher unter den Vorbehalt gestellt werden kann, bei der Systembildung außen vor gelassen zu werden, während die nationale Gesetzgebung üblicherweise bewusst systemverändernd erlassen wird. Auf die spezifische Bedeutung unionsrechtlicher Normen bei der Systembildung im allgemeinen Vertragsrecht betreffend die normative Vertragsfunktion wird an späterer Stelle noch eingegangen.[242]

C. Prinzipien des allgemeinen Vertragsrechts

Im allgemeinen Vertragsrecht lassen sich eine Vielzahl an Rechtsprinzipien aufdecken.[243] Als besonders systemrelevante Prinzipien werden üblicher- und überzeugenderweise die Selbstbestimmung (beziehungsweise die Privatautonomie und als spezifische Ausprägung derselben die Vertragsfreiheit[244]), die Selbstverantwortung, der Vertrauens- beziehungsweise Verkehrsschutz[245] und

---

[241] Die schon angesprochenen unionsrechtlich gebotenen Grenzen der praktischen Wirksamkeit des Unionsrechts beachtend.

[242] § 9 D. III. 2.

[243] Vgl. etwa die verschiedenen Prinzipien des allgemeinen Vertragsrechts aufgeführt in der Prinzipienliste des Privatrechts bei *Bydlinski*, System und Prinzipien, 1996, S. 773 ff.

[244] Zu den Ausprägungen s. sogleich ausführlicher § 9 C. I.

[245] Zur Differenzierung s. gleich § 9 C. III.

die (Vertrags-)Gerechtigkeit identifiziert.²⁴⁶ In jüngerer Zeit wird zudem vermehrt das Effizienzkriterium als Prinzip des Vertragsrechts gehandelt.²⁴⁷

Dem Inhalt der genannten Prinzipien soll im Folgenden nachgespürt werden. Wie im Rahmen der Darstellung des Systemdenkens deutlich wurde, lässt sich dies, soweit damit etwas für die Rechtsgewinnung gewonnen werden soll, nur bedingt über eine isolierte Betrachtung realisieren. Bis zu einem gewissen Grad muss die inhaltliche Darstellung der Prinzipien daher zum Teil zurückgestellt werden oder bereits unter Bezug auf ihr Wirken im Vertragsrecht beziehungsweise mit anderen Prinzipien erfolgen. Ihr für diese Untersuchung entscheidender Gehalt erschließt sich indes erst mit dem anschließenden Blick auf ihr Zusammenspiel im Vertragsmodell.

I. Vertragsfreiheit

Kein anderes Prinzip des allgemeinen Vertragsrechts ist in seiner Beschreibung so sehr vom zugrundeliegenden normativen Vertragsrechts- und Vertragsfunktionsverständnis abhängig wie die Vertragsfreiheit.²⁴⁸ Übergeordnet lässt sich für das Prinzip der Vertragsfreiheit festhalten, dass es die wichtigste Ausprägung des Prinzips der Privatautonomie ist,²⁴⁹ die privatrechtliche Selbstgestaltung des Einzelnen in den Blick nimmt²⁵⁰ und seinerseits Ausprägung des Prinzips der Selbstbestimmung ist.²⁵¹ Die Vertragsfreiheit umfasst unter anderem

---

²⁴⁶ S. etwa *Canaris,* Systemdenken, 1983, S. 48; *Bydlinski/Bydlinski,* Methodenlehre, 2018, S. 98 f.; *Wiebe,* Elektronische Willenserklärung, 2002, S. 80 „Für die Rechtsgeschäftslehre stehen die [...] Prinzipien von Selbstbestimmung, Selbstverantwortung und Verkehrs- und Vertrauensschutz im Vordergrund.", die (Vertrags-)Gerechtigkeit nennt er nicht explizit, untersucht sie aber unter dem „Äquivalenzprinzip" (S. 84).

²⁴⁷ S. dazu gleich ausführlich § 9 D. II. 3. und dort insb. Fn. 434.

²⁴⁸ S. gleich § 9 D. II. Ähnlich für die Selbstbestimmung bereits *Canaris,* Systemdenken, 1983, S. 56: „So läßt sich die Bedeutung des Prinzips der Selbstbestimmung in unserer Rechtsordnung erst dann voll beurteilen, wenn man die entgegenwirkenden und einschränkenden Prinzipien und den ihnen jeweils zugewiesenen Anwendungsbereich in die Betrachtung einbezieht."

²⁴⁹ Statt vieler: *Rittner,* JZ 2011, 269 (274) „Der Vertrag – und nicht das einseitige Versprechen – stellt in den kontinentalen Rechten, dem Römischen Recht und dem Gemeinen Recht folgend, den Regelfall der Privatautonomie dar. Auch in der Praxis spielt der Vertrag, insbesondere der Austauschvertrag, nach wie vor die beherrschende Rolle [...]."; ähnlich deutlich schon *Raiser,* JZ 1958, 1 (1).

²⁵⁰ Statt vieler: *Singer,* Selbstbestimmung, 1995, S. 1 mit umfangreichen Nachweisen zu diesem von ihm als herrschend angesehen Verständnis; aus jüngerer Zeit etwa *Wendland,* Vertragsgerechtigkeit, 2019, S. 13 m.w.N.; zur historischen Bedeutung der Privatautonomie und dem uneinheitlichen Begriffsverständnis: *Hellgardt,* Regulierung und Privatrecht, 2016, S. 529 ff.; zum Begriffsverständnis insbesondere im 19. Jahrhundert: *Hofer,* Freiheit, 2001, S. 23 ff.

²⁵¹ Statt vieler: *Flume,* in: Enzyklopädie der Rechts- und Staatswissenschaft, S. 1.

die vertragliche Abschluss-, Inhalts- und Formfreiheit[252] sowie die Sprachenfreiheit beziehungsweise Freiheit der Sprachenwahl.[253]

Unabhängig von einer etwaigen naturrechtlichen Begründung[254] ist das Prinzip der Privatautonomie und damit auch die Vertragsfreiheit in ihren verschiedenen Ausprägungen verfassungsrechtlich gewährleistet.[255] Dies wird insbesondere aus Art. 2 Abs. 1 GG (der allgemeinen Handlungsfreiheit) abgeleitet.[256] Den Staat trifft ein verfassungsrechtlicher Auftrag, die Privatautonomie als Institut zu garantieren. Bei der Entscheidung, wie der Staat seiner entsprechenden Infrastrukturverantwortung nachkommt, bleibt ihm ein weiter Gestaltungsspielraum. Es trifft ihn jedoch eine Schutzpflicht, nur solche privaten Regeln mit Rechtsfolgen (und dem möglichen Einsatz von hoheitlichen Zwangsmitteln) zu versehen, die jedenfalls ein Mindestmaß an Selbstbestimmung aufzeigen.[257] Auf der anderen Seite ist er nicht in unbedingtem Maße verpflichtet, privaten Regeln zur Anerkennung zu verhelfen.[258] Der Umfang der staatlichen Anerkennung und Durchsetzung der Privatautonomie in ihren verschiedenen Unterausprägungen richtet sich damit maßgeblich nach der einfachgesetzlichen Ausgestaltung, welcher sie entsprechend als Korrelat bedarf.[259]

II. Selbstverantwortung

Das Prinzip der Selbstverantwortung nimmt im allgemeinen Vertragsrecht vor allem eine Rolle bei der Legitimierung vertraglicher Bindung (pacta sunt

---

[252] Zu den ersten drei Ausprägungen s. statt vieler: *Herresthal*, in: BeckOGK, Stand: 15.1.2023, § 311 BGB Rn. 2.

[253] Zum verfassungsrechtlichen Gehalt der Sprachenfreiheit ausführlich: *Kirchhof*, in: Handbuch des Staatsrechts, Rn. 114 ff. (s. explizit Rn. 117 m.w.N. dazu, dass nicht nur die Muttersprache geschützt wird, sondern die Verwendung jeder Sprache); umfassend auch *Kahl*, JuS 2007, 201 (auf S. 201 auch dazu, dass die Sprachenfreiheit sowohl eine Sprach- als auch eine Schreibfreiheit umfasst); zur Sprachenfreiheit als Teil der Privatautonomie anschaulich ferner: *Kling*, Sprachrisiken, 2008, S. 240 ff.

[254] S. dazu bereits § 8 Fn. 90.

[255] Zwar fehlt, anders als in der Weimarer Reichsverfassung (s. dazu *Raiser*, JZ 1958, 1 [1, 4]), eine ausdrückliche Erwähnung im Grundgesetz, die verfassungsrechtliche Gewährleistung ist aber einhellig anerkannt. Zu ihrer Anerkennung s. statt vieler: *Höfling*, Vertragsfreiheit, 1991, S. 4 ff. m.w.N.

[256] S. etwa *Höfling*, Vertragsfreiheit, 1991, S. 6 ff.; *Wendland*, Vertragsgerechtigkeit, 2019, S. 30; zu den spezielleren in Betracht kommenden Grundrechten aus Art. 14 GG und Art. 12 Abs. 1 GG, s. etwa ferner *Hellgardt*, Regulierung und Privatrecht, 2016, S. 66, 539.

[257] S. zu alledem statt vieler: *Hellgardt*, Regulierung und Privatrecht, 2016, S. 69, 231 f. m.w.N.

[258] S. dazu bereits § 8 Fn. 89.

[259] Besonders prägnant: *Flume*, in: Enzyklopädie der Rechts- und Staatswissenschaft, S. 1; zustimmend *Lorenz*, Unerwünschter Vertrag, 1997, S. 16; in jüngerer Zeit bestätigend etwa: *Bechtold*, Grenzen zwingenden Vertragsrechts, 2010, S. 338; *Hellgardt*, Regulierung und Privatrecht, 2016, S. 537.

servanda) ein.[260] Wie zentral diese Rolle ist – ob es auch eine legitime vertragliche Bindung geben kann, die mit einem Mindestmaß an Selbstverantwortung auskommt – hängt davon ab, welcher Theorie der normativen Funktion von Verträgen man folgt.[261]

Darstellen lässt sich der Inhalt des Prinzips am ehesten vom klassischen, autonomiegeprägten Verständnis eines deontologischen Vertragsmodells ausgehend,[262] bei welchem eine vertragliche Bindung zumindest mit Blick auf die essentialia negotii (unter anderem) der vollen Deckung durch das Prinzip der Selbstverantwortung bedarf. Unterschieden wird dort zwischen der Bindung an die „gelungene" Willenserklärung – den „gelungenen" Vertrag – und der Bindung an eine pathologische Willenserklärung.[263]

Mit der gelungenen Willenserklärung ist die von „idealer"[264] Selbstbestimmung getragene Willenserklärung gemeint: Der rechtsgeschäftliche Wille und das am Maßstab der Auslegung gewonnene Verständnis der Erklärung decken sich. Die selbstbestimmte Gestaltung der Willenserklärung (der „rechtliche Gestaltungswille"[265]) legitimiert in diesem Fall, dass das Prinzip der Selbstverantwortung als Kehrseite zur Selbstbestimmung den Erklärenden rechtlich an seine Erklärung bindet.[266] Dass es einer solchen Bindung bedarf, lässt sich insbesondere aus zwei verschiedenen Blickwinkeln heraus begründen.

Einerseits ist die vertragliche Bindung notwendig, damit die gewährleistete Vertragsfreiheit ihren individuellen Zweck der rechtlichen Selbstgestaltung erfüllen kann. Denn nur wenn beide Seiten an den Vertrag gebunden werden, kann die jeweilige rechtliche Selbstbestimmung tatsächlich realisiert werden, nur dann können die Parteien eine selbstgestaltete Ordnung schaffen.[267] Die Selbstbestimmung bedarf somit der Bindung durch Selbstverantwortung als Korrelat: „Selbstbestimmung ist nur in Selbstverantwortung möglich."[268] Durch die Selbstverantwortung wird die Selbstbestimmung somit mittelbar

---

[260] Statt vieler: *Stürner*, Verhältnismäßigkeit, 2010, S. 5 m.w.N.

[261] Zu den Theorien gleich § 9 D. II.

[262] S. zu diesem gleich ausführlich § 9 D. II. 1.

[263] Zu dieser grundlegenden Differenzierung, bei der alternativ auch von gesunder oder idealer und kranker Willenserklärung gesprochen wird, s. statt vieler: *Musielak*, AcP 2011, 769 (772) m.w.N.

[264] S. zum Maßstab der Selbstbestimmung später noch ausführlicher § 9 D. III.

[265] *Stürner*, Verhältnismäßigkeit, 2010, S. 6 („Der Grund für die Bindung einer Partei an einen wirksam geschlossenen Vertrag liegt in der Legitimationswirkung des rechtlichen Gestaltungswillens einer Partei.").

[266] S. etwa *Bachmann,* Private Ordnung, 2006, S. 205; *Stürner*, Verhältnismäßigkeit, 2010, S. 6.

[267] Anschaulich: *Wendland*, Vertragsgerechtigkeit, 2019, S. 236 ff. „Die vertragliche Bindung ist freilich unverzichtbar, da sonst keine privatautonome Regelung der Lebensverhältnisse möglich wäre." (S. 239).

[268] *Canaris,* Systemdenken, 1983, S. 55 in Anlehnung an *Larenz* und *Flume* und m.w.N.

selbst zum Legitimationselement vertraglicher Bindung.[269] Andererseits lässt sich dieser Gedankengang auch auf die Bindung an selbstbestimmte Erklärungen als Voraussetzung für das überindividuelle Funktionieren des Wirtschaftsverkehrs übertragen.[270]

In beiden Fällen wird die vertragliche Bindung qua Verantwortung für selbstbestimmte Erklärungen stets nur dort relevant, wo Verkehrsschutz- beziehungsweise Vertrauensschutzaspekte eine rechtssichere Bindung erfordern.[271] Das Vertrauen auf die vertragliche Bindung kann somit als das Argument für vertragliche Bindung angeführt werden und das Prinzip der Verantwortung für eine selbstbestimmte Erklärung rechtfertigt (je nach den Umständen), dass dieses Argument rechtlich gehört wird.

Für die Bindung an gelungene Willenserklärungen ist somit die Trias aus den Prinzipien der Selbstbestimmung (in Gestalt der Vertragsfreiheit), dem Vertrauens- beziehungsweise Verkehrsschutz und der Selbstverantwortung ausschlaggebend. Die beiden Letzteren prägen ferner auch die (vorläufige) Bindung an pathologische Willenserklärungen, also solche Willenserklärungen, die nicht allein durch „ideale" Selbstbestimmung legitimiert werden können, weil das rechtlich zugrunde gelegte Verständnis einer Erklärung nicht dem eigentlichen Willen des Erklärenden entspricht.[272] Eine Bindung an die Willenserklärung kommt dann durch weitere Konkretisierungen des Verantwortungsprinzips in Betracht, die eine Zurechnung rechtfertigen können, wie insbesondere das Verschuldensprinzip.[273] Das Prinzip der Selbstverantwortung ist

---

[269] Eine unmittelbare Bindung anknüpfend an die Selbstbestimmung lässt sich deshalb nicht konstruieren, weil man zwar statt auf den empirischen bzw. aktuellen Willen jeweils auf den historischen Willen abstellen könnte („ich wollte gebunden werden"), aber sich auch damit nicht erklären lässt, warum eine Bindung erforderlich ist. Zur Mittelbarkeit der Legitimierung vertraglicher Bindung durch die Selbstbestimmung s. auch *Wendland*, Vertragsgerechtigkeit, 2019, S. 239.

[270] Vgl. *Raiser*, in: Hundert Jahre Deutsches Rechtsleben, S. 116; *de la Durantaye*, Erklärung und Wille, 2020, S. 1 m.w.N.

[271] S. etwa *Wendland*, Vertragsgerechtigkeit, 2019, S. 239, der treffend festhält, dass die vertragliche Bindung „ihre letzte Rechtfertigung jedoch nicht unmittelbar im Selbstbestimmungsrecht der Einzelnen, sondern vielmehr in den Grundsätzen der Rechtssicherheit und des Verkehrsschutzes" findet; s. auch *Musielak*, AcP 2011, 769 (790) zur Willenserklärung als Kommunikationsakt, welcher berechtigtes Vertrauen des Empfängers begründe; s. ferner *Wiebe*, Elektronische Willenserklärung, 2002, S. 285 m.w.N.; insoweit auf den Gedanken des venire contra factum proprium abstellend etwa *Vogenauer*, in: HKK BGB, §§ 133, 157 BGB Rn. 34; zur differenzierenden Auslegung nicht-empfangsbedürftiger Willenserklärungen statt vieler: *Heiner*, Auslegungsvertrag, 2005, S. 50 ff. m.w.N.

[272] Statt vieler: *Canaris*, Systemdenken, 1983, S. 55, der richtigerweise darauf hinweist, dass „Selbstverantwortung und Verkehrsschutz (nicht Vertrauensschutz) [...] hinter dem Grundsatz der vorläufigen Gültigkeit eines – unter an sich beachtlichem Irrtum vorgenommenen – Rechtsgeschäfts [stehen], Selbstverantwortung und Vertrauensschutz geben § 122 BGB seinen Sinn"; anschaulich auch in *Canaris*, Vertrauenshaftung, 1971, S. 418 ff.

[273] Statt vieler ausführlich und mit umfassenden weiteren Nachweisen: *Musielak*, AcP 2011, 769 (788 ff.), wobei er sich selbst gegen das Erfordernis eines Abstellens auf das

so gesehen akzessorisch zu anderen Prinzipien: Es wird Verantwortung *für* etwas übernommen.

III. Verkehrs- und Vertrauensschutz

Verkehrsschutz auf der einen und Vertrauensschutz auf der anderen Seite sind die überindividuell-abstrakte und individuell-konkrete Ausprägung desselben Rechtsprinzips.[274] Sie werden jedenfalls im allgemeinen Vertragsrecht nur dort gewährleistet, wo auf der anderen Seite erstens jemand selbstverantwortlich und in rechtlich zurechenbarer Weise einen Tatbestand gesetzt hat, auf den zweitens auch berechtigterweise vertraut werden kann.[275] Sie sind jedenfalls insoweit ebenfalls akzessorisch.[276]

Diese beiden Aspekte stellen sich als zwei Seiten derselben Medaille dar: Einerseits ist von Seiten des Vertrauenden (sei es das Kollektiv oder ein Individuum) aus festzustellen, ob sein Vertrauen gerechtfertigt war. Es geht also um die Frage, inwieweit der Vertrauende davon ausgehen durfte, dass der von ihm als maßgeblich erachtete Vertrauenstatbestand auf einen legitimierten und daher verbindlichen Vertrag hinweist.[277] Ausgehend von der Bindung an einen durch ideale Selbstbestimmung getragenen Vertrag ginge es also darum, ob der Vertrauende im jeweiligen Vertrauenstatbestand berechtigterweise die ideale Selbstbestimmung des Gegenübers als Legitimationselement erblicken durfte.[278] Nur in diesem Maß ist sein Vertrauen schutzwürdig. Geschützt wird es aber eben auch dann grundsätzlich nur – hierin besteht die andere Seite der Medaille –, wenn dieser Vertrauenstatbestand dem Gegenüber zugerechnet werden kann.[279]

Spiegelbildlich zu den Gründen, die für eine Vertragsbindung gefunden werden können, lässt sich auch der Schutz von Vertrauen mit Gemeinwohlaspekten (Bedeutung des funktionsfähigen Geschäftsverkehrs für die Gemeinschaft) als auch im Hinblick auf die Sicherung der individuellen Selbstbestimmung (durch Sicherung des Geschäftsverkehrs) rechtfertigen.[280] Insbesondere

---

Verschuldensprinzip ausspricht (s. dazu später § 11 C. II.). Neben dem Verschuldensprinzip jedenfalls bei der elektronischen Willenserklärung auch eine rechtsgeschäftliche Zurechnung über das Risikoprinzip bejahend: *Wiebe,* Elektronische Willenserklärung, 2002, insb. S. 140 ff.

[274] Vgl. *Raiser*, in: Hundert Jahre Deutsches Rechtsleben, S. 123 f.; ähnlich auch *Wiebe,* Elektronische Willenserklärung, 2002, S. 83 f.

[275] Grundlegend dazu *Canaris*, Vertrauenshaftung, 1971, insb. S. 491 ff.; deutlich wird dies auch bei *Singer*, Widersprüchliches Verhalten, 1993, S. 43 ff.; mit Blick auf die vertragliche Bindung s. auch *Rödig*, Rechtslehre, 1986, S. 165 f.

[276] S. insoweit schon zum Prinzip der Selbstverantwortung § 9 C. II.

[277] Ähnlich *Oechsler*, Austauschvertrag, 1997, S. 258.

[278] Anschaulich dazu *Rödig*, Rechtslehre, 1986, S. 165 f.; s. zudem später § 9 D. III.

[279] S. dazu bereits § 9 C. II. und ferner später § 11 C. II.

[280] Zu diesem argumentativen Wechselspiel etwa *de la Durantaye,* Erklärung und Wille, 2020, S. 1 m.w.N. („Vielmehr verhelfen Regelungen, die dem Verkehrsschutz dienen, der

beim individuellen Vertrauensschutz rückt ferner das Prinzip der Gerechtigkeit in den Vordergrund.[281]

IV. (Vertrags-)Gerechtigkeit

Gerechtigkeit stellt ein fundamentales Rechtsprinzip dar, welches in der gesamten Rechtsordnung und damit auch im Privatrecht wirkt.[282] Unterscheiden lässt sich dort insbesondere zwischen zwei Formen von Gerechtigkeit, die beide auf *Aristoteles* zurückgeführt werden: Einerseits der ausgleichenden oder (Aus-)Tauschgerechtigkeit (iustitia commutativa) und der Verteilungsgerechtigkeit (iustitia distributiva).[283] Die iustitia commutativa befasst sich mit der horizontalen beziehungsweise arithmetischen Gleichheit der Vertragsparteien.[284] Es geht um Gerechtigkeit ohne Ansehung der Personen; perspektivisch beschränkt auf deren jeweiliges Vertragsverhältnis. Klassischerweise wird sie aufgrund des Gleichordnungsverhältnisses als die entscheidende Gerechtigkeitstheorie des Privatrechts verstanden.[285]

Die iustitia distributiva nimmt hingegen die geometrische beziehungsweise proportionale Gleichheit in den Blick. Den Parteien kann also je nach Ansehung ihrer Person Unterschiedliches zugeteilt werden. Hierfür nimmt die iustitia distributiva eine über das (Vertrags-)Rechtsverhältnis hinausgehende Perspektive ein.[286] Sie wird wegen des Über- und Unterordnungsverhältnisses

---

Vertragsfreiheit zur Geltung. Zugleich trägt die Vertragsfreiheit in ihrem Kern der Tatsache Rechnung, dass Parteien eines schuldrechtlichen Vertrages Teil des Wirtschaftsverkehrs sind.").

[281] *Engler*, Private Regelsetzung, 2017, S. 143 m.w.N. („Vertrauensprinzip als Ausformung des Gerechtigkeitsgedankens").

[282] Gerechtigkeit gehört zu den sog. universellen Rechtsprinzipien, die auch die Rechtsidee ausmachen, s. dazu bereits § 9 Fn. 121; s. ferner *Wendland*, Vertragsgerechtigkeit, 2019, S. 261 ff., der auch auf die Verankerung im klassischen römischen Recht hinweist.

[283] Ausführlich zu beiden Formen und den entsprechenden rechtsphilosophischen Grundlagen der Gerechtigkeit im Privatrecht: *Wendland*, Vertragsgerechtigkeit, 2019, S. 109 ff. mit umfassenden Nachweisen; *Arnold*, Vertrag und Verteilung, 2014, S. 26 ff. m.w.N.; *Canaris*, iustitia distributiva, 1997, S. 9 ff.

[284] Statt vieler: *Auer*, Diskurs, 2014, S. 65 f. m.w.N., die die iustitia commutativa in dem Sinne als „horizontal" beschreibt, als dass darunter die rechtliche Gleichwertigkeit der Parteien verstanden würde, im Gegensatz zu besonderen „Anordnungs-, Normsetzungs- oder Zwangsbefugnisse[n]" (S. 65) einer Partei, die zu einer vertikalen Rechtsbeziehung i.S.d. iustitia distributiva führen würde.

[285] Zu dieser Zuordnung statt vieler: *Auer*, Diskurs, 2014, S. 66 m.w.N.; Vertreter einer solchen Zuordnung (der diese auch schon bei Aristoteles begründet sah) etwa: *Canaris*, iustitia distributiva, 1997, S. 26 f., 33, 126. S. insoweit aber auch die Nachweise zur Kritik an der Trennung von Öffentlichem Recht und Privatrecht in § 9 D. I. und dort insb. Fn. 320.

[286] S. zu alldem bereits § 9 Fn. 283 und Fn. 284. Im Sinne des von *Canaris* hervorgehobenen Missverständnispotenzials, das mit der Bezeichnung „arithmetisch" und „geometrisch" einhergehen kann (*Canaris*, iustitia distributiva, 1997, S. 11), wird im Folgenden auf diese Bezeichnungen verzichtet.

typischerweise vor allem dem öffentlichen Recht zugeschrieben,[287] findet ihre Anhänger aber auch im Privatrecht.[288]

Beide Formen der Gerechtigkeit – iustitia commutativa und distributiva – lassen sich, soweit man sie als Prinzipien im allgemeinen Vertragsrecht sieht, nicht nur auf den meist sehr präsenten Aspekt der gerechten Leistung und Gegenleistung beziehen (die iustitia commutativa wird genau aufgrund dieses Fokus auch als Äquivalenzprinzip oder Austauschgerechtigkeit bezeichnet[289]), sondern auch auf die gerechte Verteilung der verschiedenen Vertragsrisiken.[290] Darüber hinaus kennen beide Formen sowohl eine auf den Inhalt des Vertrages ausgerichtete Perspektive als auch eine auf die Umstände des Vertrages, insbesondere den Vertragsschluss, ausgerichtete Perspektive. Sprechen lässt sich insoweit jeweils von materieller und prozeduraler Vertragsgerechtigkeit.[291]

Die Bedeutung des Prinzips der Gerechtigkeit beziehungsweise seiner verschiedenen Ausprägungen für das allgemeine Vertragsrecht und seine Beziehung zum Prinzip der Vertragsfreiheit werden ausgesprochen unterschiedlich beurteilt.[292]

V. Effizienz

Zunehmend wird im allgemeinen Vertragsrecht ein Bezug auf Effizienz als Rechtsprinzip genommen.[293] Das Effizienzprinzip findet seinen Ursprung in der Wohlfahrtsökonomik beziehungsweise Sozialwahltheorie (social choice), der die zentrale Annahme und das normative Ziel der Ökonomie zugrunde liegt, dass vorhandene Ressourcen knapp seien und möglichst bedürfnisbefriedigend verteilt werden müssten.[294] Die Vermeidung einer Verschwendung der Ressourcen durch deren effiziente Allokation wird als Gemeinwohlziel der

---

[287] Statt vieler: *Radbruch*, Rechtsphilosophie, 2003, S. 121 f.; kritisch zur historischen Zuordnung zum öffentlichen Recht: *Arnold*, Vertrag und Verteilung, 2014, S. 439. Auch insoweit ist auf § 9 D. I. und dort Fn. 320 hinzuweisen.

[288] Ausführlich zu ihrer Bedeutung im Vertragsrecht, *Canaris,* iustitia distributiva, 1997, passim, insb. S. 78 ff.; *Arnold,* Vertrag und Verteilung, 2014, insb. S. 297 ff.; s. ferner später § 9 D. II.

[289] Statt vieler: *Wendland*, Vertragsgerechtigkeit, 2019, S. 122.

[290] Vgl. *Canaris*, AcP 2000, 273 (285).

[291] Statt vieler: *Canaris*, AcP 2000, 273 (282 ff.) m.w.N.

[292] S. insoweit auch später § 9 D. II.

[293] Dazu gleich § 9 D. II. 3.

[294] *Schäfer/Ott,* Ökonomische Analyse, 2021, S. 11 ff. mit umfassenden Nachweisen; *Schmolke,* Selbstbindung, 2014, S. 90 f. m.w.N.; *Towfigh,* in: Ökonomische Methoden, S. 25 ff.; *Drexl,* Selbstbestimmung, 1998, S. 165; zur philosophischen Grundlage, die meist dominant im Utilitarismus erblickt wird, s. insb. *Eidenmüller*, Effizienz, 2015, S. 22 ff., 173 ff., der neben dem Utilitarismus auch auf konsenstheoretische Ansätze und den Pragmatismus eingeht und alle drei philosophischen Positionen als Rechtfertigungsstrategien für das normative Effizienzziel kritisch beleuchtet.

sog. sozialen Wohlfahrt formuliert.[295] Erreicht werde dieses Ziel durch die „Aggregation der individuellen Wohlfahrt aller Mitglieder des Gemeinwesens".[296] Die individuelle Wohlfahrt wird ihrerseits anhand des individuellen Nutzens beziehungsweise den individuellen Präferenzen des Einzelnen (sogenannte Präferenzautonomie) bemessen.[297] Den Schwierigkeiten des Vergleichs und der Addition der subjektiven Präferenzen der Individuen wurde zunächst mit der Entwicklung des Pareto-Kriteriums und später dem Kaldor-Hicks-Kriterium begegnet.[298]

Beide Kriterien basieren gleichermaßen auf einem bestimmten ökonomischen Verhaltensmodell. Demnach handeln Menschen rational und auf die Maximierung ihres eigenen Nutzens bedacht, bekannt auch als methodologischer Individualismus[299] oder REMM-Hypothese[300]. Menschen sind im ökonomischen Standardverhaltensmodell sogenannte „homines oeconomici", denen unterstellt wird, dass sie ihre Präferenzen unter Berücksichtigung sämtlicher Informationen und Entscheidungsalternativen sowie (zeit-)konsistent und widerspruchsfrei festlegen.[301]

Die Grundannahmen dieses Modells der neoklassischen Ökonomie sind in den letzten Jahrzehnten durch verhaltenspsychologische Erkenntnisse teilweise stark in Zweifel gezogen worden.[302] Die daraus formulierte Kritik führte zur Entwicklung der Verhaltensökonomik. Ihr gelang es empirisch nachzuweisen, dass Menschen weder generell rational noch eigennützig oder nutzenmaximierend handeln.[303] Als Hauptresultate der Verhaltensökonomik lassen sich vielmehr „beschränkte Rationalität, beschränkte Willensmacht, beschränktes

---

[295] Statt vieler: *Towfigh*, in: Ökonomische Methoden, S. 39 ff. m.w.N.
[296] *Schmolke*, Selbstbindung, 2014, S. 91 mit umfassenden Nachweisen.
[297] Statt vieler anschaulich: *Eidenmüller*, Effizienz, 2015, S. 326 ff. m.w.N.
[298] *Towfigh*, in: Ökonomische Methoden, S. 40.
[299] *Towfigh*, in: Ökonomische Methoden, S. 26 f. („Die erste Grundannahme der Ökonomik ist der methodologische Individualismus, demzufolge allein die Handlungen von Individuen Gegenstand der wissenschaftlichen Analyse sind. Kollektiventscheidungen – etwa durch Unternehmen oder Staaten – folgen danach nicht der Eigenlogik eines ‚Kollektivwillens', sondern können auf das Zusammenwirken individueller Entscheidungsträger zurückgeführt und durch dieses erklärt werden.").
[300] S. statt vieler auch zum Begriffsursprung und seiner Bedeutung als Akronym für „resourceful, evaluating, maximizing man": *Schmolke*, Selbstbindung, 2014, S. 107.
[301] Ausführlich zu den Annahmen und verschiedenen Theorien des herkömmlichen ökonomischen Verhaltensmodell: *Schmolke*, Selbstbindung, 2014, S. 106 ff. mit umfangreichen Nachweisen; *Towfigh*, in: Ökonomische Methoden, S. 28 f.
[302] S. etwa *Towfigh*, in: Ökonomische Methoden, S. 37 ff. m.w.N.; *Schäfer/Ott*, Ökonomische Analyse, 2021, S. 117 ff. m.w.N.
[303] Ausführlich zur Verhaltensökonomik und diesen und anderen durch sie festgestellten Verhaltensanomalien: *Schmolke*, Selbstbindung, 2014, S. 174 ff. m.w.N.; eine prägnante Zusammenfassung und Benennung relevanter Forschungsergebnisse der Kognitionspsychologie und experimentellen Verhaltensökonomik im Hinblick auf Vertragsverhandlungen findet sich ferner bei *Wendland*, Vertragsgerechtigkeit, 2019, S. 247 m.w.N.

Eigeninteresse [und] kognitive Kapazitätsgrenzen" des Menschen festhalten.[304] Trotz ihrer Sprengkraft bereitete die Überführung dieser Ergebnisse der Verhaltensökonomik in ein umfassendes neues Verhaltensmodell Schwierigkeiten, weshalb das Verhaltensmodell des homo oeconomicus bisher nicht überwunden wurde.[305]

Das von diesem herkömmlichen Verhaltensmodell ausgehende Effizienzkriterium nach Pareto besagt nunmehr, dass ein sozialer Zustand beziehungsweise eine Ressourcenallokation A einer Ressourcenallokation B dann vorzuziehen sei, wenn sie kein Individuum schlechter, aber mindestens eins nach seinen subjektiven Präferenzen besserstelle. Situation B wäre danach ineffizient (Pareto-inferior). Situation A wäre Pareto-superior beziehungsweise Pareto-optimal und damit effizient, soweit es keine Situation C gibt, die unter derselben Voraussetzung (der Nicht-Schlechterstellung eines anderen) ein Individuum noch besserstellen könnte.[306]

Unter anderem wegen des dem Pareto-Kriterium zugrundeliegenden Einstimmigkeitspostulats, welches jedem Einzelnen ein Vetorecht einräumt, stößt dessen Praktikabilität auf enge Grenzen.[307]

Als Folgenbewertung, welche die Schwächen des Pareto-Kriteriums überwinden sollte, wurde daher das sogenannte Kaldor-Hicks-Effizienzkriterium entwickelt.[308] Hiernach sei ein sozialer Zustand A einem sozialen Zustand B auch dann vorzuziehen, wenn er Einzelne benachteilige, solange diejenigen, die Zustand A vorziehen, hypothetisch bereit wären, die Befürworter von Zustand B soweit zu kompensieren, dass deren Präferenz gegenüber Zustand A und B indifferent ist. Soweit dies der Fall ist, ist die Sozialwahl für Situation A effizient; auf die tatsächliche Kompensation kommt es nicht an.[309]

Aus dem Kaldor-Hicks-Kriterium wurden verschiedene Entscheidungsregeln für die ökonomische Analyse des Rechts abgeleitet, wie das Vermögens-

---

[304] *Hacker*, Verhaltensökonomik und Normativität, 2017, S. 932.
[305] S. *Schäfer/Ott*, Ökonomische Analyse, 2021, S. 117 f., die bereits nicht das Ziel eines neuen Verhaltensmodells sehen; für das auf dem ökonomischen Modell aufbauende juristische System auch: *de la Durantaye*, Erklärung und Wille, 2020, S. 345; *Bachmann*, Private Ordnung, 2006, S. 18 („[...] kann es einstweilen nur darauf ankommen, erkannte Irrationalitäten soweit wie möglich in das juristische [resp. Ökonomische] Modell einzubauen."); jedenfalls für die „Integration der Verhandlungsforschung in das Vertragsmodell" weitergehende Chancen sehend dagegen *Wendland*, Vertragsgerechtigkeit, 2019, S. 249.
[306] Ausführlich und mit umfassenden Nachweisen zu alldem: *Schäfer/Ott*, Ökonomische Analyse, 2021, S. 13 ff.; *Schmolke*, Selbstbindung, 2014, S. 92 f.; *Towfigh*, in: Ökonomische Methoden, S. 40 ff.
[307] *Schäfer/Ott*, Ökonomische Analyse, 2021, S. 13.
[308] Statt vieler: *Towfigh*, in: Ökonomische Methoden, S. 42 mit Nachweisen zur Entwicklung durch *Nicholas Kaldor* und *John Hicks*.
[309] Ausführlich und mit umfassenden Nachweisen zu alldem: *Towfigh*, in: Ökonomische Methoden, S. 42 ff.; *Schmolke*, Selbstbindung, 2014, S. 93 ff.; *Schäfer/Ott*, Ökonomische Analyse, 2021, S. 20 ff.

maximierungsprinzip oder die Kosten-Nutzen-Analyse.[310] Seine Bedeutung ist ausgesprochen groß, ihm wird aber auch gewichtige Kritik entgegengebracht. Diese entfacht sich maßgeblich an der lediglich hypothetisch einkalkulierten Entschädigung. Nicht nur dürften die Folgen einer nach dem Kaldor-Hicks-Kriterium effizienten Einzelfallentscheidung nicht auf dem Konsens des Benachteiligten beruhen, auch wird die gegen dieses Argument vorgebrachte These durchaus bezweifelt, wonach die Gesamtheit aller so getroffenen Entscheidungen den im Einzelfall Benachteiligten insgesamt ebenfalls besserstellen würde und das Kriterium daher konsensfähig sei.[311]

Soweit das Recht im Rahmen der ökonomischen Analyse als Instrument zur Erreichung sozialer Wohlfahrt durch effiziente Verteilung der vorhandenen Ressourcen betrachtet wird, spielt das Kaldor-Hicks-Kriterium insgesamt eine größere Rolle als das Pareto-Kriterium.[312] Für den Vertrag als klassisches Sinnbild freiwilliger Kooperation rückt das Pareto-Kriterium aber jedenfalls theoretisch wieder in den Vordergrund.[313]

D. Zusammenspiel der Prinzipien im Vertragsmodell

Essenz des inneren Systems des allgemeinen Vertragsrechts ist das Zusammenspiel der dort geltenden Prinzipien im Hinblick auf die normative Vertragsfunktion (Vertragsmodell[314]).[315] Ganz im Sinne des Systemdenkens und der

---

[310] Statt vieler: *Schmolke,* Selbstbindung, 2014, S. 94 m.w.N.; *Eidenmüller,* Effizienz, 2015, S. 51 ff.

[311] Zu dieser und anderer Kritik am Kaldor-Hicks-Kriterium: *Schmolke,* Selbstbindung, 2014, S. 95 ff. m.w.N.; anschaulich auch *Eidenmüller*, Effizienz, 2015, S. 239 ff.; *Towfigh,* in: Ökonomische Methoden, S. 42 f. m.w.N.; *Schäfer/Ott,* Ökonomische Analyse, 2021, S. 20 m.w.N.

[312] Statt vieler: *de la Durantaye,* Erklärung und Wille, 2020, S. 11 mit umfassenden Nachweisen.

[313] Vgl. *Schäfer/Ott,* Ökonomische Analyse, 2021, S. 13; *de la Durantaye,* Erklärung und Wille, 2020, S. 12; *Schmolke,* Selbstbindung, 2014, S. 106.

[314] Dem Begriff des Vertragsmodells werden entgegen der hier getroffenen Definition als systematisches Zusammenspiel der Prinzipien im Vertragsrecht im Hinblick auf die normative Vertragsfunktion, auch andere Bedeutungen zugeschrieben, teilweise bleibt er unscharf. Ähnlich wie hier: *Wendland,* Vertragsgerechtigkeit, 2019, S. 180 ff.; *Heinrich*, Freiheit und Gerechtigkeit, 2000, S. 173 f.; *Riesenhuber,* System, 2003, S. 247, der sich a.a.O. in Fn. 59 seinerseits mit dem unterschiedlichen Verständnis vom „Vertragsmodell" bei verschiedenen Autoren auseinandersetzt; in eine andere Richtung geht etwa das Verständnis des Vertragsmodells bei *Drexl,* Selbstbestimmung, 1998, S. 423 f.

[315] Das innere System des allgemeinen Vertragsrechts beschränkt sich allerdings nicht nur auf das Zusammenspiel der dort wirkenden Prinzipien im Hinblick auf die Vertragsfunktion. Mit *Reimer* könnte man insoweit nicht nur für Normen, sondern auch für die verschiedenen Prinzipienkombinationen in einem Regelungskomplex von „teleologische[r] Mehrdimensionalität" eines Regelungskomplexes sprechen (*Reimer,* Methodenlehre, 2020, S. 178). Das Vertragsmodell als Teil des inneren Systems im allgemeinen Vertragsrecht ist für das Verständnis desselben aber besonders prägend. Ähnlich: *Seiler,* Verbraucherschutz, 2006,

Prinzipienlehre, nach welcher „das Verständnis eines Prinzips [...] stets zugleich das seiner Schranken [ist]"³¹⁶, wird erst durch die Betrachtung des Vertragsmodells etwas für die Rechtsgewinnung aus dem inneren System gezogen.³¹⁷

Nun besteht hinsichtlich des geltenden Vertragsmodells und der einschlägigen normativen Vertragsfunktion jedoch keineswegs Einigkeit. Vielmehr befindet sich das Vertragsrecht und mit ihm das Vertragsmodell in einer Krise (I.), in deren Folge eine Vielzahl von Theorien über das „richtige" Vertragsmodell und die „richtige" Vertragsfunktion entstanden sind (II.). Wie ein Ausblick zeigt, würden diese zum Teil stark differierenden Ansätze gerade bei der rechtlichen Bewertung formalsprachlicher Verträge voraussichtlich zu einer signifikanten Maßstabsverschiebung führen (III.1.), weshalb hinsichtlich des geltenden Vertragsmodells und der daraus abzuleitenden Vertragsfunktion für die folgende Untersuchung Stellung bezogen werden muss (III.2.).

I. Die „Krise" des Vertragsrechts

Mit der Frage nach privatem Recht wurde bereits eine Art Krise um die Bedeutung des Privatrechts angesprochen. Daneben beziehungsweise in gewisser Hinsicht übergeordnet³¹⁸ sieht sich das Privatrecht und insbesondere das Vertragsrecht bereits langanhaltend und zunehmend intensiver einer Art „normativer Identitätskrise" ausgesetzt, die eng mit dem Verständnis und der Bedeutung des Prinzips der Privatautonomie (beziehungsweise der Vertragsfreiheit) zusammenhängt.³¹⁹

Als Stichwörter und relevante Aspekte rund um diese Diskussion lässt sich unter anderem die (vermeintliche) Verwischung der lange als unverrückbar

---

S. 132 („Die Herleitung des Verständnisses von Vertrag und Vertragsfreiheit aus ihren Aufgaben und Funktionen gestattet es nicht nur, dem Missbrauch von Vertragsfreiheit Grenzen zu ziehen, sondern auch, die Voraussetzungen für die Wirksamkeit von Verträgen positiv zu formulieren."); speziell für den Verbraucherschutz auch: *Drexl*, Selbstbestimmung, 1998, S. 36 („Für die Entwicklung einer privatrechtlichen Verbraucherschutztheorie kommt es deshalb entscheidend auf die richtige Sichtweise – insbesondere von den Funktionen der Privatautonomie an.").

³¹⁶ *Canaris*, Systemdenken, 1983, S. 56, der im Anschluss an diese Aussage in Fn. 155 noch weiter konkretisiert: „Und zwar seiner immanenten wie seiner „externen", d. h. durch den Gegensatz zu anderen Prinzipien bedingten."

³¹⁷ S. insoweit insb. schon § 9 B. II. 2.

³¹⁸ Überzeugend weist *Auer* im Zusammenhang mit der hier im Folgenden besprochenen Krise auf, dass diese als „Privatrechtskritik der zweiten Moderne [...] letztendlich in einen Rechtspluralismus [mündet], in dem die ‚Privatrechtsgesellschaft' sich vom klassischen Nationalstaat der ersten Moderne ablöst und einen neuen Rechtsbegriff begründet" (*Auer*, Diskurs, 2014, S. 72 f.), wonach die beiden hier besprochenen „Krisen" jedenfalls partiell als miteinander verbunden betrachtet werden können.

³¹⁹ Bei der Wortwahl findet hier und auch schon in der Überschrift eine Anspielung an das vielzitierte und vor fast 60 Jahren erschienene Werk *Kramer*, Krise, 1974 statt.

wahrgenommenen Trennung von privatem und öffentlichem Recht – gleichsam Ausdruck der Trennung von Staat und Gesellschaft – feststellen.[320] Daraus folgend stellt sich zunehmend die Frage nach der Steuerungsfunktion des Privatrechts[321] und insgesamt nach der Relevanz überindividueller–heteronomer Maßstäbe im jedenfalls ursprünglich als ausschließlich individualistisch-autonom geprägt verstandenen Privatrecht.[322] Generell wird der Privatautonomie und explizit der Vertragsfreiheit zudem von vielen Seiten ein Bedeutungsverlust attestiert: Die Rede ist von der „Entprivatisierung des Vertragsrechts"[323] oder der „Dekonstruktion des subjektiven Rechts".[324] Es sei eine Flut an vertragsfreiheitsbeschränkenden Normen zu verzeichnen und vertragliche Kontrolle würde zunehmen.[325] Neben neuer Gesetzgebung wird der Auslöser eines Systemwandels auch im Hinzugewinn außerrechtlicher Erkenntnisse, insbesondere über menschliche Kognitionsprozesse, erblickt.[326]

Die mit den genannten Punkten angesprochene und auch noch über diese hinausgehende „Krise" des Privatrechts lässt sich aus vielen verschiedenen Blickwinkeln heraus betrachten und mit unterschiedlichen Zielsetzungen untersuchen.[327] Im Hinblick auf das hier im Fokus stehende rechtsdogmatische Verständnis und die Anwendung der Auslegungsvorgaben im allgemeinen Vertragsrecht, lassen sich die verschiedenen Aspekte der Krise jedoch auf eine

---

[320] Ausführlich zur historischen bzw. ideengeschichtlichen Entwicklung und späteren Kritik an diesen wahrgenommenen Gegensätzen und mit umfassenden Nachweisen: *Auer,* Diskurs, 2014, S. 29 ff., 63 ff.

[321] Umfassend zu einer solchen Rolle des Privatrechts als Regulierungsrecht *Hellgardt,* Regulierung und Privatrecht, 2016 insb. S. 13 ff.; grundlegend zur Folgenorientierung und Steuerungsfunktion bei der Rechtsanwendung insgesamt: *Deckert,* Folgenorientierung, 1995.

[322] Vgl. *Auer,* Diskurs, 2014, S. 67 f.

[323] *Martinek,* Vertragsrechtstheorie und Bürgerliches Gesetzbuch Abschnitt IV.

[324] *Auer,* Diskurs, 2014, S. 55 ff., die auf verschiedene Theorien eingeht, die eine solche Dekonstruktion zur Folge hätten bzw. hätten haben müssen, die aber bei keiner die Folge sah, den „autonomiebasierten Rechtediskurs der ersten Moderne so in seiner Tragfähigkeit zu erschüttern, dass dieser heute als widerlegt zu gelten hätte" (S. 62).

[325] S. dazu exemplarisch *Zöllner,* NZA-Beil. 2006, 99 (99), der gerade mit Blick auf das Unionsrecht etwa von einer „hochbedenkliche[n] Regelvermehrung" spricht, die zur „Einschränkung der Vertragsfreiheit" beitrage; vgl. auch *Bydlinski,* AcP 1994, 319 etwa S. 328 f.

[326] Hierzu ausführlich insb. § 9 D. II. 1. und § 9 D. III. 2.

[327] S. beispielsweise die bei *Auer* formulierte Fragestellung: „Das vorliegende Buch hält die theoretische Begründbarkeit oder Widerlegbarkeit bestimmter Privatrechtsmodelle als solche nicht für entscheidend. Ziel der folgenden Ausführungen ist es vielmehr, das normative Selbstverständnis des Privatrechts, eine selbstrechtfertigende Ordnung des freiverantwortlichen Rechtsverkehrs unter Gleichen zu schaffen, als soziale Praxis ernst zu nehmen und zu fragen, warum und unter welchen Voraussetzungen gerade dieser normative Anspruch ebenso wie die dagegen gerichtete Kritik praktisch wirksam werden konnten und dies bis in die Gegenwart hinein gleichermaßen sind." in *Auer,* Diskurs, 2014, S. 5; s. ferner bspw. auch die bei *Hellgardt* aufgeworfene Frage nach dem Verhältnis von Privatautonomie und Privatrecht: *Hellgardt,* Regulierung und Privatrecht, 2016, S. 523 ff.

zentrale Frage zusammenführen: Inwieweit hat sich das Zusammenspiel der Prinzipien im Vertragsmodell – also das innere System des Vertragsrechts im Hinblick auf die normative Vertragsfunktion – im Verlaufe der letzten Jahrzehnte gewandelt? Konkreter und neutraler noch: Was ist das aktuell geltende Vertragsmodell und was kann von diesem für die Auslegung von Verträgen beziehungsweise Willenserklärungen gewonnen werden?

Ausgehend vom weitestgehend geteilten Verständnis eines ursprünglich bestehenden deontologischen Vertragsmodells,[328] ist also festzustellen, ob dieses heute rechtsdogmatisch überholt ist. Inwieweit ist das Vertragsrecht also noch darauf ausgelegt, mit dem Vertrag als Rechtsinstitut den individuellen rechtlichen Gestaltungswillen anzuerkennen; inwieweit ist in der Ermöglichung einer individuellen rechtlichen Gestaltung also selbst die Funktion des Vertrags und der gewährten Vertragsfreiheit zu sehen, mit der Folge, dass die rechtliche Anerkennung des Vertrages nicht von der Erreichung anderer Zwecke oder der Einhaltung bestimmter Maßstäbe abhängig gemacht wird? Sollte es einen Funktionswandel gegeben haben und das deontologische Vertragsmodell überholt sein: welches Modell ist rechtsdogmatisch an seine Stelle getreten?

Die Beantwortung der Frage nach dem heute geltenden Vertragsmodell legt den Grundstein für eine Auseinandersetzung mit diversen Anschlussfragen. Die Diskussion um das geltende Vertragsmodell ist jedoch bisher nicht zum Stillstand gekommen.[329] In der Literatur zeigt dies allein die Vielzahl an

---

[328] Ausführlicher dazu, was unter einem deontologischen Vertragsmodell verstanden wird und dessen Vertretern später § 9 D. II. 1.; zum ursprünglich weit geteilten Verständnis eines deontologischen Vertragsmodells s. etwa *Nierwertberg*, Begriff und Wirklichkeit, 1983, S. 18 m.w.N. („[…] als in der Rechtswissenschaft über die Grundlinien jenes hinter der Vertragsdogmatik des BGB stehenden geistigen Gerüstes weitgehend Einigkeit herrscht. Nach dieser Auffassung erscheint die durch das BGB niedergelegte Privatrechtsordnung, insbesondere aber seine Rechtsgeschäfts- und Vertragslehre, auf dem Hintergrund des mit dem Begriff Privatautonomie bezeichneten Prinzips eigenverantwortlicher Ausgestaltung der rechtlichen Beziehungen zwischen Privatpersonen" [zitiert ohne Fn.]), der dieses Modell seinerseits als überkommen bewertet (S. 170 ff.); s. auch *Hellgardt*, Regulierung und Privatrecht, 2016, insb. S. 337 ff. m.w.N.: „Das BGB von 1896 bildete in gewisser Weise den Höhepunkt der Pandektistik des 19. Jahrhunderts, stellte aber auch zugleich das Ende dieser Art von Rechtswissenschaft dar. Die Kodifikation entsprach dem freiheitlich-individualistischen Privatrechtsbegriff, betonte die Bedeutung der persönlichen Freiheit, indem sie erstens dem Rechtsgeschäft eine zentrale Stellung einräumte und – abweichend vom traditionellen Pandektensystem – das Schuldrecht vor das Sachenrecht zog[.]" (zitiert ohne Fn.); s. ferner *Martinek*, Vertragsrechtstheorie und Bürgerliches Gesetzbuch Abschnitt III m.w.N.; zu den gesetzgeberischen Erwägungen verschiedener Normen, die Rückschlüsse auf das Vertragsmodell bei Schaffung des BGB geben, s. ferner § 9 D. III. 2.

[329] Zu ihrer historischen Bedeutung als Dauerbrenner und insbesondere auch zu ihren Auswirkungen auf die Auslegungslehre sehr anschaulich *Vogenauer*, in: HKK BGB, §§ 133, 157 BGB Rn. 1 „Die Frage, ob tatsächlich der Wille des Richters oder aber der Wille der am Geschäft Beteiligten bestimmen soll, welche Bedeutung einer rechtsgeschäftlichen Regelung zukommt, steht seit über einem Jahrhundert im Zentrum der privatrechtlichen Auslegungslehre: Privatautonomie oder richterliche, und damit staatliche Intervention? Interessen

Monographien, die in den letzten Jahren zu diesem Thema erschienen sind und die vielen unterschiedliche Standpunkte, die in diesen vertreten werden.[330] Aber auch die Rechtsprechung hat in den letzten Jahrzehnten einerseits zum Teil eine gewandelte Systemvorstellung erkennen lassen, andererseits aber auch dazu widersprüchlich vielfach an alten Maßstäben festgehalten.[331] Das fehlende einheitliche Systemverständnis führt die Rechtsanwendung in eine gewisse Beliebigkeit, die sich letztlich an der Bewertung von spezifischen Einzelfällen wie dem formalsprachlichen Vertrag entlädt.[332]

II. Vertragstheorien

Annähern lässt sich dem geltenden Vertragsmodell zunächst über eine Betrachtung verschiedener zu diesem vertretenen Theorien (hier „Vertragstheorien" genannt) und deren schon angedeuteten Trennung in zwei fundamental unterschiedliche Ansätze. Einerseits geht es um das Verständnis vom Vertrag beziehungsweise der rechtlich gewährten Vertragsfreiheit als Selbstzweck[333] und andererseits um das Verständnis des Vertrags beziehungsweise der Vertragsfreiheit als etwas, das seine Legitimation erst wegen dem oder bei dem Erreichen bestimmter Konsequenzen erlangt.[334]

---

des Individuums oder Interessen des Gemeinwesens, personifiziert durch den Richter? Freiheit oder Gebundenheit des Einzelnen? Nur wenige Materien des Bürgerlichen Rechts lassen sich derart unmittelbar auf Ewigkeitsfragen der politischen Philosophie zurückführen."; treffend bzw. noch aktueller denn je daher auch *Heinrich*, wenn er unter Bezug auf *Wolfgang Zöllner* davon spricht, dass „[d]ie Privatautonomie und ihre Grenzen [...] eine ‚old-timer-Problematik' [darstellen], zu der eine unübersehbare Flut von Literatur und Rechtsprechung existiert.", *Heinrich*, Freiheit und Gerechtigkeit, 2000 im Vorwort; vgl. auch *Drexl*, Selbstbestimmung, 1998, S. 86.

[330] S. etwa *Heinrich*, Freiheit und Gerechtigkeit, 2000; *Fornasier*, Vertragsrecht, 2013; *Arnold*, Vertrag und Verteilung, 2014; *Wendland*, Vertragsgerechtigkeit, 2019; *de la Durantaye*, Erklärung und Wille, 2020.

[331] S. an dieser Stelle zu einschlägigen Widersprüchen in der Rspr. statt vieler: *Kling*, Sprachrisiken, 2008, S. 373 ff. mit umfassenden Nachweisen; s. ferner später § 15 C. I.

[332] Deutlich in § 9 D. III. 1.

[333] Selbstzweck ist insofern ein griffiger, aber durchaus schwieriger Ausdruck, weil er ausschließlich vor dem Hintergrund der durch die Vertragsfreiheit gewährleisteten Selbstbestimmung betrachten den Kern des deontologischen Vertragsmodells wiedergibt, nicht jedoch, wenn man jene von der Selbstbestimmung löst. In sich stimmig daher *Canaris*' Aussage *Canaris*, AcP 2000, 273 (277) „Privatautonomie und Vertragsfreiheit werden indessen nicht um ihrer selbst willen gewährleistet, sondern dienen vor allem der Selbstbestimmung der Person."

[334] Ähnlich die Gegenüberstellung individueller und überindividueller Funktionen der Vertragsfreiheit bei *Wendland*, Vertragsgerechtigkeit, 2019, S. 58 ff.; speziell zum Verbraucherschutzrecht *Drexl*, Selbstbestimmung, 1998, S. 131 ff.; klar differenzierend *Arnold*, Vertrag und Verteilung, 2014, S. 5 ff.; zu folgenorientiertem Vertrags(rechts)denken allgemein: *Hellgardt*, Regulierung und Privatrecht, 2016, S. 325 ff.; das Beispiel sozial-ökonomischer Folgenbewertung aufzeigend *Raiser*, in: Hundert Jahre Deutsches Rechtsleben, S. 119 f.; *Cziupka*, Dispositives Vertragsrecht, 2010, S. 28.

Für diese Ansätze existiert eine Vielzahl unterschiedlicher Bezeichnungen. Exemplarisch lassen sich auf der einen Seite unter anderem die Bezeichnungen *deontologisch, funktionslos, prinzipiell* oder *individualistisch* und auf der anderen Seite unter anderem die Bezeichnungen *konsequentialistisch, instrumentalistisch, funktional, folgenorientiert, institutionell, regulierend, (verhaltens-)steuernd, kollektivistisch, gemeinwohlorientiert* oder *überindividuell* nennen.[335] Die Bezeichnungen lassen sich auf den jeweiligen Seiten zum Teil als Synonyme verstehen, zum Teil stehen sie für leicht unterschiedliche Konzepte. Im Rahmen dieser Arbeit wird übergeordnet auf das begriffliche Gegensatzpaar *deontologisch* (für den Vertrag und die Vertragsfreiheit als Selbstzweck) und *konsequentialistisch* (für die Vertragsfreiheit und den Vertrag als etwas, was im Hinblick auf seine Konsequenzen legitimiert wird) rekurriert.

Erwähnenswert ist im Hinblick auf die verschiedenen Nuancen des konsequentialistischen Ansatzes zudem die Unterteilung in zwei Gruppen: Einerseits jene, die die Anerkennung der Vertragsfreiheit im Hinblick auf ihre Konsequenzen für den jeweiligen Vertrag beziehungsweise die jeweiligen Vertragspartner betrachten und andererseits solche, die die Anerkennung der Vertragsfreiheit auch hinsichtlich bestimmter, über den konkreten Vertrag hinausgehender Konsequenzen für die Gesellschaft in den Blick nehmen.[336] Einerseits liegt also der Blick nur auf dem Parteienwohl,[337] andererseits entscheidend auf dem Gemeinwohl.[338] Terminologisch wird hier entsprechend einerseits von parteiwohlorientierten, andererseits von gemeinwohlorientierten Theorien gesprochen.

Alle Theorien bis auf die deontologische Vertragstheorie lassen sich als Produkt der angesprochenen Krise des Vertragsrechts verstehen und haben, obwohl die Krise so gesehen bereits mit der Kodifikation des Bürgerlichen Gesetzbuchs ihren Ursprung nahm, durch diverse Entwicklungen in den letzten

---

[335] S. auch insoweit die verschiedenen Nachweise in § 9 Fn. 334. Die Bezeichnungen sind z.T. philosophischen Theorien entlehnt (vgl. etwa *Auer,* Diskurs, 2014, S. 61 m.w.N.) auf die hier allerdings nicht weiter eingegangen werden kann.

[336] Ebenso differenziert etwa *Fornasier* (allerdings beschränkt auf die ökonomische Funktion der Vertragsfreiheit), der in diesem Zusammenhang von einer Mikroebene (Betrachtung des jeweiligen Austauschverhältnisses) und einer Makroebene (Betrachtung der gesamtgesellschaftlichen Ebene) spricht, *Fornasier,* Vertragsrecht, 2013, S. 38.

[337] Alternativ lässt sich das Parteienwohl auch als Gruppenwohl bezeichnen, so *Bachmann,* Private Ordnung, 2006, S. 204 f., der das Gruppenwohl dabei als Spezifizierung des Gemeinwohls versteht.

[338] Zur Definition des „Gemeinwohls" als „Wohl aller" s. ebenfalls *Bachmann,* Private Ordnung, 2006, S. 206. Dies darf jedoch nicht darüber hinwegtäuschen, dass das Ergebnis des einzelnen Vertrages für das Gemeinwohl eine entscheidende Rolle spielt. Die Bezeichnung verdeutlicht jedoch, dass das Parteienwohl stets nur insoweit in den Vordergrund rückt, wie es dem Gemeinwohl dient. Zwischen Gemeinwohl und Parteienwohl also eine funktionale Beziehung besteht; dem Gemeinwohl der Vorrang gebührt. S. dazu verdeutlichend § 9 D. II. 4.

Jahren vermehrten Aufschwung erhalten. Die deontologische Theorie bildet insoweit eine Ausnahme, weil sie nach herrschender Meinung das jedenfalls ursprünglich dem Bürgerlichen Gesetzbuch zugrundeliegende Modell beschreibt.[339] Sie hat in den letzten Jahrzehnten jedoch einen inneren Wandel erlebt, der sich ebenfalls in den Zusammenhang mit der Krise stellen lässt.[340]

Im Folgenden werden verschiedene Theorien zum Vertragsmodell beziehungsweise der Funktion von Vertrag und Vertragsfreiheit vorgestellt, die derzeit in der Literatur oder Rechtsprechung tatsächlich als Theorien über das geltende innere System des allgemeinen Vertragsrechts gehandelt werden und damit erkenntnisreich für das Verständnis desselben sein können (ohne dass zunächst bereits eine Aussage darüber getroffen werden soll, inwieweit sich die vorgestellten Theorien tatsächlich überzeugend als inneres System des geltenden Vertragsrechts vertreten lassen). Es geht also jeweils um rechtsdogmatische Theorien,[341] nicht um theoretische Reflexionen des Rechts, die nur der Analyse, Kritik oder Weiterentwicklung des Rechts, nicht aber der Rechtsanwendung dienen sollen.[342] Bei mehreren Autoren, deren Arbeiten im Folgenden untersucht werden, ist diese Grenzziehung hingegen nicht immer ersichtlich.

Auf eine detaillierte Darstellung sämtlicher Vertragstheorien oder (Unter-)Ansätze und Argumente wird verzichtet.[343] Der Anspruch besteht ferner nicht darin, sämtliche Vertreter der verschiedenen Theorien aufzuzeigen. Die Betrachtung beschränkt sich auf die Darstellung und Würdigung derjenigen Elemente der verschiedenen Ansätze, die für eine Differenzierung der ver-

---

[339] S. bereits § 9 Fn. 328.
[340] S. gleich ausführlicher § 9 D. II. 1.
[341] S. bereits das Untersuchungsziel dieser Arbeit in § 3.
[342] Insoweit ist nochmals auf die insb. in § 3 angesprochene Bedeutung intra- und interdisziplinärer Erkenntnisse auch in der Rechtsdogmatik hinzuweisen, die der Trennung zwischen rechtsdogmatischen Theorien (die Fremderkenntnisse nach methodischen Grundsätzen einbeziehen kann) und Theorien aus den Grundlagenfächern, deren Zielsetzung nicht die Ermittlung und Anwendung des geltenden Rechts ist, nicht entgegensteht. Zu dieser Trennung statt vieler: *Riesenhuber*, in: FS Canaris, S. 182, der insoweit von einer internen und externen Perspektive spricht; die Trennung (allerdings wohl gerade im Hinblick auf die Abschottung der Rechtsdogmatik gegenüber anderen Erkenntnissen und damit im Einklang mit dem vorliegenden Verständnis) kritisierend: *Wissenschaftsrat*, Perspektiven der Rechtswissenschaft, S. 35 ff.; daran anknüpfend *Auer*, Rechtstheorie, 2018, S. 8 ff.

[343] Insoweit ersichtlich erheben gerade die hier im Folgenden untersuchten Theorien heute den Anspruch, ein umfassendes normatives Funktionsverständnis der Vertragsfreiheit und des Vertragsrechts zu liefern. Als heteronome Ziele im Vertragsrecht, die potenziell künftig entsprechende Vertragstheorien mit sich bringen könnten, werden aber etwa auch der Gesundheitsschutz (s. etwa *Arnold*, Vertrag und Verteilung, 2014, S. 160 m.w.N.), Nachhaltigkeitsziele (s. etwa *Bach/Wöbbeking*, NJW 2020, 2672) oder die Innovationsförderung angeführt (exemplarisch: *Grundmann/Möslein*, in: Innovation und Vertragsrecht, S. 3 ff.); s. insoweit auch noch die weiteren bei *Wendland*, Vertragsgerechtigkeit, 2019, S. 74 ff. genannten Funktionen.

schiedenen Vorstellungen vom Vertragsmodell gewichtig werden, die Relevanz des Vertragsmodells für die Auslegung formalsprachlicher Verträge verdeutlichen und Ausgangsbasis für eine anschließende Stellungnahme bieten.[344]

Betrachtet wird zunächst die deontologische Vertragstheorie (1.). Als konsequentialistische Theorien werden sodann materielle Gerechtigkeitstheorien (2.) und die ökonomische Vertragstheorie (3.) beschrieben. Von den untersuchten konsequentialistischen Theorien ist die kommutative Gerechtigkeitstheorie (2.a)) als parteiwohlorientierte zu klassifizieren, die distributive Gerechtigkeitstheorie (2.b)) und die ökonomische Theorie jeweils als gemeinwohlorientierte. Nachfolgend wird unter III.1 verdeutlicht, welche Auswirkungen die verschiedenen Theorien für die Auslegung formalsprachlicher Verträge mit sich bringen.

1. Vertragsfreiheit als Anerkennung des individuellen rechtlichen Gestaltungswillens

„Stat pro ratione voluntas"[345] („Es gilt der freie Wille ungeachtet seiner Vernünftigkeit"[346]). Diese insbesondere von *Werner Flume* aufgegriffenen und viel zitierten Worte beschreiben plakativ das deontologische Vertragsmodell beziehungsweise die Vertragsfreiheit als Anerkennung der individuellen rechtlichen Gestaltungsfreiheit beziehungsweise „Selbstherrlichkeit"[347] des Einzelnen. Nicht ihr Wert für die Erreichung eines Zieles begründe die Vertragsfreiheit, sie selbst sei das Ziel.[348] Soweit die Rechtsordnung die Privatautonomie

---

[344] Mit anderen Worten dient die Darstellung der existierenden Theorien dem folgenden Wechselspiel: „man sucht zunächst die Bestimmungen des Gesetzes mit Hilfe einer der Theorien zu verstehen […], prüft die Überzeugungskraft der so gewonnenen Ergebnisse, modifiziert daraufhin gegebenenfalls die Theorie in der einen oder anderen Richtung, überprüft erneut ihre Konsequenzen usw.", *Canaris,* Systemdenken, 1983, S. 96 (zitiert ohne Fn.), der sich dabei speziell auf Theorien zur Lückenfüllung bezog.

[345] *Flume,* in: Enzyklopädie der Rechts- und Staatswissenschaft, S. 6; zur Herkunft dieses Zitats auch *Becker,* in: NK-BGB, § 311 Rn. 11.

[346] So die Übersetzung bei *Säcker,* Zum Regierungsentwurf eines Antidiskriminierungsgesetzes (A.-Drs. 15(12)440–N), S. 1.

[347] *Flume,* in: Enzyklopädie der Rechts- und Staatswissenschaft, S. 6.

[348] Besonders eindrücklich wurde dieser deontologische Ansatz, den er allerdings nicht nur für den Vertrag, sondern das gesamte Privatrecht annahm, von *Ernest J. Weinrib* beschrieben: „Explaining love in terms of extrinsic ends is necessarily a mistake, because love does not shine in our lives with the borrowed light of an extrinsic end. Love is its own end. My contention is that, in this respect, private law is just like love." (*Weinrib*, Private Law, 1995, S. 6 f.); ebenso Anhänger eines deontologischen Vertragsmodells etwa: *Canaris*, s. z.B. *Canaris,* iustitia distributiva, 1997, S. 44 f.; *Singer*, in: Staudinger BGB, Vor § 116 ff. Rn. 5, 10 ff.; *Stürner*, Verhältnismäßigkeit, 2010, S. 10 „Man kann sagen, dass das, was die Parteien vereinbaren, ihren Verhältnissen entspricht und damit ‚verhältnismäßig' ist."; *Papier,* in: FS Selmer, insb. ab S. 468 ff.; *Busche,* Privatautonomie und Kontrahierungszwang, 1999, deutlich etwa auf S. 140: „Allein dieser nachfolgend sogenannte freiheitssichernde

anerkenne, soweit seien privatautonom gestaltete Rechtsverhältnisse bereits aufgrund des individuellen Gestaltungswillens anzuerkennen.[349]

Dass die Gewährleistung der Privatautonomie, insbesondere der Vertragsfreiheit, typischerweise oder jedenfalls idealerweise zu irgendeinem bestimmten Ergebnis führen kann, wird konsequenterweise nicht als Grund ihrer Anerkennung gesehen.[350] Um es wiederum mit *Flume* zu sagen (der sich explizit auf die Freiheitsnutzung im idealen Sinne sittlicher Bindung bezog): „Die rechtliche Anerkennung der privatautonomen Gestaltung ist [...] davon unabhängig, ob die Freiheit in diesem idealen Sinne ausgeübt wird."[351]

Philosophisch geht das deontologische Vertragsmodell insbesondere auf *Kant* zurück.[352] Dessen ethisch personales Verständnis von Freiheit fand seinen Einzug in das Privatrecht maßgeblich über *Savigny* und die von ihm begründete romanistische oder historische Rechtsschule.[353] Das individualistisch-freiheitliche Verständnis der Vertragsfreiheit wurde in der Folge bedingt durch den vorherrschenden wirtschaftlichen und politischen Liberalismus zum Ideal des Privatrechts und zum tragenden Gedanken im Rahmen der Kodifikation des Bürgerlichen Gesetzbuchs.[354]

Fernab der verschiedenen Theorien, die seitdem einen Wandel des Zusammenspiels der Prinzipien im Vertragsrecht weg von einem deontologischen Vertragsmodell beschreiben, wurde parallel aber auch ein Wandel im Inhalt des deontologischen Vertragsmodells beziehungsweise der Vertragsfreiheit vermerkt. Namentlich geht es um die sogenannte „Materialisierung" der Vertragsfreiheit: Die Entwicklung einer formalen Vertragsfreiheit hin zu einer

---

Kontrahierungszwang ist mit dem System des BGB-Vertragsrechts vereinbar, das von dem Vorrang der Selbstbestimmung beherrscht wird."

[349] *Flume,* in: Enzyklopädie der Rechts- und Staatswissenschaft, S. 6 („Soweit die Selbstbestimmung der Privatautonomie gilt, gibt es keine Fremdbestimmung, auch nicht die Bestimmung des Richters.").

[350] Deutlich etwa *Seiler*, Verbraucherschutz, 2006, S. 135 m.w.N.: „Das Prinzip der Selbstbestimmung verbiete aber die Frage nach der Richtigkeit des Vertrages" (zitiert ohne Fn.).

[351] *Flume,* in: Enzyklopädie der Rechts- und Staatswissenschaft, S. 6 f.

[352] Ausführlich *Schmolke,* Selbstbindung, 2014, S. 14 ff. mit umfangreichen Nachweisen; *Ohly*, Einwilligung, 2002, S. 66 ff. auch zur Kritik durch *Hegel*; *Hellgardt,* Regulierung und Privatrecht, 2016, S. 329 ff.; s. ferner insgesamt zur Entwicklung der „ersten Moderne" hin zum Subjekt einschließlich der einschlägigen Bedeutung *Kants*: *Auer,* Diskurs, 2014, S. 13 ff.

[353] *Ohly*, Einwilligung, 2002, S. 28 „Im Anschluß an Kant sieht Savigny das subjektive Recht als Reservat der Willensherrschaft an"; *Hellgardt,* Regulierung und Privatrecht, 2016, S. 330 ff. auch mit Nachweisen zur Kritik an *Kants* Einfluss; s. ferner *Raiser*, in: Hundert Jahre Deutsches Rechtsleben, S. 102; *Raiser*, JZ 1958, 1 (2), auch unter Hinweis auf die in diesem Rahmen erfolgte „Ernüchterung" und „Verdünnung" der kantischen Ethik.

[354] S. statt vieler die detaillierte historische Darstellung bei *Hellgardt,* Regulierung und Privatrecht, 2016, S. 329 ff. mit umfangreichen Nachweisen; s. ferner bereits § 9 Fn. 328.

materiellen Vertragsfreiheit. Eine Entwicklung, die eng mit dem Ziel der Gewährleistung *tatsächlicher* Selbstbestimmung zusammenhängt.

Deutlich wird die Grundidee dieses, man könnte auf den ersten Blick sagen „moderneren" deontologischen Vertragsmodells, etwa in der von *Manfred Wolf* entwickelten Lehre von der rechtsgeschäftlichen Entscheidungsfreiheit.[355] Dieser hielt fest, dass eine vertragliche Selbstbestimmung der beteiligten Parteien, welche ihnen die „Wahrnehmung der eigenen Interessen" ermögliche,[356] auch die Möglichkeit biete, „einen gerechten Interessenausgleich im vertraglichen Einigungsprozeß zu erzielen"[357] und sich daraus die Anerkennung der Vertragsfreiheit legitimiere.[358] Von der tatsächlichen Erreichung eines etwaigen gerechten Ergebnisses sei die Gewährleistung der Vertragsfreiheit aber dann eben gerade nicht abhängig.[359]

Mit dem Postulat, die Selbstbestimmung (bei ihm in Gestalt der Entscheidungsfreiheit) als Kern und Legitimation der Gewährleistung vertraglicher Freiheit zu sehen, befand sich *Wolf* in guter Gesellschaft. Gesprochen wurde insoweit auch vom Erfordernis „tatsächlicher" Selbstbestimmung.[360] Im Hinblick auf deren Sicherung wurde gleichsam die Gewährleistung prozeduraler Vertragsgerechtigkeit und dahingehend insbesondere die Forderung nach „Vertragsparität" zum geflügelten Wort.[361]

Soweit die Forderung nach der Gewährleistung tatsächlicher Selbstbestimmung jedoch als Prozess eines normativen Umdenkens im 20. Jahrhundert dargestellt wird und tatsächliche Selbstbestimmung beziehungsweise tatsächliche Vertragsfreiheit mit materieller Vertragsfreiheit gleichgesetzt wird, lässt sich dem durchaus entgegentreten. Die so verstandene Vertragsfreiheit lässt sich nämlich auch als „alte[r] Wein in neuen Schläuchen"[362] begreifen.

So betonte bereits *Flume*, dass die „Privatautonomie als Rechtsprinzip nur verwirklicht werden kann, wenn auch tatsächlich die Macht zur Selbstbe-

---

[355] Maßgebend war insoweit sein Werk: *Wolf*, Entscheidungsfreiheit, 1970. Zur Beziehung seiner Lehre zur Lehre von *Schmidt-Rimpler* s. gleich § 9 D. II. 2. a).

[356] *Wolf*, Entscheidungsfreiheit, 1970, S. 69.

[357] *Wolf*, Entscheidungsfreiheit, 1970, S. 70.

[358] Vgl. insb. *Wolf*, Entscheidungsfreiheit, 1970, S. 70 „Die Möglichkeit zum gerechten Ausgleich im Einzelvertrag muß auch im Interesse der Gesamtordnung gefordert werden. [...] Die Mindestanforderung, die die Rechtsordnung an die Anerkennung des Vertragsinstituts knüpft, besteht deshalb darin, daß der Selbstbestimmung eine im Sinne der Rechtsordnung gerechte Entscheidung möglich ist."

[359] *Wolf*, Entscheidungsfreiheit, 1970, deutlich etwa auf S. 70 f.

[360] S. etwa *Canaris*, AcP 2000, 273 etwa S. 277, der von „tatsächlicher Entscheidungsfreiheit" spricht.

[361] Zu dieser Entwicklung und der noch weiter zurückgehenden „Entdeckung" der Bedeutung von Ungleichgewichtslagen und der Forderung nach Vertragsparität s. ausführlich (und kritisch): *Zöllner*, AcP 1996, 1 (15 ff.) mit umfassenden Nachweisen. Anschaulich zur Verbindung von Selbstbestimmung und prozeduraler Vertragsgerechtigkeit *Canaris*, AcP 2000, 273 insb. 286 f. m.w.N.

[362] *Wendland*, Vertragsgerechtigkeit, 2019, S. 120, der in eine ähnliche Richtung geht.

stimmung besteht."³⁶³ Diese Aussage mag zunächst überraschen, wird *Flume* doch auch als Vertreter einer formal verstandenen Vertragsfreiheit und nicht einer materiellen gesehen.³⁶⁴ Hier offenbart sich aber die Schwäche der verbreiteten Begriffsverwendung von formaler und materieller Vertragsfreiheit, denn letztere lässt sich eigentlich nicht synonym zu tatsächlicher Selbstbestimmung (beziehungsweise tatsächlicher Vertragsfreiheit) verwenden, erstere nicht mit einem Verzicht auf sie gleichsetzen.³⁶⁵ Vielmehr können beide Ansätze (formale und materielle Vertragsfreiheit) als vom normativen Ideal der rechtlichen Gewährleistung tatsächlicher Vertragsfreiheit ausgehend bewertet werden. Ihre Divergenz spiegelt dann lediglich verschiedene Ansätze der rechtstechnischen Umsetzung zur Gewährleistung der tatsächlichen Vertragsfreiheit auf der Regelebene wider.³⁶⁶

Der erkennbare „Paradigmenwandel"³⁶⁷ von einer formalen zu einer materiellen Sicherung der tatsächlichen Vertragsfreiheit im Recht – sprich ihre *Materialisierung* – ist somit nicht auf einen Wandel des normativen Ideals der Vertragsfreiheit zurückzuführen. Er kann vielmehr allein als Ergebnis von Erkenntnisgewinnen zu den Voraussetzungen für tatsächliche Selbstbestimmung und der Erkenntnis verstanden werden, dass sich die Selbstbestimmung des Einzelnen angesichts des gesellschaftlichen Wandels und vor allem der tatsächlichen Gegebenheiten des Marktes in neuer Art und Weise behaupten musste.³⁶⁸ Beides erklärt, warum der rechtlichen Gewährleistung tatsächlicher Selbstbestimmung vor allem in den letzten Jahrzehnten deutlich wahrnehmbare Aufmerksamkeit zugekommen ist. Treffend hielt wiederum bereits *Flume* fest, dass erst gesellschaftliche Entwicklungen, namentlich die Zunahme „einseitiger Machtlagen", das Bewusstsein wachsen ließen, dass „die Macht der

---

³⁶³ *Flume*, in: Hundert Jahre Deutsches Rechtsleben, S. 143.

³⁶⁴ Deutlich: *Reymann*, Sonderprivatrecht, 2009, S. 182 ff.; in eine ähnliche Richtung wird *Flume* auch verstanden von *Heinrich*, Freiheit und Gerechtigkeit, 2000, S. 191; zustimmen lässt sich dagegen *Wendland* wenn dieser zu dem Ergebnis kommt, dass Flume „letztlich ganz auf dem Boden des herrschenden materiellen Verständnisses der Privatautonomie" stand (*Wendland*, Vertragsgerechtigkeit, 2019, S. 183).

³⁶⁵ Eine Gleichsetzung formaler mit rechtlicher Vertragsfreiheit und materieller mit tatsächlicher annehmend insb. *Canaris*, AcP 2000, 273 (277 f.) der auf S. 277 in Fn. 5 auch umfassende Nachweise zu anderen Autoren bereithält, die ebenso vorgehen.

³⁶⁶ Auch insofern oder vielleicht sogar gerade an dieser Stelle zeigt sich erneut die Schwäche der geläufigen Gleichsetzung von *formal – rechtlich* und *materiell – tatsächlich*, ist doch auch mit der materiellen Vertragsfreiheit weit überwiegend die *rechtliche* Gewährleistung tatsächlicher Selbstbestimmung gemeint, die mit der *faktischen* Gewährleistung tatsächlicher Selbstbestimmung nicht übereinstimmen muss.

³⁶⁷ *Habermas*, Faktizität und Geltung, 1992, S. 473.

³⁶⁸ Ähnlich *Auer*, Rechtstheorie, 2018, S. 136 ff.; anschaulich zu den Erkenntnisgewinnen im 20. Jahrhundert, daraus allerdings eben gerade einen „Inhaltswandel" ableitend, auch: *Raiser*, JZ 1958, 1 (2 ff.).

Selbstbestimmung beider Vertragspartner die Voraussetzung der rechtlichen Anerkennung der privatautonomen Gestaltung durch Vertrag sein muß".[369]

Dass die Anerkennung der Vertragsfreiheit gedanklich eigentlich stets die Gewährleistung tatsächlicher Selbstbestimmung vorausgesetzt haben müsste, lässt sich konsequent auf das liberale Ideal des deontologischen Modells zurückführen.[370] Ein Verständnis der Vertragsfreiheit, welches den Einzelnen auf eine Selbstbestimmungsmöglichkeit „auf dem Papier"[371] beschränkt, geht mit der Annahme eines ethischen Personalismus und der Berufung auf Freiheit (und damit ganz grundsätzlich mit einem liberalen Ansatz) nicht konform.

Die Gewährleistung tatsächlicher Selbstbestimmung lässt sich mithin als das fortwährende Ideal des deontologischen Vertragsmodells identifizieren und die „Materialisierung" der Vertragsfreiheit als Versuch eines graduellen Prozesses der Angleichung der rechtlichen Gewährleistung der tatsächlichen Selbstbestimmung an die faktischen Bedürfnisse ihrer Sicherung begreifen.

Selbst wenn man dem nicht folgt und einen normativen Wandel annimmt, bleibt das Ergebnis das nämliche: seit mehreren Jahrzehnten sind sich die Vertreter eines deontologischen Vertragsmodells einig, dass es auf die rechtliche Gewährleistung tatsächlicher Selbstbestimmung ankommt.[372] Wie die Umsetzung der rechtlichen Sicherung tatsächlicher Selbstbestimmung auszusehen hat (einschließlich der Vorfrage, wann tatsächliche Selbstbestimmung vorliegt und wann nicht) und ob sämtliche gesetzgeberischen Entwicklungen wirklich als (gelungene) Materialisierung der Vertragsfreiheit zu verstehen sind, wurde indes wiederum sehr unterschiedlich beurteilt.[373]

Wolfs Plädoyer dafür, die rechtsgeschäftliche Entscheidungsfreiheit als unentbehrliches Tatbestandsmerkmal der Willenserklärung vorauszusetzen,[374] wurde etwa hinsichtlich der Schwierigkeit, rechtsgeschäftliche Entscheidungsfreiheit im Einzelfall festzustellen und hinsichtlich der Unvereinbarkeit eines solchen Geltungserfordernisses mit der Rechtssicherheit kritisiert.[375] Statt auf eine Einzelfallbetrachtung wurde daher vielfach auf eine situative Anknüpfung der Gewährleistung tatsächlicher Selbstbestimmung durch prozedurale Vertragsgerechtigkeit gesetzt, die sich auch in der Gesetzgebung der letzten Jahrzehnte widerspiegeln soll. Ein Beispiel dieser Materialisierung der Vertragsfreiheit sei etwa das sogenannte „Informationsmodell": Wer in einer Position

---

[369] *Flume*, in: Hundert Jahre Deutsches Rechtsleben, S. 147.
[370] Zu diesem Ideal s. bereits § 9 D. I.
[371] Diesen Ausdruck wie viele andere für eine formale Vertragsfreiheit nutzend, etwa *Wendland*, Vertragsgerechtigkeit, 2019, S. 234.
[372] Einen Überblick über diverse einschlägige Stimmen aus Literatur und Rspr. liefert etwa *Seiler*, Verbraucherschutz, 2006, S. 136 ff. mit umfassenden Nachweisen; s. dazu ferner auch *Wendland*, Vertragsgerechtigkeit, 2019, S. 234 m.w.N.
[373] Ebenda.
[374] *Wolf*, Entscheidungsfreiheit, 1970, S. 119.
[375] *Wendland*, Vertragsgerechtigkeit, 2019, S. 206 f.

sei, in der ihm typischerweise entscheidende Informationen zur tatsächlichen Selbstbestimmung fehlten, dem seien diese essenziellen Informationen zu gewähren. Ob er sie im Einzelfall auch tatsächlich nutzt oder wirklich benötigt, darauf käme es nicht an. Entscheidend sei, dass durch den Ausgleich der Informationsasymmetrie notwendige Vertragsparität und damit die Möglichkeit zur tatsächlichen Selbstbestimmung gewährleistet sei.[376] Pointiert bezeichnete *Wendland* die Überzeugung davon, dass der Prozess der gesetzlichen Materialisierung „regelmäßig der Gewährleistung [der] Funktionsvoraussetzungen" der Vertragsfreiheit diene, als eine der „großen Errungenschaften der Privatrechtslehre des 20. [Jahrhunderts]".[377] Eine situative Anknüpfung und damit die Gesetzgebung der letzten Jahre wird allerdings auch aus den Reihen solcher kritisiert, die darin das Ziel der Gewährleistung tatsächlicher Selbstbestimmung erkennen. Unter anderem wird angeführt, dass aufgrund der situativen Anknüpfung zwangsläufig auch Fälle reguliert würden, in denen bereits auf beiden Seiten tatsächliche Selbstbestimmung gegeben sei.[378] Spätestens in diesen Fällen ließe sich die Beschränkung der tatsächlichen Selbstbestimmung der einen Partei nicht mehr mit dem Argument der fehlenden tatsächlichen Selbstbestimmung der anderen Partei rechtfertigen.[379] Die Anknüpfung an vertragliche Imparität entpuppe sich insgesamt als konturlos.[380]

Es scheint durch, dass die gesetzlichen Regelungen aus Sicht einiger über das Ziel einer Materialisierung der Vertrags*freiheit* hinausschießen. Insoweit entspricht die Kritik durch Verfechter eines deontologischen Modells der Vertragsfreiheit spiegelbildlich den Argumenten von Vertretern anderer Vertragsmodelle, die die Bestrebungen des Gesetzgebers als Ausgangspunkt beziehungsweise Bestätigung ihrer eigenen Theorien sehen.

---

[376] Besonders deutlich wird dies bei *Hönn*, Vertragsparität, 1982, passim.

[377] *Wendland,* Vertragsgerechtigkeit, 2019, S. 234, der seinerseits hingegen im Ergebnis nicht als Anhänger eines deontologischen Vertragsmodells zu werten ist (s. § 9 D. II. 2. a)).

[378] Vgl. *Drexl,* Selbstbestimmung, 1998, S. 28.

[379] Vgl. etwa *Seiler*, Verbraucherschutz, 2006, S. 139; *Drexl,* Selbstbestimmung, 1998, S. 40.

[380] *Seiler*, Verbraucherschutz, 2006, S. 139 „Unter dem Primat der formalen Vertragsfreiheit gesteht die herrschende Lehre im Einklang mit der Rechtsprechung des Bundesverfassungsgerichts demnach materiale Einflüsse auf das Vertragsrecht in begründeten Fällen vertraglicher Imparität zu. Jedoch ist das Imparitätsargument trotz seiner vielfachen Verwendung konturlos geblieben und zur Rechtfertigung konkreter Verbraucherschutzmaßnahmen wenig ergiebig. Es lässt fast alle Einschränkungen zum Schutz des Verbrauchers zu."; zu weiterer Kritik am Paritätsargument s. auch *Drexl*, Selbstbestimmung, 1998, S. 41 m.w.N.; sehr deutliche Kritik liefernd auch: *Zöllner*, AcP 1996, 1 insb. S. 24 f.

2. Materielle Vertragsgerechtigkeitstheorien

Die Untersuchung des Verhältnisses zwischen der Vertragsfreiheit und der Vertragsgerechtigkeit ist ein rechtswissenschaftlicher Dauerbrenner.[381] Neben dem deontologischen Vertragsmodell, welches *Verfahren*sgerechtigkeit als Voraussetzung tatsächlicher Selbstbestimmung durchaus in den Blick nimmt, existieren materielle Vertragsgerechtigkeitstheorien, die die Gerechtigkeit des erzielten Vertrags*inhalts* als Maßstab oder sogar Ziel der rechtlichen Gewährleistung vertraglicher Freiheit sehen. Es liegt auf der Hand, dass sich daran anknüpfend auch der Bewertungsmaßstab für die Auslegung formalsprachlicher Verträge ändert, je nachdem, wie sich deren Eigenschaften auf die Erreichung eines gerechten Vertragsinhalts auswirken.[382]

a) Kommutative Gerechtigkeitstheorie

Im Vergleich zur Nachzeichnung der Grundidee eines deontologischen Vertragsmodells bereitet die Feststellung, wann eine materielle Vertragsgerechtigkeitstheorie vorliegt, mehr Schwierigkeiten (von den zusätzlichen Abgrenzungsschwierigkeiten zwischen kommutativen und distributiven Theorien an dieser Stelle noch abgesehen[383]).

So könnte man auf den ersten Blick eine der meist rezipiertesten Theorien zum Vertragsmodell als materielle Gerechtigkeitstheorie verstehen: die Theorie der Richtigkeitsgewähr des Vertrages von *Schmidt-Rimpler*.[384] Dieser postulierte, dass eine Gemeinschaftsordnung immer ein Richtigkeitsprinzip voraussetze[385] und die Gerechtigkeit das beherrschende der Richtigkeitsprinzipien sei.[386] Darauf gestützt könne die Vertragsfreiheit nur rechtliche Anerkennung finden, weil sie eine Beziehung zwischen Wille und Gerechtigkeit herstelle,[387] die sich darin äußere, dass der Vertrag auf der Zustimmung der Parteien beruhe, die gegensätzliche Interessen verfolgen, und dadurch eine Richtigkeitsgewähr biete.[388] Die Anerkennung der Vertragsfreiheit sei mithin nicht Ausdruck der Anerkennung des individuell-freiheitlichen Willens des Einzelnen, ein Prinzip der Selbstbestimmung sei einer „nach Gerechtigkeit streben-

---

[381] Siehe allein aus jüngerer Zeit die umfangreichen Monographien von *Arnold*, Vertrag und Verteilung, 2014; *Heinrich*, Freiheit und Gerechtigkeit, 2000; *Wendland*, Vertragsgerechtigkeit, 2019, der ab Seite 163 ff. auch umfassend auf die historische Dimension der Diskussion eingeht.

[382] Dazu gleich ausführlicher § 9 D. III. 1.

[383] Dazu gleich § 9 D. II. 2. b).

[384] Maßgebend war dahingehend sein Beitrag: *Schmidt-Rimpler*, AcP 1941, 130; plakativ bezeichnet Canaris die Theorie von *Schmidt-Rimpler* als „nach wie vor wirkungsmächtigste Theorie zum Verständnis der Vertragsgerechtigkeit" (*Canaris*, AcP 2000, 273 [284]).

[385] *Schmidt-Rimpler*, AcP 1941, 130 (138).

[386] *Schmidt-Rimpler*, AcP 1941, 130 insb. S. 133.

[387] *Schmidt-Rimpler*, AcP 1941, 130 (157); *Schmidt-Rimpler*, in: FS Raiser, S. 6.

[388] *Schmidt-Rimpler*, AcP 1941, 130 (156); *Schmidt-Rimpler*, in: FS Raiser, S. 5 f.

den Ordnung" fremd.[389] Soweit er zudem klarstellt, dass eine „objektive Gerechtigkeit [...] mangels fester Kriterien nicht feststellbar" sei,[390] kann man den Eindruck gewinnen, er beschreibe den Vertrag als Diener dieses Zieles, welches durch hoheitliche Gestaltung nicht erreichbar sei.[391] Bei der eigentlich entscheidenden Aussage *Schmidt-Rimplers*, dass der Vertrag dort, wo die Richtigkeitsgewähr im Einzelfall versage, etwa durch „hoheitliche Gestaltung durch Gericht" aufrechtzuerhalten sei,[392] ist jedoch deutlich darauf hinzuweisen, dass er explizit eine rechtspolitische Aussage tätigte[393] und diese an anderer Stelle auch wieder relativierte.[394] Rechtsdogmatisch sah er lediglich bei „grober Unrichtigkeit" einen Kontrollvorbehalt des Gesetzes mit einer Nichtigkeitsfolge, einen hoheitlichen Korrekturvorbehalt für den Richter verneinte er.[395] Auch insoweit er das Problem einer eingeschränkten tatsächlichen Selbstbestimmung erkannte (welches er freilich nicht als solches bezeichnete), kam er der deontologischen Vertragstheorie damit insgesamt sehr nahe.[396] Dass er die „freie Entwicklung der Persönlichkeit weniger in den Vordergrund stellte", erklärte er auch aus der Zeit seiner ursprünglichen Theorieentwicklung heraus.[397] Im Ergebnis ändert die „Überbetonung des Gedankens der Vertragsgerechtigkeit im Verhältnis zur Selbstbestimmung", wie sie *Wolf* bei *Schmidt-Rimplers* Theorie sah,[398] tatsächlich auch nichts daran, dass *Schmidt-Rimpler* im Vertrag zwar nicht die Anerkennung des individuellen rechtlichen Gestaltungswillens erblickte,[399] aber dennoch dasselbe paradigmatische Prinzipien-

---

[389] *Schmidt-Rimpler*, in: FS Raiser, S. 22.

[390] *Schmidt-Rimpler*, in: FS Raiser, S. 11; s. zudem auch *Schmidt-Rimpler*, AcP 1941, 130 (165).

[391] Zu diesem Ergebnis kommt etwa *Wendland*, Vertragsgerechtigkeit, 2019, S. 219 („Der Gedanke der Richtigkeitsgewähr weist der Vertragsfreiheit jedoch eine dienende Funktion im Hinblick auf die Herstellung der Vertragsgerechtigkeit zu.").

[392] *Schmidt-Rimpler*, AcP 1941, 130 (159), s zudem auch S. 158 a.a.O.

[393] *Schmidt-Rimpler*, AcP 1941, 130 (130 f.).

[394] *Schmidt-Rimpler*, AcP 1941, 130 (167).

[395] *Schmidt-Rimpler*, in: FS Raiser, S. 6.

[396] Er sprach insoweit nur von Fällen (auch typischen), in denen keine genügende Richtigkeitsgewähr geboten werden könne (*Schmidt-Rimpler*, AcP 1941, 130 [157]) und entwickelte hierfür aber einen Katalog an Anknüpfungspunkten (a.a.O. S. 157 Fn. 34), der auch die Parität der Vertragsparteien in den Blick nahm (zu diesem Ergebnis kommt auch *Wendland*, Vertragsgerechtigkeit, 2019, S. 215) und damit den Überlegungen vieler Vertreter deontologischer Theorien entsprach (s. dazu bereits § 9 D. II. 1.). Später betonte er dahingehend auch ausdrücklich den Wert von *Wolfs* Arbeit zur rechtsgeschäftlichen Entscheidungsfreiheit (*Schmidt-Rimpler*, in: FS Raiser, S. 6 Fn. 17; zur Arbeit *Wolfs* siehe bereits § 9 D. II. 1.), welcher seinerseits an bestimmte Aspekte der Theorie von Schmidt-Rimpler anknüpfte (*Wolf*, Entscheidungsfreiheit, 1970, S. 69).

[397] *Schmidt-Rimpler*, in: FS Raiser, S. 9; s. dazu auch *Seiler*, Verbraucherschutz, 2006, S. 36, 133.

[398] *Wolf*, Entscheidungsfreiheit, 1970, S. 67.

[399] Seinen Ansatz sah er auch explizit nicht als Ausdruck des Liberalismus: *Schmidt-Rimpler*, AcP 1941, 130 (157).

zusammenspiel im Hinblick auf die Vertragsfunktion beschrieb wie Vertreter einer deontologischen Vertragstheorie.

Daraus lässt sich ableiten, dass sich das Vertragsmodell, in dem sich die Vertragsfreiheit keinem allgemeinen Kontroll- oder Korrekturvorbehalt durch ein anderes Prinzip ausgesetzt sieht, im Hinblick auf die Vertragsfunktion verschieden deuten lässt, ohne dass dies Auswirkungen auf die Ableitungen aus dem Vertragsmodell hat. Dass dieses Vertragsmodell hier dennoch weiterhin nur als deontologisch bezeichnet und daraus eine „deontologische Vertragsfunktion" abgeleitet wird, dient insbesondere der Abgrenzung gegenüber solchen Vertragsmodellen, die sich nicht mehr als deontologisches interpretieren lassen, weil sie systematische Kontroll- oder Korrekturvorbehalte für die Vertragsfreiheit bejahen. Man könnte insoweit also an dieser Stelle sagen, dass eine „echte" kommutative Gerechtigkeitstheorie nur bei einem entsprechenden Vertragsmodell vorliegt, welches eine prinzipielle Vertragskontrolle anhand eines materiellen kommutativen Gerechtigkeitsmaßstabes, gegebenenfalls noch ergänzt um eine Korrektur anhand desselben, auch unabhängig von der rechtlichen Gewährleistung tatsächlicher Selbstbestimmung vorsieht.

Als solche lässt sich dann etwa die Vertragstheorie von *Ludwig Raiser* verstehen. Wie auch die Anhänger eines „modernen" deontologischen Vertragsmodells rückte er das Problem der faktisch wahrnehmbaren Vertragsimparität als Folge des industriellen Zeitalters in den Fokus.[400] Anders als diese zog er daraus aber nicht die Notwendigkeit einer rechtlichen Materialisierung oder eines Neuverständnisses des liberalen Freiheitsideals, sondern sah als Konsequenz der gesellschaftlichen Wandlungen einen normativen Wandel im Vertragsrecht.[401] Er erblickte unter den veränderten Umständen in der materiellen Vertragsgerechtigkeit nicht nur das „Herzstück einer juristischen Vertragslehre",[402] sondern im Vertragsmodell auch ein entsprechendes Prinzipienzusammenspiel, bei dem die „Freiheit [...] nun unter dem Gebot der Gerechtigkeit [stehe], die es erlaubt und fordert, Verträgen die Anerkennung zu versagen, die nach der Art ihres Zustandekommens oder nach ihrem Inhalt den von der Rechtsordnung geschützten Werten zuwiderlaufen".[403] Dabei soll der Ver-

---

[400] *Raiser*, JZ 1958, 1 (3 f.); *Raiser*, in: Hundert Jahre Deutsches Rechtsleben, S. 118; *Raiser*, Allgemeine Geschäftsbedingungen, 1935, S. 277 ff.

[401] *Raiser*, JZ 1958, 1 (2 ff.); *Raiser*, in: Hundert Jahre Deutsches Rechtsleben, S. 127.

[402] *Raiser*, in: Hundert Jahre Deutsches Rechtsleben, S. 129.

[403] *Raiser*, JZ 1958, 1 (3) (zitiert ohne Fn.), wobei er auf S. 4 nochmals die Regelhaftigkeit dieser Annahme bestätigt. Soweit er sich teilweise auch so deuten lässt, als ob er den Kontrollvorbehalt allein an das Nichtvorliegen tatsächlicher Selbstbestimmung knüpfen will („Der Vertrag wird dann zum Instrument der Herrschaft über den anderen Vertragsteil. In solchen Fällen kann sich die Rechtsordnung nicht länger auf die Rolle eines neutralen Zuschauers verweisen lassen", ebenfalls S. 3 a.a.O.; ähnlich auch *Raiser*, in: Hundert Jahre Deutsches Rechtsleben, S. 126), wird an anderer Stelle nochmals deutlich, dass es ihm wohl um einen allgemeinen Kontrollvorbehalt geht: „Der Vertrag als Gestaltungsmittel zum Ausgleich privater Interessen bleibt erhalten [...]. Aber der Ausgleich wird nicht mehr allein den

tragsfreiheit durchaus ein eigener Stellenwert verbleiben, sie dürfe nicht vollständig instrumentalisiert werden.[404] Dem Vertrag käme vielmehr auch eine wichtige Rolle als Treiber von Innovation und Beweglichkeit zu.[405] Nicht zuletzt spiele die Vertragsfreiheit auch deshalb eine Rolle, weil materielle Gerechtigkeit nicht abschließend definiert werden könne.[406]

Erst kürzlich entwickelte *Wendland* in seiner Habilitationsschrift den Ansatz einer materiellen Gerechtigkeitstheorie weiter. Er räumte der Vertragsfreiheit eine zentrale Rolle ein und betonte, versöhnlicher mit den modernen deontologischen Vertragsmodellen, stark den Aspekt der freien Persönlichkeitsentfaltung durch die Möglichkeit tatsächlicher Selbstbestimmung und das Vorliegen vertraglicher Parität.[407] Die materiell gewährleistete Vertragsfreiheit würde mit der Vertragsgerechtigkeit durch den Vertrag und seinen Zweck synthetisch zusammengeführt.[408] Im Ansatz griff *Wendland* für diese Begründung auf *Schmidt-Rimplers* Theorie der Richtigkeitsgewähr zurück und stellte unter Heranziehung moderner Verhaltensforschung heraus, dass es weniger um ein Abschleifen als vielmehr um einen angemessenen Interessenausgleich gehe, zurückführbar auf das Reziprozitätsprinzip der „regula aurea".[409]

Damit führte er die materielle Gerechtigkeitstheorie wieder stärker in Richtung der Verfahrens- und nicht der Ergebnisebene und betonte die „Gewährleistung materieller Vertragsfreiheit als Voraussetzung zur Herstellung materieller Vertragsgerechtigkeit".[410] Vertragsparität auf der Tatbestandsseite könne auf der Rechtsfolgenseite zu einem inhaltlich angemessenen Vertragsergebnis führen.[411] Den Zweck des Vertrages definierte er allerdings wider-

---

Parteien überlassen, sondern einer rechtlichen Kontrolle unterstellt, so daß die Gerechtigkeit notfalls auch über die Barriere geschlossener Verträge hinweg durchgesetzt wird." (*Raiser*, JZ 1958, 1 [4])., ähnlich auch nochmals *Raiser*, in: Hundert Jahre Deutsches Rechtsleben, S. 119 („Das ist für die Rechtsentwicklung von so hohem Wert, daß die Rechtsgemeinschaft dafür bei der Anerkennung dieser Ordnungen Unebenheiten und Widersprüche getrost so lange in Kauf nehmen kann, als nicht Grundforderungen der Gerechtigkeit verletzt sind."). In diesem Sinne verstehen ihn etwa auch *Wendland*, Vertragsgerechtigkeit, 2019, S. 70; *Heinrich*, Freiheit und Gerechtigkeit, 2000, S. 192; ähnlich auch *Grundmann*, in: Privatrechtstheorie, S. 878.

[404] Vgl. *Raiser*, in: Hundert Jahre Deutsches Rechtsleben, S. 105, 119.
[405] *Raiser*, in: Hundert Jahre Deutsches Rechtsleben, S. 119.
[406] *Raiser*, in: Hundert Jahre Deutsches Rechtsleben, S. 129.
[407] *Wendland*, Vertragsgerechtigkeit, 2019, insb. S. 235 ff., „Vor diesem Hintergrund wird auch der enge Bezug der Privatautonomie zu Freiheit und Würde des Menschen deutlich, der sich im Rahmen der Untersuchung der Vertragsfreiheit gezeigt hat und der in der Verankerung der Vertragsfreiheit im Selbstbestimmungsrecht des Art. 2 Abs. 1 GG verfassungsrechtlich Ausdruck gefunden hat." (S. 237), klar zur Vertragsparität als Voraussetzung etwa auf S. 268 f.
[408] *Wendland*, Vertragsgerechtigkeit, 2019, S. 235.
[409] *Wendland*, Vertragsgerechtigkeit, 2019, S. 243 ff.
[410] *Wendland*, Vertragsgerechtigkeit, 2019, S. 234.
[411] *Wendland*, Vertragsgerechtigkeit, 2019, S. 268.

sprüchlich.[412] Letztlich kann das von ihm postulierte Vertragsmodell nur im Sinne einer „echten" materiellen Vertragsgerechtigkeitstheorie verstanden werden.[413] Von einem allgemeinen inhaltlichen Kontrollvorbehalt anhand eines externen Maßstabs der materiellen Gerechtigkeit will *Wendland* nämlich auch bei Verträgen, bei denen Vertragsparität und damit tatsächliche Selbstbestimmung gegeben sind, nicht Abstand nehmen.[414]

Zum Maßstab materieller Gerechtigkeit ist zuletzt festzuhalten, dass die Fokussierung auf die iustitia commutativa, die bei *Raiser* durchscheint,[415] bei *Wendland* bereits nicht mehr unter demselben Ausschließlichkeitsanspruch geführt wird. Er betont zwar die zentrale Bedeutung der Kriterien der Austauschgerechtigkeit, sieht aber auch die Erheblichkeit distributiver Gerechtigkeitskriterien für die Vertragsgerechtigkeit.[416] Es deutet sich bereits die schwierige Trennung kommutativer von distributiven Gerechtigkeitstheorien an.

---

[412] S. etwa *Wendland,* Vertragsgerechtigkeit, 2019, S. 236 „Die primäre Funktion, der Zweck des Vertrages für die Parteien als Instrument sozialer Ordnung besteht in der Persönlichkeitsentfaltung durch selbstbestimmte Interessenverwirklichung" und andererseits „Die Anerkennung der Vertragsgerechtigkeit als maßgeblichem Zweck des Privatrechts" (S. 262 a.a.O.).

[413] Zu diesem Ergebnis kommt auch *Hellwege* in seiner Rezension zu *Wendlands* Werk: *Hellwege,* AcP 2021, 279 (280) „Die Bereiche, bei denen ein wirkliches Aushandeln vorlag, wollte Schmidt-Rimpler ja von einer Inhaltskontrolle gerade freihalten. In der von Wendland formulierten Weite scheinen mir diese Freiräume verloren zu gehen. Und er erörtert auch nicht die Gefährlichkeit eines Modells, das die Vertragsfreiheit in den Dienst einer wie auch immer verstandenen Gerechtigkeit stellen will."

[414] S. etwa *Wendland,* Vertragsgerechtigkeit, 2019, S. 259 f. „Mit dem Hinweis, dass eine materielle Vertragskorrektur erst bei ungewöhnlich belastenden und offensichtlich unangemessenen Vertragsinhalten infrage kommt[.]", „Die Ausrichtung auf die Herstellung der gerechten Ordnung gilt für alle Rechtsinstitute und damit auch für den Vertrag." (S. 261 a.a.O.), „Aus Gründen der Rechtssicherheit, insbesondere der Vorhersehbarkeit möglicher materieller Vertragskorrekturen, wird entweder ein typisiertes Versagen der Richtigkeitsgewähr in Form spezifischer Fallgruppen struktureller Vertragsimparität oder aber eine besonders hohe Intensität der Beeinträchtigung der Vertragsfreiheit (z. B. Reduzierung der Vertragsgestaltungsfreiheit auf Null) *oder der Vertragsgerechtigkeit* zu fordern sein (z. B. auffälliges Missverhältnis)." (S. 272 a.a.O., Hervorhebung durch die Verf.), „Zur Vermeidung von Schutzlücken im Einzelfall sollte eine Inhaltskontrolle jedoch auch dann möglich sein, wenn zwar kein Fall typisierter Unterlegenheit besteht, jedoch entweder die Vertragsfreiheit im Einzelfall in nicht hinnehmbarem Maße beeinträchtigt ist oder der Inhalt des Vertrages den Anforderungen an einen angemessenen Interessenausgleich in erheblichem Maße widerspricht [.]" (S. 277 a.a.O.).

[415] *Raiser,* in: Hundert Jahre Deutsches Rechtsleben, S. 129 „Der Jurist, der nach der Gerechtigkeit in entgeltlichen Verträgen, also im Sinne der aristotelischen Unterscheidung nach der Tauschgerechtigkeit, nicht der austeilenden Gerechtigkeit […] fragt[.]"

[416] Deutlich etwa *Wendland,* Vertragsgerechtigkeit, 2019, S. 235.

b) Distributive Gerechtigkeitstheorie

Das Spektrum von Vertragsmodellen, die potenziell einer (dogmatischen) Gerechtigkeitstheorie im Sinne der iustitia distributiva zugeordnet werden können, reicht weit.[417] Aufwind erhielten diese Modelle ebenso wie die materiellen Gerechtigkeitstheorien im Sinne der iustitia commutativa angesichts des deutlich wahrnehmbaren Auseinanderfallens der dem Gesetz zugrunde gelegten Leitbilder des rationalen Menschen und des freien Marktes einerseits und der sozialen Wirklichkeit andererseits.[418] Wie schon bei diesen handelt es sich auch bei Theorien materieller Gerechtigkeit im Sinne der iustitia distributiva um eine am inhaltlichen Vertragsergebnis orientierte Legitimation der rechtlichen Gewährleistung der Vertragsfreiheit.[419] Anders als die Austauschgerechtigkeit kann die Verteilungsgerechtigkeit in Ansehung der beteiligten Personen aber unterschiedliche Zuteilungen vorsehen.[420] Besondere Aufmerksamkeit erhielt die iustitia distributiva dabei typischerweise in Form der sogenannten sozialen Gerechtigkeit, sprich der (Um-)Verteilung nach sozialen Gesichtspunkten.[421]

So klar sich damit die Trennung von der iustitia commutativa auf den ersten Blick darstellt, so schwierig gestaltet sich die tatsächliche Grenzziehung zwischen iustitia commutativa und distributiva und den entsprechenden Vertragsmodellen. Exemplarisch hielt *Josef Drexl* bezogen auf den von ihm untersuchten Verbraucherschutz treffend fest, dass es von *Raisers* Ansatz „nur ein kleiner theoretischer Schritt zu einem ‚sozialen' Alternativkonzept des Verbraucherschutzes" sei.[422] Erst kürzlich verdeutlichte *Stefan Arnold* in seiner Habilitationsschrift erneut, dass die Abgrenzung von iustitia commutativa und iustitia distributiva nicht nur Schwierigkeiten bereite, sondern jedem Ansatz der iustitia commutativa Aspekte der iustitia distributiva zugrunde lägen, denn Regelungen zur Gewährleistung und Sicherung der iustitia commutativa bedürften zunächst der über den konkreten Vertrag hinausgehenden Perspektive der iustitia distributiva.[423] Von einer materiellen Vertragsgerechtigkeitstheorie im

---

[417] S. exemplarisch den Überblick an „sozialen Vertragstheorien" bei *Wendland*, Vertragsgerechtigkeit, 2019, S. 191 ff. m.w.N.; ähnlich der umfassende Überblick über „soziale" Alternativmodelle (insbesondere mit Blick auf den Verbraucherschutz) bei *Drexl*, Selbstbestimmung, 1998, S. 29 ff. m.w.N.; s. ferner *Heinrich*, Freiheit und Gerechtigkeit, 2000, S. 177 ff.; insbesondere mit Blick auf Postulate von *Habermas* s. auch *Lüttringhaus*, Vertragsfreiheit, 2018, S. 328 f.

[418] Vgl. *Drexl*, Selbstbestimmung, 1998, S. 29, der insoweit von „sozialen" Alternativmodellen spricht.

[419] Vgl. *Arnold*, Vertrag und Verteilung, 2014, S. 157.

[420] *Canaris*, iustitia distributiva, 1997, S. 10 f.; ausführlich auch *Arnold*, Vertrag und Verteilung, 2014, S. 156 ff.; s. zudem bereits die einschlägigen Nachweise in § 9 C. IV.

[421] Anschaulich *Arnold*, Vertrag und Verteilung, 2014, S. 71 f.

[422] *Drexl*, Selbstbestimmung, 1998, S. 38.

[423] *Arnold*, Vertrag und Verteilung, 2014, S. 137 ff., der sich insgesamt ausführlich mit dem Verhältnis der iustitia commutativa zur distributiva im Vertragsrecht auseinandersetzt; zur genannten Abhängigkeit der Bestimmung der iustitia commutativa von der distributiva

Sinne der iustitia distributiva lässt sich daher eigentlich erst sprechen, wenn die Maßgaben der iustitia distributiva über eine notwendige Konkretisierung der iustitia commutativa und über Ausnahmen hinweg in das Vertragsmodell einbezogen oder als dessen maßgebliche Funktion gesehen werden.

3. Ökonomische Vertragstheorie

Erste Ansätze, die rechtliche Gewährleistung der Vertragsfreiheit in einem funktional auf die Sicherung der Marktwirtschaft ausgerichteten Sinne zu begreifen, lassen sich unter anderem auf die Beiträge der sogenannten Freiburger Schule rund um *Franz Böhm* und *Walter Eucken* und ihr Konzept des Ordoliberalismus zurückführen.[424] Konjunktur erfuhren Ansätze einer echten Funktionalisierung der Vertragsfreiheit und des Vertragsrechts sodann mit der zunehmenden Rezeption der sogenannten ökonomischen Analyse des Rechts.[425]

Während jedoch speziell für das Kartellrecht, welches zunächst den Kern ökonomischer Funktionstheorien ausmachte, die überindividuelle Funktion der Sicherung der Marktwirtschaft auf der Hand liegt,[426] trifft ein entsprechendes Verständnis des allgemeinen Vertragsrechts und der Vertragsfreiheit insgesamt auf Skepsis.[427] Im Hinblick auf die im Kartellrecht lange strittige Frage nach einer individuellen Schutzfunktion hielt *Fornasier* erst vor wenigen Jahren treffend fest, dass „[d]ie ‚Entdeckung' der überindividuellen Schutzfunktion

---

zuvor auch schon *Auer,* Diskurs, 2014, S. 68 ff. m.w.N.; zu den Abgrenzungsschwierigkeiten auch schon *Canaris,* iustitia distributiva, 1997, S. 14 f.

[424] S. exemplarisch *Böhm,* Wirtschaftsordnung und Staatsverfassung, 1950, S. 27, „Das Wettbewerbs*recht* in Verbindung mit dem gesamten Wirtschaftsverkehr regelnden *Rechts*ordnung (Zivilrecht, [...]) steuert den Wettbewerb." Wobei der Wettbewerb dabei ebenfalls nicht als abschließender Zweck, sondern „als Mittel zur Realisierung gesellschaftlicher Ziele" zu verstehen ist, s. *Freytag,* in: Walter Euckens Ordnungspolitik, S. 114; ausführlicher zu diesen Aspekten der ordoliberalen Schule einschließlich umfassender Nachweise: *Seiler,* Verbraucherschutz, 2006, S. 135 f.; *Wiebe,* Elektronische Willenserklärung, 2002, S. 42 ff.; allgemeiner zum Ordoliberalismus auch *Bachmann,* Private Ordnung, 2006, S. 9 ff.

[425] Zu den unterschiedlichen Verständnissen des funktionalen Verhältnisses von Vertragsfreiheit und Marktwirtschaft in der ordoliberalen Schule, bzw. explizit bei *Böhm,* und den konsequentialistischen Ansätzen, die sich der ökonomischen Analyse des Rechts zuordnen lassen vgl. auch *Fornasier,* Vertragsrecht, 2013, S. 35 f. Noch als Vorläufer der ökonomischen Analyse lässt sich *Kliege* verstehen, der sich in seiner Dissertation bereits klar für die Berücksichtigung rechtsökonomischer Methoden im Vertragsrecht aussprach und diese auch aufzeigte („Zur Frage, welche Rechtsgeschäfte den Marktmechanismus stören, kann die Wirtschaftswissenschaft das notwendige Fachwissen beisteuern", *Kliege,* Allgemeine Geschäftsbedingungen, 1966, S. 106).

[426] S. dazu schon *Böhm,* Wirtschaftsordnung und Staatsverfassung, 1950, S. 32 ff.

[427] Statt vieler etwa *Eidenmüller,* Effizienz, 2015, S. 450 ff., insb. S. 463 ff.; schon früh äußerte auch *Raiser* deutliche Kritik an rechtsdogmatischen Ableitungen einer Theorie der „ökonomisch-sozialen Funktion des Vertrages", s. *Raiser,* in: Hundert Jahre Deutsches Rechtsleben, insb. S. 120.

des Vertragsrechts [...] eine Entwicklung widerspiegelt, die im Bereich des Kartellrechts mit umgekehrten Vorzeichen stattfindet".[428]

Die „Entdeckung" der überindividuellen Schutzfunktion, wie er es ausdrückt, trieb *Fornasier* selbst dabei voran, indem er Teile des allgemeinen Vertragsrechts auf ihre Folgewirkung für den Markt untersuchte.[429] Eine solche, auf die Feststellung der – zweifelsfrei bis zu einem gewissen Grad bestehenden – *faktischen* Interdependenz von freier Marktwirtschaft und vertraglicher Freiheit gerichtete Untersuchung ist indes von einem *normativen* Funktionsverständnis der Vertragsfreiheit gerichtet auf Effizienz zu trennen. Hilfreich ist insoweit die verbreitete allgemeine Unterscheidung zwischen einer positiven Theorie der Rechtsökonomik einerseits und einer normativen andererseits.[430] Lässt erstere analytische Schlussfolgerungen für die Rechtswissenschaften zu, geht die normative Theorie der Rechtsökonomik einen entscheidenden Schritt weiter, indem sie „zugleich eine Aussage darüber [trifft], wie das Recht auszusehen hat".[431] Sie steht mit dieser Zielsetzung im Ausgangspunkt der „Rechtspolitik und Rechtsphilosophie nahe",[432] mittlerweile kann aber auch die Aufstellung beziehungsweise Unterfütterung rechtsdogmatischer Theorien mit ökonomischen Argumenten wohl durchaus als Legion bezeichnet werden.[433] Mit Blick auf das geltende allgemeine Vertragsrecht scheinen einige Rechtswissenschaftler Effizienz nicht nur als Rechtsprinzip zu erblicken, sondern dessen Zusammenspiel mit anderen Prinzipien auch derart zu beurteilen, dass sich eine weitgreifende dogmatische Bewertung der Vertragsfreiheit und des Vertragsrechts am Maßstab des ökonomischen Effizienzziels rechtfertige,[434]

---

[428] *Fornasier*, Vertragsrecht, 2013, S. 18.

[429] *Fornasier*, Vertragsrecht, 2013, S. 21.

[430] Vgl. *Petersen/Towfigh*, in: Ökonomische Methoden, S. 4 f. m.w.N.; *Drexl*, Selbstbestimmung, 1998, S. 163 f.; *Fornasier*, Vertragsrecht, 2013, S. 20 f.; *Eidenmüller*, Effizienz, 2015, S. 21.

[431] *Drexl*, Selbstbestimmung, 1998, S. 163.

[432] *Petersen/Towfigh*, in: Ökonomische Methoden, S. 5.

[433] *Drexl* sieht die ökonomische Analyse des Rechts im normativen Sinne sogar gerade darin, dass ökonomische Argumente in die Rechtsauslegung und Anwendung einfließen, *Drexl*, Selbstbestimmung, 1998, S. 166 f.; anschaulich spricht *Stürner* davon, dass seit mehreren Jahrzehnten die „traditionelle Dogmatik unter dem besonderen Druck ökonomischer Theorienbildung" stehe (*Stürner*, JZ 2012, 10 [22]).

[434] *Ott*, in: Allokationseffizienz, S. 27 ff.; in diese Richtung auch *Schäfer/Ott*, Ökonomische Analyse, 2021, S. 476 ff.; deutlich *de la Durantaye*, Erklärung und Wille, 2020, passim, s. dazu auch gleich § 9 Fn. 436 ff.; in diese Richtung wohl auch *Bachmann*, s. etwa *Bachmann*, Private Ordnung, 2006, S. 226: „Aus Sicht der Zivilistik erfahren Regeln Legitimation durch die Zustimmung ihrer Adressaten. Dahinter stehen das ethische Prinzip der Selbstbestimmung und der wohlfahrtsökonomische Gedanke der Präferenzautonomie. Zustimmung und Gemeinwohl sind komplementäre Rechtfertigungselemente, auf die sich jede verbindliche Regel zurückführen lassen muss."; Effizienz ausdrücklich jedenfalls als Ziel des Handelsrechts und damit für Verträge zwischen Kaufleuten bejahend: *Häusermann*, RW 2015, 49 (51 ff.); auch *Fornasier*, der seine Arbeit als Teil der positiven Theorie der

was für die Auslegung formalsprachlicher Verträge durchgreifende Bedeutung hätte.[435]

Erst kürzlich veröffentlichte etwa *Katharina de la Durantaye* mit ihrer Habilitationsschrift eine im Wesentlichen am normativen Effizienzkriterium ausgerichtete rechtsdogmatische Untersuchung der Rechtsgeschäftslehre.[436] Vor dem Hintergrund der von ihr festgehaltenen Funktion der Rechtsgeschäftslehre etwa „die Risiken, hinsichtlich derer die Parteien eine Einigung schuldig geblieben sind, auf eine Weise zuzuordnen, dass der Vertrag den Nutzen der Parteien maximiert",[437] geht sie die entscheidenden Vorschriften zur Willensübereinstimmung und Vertragskorrektur durch. Im Rahmen ihrer Arbeit zeigt sie sodann beispielsweise auf, dass das optimale Maß an Auslegungssorgfalt grundsätzlich als Ergebnis einer Grenzkosten-Nutzen-Analyse zu begreifen sei[438] oder auf einen subjektiven Tatbestand der Willenserklärung verzichtet werden könne, weil fehlendes Handlungsbewusstsein dem unwillentlich Erklärenden unter anderem deshalb zuzuweisen sei, weil er der „cheapest cost avoider" sei.[439]

Wie sich bereits an diesen Beispielen abzeichnet, liefert ein funktional auf die Erreichung ökonomischer Effizienz verstandenes Vertragsmodell nochmals einen Ansatz, der sich von den vorangegangenen Vertragstheorien deutlich unterscheidet. Maßgebend für die ökonomische Vertragstheorie ist dabei ein Ansatz, den *Ronald Coase* mit seinem berühmten Aufsatz „The Problem of

---

Rechtsökonomik sieht, scheint die Grenze zur normativen Theorie zu öffnen, wie folgende Aussage zeigt: „Ebenso lässt sich mithilfe der positiven Analyse Klarheit über den Normzweck einer zwingenden Vorschrift gewinnen, wodurch die teleologische Gesetzesauslegung erleichtert wird" (*Fornasier*, Vertragsrecht, 2013, S. 21). Bedeutungszuwachs dürfte diesen Ansichten nicht zuletzt auch durch die Gesetzgebung auf europäischer Ebene, die in Teilen explizit auf die Sicherung der Funktionsfähigkeit des Binnenmarktes ausgerichtet ist, zugekommen sein, vgl. insoweit *Wiebe*, Elektronische Willenserklärung, 2002, S. 42 f. m.w.N.; *Stürner*, Verhältnismäßigkeit, 2010, S. 7 m.w.N.

[435] Dazu gleich ausführlicher § 9 D. III. 1.

[436] Sie beschreibt den Schwerpunkt ihrer Arbeit dabei explizit als „dogmatische Analyse" (*de la Durantaye*, Erklärung und Wille, 2020, S. 5), behält sich jedoch einen „gegenüber der reinen dogmatischen Betrachtung geweitete[n] Blick" (S. 6) vor, wobei unklar bleibt, wo die Grenzen dieser Weitung verlaufen sollen.

[437] *de la Durantaye*, Erklärung und Wille, 2020, S. 19, die instrumentale Rolle des Vertragsrechts nennt sie etwa auch bereits auf S. 15.

[438] *de la Durantaye*, Erklärung und Wille, 2020, S. 83 „Optimal sorgfältig ist nicht derjenige, der sich maximal sorgfältig verhält. Das Optimum an Sorgfalt ist vielmehr dann erreicht, wenn die mit der Sorgfalt verbundenen Grenzkosten ebenso groß sind wie der mit der Sorgfalt verbundene Grenznutzen. Die Anwendung optimaler Sorgfalt erfordert also nicht, dass der Empfänger alle Informationsquellen ausschöpfen muss.", eine Ausnahme von diesem Grundsatz sieht sie für „Auslegungsmaterial, das der Empfänger in die Vertragsverhandlungen eingebracht hat. Solches Material muss er kennen; hier muss er maximal sorgfältig sein." (S. 346).

[439] *de la Durantaye*, Erklärung und Wille, 2020, S. 43.

Social Cost" aufzeigte.[440] Demnach seien Vertragsparteien unabhängig von der ursprünglichen rechtlichen Berechtigung an vorhandenen Ressourcen in der Lage, eine optimale, sprich Pareto-effiziente Ressourcenallokation herbeizuführen – dies jedoch nur unter der Annahme, dass sie rational (beziehungsweise im Sinne der REMM-Hypothese[441]) handeln und es keine Transaktionskosten gibt.[442] Der Begriff der Transaktionskosten wurde dabei in Anlehnung an *Coase* insbesondere von *Williamson* geprägt.[443] Er ersuchte damit die verschiedenen Phänomene, die einer effizienten Transaktion entgegenstünden zusammenfassen; namentlich ließen sich Transaktionskosten als Folge von Marktversagen verstehen und würden sich insbesondere in externen negativen Effekten (Externalitäten), unvollständigen Informationen, Marktmacht oder Rationalitätsdefiziten ausdrücken.[444]

Könne die Gewährleistung vertraglicher Freiheit aufgrund der verwirklichbaren Präferenzautonomie folglich zur effizienten Ressourcenallokation und damit zu sozialer Wohlfahrt führen, bleibt es innerhalb der ökonomischen Vertragstheorie Aufgabe (auch) des Vertragsrechts bei der Gewährleistung vertraglicher Freiheit soweit zu intervenieren, dass die in der Realität zwangsläufig bestehenden Transaktionskosten[445] gesenkt werden.[446]

---

[440] *Coase*, Journal of Law and Economics 1960, 1.

[441] S. dazu bereits § 9 C. V.

[442] Die Ergebnisse von *Coase* Beitrag prägnant zusammenfassend als „If people are rational, bargains are costless, and there are no legal impediments to bargains, transactions will *ex hypothesi* occur to the point where bargains can no longer improve the situation; to the point, in short, of optimal resource allocation.": *Calabresi*, Journal of Law and Economics 1968, 67 (68); hinsichtlich der wesentlichen Annahmen von *Coase* und der Kritik an seinem Theorem s. statt vieler auch: *Schäfer/Ott*, Ökonomische Analyse, 2021, S. 73 ff.; zur wenige Jahre zuvor veröffentlichten Untersuchung durch *Arrow* und *Hahn*, die ebenfalls nachweisen konnten, dass sich die Vertragsfreiheit unter der Annahme eines perfekten Marktwettbewerbs und bei fehlenden Transaktionskosten Pareto-effizient auswirkt, s. *Schmolke*, Selbstbindung, 2014, S. 121 f. m.w.N.

[443] S. *Williamson*, Kapitalismus, 1990, S. 17 ff.; *Williamson*, Journal of Law and Economics 1979, 233.

[444] S. insgesamt dazu *Schmolke*, Selbstbindung, 2014, S. 124 ff.

[445] Statt vieler: *Schäfer/Ott*, Ökonomische Analyse, 2021, S. 78.

[446] Eine ausführliche Darstellung der daraus abgeleiteten Funktionen des Vertragsrechts findet sich bei *Schäfer/Ott*, Ökonomische Analyse, 2021, S. 427 ff.; ausführlich zu den verschiedenen identifizierten Fällen von Marktversagen und den bestehenden vertragstheoretischen Ansätzen sowie einschlägigen Überlegungen zu Effizienzauswirkungen rechtlicher Intervention auch *Schmolke*, Selbstbindung, 2014, S. 125 ff. mit umfangreichen Nachweisen; s. auch *Schmolke*, in: Ökonomische Methoden, S. 136 ff.; weitere und zum Teil differierende Funktionen werden besprochen von *de la Durantaye*, Erklärung und Wille, 2020, S. 12 m.w.N.; ausführlich zur rechtlichen Bewältigung externer negativer Effekte ferner *Fornasier*, Vertragsrecht, 2013, S. 107 ff. Zur insgesamt im Vertragsrecht dabei prominenteren Rolle des Pareto-Kriterium bereits § 9 Fn. 313.

4. Zusammenfassung der wesentlichen Eckpunkte der Vertragstheorien

Im deontologischen Vertragsmodell liegt die normative Funktion von Verträgen ausschließlich in der Anerkennung der individuell-freiheitlichen Selbstverwirklichung im Recht. Die Vertragsfreiheit wird demnach rechtlich gewährleistet, um tatsächliche Selbstbestimmung zu ermöglichen. Ein idealer Vertrag als Leitbild der Legitimation vertraglicher Bindung ist nur dort möglich, wo jeweils rechtstechnisch davon ausgegangen werden kann, dass die vertraglichen Erklärungen von tatsächlicher Selbstbestimmung – wirklichem Willen – getragen werden.[447] Eine systematische allgemeine Vertragskontrolle kann nur im Hinblick auf das Fehlen oder die Einschränkung tatsächlicher Selbstbestimmung, also aus „Autonomiegründen", erfolgen.

Sieht man sich demgegenüber die konsequentialistischen Vertragstheorien an, lässt sich festhalten, dass sie als Gemeinsamkeit aufweisen, dass sie der Vertragsfreiheit im Vertragsmodell stets einen gewissen Stellenwert zugestehen. Allen Theorien lässt sich im Ergebnis entnehmen, dass ein nach der jeweiligen Theorie „idealer" Vertrag jedenfalls auch über das Prinzip der Vertragsfreiheit (beziehungsweise der Privatautonomie und Selbstbestimmung[448]) legitimiert wird und dass ein Kernbereich autonomer Vertragsgestaltung über eine etwaige Kontrolle oder Korrektur anhand eines heteronomen Maßstabs erhaben ist.[449] Insoweit gehen die konsequentialistischen Vertragstheorien mit den verfassungsrechtlichen,[450] positiv-rechtlichen[451] und auch unionsrechtlichen Vorgaben[452] zur Gewährleistung der Vertragsfreiheit konform.

Welcher Stellenwert der Vertragsfreiheit eingeräumt wird, wie weit ihr geschützter Kernbereich geht und wann das Vorliegen von Vertragsfreiheit bejaht wird, wird indes unterschiedlich beurteilt.

---

[447] S. dazu auch gleich noch mal § 9 D. III. 3.

[448] Zu den Begriffen bereits § 9 C. I.

[449] Bei den materiellen Vertragsgerechtigkeitstheorien i.S.d. iustitia commutativa wird dies meist explizit hervorgehoben (s. § 9 D. II. 2. a)) bei der ökonomischen Theorie folgt dies aus der Bedeutung der Präferenzautonomie, deren vollständige Missachtung nicht zu Gemeinwohlzielen führen kann (deutlich insoweit etwa *Schmolke*, Selbstbindung, 2014, S. 124), lediglich bei materiellen Gerechtigkeitstheorien i.S.d. iustitia distributiva wird dies selten klar herausgestellt, ein anderes Verständnis würde aber jedenfalls potenziell mit dem Verfassungsrecht kollidieren (s. dazu gleich § 9 Fn. 450).

[450] S. bereits § 9 C. I.; s. insoweit auch *Zöllner*, AcP 1996, 1 (25), der auf den Unterschied zwischen der Vertragsfreiheit bzw. Privatautonomie als Ausprägung der verfassungsrechtlich garantierten Selbstbestimmung und der (tatsächlichen) Selbstbestimmung als Legitimationselement rechtlicher Bindung hinweist.

[451] Gemeint ist hier insbesondere eine wortwörtliche Auslegung des § 133 Hs. 1 BGB, der nach seinem Wortlaut auf die Erforschung des wirklichen Willens und damit auf die Selbstbestimmung als im Rahmen der Auslegung zu beachtendes Prinzip abstellt (ohne dass dem Wortlaut nach damit ein Absolutheitsanspruch dahingehend zu erheben wäre, dass *nur* auf den wirklichen Willen abzustellen sei, s. dazu später weiterführend § 11 B. und § 12 A.

[452] S. § 9 B. IV. 2.

Hinsichtlich der materiellen Vertragsgerechtigkeitstheorien kann man zudem jeweils zwei Strömungen ausmachen. Einerseits kann man die materielle Gerechtigkeit (ob nun die kommutative oder distributive) allein als Kontrollmaßstab betrachten und andererseits in ihr das Ziel der Gewährleistung vertraglicher Freiheit sehen. Ersterer stellt die Vertragsfreiheit bis hin zu ihrem geschützten Kernbereich systematisch unter den Vorbehalt, dass der autonom geschlossene Vertrag ein materiell gerechtes Ergebnis erreicht. Andernfalls sei ihm die rechtliche Anerkennung zu versagen.[453] Letzterer geht noch einen Schritt weiter: Die Vertragsfreiheit wird als Instrument zur Erreichung materieller Gerechtigkeit gesehen und dort, wo sie dieses Ziel nicht erreicht, kann eine Vertragskorrektur anhand eines Gerechtigkeitsmaßstabes vorgenommen werden. Ein idealer (und nicht nur ein pathologischer) Vertrag läge also auch dann vor, wenn nur ein Kernbereich desselben autonom geregelt wurde und im Übrigen eine materiell gerechte hoheitliche Gestaltung vorliegt.[454] Bei Annahme einer solchen Funktion der Vertragsfreiheit als Instrument der materiellen Vertragsgerechtigkeit wäre folgerichtig beispielsweise bereits die Auslegung vertraglicher Erklärungen im Hinblick auf ein möglichst materiell gerechtes Ergebnis im Grundsatz legitim.

Im Rahmen der ökonomischen Theorie liegt die dienende Funktion der Vertragsfreiheit dagegen klar auf der Hand. Mangels eines alternativ zur Präferenzautonomie heranziehbaren inhaltlichen Maßstabes manifestiert sich die konsequentialistische Natur der ökonomischen Vertragstheorie aber nicht in einer inhaltlichen Kontrolle oder gar Korrektur,[455] sondern einer systematisch möglichen Beschränkung der rechtlichen Gewährleistung der Vertragsfreiheit aus Effizienzgründen. Eine Beschränkung der Vertragsfreiheit könnte im Sinne der ökonomischen Vertragstheorie beispielsweise dort bejaht werden, wo die Kosten einer umfassenden Auslegung zur Ermittlung des wirklichen Willens

---

[453] S. etwa *Raiser*, JZ 1958, 1 (3) „Die Freiheit steht nun unter dem Gebot der Gerechtigkeit, die es erlaubt und fordert, Verträgen die Anerkennung zu versagen, die nach der Art ihres Zustandekommens oder nach ihrem Inhalt den von der Rechtsordnung geschützten Werten zuwiderlaufen" (zitiert ohne Fn.), wobei er auf S. 4 nochmals die Regelhaftigkeit dieser Annahme bestätigt.

[454] Angesprochen wurden dieser Unterschiede etwa schon deutlich durch *Schmidt-Rimpler*, der (in Anklang an seine eigene Vertragstheorie, s. § 9 D. II. 1.) von einer negativen und positiven Richtigkeitsgewähr sprach, wobei sich die negative im Gesetz niederschlagen solle, indem es „bei grober Unrichtigkeit (§§ 134, 138 BGB) [...] das Geschäft für nichtig erklärt, nicht aber es berichtigt" während „die Rechtsprechung, an sich wohl entgegen der Absicht des Gesetzgebers, über § 242 BGB auch Berichtigungen vorgenommen und insofern positive Richtigkeitsgewähr geboten [hat]." (*Schmidt-Rimpler*, in: FS Raiser, S. 6 [zitiert ohne Fn.]). Beide Strömungen sind damit „konsequentialistisch" dahingehend, dass sie die Legitimation des Vertrages von der Erreichung bestimmter Konsequenzen abhängig machen, aber nur letztere kann auch als „instrumentalistische" Theorie verstanden werden, bei der die Vertragsfreiheit einen Zweck erfüllen soll.

[455] Stimmig insoweit daher *de la Durantaye*, Erklärung und Wille, 2020, S. 89 f.

im Sinne optimaler Präferenzautonomie den daraus folgenden Wohlfahrtsgewinn übersteigen und daher aus Transaktionskostengründen eine eingeschränkte Ermittlung des wirklichen Willens als effizientere Lösung angesetzt wird.[456] Selbstbestimmung ist innerhalb der ökonomischen Theorie eben kein Selbstzweck, sondern ein Instrument.[457] Als solches bleibt es nur in einer hypothetischen Welt ohne Transaktionskosten vollkommen unangetastet.[458]

Je nach konsequentialistischer Vertragstheorie und Ausprägung derselben kann die Gewährleistung der Vertragsfreiheit jeweils bis zu einem Kernbereich also entweder direkt im Lichte der normativen Vertragsfunktion beurteilt werden oder jedenfalls anhand eines heteronomen Maßstabes begrenzt werden. Da es sich um Ableitungen aus dem inneren System handelt, gilt dies jeweils auch dort, wo keine entsprechenden positiv-rechtlichen Vorgaben vorliegen, also insbesondere bei der Konkretisierung von Generalklauseln.

Die verschiedenen Vertragstheorien führen im Vergleich zueinander jeweils zu einer Maßstabsverschiebung im allgemeinen Vertragsrecht. Die Unterschiede werden indes nicht in jedem Einzelfall relevant oder betreffen gegebenenfalls nur Nuancen. Wohl gerade wegen der vielfach nicht auffälligen Unterschiede und dem verbleibenden Kernbereich für die Vertragsfreiheit dürften die vertretenen konsequentialistischen Theorien nicht immer klar als solche hervortreten. Aus diesem Blickwinkel heraus lässt sich daher auch die vermeintlich ungebrochene Strahlkraft des deontologischen Vertragsmodells nachvollziehen.[459] Viele dogmatische Theorien und Beispiele aus der Rechtspraxis können überhaupt nur auf den zweiten Blick als konsequentialistische Theorien identifiziert werden.

---

[456] Vgl. *de la Durantaye,* Erklärung und Wille, 2020, S. 12 f.; s. hierzu ferner allgemein *Fornasier,* Vertragsrecht, 2013, S. 36, („Der Streit [um die Rolle der Freiheit] wird in den Konstellationen relevant, in denen Effizienz und Freiheit in Konflikt zueinander treten, d.h. eine Wohlstandssteigerung nur durch eine Freiheitseinschränkung möglich ist. Folgt man dem effizienzorientierten Ansatz, bereitet die Beschränkung der individuellen Freiheit grundsätzlich keine Legitimationsprobleme.").

[457] Anschaulich auch *Martinek,* Vertragsrechtstheorie und Bürgerliches Gesetzbuch Abschnitt VII („Eine Aufwertung liberaler Freiheitsethik im Vertragsrecht darf man sich wohl auch kaum von der ökonomischen Analyse des Rechts versprechen, der es zuerst um Effizienz, Rationalität und die immer wieder betonten ‚Reduzierung der Transaktionskosten' geht, weniger um Freiheitsausübung, die doch oft auch etwas ‚kostet'.").

[458] S. dazu schon § 9 D. II. 3.

[459] S. etwa *Seiler,* Verbraucherschutz, 2006, S. 131 m.w.N., „Die Bedeutung von Vertrag und Vertragsfreiheit als Mittel der Rechtsgestaltung liegt deshalb nach heute beinahe einhelliger Auffassung in erster Linie in der Gewährleistung von Selbstbestimmung für die Vertragsparteien"; überblicksartig *Hellgardt,* Regulierung und Privatrecht, 2016, S. 328 ff. mit umfangreichen Nachweisen zu Anhängern des „vorherrschenden freiheitlich-individualistischen Verständnis" (S. 328). S. zudem weiterführend zur „normative[n] Tragkraft des autonomiebasierten Rechtsbegriffs" auch losgelöst von rechtsdogmatischen Theorien ausführlich *Auer,* Diskurs, 2014, insb. S. 55 ff.

III. Stellungnahme zum Vertragsmodell

1. Notwendigkeit einer Stellungnahme: Der formalsprachliche Vertrag im Spiegel der Vertragstheorien

Wo die eindeutige Identifizierung und konsequente Beachtung der normativen Vertragsfunktion für andere Fälle nicht ausschlaggebend sein mag, verdichtet sich die Problematik des „richtigen" Vertragsmodells in der Bewertung formalsprachlicher Verträge wie in einem Brennglas.

Dies gilt hinsichtlich verschiedener Rechtsfragen, die durch formalsprachliche Verträge aufgeworfen werden. Beispielsweise betrifft es den rechtlichen Umgang mit dem Sprachrisiko.[460] Speziell zeigt sich die Bedeutung der normativen Vertragsfunktion aber schon bei der Auslegung formalsprachlicher Verträge und dem dabei gebotenen Umgang mit der eindeutigen Interpretierbarkeit solcher Verträge als ihrem charakteristischen Merkmal.

Die bereits angerissenen Beispiele einer gerechtigkeitsorientierten Auslegung oder der effizienzgeleiteten Einschränkung der Erforschung des wirklichen Willens zeigen, dass jedenfalls die konsequentialistischen Vertragstheorien, die die Vertragsfreiheit und den Vertrag im Hinblick auf die Erreichung einer heteronomen (überindividuellen) Funktion bewerten, die rechtliche Beachtung dieser Funktion bereits in die Auslegung hineintragen. Das durch die jeweilig angenommene normative Vertragsfunktion beeinflusste Auslegungsziel hat ferner eine Ausstrahlungswirkung auf andere Rechtsfragen im Rahmen der Auslegung, wie die Frage nach der vor- oder nachrangigen Beachtung bestimmter Erklärungsmittel bei der Erreichung des Zieles und insgesamt den Umgang mit Zweifelsfragen bei der Auslegung, die durch einschlägige Auslegungsmaximen aufgelöst werden müssen.[461] Bereits anhand einer überblickartigen Betrachtung lassen sich Annahmen treffen, die dafürsprechen, dass sich die jeweilige mit einer Vertragstheorie einhergehende Maßstabsverschiebung damit gerade auf die Auslegung formalsprachlicher Verträge erkennbar auswirken würde.

Sollte beispielsweise die Beachtung von Effizienzaspekten bereits im Rahmen der Auslegung möglich sein, wie es sich aus einer ökonomischen Vertragstheorie ableiten lässt, würde dies voraussichtlich bedeuten, dass formalsprachliche Vertragserklärungen eine zentrale Rolle bei der Ermittlung des rechtlich verbindlichen Vertragsinhaltes einnehmen würden. Die formalsprachliche Bedeutungsfestlegung und die daraus folgende eindeutige Interpretierbarkeit dürften nämlich mit einer Transaktionskosteneinsparung einher-

---

[460] Wie *Kling* es bereits hinsichtlich der Fragen zum Umgang mit dem Sprachrisiko bei natürlichen Fremdsprachen beschrieb, liefert gerade das innere System, die jeweiligen einschlägigen Prinzipien und ihr Zusammenspiel, „eine Art ‚Koordinatensystem' für [dessen] rechtliche Lösung" (*Kling*, Sprachrisiken, 2008, S. 12, der sich insoweit mit Blick auf das innere System des Privatrechts äußerte).

[461] S. zum Begriff und der Bedeutung von Auslegungsmaximen später ferner § 13 A. II.

gehen können: sowohl im Hinblick auf die unmittelbaren Kosten einer vertraglichen Auslegung als auch im Hinblick auf Vertragsabwicklungskosten (die mögliche eindeutige Festlegung des geschuldeten Vertragsinhaltes würde beispielsweise nachträglichem Opportunismus einer der Parteien gewissen Einhalt gebieten können). Diese Kosteneinsparungen ließen sich indes nur realisieren, wenn nicht-formalsprachlichem Auslegungsmaterial im Rahmen der Auslegung nur subsidiäre oder keine weitere Beachtung zukäme. Wenngleich dies vielfach mit einer Einschränkung der Ermittlung des wirklichen Willens einhergehen dürfte (die Beachtung zusätzlichen Auslegungsmaterials bietet üblicherweise eine größere Chance, den wirklichen Willen zu ermitteln und formale Sprache ist zudem noch ausdrucksärmer als andere Erklärungsmittel), könnte sich eine solche Einschränkung (sofern ein Kernbereich der Präferenzautonomie verbleibt) im Sinne der sozialen Wohlfahrtsteigerung rechnen.[462] § 133 Hs. 2 BGB, der einer solchen Auslegung entgegenstehen könnte, wäre gegebenenfalls im Hinblick auf die normative Vertragsfunktion der Effizienz eingeschränkt anzuwenden, da formalsprachliche Erklärungen tatsächlich die Möglichkeit einer eindeutigen Ausdrucksweise bieten und damit anders als herkömmlich bekannte Erklärungsmittel, insbesondere natürliche Sprache, zu bewerten sein könnten.[463] Ein Versicherungsnehmer könnte beispielsweise nur dann Leistungsansprüche gegen einen Versicherer geltend machen, wenn entsprechend der formalsprachlichen Vertragsversion ein Versicherungsfall vorliegt, selbst wenn sich aus der natürlichsprachlichen Kommunikation zwischen den Parteien ein weitergehendes Verständnis des Versicherungsfalles ergeben würde.

In eine andere Richtung zeigt eine überblicksartige Einschätzung der Auswirkungen materieller Vertragsgerechtigkeitstheorien auf die Auslegung formalsprachlicher Verträge. Insoweit ist allerdings zunächst vorzugreifen und darauf hinzuweisen, dass Gerechtigkeitsaspekte bei der Auslegung schon allein über das positive Recht (§ 157 BGB) in jedem Fall Einzug erhalten, ihre Bedeutung aber auch beschränkt auf die Erreichung einer deontologischen Vertragsfunktion (eines deontologischen Auslegungsziels) und den Umgang mit den dabei entstehenden Missverständnisrisiken der Parteien gedeutet werden kann.[464] Nur innerhalb einer materiellen Gerechtigkeitstheorie wird der Gerechtigkeit ein Stellenwert zugesprochen, der auch unter Einschränkung der tatsächlichen Selbstbestimmung ein systematisches Hinwirken auf ein materiell gerechtes Auslegungsergebnis (also auf materielle *Vertrags*gerechtigkeit) erlaubt, welches sich je nach explizit angenommenen Vertragsmodell sowohl

---

[462] S. insoweit auch schon die angesprochene Kosten-Nutzen-Analyse in § 4 A.

[463] Vgl. dahingehend auch die Argumentationslinie zur Anwendung des § 133 Hs. 2 BGB innerhalb des hier als geltend angenommenen Vertragsmodells in § 12.

[464] S. dazu später ausführlicher § 9 D. III. 2. Die nämliche Berücksichtigung des Gerechtigkeitsaspekts dürfte innerhalb einer ökonomischen Theorie angesetzt werden.

prozedural als auch durch einen Kontroll- oder Korrekturvorbehalt manifestieren kann.[465] Für den Umgang mit formalsprachlichen Erklärungen in der Auslegung dürfte sich dies wie folgt auswirken: Wenngleich eine eindeutige Interpretierbarkeit mit Transparenz hinsichtlich des festgelegten Vertragsinhalts einhergeht und Transparenz üblicherweise als (vertrags-)gerechtigkeitsfördernder Aspekt gesehen werden kann (sowohl innerhalb der iustitia commutativa als auch iustitia distributiva), dürfte der Sprachvorteil formalsprachlicher Vertragserklärungen bei der Auslegung in allen Ausprägungen materieller Vertragsgerechtigkeitstheorien tendenziell keine Berücksichtigung finden. Denn diejenigen Eigenschaften formalsprachlicher Verträge, die sich als Antinomien zur eindeutigen Interpretierbarkeit und daraus folgenden Kalkulierbarkeit beschreiben lassen, insbesondere die zementierte Bindung an ein ausdrucksarmes Erklärungsmittel,[466] dürften ein materiell ungerechtes Ergebnis (selbst wenn man das Sprachrisiko ausblendet) eher befeuern. Ein maßgeblich von Gerechtigkeitserwägungen geprägter Auslegungsmaßstab dürfte somit eher für eine nachrangige Beachtung formalsprachlicher Erklärungsmittel bei der Auslegung sprechen. Im oben genannten Beispiel würde der engeren formalsprachlichen Definition des Versicherungsfalles vor dem Hintergrund des weiteren natürlichsprachlichen Verständnisses daher unter Heranziehung einer materiellen Vertragsgerechtigkeitstheorie keine Bedeutung zukommen.

Die Möglichkeiten der Berücksichtigung formalsprachlicher Vertragserklärungen bei der Auslegung in einem deontologischen Vertragsmodell präsentieren sich dagegen bei einer ersten Einschätzung als ambivalent. Die Kernfrage ist hier, inwiefern sich die Sprachvor – und Sprachnachteile formalsprachlicher Verträge auf die Gewährleistung der Selbstbestimmung auswirken.[467] Aus der Beantwortung dieser Frage dürfte sich noch mal ein ganz eigener Leitfaden zum Umgang mit formalsprachlichen Verträgen in der Auslegung ergeben, der gegebenenfalls weder den Ergebnissen einer effizienz- noch gerechtigkeitsgeprägten Vertragstheorie entspricht.

Allein anhand eines kurzen Blicks auf die ökonomische Vertragstheorie und die materiellen Gerechtigkeitstheorien und allein im Hinblick auf das

---

[465] Innerhalb einer materiellen Vertragsgerechtigkeitstheorie ist also auch das systematische Hinwirken auf prozedurale Vertragsgerechtigkeit als Wegbereiter materieller Vertragsgerechtigkeit denkbar (ohne, dass die prozedurale Vertragsgerechtigkeit wie es in einer deontologischen Vertragstheorie denkbar wäre auf ihre Rolle als Garant für tatsächliche Selbstbestimmung begrenzt wird und ohne, dass damit auf einen Kontroll- oder Korrekturvorbehalt verzichtet wird soweit das materiell gerechte Ergebnis nicht erreicht wird).

[466] Dazu ausführlich auch *Exner*, Smart Contracts, 2022, S. 155 ff.; s. auch *Ostoja-Starzewski*, InTer 2021, 213 (215) „Auch birgt der Ansatz, potenzielle Ereignisse mit hoher Granularität im Vorfeld zu definieren, weitere Risiken. Die Vertragsbeziehung würden dadurch starr und deterministisch[.]"; s. weiterführend zu der besonderen Problematik einer ex ante Festlegung bei Smart Contracts statt vieler: *Raskin*, Georgetown Law Technology Review 2017, 305 insb. S. 333 ff.

[467] Dazu ausführlich § 12 C. IV. 2.

charakteristische Merkmal der eindeutigen Interpretierbarkeit lässt sich also ein tendenziell gegensätzlicher Umgang mit formalsprachlichen Verträgen beziehungsweise formalsprachlichen Erklärungen im Rahmen der Auslegung vermuten. Bereits das so eröffnete Bewertungsspektrum zeigt, dass sich die Auslegung formalsprachlicher Verträge in einem Grenzbereich befindet, in dem die systematischen Unterschiede der Vertragstheorien klar zum Vorschein treten. Die Feststellung des vorherrschenden Vertragsmodells und der normativen Vertragsfunktion nimmt somit eine Schlüsselrolle für die weitere Untersuchung ein.

2. Rekonstruktion: Vom Vertragsrecht zur Vertragsfunktion

Nahezu einhellig wird davon ausgegangen, dass dem Bürgerlichen Gesetzbuch ursprünglich ein deontologisches Vertragsverständnis und entsprechendes Vertragsmodell zugrunde lag, das auf „eine Bewertung und Kontrolle der inhaltlichen Richtigkeit des Ergebnisses [...] verzichte[te]".[468] Das Modell könnte sich aber – wie es die verschiedenen konsequentialistischen Theorien postulieren – einem normativen Funktionswandel unterzogen haben. Die Frage ist also, ob „mit neueren Gesetzesschichten gesetzgeberische Zwecke und Wertungen für bestimmte Sachbereiche in den Vordergrund treten, die mit jenen älterer Vorschriften für andere, aber systematisch zusammenhängende Sachbereiche kollidieren" und deshalb „anstelle des historischen Zwecks ein geltungszeitlich-objektiver zu setzen [ist], der den Wertungswiderspruch behebt".[469] Sollte dies der Fall sein, wäre das unveränderte Fortbestehen einer deontologischen Vertragsfunktion also gegebenenfalls als Fehlverständnis zu entlarven und der Inhalt des neuen, konsequentialistischen Vertragsmodells zu bestimmen (insbesondere im Hinblick auf seine Auswirkungen für die Vertragsauslegung).

Vertreter aller der vorgestellten Vertragstheorien scheinen indes anhand neuerer Gesetzgebung festzumachen, dass zugunsten ihrer Theorie ein beziehungsweise kein Funktionswandel stattgefunden habe. Statt ihren einzelnen Argumenten nachzuspüren, bietet es sich schon aufgrund der Unüberschaubarkeit des vollständigen Spektrums an Vertragstheorien und sämtlicher ihrer Unterformen an, sich bei der Frage nach einem etwaigen Funktions- beziehungs-

---

[468] *Martinek*, Vertragsrechtstheorie und Bürgerliches Gesetzbuch Abschnitt III, der auch umfassende weitere Nachweise zum ursprünglichen Vertrags(rechts)verständnis des BGB bereithält; s. ferner bereits die Nachweise in § 9 Fn. 328. Dazu, dass selbst Kritik, die bereits bei der Kodifikation des BGB ausgesprochen wurde, wie etwa die von *Otto von Gierke* (*von Gierke*, Die soziale Aufgabe des Privatrechts, 1889, insb. S. 22 ff.) sich nicht durchsetzen konnte, s. *Arnold*, Vertrag und Verteilung, 2014, S. 192 ff., insb. S. 196 f.

[469] *Bydlinski/Bydlinski*, Methodenlehre, 2018, S. 116, welche sich bei ihrer Aussage primär auf den Funktionswandel einzelner Normen bezogen, die sich aber auch für die Funktion eines Normenkomplexes beziehungsweise Systems übertragen lässt. Zum Wandel eines inneren Systems s. ferner bereits § 9 B. II. 1. c) und § 9 B. II. 2.

weise Systemwandel von den genannten Theorien zu lösen. Die dargestellten Vertragstheorien bleiben aber auf einer übergeordneten Ebene in gewisser Hinsicht untersuchungsleitend. Sie haben den Blick freigemacht für die Erkenntnis, dass die vorherrschende normative Vertragsfunktion primär im Hinblick auf das Verhältnis der Vertragsfreiheit zu einer etwaigen inhaltlichen Vertragskontrolle und heteronom gesetzten Vertragskorrektur und den dahinterstehenden Prinzipien entnommen werden kann, wobei mangels gewohnheitsrechtlicher Anknüpfungsmöglichkeit eine enge Orientierung am Gesetz geboten ist.[470] Die Rekonstruktion des geltenden Vertragsmodells aus dem Gesetz bedarf dabei keiner Untersuchung aller Normen des allgemeinen Vertragsrechts, sondern nur solcher, die Rückschlüsse auf die Legitimierung vertraglicher Bindung und damit auf die Gewährleistung und Begrenzung der Vertragsfreiheit zulassen. Die Untersuchung kann sich zudem auch genau auf die Bedeutung der Normen für diese Aspekte beschränken, weitere Funktionen, die diese Normen im Vertragsrecht erfüllen, können ausgeblendet werden.[471] Als relevante Normen für das geltende Vertragsmodell lassen sich damit insbesondere §§ 104 ff., 133, 157, 134, 138, 242, 305 ff. und 312 ff. BGB aufführen. Hilfreiche Rückschlüsse auf die normative Vertragsfunktion sind ferner zusätzlich durch das dispositive und das zwingende besondere Vertragsrecht zu erwarten, allerdings nicht als einzelne Regelungen, sondern mit Blick auf ihre allgemeine Wirkweise als vertragliche Regelungsinstrumente.

Einschränkend ist hinsichtlich solcher der genannten Normen(komplexe), die unionsrechtlichen Ursprungs sind, festzuhalten, dass ihre Bedeutung für das Vertragsmodell unter Umständen besonderer Aufmerksamkeit bedarf. Sollten sich diese nämlich als systementscheidend herausstellen – die Annahme eines Funktionswandels nur durch sie begründet sein –, wäre genauer zu prüfen, inwiefern sich ein so gebildetes Vertragsmodell methodisch begründen lässt (recht einfach dürfte dies etwa gelingen, wo die betreffende unionsrechtliche Norm einer nationalrechtlichen nachgebildet ist) oder die unionsrechtlichen Normen eher als Systembruch zu bewerten sind.[472]

Ferner ist der Hinweis, dass andere Funktionen der betrachteten Normen ausgeblendet werden können, hinsichtlich eines Normenkomplexes noch weiter zu spezifizieren. Dies betrifft die Regelungen zur Anfechtung von Willenserklärungen in den §§ 119 ff. BGB. Das Ziel der folgenden Rekonstruktion liegt darin, die normative Funktion des „idealen" Vertrages zu ermitteln. Auch die angeführten Vertragstheorien betrafen stets die Frage, wie ein idealer Vertrag rechtlich legitimiert wird. Die §§ 119 ff. BGB regeln indes primär den Umgang mit pathologischen Verträgen beziehungsweise Willenserklärungen,

---

[470] S. bereits § 9 D. I. und dort insb. Fn. 331.
[471] Zur potenziellen „teleologischen Mehrdimensionalität" von Normen im Allgemeinen anschaulich: *Reimer*, Methodenlehre, 2020, S. 178.
[472] S. insoweit bereits § 9 B. IV. 2.

bei denen mitunter sogar der Kernbereich der Vertragsfreiheit (der in allen Vertragstheorien vorausgesetzt wird[473]) einen „Defekt" aufweist. Als Regelungen zur Loslösung zeigen sie gleichsam, dass es einen pathologischen Vertrag überhaupt geben kann. Die Funktion pathologischer Willenserklärungen und Verträge dürfte stets im Argument des Vertrauens- beziehungsweise Verkehrsschutzes gesehen werden.[474] Wie schon dargestellt, ist Vertrauen aber kein unabhängig wirkendes Rechtsprinzip. Wann Vertrauen rechtlich geschützt wird und inwieweit es einen pathologischen Vertrag (mit-)legitimiert, hängt vielmehr explizit davon ab, wann ein idealer Vertrag rechtlich legitimiert wird. Denn nur wenn Vertrauen auf einen legitimen Vertrag vorliegt, kommt die Annahme eines pathologischen Vertrages in Betracht.[475] Erkenntnisse zum Prinzipienzusammenspiel beim idealen Vertrag – die normative Funktion des idealen Vertrages – werden somit bedeutsam für das Verständnis des pathologischen Vertrages. Dies gilt aber nicht gleichermaßen andersherum. Wohlgemerkt lässt das spezifische Prinzipienzusammenspiel, das dem pathologischen Vertrag zugrunde liegt, allerdings Rückschlüsse speziell für das Verständnis der Auslegungsnormen zu.[476] Diese erfassen rechtstechnisch konsequenterweise nicht nur die ideale, sondern eben auch die pathologische Willenserklärung. Für die Rekonstruktion der normativen Vertragsfunktion werden die §§ 119 ff. BGB aber nur insoweit wichtig, wie sie Rückschlüsse auf den idealen Vertrag zulassen.

Schließlich ist festzuhalten, dass viele der Normen, über die sich auf den ersten Blick am ehesten eine konsequentialistische Vertragstheorie begründen ließe, mit dem Bürgerlichen Gesetzbuch entstanden sind. Die mit ihnen an den Vertrag herangetragenen heteronomen Maßstäbe sind insoweit vor dem Hintergrund des damals angesetzten deontologischen Vertragsverständnisses in engen Schranken zu verstehen gewesen.[477] Dies gilt insbesondere für § 138 Abs. 1 BGB und § 134 BGB,[478] aber auch für das Postulat von Treu und

---

[473] S. § 9 D. II. 4.
[474] S. insoweit für die deontologische Vertragstheorie bereits § 9 C. III. und § 9 Fn. 272.
[475] S. zu alldem bereits § 9 C. III.
[476] S. insb. später § 11 B.
[477] Anschaulich und m.w.N.: *Martinek*, Vertragsrechtstheorie und Bürgerliches Gesetzbuch Abschnitt III: „Die wenigen Ansatzpunkte für eine sozial[e] Kontrolle der Privatautonomie (§§ 134, 138, 242, 315 BGB) hielten sich in den engen Schranken eines ethisch fundierten Liberalismus."
[478] Vgl. Motive I, 1888, S. 210 zum heutigen § 134 BGB, bei dem deutlich auf Verbotsgesetze aus dem Straf- und öffentlichen Recht abgestellt wurde, sowie insbesondere die hinsichtlich der Schaffung des heutigen § 138 Abs. 1 BGB geäußerten Bedenken eines zu weiten Verständnisses auf S. 211 f.: „Die Vorschrift stellt sich als ein bedeutsamer gesetzlicher Schritt dar, der vielleicht nicht ohne Bedenken ist. [...] Fehlgriffe sind nicht ausgeschlossen. Bei der Gewissenhaftigkeit des deutschen Richterstandes darf indessen unbedenklich darauf vertraut werden, daß die Vorschrift im Ganzen und Großen nur in dem Sinne angewendet wird, in dem sie gegeben ist."; ähnliches zeigt sich in den Protokollen der zweiten

Glauben. Dass § 242 BGB keinen allgemeinen Vertragskontroll- oder Korrekturvorbehalt normieren sollte, zeigt etwa bereits die bei Normierung angedachte Rückbeziehung an den Verstoß gegen die guten Sitten.[479] Nämliches gilt für § 157 BGB, der zudem auch kein überindividuelles Auslegungsziel anordnen sollte: Verstanden werden musste auch dieser vor dem Hintergrund, dass dem Bürgerlichen Gesetzbuch „das liberale Leitbild von einer Gesellschaft selbstverantwortlicher, urteilsfähiger und formalgleicher Rechtsgenossen [Pate stand], denen es allen in gleichem Maße möglich ist, ihre jeweiligen privaten Interessen aufgrund selbstherrlicher willentlicher Entscheidung durchzusetzen".[480] Insoweit konnte die Bedeutung von Treu und Glauben in § 157 BGB in der Gesamtschau mit anderen Normen nur darin erblickt werden, einerseits einen Maßstab für die methodische Erreichung des in § 133 BGB normierten Auslegungsziels (der Ermittlung des wirklichen Willens des jeweiligen Erklärenden) zu stellen beziehungsweise inhaltsneutral den Umgang mit den dabei bestehenden Missverständnisrisiken zu regeln. Andererseits sollte § 157 BGB nachrangig als inhaltlicher Maßstab dort herangezogen werden, wo „die Ermittlung des Inhaltes eines Vertrages und der einzelnen hieraus für die

---

Kommission, wonach aus der Norm noch der Begriff der „öffentlichen Ordnung" gestrichen wurde, u.a. weil „dem Begriffe eine sichere Umgrenzung fehle" (*Mugdan*, BGB I, 1899, S. 725).

[479] *Mugdan*, BGB II, 1899, S. 502 zu § 206 (heute § 242 BGB): „Die Vertragsfreiheit müsse gemäß ihrer Bestimmung, den Interessen der Einzelnen zu dienen, auch einen Vertrag von ungewöhnlichem Inhalte gestatten. [...] Es bedürfe keiner anderen Schranke, als daß die Uebernahme der Verbindlichkeit nicht gegen das Gesetz oder die guten Sitten verstoßen dürfe. Dabei sei zu beachten, daß [...] gerade in den Fällen, in welchen man ein schutzwürdiges Interesse vermisse, die Frage aufgeworfen werden müsse, ob nicht in der Begründung einer Rechtspflicht zu einer Leistung, die man unter anständigen Menschen nur von dem freien Willen des Anderen erwarte, ein den guten Sitten widerstreitender Eingriff in die Freiheit des Versprechenden zu finden sei."

[480] *Martinek*, Vertragsrechtstheorie und Bürgerliches Gesetzbuch Abschnitt III.

Parteien fließenden Verpflichtungen *in Frage steht*"[481] beziehungsweise es um die „Ergänzung des *fehlenden* Willens"[482] ging.[483]

Die betreffenden Normen, insbesondere §§ 134, 138 Abs. 1, 157 BGB als auch §§ 242 BGB, können daher nicht der Ausgangspunkt für die Frage nach einem normativen Funktionswandel hin zu einer konsequentialistischen Vertragsfunktion sein.[484] Sollte sich aus Normen jüngeren Datums, die nach dem Inkrafttreten des Bürgerlichen Gesetzbuchs im Jahr 1900 entstanden sind, aber der Hinweis auf das systematische Herantragen eines heteronomen Maßstabes an den Vertragsinhalt ergeben, wäre dieses System auch im Hinblick auf die ursprünglichen Normen zu überprüfen und diese wären im Lichte eines sich so bestätigenden normativen Funktionswandels zu deuten.

Bereits ein erster Blick auf die für das Vertragsmodell relevanten Normen, die nach 1900 geschaffen wurden, verrät, dass sich diese nicht ausschließlich im Sinne des Prinzips der Vertragsfreiheit deuten lassen; die Frage nach einem Funktionswandel also nicht bereits deshalb verneint werden kann, weil ohnehin nur eine einheitliche Deutung in Betracht kommt. Neben der Vertragsfreiheit sowie der Selbstverantwortung und dem Verkehrs- und Vertrauensschutz (die, wie besehen, auch bei einem deontologischen Vertragsverständnis stets

---

[481] Motive II, 1888, S. 198 (zu damals § 359), Hervorhebung durch die Verfasserin.

[482] *Mugdan*, BGB II, 1899, S. 522 (Hervorhebung durch die Verfasserin) zum zweiten Entwurf des BGB (dort zur Änderung des § 359, der dann im 2. Entwurf zu § 127 wurde), insofern sind gerade die Angaben in den Protokollen widersprüchlich wenn auch davon die Rede ist, dass „als Vertragsinhalt nur das gelten dürfe, was den Anforderungen von Treu und Glauben entspreche". (ebenfalls s. 522 a.a.O.), letztlich ist aber dem subsidiären Verständnis aufgrund des einzig stimmigen Bildes in der Gesamtschau der Vorzug zu geben (s. zudem zum Verständnis der Anforderungen von Treu und Glauben nochmals § 9 Fn. 479), auch weil an derselben Stelle in den Protokollen nochmals deutlich der Unterschied zwischen der Auslegung und der Beachtung von Treu und Glauben hervorgehoben wird (die nach Ansicht der Verfasserin nicht ganz so unmissverständlich ist, wie es die Kommission einschätzte): „Theoretisch sei zwar zuzugeben, daß es sich bei der Berücksichtigung von Treu und Glauben und der Verkehrssitte nicht selten nicht um „Auslegung" des Parteiwillens im streng wissenschaftlichen Sinne handle, sondern um Ergänzung des fehlenden Willens durch das Gesetz. Indessen begreife der Sprachgebrauch des Lebens auch die hierauf gerichtete Thätigkeit des Richters unter dem Ausdrucke Auslegung, und der Gesetzgeber dürfe unbedenklich sich diese weitere Bedeutung des Wortes aneignen, da ein Mißverständnis nicht zu befürchten sei." In diesem Zusammenhang ist auch auf die in den Protokollen der 2. Kommission zu § 73, der dann als § 80 BGB aufgenommen wurde (heute § 133 BGB), nochmals implizit hervorgehobene Bedeutung des wirklichen Willens als Auslegungsziel hinzuweisen, da die Norm trotz eines entsprechenden Vorschlags nicht gestrichen wurde, da „die Befürchtung ausgesprochen [wurde], daß die Streichung der Vorschrift zu bedenklichen Rückschlüssen hinsichtlich der Stellung des Gesetzgebers zu der im § 73 ausgesprochenen Auslegungsregel Anlaß geben könnte" (*Mugdan*, BGB I, 1899, S. 685).

[483] S. insoweit dann später auch § 11 C.

[484] Nämliches gilt für die §§ 116 ff. BGB, mit denen der Gesetzgeber bewusst keine verallgemeinerungsfähigen Grundsätze schaffen wollte, s. dazu später § 11 B. und dort insb. Fn. 33.

relevant werden⁴⁸⁵), wirken auch in den „jüngeren" Normen Prinzipien, die heteronome Maßstäbe in das Vertragsmodell hinein- beziehungsweise an den Vertragsinhalt herantragen.⁴⁸⁶ Mangels besserer Bezeichnung werden diese hier als „heteronome Prinzipien" bezeichnet.

Dies gilt allerdings auch nicht für alle jüngeren Normen, wie beispielsweise das gesetzliche Verbraucher-Widerrufsrecht (§ 312g BGB) zeigt. Ausgehend davon, dass die tatsächliche Selbstbestimmung des widerrufsberechtigten Verbrauchers in den geregelten Fällen situativ eingeschränkt ist (etwa, weil er das im Fernabsatz bestellte Produkt nicht vorab sehen oder testen kann), gibt ihm das Widerrufsrecht eine Option, die seine vertragliche Parität wieder herstellen soll.⁴⁸⁷ Insoweit ließe sich dieses Widerrufsrecht auch allein aus einem deontologischen Vertragsverständnis heraus mit Blick auf die Gewährleistung tatsächlicher Selbstbestimmung verstehen.

Die AGB-Kontrolle (§ 305 ff. BGB) lässt sich dagegen nicht mehr ohne einen Bezug auf heteronome Prinzipien erklären. Denn selbst wenn man die AGB-Kontrolle ebenfalls mit der situativ eingeschränkten Selbstbestimmung des Verbrauchers erklärt, ist der im Rahmen der Kontrolle verwendete Maßstab jedenfalls zum Teil überindividueller Natur. § 307 Abs. 2 Nr. 1 BGB stellt explizit auf die Vereinbarkeit der Allgemeinen Geschäftsbedingungen mit den „wesentlichen Grundgedanken der gesetzlichen Regelung, von der abgewichen wird" und damit auf die Inhaltskontrolle unter Beachtung hoheitlicher Regelungen ab. Dies gilt auch für § 138 Abs. 2 BGB (Wucher), der ebenfalls erst nach dem Inkrafttreten des Bürgerlichen Gesetzbuchs geschaffen wurde. In diesem wird unter anderem auf ein „auffälliges Missverhältnis" abgestellt, welches sich letztlich nur anhand eines überindividuellen Maßstabes bemessen lässt. Auch bei dispositivem Recht, welches unabhängig vom ausdrücklichen Willen der Parteien zum Vertragsbestandteil wird, handelt es sich um hoheitliche Regelungen.⁴⁸⁸

---

⁴⁸⁵ S. § 9 C. II.

⁴⁸⁶ An dieser Stelle ist deutlich klarzustellen, dass die Frage nach der normativen Funktion des Vertrages nicht mit der Frage nach einer normativ-einheitlichen Deutung des gesamten Privatrechts oder auch nur des Vertragsrechts gleichgestellt werden kann und die Differenzierung zwischen der rechtlichen Gewährleistung eines autonom bestimmten Vertragsinhalt und einer heteronomen Einflussnahme auf diesen im Hinblick auf die normative Vertragsfunktion und die daraus folgenden Konsequenzen für die Rechtsanwendung als durchaus fruchtbar wahrgenommen wird. Anders klingt dagegen *Auer*, soweit sie bereits aus der Differenzierung zwischen vertragsimmanenten und vertragsfremden Wertungen den Rückschluss auf einen Anspruch der normativen Autonomie im Privatrecht ableitet (*Auer*, Diskurs, 2014, S. 67 Fn. 95).

⁴⁸⁷ S. statt vieler: *Riesenhuber*, System, 2003, S. 566 („Widerrufsrechte, die eine ‚informierte Zweitentscheidung' in Fällen einer – nach pauschaler Betrachtung – defizitären Erstentscheidung für den Vertrag ermöglichen sollen.").

⁴⁸⁸ Statt vieler und weiterführend: *Möslein*, Dispositives Recht, 2011, S. 69 ff.

Unverkennbar gehört zu den Prinzipien, die diesen heteronomen Maßstäben und Regelungen mit zugrunde liegen, die materielle Vertragsgerechtigkeit. Ob und welche (anderen) heteronomen Prinzipien sich insgesamt in der Gesetzgebung jüngeren Datums „materialisiert" haben, kann indes erst einmal dahingestellt bleiben.[489] Entscheidend ist, dass die Normen des allgemeinen Vertragsrechts im Bürgerlichen Gesetzbuch (jüngeren und älteren Datums) eindeutig zeigen, dass neben der Vertragsfreiheit auch heteronome Prinzipien im Vertragsmodell wirken.

Ein Resultat zur Frage, ob eine deontologische oder konsequentialistische Vertragsfunktion vorliegt, verspricht also erst der Blick auf das systematische Verhältnis der Vertragsfreiheit zu den vorhandenen heteronomen Prinzipien. Die Normen, welche Anhaltspunkte zur Legitimation vertraglicher Bindung und zu diesem Verhältnis liefern, präsentieren sich dabei insgesamt als Art Stufensystem. Auf den ersten Stufen wird das Zustandekommen eines Vertrages geprüft, auf den Folgestufen seine Wirksamkeit.[490] Die ersten Stufen sagen noch nichts Abschließendes über die Legitimation vertraglicher Bindung aus.[491] Für die Auslegung, die auf diesen ersten Stufen steht, lässt sich treffend sagen, dass sie sich „nur mit der Deutung der Erklärung, nicht mit dem ‚Festhalten' an dem Gedeuteten"[492] beschäftigt. Rückschlüsse auf die Vertragsfunktion müssen somit primär über die Folgestufen gezogen werden.

Die Untersuchung der Normen auf diesen Folgestufen lässt wiederum zwei relevante Beziehungen heteronomer Prinzipien zur Vertragsfreiheit hervortreten: Einerseits eine Ergänzungsbeziehung und andererseits eine Begrenzungsbeziehung.

Die Ergänzungsbeziehung zeigt sich etwa daran, dass bei vorformulierten Vertragsbedingungen eine AGB-Kontrolle stattfindet, wo die §§ 305 ff. BGB Anwendung finden und keine Individualabreden getroffen wurden. Oder daran, dass ein Vertrag gemäß § 138 Abs. 2 BGB nicht nichtig wird, wenn kein auffälliges Missverhältnis besteht. Die vertragliche Bindung wird in diesen Fällen

---

[489] Zustimmen lässt sich aufgrund der möglichen unterschiedlichen Deutungen jüngerer Normen aber bereits an dieser Stelle noch immer *Canaris* Aussage: „So häufig nämlich im Schrifttum von einer ‚Materialisierung' die Rede ist, so selten wird dabei klar gesagt, was damit genauer gemeint ist." (*Canaris*, AcP 2000, 273 [276]).

[490] Ähnlich etwa *Wiebe,* Elektronische Willenserklärung, 2002, S. 89; *Möslein*, in: BeckOGK, Stand: 1.10.2020, § 133 BGB Rn. 16; *Borges/Sesing*, in: BeckOK IT-Recht, § 133 BGB Rn. 3; *Busche*, in: MüKo BGB, § 133 Rn. 21 ff.

[491] Dies gilt selbst im Hinblick auf das heute vorherrschende Verständnis einer deontologischen Vertragstheorie, da auf den ersten Stufen noch keine rechtliche Absicherung „tatsächlicher Vertragsfreiheit" stattfindet, sondern nur formale Gleichheit abgesichert wird, vgl. zu letzterem *Martinek*, Vertragsrechtstheorie und Bürgerliches Gesetzbuch Abschnitt III („Einzige Spielregel eines derartig konzipierten Vertragsrechts formal gleicher Vertragssubjekte ist der intellektuell ungestörte Diskurs der Vertragspartner; hieraus erklärt sich die Bedeutung des Systems der Willensmängel in den §§ 104 ff. BGB.").

[492] *Mittelstädt,* Auslegung, 2016, S. 36.

jeweils also auch darauf gestützt, dass ein heteronomer Maßstab (im Rahmen der AGB-Kontrolle insbesondere der des § 307 BGB, bei § 138 Abs. 2 BGB der des auffälligen Missverhältnisses) erfüllt beziehungsweise nicht erfüllt ist. Bei diesen Fällen handelt es sich indes jeweils nicht um eine von heteronomen Erwägungen geleitete Kontrolle beziehungsweise Beschränkung der Vertragsfreiheit. Jeweils lässt sich nämlich ein Fall der verdünnten oder schwachen Selbstbestimmung und damit eine Kontrolle zur Sicherung der tatsächlichen Selbstbestimmung einer Partei selbst annehmen. In den genannten Beispielen wird entweder situativ an die Verwendung von Vertragsbedingungen angeknüpft, „die nicht im freien Spiel der Kräfte ausgehandelt, sondern einseitig vorgegeben wurden"[493] und bei denen die Gefahr besteht, dass „vertragliche Risiken einseitig auf die Verwendergegenseite [abgewälzt]"[494] werden. Oder es wird an eine im konkreten Fall bestehende Ausbeutung einer Zwangslage oder die Unerfahrenheit, den Mangel an Urteilsvermögen oder die erhebliche Willensschwäche einer Vertragspartei angeknüpft (§ 138 Abs. 2 BGB).

Mit der Ergänzungsbeziehung ist in diesen Fällen also gemeint, dass die Vertragsfreiheit als Legitimationselement vertraglicher Bindung (neben der Selbstverantwortung und dem Vertrauens- und Verkehrsschutz) jeweils (so die gesetzgeberische Vermutung) nicht ausreicht und daher um ein heteronomes Legitimationselement ergänzt wird. Die Prüfung der Allgemeinen Geschäftsbedingungen auf ihre Wirksamkeit oder die Feststellung eines fehlenden auffälligen Missverhältnisses wiegen die schwache Zustimmung bei vorformulierten Vertragsbedingungen oder das Vorliegen subjektiver „Mängel" einer Seite quasi legitimatorisch auf.

Eine weitere Form der Ergänzungsbeziehung zeigt sich auch beim Regelungsinstrument des dispositiven Rechts. Hier findet die legitimatorische Ergänzung gleichsam als inhaltliche Ergänzung statt. Ausgangspunkt ist nicht die qualitative Einschränkung der Selbstbestimmung, sondern ihr quantitatives Fehlen. Nur da, wo die Parteien keine vom dispositiven Regelwerk abweichenden Regelungen getroffen haben, greift das dispositive Recht. Der autonom festgelegte Vertragsinhalt wird also um heteronome Regelungen ergänzt; der Vertrag insgesamt wieder durch ein Zusammenspiel aus autonomen und heteronomen Elementen legitimiert.

Eine Art Zwischenform zu den beiden eben genannten stellen daneben etwa verbraucherrechtliche Informationspflichten und das Verbraucher-Widerrufsrecht dar. Auch hier wird jeweils von einer qualitativ eingeschränkten Selbstbestimmung ausgegangen. Der Vertrag wird hier aber nicht durch die Prüfung des Vertrages anhand eines heteronomen Maßstabes, sondern durch die heteronom bestimmte inhaltliche Ergänzung des Vertrages in Gestalt eines An-

---

[493] BeckOK BGB/Becker, 60. Ed. 1.11.2021, BGB § 305 Rn. 1.
[494] BeckOK BGB/Becker, 60. Ed. 1.11.2021, BGB § 305 Rn. 1.

spruchs auf Informationen oder die Einräumung eines Widerrufsrechts legitimiert.

Es finden sich im allgemeinen Vertragsrecht jedoch keine Regeln, die eine legitimatorische Ergänzung der Vertragsfreiheit vorsehen, wo Anhaltspunkte für deren qualitative oder quantitative Einschränkung fehlen.

Allerdings lässt sich auch für die Fälle, in denen rechtlich von tatsächlicher Selbstbestimmung ausgegangen wird, eine Begrenzungsbeziehung heteronomer Prinzipien zur Vertragsfreiheit ausmachen. Gemeint ist, dass trotz des Fehlens von Anzeichen für eine qualitativ eingeschränkte Selbstbestimmung eine Vertragskontrolle beziehungsweise negative Korrektur (im Sinne der Versagung vertraglicher Bindung) angesetzt wird. Im allgemeinen Vertragsrecht findet sich eine solche positiv-normierte Begrenzungsbeziehung indes nur vereinzelt. Wirklich relevant (da potenziell einen allgemeinen Vorbehalt normierend) werden dahingehend nur §§ 134, 138 BGB. Sowohl § 313 BGB als auch § 314 BGB kommen als allgemeiner Kontroll- oder Korrekturvorbehalt deshalb nicht in Betracht, weil sie Fälle regeln, die vom Willen der Parteien zum Zeitpunkt des Vertragsschlusses nicht vorhergesehen werden konnten. Es kommt damit bereits nicht zu einem Konflikt zwischen autonomer Vertragsinhaltsfestlegung und einer an einem heteronomen Maßstab ausgerichteten Kontrolle oder Korrektur.

In vielen Fällen, die unter § 138 Abs. 1 BGB behandelt werden, liegt zwar auch eine qualitative Einschränkung der Selbstbestimmung einer Partei vor, es ist aber ebenso vorstellbar, dass die Beteiligten unter idealer Selbstbestimmung ein Rechtsgeschäft vereinbaren, das objektiv gegen die guten Sitten verstößt.[495] Versuche, auch § 138 Abs. 1 BGB als Grenze der Vertragsfreiheit aus der Vertragsfreiheit selbst heraus zu begreifen – vom objektiven Sittenverstoß stets auch auf eine schwache Zustimmung zu schließen –, erscheinen den Rechtspaternalismus (fernab der Selbstversklavung als Extremfall[496]) zu weit zu treiben. Die Regelung des § 138 Abs. 1 BGB muss also tatsächlich als äußere Begrenzung der Vertragsfreiheit durch einen heteronomen Maßstab (die guten Sitten) verstanden werden. Für die §§ 134 ff. BGB gilt dies ohnehin.

Im Hinblick auf das innere System des allgemeinen Vertragsrechts und die normative Vertragsfunktion sind beide jedoch nach wie vor als Ausnahmevorschriften zu verstehen. § 138 Abs. 1 BGB sieht eine Vertragskontrolle und negative Korrektur mit dem Verstoß gegen die guten Sitten nur für ein Szenario

---

[495] Statt vieler ebenso *Wendtland*, in: BeckOK, § 138 BGB Rn. 20 m.w.N. („Ein Rechtsgeschäft ist ohne weiteres sittenwidrig, wenn schon sein objektiver Inhalt mit grundlegenden Wertungen der Rechts- oder Sittenordnung [...] unvereinbar ist.").
[496] S. dazu statt vieler *Schmolke,* Selbstbindung, 2014, S. 25 ff. m.w.N., der u.a. auf S. 3 zudem eine Definition von „Rechtspaternalismus" bereithält; dagegen für eine Verallgemeinerung von Bindungsgrenzen bei überlanger Bindung aufgrund der erheblichen Beeinträchtigung der Freiheit des Einzelnen: Hogrebe, Bindungsgrenzen, S. 265 ff.

vor, welches als Extremfall bezeichnet werden kann.[497] § 134 BGB betrifft nur gesondert geregelte Fälle gesetzlicher Verbote.[498] Ein allgemeiner Kontrollvorbehalt, der sich vielleicht aus der Zusammenschau mit anderen, jüngeren Normen hätte ergeben können, kann angesichts des Fehlens einer Begrenzungsbeziehung in jüngeren Normen des allgemeinen Vertragsrechts nicht bejaht werden.[499] Selbst wenn man den Blick erweitert und zwingende Normen im besonderen Vertragsrecht heranzieht, ändert sich daran nichts. Dort feststellbare echte (also heteronom begründete) Grenzen der Vertragsfreiheit betreffen etwa den Dritt- oder Funktionsschutz.[500] Unabhängig von ihrem Ausnahmecharakter lassen sie sich also auch nicht einheitlich im Sinne eines verallgemeinerungsfähigen Maßstabs deuten, welcher bis in das allgemeine Vertragsrecht als systematischer Kontrollvorbehalt ausstrahlen könnte.

Aus der teilweise vernehmbaren Begrenzungsbeziehung heteronomer Erwägungen zur Vertragsfreiheit ist also kein konsequentialistisches Vertragsmodell abzuleiten. Dies gilt letztlich auch für eine Ableitung aus der Ergänzungsbeziehung.

Zwar kann durchaus die Frage aufgeworfen werden, warum der Gesetzgeber überhaupt legitimatorische Ergänzungen für Fälle der eingeschränkten Selbstbestimmung vorgesehen hat, wenn die normative Funktion eines Vertrages in der Gewährleistung einer individuell-freiheitlichen Selbstgestaltung im Recht liegen soll. Warum wird beispielsweise die Bindung an einen Vertrag aufrechterhalten, bei dem sich eine Seite in einer Zwangslage befand, nur weil kein auffälliges Missverhältnis vorliegt? Begründen ließe sich das zwar auch mit einem Autonomieargument, nämlich dem, dass die im Zweifel vielleicht jedenfalls partiell selbstbestimmt getroffene Regelung durch die legitimatorische Ergänzung erhalten bleibt. Ebenso gut ließe sich die Ergänzungsbeziehung aber auch mit einer konsequentialistischen Vertragsfunktion begründen.

Entscheidend ist aber, dass es letztlich unabhängig davon an einem rechtssystematischen Argument fehlt, welches einen finalen Schluss von der Ergänzungsbeziehung auf eine konsequentialistische Vertragsfunktion zuließe. Denn neben der Subsidiarität der Ergänzungsbeziehung (legitimatorische Ergänzung findet nur dort statt, wo die Selbstbestimmung eingeschränkt ist) ist auch ihre fehlende Absolutheit festzustellen. Nicht überall dort, wo die Vertragsfreiheit durch das Recht als eingeschränkt oder fehlend bewertet wird, wird sie legitimatorisch durch heteronome Elemente abgestützt. Dies zeigt sich etwa schon

---

[497] Plakativ insoweit: *Wendtland*, in: BeckOK, § 138 BGB Rn. 2 („Die Vorschrift sichert ein im Rechtsverkehr zu wahrendes ethisches Minimum.").

[498] Statt aller: *Wendtland*, in: BeckOK, § 134 BGB Rn. 5 ff. m.w.N.

[499] Um zu diesem Ergebnis zu gelangen, bedarf es auch keines Rückgriffs auf den (wohl überkommenen) Grundsatz der stets engen Auslegung von Ausnahmevorschriften (s. dazu und dem heutigen Verständnis der nur „regelmäßig engen" Auslegung ausführlich *Säcker*, in: MüKo BGB, Einleitung BGB Rn. 123 ff.).

[500] Ausführlich: *Möslein*, Dispositives Recht, 2011, S. 164 ff.

an den §§ 119 ff. BGB, die insoweit dann auch einen Schluss auf die normative Vertragsfunktion zulassen. Der vom Willensmangel jedenfalls einer Seite geprägte Vertrag wird nämlich beispielsweise nicht einer Inhaltskontrolle unterzogen und aufrechterhalten, weil er einem heteronomen Maßstab genügt, sondern kann je nach autonomem Wunsch der Partei angefochten werden oder aber auch (insoweit dann nachträglich durch echte Selbstbestimmung legitimiert) unangetastet bleiben.[501] Ähnlich präsentiert sich auch § 140 BGB. Eine Umdeutung wird auch dort nicht im Hinblick auf einen heteronomen Maßstab bejaht, sondern nur, wenn anzunehmen ist, dass die Umdeutung „bei Kenntnis der Nichtigkeit gewollt sein würde" (§ 140 BGB). Auch §§ 154, 155 BGB zeigen die fehlende Absolutheit der legitimatorischen Ergänzung. Als systematische Bestätigung einer konsequentialistischen Vertragstheorie lässt sich die im allgemeinen Vertragsrecht identifizierbare Ergänzungsbeziehung daher nicht interpretieren.

Ein normativer Funktionswandel kann der Systematik des allgemeinen Vertragsrechts damit insgesamt (insoweit ist auch kein Unterschied zwischen Normen unionsrechtlichen und nationalen Ursprungs erkennbar) nicht entnommen werden. Das Zusammenspiel der Prinzipien im Vertragsmodell lässt somit noch immer den Schluss darauf zu, dass die normative Funktion von Verträgen in der individuell-freiheitlichen Persönlichkeitsentfaltung im Privatrecht gesehen werden kann.[502]

Es spricht ferner auch nichts dafür, dass dieses deontologische Vertragsverständnis aus faktischen Gründen überholt sei. Einen „Funktionswandel" kann es zwar auch „bei völlig unveränderter Lage der Ausgangsnormen durch den Wandel in den faktischen Prämissen der Rechtsfindung"[503] geben. Die sich ändernden Prämissen müssen sich allerdings auf normativ relevante Tatsachen beziehen, also das Telos einer Norm beziehungsweise eines Normenkomplexes betreffen.[504] Das geltende Vertragsmodell und das Vertragsrecht sehen sich daher nicht bereits durch die zunehmende Technisierung der Willenserklärung, einschließlich der Nutzung formaler Sprachen als Vertragssprachen, einem solchen Funktionswandel ausgesetzt. Hierbei handelt es sich jeweils um faktische Änderungen im Realbereich der Norm beziehungsweise des Normenkomplexes, die nicht dessen Funktion beziehungsweise grundlegende normativ entscheidende Annahmen betreffen, sondern höchstens die konkrete Anwendung der Normen im Hinblick auf die Erfüllung ihrer fortbestehenden Funktion(en) in den jeweiligen spezifischen Anwendungsfällen hinterfragen.[505]

---

[501] Entweder durch Nichtanfechtung oder durch Bestätigung gemäß § 144 BGB.
[502] Die insoweit dann aber auch mit einer „unechten" materiellen bzw. prozeduralen Gerechtigkeitstheorie im Sinne *Schmidt-Rimplers* vereinbar ist, vgl. § 9 D. II. 2. a).
[503] *Bydlinski/Bydlinski,* Methodenlehre, 2018, S. 115, s. zudem auch S. 116.
[504] Vgl. *Bydlinski/Bydlinski,* Methodenlehre, 2018, S. 115.
[505] S. insoweit später ausführlich am Beispiel der Neukonzeptionierung im Hinblick auf eine „textuelle Auslegung 2.0" § 12 A.

Erkenntnisse über normativ relevante Prämissen-Änderungen könnten indes insbesondere aus den Neurowissenschaften kommen und einerseits das dem allgemeinen Vertragsrecht zugrunde gelegte Leitbild des rationalen Menschen, andererseits das Bestehen eines freien Willens als Grundannahme einer deontologischen (und übrigens auch konsequentialistischen) Vertragsfunktion betreffen. Sowohl die Rationalität des Menschen als auch sein freier Wille werden dort zunehmend hinterfragt.[506]

Das Recht wird für die Realität geschaffen, „[e]mpirische Annahmen, auf denen rechtliche und rechtsdogmatische Begründungen aufbauen, sollen [daher] grundsätzlich in Einklang mit den entsprechenden Erkenntnissen von Nachbardisziplinen stehen".[507] Das Recht ist auf die Erkenntnisse anderer Disziplinen vielfach sogar zwingend angewiesen.[508] Eine „Schieflage zur Empirie [kann aber] aus rechtlicher Sicht intendiert, also von der afaktischen Dimension des Rechts erfasst"[509] sein. Das Recht ist den empirischen Prämissen anderer Disziplinen – obschon dies die Lücke zwischen Recht und Realität vergrößern mag – nämlich nicht verpflichtet.[510] Die Gründe, warum neue Erkenntnisse anderer Disziplinen nicht direkt in das Recht wirken, sind vielfältig. Erkenntnisse über die Realität sind nicht perfekt. Sie unterliegen einem mitunter schnell voranschreitenden theoretischen Wandel.[511] Das Recht muss aber eine gewisse Stetigkeit und Abstraktion wahren, um funktionsfähig zu bleiben. Schließlich kann eine Prämisse für das Recht alternativlos sein, selbst wenn sie durch andere Disziplinen bereits widerlegt wurde.

Sowohl bei der Annahme eines freien Willens als auch dem Leitbild eines rationalen Menschen liegen jeweils Gründe vor, die eine solche genuin juristische Prämisse – eine „spezifisch rechtlich[e] Wirklichkeitskonstruktion"[512] – rechtfertigen können. Für die Annahme eines freien Willens gilt dies bereits im Hinblick darauf, dass dieser noch nicht einmal innerhalb der Neurowissen-

---

[506] S. zu ersterem bereits § 9 C. V.; zur Hinterfragung eines „freien Willens" durch die Neurowissenschaften anschaulich und mit umfassenden Nachweisen: *Heun*, JZ 2005, 853 (855 ff.); s. auch die Ausführungen bei *Kling*, Sprachrisiken, 2008, S. 191 ff. m.w.N.; *Singer*, in: Staudinger BGB, Vor § 116 ff. Rn. 8; s. in diesem Zusammenhang ferner auch *Auer*, Diskurs, 2014, S. 48 ff.

[507] *Stark*, Rechtsdogmatik, 2020, S. 361; zur Bedeutung empirischer Erkenntnisse für die Rechtsdogmatik auch anhand von praktischen Beispielen s. statt vieler auch *Bayer*, in: FS Canaris, insb. ab S. 322.

[508] *Wiebe*, Elektronische Willenserklärung, 2002, S. 272; vgl. auch *Reimer*, Methodenlehre, 2020, S. 180.

[509] *Stark*, Rechtsdogmatik, 2020, S. 361.

[510] Statt vieler und m.w.N.: *Wiebe*, Elektronische Willenserklärung, 2002, S. 273.

[511] Auch insoweit anschaulich: *Wiebe*, Elektronische Willenserklärung, 2002, S. 271 m.w.N.

[512] *Teubner*, in: Generalklauseln, S. 26.

schaften einhellig aufgegeben wurde;[513] es sich so gesehen nicht einmal um eine feststehende Prämisse der Nachbardisziplin handelt. Dass der Gesetzgeber sich bisher nicht erkennbar von der Vorstellung eines freien Willens als Anknüpfungspunkt einer deontologischen Vertragsfunktion gelöst hat, kann man kritisieren, ein Funktionswandel lässt sich daran vorbei aber nicht begründen.[514] Auch das Leitbild eines grundsätzlich rationalen Menschen hat das Recht nicht aufgegeben. Wenngleich die Erkenntnisse der Verhaltenspsychologie hier gefestigt und anerkannt sind, steht aktuell noch „kein umfassendes, d.h. rationale wie irrationale Züge erfassendes Modellbild des Menschen zur Verfügung".[515] Der Gesetzgeber, der punktuell bereits moderne verhaltenspsychologische Erkenntnisse zur Grundlage von Normen gemacht hat, hält darüber hinaus wohl genau aus diesem Grund am rationalen Menschenbild fest.[516]

Ein Wandel der deontologischen Vertragsfunktion wird also auch nicht faktisch begründet.

3. Das Vertragsmodell in zwei Kernthesen

Das innere System des allgemeinen Vertragsrechts im Hinblick auf die normative Vertragsfunktion lässt sich vor dem Hintergrund der gewonnenen Erkenntnisse in zwei Kernthesen zusammenfassen.

Erstens, vertragliche Bindung wird im allgemeinen Vertragsrecht unter Rückgriff auf verschiedene Prinzipien legitimiert.

Dies ist zunächst eine wenig überraschende These, denn nach gefestigter Vorstellung wird vertragliche Bindung, auch soweit von einer deontologischen Vertragsfunktion ausgegangen wird, stets nicht nur über das Prinzip der Selbstbestimmung, sondern auch über jenes der Selbstverantwortung legitimiert und auch dies nur, soweit es das Prinzip des Verkehrs- beziehungsweise Vertrauensschutzes erfordert.[517] Eine (vorläufige) vertragliche Bindung an die sogenannte pathologische Willenserklärung, den pathologischen Vertrag, wird ebenfalls stets nur über eine Prinzipienkombination legitimiert.[518]

Soweit hier aber die Legitimation vertraglicher Bindung über verschiedene Prinzipien angesprochen wird, ist vor allem gemeint, dass ein nicht nur vorübergehend bindender Vertrag neben der eben genannten Prinzipienkombina-

---

[513] *Kling*, Sprachrisiken, 2008, S. 191 f. m.w.N.; vgl. auch *Singer*, in: Staudinger BGB, Vor § 116 ff. Rn. 8 m.w.N.

[514] Zum selben Ergebnis kommt *Singer*, in: Staudinger BGB, Vor § 116 ff. Rn. 8, der allerdings sogar eine Divergenz zwischen dem freien, nicht determinierten Willen und der juristisch allein ausschlaggebenden und von den Erkenntnissen der Neurowissenschaften unbeeinflussten Vorstellung eines „vernunftorientierten Willensbegriff" sieht; ähnlich zum Verfassungsrecht auch schon *Heun*, JZ 2005, 853 insb. S. 858 ff.

[515] *Bachmann*, Private Ordnung, 2006, S. 18; s dazu auch bereits § 9 C. V.

[516] S. auch insoweit den Nachweis und Querverweis in § 9 Fn. 515.

[517] S. dazu schon § 9 C. II.

[518] S. schon § 9 C. II.

tion auch über eine Kombination aus Selbstbestimmung (plus Selbstverantwortung und Verkehrs- beziehungsweise Vertrauensschutz) und „heteronomen Prinzipien" (also Prinzipien, die heteronome Maßstäbe an den Vertragsinhalt herantragen[519]) legitimiert werden kann.[520] Dieses Legitimationsmodell tritt indes nur dort subsidiär ein, wo die Selbstbestimmung als Legitimationselement qualitativ oder quantitativ eingeschränkt ist und auch dann nicht immer.

Ohne dass üblicherweise der legitimatorische Unterschied herausgearbeitet wird,[521] wird für Verträge, die auch über ein heteronomes Prinzip legitimiert werden – insbesondere Verträge, die zum Teil über den Maßstab der AGB-Kontrolle legitimiert werden – vielfach ein Unbehagen mit dem Vertragsbegriff vermerkt.[522] Rechtstechnisch liegt hier indes ebenso wie bei der „pathologischen" Bindung ein Fall des Vertrages vor. Legitimatorisch könnte man indes auch nur den allein auf ideale Selbstbestimmung (plus Selbstverantwortung und Verkehrs- beziehungsweise Vertrauensschutz) gestützten Vertrag als „echten Vertrag" verstehen. Von diesem Standpunkt aus lässt sich dann auch verstehen, warum „dem Vertrag" und der „Vertrags"freiheit ein Bedeutungsverlust attestiert wird. Angesprochen ist damit die in der Praxis zunehmende Bedeutung der vertraglichen Legitimation auch unter Heranziehung heteronomer Prinzipien.[523] Daneben wird moniert, dass die jüngere Gesetzgebung die Vertragsfreiheit gerade zum Zwecke der Sicherung der Vertragsfreiheit selbst zu weit eingeschränkt habe.[524] Es lässt sich wohl auch nicht leugnen, dass eine situative Anknüpfung zur Feststellung geschwächter Selbstbestimmung nicht

---

[519] S. insoweit schon § 9 D. III. 2.

[520] Das bedeutet nicht, dass die vertraglichen Regelungen zwingend heteronom erlassen werden (wie bspw. beim dispositiven Recht), sondern nur, dass sie an einem heteronomen Maßstab gemessen werden (wie bspw. einseitig, aber autonom gesetzte AGB) und das jeweils ein Rest Selbstbestimmung (quantitativ und qualitativ) vorliegt. Ohne dass der Ermittlung der einschlägigen heteronomen Prinzipien hier weiter nachzugehen war und nachgegangen werden konnte, ist nochmals festzuhalten, dass das ergänzende Legitimationselement (der einschlägige heteronome Maßstab) im geltenden Recht wohl jedenfalls überwiegend in der materiellen Gerechtigkeit im Sinne der iustitia commutativa erblickt werden kann (s. dazu bereits § 9 D. III. 2.).

[521] Eine Ausnahme stellt insoweit *Bachmann* dar, der indes zu einem anderen Legitimationskonzept kommt, s. *Bachmann,* Private Ordnung, 2006, insb. S. 204 ff.

[522] S. insoweit etwa den einschlägigen Meinungsstand präsentiert bei *Bachmann,* Private Ordnung, 2006, S. 119 f.; besonders plakativ beschrieb das einschlägige Unbehagen mit dem Vertragsbegriff in Verbindung mit AGB, bei dem es sich insoweit um ein internationales Thema handelt, vor wenigen Jahren *Radin,* Oxford Journal of Legal Studies 2017, 505 (533): „I believe that the unreflective use of contractual terminology to refer to interactions increasingly removed from the core justification of contract enforcement has obscured the nature of some significant developments in the information society. I therefore propose, at a minimum, that we should be more careful with our use of the term ‚contract'."

[523] Deutlich etwa: *Rehberg,* in: BeckOGK, § 116 BGB Rn. 160 ff. („Die allermeisten Vertragsinhalte werden heteronom gesetzt.", Rn. 160).

[524] S. dazu schon § 9 D. II. 1.

ohne Reibungsverluste vonstatten geht.[525] Diese durchaus gerechtfertigten Kritikpunkte ändern aber nichts daran, dass dem heutigen inneren System des allgemeinen Vertragsrechts kein normativer Funktionswandel entnommen werden kann.

Dies führt nahtlos zur zweiten Kernthese: Die normative Funktion von Verträgen kann (noch immer) in der Anerkennung individuell-freiheitlicher Persönlichkeitsentfaltung im Recht gesehen werden.

Die Normen des allgemeinen Vertragsrechts lassen Rückschlüsse auf ein paradigmatisches Zusammenspiel der dort wirkenden Prinzipien im Hinblick auf die Vertragsfunktion zu und dieses zeigt, dass eine Begrenzung der tatsächlichen Vertragsfreiheit nur ausnahmsweise und nicht systematisch auftritt und dass eine eingeschränkte Vertragsfreiheit zwar teilweise, aber nicht immer und stets nur subsidiär durch heteronome Wertungen ergänzt wird. Die Zusammenschau aus beidem lässt nur den Schluss zu, dass dem Gesetz ein Vertragsmodell im Sinne der deontologischen Vertragsfunktion zugrunde liegt; die Gewährleistung der Vertragsfreiheit also als Selbstzweck bewertet werden kann.[526]

Dies bezieht sich allerdings, auch so viel lässt sich dem Gesetz entnehmen, auf die Gewährleistung *tatsächlicher* Vertragsfreiheit. Das wiederum bedeutet nicht, dass der Rechtsanwender diese empirisch ermitteln muss. Das Stufenverhältnis im allgemeinen Vertragsrecht zeigt, dass das Vorliegen tatsächlicher Vertragsfreiheit rechtstechnisch vielmehr zunächst bereits dann vermutet wird, wenn die Grundvoraussetzungen für die Teilnahme am Rechtsverkehr vorliegen.[527] Diese Vermutung wird dann auf Folgestufen gegebenenfalls entweder als widerlegt betrachtet (bei der Verwendung von Allgemeinen Geschäftsbedingungen wird die Vermutung beispielsweise quasi dahingehend ins Gegenteil verkehrt, dass von einer schwachen Selbstbestimmung ausgegangen wird) oder durch die Ergänzung weiterer die Vertragsparität sichernder Normen aufrecht erhalten (so etwa beim Widerrufsrecht, das als Instrument zur Herstellung von Vertragsparität in Fällen vermutlich geschwächter Selbstbestimmung des Verbrauchers greift).

Die Gewährleistung der so verstandenen Vertragsfreiheit als normative Vertragsfunktion ist nicht die einzige Funktion des allgemeinen Vertragsrechts. Sie dürfte aber in das Verständnis nahezu aller Normen des Vertragsrechts hineinspielen. Gerade für die Auslegungsnormen lassen sich aus dem ermittelten Zusammenspiel der Vertragsfreiheit mit heteronomen Prinzipien im allgemeinen Vertragsrecht und dem dortigen Fortbestehen der deontologischen Vertragsfunktion mehrere allgemeine Grundsätze ableiten. Heteronome Erwägun-

---

[525] S. exemplarisch die von *Hecht* angeführten Beispiele in *Hecht*, in: BeckOGK, Stand: 1.4.2023, § 125 BGB Rn. 14, 14.1.
[526] S. aber erneut den Hinweis auf eine Vereinbarkeit mit Ansätzen prozeduraler Vertragsgerechtigkeit in § 9 Fn. 502.
[527] Ähnlich etwa *Stürner*, Verhältnismäßigkeit, 2010, S. 6.

gen werden, eingebracht durch § 157 BGB,[528] primär im Hinblick auf die Methode der Auslegung wichtig. Das Auslegungsziel ist indes aufgrund der deontologischen Vertragsfunktion nicht in der Erfüllung eines heteronomen Maßstabes oder Zieles zu erblicken. Soweit solche Auslegungsvorgaben positiv normiert sind, wie § 305c Abs. 2 BGB („Zweifel bei der Auslegung Allgemeiner Geschäftsbedingungen gehen zu Lasten des Verwenders."), sind diese daher grundsätzlich als Ausnahmevorschriften zu verstehen, die nicht verallgemeinerungsfähig sind.[529] Autonom gesetzte Regeln, auch dies zeigt § 157 BGB, können allerdings im Rahmen der Auslegung unter Umständen quantitativ ergänzt werden (worin auch das Einfallstor für die ergänzende Vertrags„auslegung" besteht[530]). Eine legitimatorische Ergänzung aufgrund qualitativer Einschränkungen der Selbstbestimmung kommt hingegen im Rahmen der Auslegung nicht in Betracht. Wie das Stufensystem der im Hinblick auf das Vertragsmodell entscheidenden Normen zeigt, wird auf den ersten Stufen und damit auch im Rahmen der Auslegung von einer Vermutung des Vorliegens tatsächlicher Selbstbestimmung ausgegangen, die erst auf Folgestufen unter Umständen situativ oder im Einzelfall widerlegt wird.

All diesen Schlussfolgerungen für die Auslegung, die aus dem allgemeinen Vertragsrecht und seinem inneren System abgeleitet wurden, kommt indes folgerichtig nur allgemeine Gültigkeit zu. Es steht zu vermuten, dass bestimmten Normenkomplexen des besonderen Vertragsrechts, die sich signifikant vom Leitbild des Vertrags im allgemeinen Vertragsrecht unterscheiden, gegebenen-

---

[528] Insoweit ist mit *Busche*, in: MüKo BGB, § 133 Rn. 21 auch noch einmal deutlich festzuhalten, dass es sich bei §§ 242, 138, 134 BGB im Gegensatz zu § 157 BGB nicht um Auslegungsvorgaben handelt.

[529] Das zeigt sich speziell für die AGB-Kontrolle auch am Verbot der geltungserhaltenden Auslegung, welches aus dem Verbot der geltungserhaltenden Reduktion folgt. Würde man aus § 305c Abs. 2 BGB allgemein ein heteronomes Auslegungsziel bei der Auslegung vorformulierter Vertragsbedingungen ableiten und ihn nicht nur als Ausnahmeregelung verstehen, würde dies dem Verbot der geltungserhaltenden Reduktion zuwiderlaufen. Im Ergebnis ebenso *Bonin*, in: BeckOGK, Stand: 1.3.2023, § 305c BGB Rn. 99, der allerdings eine geltungserhaltende Auslegung im Individualprozess bei Zulässigkeit der geltungserhaltenden Reduktion zulassen würde, was mit dem vorliegenden Verständnis des allgemeinen Vertragsrechts nicht vereinbar wäre; gegen eine Verallgemeinerung der Regel aus § 305c Abs. 2 BGB etwa auch *Möslein*, in: BeckOGK, Stand: 1.10.2020, § 133 BGB Rn. 80 m.w.N.; ebenso: *Busche*, in: MüKo BGB, § 133 Rn. 25 und insb. Rn. 73; *Mansel*, in: Jauernig, BGB, § 133 Rn. 11; offener für eine Verallgemeinerung dagegen *Wendtland*, in: BeckOK, § 157 BGB Rn. 13. An dieser Stelle ist auch nochmals darauf hinzuweisen, dass sich auch im Hinblick auf eine unionsrechtliche Systembildung kein anderes Bild ergibt, da sich aus den einzelnen unionsrechtlichen Regelungen der in dubio contra proferentem-Regel kein allgemeiner Grundsatz ableiten lässt, deutlich insoweit *Riesenhuber*, System, 2003, S. 357 f. in Zusammenschau mit S. 359 („Diese Auslegungsregeln haben z.T. sehr weite Anwendungsbereiche. Allgemeine Auslegungsvorschriften lassen sich aus den Einzelvorschriften jedoch nicht ableiten."); s. insoweit auch schon § 9 B. IV. 2.

[530] Ähnlich etwa auch *Wendtland*, in: BeckOK, § 157 BGB Rn. 1.

falls abweichende Vertragsmodelle und andere normative Vertragsfunktionen entnommen werden können,[531] die entsprechend auch die Auslegung solcher Verträge einem anderen Maßstab unterstellen.[532]

§ 10 Fazit zum zweiten Teil

Das Verhältnis formalsprachlicher Verträge zum allgemeinen Vertragsrecht als Bewertungsmaßstab zeigt in zweierlei Hinsicht Besonderheiten auf: Der bisher wohl wichtigste praktische Unterfall formalsprachlicher Verträge (der Smart Contract), scheint bereits die Maßstabsfunktion des Rechts zu hinterfragen und allein der Umgang mit dem charakteristischen Merkmal formalsprachlicher Verträge (der eindeutigen Interpretierbarkeit) in der Auslegung erfordert es, das innere System des allgemeinen Vertragsrechts als Rechtsmaßstab inhaltlich zu hinterfragen.

Die Maßstabsfunktion des staatlichen Rechts beziehungsweise des Vertragsrechts konnte für Smart Contracts sowohl normativ als auch weitestgehend faktisch bejaht werden.[533] Für andere formalsprachliche Verträge war dies ohnehin anzunehmen.

Eine größere Herausforderung bestand darin, dem inneren System des allgemeinen Vertragsrechts im Hinblick auf das geltende Vertragsmodell und die normative Vertragsfunktion nachzuspüren. Dessen Bedeutung für die Bewertung formalsprachlicher Verträge konnte bereits im Hinblick auf den geringen lex lata-Gehalt der Auslegungsnormen festgehalten werden.[534] Sein Inhalt im Hinblick auf die normative Vertragsfunktion entpuppte sich indes als umstritten, wie es anhand verschiedener Vertragstheorien aufgezeigt werden konnte.[535] Ein Streitentscheid präsentierte sich für die Auslegung formalsprachlicher Verträge als ausschlaggebend.[536] Eine Rekonstruktion des allgemeinen Vertragsrechts zur Aufdeckung des dort geltenden Prinzipienzusammenspiel im Hinblick auf die normative Vertragsfunktion offenbarte letztlich, dass an der deontologischen Vertragstheorie festzuhalten ist und die Ausle-

---

[531] Allgemein zur normativen Spezifität einzelner „Unterabteilungen (Vertragstypen)" des besonderen Schuldrechts und damit zur Möglichkeit von Teilsystemen, *Bydlinski*, System und Prinzipien, 1996, S. 18 Fn. 21 sowie ferner auf S. 415 ff.
[532] Die mögliche Beachtung eines heteronomen Auslegungsziels wird man daher insbesondere dort genauer zu untersuchen haben, wo das Leitbild nicht mehr in zweiseitigen Verträgen erblickt werden kann, sondern Verträgen auch eine heteronome Wirkung zukommt wie etwa beim Tarifvertrag oder bestimmten Gesellschaftsverträgen.
[533] § 8.
[534] § 9 A.
[535] § 9 D. II. und § 9 II. 4.
[536] § 9 D. III. 1.

gungsnormen daher grundsätzlich im Lichte dieses Maßstabes zu verstehen sind.[537]

---

[537] § 9 D. III. 2., § 9 D. III. 3.

Dritter Teil

Die Auslegung von Verträgen in formaler Sprache

Im ersten Teil der Untersuchung konnte die potenzielle Variabilität formalsprachlicher Verträge aufgedeckt werden, die im Hinblick auf deren Auslegung relevant werden kann. Ein Ausblick im zweiten Teil zeigte, dass bereits der Umgang mit dem übergreifenden charakteristischen Merkmal formalsprachlicher Verträge (der eindeutigen Interpretierbarkeit) entscheidend vom normativen Vertragsmodell als Bestandteil des inneren Systems des allgemeinen Vertragsrechts abhängt.[1] Nachdem zu diesem Stellung bezogen wurde,[2] kann der rechtliche Maßstab der Auslegung nunmehr komplettiert und die Auslegung formalsprachlicher Verträge untersucht werden.

In den nachfolgenden Kapiteln spiegelt sich dabei, dass das charakteristische Merkmal formalsprachlicher Verträge auf der einen Seite eine Grundsatzfrage aufwirft (nämlich die nach den Möglichkeiten und Grenzen einer formalen Auslegung), während die Variabilität derselben auf der anderen Seite mit Detailfragen einhergeht. Nach einer kurzen Betrachtung der Auslegungslehre im deutschen Recht (§ 11) findet daher zunächst eine Auseinandersetzung mit der Grundsatzfrage nach einer formalen Auslegung statt (§ 12), die unter besonderen Vorzeichen am Ende nochmals aufgegriffen wird (§ 15). Die Abschnitte § 13 und § 14 stehen dagegen ganz im Zeichen der detaillierten Auseinandersetzung mit der Auslegung formalsprachlicher Verträge, die durch die Beantwortung der Grundsatzfrage möglich wird. Insgesamt liegt im Rahmen dieses Teils der Untersuchung (den Methoden der Auslegung entsprechend) der Fokus weit überwiegend nicht mehr auf dem formalsprachlichen Vertrag, sondern den einzelnen formalsprachlichen Willenserklärungen, die diesen (mit-)konstituieren.[3]

---

[1] S. § 9 D. III. 1.
[2] § 9 D. III. 2., § 9 D. III. 3.
[3] S. insoweit auch nochmals § 2 B. und dort insb. Fn. 80.

§ 11 Die Auslegungslehre im deutschen Recht

Willenserklärungen dienen der Herbeiführung eines „tatsächlichen, rechtlich gesicherten Erfolg[s]".[4] Sie sind sowohl Ausdruck des Vorliegens eines Privatrechtsakts als auch Ausdruck von dessen Inhalt. Das für die Ermittlung der Willenserklärung entscheidende Handwerkszeug der Auslegung ist dementsprechend sowohl auf die Feststellung ihrer Existenz als auch die Feststellung ihres Inhalts gerichtet.[5] Seit jeher ist die dabei angesetzte Auslegungslehre im deutschen Recht ein intensiv diskutiertes Thema.[6] Trotz der geringen Aussagekraft der einschlägigen positiv-rechtlichen Normen zur Auslegung von Willenserklärungen (A.) und der vielen umstrittenen Detailfragen wird das Verständnis der Konzeption der Willenserklärung und der Methoden ihrer Auslegung in seinen Grundzügen heute weitgehend geteilt (C.). Geprägt wird die Auslegung – jedenfalls der hier betrachteten vertraglichen Willenserklärungen[7] – dabei einerseits durch ihre Position im prinzipiell-systematischen Vertragsmodell, als auch durch das Spannungsverhältnis von „Wille und Erklärung" (B.).

A. Positiv-rechtliche Vorgaben zur Auslegung von Willenserklärungen im Bürgerlichen Gesetzbuch

Ausgangspunkt zur Bestimmung des Tatbestands einer Willenserklärung sind die allgemeinen Vorgaben des Bürgerlichen Gesetzbuchs zur Auslegung in § 133 BGB und § 157 BGB. Mittlerweile unbestritten ist dabei, dass auch § 157 BGB, der nach seinem Wortlaut und seiner systematischen Verortung im Titel „Vertrag" nur eine Auslegungsregel für Verträge zu bieten scheint, ebenfalls für die Auslegung einseitiger Rechtsgeschäfte heranzuziehen ist.[8]

Obgleich damit zwei nebeneinander zu betrachtende Vorschriften zur Auslegung von Willenserklärungen existieren, bleibt ihr konkreter Bedeutungsge-

---

[4] *Flume*, in: Enzyklopädie der Rechts- und Staatswissenschaft, S. 51; der nahezu selbe Wortlaut findet sich bereits in Motive I, 1888, S. 126.

[5] Statt aller: *Larenz*, Auslegung, 1930, S. 82.

[6] Als treffenden Ausdruck der unveränderten, wenn nicht gar gesteigerten inhaltlichen Geltungskraft des Ausspruchs zitierte *de la Durantaye* (*de la Durantaye*, Erklärung und Wille, 2020, S. 23) in ihrer Arbeit zur Willenserklärung vor wenigen Jahren *Henle*: „Wer sich in der Einsicht festigen will, daß alle menschliche Erkenntnis Stückwerk bleiben muß, weil eine höhere Weisheit unserem Verstande die Organisation, die alles erfassen könnte, versagt hat, der beschäftige sich mit der Lehre von der juristischen Willenserklärung." (*Henle*, Willenserklärung, 1910, S. 33); zur Geschichte der Auslegungslehre einschließlich eines Überblicks über die einschlägige (historische) rechtswissenschaftliche Literatur, s. allein *Vogenauer*, in: HKK BGB, §§ 133, 157 BGB Rn. 7 ff. m.w.N.

[7] S. zur vorliegenden Definition als „Willenserklärungen gerichtet auf die Herbeiführung eines Schuldvertrages" bereits § 2 B. und dort Fn. 80.

[8] Statt aller: *Vogenauer*, in: HKK BGB, §§ 133, 157 BGB Rn. 29 ff., der auch auf die Historie der beiden Normen eingeht und die gerade nicht zufällige Differenzierung aufzeigt.

halt für die Konzeption der Willenserklärung dennoch recht gering.[9] Die wenigen positiv normierten Vorgaben für die Auslegung werfen ferner sowohl im Hinblick auf ihr Verhältnis zueinander als auch im Hinblick auf ihren jeweiligen Inhalt Fragen auf.[10] Eindeutig scheinen lediglich die in § 133 Hs. 2 BGB getroffene Absage an eine Haftung am buchstäblichen Verständnis eines Ausdrucks[11] und die im Vergleich zu Treu und Glauben untergeordnete Stellung der Verkehrssitte in § 157 BGB.[12] Letztere wird zudem soweit erkennbar recht einhellig als „den Verkehr tatsächlich beherrschende Übung" definiert.[13] Der Norm lässt sich aber etwa nicht entnehmen, inwieweit die Berücksichtigung einer Verkehrssitte von der entsprechenden Kenntnis der beteiligten Rechtssubjekte abhängt.[14] Das Kriterium der Erforschung des wirklichen Willens (§ 133 Hs. 1 BGB) gibt dagegen unter anderem nicht her, *wie* die Erforschung genau erfolgen soll. Schließlich steht mit der Generalklausel von Treu und Glauben (§ 157 BGB) das Kriterium mit dem geringsten unmittelbaren Informationsgehalt parat.[15]

B. Das Auslegungsziel und das Spannungsverhältnis von Wille und Erklärung

Aufschlussreiche Anhaltspunkte zum Verständnis der positiv normierten Vorgaben beziehungsweise zum Verständnis der Auslegung von Willenserklärungen zur Herbeiführung eines Schuldvertrages bietet, wie in Teil zwei gezeigt, das innere System des allgemeinen Vertragsrechts.

Dies betrifft zunächst einmal die aus dem System abgeleitete normative Vertragsfunktion, die, wie ermittelt, im Sinne des deontologischen Vertragsmodells in der Anerkennung der „eigenverantwortlichen Ausgestaltung der recht-

---

[9] S. dazu bereits § 9 A.
[10] Ausführlich dazu *Mittelstädt*, Auslegung, 2016, S. 27 ff.; s. auch schon *Vogenauer*, in: HKK BGB, §§ 133, 157 BGB Rn. 45 ff.
[11] Ausführlicher zum Verständnis des § 133 Hs. 2 BGB aber später § 12.
[12] Der so interpretierbare Wortlaut des § 157 BGB deckt sich insoweit auch mit der Gesetzesbegründung, s. *Mugdan*, BGB II, 1899, S. 522. Zur Eindeutigkeit beider genannten Punkte s. auch bereits *Mittelstädt*, Auslegung, 2016, S. 27.
[13] S. etwa *Mansel*, in: Jauernig, BGB, § 133 Rn. 4.; *Ziegler*, Parteiwille, 2018, S. 92 mit umfassenden Nachweisen; *Dörner*, in: Schulze u.a., § 157 BGB Rn. 3; s. weiterführend auch *Wendtland*, in: BeckOK, § 157 BGB Rn. 16 ff.; ausführlich auch: *Busche*, in: MüKo BGB, § 157 Rn. 16 ff.; zur historischen Bedeutung und Herleitung s. ferner auch *Vogenauer*, in: HKK BGB, §§ 133, 157 BGB Rn. 58 ff. (statt vieler in Rn. 64 auch dazu, dass „Unter Kaufleuten [...] der Handelsbrauch die allgemeine Verkehrssitte [verdrängt], 346 HGB.").
[14] Zum einschlägigen Meinungsstand s. etwa *Ziegler*, Parteiwille, 2018, S. 93 ff.; s. ferner später § 13 A. I. 3. a).
[15] Wenig überzeugend sind daher auch Ansätze, bei denen die Auslegungsmethodik ausschließlich aus der Treu und Glauben-Formel abgeleitet wird, s. dazu die entsprechenden Darstellungen bei *Mittelstädt*, Auslegung, 2016, S. 27 f. m.w.N.

lichen Beziehungen"[16] zu sehen ist.[17] Namentlich spiegelt sich die normative Vertragsfunktion unmittelbar im Ziel der Auslegung entsprechender Willenserklärungen, welches in der Erforschung des wirklichen (rechtsgeschäftlichen) Willens des Erklärenden als Instrument seiner individuell-freiheitlichen Entfaltung zu sehen ist.[18] Zwar folgt dieses Auslegungsziel scheinbar bereits aus § 133 Hs. 1 BGB, der Teufel steckt aber im Detail. Für das deontologische Modell lässt er sich wie folgt sichtbar machen: Das Ziel der (erläuternden) Auslegung liegt *nur* in der Erforschung des wirklichen Willens. Für Verfechter einer konsequentialistischen Vertragstheorie (die dementsprechend mit dem Wortlaut des § 133 Hs. 1 BGB durchaus ebenfalls vereinbar wäre) könnte es dagegen auch heißen: Das Ziel der Auslegung liegt *auch* in der Erforschung des wirklichen Willens.[19]

Denn wenngleich die Legitimation der Bindung an Willenserklärungen im vertraglichen Kontext im deontologischen Vertragsmodell nicht nur auf dem Element der tatsächlichen Selbstbestimmung beruht, findet die Beachtung heteronomer Legitimationselemente in der Auslegung über § 157 BGB nur bei dem quantitativen Fehlen einer autonomen Regelung statt.[20] Insoweit ist die heteronome Regelergänzung aber nicht das Ziel der Auslegung.[21] Eine Beachtung heteronomer Aspekte aufgrund einer Schwächung der Selbstbestimmung ist zwar ebenfalls im System angelegt. Sie findet aber – was im Hinblick auf das Auslegungsziel entscheidend ist – bis auf positiv normierte Ausnahmen erst auf nachgelagerten Stufen statt.[22] Bei der Auslegung, auf erster Stufe in

---

[16] *Nierwertberg*, Begriff und Wirklichkeit, 1983, S. 18.

[17] S. § 9 D. III. 2. und § 9 D. III. 3.

[18] Anschaulich dahingehend *Vogenauer*, in: HKK BGB, §§ 133, 157 BGB Rn. 35 m.w.N. im Hinblick auf die Stimmen der Willenstheorie (wobei dies nach vorliegendem Verständnis auch der Erklärungstheorie im Grundsatz zugrunde liegen müsste, da diese das Vertrauen des Empfängers auf sein Verständnis des wirklichen Willen des Erklärenden schützen soll, s. bereits § 9 C. III.). Aus demselben Grund ist auch bei der normativen Auslegung das Auslegungsziel der wirkliche Wille (s. dazu gleich § 11 C. I. 1.).

[19] S. insoweit zum Kernbereich der Autonomie bei allen Vertragstheorien bereits insb. § 9 D. II. 4.

[20] S. dazu bereits ausführlich § 9 D. III. 2. und § 9 D. III. 3.

[21] Erneut (s. bereits § 9 Fn. 482) ist auf *Mugdan*, BGB II, 1899, S. 522 (dort zur Änderung des § 359, der dann im 2. Entwurf zu § 127 wurde) zu verweisen, wo die sprachliche Zusammenfassung sowohl der Ermittlung des autonomen Willens auf der einen Seite als auch der heteronomen Ergänzung auf der anderen unter den Auslegungsbegriff hervorgehoben wird: „Theoretisch sei zwar zuzugeben, daß es sich bei der Berücksichtigung von Treu und Glauben und der Verkehrssitte nicht selten nicht um ‚Auslegung' des Parteiwillens im streng wissenschaftlichen Sinne handle, sondern um Ergänzung des fehlenden Willens durch das Gesetz. Indessen begreife der Sprachgebrauch des Lebens auch die hierauf gerichtete Thätigkeit des Richters unter dem Ausdrucke Auslegung, und der Gesetzgeber dürfe unbedenklich sich diese weitere Bedeutung des Wortes aneignen, da ein Mißverständnis nicht zu befürchten sei."

[22] S. § 9 D. III. 2.

diesem System, arbeitet das Recht mit einer Vermutung des Vorliegens tatsächlicher Selbstbestimmung. Eine Prüfung der Qualität der Selbstbestimmung findet hier grundsätzlich nicht statt.[23] Für das Auslegungsziel bestätigt dies einerseits das Außerachtlassen heteronomer Aspekte (es ist eben soweit möglich *nur* der wirkliche Wille zu erforschen) und es bedeutet, dass die Erforschung des wirklichen Willens sich (in den Grenzen von Treu und Glauben[24]) auf das grundsätzliche Vorliegen und den Inhalt des wirklichen Willens und nicht auf seine Qualität konzentriert. Die nachfolgenden Stufen, die die Qualität der Selbstbestimmung in den Blick nehmen, bauen also auf dem über das so definierte Ziel gefundenen Auslegungsergebnis auf.[25]

Mit dem Auslegungsziel ist über die Methode der Auslegung – die rechtstechnische Erreichung des Auslegungsziels – hingegen noch nichts gesagt. Diese sieht sich verschiedenen Herausforderungen ausgesetzt, wobei Treu und Glauben als in § 157 BGB normierte heteronome Erwägungen für ihre Bewältigung essenziell werden. Die erste Herausforderung zeigt sich bereits bei der Frage, inwieweit der wirkliche Wille erkennbar sein muss, um überhaupt erforschbar zu sein. Überzeugenderweise wird man als Auslegungsziel die Erforschung des inneren, psychologischen Willens definieren können,[26] aber bereits unabhängig von der genauen Auslegungsmethode als Grundvoraussetzung dessen irgendwie geartete Wahrnehmbarkeit erfordern müssen.[27]

Die Auslegung kann sich jedoch bei empfangsbedürftigen Willenserklärungen nicht unbesehen nur auf die Voraussetzung irgendwie gearteter Wahrnehmbarkeit beschränken. Denn angesichts der Rolle dieser Erklärungen als

---

[23] Eine schon angesprochene Ausnahme zeigt sich insoweit in § 305c Abs. 2 BGB, der an die aufgrund des Vorliegens von AGB rechtlich anzunehmende Schwächung der Selbstbestimmung der Verwender-Gegenseite anknüpft und dies ausnahmsweise bereits in die Auslegung hineinträgt und nicht (wie die sonstige AGB-Kontrolle) auf einer Folgestufe im Vertragsmodell behandelt. Abzugrenzen ist die Frage nach der Qualität der Selbstbestimmung ferner von der Frage der Zurechnung, s. dazu gleich § 11 C. II.

[24] S. dazu etwa die Rechtsmissbrauchsgrenze für Nachforschungsobliegenheiten bei der Auslegung in § 13 A. I. 3. a).

[25] Speziell mit Blick auf die Trennung von Auslegung und AGB-Inhaltskontrolle ebenso: *Bonin*, in: BeckOGK, Stand: 1.3.2023, § 305c BGB Rn. 91 m.w.N.

[26] *Heiner*, Auslegungsvertrag, 2005, S. 52 f.; ebenso, wenngleich mit anderer Begründung, auch *de la Durantaye*, Erklärung und Wille, 2020, S. 66; ähnlich auch *Borges/Sesing*, in: BeckOK IT-Recht, § 133 BGB Rn. 10; s. ferner auch *Busche*, in: MüKo BGB, § 133 Rn. 9.

[27] Anschaulich *Mittelstädt*, Auslegung, 2016, S. 27, 32 m.w.N.; s. auch *Möslein*, in: BeckOGK, Stand: 1.10.2020, § 133 BGB Rn. 6, 29, 48, der das Auslegungsziel vor diesem Hintergrund als Ermittlung des „eigene[n], subjektive[n] Erklärungsverständnis des Erklärenden" (Rn. 29) beschreibt; ähnlich *Borges/Sesing*, in: BeckOK IT-Recht, § 133 BGB Rn. 10 m.w.N. auch aus der Rspr.; ähnlich auch *Busche*, in: MüKo BGB, § 133 Rn. 9; zu den Ursprüngen der Forderung nach Wahrnehmbarkeit des wirklichen Willens s. *Vogenauer*, in: HKK BGB, §§ 133, 157 BGB Rn. 36 ff. m.w.N., insb. Rn. 38.; zum Meinungsstand hinsichtlich dieses Aspekts s. auch *de la Durantaye*, Erklärung und Wille, 2020, S. 65.

Kommunikationsakt mit (mindestens) zwei Beteiligten – Erklärendem und Empfänger – eröffnen sich auch jedenfalls zwei mögliche Perspektiven auf die zu wählende Auslegungsmethode.[28] Einerseits gibt es die des Erklärenden, aus dessen Sicht das Auslegungsziel am besten dadurch erreicht wird, wenn das von ihm Gewollte (mit der Einschränkung irgendeiner Wahrnehmbarkeit) auch als Auslegungsergebnis zugrunde gelegt wird. Auf der anderen Seite steht der Empfänger, dessen Möglichkeiten der Erforschung des wirklichen Willens des Erklärenden naturgemäß auf das beschränkt sind, was *für ihn* wahrnehmbar ist. Er wird dementsprechend grundsätzlich darauf vertrauen müssen, dass er als Empfänger der rechtsgeschäftlichen Kommunikation mit seinen Möglichkeiten das Auslegungsziel erreichen kann; das sein (mögliches) Verständnis vom wirklichen Willen des Erklärenden die Auslegung leitet.

Idealiter deckt sich das Verständnis beider Seiten und die Auslegung führt zum selben Ergebnis, in vielen Fällen präsentieren sich das Verständnis des Erklärenden und das des Empfängers aber als Disjunkte.[29] Würde man sich bei der Auslegung sodann am wirklichen (wahrnehmbaren) Willen des Erklärenden orientieren, würde dies zulasten des Empfängers gehen. Hielte man am (tatsächlichen oder möglichen) Verständnis des Empfängers vom wirklichen Willen fest, würde dies den Erklärenden an eine (so) nicht gewollte Interpretation der Erklärung binden. Auf den Punkt gebracht: „Die Begünstigung des Gutgläubigen erfolgt auf Kosten des anderen Theiles; ihm kann nur gegeben werden, was diesem genommen wird"[30] und vice versa. Für die Positionen in diesem bereits seit Jahrhunderten die Auslegungslehre prägenden Interessenskonflikt wird typischerweise vom Spannungsverhältnis zwischen „Wille" und „Erklärung" gesprochen, bei dem sich die sogenannte Willens- und Erklärungstheorie gegenüberstehen.[31]

---

[28] Zur Bedeutung der (empfangsbedürftigen) Willenserklärung als Kommunikationsakt s. etwa: *Wiebe,* Elektronische Willenserklärung, 2002, passim, etwa auf S. 69, 271; *Rehberg,* in: BeckOGK, Stand: 1.3.2023, § 119 BGB Rn. 95; *de la Durantaye,* Erklärung und Wille, 2020, S. 23 m.w.N.; *Mittelstädt,* Auslegung, 2016, S. 30 m.w.N.

[29] Statt vieler: *de la Durantaye,* Erklärung und Wille, 2020, S. 100 mit umfassenden weiteren Nachweisen; s. insoweit zudem auch nochmals das dargestellte Kommunikationsmodell in § 4 A.

[30] Motive I, 1888, S. 191.

[31] Umfassende Darstellungen der vertretenen gegensätzlichen Positionen und ihrer namhaften Vertreter finden sich etwa bei: *Musielak,* AcP 2011, 769 (774 ff.); *Wiebe,* Elektronische Willenserklärung, 2002, S. 64 ff.; *de la Durantaye,* Erklärung und Wille, 2020, S. 25 ff.; *Vogenauer,* in: HKK BGB, §§ 133, 157 BGB Rn. 34 ff., dessen Zuordnung des Streits zum „Auslegungsziel" indes nach vorliegendem Verständnis nicht zutreffend ist, da sich das Auslegungsziel aus der normativen Vertragsfunktion ergibt, während es beim Streit zwischen Willens- und Erklärungstheorie um den Streit der Auslegungsmethode beziehungsweise den Umgang mit dem bei der Erreichung des Auslegungsziels bestehenden und gerade aufgezeigten Missverständnisrisiko geht. Die Wertungen, die hinter der Erklärungstheorie stehen, setzen, da es insoweit um den Schutz von Vertrauen *auf etwas* (nämlich den in der Erklärung vermeintlich erkannten wirklichen Willen) geht, denklogisch auf einer anderen

Der Gesetzgeber entschied sich, dem Streit zwischen beiden Theorien kein Ende zu setzen.[32] Vielmehr gab er explizit vor, weder der einen noch der anderen Seite in diesem Spannungsverhältnis einseitig den Vorzug zu geben.[33] Wenngleich das innere System somit einen Rückschluss auf das Ziel der Auslegung zulässt, bleibt die Frage der anzuwendenden Auslegungsmethode und der dabei notwendige Umgang mit dem Missverständnisrisiko von Erklärendem und Empfänger weitestgehend offen.

C. Tatbestand der Willenserklärung

Angesichts des niedrigen lex lata-Gehalts der §§ 133, 157 BGB und der keine rechtstechnische Umsetzung bietenden prinzipiell-systematischen Rückschlüsse aus dem inneren System muss die durch Wissenschaft und Rechtsprechung entwickelte Auslegungslehre zurecht als Ergebnis eines hoch abstrakten Konkretisierungsvorgangs gesehen werden.[34] Wenngleich im Detail viele Punkte umstritten sind, wird ihr heute soweit ersichtlich im Kern durchweg gefolgt.[35] Die herrschende Meinung geht dabei davon aus, dass der Tatbestand der Willenserklärung sich aus einem objektiven und einem subjektiven Element zusammensetzt.[36] Im Hinblick auf den objektiven Tatbestand bedient sie sich eines Methodendualismus der Auslegung (I.). Der subjektive Tatbestand (welcher kein Teil der Auslegung ist, für diese aber unmittelbar relevant wird[37] und daher zurecht zum Teil auch mit dieser zusammen besprochen wird[38]) widmet sich der Zurechnung des objektiven Tatbestands zum Erklärenden (II.).

Stufe an, als die Frage nach der normativen Vertragsfunktion und dem Auslegungsziel (sie setzen Kenntnis desselben vielmehr zwingend voraus), s. insoweit auch nochmals § 9 C. III. und § 9 D. III. 2.

[32] Statt vieler ausführlich und mit umfassenden Nachweisen zur gesetzgeberischen Entscheidung: *Vogenauer*, in: HKK BGB, §§ 133, 157 BGB Rn. 38.

[33] *Mugdan*, BGB I, 1899, S. 710 (der erste Entwurf zeigt dagegen größere Nähe zum Willensdogma, s. etwa Motive I, 1888, S. 190). Die auf den ersten Blick insoweit aufschlussreichen Normen der §§ 116 ff. BGB können daher auch nicht herangezogen werden, um damit die Willens- oder die Vertrauenstheorie zu bestätigen (zur entsprechenden Nutzung durch verschiedene Autoren s. etwa *Wiebe*, Elektronische Willenserklärung, 2002, S. 64 f. m.w.N.; s. insoweit auch *de la Durantaye*, Erklärung und Wille, 2020, S. 31 ff.), die §§ 119 ff. BGB zeigen hingegen deutlich, dass Wille und Erklärung in rechtlich relevanter Weise differieren können (s. dazu bereits § 9 D. III. 2.).

[34] Anschaulich dazu *Mittelstädt*, Auslegung, 2016, S. 23.

[35] S. dazu später ausführlich § 13 A. I.

[36] S. dazu gleich § 11 C. II.

[37] S. dahingehend gleich insb. § 11 Fn. 67 und den dazugehörigen Text.

[38] S. etwa *Wendtland*, in: BeckOK, § 133 BGB Rn. 4 ff.

I. Dualismus der Auslegungsmethoden

Der Methodendualismus bei der Auslegung von Willenserklärungen ist als Antwort auf das Spannungsverhältnis von Wille und Erklärung zu begreifen.[39] Während die Methode der normativen Auslegung (1.) das Missverständnisrisiko nach wertenden Aspekten auf Erklärenden und Empfänger verteilt,[40] ist die subjektive Auslegung (2.) darauf gerichtet, tatsächlichen Konsens über den wirklichen Willen zur Geltung zu bringen.

1. Normative Auslegung

Die normative Auslegung geht ebenso wie die subjektive Auslegung dem Ziel der Erforschung des wirklichen Willens des Erklärenden nach.[41] Sie setzt hierbei jedoch einen wertenden Maßstab an. So kommt es weder auf das tatsächlich Gemeinte des Erklärenden noch das tatsächliche Verständnis des Empfängers an.[42] Vielmehr findet eine Objektivierung des Auslegungsmaßstabs statt,[43] deren Folge ein normativer Konsens über das Verständnis der Willenserklärung ist.[44] Ausgangspunkt ist für die herrschende Meinung dabei die Perspektive beziehungsweise der Horizont des Empfängers (die für ihn wahrnehmbaren Materialien und seine Mittel) und das ihm daraus objektiv mögliche Verständnis vom Willen des Erklärenden – sein „Verstehenmüssen" des Willensausdrucks.[45] Den Erklärenden trifft insoweit also eine Sorgfaltsobliegenheit, dem

---

[39] *Mittelstädt,* Auslegung, 2016, S. 23. Ansätze zur Überwindung des Dualismus und Auflösung des Spannungsverhältnisses in nur einer Methode haben sich bisher nicht durchgesetzt, s. dazu etwa *Musielak,* AcP 2011, 769 (776 f.) (insb. mit Blick auf die Defizite der von *Larenz* entwickelten sog. Geltungstheorie). Für beide Methoden gelten sowohl § 133 BGB als auch § 157 BGB, wenngleich bei der subjektiven eher die Bedeutung des § 133 BGB und bei der normativen die des § 157 BGB betont wird (s. etwa *de la Durantaye,* Erklärung und Wille, 2020, S. 101 m.w.N.).

[40] Überzeugend klar insoweit etwa *Mittelstädt,* Auslegung, 2016, S. 35 und passim. (s. auch S. 41 „Die Normativierung bei der normativen Auslegung beschränkt sich auf das inhaltsneutrale Ziel, Missverständnisrisiken unter den Beteiligten zu verteilen."); ebenso *Wiebe,* Elektronische Willenserklärung, 2002, S. 69.

[41] Dies folgt bereits aus den Ausführungen in § 11 B.; ebenso *Mittelstädt,* Auslegung, 2016, S. 41 m.w.N.; ähnlich etwa auch *Wiebe,* Elektronische Willenserklärung, 2002, S. 91, 69; aA: *Wendtland,* in: BeckOK, § 157 BGB Rn. 26, der allerdings widersprüchlich dazu dennoch auf die Privatautonomie abstellen will; *Busche,* in: MüKo BGB, § 133 Rn. 10 ff., relativierend aber in Rn. 14, 17, 33.

[42] Statt vieler: *de la Durantaye,* Erklärung und Wille, 2020, S. 67 m.w.N.

[43] Teilweise wird daher auch statt von normativer von „objektiver" Auslegung gesprochen, so etwa bei: *de la Durantaye,* Erklärung und Wille, 2020, S. 66 ff.; *Borges/Sesing,* in: BeckOK IT-Recht, § 133 BGB Rn. 14.

[44] Den treffenden Begriff „normativer Konsens" hat vor allem *Kramer,* Vertragliche Einigung, 1972, S. 57 ff. geprägt; diesen übernehmend etwa *Vogenauer,* in: HKK BGB, §§ 133, 157 BGB Rn. 36.

[45] *Möslein,* in: BeckOGK, Stand: 1.10.2020, § 133 BGB Rn. 41; *Wendtland,* in: BeckOK, § 133 BGB Rn. 8; *Wendtland,* in: BeckOK, § 157 BGB Rn. 8; *Borges/Sesing,* in: BeckOK

Empfänger dasjenige zugänglich zu machen, was Rückschluss auf seinen wirklichen Willen geben kann; den Empfänger trifft eine Obliegenheit, den Willen der objektivierten Perspektive entsprechend zu erforschen.[46] Im Detail sind die Anforderungen, die an die Objektivierung und den Empfänger als Maßstabsfigur zu stellen sind, indes umstritten.[47] Eindeutig ist lediglich, dass Treu und Glauben und die Verkehrssitte Berücksichtigung finden müssen und das schon aus § 133 Hs. 2 BGB folgend grundsätzlich keine Beschränkung der normativen Auslegung auf bestimmtes Auslegungsmaterial und den darin zum Ausdruck kommenden buchstäblichen Sinn erfolgen kann.[48]

2. Subjektive Auslegung

Die subjektive Auslegungsmethode einer Willenserklärung geht vom tatsächlich Gemeinten des Erklärenden aus. Ermittelt wird, ob der Empfänger den Erklärenden tatsächlich korrekt verstanden hat – unabhängig davon, ob der wirkliche Wille des Erklärenden für ihn erkennbar war.[49] Aufgrund der Anknüpfungen an das jeweils wirklich Gemeinte und wirkliche Verständnis wird diese Auslegungsmethode auch als „natürliche"[50] oder „empirische"[51] Auslegung bezeichnet. Im Kern geht es bei der subjektiven Auslegung um tatsächlichen Konsens hinsichtlich des Vorliegens und Inhalts einer Willenserklärung, be-

---

IT-Recht, § 133 BGB Rn. 14; *Busche*, in: MüKo BGB, § 133 Rn. 12; *Wiebe*, Elektronische Willenserklärung, 2002, S. 69; s. ferner *de la Durantaye*, Erklärung und Wille, 2020, S. 67 mit umfassenden weiteren Nachweisen; aus der st. Rspr. in jüngerer Zeit etwa: BGH, NJW 2021, 464 (466) Rn. 32.

[46] Ähnlich *Mittelstädt*, Auslegung, 2016, S. 45, 50; s. ferner später ausführlicher insb. § 13 A. I. 1. und § 13 A. I. 3. a).

[47] Ausführlich dazu § 13 A. I.

[48] Die normative Auslegung kann also auch keinesfalls mit einer textuellen Auslegung (s. dazu später weiterführend § 12 A.) gleichgesetzt werden. Richtig daher *Mittelstädt*, Auslegung, 2016, S. 48, 83 ff.

[49] Auch insofern ist aber jedenfalls eine irgendwie geartete Wahrnehmbarkeit des wirklichen Willens vorauszusetzen (s. bereits § 11 B.; s. dahingehend auch *Mittelstädt*, Auslegung, 2016, S. 42); auf das Erfordernis von Erkennbarkeit zu verzichten, ist (zurecht) Ausgangspunkt für Kritik an der subjektiven Auslegung (s. zur Kritik gleich § 11 Fn. 55), wird Erkennbarkeit gefordert (etwa durch *Möslein*, in: BeckOGK, Stand: 1.10.2020, § 133 BGB Rn. 33), fällt indes das Abgrenzungskriterium zur normativen Auslegungsmethode mit ihrem hier vertretenen, individualisierenden Maßstab (s. dazu gleich insb. § 13 A. I. 1.) weg (ebenso wiederum *Mittelstädt*, Auslegung, 2016, S. 84).

[50] S. exemplarisch *Busche*, in: MüKo BGB, § 133 Rn. 15. Die Bezeichnung als „natürliche" Auslegung bietet sich im Rahmen dieser Arbeit schon aufgrund der möglichen Verwechslungsgefahr mit dem Gegensatzpaar „natürliche und maschinelle Interpretation" nicht an (s. dazu insb. § 12 B. I.). Soweit hier von einer natürlichen Interpretation gesprochen wird, ist also stets die Deutung eines Ausdrucks entsprechend des allgemeinen natürlichsprachlichen Verständnis gemeint (s. schon Erster Teil Fn. 5 sowie ausführlicher dazu § 12 B. I.), im Hinblick auf die rechtsmethodische Auslegung wird hier dagegen stets von „subjektiver Auslegung" gesprochen.

[51] S. exemplarisch *Heiner*, Auslegungsvertrag, 2005, passim, etwa auf S. 59 ff.

sprochen wird die subjektive Auslegung jedoch oft direkt im Hinblick auf vertraglichen Konsens (also im Hinblick auf das Vorliegen korrespondierender Willenserklärungen).[52] Auch tatsächlicher vertraglicher Konsens setzt indes zunächst tatsächlichen Konsens hinsichtlich des Inhalts der einzelnen Willenserklärungen voraus.[53] Der im Hinblick auf Fälle der Falschbezeichnung berühmte Ausspruch der „falsa demonstratio non nocet"[54] lässt sich damit gleichermaßen für die vom Empfänger im Sinne des wirklichen Willens des Erklärenden richtig verstandene Falschbezeichnung des Erklärenden und die beidseitig unerkannte, aber identisch verstandene Falschbezeichnung nutzen.

An der subjektiven Auslegung wird vereinzelt scharfe Kritik geäußert.[55] Die herrschende Meinung hält indes an ihr fest.[56] Soweit durch eine subjektive Auslegung Konsens hinsichtlich des Verständnisses einer Willenserklärung ermittelt werden kann, wird dieses Auslegungsergebnis zudem einem etwaigen Auslegungsergebnis nach der Methode der normativen Auslegung (welches allerdings identisch ausfallen kann[57]) vorgezogen. Nur wenn über die subjektive Auslegung ein Konsens nicht festgestellt werden kann, wird subsidiär auf die normative Auslegung zurückgegriffen.[58]

Begründen lässt sich der Vorrang mit dem Auslegungsziel (als Ausdruck der normativen Vertragsfunktion), dem bei der subjektiven Auslegung vollends Genüge getan wird, weshalb für den Rückgriff auf ein normatives Verständnis des wirklichen Willens keine Rechtfertigung besteht. Das durch die

---

[52] Auf diesen Unterschied anschaulich und mit umfassenden Nachweisen eingehend: *de la Durantaye*, Erklärung und Wille, 2020, S. 107 ff., s. zudem auch schon S. 105 f. a.a.O.

[53] S. dazu auch § 14, wobei Konsens hinsichtlich der einzelnen Willenserklärungen nur bedeutet, dass zwischen Erklärendem und Empfänger Konsens über das Verständnis der Willenserklärung herrscht, während über den vertraglichen Konsens damit noch nichts gesagt ist; mit Blick allein auf den vertraglichen Konsens richtig daher: *Singer*, in: Staudinger BGB, § 133 Rn. 13 wenn er sagt, dass „die Frage des Konsenses erst die Ebene des Zustandekommens von Verträgen betrifft, nicht bereits die Ebene des Verstehens".

[54] Verbunden wird dieser Ausspruch heute meist mit dem sog. „Haakjöringsköd-Fall" des Reichsgerichts (RGZ 99, 147); zu dieser Entscheidung und seiner Rezeption s. statt vieler: *Mittelstädt*, Auslegung, 2016, S. 87 ff.; zum historischen Hintergrund des Ausspruchs s. *Vogenauer*, in: HKK BGB, §§ 133, 157 BGB Rn. 84 ff. m.w.N.

[55] Prominente Kritik übte in den letzten Jahren insbesondere *Mittelstädt* (s. insb. *Mittelstädt*, Auslegung, 2016, S. 113 ff.; zusammenfassend auch nochmals in *Mittelstädt*, ZfPW 2017, 175), die gerade mit Blick auf die sog. Gettier-Problematik durchaus fundiert ist (*Mittelstädt*, Auslegung, 2016, S. 232 ff.; vgl. auch anknüpfend an die Kritik die Ausführungen bei *Möslein*, in: BeckOGK, Stand: 1.10.2020, § 133 BGB Rn. 36), auf die im Rahmen dieser Arbeit mangels weitergehender Relevanz für formalsprachliche Verträge indes nicht weiter eingegangen werden kann.

[56] Soweit ersichtlich hat vielmehr nur sehr vereinzelt eine Auseinandersetzung mit *Mittelstädts* Kritik stattgefunden, s. etwa *Möslein*, in: BeckOGK, Stand: 1.10.2020, § 133 BGB Rn. 36 ff., der von der Geltung der subjektiven Auslegung im Ergebnis nicht abweichen möchte (Rn. 37 a.a.O.).

[57] Statt vieler ebenso *de la Durantaye*, Erklärung und Wille, 2020, S. 105.

[58] *Busche*, in: MüKo BGB, § 133 Rn. 15 f.; *Mansel*, in: Jauernig, BGB, § 133 Rn. 10.

normative Auslegung an sich geschützte Vertrauen des Empfängers auf ein bestimmtes Verständnis ist im Fall des subjektiven Konsenses nicht mehr schützenswert, denn der Erklärende teilte das Verständnis des Erklärenden oder erkannte, was dieser wirklich wollte.[59]

II. Zurechnung

Nur wenige Autoren bestreiten heute die Voraussetzung eines subjektiven Tatbestands der Willenserklärung.[60] Er wird sowohl historisch, grammatisch als auch systematisch hergeleitet.[61] Die herrschende Lehre sowie auch die Rechtsprechung sind sich entsprechend einig, dass der Erklärende an das Auslegungsergebnis – den objektiven Tatbestand – (auch vorübergehend) nur gebunden wird, wenn ihm dieser zugerechnet werden kann. Dies setzt jedenfalls das Vorliegen eines Handlungswillens (Wille, überhaupt bewusst etwas zu tun oder zu unterlassen[62]) des Erklärenden voraus.[63]

Nahezu einhellig wird zudem angenommen, dass die „ideale" Willenserklärung neben dem Handlungswillen auch durch ein Erklärungsbewusstsein (Bewusstsein, am Rechtsverkehr teilzunehmen[64]) und einen Rechtsgeschäftswillen (Wille, ein bestimmtes Rechtsgeschäft abzuschließen[65]) gedeckt ist.[66] Diese drei subjektiven Elemente der „idealen" Willenserklärung werden spiegelbildlich stets im objektiven Tatbestand gesucht;[67] das oben genannte Auslegungsziel lässt sich also dahingehend konkretisieren, dass der wirkliche Wille des Erklärenden in Gestalt seines Handlungswillens, Erklärungsbewusstseins und Rechtsgeschäftswillens zu erforschen und festzustellen ist.[68] Muss das Ausle-

---

[59] Anschaulich: BGH, NJW 1984, 721 (721).
[60] S. den Überblick bei *Musielak*, AcP 2011, 769 (771 ff., 798) m.w.N.; Vertreterin eines rein objektiven Tatbestands aus jüngerer Zeit ist auch *de la Durantaye* (s. etwa *de la Durantaye*, Erklärung und Wille, 2020, S. 43).
[61] S. insoweit statt vieler die umfassenden Ausführungen von *Musielak*, AcP 2011, 769 (770 ff.) m.w.N.; zum Wortlautargument s. zudem auch noch *Wendtland*, in: BeckOK, § 133 BGB Rn. 4.
[62] Statt vieler: *Neuner*, Allgemeiner Teil, 2023, § 32 Rn. 38.
[63] Statt aller und ausführlich: *Musielak*, AcP 2011, 769 (798 ff.) m.w.N.
[64] Statt vieler: *Wendtland*, in: BeckOK, § 133 BGB Rn. 6.
[65] Statt vieler: *Wendtland*, in: BeckOK, § 133 BGB Rn. 7.
[66] S. etwa *Musielak*, AcP 2011, 769 (771); noch weiter differenzierend dagegen etwa *Ziegler*, Parteiwille, 2018, S. 20 f.
[67] Nur insoweit diese Elemente der idealen Willenserklärung sich im obj. TB spiegeln, kommt überhaupt schützenswertes Vertrauen auf den obj. TB in Betracht, s. schon § 9 C. III. und § 9 D. III. 2.; anschaulich auch *Rödig*, Rechtslehre, 1986, S. 165 f.; ähnlich *Musielak*, AcP 2011, 769 (771); speziell für den Geschäftswillen sehr deutlich auch *Ziegler*, Parteiwille, 2018, S. 20. Insoweit daher nicht überzeugend *Wiebe*, wenn er auch die Spiegelung anderer Zurechnungskriterien im obj. TB zulassen möchte, vgl. *Wiebe*, Elektronische Willenserklärung, 2002, S. 210.
[68] Ohne dass im Einzelfall stets zwischen den verschiedenen Elementen differenziert wird oder werden müsste.

gungsergebnis also den objektiven Anschein des Vorliegens aller Willenselemente bestätigen, ist aber wiederum schon aufgrund der Regelungen des § 119 Abs. 1 BGB unumstritten, dass der Rechtsgeschäftswille im subjektiven Tatbestand tatsächlich fehlen kann.[69] Keine Frage der Zurechnung des objektiven Tatbestands ist zudem aus den dargelegten Gründen des Stufensystems, ob der Wille beziehungsweise seine Elemente von „tatsächlicher" oder nur „schwacher" Selbstbestimmung getragen werden.[70]

Umstritten ist beim subjektiven Tatbestand vor allem das Erfordernis des Erklärungsbewusstseins. Teilweise wird auch bei dessen Fehlen der Tatbestand der Willenserklärung bejaht, teilweise wird gefordert, dass an die Stelle des fehlenden Erklärungsbewusstseins eine Erklärungsfahrlässigkeit treten müsse.[71] Im letzten Fall soll der Vorwurf des fahrlässigen Verkennens des nach außen als Erklärungsbewusstsein zu deutenden Verhaltens ein alternatives Zurechnungselement zur Selbstbestimmung bieten.[72] Gute Gründe sprechen dafür, bei fehlendem Erklärungsbewusstsein eine solche Erklärungsfahrlässigkeit zu fordern.[73] Weder die eine noch die andere Ansicht erscheint aber dogmatisch zwingend. Praktisch entsteht zudem kein relevanter Unterschied.[74]

---

[69] S. etwa *Ziegler*, Parteiwille, 2018, S. 20 m.w.N.; vgl. auch *Wendtland*, in: BeckOK, § 133 BGB Rn. 7.

[70] S. § 9 D. III. 2., § 9 D. III. 3. und § 11 B.

[71] Ausführlich und mit umfassenden Nachweisen zum Meinungsstand: *Musielak*, AcP 2011, 769 (788 ff.).

[72] Auch insoweit besonders anschaulich *Musielak*, AcP 2011, 769 (788 ff.) mit umfassenden Nachweisen; s. zudem bereits § 9 C. II.

[73] Nur das Erfordernis einer Erklärungsfahrlässigkeit geht mit der hier vertretenen und von der Legitimation des idealen Vertrages ausgehenden Vorstellung konform, dass Vertrauen rechtlich geschützt wird, wenn der Vertrauenstatbestand, auf den es aufbaut auf der anderen Seite auch jemandem zurechenbar ist (s. § 9 C. II. und § 9 C. III.). Unverändert gültig ist aus dieser Sicht insoweit *Schmidt-Salzers* Argument, dass andernfalls ein rechtlich relevantes „allgemeines Verhaltensrisiko" begründet würde (s. *Schmidt-Salzer*, JR 1969, 281 insb. S. 285), welches jedenfalls aus den hier zuvor untersuchten Normen des allgemeinen Vertragsrechts gerade nicht abgeleitet werden kann.

[74] *Musielak*, AcP 2011, 769 (801): „Die praktischen Auswirkungen [...] fallen äußerst gering aus. Nur bei Sachverhalten, bei denen eine Erklärungsfahrlässigkeit auszuschließen ist – und dies dürfte nur selten vorkommen – gelangt die herrschende Auffassung zu einem anderen Ergebnis."

§ 12 Notwendigkeit einer Neukonzeptionierung des Tatbestands für die formalsprachliche Willenserklärung?

A. Textuelle Auslegung 2.0 – Anknüpfungspunkt einer potenziellen Neukonzeptionierung

Die herkömmliche Konzeption der Willenserklärung knüpft an die Eigenschaften üblicher Mittel zur rechtsgeschäftlichen Kommunikation an, also insbesondere an die Kommunikation mit natürlicher Sprache.[75] Formalsprachliche Verträge beziehungsweise die sie konstituierenden formalsprachlichen Willenserklärungen[76] weisen, wie besehen, spezifische Charakteristika auf, die sie von natürlichsprachlichen Erklärungen unterscheiden. Dies wirft die Frage auf, ob bereits aufgrund dieser tatsächlichen Unterschiede zu herkömmlichen Erklärungsmitteln (unabhängig von etwaigen Auslegungsvereinbarungen der Parteien[77]) eine angepasste beziehungsweise anderweitige Konzeptionierung des Tatbestands der Willenserklärung notwendig ist.[78]

Je nachdem, inwieweit tatsächliche Änderungen und Besonderheiten bei der rechtsgeschäftlichen Kommunikation vom rechtlich zugrunde gelegten Kommunikationsmodell abweichen, sind daraus rechtsmethodisch unterschiedliche Anforderungen an eine Neukonzeptionierung abzuleiten.[79] So könnte je nach den Änderungen im Realbereich der Norm innerhalb des durch das innere System und die positiv-rechtlichen Normen recht weit gesteckten Rahmens lediglich eine partiell angepasste Konkretisierung des Tatbestands beziehungsweise seiner Voraussetzungen notwendig sein. Eine entsprechende Notwendigkeit wird beispielsweise im Hinblick auf die Integration von Willenserklärungen vertreten, die mittels elektronischer Agenten generiert wurden.[80] Die Grenze

---

[75] S. dazu und weiterführend *Wiebe*, Elektronische Willenserklärung, 2002, S. 271 ff. m.w.N.

[76] Gemeint ist hier der „Vertrag" bzw. die „Willenserklärung" als Auslegungsobjekt, s. zur variablen Bedeutung beider Wörter bereits § 2 A. II.

[77] Dazu später § 15.

[78] Ähnliche Fragen stellte sich etwa auch *Wiebe* mit Blick auf die Besonderheiten der „elektronischen Willenserklärung" in: *Wiebe*, Elektronische Willenserklärung, 2002, passim, deutlich etwa auf S. 207, der auf S. 271 zudem treffend darauf hinweist, dass „[m]it dem Verhältnis von Kommunikation und rechtlichem Konzept der Willenserklärung […] die Frage des Verhältnisses von Recht und Wirklichkeit aufgeworfen [ist]" und in diesem Zusammenhang seinerseits u.a. von einer „Neukonzeptualisierung" spricht (etwa auf S. 198); zur parallelen Fragestellung mit Blick auf das englische Recht s. auch *Allen*, ERCL 2018, 307 („The law may have to develop its traditional canons of interpretation based on this feature of formal languages.", S. 341).

[79] Zum methodischen Ansatz einer solchen Neukonzeptionierung (auch mit Blick auf die Differenzierung zwischen Auslegung und Rechtsfortbildung) s. gleich ausführlicher § 12 C. II.

[80] So *Wiebe*, der das Erfordernis einer Zurechnung elektronischer Willenserklärungen nach dem Risikoprinzip sieht (insb. *Wiebe*, Elektronische Willenserklärung, 2002, S. 140 ff.)

zu einer Einpassung neuer Phänomene in das bereits bestehende Konzept der Willenserklärung ohne Notwendigkeit einer Neukonzeptionierung ist indes fließend.[81] Bereits dieses ist sehr offen für die Aufnahme und spezifische Berücksichtigung neuartiger beziehungsweise veränderter Realphänomene.[82] Andererseits kommt unter Umständen aber auch eine Hinterfragung der Anwendbarkeit positiv-rechtlicher Auslegungsvorgaben spezifisch im Hinblick auf ein solches Phänomen und eine daraus folgende Neukonkretisierung im angepassten Rahmen der noch anwendbaren positiv-rechtlichen Normen sowie des fortbestehend gültigen inneren Systems in Betracht.[83]

Vorwegnehmen lässt sich, dass sich die Frage nach einer Neukonzeptionierung nicht bereits damit verneinen lässt, dass keine *rechtliche* Möglichkeit bestünde, formalsprachliche Erklärungen als relevantes Erklärungsmittel einzusetzen. Der Grundsatz der freien Sprachenwahl ermöglicht den Parteien grundsätzlich, den „Vertragsinhalt [...] ebenso wie in einer Fremdsprache oder Kunstsprache auch durch eine Programmiersprache" zu formulieren.[84]

---

und dahingehend auch schlussfolgert, dass „[d]ie Ersetzung des subjektiven Tatbestands durch technikangemessene Zurechnungskriterien [...] auch Auswirkungen auf die Gestaltung des objektiven Tatbestands der Willenserklärung haben [muß]" (S. 210).

[81] Eine Einfügung ist das bestehende Konzept wird man etwa beim vorherrschenden Zurechnungsansatz für autonome Agentenerklärungen bzw. Computererklärungen und automatisierte Erklärungen über den generalisierten Willen annehmen können, s. zu diesem Zurechnungsansatz statt vieler: *Spindler,* in: Recht der elektronischen Medien, Vor §§ 116 ff. BGB insb. Rn. 6 f. mit umfassenden Nachweisen auch aus der Rspr.

[82] Was in *Bydlinski/Bydlinski,* Methodenlehre, 2018, S. 114 anschaulich für das Verhältnis von veränderter Wirklichkeit und Normen des BGB im Allgemeinen formuliert ist („Zahlreiche faktische Veränderungen im Realbereich des Rechts werfen keine rechtlichen Probleme auf. So werden unzählige technische Geräte, die erst nach der Erlassung der Zivilgesetzbücher erfunden wurden, ohne weiteres nach den Normen über den Kaufvertrag und die Eigentumsübertragung behandelt, da diese nach Wortlaut und Zweck abstrakt genug sind um auch Neuerungen zu erfassen."), gilt für den Tatbestand der Willenserklärung schon angesichts des besonders abstrakten lex lata-Gehalts (s. dazu schon § 9 A. und § 11 A.); ebenso *Wiebe,* Elektronische Willenserklärung, 2002, passim, etwa S. 55: „Das dogmatische Konzept der Willenserklärung erscheint dadurch im Hinblick auf tatsächliche Veränderungen sehr aufnahmefähig" oder S. 140: „Die Struktur der Willenserklärung ist damit dynamisch auf die jeweiligen sozialen und wirtschaftlichen Rahmenbedingungen bezogen."

[83] S. insoweit den Unterschied zur Hinterfragung des inneren Systems durch normativ relevante, also das Telos einer Norm beziehungsweise eines Normenkomplexes betreffende Tatsachenänderungen in § 9 D. III. 2. Die hier angesprochenen faktischen Änderungen im Realbereich betreffen wie ebenfalls a.a.O. schon angesprochen nicht das innere System beziehungsweise das Telos der positiven Normen, sondern hinterfragen vielmehr gerade von diesen ausgehend, ob Ableitungen aus den positiven Normen (bis hin zu deren Nichtanwendung im Einzelfall) im Hinblick auf das jeweilige spezifische Realphänomen anders ausfallen müssen als im Hinblick auf herkömmliche Phänomene, die unter diese Norm subsumiert werden.

[84] *Anziger,* in: Smart Contracts, S. 55 m.w.N.; s. insoweit auch schon § 1 und dort insb. Fn. 14 ff. sowie § 9 C. I. S. ferner gleich § 12 B. zur Frage der *tatsächlichen* Möglichkeit, formalsprachlich rechtsgeschäftlichen Willen auszudrücken.

Nicht jedes ungewöhnliche Erklärungsmittel erfordert jedoch eine Neukonzeptionierung des Tatbestands der Willenserklärung. Die Verwendung von Fremdsprachen (als welche man formale Sprachen aufgrund des gleichermaßen bestehenden Missverständnisrisikos ebenfalls einstufen kann, auch wenn damit typischerweise „natürliche Fremdsprachen" gemeint sind) lässt sich beispielsweise innerhalb des bestehenden Konzepts der Willenserklärung rechtlich bewältigen.[85] Ferner stellt sich im Rahmen der Auslegung nicht die Frage, ob eine Neukonzeptionierung an eine etwaige durch formalsprachliche Willenserklärungen und Verträge hervorgerufene Vertragsimparität oder anderweitige Schwächung der Selbstbestimmung angeknüpft werden könnte.[86]

Wie schon zuvor angeschnitten,[87] ist es aber gerade das charakteristische Merkmal formalsprachlicher Erklärungen (die Möglichkeit der eindeutigen Interpretation), welches Anknüpfungspunkt für eine etwaige Neukonzeptionierung sein könnte. Tatsächlich könnte man aufgrund dieses Charakteristikums geneigt sein zu sagen, dass Smart Contracts gar nicht ausgelegt werden können;[88] jedenfalls aber steht bei manchen Autoren eine stärkere Objektivierung oder Standardisierung im Raum.[89] Was damit implizit angedeutet und von anderer Seite auch schon expliziter benannt wurde,[90] ist die Frage, ob formalsprachliche Verträge den (im deutschen Recht jedenfalls mit der Schaffung des Bürgerlichen Gesetzbuchs vermeintlich schon lange überwundenen[91]) Streit zwischen textueller und kontextueller Auslegung wiederbeleben.

Hierbei handelt es sich um einen Streit, der sich als Spektrum verschiedener Positionen auffächern lässt und bei dem es jeweils um das zu beachtende Auslegungsmaterial als auch den Umgang mit diesem geht. Er reicht von einer

---

[85] Anschaulich: *Kling,* Sprachrisiken, 2008, S. 312 ff.; s. auch *Jancke,* Sprachrisiko, 1987, S. 104 ff.

[86] S. § 9 D. III. 2. und § 9 D. III. 3.

[87] S. insb. § 9 D. III. 1.

[88] So deutlich: *Kaulartz,* InTer 2016, 201 (204, 206), „Smart Contracts dürften aber eher selten Gegenstand eines Gerichtsverfahrens sein, da programmierte Verträge der Auslegung nicht zugänglich sind und etwaige Streitigkeiten eher auf der Ebene der Nichterfüllung oder Rückabwicklung ausgetragen werden dürften." (S. 204 a.a.O.); Anknüpfungspunkt eines solchen Verständnis dürften auch Aussagen wie, „Der Smart Contract hat keinerlei Auslegungsspielraum." sein, wie sie von *Reitwiessner,* in: Rechtshandbuch Smart Contracts, Rn. 11 zur technischen Interpretation getätigt wurde.

[89] S. *Schnell/Schwaab,* BB 2021, 1091 (1096); *Busche,* in: MüKo BGB, § 133 Rn. 28; *Wilhelm,* WM 2020, 1849 (1850); *Möslein,* ZHR 2019, 254 (277 f.); *Möslein,* in: Rechtshandbuch Smart Contracts, Rn. 24; in die nämliche Richtung gehen auch Überlegungen, dass sich bei zunehmender Standardisierung einer Willenserklärung auch die Auslegung weniger an den Umständen des Einzelfalls auszurichten habe, s. dazu erläuternd *Möslein,* in: BeckOGK, Stand: 1.10.2020, § 133 BGB Rn. 93 ff. m.w.N., der auch in diesem Zusammenhang explizit Smart Contracts nennt (Rn. 94).

[90] *Allen,* ERCL 2018, 307 (338 f.).

[91] S. dazu ausführlich *Vogenauer,* in: HKK BGB, §§ 133, 157 BGB Rn. 75 ff., insb. Rn. 79; s. ferner später insb. § 12 C. IV. 1. a).

„pragmatischen Auslegung", die sämtliches Auslegungsmaterial einbezieht und bei der Bedeutungsermittlung auch die Beziehung des Erklärenden zu seinem Ausdruck berücksichtigt, über die vorrangige Berücksichtigung von bestimmten Auslegungsmaterialien bis hin zur ausschließlichen Beachtung schriftlicher Erklärungen und deren rein „semantischer Auslegung", sprich wörtlichen Interpretation.[92] Theorien, die sich für eine pragmatische Auslegung unter Beachtung verschiedener Auslegungsmaterialien aussprechen, werden dabei hier als solche der „kontextuellen Auslegung" und Theorien, die eine Einschränkung oder einen Vorrang beim Interpretationsansatz oder dem Auslegungsmaterial postulieren, als solche der „textuellen Auslegung" verstanden.[93]

Bei formalsprachlichen Verträgen ließe sich dieses Spektrum theoretisch auf Seiten der textuellen Auslegung bis hin zu einer Beschränkung auf die formalsprachlichen Erklärungen und deren formale Interpretation ausdehnen.[94]

---

[92] Der hier bereits zuvor angesprochene Unterschied zwischen Semantik und Pragmatik (s. insb. § 5 Fn. 181) kann auch als Unterschied zwischen „sagen und meinen" oder „literaler/konventioneller und kommunikativer Bedeutung" beschrieben werden, s. dazu und weiterführend *Carstensen u.a.,* Computerlinguistik, 2010, S. 330, 414. S. ferner zu den Möglichkeiten einer semantischen Auslegung grundlegend noch § 12 C. II. Als Vertreter einer Theorie, die bei der Auslegung eine Einschränkung im Auslegungsmaterial als auch dessen Interpretation vorsieht, wurden bereits *Schwartz* und *Scott* eingeführt (s. § 4 A. und dort Fn. 53 ff.). Als Theorie, die vorrangig beziehungsweise unter der Voraussetzung der Eindeutigkeit eine semantische Textinterpretation vorzieht, lässt sich die im deutschen Recht noch immer verbreitete Eindeutigkeitsregel verstehen (s. dazu gleich § 12 Fn. 101 und den dazugehörigen Text). Insgesamt wird in der heutigen deutschen rechtswissenschaftlichen Debatte aber nur vereinzelt noch auf Positionen fernab einer pragmatischen, verschiedenes Auslegungsmaterial beachtenden Theorie Bezug genommen (s. auch insoweit später § 12 C. IV. 1. a)). Gerade in der amerikanischen Rechtswissenschaft sind Theorien am anderen Ende des Spektrums beispielsweise deutlich verbreiteter, allem voran gilt das für die sog. Plain Meaning, Four Corners und die Parol Evidence Rule (s. ausführlich zu diesen und ihren Vertretern statt vieler: *Burton,* Elements of Contract Interpretation, 2009, S. 63 ff. und passim). Diese Theorien sind ihrerseits ein Sinnbild dafür, dass sich die Aspekte der Beachtung von Auslegungsmaterial und der Deutung von Auslegungsmaterial eigentlich nicht sinnvoll trennen lassen (statt vieler mit Blick auf die Parol Evidence und Plain Meaning Rule: *de la Durantaye,* Erklärung und Wille, 2020, S. 59 Fn. 16 m.w.N. „Nach herrschendem Verständnis sind beide Regeln kaum voneinander zu trennen."; s. zudem gleich auch § 12 Fn. 96).

[93] Die Bezeichnung als textuelle und kontextuelle Auslegung ist in diesem Zusammenhang wie schon die Nachweise in § 12 Fn. 92 zeigen sehr gebräuchlich. Da die Theorien aber jeweils sowohl das Auslegungsmaterial als auch die Materialdeutung in den Blick nehmen und dahingehend keine sinnvolle Trennung erfolgen kann (s. auch insoweit schon § 12 Fn. 92 sowie gleich § 12 Fn. 96), kann alternativ auch von „pragmatischer" und „semantischer Auslegung" gesprochen werden. Schon aufgrund des im Rahmen dieser Arbeit eklatanten Missverständnispotenzials wird von der teilweise ebenfalls genutzten Bezeichnung der textuellen Auslegung als „formalen" oder „formalistischen Auslegung" (s. etwa *Mittelstädt,* Auslegung, 2016, S. 47 f.) bewusst Abstand genommen.

[94] Zu den denkbaren Ausgestaltungen s. später noch ausführlicher § 12 C. I.

Auf Seiten der kontextuellen Auslegung stünde hingegen eine „pragmatische Interpretation" unter Berücksichtigung von Kontext, die ein weitgehendes Leerlaufen der Vorteile einer formalen Interpretation formalsprachlicher Erklärungen[95] nach sich ziehen würde.

§ 133 Hs. 2 BGB spricht augenscheinlich klar gegen solche Positionen, die ein pragmatisch ermitteltes Verständnis oder bestimmtes Auslegungsmaterial, sprich Kontext bei der Auslegung unberücksichtigt lassen wollen.[96] Die zentrale Frage ist demnach, ob § 133 Hs. 2 BGB auch auf formalsprachliche Verträge beziehungsweise Erklärungen anwendbar ist oder für diese eine Neukonzeptionierung des Tatbestands der Willenserklärung unter besonderen positivrechtlichen Rahmenbedingungen erforderlich wird.[97] Es kann insoweit zunächst dahingestellt bleiben, ob und inwieweit sich ein Gebot der kontextuellen beziehungsweise Verbot der rein textuellen Auslegung über § 133 Hs. 2 BGB hinaus auch aus § 133 Hs. 1 BGB, § 157 BGB oder dem inneren System des allgemeinen Vertragsrechts ableiten ließe.[98] Denn auch wenn § 133 Hs. 2 BGB im zweiten Fall kein eigenständiger Gehalt zukäme, wäre er als positiv-rechtliche Verkörperung der Regelung dennoch als erster zentraler Ansatzpunkt zu wählen.

Verschiedene Anzeichen sprechen dafür, dass die eindeutige Interpretierbarkeit formalsprachlicher Erklärungen tatsächlich gegen eine Anwendung des § 133 Hs. 2 BGB spricht. So finden sich in den deutschen Rechtswissenschaften noch heute (rückführbar auf die sogenannte Eindeutigkeitsregel „interpretatio cessat in claris"[99]) Verweise darauf, dass in Fällen, in denen eine eindeutige semantische Interpretation natürlicher Sprache (vermeintlich[100]) möglich sei, eine textuelle Auslegung von Willenserklärungen angebracht sei.[101] For-

---

[95] S. zu den Vorteilen bereits § 4 A.
[96] Insoweit ist zu berücksichtigen, dass der Wortlaut des § 133 Hs. 2 BGB sich nur auf die Interpretationsweise bezieht, die nicht allein buchstäblich sein darf. Eine nicht-buchstäbliche (pragmatische) Interpretation erfordert aber zwingend, dass Kontext, also mehr als das wortwörtlich zu deutende Auslegungsmaterial, einbezogen wird. So im Ergebnis auch *Mittelstädt,* Auslegung, 2016, S. 48 m.w.N. Dass die Norm auch genau so vom Gesetzgeber gemeint war, zeigen die Gesetzesmaterialien, wenn dort die Rede davon ist, dass „die Aufzählung aller möglicherweise maßgebenden Umstände im Gesetze geradezu ausgeschlossen ist." (Motive I, 1888, S. 155). Zur detaillierteren Auslegung des § 133 Hs. 2 BGB s. gleich § 12 C. III. und insb. § 12 C. IV. 1.
[97] S. insoweit auch nochmals § 12 Fn. 83.
[98] S. dazu aber später § 12 C. IV. 1. b).
[99] S. zu dieser und ihrer Historie bei der Auslegung von Rechtsgeschäften ausführlich statt vieler: *Vogenauer,* in: HKK BGB, §§ 133, 157 BGB Rn. 75 ff.; zu ihrer Bedeutung für die Gesetzesauslegung *Säcker,* in: MüKo BGB, Einleitung BGB Rn. 118.
[100] Zu den Grenzen einer eindeutigen Interpretation natürlichsprachlicher Ausdrücke anschaulich *Kramm,* Rechtsnorm, 1970, S. 21 ff.; s. ferner auch bereits § 4 Fn. 13.
[101] S. etwa BGH, NJW 2005, 2225, 2227 („Die Prüfung ergibt, dass die vom BerGer. angenommene Eindeutigkeit nicht besteht, so dass die Erklärungen der Parteien vom RevGer. selbst auszulegen sind."); ähnlich BGH, NJW 2002, 3164, 3165 („Dies bedeutet aber

malsprachliche Erklärungen müssten dementsprechend als Paradebeispiel dieses Falls betrachtet werden.[102] Insgesamt bietet es sich im Hinblick auf die formale Auslegung formalsprachlicher Erklärungen und Verträge gewissermaßen an, von einer möglichen „textuellen Auslegung 2.0" zu sprechen.

Dass formale Sprache in dieser Hinsicht ein besonders zu behandelndes Erklärungsmittel sein könnte, lässt sich zudem auch anknüpfend an die „Vorschaubilder"-Entscheidungen des Bundesgerichtshofs[103] annehmen. Bei beiden Entscheidungen stand im Fokus, inwiefern die Anzeige von sogenannten Vorschaubildern auf Suchmaschinenergebnisseiten eine Urheberrechtsverletzung darstellt. Der Bundesgerichtshof verneinte in beiden Fällen eine solche Verletzung aufgrund einer mit der Einstellung der Bilder ins Internet ange-

---

nicht, dass das Beurkundete, wovon das BerGer. [möglicherweise] ausgeht, in dem Sinne eindeutig zu sein hätte, dass für eine Auslegung kein Raum mehr bleibt."); BGH, 1996, 2648, 2650 („Auslegung setzt erst ein, wenn der Wortlaut einer Erklärung zu Zweifeln überhaupt Anlaß gibt."); BGH NJW 1997, 2874, 2875 („Ein allgemeiner Sprachgebrauch für den Begriff der ‚Wohnfläche' hat sich nicht entwickelt [...]. Der Begriff ist daher auslegungsbedürftig."); deutlich auch: *Ellenberger*, in: Grüneberg, § 133 BGB Rn. 6; Anklänge finden sich auch bei *Dörner*, in: Schulze u.a., § 133 BGB Rn. 1 (Willenserklärungen seien potenziell mehrdeutig und müssten „daher in aller Regel ausgelegt [werden]") und Rn. 3 a.a.O.; zu der vor wenigen Jahrzehnten noch deutlich ausgeprägteren Befürwortung der Eindeutigkeitsregel in der Rspr. und vielfachen Befürwortern in der Literatur s. ferner *Vogenauer*, in: HKK BGB, §§ 133, 157 BGB Rn. 75 ff., insb. Rn. 79; *Mansel*, in: Jauernig, BGB, § 133 Rn. 2 geht sogar davon aus, dass die Vertreter der Eindeutigkeitsregel die h.M. ausmachen würden. Vielfach wird bei der Eindeutigkeitsregel darauf hingewiesen, dass diese schon deshalb scheitere, weil Eindeutigkeit „nie am Anfang der Prüfung" stehe (*Kuntz*, AcP 2015, 387 [435]), sondern, die Frage, ob „eine Erklärung eindeutig ist oder nicht, [...] gerade durch Auslegung festgestellt werden [muss]" (*Köhler*, BGB Allgemeiner Teil, 2022, S. 130; ähnlich auch *Busche*, in: MüKo BGB, § 133 Rn. 61; *Heiner*, Auslegungsvertrag, 2005, S. 73 f.). Stellt man auf das *nach umfassender kontextueller Auslegung* eindeutige Auslegungsergebnis ab, so stellt in der Tat dieses „Verständnis der Eindeutigkeitsformel [...] einen Zirkelschluss dar" (*Möslein*, in: BeckOGK, Stand: 1.10.2020, § 133 BGB Rn. 21). Die Eindeutigkeitsregel muss daher dahingehend zu verstehen sein, dass eine textuelle beziehungsweise semantische Interpretation einer Erklärung ein eindeutiges Ergebnis liefert (was seinerseits feststellungsbedürftig ist, dann aber einen Vorrang gegenüber einer kontextuellen, pragmatischen Auslegung begründet, für welche dann je nachdem, wie man das Vorrangverhältnis versteht, kein Auslegungsbedarf mehr bestehen soll).

[102] Mit der formalen Auslegung und daraus folgenden Eindeutigkeit fällt zusätzlich etwa auch die etwaige Frage weg, ob ein schriftliches Dokument, welches semantisch interpretiert werden soll, nach einem Allgemein- oder Fachverständnis zu verstehen ist (s. zu dieser Problematik im Rahmen einer Theorie der textuellen Auslegung *Schwartz/Scott*, Yale Law Journal 2003, 541 (570 ff.), die insoweit von majority oder minority talk sprechen). Ferner ist darauf hinzuweisen, dass eine formale Interpretation von pragmatischen Aspekten, die formalisiert wurden, im Ergebnis dennoch im Sinne der juristischen Auslegung eine semantische Interpretation bleibt (s. dazu gleich § 12 B. II. sowie § 12 C. I.) und auch insoweit ein Unterschied zwischen der textuellen Auslegung natürlicher und formaler Sprache bestehen kann (im Rahmen dieser Arbeit wird der Fokus hingegen auf die Semantikformalisierung und eine entsprechende formale Interpretation gelegt, s. bereits § 2 B.).

[103] BGH, NJW 2010, 2731 – Vorschaubilder; BGH, NJW 2012, 1886 – Vorschaubilder II.

nommenen konkludenten Einwilligung des Urhebers.[104] Entscheidend sei insoweit auch nur der „technische", also formal eindeutig interpretierbare Erklärungswert in Gestalt fehlender technischer Schutzmaßnahmen, die das automatisierte Auffinden der Bilder durch den sogenannten Webcrawler des Suchmaschinenbetreibers verhindert hätten.[105] Dass der Urheber tatsächlich nicht einwilligen wollte, sei wegen der Grundsätze der protestatio facto contraria unbeachtlich.[106] Wenngleich es in diesen Fällen nicht um die Auslegung von vertraglichen Willenserklärungen ging, liegt schon aufgrund der engen Verwandtschaft von Einwilligung und Willenserklärung[107] die Frage auf der Hand, inwiefern die Verwendung formalsprachlicher Willenserklärungen eine „Technisierung des Empfängerhorizonts"[108] bedingt.

Es ist also die Frage zu beantworten, inwieweit § 133 Hs. 2 BGB auf formalsprachliche Erklärungen Anwendung findet und inwieweit daher eine formale Auslegung im Sinne einer Art „textuellen Auslegung 2.0" geboten ist (C.). Zunächst sind jedoch noch bestimmte Vorfragen zu beantworten (B.), die insbesondere auf die tatsächliche Eignung und die tatsächlichen Besonderheiten formalsprachlicher Erklärungen als Willenserklärungen abzielen. Ihre Beantwortung erlaubt erst Rückschlüsse darauf, in welchem Rahmen sich die Frage nach der Anwendbarkeit des § 133 Hs. 2 BGB überhaupt stellt und darauf, wie eine „textuelle Auslegung 2.0" überhaupt aussehen könnte.

B. Vorüberlegungen zu formalsprachlichen Erklärungen als Ausdruck rechtsgeschäftlichen Willens

Die rechtlich gewährte Sprachenfreiheit kann – unabhängig von detaillierten rechtlichen Anforderungen an eine Willenserklärung – stets nur soweit tragen, wie durch eine eingesetzte Sprache tatsächlich rechtsgeschäftlicher Wille ausgedrückt werden kann. Erforderlich ist daher auch im Hinblick auf die Verwendung formaler Sprachen als Vertragssprache beziehungsweise als Erklä-

---

[104] BGH, NJW 2010, 2731, 2735; BGH, NJW 2012, 1886, 1887 f.
[105] Vgl. BGH, NJW 2010, 2731, 2735 f.
[106] Ausführlich zu alldem: *Specht*, Diktat der Technik, 2019, S. 48 ff.; insb. S. 50 ff.; s. zudem später § 13 Fn. 326 ff. und den dazugehörigen Text; deutlich in diesem Zusammenhang auch *Conrad/Schubert*, GRUR 2018, 350 (350) „Zum anderen ist dem Umstand Rechnung zu tragen, dass es sich um Erklärungen von Mensch zu Maschine in einer standardisierten formalen Sprache handelt, für deren Auslegung außerhalb der Erklärung liegende Einzelfallumstände nicht zu berücksichtigen sind."
[107] Dazu statt aller ausführlich: *Ohly*, Einwilligung, 2002, S. 143 ff.
[108] Eine solche aus den Vorschaubilder-Entscheidungen pointiert ableitend: *Specht*, Diktat der Technik, 2019, S. 35: „Der Empfängerhorizont wird insofern gewissermaßen technisiert. Erklärungen, von denen nicht erwartet werden kann, dass sie von einer Maschine erfasst werden, sind demnach unerheblich." (zusammenfassend und verdeutlichend auch nochmals auf S. 74 a.a.O.: „Erklärungen sind so auszulegen, wie sie eine automatisiert handelnde Maschine erfassen und an die hinter ihr stehende natürliche Person weitergeben kann. Der Empfängerhorizont wird technisiert.").

rungsmittel jedenfalls die Möglichkeit, darin eine vertragliche Regelung anzuordnen (I.), die sich als Willensausdruck deuten lässt (II.). Verneint wurde dies in der Vergangenheit insbesondere für bestimmte formalsprachliche Ausdrücke im Spannungsverhältnis von Regelungsanordnung und Regelungsausführung, denen daher hier gesonderte Aufmerksamkeit gewidmet wird (III.).

I. Regelungsanordnung in formaler Sprache

Formale Sprachen eignen sich, wie beschrieben, sehr gut dafür, die Struktur von Regeln abzubilden.[109] Um eine Regelungsanordnung zu bejahen, muss allerdings die vollständige inhaltliche Interpretation einer Regel möglich sein, also auch die begriffliche Ebene der Regel interpretiert werden können.[110]

Dies ist jedenfalls dort möglich, wo sowohl die Struktur als auch die Begriffe der Regelung formalisiert wurden und den Bedeutungsgehalt enthalten, der zur formalen Interpretation der Regel notwendig ist. Unterschiede zeigen sich hier vor allem auf der Begriffsebene. Umso ausdrucksmächtiger die Begriffsformalisierung ausfällt (zum Beispiel durch die Nutzung einer Begriffsontologie[111]), umso eher dürfte eine formale Interpretation der Regel, die deren Qualifizierung als solche erlaubt, möglich sein. Allerdings erfordert die Annahme einer Regelung nicht, dass sämtliche Detailfragen festgelegt sind, sondern nur, dass der Inhalt so weit bestimmt ist, dass ein Interpret weiß, unter welchen Umständen und mit welcher (Rechts-)Folge die Regelung theoretisch ausgeführt werden könnte.[112] Klassischerweise wird man eine Regelung daher auch in Fällen der zustandsverändernden beziehungsweise aktionsauslösenden Begriffsformalisierung bejahen können.[113] Hier werden zwar meist weniger expressive formale Sprachen eingesetzt, die Formalismen enthalten aber gerade jene Informationen, die eine Regelausführung – und damit auch eine hinreichende Regelinterpretation – ermöglichen.[114] Ohne weiteres können die so formalsprachlich festgelegten Regeln auf die Herbeiführung eines rechtlich relevanten Erfolges gerichtet sein.[115]

---

[109] S. § 6 B. I. 2. a).
[110] S. schon § 6 B. I. 2. b).
[111] Zu Ontologien s. insb. bereits § 5 B. III.
[112] Beachte insoweit auch nochmals § 4 Fn. 35.
[113] Zu dieser Art der Begriffsformalisierung s. bereits § 6 B. III. 2.
[114] S. § 6 B. III. 2.
[115] Treffend und plakativ ist insoweit etwa das Beispiel einer rechtlich relevanten Regelungsanordnung in formaler Sprache bei *Kaulartz/Heckmann*, CR 2016, 618 (621): „Die allseits gepriesene Technikoffenheit der Rechtsordnung sollte keinen Unterschied machen zwischen der Formulierung ‚Das Eigentum geht mit vollständiger Bezahlung über.' oder der Codezeile ‚if ($AmountReceived >= $Price) $OwnerDB[$AssetID] = $BuyerID;'." Zur Verbindung von rechtlich relevantem Erfolg, der „in der Regel wirtschaftlichen Erfolg" meint und einer Willenserklärung s. etwa *Flume*, in: Enzyklopädie der Rechts- und Staatswissenschaft, S. 54 sowie bereits § 11 Fn. 4.

Eine Regelungsanordnung in formaler Sprache ist aber auch dort möglich, wo sich der Regelungsinhalt nicht vollständig über eine formale Interpretation erschließen lässt. In vielen Fällen lassen sich formalsprachliche Ausdrücke nämlich auch „natürlich", sprich wie eine natürliche Sprache, interpretieren.[116] Die Möglichkeit einer „natürlichen Interpretation" liegt dort, wo sich eine formale Sprache natürlichsprachlicher Bezeichnungen bedient (wie etwa bei kontrollierter natürlicher Sprache[117]), auf der Hand. Fernab einer möglichen semantischen Interpretation kommt aber auch eine natürliche Interpretation in pragmatischer Hinsicht überall dort in Betracht, wo sich die Bedeutung eines formalsprachlichen Ausdrucks aus den Umständen ermitteln lässt, zum Beispiel über eine natürlichsprachliche Spezifikation.

Was zunächst wie eine Zweckentfremdung der formalen Sprache wirkt, ist bei formalsprachlichen Ausdrücken vielfach Teil der Konzeption. Gerade im Bereich der computerlinguistischen Wissensrepräsentation, wenn es um die formale Modellierung von Sprachwissen geht, ist die Verwendung natürlichsprachlicher Bezeichner ein Instrument, das dort, wo die formale Definition (zwangsläufig) endet, eine ergänzende natürliche Interpretation erlaubt.[118] Das Zusammenspiel von formaler und natürlicher Interpretation kann aber auch fernab dieses Falls und in verschiedenen Variationen auftreten. Es kann nicht nur um die Konkretisierung einer formalen durch eine natürliche Interpretation, sondern auch um die Ergänzung einer ganzen Ebene gehen. Gerade die bekannten Beispiele der Formalisierung eines Syllogismus in der Philosophie zeigen, dass die Struktur einer Regel formal, ihre Begriffe aber zeitgleich natürlich interpretiert werden können.[119] Ebenso lässt sich das umgekehrte Beispiel entdecken, wenn eine Regelung mithilfe einer Auszeichnungssprache ausgedrückt wird,[120] dabei aber nur bestimmte Begriffe und nicht die Struktur der Regelung formalisiert wird. Der Inhalt der Regelung ergibt sich auch hier erst aus einer Ergänzung der formalen durch eine natürliche Interpretation. Ob und wie weit eine Ergänzung der formalen durch eine natürliche Interpretation Sinn ergibt, beziehungsweise eine rechtsgeschäftliche Regelung durch die kombinierte Betrachtung festgelegt werden sollte, ist jeweils im Einzelfall zu ermitteln.

---

[116] Eine „natürliche Interpretation" meint hier also gerade nicht die manuelle (sprich menschliche) Interpretation einer formalen Sprache entsprechend deren formaler Interpretation (s. zu dieser Möglichkeit, die hier als manuelle formale Interpretation bezeichnet wird, bereits § 4 B.). Erneut ist zudem auf den Unterschied zur „subjektiven Auslegung" als rechtlicher Auslegungsmethode, die teilweise als „natürliche Auslegung" bezeichnet wird, hinzuweisen (s. dazu bereits § 11 Fn. 50). S. zudem schon § 4 Fn. 5.

[117] S. zu diesen formalen Sprachen bereits § 1 Fn. 24 und § 4 A.

[118] Vgl. exemplarisch die Beispiele semantischer Netze, die sich natürlichsprachlicher Bezeichnungen bedienen, bei *Carstensen u.a.*, Computerlinguistik, 2010, S. 504 ff.

[119] S. etwa *Dipper u.a.*, Linguistik, 2018, S. 199 ff. zu den klassischen Arbeiten *Aristoteles* zur Logik, einschließlich Beispielen.

[120] Zu Auszeichnungssprachen s. bereits insb. § 5 D. I.

Soweit eine Teilinterpretation formal erfolgen kann, ein Teil der Bedeutung der Regelung (was auch nur die Struktur der Regel betreffen kann) also formalisiert wurde, lässt sich auch bei zusätzlich notwendiger natürlicher Interpretation der nicht formalisierten Bedeutungsanteile noch von einem (Sonder-)Fall einer formalsprachlichen Erklärung als Regelungsanordnung oder vielmehr einer formalsprachlichen Teilerklärung sprechen. Die Charakteristika formalsprachlicher Verträge und Erklärungen wie die inhaltliche Kalkulierbarkeit liegen dann natürlich nur insoweit vor, wie die jeweilige Regelung formal interpretiert werden kann. Dort, wo selbst die formalisierten Bedeutungsanteile natürlich interpretiert werden, lässt sich daher nicht mehr von einer „formalsprachlichen Regelung" sprechen. Dies betrifft etwa den Fall, in dem einer Regelung nicht die tatsächlich formal festgelegte Bedeutung, sondern diejenige (über die Umstände „natürlich" ermittelte) Bedeutung beigemessen wird, die formalisiert werden *sollte*.[121]

II. Formalsprachliche Regelungsanordnung als Ausdruck des Willens

Soweit sich mit formalen Sprachen auf verschiedene Weise Regelungsanordnungen zur Herbeiführung von Rechtsfolgen treffen lassen, müssen diese ferner auch ein Ausdruck menschlichen Willens sein können.[122] Dafür muss sich der rechtsgeschäftliche Wille im formalsprachlichen Ausdruck manifestieren und als solcher auch für einen anderen erkennbar sein, sprich kommuniziert werden können.[123] Nach geltenden Maßstäben möglicher rechtsgeschäftlicher Kommunikation kommt als „Anderer" dabei ausschließlich ein menschlicher Kommunikationspartner in Betracht.[124] Selbst sogenannte „Maschine-zu-Maschine"-Kommunikation,[125] ist im Vertragsrecht daher als „Mensch-über-Maschine(n)-zu-Mensch"-Kommunikation zu verstehen.[126]

---

[121] Ausführlicher dazu § 13 A. I. 3. c) bb).
[122] S. insoweit bereits § 11 C. II.
[123] S. dazu bereits § 11 Fn. 28.
[124] Anschaulich BGHZ 195, 126 Rn. 17 ff.; s. auch *Borges/Sesing*, in: BeckOK IT-Recht, § 133 BGB Rn. 20 f.; *Busche*, in: MüKo BGB, § 133 Rn. 13; *Mansel*, in: Jauernig, BGB, § 133 Rn. 11. In welcher Deutlichkeit und zu welchem Zeitpunkt der Wille für einen anderen Menschen erkennbar sein muss, um rechtlich relevant zu werden, kann hier als Frage der konkreten Ausgestaltung der rechtlichen Auslegungsmethode dagegen erst einmal dahingestellt bleiben. S. dazu später § 13 A. und § 13 B.
[125] Anschaulich zur Funktionsweise und Einsatzbereichen der Maschine-zu-Maschine-Kommunikation (auch M2M-Kommunikation): *Faber*, in: HdB-Industrie 4.0, Rn. 15 ff. m.w.N.
[126] Inhaltlich ebenso etwa: *Schweighofer*, Rechtsinformatik, 1999, S. 15 („Bei der Kommunikation über die Maschine liegt aber auch immer indirekte Kommunikation zwischen Menschen vor, wobei sich Menschen der Maschine zu Kommunikationszwecken bedienen."). Dies bedeutet indes eben gerade nicht, dass die Kommunikation mittels Maschinen oder anderweitig technisierter Kommunikation genauso abläuft wie herkömmliche

Dass formale Sprachen zweckgemäß für die Interaktion eines Menschen mit dem Computer gedacht sind und entsprechend (zusätzlich[127]) als zwischenmenschliches Kommunikationsmittel gewissermaßen zweckentfremdet würden, spricht nicht per se gegen die Möglichkeit, sie zu eben jener Kommunikation zu nutzen. Menschliche Kommunikation hat in den letzten Jahrzehnten in verschiedenerlei Hinsicht eine Technisierung erfahren.[128] Die dadurch entstandenen Kommunikationsmittel weichen in diversen Aspekten von der menschlichen Modellkommunikation – der Kommunikation von Angesicht zu Angesicht – ab.[129] Ein Kommunikationsmittel, auch ein rechtsgeschäftliches, muss zudem nicht in der Lage sein, den rechtsgeschäftlichen Willen „perfekt" auszudrücken. Es muss jedoch geeignet sein, ihn überhaupt verständlich zu machen.[130] Jedenfalls für die hier mit bestimmten Mindestanforderungen definierten formalen (Vertrags-)Sprachen beziehungsweise formalsprachlichen Ausdrücke[131] ist die Möglichkeit der Kommunikation rechtsgeschäftlichen Willens zu bejahen. Die willentlich durch einen Sprachkundigen mit einem solchen Ausdruck gesetzten Regelungen können durch einen anderen sprachkundigen Menschen manuell unmittelbar (formal) interpretiert werden.[132] Grundsätzlich wird man die Kommunikationsmöglichkeit für sämtliche formale Sprachen, die diese Eigenschaften aufweisen, annehmen können. Fernab einer praktischen Bedeutung gilt dies also selbst für jene, die sehr maschinennah sind; letztlich also auch für Maschinensprache.[133] Entscheidend ist die Möglichkeit der Erlernbarkeit der formalen Sprache durch einen Menschen und die Möglichkeit, sich in dieser unmittelbar ausdrücken und sie interpretieren zu können.

Die Unmittelbarkeit weist ferner den Weg, den entsprechenden formalsprachlichen Ausdruck auch als ausdrückliches und nicht als konkludentes Er-

---

Kommunikation, sondern nur, dass der Rückbezug auf einen menschlichen Kommunikationspartner rechtlich stets relevant bleibt.

[127] Wohlgemerkt ist die Möglichkeit, dass der Rechner die Sprache ebenfalls versteht, auch ein Grund weshalb überhaupt eine formale Sprache verwendet wird (s. schon § 4 A. und § 6 A. I.).

[128] Zu Begriff und Formen einer technisierten Kommunikation s. bereits vor mehreren Jahrzehnten grundlegend *Weingarten/Fiehler*, in: Technisierte Kommunikation, S. 1 ff.

[129] Insoweit unverändert gültig *Weingarten/Fiehler*, in: Technisierte Kommunikation, S. 1.

[130] Treffend insoweit die Definition bei *Schweighofer,* Rechtsinformatik, 1999, S. 15 m.w.N. „Als Kommunikationsprozeß wird der Austausch von sprachlichen Zeichen zwischen dem Sender und dem Empfänger einer Nachricht gesehen, bei dem die Zeichen für bestimmte Begriffe stehen und beim Empfänger Information bewirken."

[131] S. § 4 B.

[132] S. § 4 B.; s. ferner gleich § 12 C. I.

[133] Im Ergebnis wohl ebenso *Kaulartz/Heckmann*, CR 2016, 618 (621), die allerdings (anscheinend mit Blick auf die in der Praxis meist nicht vorhandenen Sprachkenntnisse von Maschinensprachen) davon ausgehen, dass solche „grundsätzlich [...] nicht" als Kommunikationsmittel zum inhaltlichen Ausdruck von Willenserklärungen dienen, die Möglichkeit, dass sie es tun, damit aber gerade nicht ausschließen.

klärungsmittel einzuordnen. Dies gilt unabhängig vom verwendeten Kommunikationsweg, der bei formalsprachlichen Erklärungen nahezu ausschließlich elektronischer Natur (also unter Zuhilfenahme technischer Hilfsmittel) sein dürfte. Es kommen insoweit dieselben Erwägungen zum Tragen, die bereits bei Mausklicks zum Tragen kamen: „Der Mausklick hat subjektiv keine andere Bestimmung als Erklärungszeichen zu sein, sondern genau dies ist seine Bestimmung. Es muß also nicht neben der primären Handlungsbestimmung eine sekundäre Erklärungskomponente erst aus den Umständen durch Rückschluß ermittelt werden, sondern die Zielrichtung der Handlung geht primär auf eine Erklärung."[134]

Allerdings kann die Qualifizierung formalsprachlicher Erklärungen als Ausdruck rechtsgeschäftlichen Willens stets nur über die Beachtung außerhalb der Erklärung liegender Umstände erfolgen.

Dies gilt nicht nur für die Interpretation der formalsprachlichen Erklärung als Ausdruck rechtsgeschäftlichen Willens, sondern bereits für die formale inhaltliche Interpretation der formalsprachlichen Erklärung. Diese ist nur dann überhaupt als Regelungsanordnung interpretierbar, wenn ihre Interpretationsvorgaben bekannt sind. Es muss also jedenfalls die formale Grammatik[135] bekannt sein. Soweit bereits eine Implementierung erfolgt ist oder eine bestimmte Ausführungsplattform genutzt werden soll,[136] müssen diese ebenfalls bekannt sein. Bereits geringfügig unterschiedliche Versionen verwendeter formaler Sprachen können zu einer vollkommen anderen Interpretation eines darin geschriebenen Ausdrucks führen, wie es *James Grimmelmann* plakativ am Beispiel der unterschiedlichen Interpretationsergebnisse für den Ausdruck 3/2 in zwei verschiedenen Versionen der Programmiersprache Python zeigt.[137] Der formalsprachliche Ausdruck selbst kann sich keine Interpretation zuweisen. Sie muss ihm von außen zugewiesen werden.[138] Die formale Interpretation

---

[134] *Wiebe,* Elektronische Willenserklärung, 2002, S. 213; ähnlich für Erklärungen in der formalen Sprache „Robots Exclusion Protocol" auch *Conrad/Schubert,* GRUR 2018, 350 (352).

[135] S. dazu insb. bereits § 5 A.

[136] S. dazu § 5 D.

[137] *Grimmelmann,* Journal of Law and Innovation 2019, 1 (13), der u.a. aufgrund dieser Kontextabhängigkeit bei der Interpretation schlussfolgert, dass Smart Contracts stets mehrdeutig seien, solange die genauen Interpretationsvorgaben nicht bekannt seien (S. 11 ff. a.a.O., beachte zudem bereits den Titel seines Beitrages als „All Smart Contracts are Ambiguous"). Davon zu trennen sind hingegen seine Ausführungen zu Mehrdeutigkeiten von Smart Contracts, die nicht den formal festgelegten Inhalt betreffen, sondern dessen Zusammenschau bzw. Verhältnis zur realen Welt (S. 14 ff. a.a.O.).

[138] Anschaulich *Grimmelmann,* Journal of Law and Innovation 2019, 1 (11 ff.), „In a nutshell, no computer program can determine its own semantics. The program may have a fixed, objective syntax. But the act of giving meaning to that syntax — whether by talking about the program or by running it — requires something outside the program itself. Any strategy for doing so ultimately depends on social processes." (S. 11 a.a.O.), s. ferner insb.

eines formalsprachlichen Ausdrucks und damit allein schon die Feststellung, dass eine Regelungsanordnung vorliegt, die gegebenenfalls als Ausdruck rechtsgeschäftlichen Willens zu werten ist, ist damit durch die Umstände zu determinieren. Vielfach werden die Vorgaben konkludent aus dem Zusammenhang zu entnehmen sein, etwa weil der formalsprachliche Ausdruck von vorneherein in ein System eingebettet wurde. In anderen Fällen werden die Interpretationsvorgaben explizit kommuniziert werden (etwa als Absprache vertraglicher Parteien über die zugrunde zu legenden Interpretationsvorgaben).[139]

Selbst wenn aber die Interpretationsvorgaben bekannt sind – die Regelungsanordnung als solche interpretiert werden kann –, erfordert die Qualifizierung derselben als Ausdruck rechtsgeschäftlichen Willens ihrerseits wiederum die Beachtung außerhalb der Erklärung liegender Umstände. Namentlich kann die Qualifizierung der Regelungsanordnung als rechtsgeschäftlicher Willensausdruck nicht allein über eine semantische (Text-)Interpretation festgestellt werden, sondern bedarf stets auch einer über die geschriebene Erklärung hinausgehenden pragmatischen Analyse der Beziehung des Erklärenden zu seinem Ausdruck.[140]

Eine Unterfütterung dieser These lässt sich über die Sprachwissenschaft gewinnen. Dort wurde über die Erkenntnis, dass manche sprachlichen Äußerungen performativ und damit selbst Handlungen sind, die sogenannte Sprechakttheorie entwickelt.[141] Sprechakte könnten als solche nur über eine pragmatische Analyse identifiziert werden.[142] Schuldvertragliche Willenserklärungen werden dabei als das Paradebeispiel für einen Sprechakt angeführt.[143] Die

---

auch S. 14 a.a.O.; ähnlich deutlich auf diesen „sozialen Aspekt" bei der formalen Bedeutungszuweisung und Interpretation hinweisend auch *Allen*, ERCL 2018, 307 (341).

[139] Vgl. *Grimmelmann*, Journal of Law and Innovation 2019, 1 (13) „All the important work is done by the claim that this program is written in that language."; s. zudem beispielhaft die Klausel im *The DAO*-Fall und dazu § 15 C. III.

[140] S. zum Unterschied von Semantik und Pragmatik bzw. „semantischer und pragmatischer Auslegung" bereits insb. § 12 A. und dort vor allem Fn. 92 und den dazugehörigen Text.

[141] Maßgeblich entwickelt wurde die Sprechakttheorie durch *John Langshaw Austin* in *Austin*, Things with Words, 1975, (erstmals veröffentlicht 1962) und daran anschließend durch *John R. Searle* in Speech Act (in der dt. Übersetzung: *Searle*, Sprechakte, 1973); zur Entwicklung und heutigen Bedeutung der Sprechakttheorie für die Linguistik s. statt vieler *Liedtke*, in: Handbuch Pragmatik, S. 29 ff. m.w.N.

[142] Vgl. etwa *Liedtke*, in: Handbuch Pragmatik, S. 29: „Aus der Perspektive der Sprechakttheorie wird Sprache als Teil der menschlichen Handlungsfähigkeit aufgefasst. Sprachliche Ausdrücke werden unter dem Gesichtspunkt identifiziert und klassifiziert, welchen Beitrag sie zur Verwirklichung spezifischer Ziele der Sprachverwendung leisten. Folglich werden alle und nur diejenigen Aspekte der Sprachmittel untersucht, die in einen systematischen Zusammenhang mit den verfolgten Zielen zu bringen sind."

[143] *Searle*, Sprechakte, 1973, S. 88 ff.; s. ferner auch schon *Reinach* (1953), insb. S. 37 ff. (erstmalig war sein Werk 1913 erschienen), dessen Überlegungen sowohl direkt für die Sprachwissenschaften wichtig wurden (s. dazu ausführlich *Busse*, in: Handbuch Pragmatik,

Handlungsbezogenheit einer Regelungsanordnung, die sie überhaupt erst zur Willenserklärung macht, hat also über die Analyse der Beziehung der Regelungsanordnung zu ihrem Anordnenden zu erfolgen.

Die formale Interpretation einer formalsprachlichen Erklärung ist hingegen im Ergebnis quasi immer als eine nur semantische Interpretation zu verstehen. Denn unabhängig davon, welche Bedeutung die Parteien formalisieren, wie sehr sie also auch eine eigentümliche Bedeutungszumessung vornehmen, lässt sich der formalsprachlichen Erklärung anschließend stets ein eindeutiger formaler Erklärungswert entnehmen.

Zwar gibt es über das Konzept und die Idee eines formalsprachlichen Vertrages *hinaus* auch Ansätze, pragmatische Aspekte formal zu interpretieren.[144] Es kann aber keine formal-pragmatische Analyse geben, die eine abschließende Antwort auf die Frage liefern kann, ob eine Regelungsanordnung wirklich als rechtsgeschäftlicher Wille zu verstehen ist.[145] Es kann niemals sichergestellt werden, dass alle relevanten Umstände beziehungsweise Beziehungsebenen von der formalen Interpretation erfasst wurden. Plakativ gesprochen ließe sich immer ein Szenario andenken, in dem der formalen Interpretation „verborgen bliebe", dass die vermeintlich echten Willenserklärungen lediglich innerhalb einer Simulation geäußert werden.

III. Grenzfall: Regelungsanordnung versus Regelungsausführung

Die bisherigen Erkenntnisse sprechen dafür, dass – unabhängig von den Voraussetzungen an die entsprechende Feststellung desselben – formalsprachliche Erklärungen durchaus geeignet sind, rechtsgeschäftlichen Willen auszudrücken. Diese Eignung wurde ihnen indes im Hinblick auf einen speziellen Fall dennoch abgesprochen: So sollen Smart Contracts deshalb nicht geeignet sein, einen schuldrechtlichen Vertrag zu dokumentieren beziehungsweise ein

---

S. 383 ff.) als auch für die rechtswissenschaftliche Entwicklung der Willenserklärung (zur Bedeutung von *Reinachs* Überlegungen und u.a. über ihn hergeleitet auch der Sprechakttheorie für die Rechtsgeschäftslehre s. ausführlich und m.w.N.: *Wiebe*, Elektronische Willenserklärung, 2002, insb. S. 284 (beachte insoweit auch seine überzeugenden allgemeinen Ausführungen zur Berücksichtigung außerrechtlicher Theorien auf S. 272 f.); in jüngerer Zeit hat sich um die möglichen Erkenntnisgewinne aus der Sprechakttheorie für die Willenserklärung insb. *Kyriaki Archavlis* mit seinem Werk *Archavlis*, Willenserklärung, 2015 verdient gemacht.).

[144] S. etwa die verschiedenen möglichen Ansätze einer formalen Pragmatik in: *Klabunde*, in: Handbuch Pragmatik, S. 122 ff. m.w.N.; *Carstensen u.a.,* Computerlinguistik, 2010, S. 394 ff. m.w.N.

[145] Ebenso etwa *Wiebe*, Elektronische Willenserklärung, 2002, S. 411; ähnlich klingt auch *Lee*, Decision Support Systems 1988, 27 (8).

entsprechendes Erklärungsmittel zu sein, weil sie „etwas tun und nicht versprechen, etwas zu tun".[146]

Es ist folglich zu eruieren, inwiefern diese Einschätzung zutrifft und ob die dahinterstehenden Erwägungen für eine Generalisierung der Annahme sprechen; ob und inwieweit also auch für andere oder sämtliche formalsprachliche Erklärungen die zuvor getroffene Annahme, dass diese sich als Ausdruck eines rechtsgeschäftlichen Willens eignen, zu revidieren ist.

Wie bereits herausgestellt wurde, sind auch Versprechen selbst ein Handlungsakt – sie *tun* also etwas.[147] Die Aussage, dass Smart Contracts „etwas tun und nicht versprechen, etwas zu tun", zielt aber offenkundig auf ein anderes Tun ab. Gemeint ist, dass deshalb kein Akt des Versprechens einer Regelungsausführung vorliegen könne, weil der Smart Contract bereits eine Regelung *ausführen* würde. Das Versprechen der entsprechenden Regelungsausführung (der schuldrechtliche Vertrag), so wird argumentiert, komme daneben konkludent zustande.[148] Smart Contracts seien insofern im Grunde genommen nichts anderes als ein Warenautomat.[149]

Es muss also jedenfalls um das Spezifikum von Smart Contracts gehen, eine automatisierte Vertragsausführung vorzusehen. Weitere Ausführungen dazu, ob bereits die Ausführungs*möglichkeit* reicht oder die Ausführung tatsächlich erfolgen muss, um eine entsprechende Dichotomie zwischen Regelungsanordnung und Regelungsausführung auszusprechen und warum genau eine solche anzunehmen sei, fehlen. Ebenso wenig wird darauf eingegangen, inwiefern die anderen klassischen Eigenschaften von Smart Contracts (die imperative Programmiersprache und der Einsatz der Blockchain-Technologie mit ihren Besonderheiten) eigenständige und damit gegebenenfalls auch auf andere formalsprachliche Erklärungen übertragbare oder aber jedenfalls zur Ausführung akzessorische Gründe für die Schlussfolgerung sind, dass Smart Contracts keine Versprechen beziehungsweise keine Schuldverträge sein könnten.

Die Nutzung einer imperativen formalen Sprache kann, so zeigt sich bei näherer Betrachtung, kein eigenständiges Argument für die Verneinung eines schuldrechtlichen Versprechens liefern. Imperative formale Sprachen können wie besehen auch für Vertragsformalisierungen genutzt werden, die keine

---

[146] S. *Cohney/Hoffman*, Minnesota Law Review 2020, 319 (366) „The primary objection to including scripts as presumptive source of contractual intent is that the lay understanding of code is that it does, not promise to do."

[147] § 12 B. II.

[148] S. etwa *Paulus/Matzke*, ZfPW 2018, 431 (448); s. auch *Kaulartz/Heckmann*, CR 2016, 618 (621).

[149] *Kaulartz/Heckmann*, CR 2016, 618 (621): „Vergleichbar ist dies einem Warenautomaten: Dass ein schuldrechtlicher Vertrag geschlossen und was an den Käufer wie übereignet werden soll, ergibt sich aus den äußeren Umständen, nicht aus der Mechanik des Automaten."; den Vergleich zum Warenautomat ziehen u.a. auch: *Kloth*, VuR 2022, 214 (215 f.); *Lupu*, CR 2019, 631 (631); *Wilhelm*, WM 2020, 1807 (1807); *Sesing/Baumann*, InTer 2020, 233 (235); ausführlich auch *Bomprezzi*, Smart Contracts, 2021, S. 75 ff.

automatische Ausführung vorsehen, sondern beispielsweise nur eine automatisierte Analyse.[150] Dass eine imperative Ausdrucksweise der Formulierung eines Versprechens nicht entgegensteht, zeigt sich schon daran, dass natürlichsprachliche Ausdrücke, die eine solche Ausdrucksweise nutzen, ohne weiteres als Vertrag qualifiziert werden.[151] Ob in den Ausdrücken die Verkörperung eines Versprechens oder nur Anweisungen zur Ausführung eines anderweitig gegebenen Versprechens zu sehen sind, ergibt sich hier wie da letztlich eben gerade nicht aus der Ausdrucksweise, sondern aus den Umständen.

Es ist auch nicht ersichtlich, warum die Eigenschaften der Blockchain-Technologie (unabhängig von der Frage, ob sie praktisch wirklich vorteilhaft sind) der Annahme entgegenstehen sollten, dass der über sie verarbeitete formalsprachliche Ausdruck ein Versprechen sein kann. Die Verarbeitung kann etwa ausschließlich in der Speicherung eines formalsprachlichen Ausdrucks liegen.[152]

Entscheidender Anknüpfungspunkt bleibt damit die Ausführung des Vertrages „durch" den formalsprachlichen Ausdruck. Die imperative Ausdrucksweise und die Blockchain-basierte Ausführungsplattform kommen damit höchstens noch als zusätzliche Voraussetzungen in Betracht. Warum in der Ausführung des Vertrages „durch" den formalsprachlichen Ausdruck ein Grund dafür gesehen wird, dass der formalsprachliche Ausdruck nicht gleichsam das Ausführungsversprechen sein könne, wird von den jeweiligen Autoren nicht explizit benannt. Im deutschen Recht ließe sich dieser Schluss jedoch gegebenenfalls mit dem Trennungsprinzip begründen: Regelungsanordnung und Regelungsausführung sind zwei voneinander getrennte Rechtsgeschäfte.[153] Eine Identität der beiden in Gestalt desselben Ausdrucks (einmal als Erklärungsmittel und einmal als Ausführung) ist dementsprechend möglicherweise aus rechtlichen Gründen nicht möglich.

Ohne dass diese Annahme hier weiter zu prüfen wäre, stellt sich allerdings schon vorab die Frage, ob formalsprachliche Ausdrücke beziehungsweise Smart Contracts eigentlich überhaupt wirklich eine Regel ausführen können. Mit anderen Worten: ob sie eigentlich wirklich etwas „tun" können.

Wie gezeigt, werden formalsprachliche Ausdrücke durch Systeme beziehungsweise über Ausführungsplattformen verarbeitet.[154] Dass das System und der formalsprachliche Ausdruck getrennte Bestandteile sind, wird insbesondere bei deklarativen Ausdrücken deutlich, die nicht einmal Ausführungsmodalitäten festlegen.[155] Aber auch ein imperativer Ausdruck, ein Algorithmus,

---

[150] S. insb. § 6 A. I.
[151] S. dazu bereits § 6 B. I. 2. a).
[152] S. § 6 A. I.
[153] Statt aller: *Oechsler*, in: MüKo BGB, § 929 Rn. 5 m.w.N.
[154] S. dazu schon § 6 B. I. 3., § 6 B. II. 3, § 6 B. III. 3. sowie § 5 D. II. und zu den rechtlichen Implikationen auch § 8.
[155] S. insb. § 5 B. II.

führt sich nicht selbst aus. Er wird durch das System ausgeführt, in das er implementiert wurde.[156] Selbst dann ist ferner potenziell noch zwischen verschiedenen Sprachebenen zu differenzieren. Ausgeführt wird letztlich nur der Ausdruck, der in Maschinensprache vorliegt.[157] Diesem können diverse Ebenen von dem formalsprachlichen Ausdruck als nicht-implementierter Spezifikation bis hin zu seiner Fassung in einer Computersprache vorgeschaltet sein.[158] Über diese verschiedenen Ebenen können zudem Bedeutungsunterschiede auftreten. Die Übersetzung der Spezifikation in eine Computersprache kann beispielsweise mit einem Bedeutungsverlust (einer semantischen Lücke) einhergehen.[159] Der angedachte Zweck, den Ausdruck automatisch auszuführen, wie er schon bei der formalen Spezifikation vorliegen kann, ist also mit der tatsächlichen Ausführung keineswegs gleichzusetzen. Selbst wenn eine größtmögliche Nähe des Ausdrucks zur Ausführung vorliegt (der Ausdruck in Maschinensprache vorliegt), besteht keine Identität des Ausdrucks mit der Ausführung. Der formalsprachliche Ausdruck selbst kann nichts tun.

Eine Identität von Regelungsausführung und Regelungsanordnung, die gegebenenfalls im Hinblick auf das Trennungsprinzip problematisch wäre, kann also weder bei Smart Contracts noch bei anderen formalsprachlichen Verträgen vorliegen. Gerade dies unterscheidet sie auch von Warenautomaten. Ein anderer Grund, der gegen die Annahme sprechen würde, dass ein ausführungsnaher formalsprachlicher Ausdruck per se kein Versprechen sein kann, ist nicht ersichtlich. Ob es sich um ein Versprechen handelt, muss indes jeweils aus den Umständen des Einzelfalls ersichtlich werden.

Wie auch zuvor im Hinblick auf andere Aussagen, die im Zusammenhang mit Smart Contracts von Rechtswissenschaftlern geäußert wurden, drängt sich die Annahme auf, dass auch die Idee „Smart Contracts könnten keine Verträge sein, weil sie etwas tun und nicht versprechen etwas zu tun" nicht auf eine rechtliche Konsequenz, sondern eine empirische Wahrnehmung hinweisen soll.[160] Der Satz wäre damit wie folgt zu lesen: In den weit überwiegenden Fällen eines automatisiert ausführbaren oder auch schon ausgeführten Smart Contracts werden die Umstände gerade nicht dafür sprechen, dass der formalsprachliche Ausdruck ein Versprechen sein soll, sondern dafür, dass er nur die Ausführungsmodalitäten für ein anderweitig getroffenes vertragliches Versprechen festlegt. Ob und wie diese praktische Annahme in der Auslegung zu berücksichtigen ist, wird an anderer Stelle noch untersucht.[161] An der oben getroffenen Annahme, dass formalsprachliche Ausdrücke grundsätzlich geeignet

---

[156] S. insb. § 5 C. und § 5 D.
[157] S. schon § 5 D. I.
[158] S. ausführlich dazu § 5 und § 6.
[159] S. bereits § 4 Fn. 59.
[160] S. dazu schon § 1; zu einer ähnlichen Einschätzung scheint insoweit auch *Allen*, ERCL 2018, 307 (329) zu kommen.
[161] S. § 13 A. II. 2. d).

sind, als schuldrechtliches Erklärungsmittel genutzt zu werden, ändert sich jedoch im Ergebnis nichts.

C. Anwendbarkeit und Bedeutung des § 133 Hs. 2 BGB für die formale Auslegung

I. Rückschlüsse aus den Vorüberlegungen

Die Vorüberlegungen zeigen, dass jedenfalls mit formalsprachlichen Erklärungen, die die zu Beginn der Untersuchung festgelegten formalen Merkmale aufweisen,[162] rechtsgeschäftlicher Wille ausgedrückt beziehungsweise kommuniziert werden kann. Sie zeigen aber auch, dass die Frage nach der Anwendbarkeit des § 133 Hs. 2 BGB – beziehungsweise die Frage nach den Möglichkeiten und Grenzen einer formalen Auslegung im Sinne einer textuellen Auslegung 2.0 – sich nur in einem bestimmten Rahmen stellen, einem Rahmen, der einerseits durch die Eigenheiten formaler Sprache als Erklärungsmittel und andererseits durch grundlegende Voraussetzungen rechtsgeschäftlicher Kommunikation festgelegt wird.

So hat sich zunächst deutlich gezeigt, dass die Frage, ob ein Ausdruck als Erklärung rechtsgeschäftlichen Willens zu deuten ist, in keinem Fall allein über eine Interpretation eines formalsprachlichen Textes erfolgen kann. Dies ist indes kein Spezifikum formalsprachlicher Erklärungen, sondern auf die Qualifizierung vertraglicher Willenserklärungen als Sprechakt zurückzuführen, welche stets einer pragmatischen Analyse bedarf.[163] Für die Möglichkeiten einer formalen Auslegung, auch fernab der hier charakterisierten formalsprachlichen Erklärungen und Verträge wurde zusätzlich festgestellt, dass die pragmatischen Aspekte, die zur Feststellung einer Erklärung als Ausdruck rechtsgeschäftlichen Willens notwendigerweise zu beachten sind, nicht in jedem Szenario abschließend erfasst werden können. Die Feststellung, dass ein Ausdruck rechtsgeschäftlichen Willens vorliegt, erfordert daher immer (jedenfalls auch) eine „natürliche Interpretation".[164] Letztlich wird man das auch für eine pragmatische Analyse des Inhalts einer rechtsgeschäftlichen Erklärung annehmen müssen. Hier sind somit auch einer etwaigen Automatisierung der Auslegung klare Grenzen gesetzt.

Eine formale Auslegung konzentriert sich damit im Wesentlichen auf die inhaltliche Bestimmung des Willensausdrucks (also den Regelungsgehalt).[165] Auch hier besteht aber bei der formalen Auslegung formalsprachlicher Erklärungen ein entscheidender Unterschied zur textuellen Auslegung natürlich-

---

[162] S. § 4 B.
[163] S. § 12 B. II.
[164] Zum Begriff s. § 12 B. I. und dort insb. Fn. 116 und den dazugehörigen Text.
[165] Was im Hinblick auf die Grundidee hinter formalsprachlichen Verträgen, den Vertragsinhalt eindeutig festzulegen (s. § 4 A.), stimmig ist.

sprachlicher Erklärungen: Die formale Auslegung setzt stets Kenntnis der spezifischen Interpretationsvorgaben voraus.[166] Anders als bei natürlicher Sprache kann bei formaler Sprache kein Rückgriff auf einen allgemeinen Sprachgebrauch genommen werden.[167] Erst die Interpretationsvorgaben verraten, welche formale Bedeutung der formalsprachlichen Erklärung zugewiesen wurde. Die formale Auslegung des Inhalts einer formalsprachlichen Erklärung ist sodann aber auch auf den festgelegten Bedeutungsgehalt beschränkt. Es handelt sich so gesehen bei einer formalen Auslegung formalsprachlicher Erklärungen quasi immer um eine semantische Auslegung,[168] die aber eben erst durch die Beachtung spezifischen Kontextes möglich wird.

Nur wenn die Interpretationsvorgaben bekannt sind und ersichtlich ist, dass ein formalsprachlicher Ausdruck als Erklärungsmittel eingesetzt wurde, stellt sich die Frage nach einer textuellen Auslegung 2.0.

Können die auslegungsrelevanten Fragen durch eine formale Auslegung der formalsprachlichen Erklärung beantwortet werden (was eine entsprechende Feststellung voraussetzt),[169] könnte sich die textuelle Auslegung 2.0 in verschiedenen Formen eines Vorrangs der textuellen vor einer kontextuellen Auslegung äußern. Dieser könnte darin bestehen, dass die Hürden an ein vom formal eindeutigen Interpretationsergebnis aufgrund einer kontextuellen Auslegung abweichendes Auslegungsergebnis erhöht angesetzt werden. Noch weitergehend könnte bei einer möglichen formalen Auslegung die Auswertung anderen Auslegungsmaterials mit Blick auf den Vertragsinhalt bereits gar nicht mehr vorgenommen werden. Spinnt man diesen Ansatz weiter, würde sich zudem auch in dem Fall, in dem eine formale Interpretation an ihre Grenzen stößt (etwa weil die formalsprachlichen Erklärungen mit Blick auf die Auslegungsfrage unvollständig sind), die Frage nach einem Vorrang vor einer kontextuellen Auslegung stellen, der sich aufgrund der potenziellen Nichtigkeitsfolge für die Willenserklärung als besonders scharfes Schwert präsentieren würde.

Fernab von besonderen rechtlichen Vorschriften, die diesen potenziell denkbaren Ausgestaltungen einer textuellen Auslegung 2.0 in spezifischen Fällen entgegenstehen könnten, bietet die Untersuchung der Anwendbarkeit des § 133 Hs. 2 BGB auf formalsprachliche Erklärungen den entscheidenden Ausgangspunkt, um die Möglichkeiten einer textuellen Auslegung 2.0 grundlegend rechtlich zu rahmen.

---

[166] S. § 12 B. II.
[167] Zu einer solchen Möglichkeit bei natürlicher Sprache s. gleich § 12 C. II.
[168] S. auch schon § 12 B. II.
[169] Zu den Möglichkeiten einer Formalisierung s. erneut § 6 B., beachte zudem die Möglichkeit einer formalsprachlichen Teilerklärung, wie sie in § 12 B. I. besprochen wurde.

II. Methodischer Ansatz

Es ist davon auszugehen, dass formalsprachliche Ausdrücke als rechtsgeschäftliches Erklärungsmittel bei der Entwicklung des heutigen § 133 Hs. 2 BGB nicht bedacht wurden.[170] Auch später erlassene Normen im System des allgemeinen Vertragsrechts beziehungsweise ihre Verfasser nahmen keinen erkennbaren Bezug auf formalsprachliche Erklärungen, der Rückschluss auf die Anwendbarkeit des § 133 Hs. 2 BGB bieten könnte.

Bei der Untersuchung, ob beziehungsweise inwieweit sich solche ursprünglich unberücksichtigten und neuartigen Phänomene in den Regelungsbereich einer bestehenden positiv-rechtlichen Vorschrift einfügen, wird rechtsmethodisch üblicherweise zwischen der Auslegung und der Rechtsfortbildung der betreffenden Norm unterschieden. Etabliert ist dabei eine Grenzziehung zwischen den beiden entlang des Wortlauts beziehungsweise Wortsinns der Norm.[171]

Die Wortlautgrenze ist jedoch aus verschiedenen Gründen problematisch. Einerseits, weil natürliche Sprache stets mehrdeutig ist und die Grenze damit weit und unscharf bleiben kann.[172] Andererseits, weil je nachdem, wie man die Methode der Gesetzesauslegung versteht, bereits die Existenz einer Wortlautgrenze und mit ihr die Unterscheidung von Auslegung und Rechtsfortbildung hinterfragt werden kann.

Nach herkömmlichem Verständnis werden, maßgeblich in Anschluss an *Friedrich Carl von Savigny*, bei der Gesetzesauslegung mit der grammatischen, systematischen, historischen und teleologischen Auslegung insbesondere vier Kriterien oder auch Argumente (sogenannte Canones) unterschieden.[173] Anstatt der vorherrschenden Sichtweise zu folgen, die die Kriterien als eigenständige Auslegungsargumente betrachtet, die in Einklang gebracht werden müssen, kann man das Ziel der Gesetzesauslegung im Ergebnis aber auch

---

[170] Formale Sprachen gab es bereits bei Schaffung des BGB (vgl. § 4 D.), als rechtsgeschäftliches Erklärungsmittel werden sie aber ersichtlich erst in den letzten Jahren genutzt.

[171] So etwa bei *Bydlinski/Bydlinski*, Methodenlehre, 2018, S. 111 ff.; *Larenz/Canaris*, Methodenlehre, 1995, S. 187; mit Blick auf Art. 103 Abs. 2 GG sehr deutlich: BVerfGE 92, 1 (12) „Der mögliche Wortsinn des Gesetzes markiert die äußerste Grenze zulässiger richterlicher Interpretation."; zur Wortlautgrenze m.w.N. auch *Engisch*, Einführung in das juristische Denken, 2018, S. 123; *Kuntz*, AcP 2015, 387 (389); *Reimer*, Methodenlehre, 2020, S. 275.

[172] Zur Ambiguität natürlicher Sprache s. bereits § 4 Fn. 13; zu deren Folgen für die Unschärfe einer Wortlautgrenze s. etwa *Reimer*, Methodenlehre, 2020, S. 158.

[173] Zur Entwicklung der Auslegungskriterien unter Anbindung an *Savigny* s. *Vogenauer*, in: HKK BGB, §§ 133, 157 BGB Rn. 44 ff. m.w.N.; *Larenz/Canaris*, Methodenlehre, 1995, S. 140 f.; zur Bedeutung *Savignys* s. ferner zudem *Rückert*, in: Methodik des Zivilrechts, S. 53 ff.; zum Viererkanon in der Rspr. s. statt vieler BVerfGE 11, 126 (130); zu weiteren Auslegungsgesichtspunkten, wie der verfassungsorientierten Auslegung, s. etwa *Reimer*, Methodenlehre, 2020, S. 138 ff., insb. S. 185 ff.; zur unionsrechtskonformen Auslegung s. bereits § 9 B. IV. 1.

nur in der Feststellung des Gesetzestelos und die grammatische, systematische (einschließlich prinzipiell-systematischer Erwägungen[174]) und historische Auslegung jeweils als Werkzeuge zur Ermittlung des Telos der Norm betrachten.[175] Das Telos einer Norm ergibt sich also durch die Zusammenschau der drei Elemente, wobei im Einzelnen eines oder mehrere der Elemente den anderen vorgehen können. Der historische Gesetzgeberwille kann beispielsweise erkennen lassen, dass ein systematisches Argument nicht gehört wird, weil die Norm gerade als Systembruch konzipiert wurde.[176] Im Ausgleich der verschiedenen Argumente, insoweit besteht Einigkeit mit dem herkömmlichen Verständnis, welches das Telos als eigenes Argument zählt, besteht bei Widersprüchen in jedem Fall die eigentliche Herausforderung.[177]

Das Telos als Ziel der Auslegung und die grammatische, systematische und historische Auslegung als Mittel zur Erreichung dieses Zieles zu betrachten, ist indes aus verschiedenen Gründen überzeugender als der herkömmliche Viererkanon. Zum einen wird im Ergebnis von allen Seiten anerkannt, dass dem Telos einer Norm im Endeffekt die gegenüber anderen Argumenten entscheidende Position zukommt, zum anderen ist eine eigenständige teleologische Gesetzesauslegung in dem Sinne gar nicht möglich.

Punkt eins zeigt sich daran, dass sich auch die Verfechter einer Trennung der vier Kriterien spätestens bei der Frage nach einer Rechtsfortbildung stets am Telos der Norm orientieren. Bei der „teleologischen Reduktion" oder „teleologischen Extension" zeigt sich dies bereits an der Bezeichnung, aber auch die Analogie wird nur dann bejaht, wenn Sinn und Zweck der Norm für eine

---

[174] S. dazu bereits § 9 B. und insb. § 9 B. III. 1.

[175] Anklänge dieses Verständnis zeigen sich auch bereits bei Vertretern des klassischen Viererkanons beziehungsweise deutlich mit Blick auf die Positionen der sog. subjektiven und objektiven beziehungsweise subjektiv-*teleologischen* und objektiv-*teleologischen* Theorie, die das Telos zwar unterschiedlich bestimmen, aber jeweils in den Vordergrund stellen, s. etwa *Larenz/Canaris,* Methodenlehre, 1995, S. 137 ff.; *Reimer,* Methodenlehre, 2020, S. 125 ff.; vgl. zu diesem Ansatz speziell mit Blick auf das Verhältnis zur grammatischen Auslegung auch *Engisch,* Einführung in das juristische Denken, 2018, S. 123 („Seit dem Siegeszug der Zweck- und Interessenjurisprudenz hat sich allerdings die teleologische Methode mehr und mehr gegenüber der ‚Wortinterpretation' in den Vordergrund schieben können. Gemäß dem von alters her bekannten Grundsatz: ‚cessante ratione legis cessat lex ipsa' soll es mehr auf den Zweck und den Grund des Gesetzes als auf seinen Wortsinn ankommen.").

[176] S. dazu schon insb. § 9 B. III. 2.

[177] Die Schwierigkeiten einer Rangfindung zwischen den verschiedenen Argumenten zeigt sich etwa deutlich bei *Larenz/Canaris,* Methodenlehre, 1995, S. 163 ff., hier entfacht sich denn auch der eigentliche Disput zwischen „objektiv-teleologischer" und „subjektiv-teleologischer" Auslegung, vgl. S. 137 ff. (zum hier vertretenen Verständnis einer objektiv-teleologischen Auslegung als grammatisch-teleologischen und/oder systematisch-teleologischen Auslegung s. gleich § 12 Fn. 181 f. und den dazugehörigen Text; soweit daraus keine Rangfolge abgeleitet werden kann, besteht auch hier Spielraum für außerrechtliche Erwägungen, s. bereits § 9 B. III. 2.).

Übertragung sprechen.[178] Punkt zwei äußert sich darin, dass zwar vielfach davon gesprochen wird, dass es eine „objektiv-teleologische Auslegung" gäbe,[179] eine solche aber im Ergebnis nichts anderes als eine Ermittlung des Telos (beziehungsweise der möglichen „teleologischen Mehrdimensionalität"[180]) einer Norm mit dem Mittel der Wortlautauslegung oder gegebenenfalls auch mittels einer systematischen Auslegung sein kann. Ohne Wortlaut, Systematik oder Historie zu beachten, ist die Ermittlung eines Gesetzestelos unmöglich.[181] Soweit die Rückbindung auf diese Argumente nicht ausgeschöpft, sondern nur eine lose Verbindung aufrechterhalten und ansonsten auf außergesetzliche Wertungen gesetzt wird, liegt keine Gesetzesauslegung mehr vor.[182]

Eine „teleologische Auslegung" ist damit keine eigenständige Auslegungsmethode, sondern eine auf die Zusammenschau der anderen Argumente gestützte Auslegung. Statt die einzelnen Bestandteile der teleologischen Auslegung als „objektiv-teleologisch" und „subjektiv-teleologisch" zu bezeichnen, bietet es sich eher an, von einer grammatisch-teleologischen und systematisch-teleologischen sowie von einer historisch-teleologischen Auslegung zu sprechen.

Speziell für das Wortlautargument beziehungsweise das Wortlautverständnis kann man von diesem Grundgedanken ausgehend dann auch Folgendes annehmen: Das Verständnis des Wortlauts einer Norm wird allein durch das Auslegungsergebnis (nach vorliegendem Verständnis also dem ermittelten Telos entsprechend) bestimmt.[183] Das Wort „Mann" in einer Norm müsste beispiels-

---

[178] Statt vieler: *Larenz/Canaris,* Methodenlehre, 1995, S. 202 ff.: „[...] bedarf es des Rückgangs auf die Zwecke und den Grundgedanken der gesetzlichen Regelung" (S. 203).
[179] Statt vieler: *Honsell,* ZfPW 2016, 106 (119 ff.) m.w.N.
[180] *Reimer,* Methodenlehre, 2020, S. 178.
[181] Verwirrend daher auch *Reimer,* Methodenlehre, 2020, S. 175 wenn er sagt, „[d]ie teleologische Auslegung knüpft nicht oder jedenfalls nicht unmittelbar am Normtext, zu deuten durch Wörterbücher und andere Auskunftsquellen, nicht an der Systematik des Normumfelds oder gar an Gesetzgebungsmaterialien an", da sie ohne jedenfalls einen dieser Anknüpfungspunkte im luftleeren Raum vollkommen arbiträr gefunden werden müsste.
[182] Anschaulich so auch *Rückert/Seinecke,* in: Methodik des Zivilrechts, S. 47 „Wenn es sich um einen gesetzlich vorgegebenen Zweck handelt, bleibt die Auslegung im Rahmen der Gesetzesbindung. Sehr leicht lassen sich aber auch Zwecke behaupten, die keineswegs so klar der gesetzlichen Regelung oder dem anerkannten geltenden Recht zu entnehmen sind. [...] Jedenfalls sind Zwecke, die nicht mit den anderen Auslegungselementen belegt werden können, keine legalen Zwecke, denn sie werden nicht aus der gesetzlichen Regelung abgeleitet. [...] Interne Zwecke, d.h. legale Zwecke, ergeben sich aus Wortlaut, System und Geschichte und wahren die Gesetzesbindung. Externe Zwecke, d.h. nicht legale Zwecke, werden dem Gesetz unter vielfältigen Stichworten [...] angedichtet."; ebenso auch *Reimer,* Methodenlehre, 2020, S. 177. Abzugrenzen ist dies vom Fall der Ausschöpfung gesetzlicher Wertungen mit Blick auf das Telos einer Norm und der Auffüllung dann noch verbleibender Wertungslücken mit außerrechtlichen Wertungen, s. dazu bereits § 9 B. III. 2.
[183] Im Ergebnis so auch *Kuntz,* AcP 2015, 387 etwa S. 436 f., 447, der den so bestimmten Wortsinn dann überzeugend auch als Grenze zur unzulässigen Rechtsfortbildung bewertet (S. 437).

weise, wenn dies dem Auslegungsergebnis der Norm entspräche, als „Mensch" gelesen beziehungsweise verstanden werden.[184] Für eine Differenzierung zwischen Auslegung und Rechtsfortbildung wäre nach dieser Ansicht kein Platz mehr, denn die durch das Auslegungsergebnis bestimmte Wortlautgrenze würde gleichermaßen eine Grenze für die Rechtsfortbildung darstellen, derer es allerdings auch schon gar nicht mehr bedürfte, weil ja bereits die Auslegung „analogisch"[185] (besser, denn auch ein reduktives Verständnis erfassend: „teleologisch") erfolgen würde.

Diese Schlussfolgerung folgt indes nicht zwingend aus der Annahme einer auf die Ermittlung des Telos ausgerichteten Auslegung. *Thilo Kuntz* kommt zu diesem Ergebnis vielmehr basierend auf der Annahme, dass es ein eigenständiges Wortlautargument bei der Auslegung quasi nicht geben kann, sondern das Verständnis des Wortlauts nur aus dem Auslegungsergebnis folgen könne.[186] Eingefügt in das vorliegende Verständnis ergäbe sich also, dass das Telos als Auslegungsergebnis nur durch eine systematische und historische Auslegung ermittelt und das Wortlautverständnis aus dem so gefundenen Ergebnis folgen würde.

Verkannt wird dabei aber, dass der Wortlaut der Norm durchaus ein eigenständiges Auslegungsargument liefern kann. Denn zwar kann die einem Wort im Kontext zugewiesene Bedeutung abschließend nur durch eine pragmatische Analyse (und nichts anderes ist die Einbeziehung der Gesetzeshistorie oder des Systems) aufgedeckt werden.[187] Wörter der deutschen Sprache können aber auch rein semantisch interpretiert werden.[188] Die Ermittlung der semantischen

---

[184] Vgl. das entsprechende Beispiel bei *Kuntz*, AcP 2015, 387 (433) unter Bezug auf die Entscheidung OLG Köln, NJW 2010, 1295, 1296.

[185] Begriff bei *Kuntz*, AcP 2015, 387 (390) unter Anlehnung an insbesondere *Kaufmann*, der bei der Auslegung auf den sogenannten Typus und damit u.U. vom Begriff abweichend auf den (durch den Typus verkörperten) Sinn und Zweck abstellte (s. *Kaufmann*, Analogie, 1964, S. 37 ff.). Vgl. auch *Reimer*, Methodenlehre, 2020, insb. S. 158 f., 253, der allerdings am Viererkanon der Auslegungskriterien festhält („So ist die Herleitung von Rechtsfolgen auf der Basis systematischer, historischer und teleologischer Erwägungen unabhängig vom Wortlaut der Norm begrifflich Auslegung, soweit sie eine Entscheidung des Normsetzers [...] rekonstruiert.", S. 253 a.a.O., wobei er auf S. 158 a.a.O. eine solche Abweichung auch „bei starken systematischen und teleologischen Argumenten" bejaht); deutlich auch schon *Heck*, AcP 1914, 1 (121), „Auch der reine Wortsinn, der usuelle Sprachgebrauch, ist nur ein Hilfsmittel der Erkenntnis neben anderen."

[186] S. insbesondere *Kuntz*, AcP 2015, 387 (435 f., 445 ff.).

[187] S. insoweit auch schon die Ausführungen zum Begriff der Pragmatik in § 5 Fn. 181 und § 12 Fn. 92.

[188] Auch die semantische Bedeutung ist dem Wort keineswegs inhärent, sondern wird ihm (hier durch Konventionen der Sprachgemeinschaft) zugewiesen. S. dazu gleich § 12 Fn. 205 und den dazugehörigen Text. Verwirrend daher auch *Busche*, in: MüKo BGB, § 133 Rn. 65, wenn er in Anschluss an Kuntz festhält, „dass es einen feststehenden allgemeinen Sprachgebrauch nicht gibt" und anschließend auch eine Wortlautgrenze verneint (Rn. 67 a.a.O.), wohl aber eigentlich nur meint, dass die Bedeutung des Wortlauts einer Willenserklärung

Bedeutung ist sogar gerade Voraussetzung für ein pragmatisch ermitteltes Verständnis, die Auslegung nimmt naturgemäß ihren Ausgangspunkt stets beim semantischen Verständnis des Normtextes.[189] Es gibt folglich auch ein eigenständiges (semantisches) Wortlautargument, welches zur Ermittlung des Telos der Norm beitragen kann.

Daraus folgt jedoch wiederum nicht, dass das (semantische) Wortlautargument ein geeignetes Mittel zur Grenzziehung zwischen Auslegung und Rechtsfortbildung ist beziehungsweise es einer solchen überhaupt bedarf. Der Wortlaut einer Norm ließe sich nämlich auch als Art Schaukel nutzen: seine semantische Interpretation würde zur Findung des Auslegungsergebnisses beitragen und das Auslegungsergebnis gleichsam als Ergebnis einer pragmatischen Analyse würde wiederum zurückspielen und das rechtlich relevante Wortverständnis festlegen. Dieses Vorgehen ist auch insofern einleuchtend, weil die Möglichkeit eines eigenständigen (semantischen) Wortlautarguments nicht darüber hinwegtäuschen darf, dass eine rein semantische Interpretation natürlicher Sprache – und dies führt zurück zur erstgenannten Kritik an der Wortlautgrenze – stets das Risiko einer gewissen Unschärfe birgt.[190] Konsequenterweise müsste eine semantisch bestimmte Wortlautgrenze, um sie möglichst willkürfrei zu halten, tatsächlich über ein entsprechend weites, wörterbuchartiges Verständnis des allgemeinen Sprachgebrauchs bestimmt werden.[191] Historische Aspekte oder ein systembedingtes Fachverständnis der Worte – also einschlägiger Kontext – müssten vollständig außer Acht gelassen werden.[192]

Die Frage ist somit also nicht, ob man an der herkömmlichen Annahme einer bestehenden Wortlautgrenze festhalten kann (denn dies kann man), sondern ob es der Wortlautgrenze bedarf, um zwischen Auslegung und Rechtsfortbildung differenzieren zu können. Ein verfassungsrechtliches Gebot zum Festhalten an

---

im Einzelfall stets pragmatisch festgestellt werden muss und seinerseits dafür auch den Wortlaut (also den allgemeinen Sprachgebrauch) als Ausgangspunkt wählen möchte (Rn. 68 a.a.O.).

[189] S. etwa *Reimer,* Methodenlehre, 2020, S. 158 „Die Bedeutung der ‚Wortlautauslegung' liegt [...] darin, dass sie eine Auslegungshypothese begründet, dem Normadressaten und -interpreten also eine erste Orientierung gibt[.]"; *Larenz,* Methodenlehre, 1991, S. 320 „Jede Auslegung eines Textes wird mit dem Wortsinn beginnen."; widersprüchlich daher auch Kuntz, wenn er selbst den ersten Zugriff der Bedeutungsermittlung beim Normtext und Wortlaut sieht (*Kuntz,* AcP 2015, 387 [442]) und feststellt, dass „Regelungen ausschließlich durch Sprache sowie in Form sprachlicher Ausdrücke kundgegeben werden können" (S. 437 a.a.O.) später aber betont, dass die Bedeutung eines Wortes nur über die Einbeziehung von Kontext erfolgen könne (S. 445 a.a.O.; s. dazu auch den weiteren Nachweis in § 12 Fn. 186).

[190] Darauf hinzuweisen dürfte denn auch das eigentliche Hauptanliegen von *Kuntz'* Beitrag sein.

[191] So wird es in der Literatur (s. dazu etwa *Bydlinski/Bydlinski,* Methodenlehre, 2018, S. 80 m.w.N.) und Rspr. (s. exemplarisch etwa BGH, Urt. v. 7.1960 – V ZR 90/59) zum Teil auch angesetzt, zum Teil wird aber auch Kontext einbezogen, s. § 12 Fn. 192.

[192] S. zur Einbeziehung des notwendigerweise auf Kontext setzenden „besonderen Sprachgebrauchs" bei der Gesetzesauslegung statt vieler *Kuntz,* AcP 2015, 387 (398) m.w.N.

der Wortlautgrenze besteht jedenfalls außerhalb des Strafrechts (überzeugenderweise aber auch innerhalb des Strafrechts[193]) nicht.[194] Das Postulat, dass eine Rechtsfortbildung strengeren Maßstäben unterläge als die Auslegung,[195] kann schon deshalb nicht mit der Deckung durch den Wortlaut begründet werden, weil bei der teleologischen Reduktion als Form der Rechtsfortbildung innerhalb der semantischen Wortlautgrenze gearbeitet wird. Dass unterschiedliche Maßstäbe anzusetzen seien, erstaunt zudem schon ob der häufig getätigten Aussage, dass die Grenzen zwischen Auslegung und Rechtsfortbildung per se verschwimmen würden.[196] Im Ergebnis sind sowohl für das herkömmliche Verständnis der Auslegung als auch die herkömmlichen Voraussetzungen einer Rechtsfortbildung – wenngleich dies selten klar benannt wird – stets das Telos der Norm entscheidend.

Genau aus diesem Grund laufen sowohl der herkömmliche Ansatz einer Trennung zwischen Auslegung und Rechtsfortbildung anhand einer Wortlautgrenze als auch ein Ansatz, der dem Wortlaut eine Schaukelfunktion zuweist und auf die Trennung von Auslegung und Rechtsfortbildung verzichtet, methodisch im Privatrecht auf das nämliche Ergebnis hinaus. Eine Grenzziehung anhand des Wortlauts ist somit nicht notwendig,[197] andererseits aber auch nicht schädlich. Ein Bruch mit der vorherrschenden Meinung, die sich der Wortlautgrenze bedient, muss hier daher nicht erfolgen. Methodisch ist in jedem Fall auch für die Frage der Anwendbarkeit des § 133 Hs. 2 BGB auf formalsprachliche Erklärungen ein erster Zugriff über die semantische Interpretation des Normtextes vorzunehmen[198] (III.) und anschließend über die (weitere) Ermittlung des Telos der Norm eine wertungsmäßige Erfassung der formalen Aus-

---

[193] Ausführlich dazu *Kuntz*, AcP 2015, 387 (438 ff.) m.w.N.

[194] Dies vertritt auch die herrschende Meinung soweit sie die Möglichkeit einer Rechtsfortbildung bejaht. S. dazu statt vieler ausführlich und m.w.N. *Reimer,* Methodenlehre, 2020, S. 251 sowie die Nachweise in § 12 Fn. 171.

[195] S. *Reimer,* Methodenlehre, 2020, S. 158; von „besonderen Voraussetzungen" sprechend etwa *Larenz,* Methodenlehre, 1991, S. 322.

[196] Deutlich sogar *Larenz/Canaris,* Methodenlehre, 1995, S. 187 f. als Verfechter einer Wortlautgrenze (S. § 12 Fn. 171), die zunächst noch von „nicht […] wesensverschieden[en] […] Stufen desselben gedanklichen Verfahrens" (S. 187) und später, noch deutlicher, von lediglich „graduellen Unterschiede" (S. 188) sprechen; zustimmend etwa *Wiebe,* Elektronische Willenserklärung, 2002, S. 199; s. ferner etwa auch *Rückert/Seinecke,* in: Methodik des Zivilrechts, S. 47, „Trotzdem lässt sich die Grenze im Einzelfall nicht immer scharf ziehen."; *Bydlinski/Bydlinski,* Methodenlehre, 2018, S. 118; *Engisch,* Einführung in das juristische Denken, 2018, S. 198.

[197] Bei einer ohnehin erforderlichen Offenlegung der Telos-Ermittlung führt ein Verzicht auf die Trennung auch nicht zu „fehlender Methodenehrlichkeit", s. zu dieser Befürchtung (allerdings bei der objektiv-teleologischen Theorie, welche aus anderen Gründen auf eine Trennung zwischen Auslegung und Rechtsfortbildung verzichten möchte) *Rüthers u.a.,* Rechtstheorie, 2022, S. 504 f.; zur abnehmenden Bedeutungszumessung des Wortlauts bei der Gesetzesauslegung s. auch *Säcker,* in: MüKo BGB, Einleitung BGB Rn. 119 ff.

[198] S. bereits § 12 Fn. 189.

legung zu prüfen (IV.). Letzteres führt dann entweder zur Vereinbarkeit des Telos mit dem ersten Wortlautzugriff oder zu einem (je nach Ansicht rechtsfortbildungs- oder „pragmatikbedingten") veränderten Verständnis des Normtextes.

III. Erster Zugriff: Wortlaut des § 133 Hs. 2 BGB

§ 133 Hs. 2 BGB lautet wie folgt: „Bei der Auslegung einer Willenserklärung ist [...] nicht an dem buchstäblichen Sinne des Ausdrucks zu haften." Als Maßstab für eine semantische Wortlautauslegung ist, wie erläutert, der allgemeine Sprachgebrauch zu wählen, auch wenn dieser nur ein weites, wörterbuchartiges Verständnis liefern kann.[199] Unter einem „Ausdruck" lässt sich etwa unter Rückgriff allein auf den Duden jedenfalls jedes geschriebene Wort und damit auch eine formalsprachliche Erklärung erfassen.[200] Entscheidend im Hinblick auf die Bedeutung des Halbsatzes für die Möglichkeiten und Grenzen einer textuellen Auslegung 2.0 ist damit die semantische Bedeutung von „buchstäblichen Sinne". Als Synonyme zu diesem Begriff werden unter anderem „im wahrsten Sinne des Wortes"[201] oder „wörtlich"[202] angeführt. Es geht um die „eigentliche Bedeutung eines Wortes"[203] und damit um nichts anderes als die semantische Interpretation eines Wortes. Es geht also um nichts anderes als die hier gerade verwendete Auslegungsmethode: Es wird der buchstäbliche Sinn des Ausdrucks „buchstäblicher Sinn" ermittelt.

Ein buchstäblicher Sinn – die semantische Bedeutung eines Wortes –, auch dies wurde bereits an verschiedenen Stellen hervorgehoben,[204] ist niemals durch das Wort selbst festgelegt, sondern wird diesem zugewiesen. Für die Wörter einer natürlichen Sprache erfolgt diese Bedeutungsfestlegung durch Konvention.[205] Der buchstäbliche Sinn eines Ausdrucks ist also der Sinn, der dem Ausdruck konventionell durch die Sprachgemeinschaft zugewiesen wurde. Es sind also die verschiedenen Deutungsmöglichkeiten, die dem Ausdruck auch ohne Ansehung der Umstände beziehungsweise der Beziehung des Ausdrucks zu seinem Nutzer und Empfänger, also ohne pragmatische Analyse, allein aufgrund von Kenntnis der Konvention zugeordnet werden können.

---

[199] S. § 12 Fn. 191.
[200] S. https://www.duden.de/rechtschreibung/Ausdruck_Wort_Bezeichnung_Stil (zuletzt aufgerufen am 18.5.2023)
[201] S. https://www.duden.de/rechtschreibung/buchstaeblich_geradezu_regelrecht (zuletzt aufgerufen am 18.5.2023)
[202] S. https://www.duden.de/synonyme/buchstaeblich_buchstabengenau (zuletzt aufgerufen am 18.5.2023)
[203] S. https://www.duden.de/rechtschreibung/woertlich (zuletzt aufgerufen am 18.5.2023)
[204] S. insb. § 5 B. I. und § 12 C. II.
[205] S. hierzu statt vieler: *Rehberg*, in: BeckOGK, § 116 BGB Rn. 79; s. andererseits auch die ablehnende Haltung zur Existenz von Semantik bei *Adrian*, Rechtstheorie 2017, 77 insb. S. 88 ff.

Auch formalsprachlichen Ausdrücken beziehungsweise Wörtern kann über Konvention beziehungsweise Regeln ein Sinn zugewiesen werden, auch wenn die Sprachgemeinschaft deutlich kleiner sein kann als die einer natürlichen Sprache und es so etwas wie einen allgemeinen Sprachgebrauch nicht gibt.[206] Soweit eine solche formale Zuweisung nicht erfolgt ist, kommt gegebenenfalls der natürlichsprachliche Sinn des formalsprachlichen Ausdrucks in Betracht.[207]

Ein erster Zugriff auf das semantische Verständnis des Wortlauts von § 133 Hs. 2 BGB spricht somit dafür, dass die darin ausgesprochene Regel auch für formalsprachliche Erklärungen gilt. Es wäre also bei der Auslegung nicht am formal festgelegten Sinn einer formalsprachlichen Erklärung zu haften. Eine formale Auslegung im Sinne einer textuellen Auslegung 2.0 wäre allein unter Heranziehung des Wortlautarguments unabhängig von der genauen Ausgestaltung derselben nicht erlaubt.

IV. Teleologische Erfassung der formalen Auslegung durch § 133 Hs. 2 BGB

Ob § 133 Hs. 2 BGB der formalen Auslegung im Sinne einer textuellen Auslegung 2.0 im Ergebnis teleologisch entgegensteht, erfordert über die Betrachtung des Wortlautarguments hinaus, das Telos der Norm auch über historische und systematische Argumente zu ermitteln (1.) und die Subsumierbarkeit der formalen Auslegung unter das so gefundene Ergebnis festzustellen (2.).

1. Telos des § 133 Hs. 2 BGB

Auf das Telos beziehungsweise die verschiedenen Zwecke der Normen zur Auslegung im allgemeinen Vertragsrecht (§§ 133, 157 BGB) wurde zuvor bereits unter Heranziehung sowohl grammatischer, historischer als auch systematischer (einschließlich prinzipiell-systematischer) Argumente eingegangen.[208] Die nachfolgende Untersuchung dient vor allem dem Zweck, vor diesem Hintergrund einen noch spezifischeren Blick auf die teleologischen Erwägungen speziell hinter der Regelung des § 133 Hs. 2 BGB zu werfen.

a) Historische Annäherung

Aus den Gesetzesbegründungen zu § 133 BGB lässt sich für die Regelung in Halbsatz zwei eindeutig entnehmen, dass dieser als klare Absage an eine „strenge Wortlautauslegung"[209] und als Gebot einer kontextuellen Auslegung zu verstehen war.[210] Man wollte sich mit § 133 Hs. 2 BGB in einem Spektrum verschiedener gesetzlicher Auslegungsregeln positionieren, von denen sich

---

[206] S. § 12 B. II.
[207] S. bereits § 12 B. I.
[208] S. § 11; s. zudem zum methodischen Ansatz schon § 12 C. II.
[209] Motive I, 1888, S. 155.
[210] S. insoweit bereits § 12 Fn. 96.

„die Mehrzahl", aber eben nicht alle gegen eine (strenge) Wortlautauslegung aussprachen.[211] Man richtete sich folglich gegen die rechtshistorisch und aus anderen Rechtsordnungen bekannten Fälle der Wortlautauslegung, wie etwa aus dem römischen Recht,[212] aus mittelalterlichen Gerichtsverfahren (in denen etwa „Ein Mann, ein Wort" galt[213]) oder auch dem Allgemeinen Landrecht für die Preußischen Staaten. Dort sah § 65 im vierten Titel des ersten „Theils" folgende Regelung vor: „Der Sinn jeder ausdrücklichen Willenserklärung muß nach der gewöhnlichen Bedeutung der Worte und Zeichen verstanden werden."[214]

Die Regelung des § 133 BGB als die „eine Grundregel" zur Auslegung von Willenserklärungen[215] sollte sich dabei nicht nur gegen die Wortlautauslegung schriftlicher Erklärungen richten.[216] Man erkannte in der Wortlautauslegung ausdrücklich auch die „Gefahr ..., dass der Sinn des *gesprochenen* Wortes als die Hauptrichtschnur behandelt wird."[217] Das gefährdete Gut sah man wohl im Auslegungsziel der Willenserforschung.[218] Die sich im Wortlaut des § 133 BGB andeutende Zusammenschau der beiden Halbsätze lässt sich somit auch historisch belegen.[219] Unter den Mitgliedern beider Kommissionen zur Schaffung des Bürgerlichen Gesetzbuchs fanden sich Stimmen, die § 133 BGB insgesamt als überflüssig erachteten, da sich dessen Inhalt von selbst verstehe.[220] Man übernahm ihn letztlich unter anderem aufgrund der von einer

---

[211] Motive I, 1888, S. 154 f.
[212] S. dazu insb. *Vogenauer*, in: HKK BGB, §§ 133, 157 BGB Rn. 54 ff.
[213] S. dazu etwa *Reimer*, Methodenlehre, 2020, S. 85 m.w.N.
[214] S. dazu und insgesamt weiterführend zur Absage an die Wortlautauslegung und deren Verbreitung in anderen Rechtsordnungen *Vogenauer*, in: HKK BGB, §§ 133, 157 BGB Rn. 18 ff. m.w.N.; zur Verbreitung der reinen Wortlautauslegung s. ferner auch bereits § 12 Fn. 99, 101 f. und begleitenden Text in § 12 A.
[215] Vgl. die Randbezeichnung zu § 73 im ersten Entwurf des BGB in Motive I, 1888, S. 154: „Für die Auslegung von Willenserklärungen wird nur eine Grundregel aufgestellt."
[216] Dass sie auch schriftliche erfassen sollte, lässt sich hingegen im Umkehrschluss an der expliziten Absage an solche Vorschriften, die (auch) auf das geschriebene Wort abstellten, wie § 65 des Allgemeinen Landrecht für die Preußischen Staaten (genannt in Motive I, 1888, S. 154), mit dem Bezug zu „Zeichen" ablesen.
[217] Motive I, 1888, S. 155 (Hervorhebung durch die Verf.).
[218] Dies scheint an verschiedenen Stellen in Motive I, 1888, S. 155 durch, etwa bei: „[...] Regeln gegen die strenge Wortlautauslegung. Es wird vor derselben gewarnt und darauf hingewiesen, dass auch andere Umstände bei der Willenserforschung in Betracht zu ziehen sind." und „[D]ie Aufzählung aller möglicherweise maßgebenden Umstände im Gesetze geradezu ausgeschlossen ist. Der Entwurf beschränkt sich auf den Hinweis, daß bei der Auslegung der wirkliche Wille zu erforschen und nicht an dem buchstäblichen Sinne des Ausdruckes zu haften sei."
[219] Ebenda.
[220] S. dazu *Vogenauer*, in: HKK BGB, §§ 133, 157 BGB Rn. 19 ff.; warum sich der Inhalt von selbst verstehe, wird in den Motiven und Protokollen zum heutigen § 133 BGB nicht weiter ausgeführt. Dass es sich um den Rückbezug auf das Prinzip der Privatautonomie und die daher gebotene umfassende Willenserforschung handeln musste, wird wiederum aus

entsprechenden handelsrechtlichen Regelung bekannten „wohlthätigen Wirkungen".[221]

b) Systematische Annäherung

Die vorgenommene Analyse des Zusammenspiels der verschiedenen Prinzipien im allgemeinen Vertragsrecht mit Blick auf die normative Vertragsfunktion hat gezeigt, dass auch heute noch ein deontologisches Vertragsmodell anzunehmen ist.[222] Der „wirkliche Wille" als Ziel der Auslegung wird damit (ohne dass damit etwas zu der Zielerreichung gesagt ist) insbesondere in seiner Absolutheit bestätigt.[223] Für das bisher ermittelte Telos des § 133 Hs. 2 BGB bedeutet dies zunächst einmal, dass sich die so verstandene Regelung noch immer nahtlos in das innere System des allgemeinen Vertragsrechts einfügt. Sowohl systematisch als auch prinzipiell-systematisch bestätigt sich,[224] dass § 133 Hs. 2 BGB die Verkörperung einer Regelung ist, die sich (jedenfalls für die hier untersuchten Willenserklärungen gerichtet auf die Herbeiführung eines Vertrages) auch aus § 133 Hs. 1 BGB oder § 157 BGB und jeweils dem geltenden deontologischen Vertragsmodell des allgemeinen Vertragsrechts ableiten ließe.

c) Zwischenergebnis

Die Auslegung nach Wortlaut, Historie als auch Systematik des § 133 Hs. 2 BGB fügt sich zu einem Gesamtbild des Telos der Regelung zusammen. Dass bei der „der Auslegung einer Willenserklärung [...] nicht an dem buchstäblichen Sinne des Ausdrucks zu haften ist", hat den Zweck, die Erreichung des Auslegungsziels zu sichern oder jedenfalls zu fördern. § 133 Hs. 2 BGB ist als allgemeine Regel zur Beachtung sämtlicher zur Willenserforschung relevanter Umstände zu verstehen – ohne eine Aussage darüber zu treffen, aus wessen Sicht die relevanten Umstände zu ermitteln sind (ohne also eine Position im Spannungsverhältnis von Wille und Erklärung zu treffen[225]). Ganz deutlich wird damit nochmals, dass § 133 Hs. 2 BGB nicht bedeutet, dass das Ergebnis der Auslegung einer Willenserklärung nicht im semantischen Verständnis derselben liegen kann. Am buchstäblichen Sinn einer Erklärung darf nach Sinn und Zweck des § 133 Hs. 2 BGB durchaus gehaftet

---

einer systematischen Betrachtung deutlich (s. dazu gleich § 12 C. IV. 1. b) und zuvor zum prinzipiell-systematischen Verständnis insb. § 9 D. III. 2., § 9 D. III. 3. und § 11 B.
[221] Achilles, u.a., Protokolle I, 1897, S. 68.
[222] S. § 9 D. III. 2. und § 9 D. III. 3.
[223] S. § 11 B.
[224] S. zur entsprechenden Annahme bereits § 12 A.
[225] Dass sich in den Gesetzgebungsmaterialien zu § 133 BGB keine Angaben zu einer Positionierung finden, entspricht somit den an anderen Stellen zu findenden Angaben des Gesetzgebers, sich nicht positionieren zu wollen, s. dazu bereits § 11 Fn. 33.

werden, sofern sich aus der Berücksichtigung anderer relevanter Umstände nicht ein abweichender wirklicher Wille ergibt. § 133 Hs. 2 BGB ordnet insoweit also auch keine Herabwertung des Wortlauts als Anhaltspunkt für die Ermittlung des wirklichen Willens an.

So deutlich die Verbindung der Regelung des § 133 Hs. 2 BGB zum Auslegungsziel wird, so wenig Explizites lässt sich der Norm jedoch dahingehend entnehmen, warum das Festhalten am buchstäblichen Sinn eines Ausdrucks dem Auslegungsziel entgegenstehen soll. Die historischen Ressourcen zum Gesetzgeberwillen halten sich bei der Frage, auf welche empirische Prämisse diese Annahme gestützt wurde,[226] bedeckt. Dies dürfte vermutlich daran liegen, dass man die Prämisse über den Realbereich der Regelung als so selbstverständlich erachtete, dass eine entsprechende Benennung obsolet erschien. Die Prämisse muss gewesen sein, dass Menschen ihren Willen in einer Erklärung in aller Regel nicht ideal ausdrücken und die zusätzliche Beachtung der Umstände daher eine größere Annäherung an die Erreichung des Auslegungsziels gewährt.

Die Geltung der Prämisse über den Realbereich – das wiederum lässt sich sodann aus den Gesetzesbegründungen schlussfolgern – wurde gleichermaßen oder jedenfalls mit derselben Konsequenz für Erklärungen in gesprochener als auch geschriebener natürlicher Sprache angenommen. Die sogenannte Eindeutigkeitsregel, die noch sehr weit in das 20. Jahrhundert hinein von vielen und heute jedenfalls noch vereinzelt als vereinbar mit § 133 Hs. 2 BGB bewertet wird,[227] ist also selbst dann, wenn sie auf den unterschiedlichen Ausdrucksmöglichkeiten des wirklichen rechtsgeschäftlichen Willens mit verschiedenen Erklärungsmitteln aufbauen sollte,[228] wegen der eindeutigen gesetzgeberischen Entscheidung mit Blick auf die damals bekannten Erklärungsmittel nicht mit § 133 Hs. 2 BGB vereinbar.

Die Annahme, dass natürliche Sprache kein ideales Mittel zum Ausdruck des Gewollten ist, wurde seit der Kodifizierung des Bürgerlichen Gesetzbuchs in vielfacher Hinsicht wissenschaftlich bestätigt.[229] Jedenfalls an der empi-

---

[226] Zur Bedeutung der empirischen Prämissen des von einer Norm betroffenen Realbereichs für das Verständnis des Telos der Norm anschaulich *Reimer,* Methodenlehre, 2020, S. 179 f.

[227] S. schon § 12 Fn. 101 sowie den dazugehörigen Text.

[228] Es finden sich nahezu keine Hinweise darauf, welches Ziel die Eindeutigkeitsregel verfolgen soll. Naheliegend ist insoweit, dass es nicht um die unterschiedliche Qualität von Erklärungsmitteln mit Blick auf den Ausdruck wirklichen rechtsgeschäftlichen Willens, sondern um Argumente der Einfachheit und Bequemlichkeit ging (vgl. *Säcker,* in: MüKo BGB, Einleitung BGB Rn. 118, der sich dabei jedoch auf die Gesetzesauslegung bezieht) sowie Effizienz (vgl. *Schwartz/Scott,* Yale Law Journal 2003, 541; *Schwartz/Scott,* Yale Law Journal. 2010, 926) oder um solche des Vertrauensschutzes (vgl. *Vogenauer,* in: HKK BGB, §§ 133, 157 BGB Rn. 78).

[229] S. insoweit plakativ die ausführlich dargestellten Nachweise der Unzulänglichkeiten natürlicher Sprache bei *Kuntz,* AcP 2015, 387 (423) m.w.N.

rischen Grundvorstellung rechtsgeschäftlicher Kommunikation mit natürlicher Sprache hat sich somit seitdem nichts geändert.

2. Wertungs(un)gleichheit der buchstäblichen Auslegung formaler und natürlicher Sprache

Die Unterschiede zwischen der buchstäblichen Auslegung natürlichsprachlicher und der formalen Auslegung formalsprachlicher Erklärungen – hier als textuelle Auslegung 1.0 und 2.0 bezeichnet – wurden bereits angeführt.[230] Innerhalb des der textuellen Auslegung gesetzten Rahmens liegt der entscheidende Unterschied in der Eindeutigkeit einer formalen Interpretation formalsprachlicher Erklärungen im Vergleich zur potenziellen Mehrdeutigkeit bei der Interpretation natürlichsprachlicher Erklärungen. Es stellt sich nunmehr die Frage, ob die textuelle Auslegung 1.0 und 2.0 wertungsmäßig insoweit vergleichbar sind, als dass auch letztere von der in § 133 Hs. 2 BGB verkörperten Regelung erfasst wird, sie also „in den für die rechtliche Bewertung maßgebenden Hinsichten übereinstimmen".[231] Beantworten lässt sich diese Frage aus verschiedenen Blickwinkeln, die ihrerseits spezifische Aspekte der Unterschiede von formaler und natürlicher Sprache in den Blick nehmen und entsprechende vertiefende Betrachtungen dieser Unterschiede erfordern. Ihnen allen ist der nämliche Dreh- und Angelpunkt gemein, der sich aus dem Telos des § 133 Hs. 2 BGB ableiten lässt: Wie ist das spezifische Zusammenspiel formalsprachlicher Ausdrücke als Erklärungsmittel mit dem wirklichen rechtsgeschäftlichen Willen als Auslegungsziel?

a) Formalsprachliche Erklärungen als Ausdruck des wirklichen Willens

Eine erste mögliche Perspektive auf das Zusammenspiel von formalsprachlichen Ausdrücken und dem wirklichen Willen knüpft unmittelbar an die der Regelung des § 133 Hs. 2 BGB zugrunde liegenden empirischen Prämissen an. Es stellt sich die zentrale Frage, ob rechtsgeschäftlicher Wille mit formalsprachlichen Erklärungen anders ausgedrückt wird als mit natürlicher Sprache und ob dieser Unterschied eine formale Auslegung im Sinne einer textuellen Auslegung 2.0 bedingt.

Da die Regelung des § 133 Hs. 2 BGB der Verwirklichung des Auslegungsziels verschrieben ist, wäre ihrem Sinn und Zweck nach grundsätzlich dann von ihr – also vom Verbot einer textuellen Auslegung – abzuweichen, wenn eine textuelle Auslegung der Erreichung des Auslegungsziels näherkäme als

---

[230] S. insb. § 12 A. und § 12 C. I.

[231] *Larenz/Canaris,* Methodenlehre, 1995, S. 202, deren Aussage zwar mit Blick auf die Analogie getroffen wird, nach dem vorliegenden Verständnis (s. § 12 C. II.) aber auch unabhängig von einer Differenzierung zwischen Auslegung und Rechtsfortbildung für die Frage nach der Anwendbarkeit einer Norm auf einen Sachverhalt fruchtbar gemacht werden kann.

eine kontextuelle Auslegung. Sollten sich formalsprachliche Erklärungen somit als bessere Ausdrucksmöglichkeit für den wirklichen rechtsgeschäftlichen Willen herausstellen als andere Erklärungsmittel, wäre eine textuelle Auslegung 2.0 – vorbehaltlich weiterer Prüfungspunkte – durchaus denkbar.

Das Eindeutigkeits-Charakteristikum formalsprachlicher Erklärungen lässt sich innerhalb verschiedener Vertragstheorien bereits als ausschlaggebender Punkt einbetten.[232] Angesichts des Telos des § 133 Hs. 2 BGB im geltenden Vertragsmodell kann diese Eigenschaft formalsprachlicher Erklärungen aber nur dann den Weg für eine textuelle Auslegung 2.0 ebnen, wenn die Eindeutigkeit der formalen Sprache tatsächlich Auswirkungen auf die Produktion rechtsgeschäftlicher Erklärungen hätte.[233] Und zwar Auswirkungen dergestalt, dass die Lücke zwischen Wille und Erklärung grundsätzlich verringert wird.

Eine textuelle Auslegung gestützt auf das „Autonomie-Argument", dass formale Sprache ein besseres Ausdrucksmittel für den rechtsgeschäftlichen Willen sei als andere Erklärungsmittel, würde sich dann als Vorrangregel manifestieren. Im Grundsatz würde die textuelle Auslegung (beziehungsweise formale Auslegung) formalsprachlicher Erklärungen bei der Ermittlung des Erklärungsinhalts vorgehen und andere Erklärungsmittel und Kontext würden nur dort Beachtung finden, wo eine textuelle Antwort auf auslegungsrelevante Fragen fehlt. Nur soweit im Einzelfall Anhaltspunkte dafür sprächen, dass das Autonomie-Argument erschüttert ist, wäre von der formalen Auslegung zu Gunsten einer kontextuellen Auslegung Abstand zu nehmen.

Die Nähe zur herkömmlichen Eindeutigkeitsregel ist nicht zu übersehen. Diese Nähe deutet jedoch auch bereits an, welch hohen Hürden sich die Annahme einer textuellen Auslegung gestützt auf das Autonomie-Argument ausgesetzt sieht. Geht man nämlich davon aus, dass die Eindeutigkeitsregel ebenfalls auf ein Autonomie-Argument gestützt wurde, hätte der tragende Gedanke dergestalt sein müssen, dass natürliche Sprache soweit sie eindeutig interpretiert werden kann, eher den wirklichen Willen ausdrückt als andere Erklärungsmittel. Für eine textuelle Auslegung 2.0 würde die eindeutige Entscheidung des Gesetzgebers gegen die Eindeutigkeitsregel also bedeuten, dass nicht jeder Unterschied zwischen verschiedenen Erklärungsmitteln im Hinblick auf deren Qualität als Ausdrucksmittel rechtsgeschäftlichen Willens für die Annahme einer Vorrangregel ausreicht. Vielmehr wäre wohl ein signifikanter Unterschied vorauszusetzen.

Selbst wenn man diesen Schluss nicht aus dem Vergleich mit der Eindeutigkeitsregel ziehen will – denn es fehlen bereits Hinweise darauf, dass diese überhaupt auf ein Autonomie-Argument gestützt wurde[234] –, lässt sich die hohe Hürde an eine autonomiegestützte Vorrangbehandlung eines Erklärungsmittels

---

[232] S. dazu ausführlich § 9 D. III. 1.
[233] Zum Begriff der Produktion s. bereits § 4 A.
[234] S. § 12 Fn. 228.

auch daran erkennen, dass der historische Gesetzgeber Unterschiede beim Ausdruck rechtsgeschäftlichen Willens mit gesprochener und damit besonders flüchtiger sowie geschriebener und damit erkennbar manifestierter natürlicher Sprache gesehen haben dürfte und sich dennoch für deren Gleichbehandlung aussprach.[235]

Die Hürden an die vorrangige Beachtung eines Erklärungsmittels beziehungsweise an ein dahinterstehendes Autonomie-Argument sind folglich entsprechend hoch anzusetzen. Bei formalsprachlichen Erklärungen könnte die eindeutige Interpretierbarkeit des Ausdrucks jedoch gegebenenfalls entscheidende Auswirkungen auf die Produktion der Erklärung haben. Die Ausdruckssorgfalt des Erklärenden könnte durch die im Vergleich zu natürlicher Sprache und anderen Erklärungsmitteln ex ante präzise bekannte anschließende Interpretation der Ausdrücke durch den Empfänger signifikant erhöht sein.

Ebenso vieles könnte bei der Verwendung formalsprachlicher Erklärungen aber auch gegen die Verringerung der Lücke zwischen Wille und Erklärung sprechen: Erhöhte Sorgfaltsanforderungen bedeuten nicht unbedingt, dass auch tatsächlich erhöhte Sorgfalt aufgebracht wird und formale Sprachen bleiben für ihre Nutzer auch bei intensiver Nutzung stets Fremdsprachen.

Empirische Untersuchungen zum Ausdruck rechtsgeschäftlichen Willens mit formalsprachlichen Erklärungen gibt es bisher nicht. Erkenntnisleitende Anhaltspunkte lassen sich indes an anderer Stelle finden, wobei das so gefundene Ergebnis stets unter dem Vorbehalt verstanden werden muss, dass es gegebenenfalls angesichts späterer spezifischer Studien revidiert werden muss. Namentlich kann ein Verständnis von formalsprachlichen Erklärungen als Ausdrucksmittel rechtsgeschäftlichen Willens vor allem über Erkenntnisse zum Umgang mit formaler Sprache in außerrechtlichen Bereichen gewonnen werden.

In der Informatik werden Fehler bei der Implementierung von Pseudo-Code beziehungsweise „Bugs"[236] in Programmen trotz (oder vielleicht auch wegen) der Eindeutigkeit formaler Sprache ab einer gewissen Komplexität als unvermeidbar betrachtet.[237] Obwohl auch hier – ähnlich wie bei rechtsgeschäftlichen Erklärungen – ein mitunter enorm hohes Interesse an Korrektheit bestehen kann, lässt sich pauschal festhalten, dass wohl jeder nicht-triviale formalsprachliche Ausdruck Fehler aufweist.[238] Zumindest eine signifikante Erhöhung des korrekten Ausdrucks des Gemeinten durch die Verwendung einer formalen Sprache kann damit verneint werden. Dies scheint trotz der großen Unterschiede zwischen formalen Sprachen und möglichen Ausdruckstechniken zudem für alle formalen Sprachen zu gelten. Eine expressive Wissensrepräsen-

---

[235] Zur Gleichbehandlung s. bereits § 12 C. IV. 1. c).
[236] Zum Begriff s. schon § 4 A.
[237] Statt vieler: *Cohney/Hoffman*, Minnesota Law Review 2020, 319 (320).
[238] *LSP Working Group*, Developing a Legal Specification Protocol, S. 18.

tation erfordert erkennbar eine hohe Sorgfalt und „fundierte Logikkenntnisse".[239] Fehler dürften hier besonders schnell auftreten. Aber auch einfache formalsprachliche Ausdrücke sind anscheinend nicht signifikant weniger fehleranfällig. Insoweit kann zuletzt wieder der Blick auf die rechtsgeschäftliche Kommunikation geworfen werden, die allein mit der Verwendung von Zahlen durchaus Ausdrücke kennt, denen man in den überwiegenden Fällen eine eindeutige Bedeutung zuweisen kann und die dennoch eine gewisse Fehleranfälligkeit mit sich bringen.[240]

Selbst wenn also formalsprachliche Ausdrücke das Potenzial bieten, im Einzelfall ein besseres Ausdrucksmittel für den wirklichen Willen des Erklärenden zu sein, ist im Grundsatz eher davon auszugehen, dass sich formale Sprache als schlechteres Ausdrucksmittel geriert als natürliche Sprache.[241] Eine textuelle Auslegung 2.0 in Gestalt einer Vorrangregel lässt sich aus dieser Perspektive nicht begründen.

b) Formale Auslegung als wirklicher Wille

Ein rechtlich relevanter Unterschied, der gegen die Anwendung des § 133 Hs. 2 BGB und für eine textuelle Auslegung 2.0 spricht, könnte aber an anderer Stelle bestehen. So könnte bereits die Wahl einer formalen Sprache als Erklärungsmittel als Ausdruck dafür zu werten sein, dass durch den Erklärenden eine formale Auslegung gewollt ist. Sofern eine (kontextuelle) Auslegung ergibt, dass eine formalsprachliche Erklärung als Willenserklärung zu verstehen ist,[242] könnte daraus also gegebenenfalls der Rückschluss gezogen werden, dass bei der Ermittlung des Inhalts der Willenserklärung nur auf die Ergebnisse einer formalen Interpretation der Erklärung abzustellen ist. Anders als bei einer textuellen Auslegung 2.0 gestützt auf ein Autonomie-Argument, könnten sich bei einer textuellen Auslegung 2.0 gestützt auf eine Auslegungsvereinbarung (beziehungsweise Auslegungserklärung) qua Wahl eines formalsprachlichen Erklärungsmittels auch die Hürden für einen Rückgriff auf eine kontextuelle Auslegung deutlich erhöhen, sich die Vorrangwirkung verfestigen.

Dass die Lücke zwischen Wille und Erklärung in Folge einer textuellen Auslegung 2.0 nicht verringert wird, sondern voraussichtlich vergrößert, stünde einer so begründeten textuellen Auslegung 2.0 nicht entgegen. Die Ausdrucksarmut formaler Sprache ist die Kehrseite der Eindeutigkeit formalsprachlicher Erklärungen und die Wahl derselben als Erklärungsmittel ließe sich eventuell so verstehen, als ob aus Sicht ihrer Verwender die Vorteile des Erklärungsmittels seine Nachteile überwiegen. Dies führt zurück zu der ursprünglichen Hypothese, die vorliegend über die Verwendung formalsprachlicher Ausdrücke

---

[239] *Beierle/Kern-Isberner*, Wissensbasierte Systeme, 2019, S. 72.
[240] S. allein *Wendtland*, in: BeckOK, § 119 BGB Rn. 33 f. zu Kalkulationsirrtümern.
[241] S. insoweit ferner später § 13 A. II. 2. c).
[242] S. dazu gleich insb. § 13 A. I. 3. b).

als rechtsgeschäftliches Erklärungsmittel getroffen wurden: Verwendern dürfte es maßgeblich auf die Eindeutigkeit der Interpretation ihrer Erklärung und damit auf deren Kalkulierbarkeit ankommen.²⁴³

Im Vergleich zu natürlichsprachlichen Erklärungen kommt bei formalsprachlichen Erklärungen damit gerade der rechtsgeschäftlichen Dokumentationsfunktion eine übergeordnete Bedeutung zu.²⁴⁴ Insoweit können sie sich selbst von schriftlichen natürlichsprachlichen Erklärungen unterscheiden, bei welchen die Dokumentationsfunktion zwar objektiv ebenfalls eine Rolle spielt, die aber auch aus einer Vielzahl anderer Gründe als Erklärungsmittel gewählt werden, beispielsweise, weil die Übermittlung einer Erklärung die Schriftform als Erklärungsmittel erfordert.

Bei formaler Sprache liegt es hingegen auf der Hand, dass sie gerade deshalb als Erklärungsmittel eingesetzt wird, weil mit ihr eine eindeutige Dokumentation des Vertragsinhaltes möglich ist. Diese kommt indes wiederum nur bei Annahme einer textuellen Auslegung 2.0 zum Tragen, andernfalls würden der Aufwand, der in die Nutzung formaler Sprache als Ausdrucksmittel geflossen ist, und die daraus versprochenen Vorteile einer eindeutigen Interpretation weitestgehend ins Leere laufen.²⁴⁵

So gesehen präsentiert sich die Entscheidung, ob bereits aufgrund der Wahl formaler Sprache als Erklärungsmittel auf eine textuelle Auslegung 2.0 geschlossen werden kann oder nicht, als Entscheidung zwischen Skylla und Charybdis. Entweder würde dem Willen nach einer formalen Auslegung gefolgt, aber das Risiko erhöht, dass der den Inhalt des Rechtsgeschäfts betreffende Wille schlechter erfasst wird oder es würde eben diesem durch eine kontextuelle Auslegung nachgespürt, aber der mit dem Erklärungsmittel ausgedrückte Wille nach einer formalen Auslegung missachtet.

Ob und in welchem Rahmen eine textuelle Auslegung durch die Parteien überhaupt privatautonom festgelegt werden kann und ob dies wirklich eine Abbedingung von § 133 Hs. 2 BGB wäre, kann hier noch zurückgestellt werden.²⁴⁶ Denn trotz des weitestgehenden Leerlaufens der Vorteile formalsprachlicher Erklärungen als Konsequenz einer kontextuellen Auslegung ist eine Auslegungsvereinbarung oder -erklärung und damit eine textuelle Auslegung 2.0 letztlich jedenfalls nicht bereits aufgrund der Wahl formaler Sprache als Erklärungsmittel anzunehmen.

Ausschlaggebend ist dabei der Punkt, dass formale Sprache zwar wohl weit überwiegend aufgrund der inhaltlichen Kalkulierbarkeit und damit ihrer Dokumentationsfunktion als Erklärungsmittel gewählt werden dürfte, dass sie aber auch aus anderen Gründen als Erklärungsmittel gewählt werden kann. Wie

---

[243] S. dazu schon ausführlich § 4 A.
[244] S. dazu auch schon § 2 A. II.
[245] Vgl. dazu *Bertram*, MDR 2018, 1416 (1421).
[246] S. dazu später insb. § 15 C. III.

zuvor beschrieben, ist insbesondere der Fall denkbar, dass formale Sprache dort als Erklärungsmittel gewählt wird, wo der Aufwand der Formalisierung bereits im Hinblick auf die maschinelle Verarbeitung der Erklärung beziehungsweise des Vertrages betrieben wurde und man sich den Aufwand einer zusätzlichen Vereinbarung sparen möchte.[247] Die Wahl, eine formale Sprache als Erklärungsmittel zu nutzen, kann daher zwar mit gewisser Wahrscheinlichkeit, aber nicht mit Sicherheit als Wille nach einer textuellen Auslegung 2.0 gedeutet werden. Man wird entsprechend höhere Anforderungen an eine Auslegungsvereinbarung stellen müssen als allein die Wahl des Erklärungsmittels.[248] Es besteht im Ergebnis letztlich doch wieder eine Vergleichbarkeit zu anderen Erklärungsmitteln, wie geschriebener natürlicher Sprache. Fehlen weitere Anhaltspunkte für den Willen nach einer formalen Auslegung, ist damit der besseren Erforschung des auf den Inhalt des Rechtsgeschäfts bezogenen Willens der Vorzug einzuräumen.

c) Formale Auslegung zwischen Wille und Erklärung

Das Spannungsverhältnis zwischen textueller und kontextueller Auslegung ist nicht mit dem Spannungsverhältnis zwischen Wille und Erklärung gleichzusetzen. Die Beantwortung der Frage nach einer textuellen oder kontextuellen Auslegung ist nicht durch eigene prinzipielle Positionen geprägt, sondern eine Folgeentscheidung: Das Zusammenspiel der Prinzipien im Vertragsmodell, welches das Auslegungsziel für empfangsbedürftige Willenserklärungen im vertraglichen Kontext bestimmt, entscheidet auch über die Grundsätze der Auslegungsmethode und damit über die Frage nach der Beachtung von Text und Kontext. Die daraus abzuleitenden Folgen haben allerdings Auswirkungen auf die Auflösung des Spannungsverhältnisses von Wille und Erklärung.

Hätte sich etwa herausgestellt, dass formale Sprache ein signifikant besseres Ausdrucksmittel für den rechtsgeschäftlichen Willen ist und damit eine textuelle Auslegung 2.0 in Gestalt einer Vorrangregel angebracht ist, hätte dies in der Konsequenz auch einen Pendelausschlag zugunsten der Erklärungstheorie bedingt. Die vorrangige Beachtung des Textes würde zwar nicht zwingend bedeuten, dass auf das tatsächliche Verständnis des Empfängers vom Text abzustellen ist, aber sie würde als generalisierender Auslegungsansatz bei Vertretern der Erklärungstheorie auf fruchtbaren Boden fallen.

Ein solches Beeinflussungsverhältnis ließe sich auch in die andere Richtung denken. Die Positionen im Spannungsverhältnis von Wille und Erklärung könnten demnach zur Auflösung des Spannungsverhältnisses zwischen textueller und kontextueller Auslegung beitragen. Angedacht wurde dies tatsächlich bereits mit Blick auf die Auswirkungen technischer beziehungsweise automa-

---

[247] S. dazu bereits § 6 A. I.
[248] S. dazu später insb. § 15 C. III.

tisierter Prozesse auf die Bildung von Vertrauen. Es ging unter anderem um die Frage, inwiefern Vertrauen in Computersysteme und die sie steuernden formalen Sprachen gegenüber personalem Vertrauen – Vertrauen in den einzelnen Menschen – anders ausgestaltet ist, ob erstes letzteres ablöst und wie sich beide gegenseitig beeinflussen.[249] Die Untersuchung der Vertrauensbildung bei Nutzung und Einbindung technischer Prozesse in Verträgen und deren Abwicklung ist entsprechend komplex. Ob und unter welchen Umständen die Erkenntnisse zur Vertrauensbildung bei der Verwendung technischer Hilfsmittel wie der elektronischen Übertragung von Willenserklärungen auch auf die Verwendung formalsprachlicher Erklärungen, die einer Automatisierung zugänglich sind, übertragen werden können, ist unklar. Im Raum steht aber die Vermutung, dass das Vertrauen des Empfängers einer Willenserklärung in deren Inhalt erhöht sein könnte, wenn der Erklärende eine formale (und damit eindeutig interpretierbare) anstatt einer natürlichen Sprache verwendet. Auch die Vorschaubilder-Entscheidungen des Bundesgerichtshofs ließen sich so lesen: Das Vertrauen des Empfängers auf den formalen Erklärungswert ist im Internet besonders hoch und er wird natürlichsprachliche Erklärungen daher unbeachtet lassen (sich bei der Auslesung von Erklärungen daher auch technischer Hilfsmittel bedienen, die nur formalsprachliche Erklärungen verarbeiten können).[250] Das erhöhte Vertrauen könnte folglich im Spannungsverhältnis von Wille und Erklärung den Ausschlag in Richtung der vom Vertrauensargument getragenen Erklärungstheorie geben und damit bei formalsprachlichen Erklärungen eine Form der textuellen Auslegung 2.0 rechtfertigen.

Selbst wenn das Vertrauen des Empfängers (ob abstrakt-generell oder im konkreten Einzelfall) auf den Inhalt einer formalsprachlichen Erklärung aber tatsächlich höher sein sollte als das Vertrauen auf den Inhalt einer natürlichsprachlichen Erklärung, lässt sich daraus gerade keine Konsequenz für die Auslegungsmethode ableiten. Angesprochen ist damit erneut das Verständnis des Vertrauens- oder Verkehrsschutzes als abhängiges Rechtsprinzip.[251] Vertrauen wird (jedenfalls) im Vertragsrecht nicht aufgrund seiner Selbst geschützt. Es wird nur dort geschützt, wo legitimerweise *auf* etwas vertraut werden darf und dieses Etwas ist bei der Willenserklärung das Vertrauen auf die Erklärung als Ausdruck des wirklichen Willens des Erklärenden. Die Zwischenschaltung technischer Hilfsmittel und die Verwendung maschinell verarbeitbarer Sprachen wird daran voraussichtlich jedenfalls solange nichts ändern, wie es keine „elektronische Rechtsperson" gibt.

Das Auslegungsziel als Ausdruck der normativen Vertragsfunktion rahmt somit die Möglichkeiten zur Auflösung des Spannungsverhältnisses von Wille und Erklärung. Nur innerhalb dieses Rahmens können die hinter den beiden

---

[249] Ausführlich *Wiebe*, Elektronische Willenserklärung, 2002, S. 148 ff., 242 ff.
[250] S. die Ausführungen dazu in § 12 A.
[251] S. § 9 C. III.

Positionen stehenden Prinzipien zum Ausgleich gebracht werden. Sie haben keine Auswirkungen auf den Rahmen selbst.[252] Das möglicherweise erhöhte Vertrauen des Empfängers auf den mit einem bestimmten Erklärungsmittel ausgedrückten rechtsgeschäftlichen Willen ist also im geltenden Recht nur insoweit berücksichtigenswert, wie dieses Erklärungsmittel auch tatsächlich im Vergleich zu anderen Erklärungsmitteln eher den wirklichen Willen des Erklärenden auszudrücken vermag.

Nun hat sich aber bereits gezeigt, dass formalsprachliche Erklärungen weder ein signifikant besseres Ausdrucksmittel für den wirklichen Willen des Erklärenden sind,[253] noch von deren Verwendung pauschal auf den Wunsch nach einer formalen Auslegung geschlossen werden kann.[254] Damit besteht kein Ansatzpunkt für den rechtlichen Schutz etwaigen erhöhten Vertrauens eines Erklärungsempfängers auf die inhaltliche Bestimmung einer formalsprachlichen Willenserklärung allein oder primär durch eine formale Auslegung.

V. Fazit zur Anwendbarkeit des § 133 Hs. 2 BGB auf die formale Auslegung

Die Auslegung des § 133 Hs. 2 BGB hat gezeigt, dass Sinn und Zweck der dortigen Regelung darin bestehen, die Erreichung des Auslegungsziels (die Ermittlung des wirklichen Willens des Erklärenden) zu fördern. Im Umkehrschluss bedeutet die Verbindung zum Auslegungsziel aber auch, dass vom Gebot einer kontextuellen Auslegung stets dort abgewichen werden muss, wo eine textuelle Auslegung eher dem Auslegungsziel gerecht wird.

Die Ausgangsfrage, ob § 133 Hs. 2 BGB auf formalsprachliche Erklärungen nicht anwendbar sein könnte, weil in dieser Hinsicht ein Wertungsunterschied zu anderen Erklärungsmitteln besteht, wurde unter drei verschiedenen Gesichtspunkten beleuchtet: Es wurde untersucht, ob formalsprachliche Erklärungen ein (signifikant) besseres Ausdrucksmittel für den wirklichen rechtsgeschäftlichen Willen sind (hier als „Autonomie-Argument" bezeichnet), ob dem Erklärenden der Wille nach einer textuellen Auslegung bereits aufgrund der von ihm vorgenommenen Wahl des formalsprachlichen Erklärungsmittels zu unterstellen ist oder ob aus dem Spannungsverhältnis zwischen Wille und

---

[252] Widersprüchlich daher auch *Wendtland*, in: BeckOK, § 157 BGB Rn. 26, wenn er sagt, es ginge bei der Auslegung empfangsbedürftiger Willenserklärungen „weniger um die Feststellung des wirklichen Willens der Vertragspartner, sondern in erster Linie darum, den objektiven Inhalt ihrer übereinstimmenden Erklärungen zu ermitteln", aber keinen alternativen Bezugspunkt für das Vertrauen liefert und daher letztlich (richtigerweise) doch wieder an den Willen anknüpft (a.a.O. und passim); ähnlich widersprüchlich *Busche*, der hinsichtlich des Auslegungsziels einen Unterschied zwischen normativer und subjektiver Auslegung sieht und für erstere von einer Prägung durch den Verkehrsschutz spricht (*Busche*, in: MüKo BGB, § 133 Rn. 10 ff.), dann aber ebenfalls mangels anderen Bezugspunktes für das Vertrauen auf den wirklichen Willen als Auslegungsziel zurückgreift (s. Rn. 14, 17, 33 a.a.O.).
[253] § 12 C. IV. 2. a).
[254] § 12 C. IV. 2. b).

Erklärung Argumente für eine textuelle Auslegung 2.0 zu gewinnen waren. In den ersten beiden Fällen konnte im Hinblick auf das Telos des § 133 Hs. 2 BGB trotz der Besonderheiten formalsprachlicher Ausdrücke als rechtsgeschäftliches Erklärungsmittel kein rechtlich relevanter wertungsmäßiger Unterschied zu anderen Erklärungsmitteln, insbesondere geschriebener natürlicher Sprache, festgestellt werden. Aus den das Spannungsverhältnis von Wille und Erklärung ausmachenden Prinzipien (insbesondere Selbstbestimmung auf der einen Seite und Vertrauens- beziehungsweise Verkehrsschutz auf der anderen Seite) konnte, wie sich zeigte, bereits keine eigenständige Argumentation pro textueller Auslegung gewonnen werden.

Die in § 133 Hs. 2 BGB normierte Regelung gilt somit auch für formalsprachliche Willenserklärungen. Wenngleich die Vorteile einer formalsprachlichen Willenserklärung damit leerlaufen (können), verbleibt teleologisch kein Raum, um bei formalsprachlichen Willenserklärungen im Grundsatz von einer textuellen Auslegung 2.0 auszugehen.

D. Fazit zur Notwendigkeit einer Neukonzeptionierung des Tatbestands für die formalsprachliche Willenserklärung

Formale Sprachen sind zweifelsfrei ein besonderes Erklärungsmittel. Ihre Besonderheiten stehen ihrer Einstufung als rechtsgeschäftliches Erklärungsmittel jedoch selbst dann, wenn Regelungsanordnung und Regelungsausführung nah beieinander liegen, nicht entgegen.[255] Insbesondere ihre Eigenschaft, eine eindeutige formale Interpretation zu ermöglichen, lässt aber die Frage aufkommen, ob formalsprachliche Erklärungen anders auszulegen sind als andere, insbesondere natürlichsprachliche Erklärungen. Zwar stellt sich diese Frage nur in einem bestimmten Rahmen: Ob eine Willenserklärung vorliegt und welche Interpretationsvorgaben für die formale Auslegung zu beachten sind, erfordert stets eine kontextuelle Auslegung.[256] Soweit diese Punkte gegeben sind, kommt eine textuelle Auslegung – die aufgrund ihrer Unterschiede zur textuellen Auslegung natürlichsprachlicher Erklärungen hier als „textuelle Auslegung 2.0" bezeichnet wird – aber gegebenenfalls in Betracht.

Auf den ersten Blick verbieten sich sämtliche Ausgestaltungen einer textuellen Auslegung 2.0 jedoch bereits allein aufgrund der Regelung des § 133 Hs. 2 BGB. Die zentrale Frage war mithin, ob diese Regelung auf formalsprachliche Erklärungen anwendbar ist oder ob dieses Phänomen aufgrund seiner Besonderheiten anders zu bewerten ist als herkömmliche Erklärungsmittel. Sollte § 133 Hs. 2 BGB nicht anwendbar sein, würde dies eine entsprechende Neukonzeptionierung des Tatbestands der formalsprachlichen Willens-

---

[255] S. § 12 B. III.
[256] S. § 12 B. II. und § 12 C. I.

erklärung unter Berücksichtigung des veränderten positiv-rechtlichen Rahmens nach sich ziehen.

Unabhängig davon, ob man bei der Untersuchung der Anwendbarkeit einer Norm zwischen Auslegung und Rechtsfortbildung trennt oder eine solche Trennung als nicht erforderlich erachtet, war sich im ersten Schritt der Untersuchung dem Wortlaut der Norm zuzuwenden, im zweiten Schritt ihrem Telos.[257] Eine semantische Auslegung des Wortlauts von § 133 Hs. 2 BGB zeigte, dass die Regelung auch formalsprachliche Erklärungen des rechtsgeschäftlichen Willens erfasst; dass für diese also grundsätzlich ebenfalls eine kontextuelle Auslegung geboten ist.[258]

Die Untersuchung der teleologischen Erfassung formalsprachlicher Erklärungen beziehungsweise ihrer formalen Auslegung bestätigte dies. Das ermittelte Telos des § 133 Hs. 2 BGB gab vor, dass das Zünglein an der Waage bei der Erfassung der formalen Auslegung deren Zusammenspiel mit dem Auslegungsziel, sprich dem wirklichen rechtsgeschäftlichen Willen ist. Trotz der Besonderheiten formalsprachlicher Ausdrücke als rechtsgeschäftliches Erklärungsmittel offenbarte sich hinsichtlich dieses zentralen Aspekts jedoch kein rechtlich relevanter wertungsmäßiger Unterschied zu anderen Erklärungsmitteln, wie natürlichsprachlichen Ausdrücken.[259] Die in § 133 Hs. 2 BGB verkörperte Regelung steht dem Grundsatz einer formalen Auslegung im Sinne einer textuellen Auslegung 2.0 in allen ihren möglichen Ausprägungen entgegen. Sowohl ein rechtsmethodischer Ansatz, der zwischen Auslegung und Rechtsfortbildung differenziert als auch ein Ansatz, der diese Trennung nicht vorsieht, kommen hier zu dem Ergebnis, dass § 133 Hs. 2 BGB bereits nach seinem Wortlautverständnis entsprechend anwendbar ist. Ansatzpunkte dafür, dass formalsprachliche Erklärungen andere positiv-rechtliche Auslegungsvorgaben hinterfragen sollten, sind nicht ersichtlich.

Eine grundlegende Neukonzeptionierung des Tatbestands für die formalsprachliche Willenserklärung kommt damit nicht in Betracht. Es bietet sich somit für die weitere Untersuchung der Auslegung formalsprachlicher Erklärungen eine Orientierung an der herkömmlichen Konzeption des Tatbestands einer Willenserklärung an.

---

[257] S. § 12 C. II.
[258] S. § 12 C. III.
[259] S. § 12 C. IV. 2.

§ 13 Die Willenserklärung in formaler Sprache

A. Normative Auslegung formalsprachlicher Willenserklärungen

I. Der objektive Empfängerhorizont als Maßstab

Hinsichtlich der Grundidee der normativen Auslegungsmethode – dass es um einen objektivierten, wertenden Auslegungsmaßstab geht und kontextuell auszulegen ist – besteht große Einigkeit. Im Detail sind hingegen diverse Punkte umstritten und werden seit Jahrzehnten diskutiert.[260] Jede intensivere Auseinandersetzung mit der normativen Auslegung (beziehungsweise der Auslegungslehre insgesamt) sieht sich somit dem Risiko ausgesetzt, die überwältigende Masse an vorhandener Literatur zu diesem Thema nicht umfassend zu würdigen[261] und „bereits zuvor Gedachtes und Erörtertes zu wiederholen".[262] Auch die vorliegende Untersuchung kommt daher nicht umhin, sich partiell den beschriebenen Risiken auszusetzen.

Als Einstieg in den umstrittenen Maßstab der normativen Auslegung bietet es sich an, auf eine Standarddefinition des Bundesgerichtshofs zu rekurrieren, wonach darauf abzustellen ist, wie „der Erklärungsempfänger eine Erklärung nach Treu und Glauben und mit Rücksicht auf die Verkehrssitte verstehen musste."[263] Deutlich zeigt sich in dieser Definition, dass es bei dem Maßstab der normativen Auslegung um eine Objektivierung in Gestalt des *Verstehenmüssens* geht und zwar um das Verstehenmüssen der entscheidenden Maßstabsfigur: des Empfängers. Dass eine entsprechende Objektivierung sowie hinsichtlich des (stets menschlichen[264]) Empfängers als Maßstabsfigur zudem auch eine Individualisierung erfolgen muss, stößt auf breiten Konsens. Die Frage, wie Objektivierung und Individualisierung zu erfolgen haben, stellt sich jedoch hinsichtlich unterschiedlicher Aspekte und wird dort vielfach unterschiedlich beantwortet.[265] Jeweils sind dabei die verschiedenen positiv-rechtlichen Auslegungsvorgaben zu berücksichtigen. Für die verschiedenen zu berücksichtigenden Aspekte beziehungsweise Ebenen werden allerdings oft unterschiedliche Begriffe verwendet, teilweise werden zudem Ebenen zusammengezogen oder weitere hinzugefügt.

Geläufig ist die Differenzierung zwischen dem zu bestimmenden Auslegungsmaterial und der Auslegungsarbeit, die eine bestimmte Deutungsdiligenz

---

[260] S. zu alldem bereits § 11 C. I. 1.
[261] S. bereits § 11 Fn. 6.
[262] *Musielak*, AcP 2011, 769 (770).
[263] St. Rspr.: BGHZ 195, 126 Rn. 17 ff.; BGH, NJW 1992, 1446, 1447; BGH, 2010, 2422, 2425 Rn. 33; BGH, NJW 2009, 774, 7776 Rn. 25; ähnlich vor kurzem auch BGH, GRUR 2021, 721, 723.
[264] S. dazu bereits § 12 B. II.
[265] S. hierzu insgesamt gleich im Detail die Abschnitte § 13 A. I. 1. – § 13 A. I. 3.

oder Auslegungssorgfalt voraussetzt.²⁶⁶ Überzeugender, da klarer trennend, lässt sich jedoch eine Dreiteilung vertreten, die das Auslegungsmaterial zusätzlich von den Fähigkeiten und Kenntnissen des Auslegenden (den Auslegungsmitteln) trennt und beide vor die Auslegungsarbeit stellt.²⁶⁷ Hinzu kommt der Auslegungszeitpunkt als vierter zu berücksichtigender Aspekt. Aus ihnen gemeinsam ergibt sich nach vorliegendem Verständnis der „objektive Empfängerhorizont" als Maßstab der normativen Auslegung.²⁶⁸

1. Auslegungsmittel: Fähigkeiten und Kenntnisse des Empfängers

Bei den Auslegungsmitteln geht es um die bei der Auslegung zugrunde gelegten Verständnismöglichkeiten des Empfängers. Sie bestimmen insbesondere den möglichen Umgang mit dem Auslegungsmaterial, werden aber auch schon hinsichtlich des Aspekts, welches Auslegungsmaterial der Empfänger überhaupt als solches erkennen konnte, relevant.

Bereits bei den Auslegungsmitteln beziehungsweise gerade hier stellt sich die zentrale Frage, wer eigentlich der Empfänger ist, auf wessen Fähigkeiten und Kenntnisse es folglich ankommt.

Eine generalisierende Sichtweise auf den Empfänger, sprich das Abstellen auf einen Menschen mit den durchschnittlichen Fähigkeiten und Kenntnissen der Allgemeinheit, ist dabei abzulehnen.²⁶⁹ Zwar wäre eine solche Maßstabsfigur angesichts ihrer in allen Einzelfällen *recht* klaren Bestimmbarkeit verlockend und würde sicherlich eine effiziente Auslegung fördern,²⁷⁰ mit dem

---

[266] S. etwa *Heiner,* Auslegungsvertrag, 2005, S. 56 f.; ähnlich *Möslein,* in: BeckOGK, Stand: 1.10.2020, § 133 BGB Rn. 49; *Busche,* in: MüKo BGB, § 133 Rn. 12, 62 („In jeder Auslegung stecken zwei Schritte: die Feststellung des Auslegungsgegenstandes und der zur Ermittlung seines Sinnes tauglichen Hilfsmittel als erster Akt, die ohne Wertung nicht mögliche Deutung als zweiter.", Rn. 62); ebenso *Mittelstädt,* Auslegung, 2016, S. 43 ff., 50 ff.; mit anderer Bezeichnung (dazu gleich auch § 13 Fn. 268) so auch schon *Heck,* AcP 1914, 1 (43).

[267] So vorgehend etwa *de la Durantaye,* Erklärung und Wille, 2020, S. 75.

[268] Insoweit wird hier vom ursprünglichen Begriffsverständnis des „objektiven Empfängerhorizonts" nach *Philipp Heck* abgewichen, der darunter nur „die Gesamtheit des Materials, das dem hypothetischen Ausleger zugerechnet wird, sowohl das Umstandswissen wie das Regelwissen, also sowohl die Kenntnis der vorausgegangenen Verhandlungen, begleitenden Umstände, als die Kenntnis von Sprache und Verkehrssitte", also das verstand, was hier unter Auslegungsmaterial und -mittel verstanden wird, s. *Heck,* AcP 1914, 1 (43).

[269] Ebenso auch *Busche,* in: MüKo BGB, § 133 Rn. 12; vgl. auch *Möslein,* in: BeckOGK, Stand: 1.10.2020, § 133 BGB Rn. 41; s. dazu auch *Kling,* Sprachrisiken, 2008, S. 325 f., der allerdings zum Teil im selben Atemzug widersprüchlich auch auf einen individuellen Maßstab abstellt. Gemeint ist mit der hier angesprochenen „Generalisierung" bei der Auslegung wohlgemerkt nicht die textuelle Auslegung. Zwar kann man auch diese als Ausprägung einer Generalisierung verstehen (insoweit richtig dann *Mittelstädt,* Auslegung, 2016, S. 47 f.), allerdings betrifft sie nicht die Auslegungsmittel, sondern das auszuwertende Auslegungsmaterial.

[270] So die Argumentation von *de la Durantaye,* Erklärung und Wille, 2020, S. 75 ff.

inneren System der Auslegungsnormen wäre sie aber nicht ohne weiteres vereinbar. Ein generalisierter Empfängerhorizont würde vielfach einen Abstand zu den Verständnismöglichkeiten des tatsächlichen Empfängers bedeuten, ohne dass dadurch unbedingt dem Verständnis des wirklichen Willens des Erklärenden gedient wäre. Ein solcher Ansatz würde damit weder mit dem Auslegungsziel konform gehen noch eine gelungene Auflösung des Spannungsverhältnisses zwischen Wille und Erklärung darstellen.

Der Empfängerhorizont ist also hinsichtlich der bei der Auslegung zugrunde zu legenden Fähigkeiten und Kenntnisse zu individualisieren.[271] Teilweise liest man in diesem Zuge, es sei die Sicht eines objektiven Dritten *an der Stelle des konkreten Empfängers* einzunehmen.[272] Es würden damit genau die Kenntnisse und Fähigkeiten, die der konkrete Empfänger hatte, berücksichtigt, allerdings objektiviert, sprich ohne Rücksicht darauf, ob er diese auch tatsächlich zur Auslegung eingesetzt hat. Problematisch an dieser vollständigen Individualisierung wird jedoch gesehen, dass die zu berücksichtigenden Auslegungsmittel im Einzelfall unterdurchschnittlich sein können und dieses Risiko der Erklärende tragen müsste, ohne dass er es zwingend oder ohne erheblichen Aufwand vollständig überblicken könne.[273]

Manche wollen statt auf den konkreten Empfänger daher auf die durchschnittlichen Fähigkeiten und Kenntnisse eines Menschen im Verkehrskreis des konkreten Empfängers abstellen.[274] Dies könnte im Einzelfall auch dem konkreten Empfänger zugutekommen. Handelt es sich beispielsweise um einen blinden Empfänger und würde man auf die individuellen Fähigkeiten des konkreten Empfängers abstellen, wäre ihm die Auslegung einer schriftlichen Erklärung gar nicht möglich. Dies wäre nicht nur eine unbillige Zuweisung des Wahrnehmungsrisikos an den Erklärenden, sondern zugleich eine Benachteiligung des Empfängers. Für diesen könnte die Erklärung gegebenenfalls vorteilhaft sein, jedenfalls könnte sie seine rechtlichen Möglichkeiten erweitern und

---

[271] Zur Bedeutung der Individualisierung (wenngleich mangels Trennung zwischen Auslegungsmitteln und -material nur im Zusammenhang mit letzterem besprechend) anschaulich: *Mittelstädt,* Auslegung, 2016, S. 46 ff.

[272] *Mittelstädt,* Auslegung, 2016, S. 84 und passim; ähnlich beschreibt es *Busche,* in: MüKo BGB, § 133 Rn. 6: „Die objektivierende Auslegung fragt danach, welchen Sinn eine Erklärung für den konkreten Erklärungsempfänger hat. Sie ist insofern zugleich normativ, als sie darauf abstellt, wie eine Erklärung verstanden werden durfte"; s. auch *Kling,* Sprachrisiken, 2008, S. 326 („Die Auslegung ist folglich aus der Sicht eines objektiven Dritten an der Stelle des konkreten Empfängers vorzunehmen."), der an anderer Stelle aber auch einen generalisierenden Maßstab vertritt (zu diesem Widerspruch s. bereits § 13 Fn. 269); s. zu dieser Ansicht auch *de la Durantaye,* Erklärung und Wille, 2020, S. 69 ff. m.w.N.

[273] *de la Durantaye,* Erklärung und Wille, 2020, S. 76, die ferner auch ökonomische Argumente gegen eine vollständige Individualisierung anführt.

[274] *Möslein,* in: BeckOGK, Stand: 1.10.2020, § 133 BGB passim, etwa Rn. 44, 52, 90; *Wendtland,* in: BeckOK, § 133 BGB Rn. 24; s. auch *Busche,* in: MüKo BGB, § 133 Rn. 6, der insoweit von einer „typisierenden Auslegung" spricht.

ihren Inhalt könnte er zwar nicht mit seinen eigenen Fähigkeiten, aber über die Inanspruchnahme fremder Hilfe oder Hilfsmittel durchaus wahrnehmen. Einer ähnlichen Problematik sieht sich ein sprachunkundiger Empfänger ausgesetzt. Wird hingegen auf den Verkehrskreis des konkreten Empfängers abgestellt, wird diese Problematik (die sich vergleichbar auch beim Zugang stellt[275]) umgangen. Konsequenterweise dürfte der Verkehrskreis dann aber auch nicht zu eng gezogen werden. Es dürfte etwa nicht aufgrund der Fähigkeiten des konkreten Empfängers ein Verkehrskreis der Sprachunkundigen zugrunde gelegt werden. Als Anknüpfungspunkt für die Verkehrskreisbestimmung könnte aber insbesondere die Beziehung zum Rechtsgeschäft (zum Beispiel die Verbrauchereigenschaft) herangezogen werden. Über den Verkehrskreis des konkreten Empfängers wird mithin eine Art Mindestmaß an die Auslegungsmittel gestellt.

„Nach oben" möchten einige hingegen selbst dann durchaus eine weitergehende Individualisierung zulassen: Etwaige tatsächlich vorliegende Kenntnisse und Fähigkeiten des Empfängers sollen berücksichtigt werden, auch wenn sie dessen Verkehrskreis durchschnittlich nicht zur Verfügung stehen.[276]

Begründen lässt sich dies damit, dass die weitergehende Individualisierung weder einseitig nachteilhaft für den Erklärenden ist (der durch das Sonderwissen gegebenenfalls besser verstanden wird) noch für den Empfänger (dem dieses Sonderwissen ja tatsächlich auch zur Verfügung gestanden hätte).[277] Wohlgemerkt soll auch diese Konkretisierung nach oben keine Subjektivierung bedeuten; ob der Empfänger sein Sonderwissen bei der Auslegung genutzt hat, bliebe irrelevant.

Von dem Grundsatz der Individualisierung hinsichtlich des Verkehrskreises des konkreten Empfängers und der etwaigen weitergehenden Individualisierung hinsichtlich etwaiger Sonderfähigkeiten und -kenntnisse desselben wird jedoch vielfach eine Ausnahme postuliert. So soll für Willenserklärungen, die an die Allgemeinheit oder an größere Personengruppen gerichtet sind, wiederum ein generalisierter Maßstab gelten: Entscheidend sei die Sicht des durchschnittlichen Angehörigen des vom Erklärenden angesprochenen Verkehrskreises.[278] Ferner wird teilweise vertreten, dass hinsichtlich des anzulegenden

---

[275] S. hierzu ausführlich *Kling,* Sprachrisiken, 2008, S. 243 (insb. Fn. 27 a.a.O.), S. 290 ff., S. 300 m.w.N.

[276] S. zum einschlägigen Meinungsstand ausführlich und mit umfassenden Nachweisen: *de la Durantaye,* Erklärung und Wille, 2020, S. 76 ff., die die Beachtung selbst jedoch ablehnt (S. 81 a.a.O.); ihr folgend: *Busche,* in: MüKo BGB, § 133 Rn. 34; für die Beachtung von Sonderfähigkeiten: *Mittelstädt,* Auslegung, 2016, S. 51 f. m.w.N.; *Spellenberg,* in: FS Ferid, S. 468.

[277] *Mittelstädt,* Auslegung, 2016, S. 52 begründet die Berücksichtigung von Sonderwissen dagegen mit dem Anreiz, der dadurch für den Empfänger entstünde.

[278] *Reichold,* in: jurisPK-BGB, § 133 Rn. 15; *Wendtland,* in: BeckOK, § 133 BGB Rn. 28; *Busche,* in: MüKo BGB, § 133 Rn. 25; *Dörner,* in: Schulze u.a., § 133 BGB Rn. 10; *Bonin,* in: BeckOGK, Stand: 1.3.2023, § 305c BGB Rn. 89 m.w.N. (speziell mit Blick auf AGB);

Maßstabs auf die Umstände der Erklärung abzustellen sei, die zu berücksichtigenden Fähigkeiten und Kenntnisse bei der Auslegung folglich danach auszurichten wären, wie und an wen eine Erklärung gerichtet wurde und nicht danach, wer sie tatsächlich empfangen hat.[279]

Bei all diesen Ansätzen bleiben bestimmte Details unklar. So ist nicht eindeutig, nach welchen Merkmalen ein individueller Verkehrskreis des Empfängers abschließend festzulegen ist. Geht man von der Erklärungsrichtung aus (wie es die herrschende Ansicht bei Erklärungen an die Allgemeinheit und Personengruppen tun möchte), bleibt unklar, wie der durch einen Erklärenden angesprochene Verkehrskreis bestimmt werden soll. Denn entweder richtet sich der Verkehrskreis nach den Vorstellungen des Erklärenden, was eine einseitige Auflösung des Spannungsverhältnisses zwischen Wille und Erklärung bedeuten würde, oder es müsste auf die Sichtweise eines Dritten abgestellt werden. Wie dieser zu bestimmen sein soll, bleibt allerdings ebenfalls unklar. Es kann jedenfalls nicht ein Dritter sein, der in den vom Erklärenden vorgestellten Empfängerkreis fällt, denn dies würde auf einen Zirkelschluss hinauslaufen. Es müsste also entweder an dieser Stelle tatsächlich auf die durchschnittlichen Mittel der Allgemeinheit abgestellt werden oder anderweitig ein Verkehrskreis bestimmt werden.

Die verbleibenden Unklarheiten sind indes jedenfalls auf Ebene der Auslegungsmittel durch einen anderen Ansatz ausräumbar. Ausgangspunkt ist dabei die Prämisse, dass eine Individualisierung hinsichtlich der Auslegungsmittel nicht bedeutet, dass bei der Auslegung auch nur die so ermittelten Mittel berücksichtigt werden dürfen. Denn den Empfänger kann nach den konkreten Umständen des Einzelfalls eine Obliegenheit zur Einholung weiterer Auslegungsmittel (kurz: eine Nachforschungsobliegenheit) treffen. Die ihm individuell zur Verfügung stehenden Auslegungsmittel sowie das zu berücksichtigende Auslegungsmaterial stecken somit zwar den ersten Rahmen für die Auslegungsarbeit. Ist für den individuellen Empfänger mit den ihm zur Verfügung stehenden Auslegungsmitteln aber ersichtlich, dass er den Erklärenden aufgrund fehlender Kenntnisse nicht richtig verstehen kann (beispielsweise, weil der Erklärende Fachwörter nutzt, die dem Empfänger unbekannt sind), kann ihn die Obliegenheit treffen, entsprechende Kenntnisse einzuholen. Diese einzuholenden Kenntnisse würden sodann ebenfalls bei der Auslegung berück-

---

s. auch *Vogenauer*, in: HKK BGB, §§ 133, 157 BGB Rn. 41; st. Rspr.: vgl. BGHZ 124, 263 Rn. 8; BGHZ 113, 237 Rn. 5.

[279] So lässt sich etwa *Kling,* Sprachrisiken, 2008, S. 327 verstehen, der aufgrund der zu beachtenden Umstände der Erklärung zu dem Schluss kommt, dass „[d]ie fehlende Sprachbeherrschung einer Partei [...] als personenbezogener Umstand deshalb kein für die Auslegung beachtlicher Begleitumstand der Erklärung [sei]" und damit den Umständen der Erklärung anscheinend (im Gegensatz zu *Flume,* auf den er hierbei verweist [*Flume,* in: Enzyklopädie der Rechts- und Staatswissenschaft, S. 310 ff.]) einen vorrangigen oder sogar den entscheidenden Maßstab für die Auslegungsmittel zugesteht.

sichtigt werden, unabhängig davon, ob der Empfänger sie tatsächlich eingeholt hat. Explizit besprochen und bejaht wurde eine solche Obliegenheit (die man zurecht bisher als eher „unausgeleuchtet" bezeichnen kann[280]) bisher vor allem im Zusammenhang mit der Behandlung von Sprachdefiziten des Empfängers.[281] Begründen lässt sich eine Nachforschungsobliegenheit allgemein als Konsequenz der vom Empfänger erwartbaren und auf § 157 BGB zu stützenden Auslegungssorgfalt, woraus sich im Umkehrschluss auch ergibt, dass es sich dabei *nicht* um eine Nach*frage*obliegenheit handelt.[282]

Bei konsequenter Berücksichtigung des Bestehens einer Nachforschungsobliegenheit (die hier an einschlägiger Stelle nochmals aufgegriffen wird[283]) ließe sich nunmehr bei der Ermittlung der Auslegungsmittel insgesamt – also auch bei Erklärungen an die Allgemeinheit oder Personengruppen – ein individuell-konkreter Maßstab anlegen. Dem konkreten Empfänger einer an eine bestimmte Personengruppe gerichteten Erklärung könnte es etwa zumutbar sein, nachzuforschen, ob er zu der vom Erklärenden den Umständen zu urteilen nach angesprochenen Personengruppe gehört und die Erklärung daher mit seinen Mitteln richtig verstehen kann oder weitere Kenntnisse einholen muss; während andererseits den Erklärenden die Obliegenheit trifft, in seiner Erklärung

---

[280] So *Mittelstädt,* Auslegung, 2016, S. 46, der sie als „Informationsbeschaffungsobliegenheit" bezeichnet und als Frage der „Erkennbarkeit" wertet (s. zu diesem Begriff gleich noch § 13 A. I. 2. a) und dort insb. auch Fn. 291).

[281] S. etwa *Singer*, in: Staudinger BGB, § 119 Rn. 18 („Es ist vielmehr dem Adressaten zuzumuten, sich selbst die erforderliche Übersetzung zu beschaffen") mit umfassenden Nachweisen aus der Rspr.; *Rehberg*, in: BeckOGK, Stand: 1.3.2023, § 119 BGB Rn. 95.4; implizit *Spellenberg*, in: FS Ferid, S. 469; s. auch *Kling,* Sprachrisiken, 2008, S. 342 f., der in Bezug auf ein Urteil des OLG Hamm (NJW-RR 1996, 1271, 1272) davon spricht, dass „zu erwarten war, daß sich die [sprachunkundige] Bekl. zuverlässige Kenntnis vom Inhalt der Erklärungen verschafft", an anderer Stelle eine „Pflicht" zur Nachforschung allerdings verneint (S. 347); vgl. auch *Jancke*, Sprachrisiko, 1987, S. 181 ff. zu einer „Vergewisserungsobliegenheit".

[282] Die Annahme einer Nachfrageobliegenheit lässt die Grenze zur einseitigen Zuweisung des Missverständnisrisikos an den Empfänger schnell überschreiten und wird daher nur in sehr engen Grenzen bejaht werden können (im Ergebnis ähnlich: *Wendtland*, in: BeckOK, § 133 BGB Rn. 27 (allerdings von einer fehlenden *Pflicht* sprechend); BGH, NJW 2008, 2106, 2109 Rn. 37 f. m.w.N. aus der Rspr.; offener dagegen *Spellenberg*, in: FS Ferid, S. 467). Denn während sich die Nachforschungsobliegenheit, wie sie hier verstanden wird (als Einholung der erkennbar notwendigen Auslegungs*mittel* um den Erklärenden zu verstehen), aus der Auslegungssorgfalt und damit auch der Verantwortung des Empfängers bei der Teilnahme am vertraglichen Rechtsverkehr begründen lässt, liegt es andererseits in der Verantwortung des Erklärenden, seine empfangsbedürftige Erklärung so abzugeben, dass sie mit den erwartbaren Mitteln des Empfängers verständlich ist. Fragt der Empfänger hingegen dennoch nach, muss sich der Erklärende an seine Antwort halten lassen (treffend insoweit *Kling,* Sprachrisiken, 2008, S. 341, der dies als „informationsbezogene Spielballtheorie" bezeichnet, sie allerdings im Zusammenhang mit einer bejahten Nachfrageobliegenheit bespricht).

[283] S. dazu gleich insb. § 13 A. I. 3. a).

für jeden potenziellen Empfänger deutlich zu machen, wie die Erklärung zu verstehen ist (an wen er sich also richten wollte).[284] Auch die schon angesprochenen Fälle eines blinden oder sprachunkundigen Empfängers ließen sich so sachgerecht erfassen. Eine gewisse Untergrenze der Individualisierung wird man hingegen dahingehend annehmen müssen, dass man jemandem, der fähig ist, am Rechtsverkehr teilzunehmen, unterstellen darf, dass seine Auslegungsmittel bei gehöriger Sorgfalt ausreichen, um deren Begrenztheit im Einzelfall zu erkennen.[285]

Mit einem stets individuell-konkreten Maßstab bei der Ermittlung der Auslegungsmittel ließen sich ferner viele der Herausforderungen differenzierender Ansätze vermeiden. Auf eine im Zweifel schwierige Festlegung des Verkehrskreises des konkreten Empfängers ließe sich verzichten. Die problematische Ermittlung eines durch den Erklärenden angesprochenen Verkehrskreises wäre ebenfalls obsolet; der Begründung eines differenzierenden Maßstabes bei Erklärungen an die Allgemeinheit sowie Personengruppen einerseits und Erklärungen an Individuen andererseits bedürfte es nicht. Etwaige weitere Unsicherheiten, zum Beispiel, ob eine Konkretisierung des individuellen Verkehrskreises nach oben, also die Berücksichtigung von Sonderwissen, auch für Allgemeine Geschäftsbedingungen gilt,[286] können nicht auftreten.

Es lässt sich aber nicht leugnen, dass ein individuell-konkreter Maßstab zwar Klarheit bei den Auslegungsmitteln herbeiführt, sich viele der Herausforderungen anderer Ansätze (wenngleich in leicht anderer Gestalt) dann aber bei der Auslegungsarbeit stellen. Die verschiedenen Ansätze dürften in der Praxis zudem vielfach zu nämlichen oder jedenfalls ähnlichen Ergebnissen führen.[287] Eine zwingende dogmatische Entscheidung für den einen oder anderen Ansatz bei der Feststellung der Auslegungsmittel lässt sich vor dem Hintergrund des niedrigen lex lata-Gehalts der Auslegungsnormen nicht ausmachen.[288]

Ein individuell-konkreter Maßstab bei der Feststellung der Auslegungsmittel, der ohne Berücksichtigung etwaiger Vergleichsgruppen auf die tatsächlichen Kenntnisse und Fähigkeiten des konkreten Empfängers abstellt und diese im Rahmen der Auslegung sodann objektiviert heranzieht, überzeugt aber vor allem deshalb, weil er einen einheitlichen Ansatz für sämtliche Willenserklärungen bietet und sich das Missverständnisrisiko wegen der steten Betrachtung des individuellen Einzelfalls und der konsequenten Zuweisung jeweiliger

---

[284] S. zur Verantwortlichkeit des Erklärenden für seine Erklärungen *Busche*, in: MüKo BGB, § 133 Rn. 14 m.w.N. und Rn. 34 („Insoweit trägt der Erklärende das Risiko der Ausdruckssorgfalt."); s. auch § 13 Fn. 321.
[285] Zum Sorgfaltsmaßstab gleich § 13 A. I. 3. a).
[286] *Mittelstädt*, Auslegung, 2016, S. 15 m.w.N.; anschaulich auch *Bonin*, in: BeckOGK, Stand: 1.3.2023, § 305c BGB Rn. 91.
[287] S. insoweit exemplarisch für die Auslegung von AGB: *Bonin*, in: BeckOGK, Stand: 1.3.2023, § 305c BGB Rn. 91; s. ferner auch später § 13 Fn. 331.
[288] Anschaulich insoweit auch *Busche*, in: MüKo BGB, § 133 Rn. 18.

Verantwortungssphären und entsprechender Obliegenheiten gerecht verteilen lässt. Im Folgenden wird daher ein solcher Maßstab angesetzt.

Da somit auf dieser Ebene nur auf die individuell-konkreten Auslegungsmittel des tatsächlichen Empfängers abgestellt wird und die Erklärungsumstände noch keine Relevanz aufweisen, hat die Verwendung formalsprachlicher Erklärungen keine Auswirkungen auf die Ermittlung der Auslegungsmittel. Für formalsprachliche Erklärungen, wie aus dem Vorangegangenen schon vermutet werden kann, ergeben sich vor allem auf der Ebene der Auslegungsarbeit Besonderheiten. Es lässt sich allerdings bereits darauf hinweisen, dass es hinsichtlich der Fähigkeiten und Kenntnisse, die zur formalen Auslegung formalsprachlicher Erklärungen *erforderlich* sind, eine Besonderheit dahingehend gibt, dass diese durch die formale Interpretationsmöglichkeit beziehungsweise formalen Interpretationsvorgaben eindeutig bestimmt werden können.[289]

2. Auslegungsmaterial

a) Allgemeine Grundsätze

Auslegungsmaterialien sind die Erklärungen und Erklärungsumstände (Ausdrücke rechtsgeschäftlichen Willens), die bei der Auslegung zu berücksichtigen sind, wobei vorliegend schon im Hinblick auf den bei der Ermittlung der Auslegungsmittel angenommenen konkret-individuellen Maßstab folgerichtig alle für den *konkreten* Empfänger erkennbaren Erklärungen und Erklärungsumstände zu Auslegungsmaterial werden.[290]

Der mitunter schwammige Begriff der „Erkennbarkeit"[291] ist im Hinblick auf das Auslegungsmaterial dabei mit dem objektiven Zugang der Materialien beim Empfänger gleichzusetzen.[292] Dass Zugang gefordert wird, ist ein Tribut an die Position des Empfängers im Spannungsverhältnis zwischen Wille und Erklärung. Denn auch solche Erklärungen und Erklärungsumstände in die Auslegung einzubeziehen, die der Empfänger gar nicht hätte auswerten können, würde ihm unbillig das Missverständnisrisiko zuweisen.[293]

---

[289] S. dazu später noch weiterführend § 13 A. I. 3. e).
[290] Ebenso *Mittelstädt,* Auslegung, 2016, S. 45, 48 m.w.N.; *Borges/Sesing,* in: BeckOK IT-Recht, § 133 BGB Rn. 15 m.w.N.
[291] Zu den Schwierigkeiten des Erkennbarkeitsbegriffs s. *Mittelstädt,* Auslegung, 2016, insb. S. 45; *de la Durantaye,* Erklärung und Wille, 2020, S. 69 f., die sich dem Begriff auch etymologisch nähert (S. 70).
[292] Ob der Empfänger bestimmte Materialien als auslegungsrelevant (also relevant für die Entscheidung, ob eine Willenserklärung vorliegt und welchen Inhalt sie hat) erachtet – was man ebenfalls als „Erkennbarkeit" bezeichnen könnte – hängt dagegen mit den dem Empfänger zur Verfügung stehenden Auslegungsmitteln (gegebenenfalls unter Heranziehung auch solcher Kenntnisse, deren Einholung ihm oblag) und der von ihm zu erwartenden Auslegungssorgfalt ab. Es handelt sich mithin insoweit um einen Aspekt der Auslegungsarbeit, der daher auch dort besprochen wird.
[293] Anschaulich *Mittelstädt,* Auslegung, 2016, S. 43 f.

Die Grenzen dessen, was als Auslegungsmaterial bewertet werden kann, können nicht abstrakt bestimmt werden.[294] Wie dargestellt, gebietet das Erfordernis einer kontextuellen Auslegung, dass nicht von vorneherein eine Beschränkung auf bestimmte Materialien, wie zum Beispiel schriftliche Erklärungen, erfolgen kann. Vielmehr kommt alles, was potenziell ein ergiebiges Indiz beziehungsweise Ausdruck des rechtsgeschäftlichen Willens des Erklärenden sein kann und dem Empfänger zugegangen ist, als Auslegungsmaterial in Betracht.[295] Klassischerweise erfasst dies etwa auch den Gang der Vorverhandlungen oder etwaige mündliche Absprachen.[296]

Differenzieren lässt sich beim Auslegungsmaterial, wie schon angedeutet, allerdings zwischen Erklärungen und Erklärungsumständen, wobei erstere eine rechtsgeschäftliche Regelung beinhalten und letztere nur im Hinblick auf das Verständnis der Erklärungen Bedeutung erlangen.[297] Typischerweise kann, sollten verschiedene Erklärungen zum nämlichen Regelungsgegenstand ausgemacht werden können (zum Beispiel verschiedene Versionen einer Vertragsdokumentation), voraussichtlich recht eindeutig eine der Erklärungen als die maßgebende Erklärung identifiziert werden, zu der sich dann sämtliche andere Auslegungsmaterialien (einschließlich der anderen Erklärungen) als Erklärungsumstände verstehen lassen. Liegen verschiedene rechtsgeschäftliche Teilregelungen vor, sind diese als eine zusammengesetzte Erklärung beziehungsweise als ein zusammengesetzter Erklärungstatbestand zu betrachten. Ebenso wie die Frage, ob dem Empfänger zugegangenes Auslegungsmaterial als auslegungsrelevant erachtet wird,[298] sind die Fragen nach der Differenzierung zwischen Erklärungen und Erklärungsumständen, der Zusammensetzung verschiedener Teilregelungen zu einer Erklärung und der Ausmachung einer zentralen unter mehreren Erklärungen eigentlich erst im Rahmen der Auslegungsarbeit zu beantworten. Soweit bereits beim Zugang zwischen Erklärungen und Erklärungsumständen differenziert wird, ist dies als vorläufige Einschätzung zu verstehen.

Für das Auslegungsmaterial insgesamt gilt die beim Zugang gespeicherter Erklärungen angenommene Objektivierung: Nicht die tatsächliche Wahrnehmung des Empfängers ist entscheidend, sondern seine Wahrnehmungsmög-

---

[294] Deutlich wurde dies bereits in Motive I, 1888, S. 155 festgestellt; plakativ auch *Mansel*, in: Jauernig, BGB, § 133 Rn. 3: „Ein Katalog der im Einzelfall zu berücksichtigenden Umstände wäre unendlich."

[295] *Mittelstädt*, Auslegung, 2016, S. 47.

[296] S. zu den genannten und anderen Umständen: *Möslein*, in: BeckOGK, Stand: 1.10.2020, § 133 BGB Rn. 64 ff. m.w.N.; s. ferner auch *Wendtland*, in: BeckOK, § 133 BGB Rn. 25; *Busche*, in: MüKo BGB, § 133 BGB Rn. 63; *Dörner*, in: Schulze u.a., § 133 BGB Rn. 5; s. auch *Vogenauer*, in: HKK BGB, §§ 133, 157 BGB Rn. 58.

[297] Ähnlich *Möslein*, in: BeckOGK, Stand: 1.10.2020, § 133 BGB Rn. 18 ff., 64; *Busche*, in: MüKo BGB, § 133 BGB Rn. 63; *Wiebe*, Elektronische Willenserklärung, 2002, S. 92; vgl. auch *Lehmann-Richter*, in: BeckOGK, Stand: 1.4.2023, § 305 BGB Rn. 91.

[298] S. dazu schon § 13 Fn. 292.

lichkeit.²⁹⁹ Deshalb ist auch ein etwaiges Sprachdefizit bei der Bestimmung des Auslegungsmaterials, soweit eine Kenntnisnahme*möglichkeit* besteht, noch nicht zu berücksichtigen.³⁰⁰ Insoweit ist auch darauf hinzuweisen, dass fehlende Sprachkenntnisse des Erklärenden auch der Abgabe fremdsprachlicher (also auch formalsprachlicher) Erklärungen nicht entgegenstehen.³⁰¹ Soweit üblicherweise schon von der vorläufig als zentral eingeschätzten Erklärung oder der aus Teilregelungen zusammengesetzten Erklärung als „Willenserklärung" gesprochen wird, wie es auch der Gesetzeswortlaut des § 130 BGB tut, ist erneut auf die eingangs genannte variable Verwendung der Bezeichnung „Willenserklärung" hinzuweisen.³⁰²

b) Besonderheiten beim Einsatz formalsprachlicher Ausdrücke

Formalsprachliche Erklärungen sind bisher noch ein ungewöhnliches Ausdrucksmittel für rechtsgeschäftlichen Willen. Dass mit ihnen rechtsgeschäftlicher Wille und ganze rechtsgeschäftliche Regelungen ausgedrückt werden können, wurde jedoch bereits gezeigt.³⁰³

Die zuvor identifizierten und systematisierten Varianten formalsprachlicher Verträge beziehungsweise Erklärungen³⁰⁴ können damit potenziell sowohl als Willenserklärung als auch als Erklärungsumstände auslegungsrelevant werden.³⁰⁵ Als potenziell relevantes Auslegungsmaterial kommen damit im Einzelfall auch verschiedene formalsprachliche Versionen einer Erklärung, die beispielsweise in Pseudo-Code über Byte-Code bis hin zum Maschinen-Code vorliegt, in Betracht. Hilfreich ist insoweit das Bild eines „Pakets" möglicher Willenserklärungen, das sich aus den verschiedenen übereinander liegenden Versionen, die von maschinenabstrakt bis maschinennah gehen, zusammensetzt.³⁰⁶ Zum Auslegungsmaterial gehört neben der formalsprachlichen Erklärung selbst (oder den verschiedenen Versionen derselben) aber auch der „formalsprachliche Kontext". Gemeint sind die Interpretationsvorgaben für die formalsprachliche Erklärung einschließlich etwaiger Systeme beziehungsweise Systembestandteile, in die die formalsprachliche Erklärung eingebettet ist,

---

[299] *Singer,* in: Staudinger BGB, § 119 Rn. 18; *Mittelstädt,* Auslegung, 2016, S. 45 f.
[300] Ausführlich dazu (mit Blick auf den Zugang besprechend) *Kling,* Sprachrisiken, 2008, S. 281 ff.; s. auch *Singer,* in: Staudinger BGB, § 119 Rn. 18 m.w.N.; *Kaulartz/Heckmann,* CR 2016, 618 (622).
[301] Ausführlich dazu: *Kling,* Sprachrisiken, 2008, S. 240 ff., 254 ff. m.w.N.
[302] S. § 2 A. II.
[303] S. § 12 B.
[304] S. § 6 B.
[305] Ähnlich *Möslein,* ZHR 2019, 254 (276 f.).
[306] Im englischen Sprachraum hat *J.G. Allen* insoweit in Anlehnung an „technology stacks" aus der Informatik den Begriff des „contract stack" vorgeschlagen, *Allen,* ERCL 2018, 307, insb. S. 311, 330 (dort übersetzt als „Vertragsschichten", S. 308); diesen Begriff ebenfalls verwendend: *Cohney/Hoffman,* Minnesota Law Review 2020, 319 (357 ff.).

sowie etwaige verlinkte formalsprachliche Informationen. Jeweils kann es sich bei diesem formalsprachlichen Kontext um Informationen handeln, die eine formale Interpretation der Erklärung überhaupt erst ermöglichen.

Daneben wird in vielen Fällen, in denen formalsprachliche Erklärungen vorliegen, auch spezifisches Auslegungsmaterial zu berücksichtigen sein, welches in natürlicher Sprache vorliegt. Dies betrifft namentlich etwa sogenannte Kommentare in formalsprachlichen Ausdrücken, insbesondere in Programmen. Hierbei handelt es sich um natürlichsprachliche Anmerkungen, mit denen der oder die Entwickler eines formalsprachlichen Ausdrucks informal spezifizieren, was der formalsprachliche Ausdruck bedeuten oder tun soll.[307] Hinzu kommt die gesamte nicht-formalsprachliche Kommunikation rund um die formalsprachliche Erklärung, wie zum Beispiel die Kontaktaufnahme zwischen den Parteien oder etwaige Informationen eingesetzter Intermediäre und Benutzerschnittstellen.[308] Aufgrund der bei formalsprachlichen Erklärungen als üblich anzunehmenden Umstände dürfte es sich hierbei nahezu ausschließlich um elektronische Kommunikation handeln.

Besonders relevant im Hinblick auf die anschließende Auslegungsarbeit wird jedoch Auslegungsmaterial in Gestalt natürlichsprachlicher Vertragsdokumentationen beziehungsweise Erklärungen, die sowohl als Ausgangspunkt oder Spezifikation der formalsprachlichen Ausdrücke als auch als Übersetzungsergebnis von formaler in natürliche Sprache auftauchen können. Sie lassen sich insoweit als weitere Versionen des Vertrages oder einzelner Erklärungen in das eben genannte Paket potenzieller Willenserklärungen einfügen.

Die Gesamtheit dieses identifizierten potenziellen Auslegungsmaterials, bestehend aus möglichen Willenserklärungen und möglicherweise relevanten Erklärungsumständen, wird indes, wie beschrieben, nur soweit tatsächlich zu Auslegungsmaterial, wie es dem jeweiligen Empfänger zugegangen ist. Aufgrund des Zugangskriteriums werden formalsprachliche Ausdrücke, die potenziell zur Ermittlung des rechtsgeschäftlichen Willens einer Partei beitragen könnten, vielfach gar nicht erst in der Auslegung zu berücksichtigen sein. Denn wenngleich immer mehr Verträge automatisiert ausgeführt werden, werden die der Automatisierung zugrundeliegenden Formalismen meist einseitig von einer Partei eingesetzt und der anderen Partei kein Einblick in diese Formalismen und die Systeme, in die sie eingebettet sind, gegeben.[309] Beispielsweise wird bei sogenannten „1-Click"-Bestellungen bei Amazon durch einen Klick des

---

[307] S. dazu *Cohney/Hoffman*, Minnesota Law Review 2020, 319 insb. S. 372 f.; s. ferner auch exemplarisch *Kaulartz/Kreis*, in: Rechtshandbuch Smart Contracts, Rn. 19.

[308] Vgl. insoweit für Smart Contracts auch *Matthes,* in: Rechtshandbuch Smart Contracts, Rn. 23 ff.; zur Bedeutung von Benutzerschnittstellen s. ferner auch *LSP Working Group*, Developing a Legal Specification Protocol, S. 14.

[309] Nämliches meint voraussichtlich *Fries*, AnwBl 2018, 86 (87), wenn er sagt, dass die Geltung von Softwareregeln dadurch begrenzt wird, dass „die Parteien im Zweifel [von den Details des Codes] nicht Kenntnis genommen haben werden".

Verbrauchers die automatisierte (Teil-)Abwicklung eines Vertrages in die Wege geleitet, ohne dass dem Verbraucher zu irgendeinem Zeitpunkt Einblick in die Automatisierungsvorgänge und die sie bestimmenden Formalismen gegeben wird.[310]

Formalsprachliche Erklärungen und die mit ihnen typischerweise auftretenden Umstände stellen keine neuen Herausforderungen für das Zugangskriterium dar. Allerdings treten durch die elektronische Kommunikation, die für die Übertragung formalsprachlicher Erklärungen und Erklärungsumstände maßgeblich wird, einige Besonderheiten auf.[311] Von diesen Besonderheiten ist hier nur noch einmal der Fall der sogenannten „Maschine-zu-Maschine"-Kommunikation zu nennen. Wie bereits festgehalten, ist diese Kommunikationsform als „Mensch-über-Maschine(n)-zu-Mensch"-Kommunikation zu verstehen.[312] Entscheidend sind hinsichtlich des Zugangskriteriums daher auch in diesen Fällen diejenigen Materialien, die durch einen menschlichen Empfänger wahrgenommen werden können. Davon zu trennen ist jedoch die Frage, ob die Technisierung der Kommunikation im Rahmen der Auslegungsarbeit insoweit Berücksichtigung finden kann, dass unabhängig vom Zugang nur solches Auslegungsmaterial für die Auslegung als relevant zu erachten ist, welches durch das vom Empfänger (und gegebenenfalls auch Erklärenden) eingesetzte Informationssystem übertragen oder sogar verarbeitet werden konnte.[313]

3. Auslegungsarbeit

a) Anforderungen an die Auslegungsarbeit

Bei der Auslegungsarbeit geht es darum, wie das zugegangene Auslegungsmaterial mit den vorhandenen und gegebenenfalls zusätzlich einzuholenden Auslegungsmitteln des Empfängers zu deuten ist.[314] Man kann insoweit erst an dieser Stelle von Auslegung im eigentlichen Sinne sprechen.

Auch der bei der Auslegungsarbeit angesetzte Sorgfaltsmaßstab wird nicht subjektiv nach der tatsächlich vom Empfänger aufgebrachten Sorgfalt, sondern anhand eines objektivierten Maßstabs bemessen.[315] Überzeugend lässt sich

---

[310] S. zu Amazons „1-Click"-Verfahren statt vieler: *Wharton*, Why Amazon's ‚1-Click' Ordering Was a Game Changer, 2017.

[311] S. dazu ausführlich: *Spindler*, in: Recht der elektronischen Medien, § 130 BGB insb. Rn. 2 ff.; *Borges*, in: BeckOK IT-Recht, § 130 BGB insb. Rn. 5, 29, 58; *Wiebe,* Elektronische Willenserklärung, 2002, S. 396 ff.

[312] S. § 12 B. II.

[313] Dies wird unter Berücksichtigung der Auslegungssorgfalt im Einzelfall anzunehmen sein, s. insoweit grundsätzlich gleich § 13 A. I. 3. a).; s. zudem weiterführend später § 15; s. exemplarisch *Conrad/Schubert*, GRUR 2018, 350 (354).

[314] S. insoweit bereits § 13 A. I. 1.

[315] Vgl. *Busche*, in: MüKo BGB, § 133 Rn. 12; *Mittelstädt,* Auslegung, 2016, S. 50.

hierbei auf die gebotene Sorgfalt abstellen,³¹⁶ die ein vernünftiger Dritter an Stelle des Empfängers aufgebracht hätte.³¹⁷ Die Nähe zum Fahrlässigkeitsmaßstab ist unverkennbar.³¹⁸ Pauschale Aussagen zum erwartbaren Verhalten und zur erwartbaren Aufmerksamkeit bei der Deutung lassen sich nicht treffen.³¹⁹ Beachtenswert ist bei der Bestimmung der erforderlichen Sorgfalt aber unter anderem, dass dem Erklärenden vom Empfänger schon aufgrund von dessen (des Erklärenden) Selbstverantwortung im Rechtsverkehr eine gewisse Rationalität beziehungsweise Nutzenoptimierung bei der Äußerung seines rechtsgeschäftlichen Willens unterstellt werden darf,³²⁰ was seinerseits die Sorgfaltsanforderungen an den Empfänger begrenzt.³²¹

Auf der ersten (praktisch vermutlich meist einzigen) Stufe der Auslegungsarbeit wird die Auslegungssorgfalt auf das konkret zugegangene Auslegungsmaterial und die individuellen Auslegungsmittel des konkreten Empfängers begrenzt. In diesem Rahmen ist zu ermitteln, ob und mit welchem Inhalt eine Willenserklärung des Erklärenden vorliegt. Als Orientierungspunkt dienen die subjektiven Merkmale einer Willenserklärung, die sich (jedenfalls vermeint-

---

³¹⁶ Von der gebotenen Sorgfalt spricht etwa auch *Möslein,* in: BeckOGK, Stand: 1.10.2020, § 133 BGB Rn. 41; von „zumutbarer" Sorgfalt spricht dagegen *Wendtland,* in: BeckOK, § 133 BGB Rn. 27; ebenso BGH, NJW 2008, 2106, 2109; ebenfalls von „zumutbar" sprechend: *Borges/Sesing,* in: BeckOK IT-Recht, § 133 BGB Rn. 15.
³¹⁷ So etwa auch *Busche,* in: MüKo BGB, § 133 Rn. 34; *Mittelstädt,* Auslegung, 2016, S. 51 f.; *Kling,* Sprachrisiken, 2008, S. 326; ähnlich *Wendtland,* in: BeckOK, § 133 BGB Rn. 27; *Vogenauer,* in: HKK BGB, §§ 133, 157 BGB Rn. 36, 39 m.w.N.; etwas anders dagegen *de la Durantaye,* Erklärung und Wille, 2020, S. 70, 83, die sich beim Sorgfaltsmaßstab an einer Grenzkosten-Nutzen-Rechnung orientiert.
³¹⁸ Anschaulich *Mittelstädt,* Auslegung, 2016, S. 45 m.w.N.; zu den bei der Bestimmung eines Fahrlässigkeitsmaßstabes zu beachtenden Faktoren s. ausführlich statt vieler: *Larenz/Canaris,* Methodenlehre, 1995, S. 110.
³¹⁹ Vgl. *Möslein,* in: BeckOGK, Stand: 1.10.2020, § 133 BGB Rn. 41, der auf die Einzelfallabhängigkeit hinweist; ebenso *Busche,* in: MüKo BGB, § 133 Rn. 34; *Mittelstädt,* Auslegung, 2016, S. 51.
³²⁰ S. insoweit schon § 13 Fn. 284; beachte insoweit auch das sog. *Rational Speech Act Model,* dessen „zugrunde liegende Idee ist, dass Hörer davon ausgehen [dürfen], dass Sprecher für ihre zu übermittelnde Intention eine optimale Äußerung gewählt haben" (*Klabunde,* in: Handbuch Pragmatik, S. 129 auch m.w.N. zu diesem Modell).
³²¹ Der Empfänger kann also dort, wo erhöhte Sorgfalt üblich ist (etwa bei bestimmten Rechtsgeschäften) davon ausgehen, dass der Erklärende auch eine erhöhte Sorgfalt aufwendet. Wie gesehen, entbindet ihn auch das nicht von einer kontextuellen Auslegung, ferner kann nur dann von den auf Empfängerseite erhöhten Sorgfaltserwartungen an den Erklärenden auf eine niedrigere Auslegungssorgfalt geschlossen werden, wenn der Empfänger berechtigterweise (also auf empirischen Erkenntnissen oder jedenfalls praktischen Erfahrungen fußend) eine erhöhte Erklärungssorgfalt des Erklärenden erwarten durfte, s. schon § 9 C. III. und § 12 C. IV. 2. c)). Ähnlich, den Aspekt der Berechtigung des Vertrauensschutzes aber weniger betonend: *Möslein,* in: BeckOGK, Stand: 1.10.2020, § 133 BGB Rn. 42; *Busche,* in: MüKo BGB, § 133 Rn. 14.

lich) in einem objektiv ermittelbaren Tatbestand spiegeln müssen und so den wirklichen rechtsgeschäftlichen Willen des Erklärenden zeigen.[322]

Hierfür ist zu ermitteln, welches des zugegangenen Auslegungsmaterials auslegungsrelevant ist; welches Auslegungsmaterial also tatsächlich entscheidend für die Ermittlung des Inhalts und die Feststellung rechtsgeschäftlichen Willens ist. Es ist dabei insbesondere das Verhältnis des vorhandenen Auslegungsmaterials zueinander zu bestimmen, sprich zwischen Erklärung beziehungsweise Erklärungsbestandteilen einerseits und Erklärungsumständen, die zum Verständnis der Erklärung beziehungsweise der Erklärungsbestandteile beitragen, andererseits zu differenzieren.

Wie zuvor gezeigt, kann aufgrund des Systems der Auslegungslehre (fernab von etwaigen entsprechenden Auslegungsvereinbarungen und -erklärungen[323]) von dieser Ermittlung kein potenziell relevantes Auslegungsmaterial per se ausgeschlossen werden.[324] Weder kann die Auslegungsarbeit also etwa auf schriftliches Auslegungsmaterial beschränkt werden, noch etwa auf bestimmtes Verhalten. Es zeigt sich daher auch deutlich, dass Fälle, in denen ein eindeutig deutbares Verhalten und gleichzeitig oder vorangehend eine dazu im Widerspruch befindliche „protestierende" Erklärung vorliegen, nicht einfach im Sinne der Nichtbeachtung des Protests aufgelöst werden können.[325] Sämtliche von der Lehre und Rechtsprechung in *diesen* Fällen konstruierten Begründungen einer Willenserklärung[326] sind mit dem geltenden inneren System des allgemeinen Vertragsrechts und dem daraus folgenden Ziel der Auslegung – der Ermittlung des wirklichen Willens – unvereinbar.[327] Sie stellen „die Auslegung in den Dienst ganz anderer Wertungen",[328] nämlich solchen, heteronomer Natur.

Als fortlaufendes Wechselspiel mit der Ermittlung der Relevanz des Auslegungsmaterials geht es um dessen Deutung.[329] Für potenziell mehrdeutige Er-

---

[322] S. bereits § 11 Fn. 67.
[323] S. dazu § 15.
[324] S. dazu ausführlich § 12.
[325] S. insoweit auch nochmals § 9 C. III. dazu, dass es ohne Vertrauensschutzerwägungen keiner Bindung bedarf und es insoweit gerade nicht zu schützenswertem Vertrauen (weder individuell noch überindividuell) kommen kann.
[326] So etwa bei *Busche*, in: MüKo BGB, § 133 Rn. 64; s. dazu ferner auch *Wendtland*, in: BeckOK, § 133 BGB Rn. 9 unter Hinweis auch auf einschlägige Rspr.
[327] S. *Mittelstädt*, Auslegung, 2016, S. 70 ff. mit ausführlicher Begründung und umfassenden Nachweisen; im Ansatz ähnlich: *Möslein*, in: BeckOGK, Stand: 1.10.2020, § 133 BGB Rn. 77 f., der zurecht auf die zeitliche Abfolge als einen entscheidenden Faktor hinweist (s. insoweit auch gleich zum Auslegungszeitpunkt Abschnitt § 13 A. I. 4., wonach eine Unbeachtlichkeit zeitlich nachfolgenden „Protests" durchaus legitim ist).
[328] *Mittelstädt*, Auslegung, 2016, S. 72.
[329] Wechselspiel deshalb, weil die inhaltliche Deutung auch Rückschlüsse darauf zulässt, ob etwas als relevantes Auslegungsmaterial überhaupt in Betracht kommt, s. insofern bereits § 2 Fn. 59.

klärungsmittel wie natürliche Sprache ist dabei unter anderem ausschlaggebend, welches Verständnis der Empfänger einer Erklärung aufgrund seiner Kenntnisse über die Person des Erklärenden zuweisen kann. Darüber hinaus wird für die Deutung relevant, unter welchen Umständen eine Erklärung abgegeben wurde beziehungsweise inwieweit für den Empfänger ersichtlich war, wen der Erklärende ansprechen wollte und was der Erklärende mit seinen Äußerungen vor diesem Hintergrund gemeint haben dürfte. Richtete sich der Erklärende aus objektiver Sicht des Empfängers explizit an ihn, darf der Empfänger tendenziell (unter Berücksichtigung der jeweiligen Umstände des Einzelfalls, zum Beispiel wie gut sich Empfänger und Erklärender kennen) davon ausgehen, dass der Erklärende das ihm erkennbare individuelle Verständnis des Empfängers mitberücksichtigt oder ein individuell zwischen den beiden bestehendes Verständnis zugrunde gelegt hat.[330] Dies gilt insbesondere dort, wo die auszulegende Erklärung eine Reaktion (also mögliche Annahme) auf ein zuvor getätigtes Angebot des jetzigen Empfängers ist oder zuvor bereits Geschäftsverbindungen zwischen Erklärendem und Empfänger bestanden. Ist aus objektiver Empfängersicht dagegen ersichtlich, dass sich der Erklärende an eine bestimmte Personengruppe und nicht an den Empfänger persönlich richtet, ist davon auszugehen, dass die Erklärungen so zu deuten sind, wie die aus Empfängersicht angesprochene Personengruppe die Erklärung verstehen würde.[331]

Unter Beachtung dieser Aspekte lässt sich auch die Relevanz etwaiger einschlägiger Verkehrssitten beurteilen.[332] Bei Verkehrssitten handelt es sich um ein Auslegungsmittel,[333] welches folgerichtig ebenfalls der Erforschung des wirklichen Willens dient und daher auch nur dort Beachtung findet, wo die Umstände dafürsprechen, dass der Erklärende seine Erklärung unter Berück-

---

[330] Ähnlich: *Busche*, in: MüKo BGB, § 133 Rn. 66; ähnlich auch *Möslein*, in: BeckOGK, Stand: 1.10.2020, § 133 BGB Rn. 51 ff., der allerdings grds. auf den allgemeinen Sprachgebrauch abstellen und ein orts- oder fachspezifisches Verständnis grds. von der Zugehörigkeit beider Parteien zu einem einschlägigen Verkehrskreis abhängig machen möchte, von dem nur ausnahmsweise abzuweichen ist, statt stets, wie es hier vertreten wird, von vornherein den Einzelfall zu betrachten.

[331] Treffend (wenngleich von einer Auslegung nach dem Verkehrskreis des Empfängers ausgehend) *Bonin*, in: BeckOGK, Stand: 1.3.2023, § 305c BGB Rn. 90 („Bei der gebotenen normativen Auslegung empfangsbedürftiger Willenserklärungen sei der Massencharakter von AGB ohnehin zu berücksichtigen."), ähnlich ferner auch in Rn. 92 a.a.O.; im Ergebnis kann dies dann auf eine Generalisierung, wie sie die h.M. bei Willenserklärungen an Personengruppen und die Allgemeinheit annehmen will (s. § 13 A. I. 1.) hinauslaufen (so richtig auch *Möslein*, in: BeckOGK, Stand: 1.10.2020, § 133 BGB Rn. 45, der sich an späterer Stelle allerdings selbst auch für eine pauschale Generalisierung ausspricht [Rn. 90 ff.]).

[332] S. zum Begriff der Verkehrssitte sowie weiterführenden Erläuterungen bereits § 11 Fn. 13 und den dazugehörigen Text.

[333] *Mugdan*, BGB II, 1899, S. 522; zustimmend *Mansel*, in: Jauernig, BGB, § 133 Rn. 4.

sichtigung einer Verkehrssitte verstanden haben wollte.[334] Richtigerweise kommt es also auf die Kenntnis der Parteien von einer Verkehrssitte nicht an.[335] Entscheidend ist nur, dass sich aus objektiver Empfängersicht der Rückschluss ergibt, dass eine Verkehrssitte entweder deshalb zu beachten ist, weil der Erklärende erkennbar Teil eines Verkehrskreises ist, der sich bestimmter Verkehrssitten bedient und/oder der Erklärende einen Empfänger(kreis) adressierte, der einem solchen Verkehrskreis angehört und/oder sich die Geltung bestimmter Verkehrssitten aus der Natur des Vertrages ergibt.[336] Jeweils dürfen ferner im Einzelfall keine Anhaltspunkte (konkludent oder ausdrücklich) gegen die Einbeziehung der etwaigen einschlägigen Verkehrssitten sprechen.[337] Wo für den objektiven Empfänger etwa ersichtlich ist, dass der Erklärende zwar einen Verkehrskreis mit bestimmten Verkehrssitten anspricht, ihm diese aber nicht bekannt sind, kommt deren Berücksichtigung bei der erläuternden Auslegung der Willenserklärung also nicht in Betracht, weil sie zur Ermittlung des wirklichen Willens nicht beitragen kann.

An dieser Stelle lässt sich auch erneut an das etwaige Vorliegen einer Nachforschungsobliegenheit anknüpfen. Die Auslegungsarbeit auf der ersten Stufe erstreckt sich nämlich auch auf die Ermittlung, ob eine Auslegung auf dieser Stufe stehen bleiben kann oder auf einer zweiten Stufe Nachforschungen zu betreiben und das Auslegungsmaterial mit den hinzugewonnenen Auslegungsmitteln erneut auszulegen ist. Eine Nachforschungsobliegenheit besteht allerdings nur in einem engen Rahmen. Erforderlich ist zunächst stets, dass die Begrenztheit der vorhandenen Auslegungsmittel aus objektiver Empfängersicht erkennbar sein muss.[338] Insoweit fällt es also in die Verantwortung des Erklärenden, herauszustellen, dass für das Verständnis seiner Erklärung bestimmte Auslegungsmittel erforderlich sind.[339] Wann immer es an solchen Anhaltspunkten fehlt, darf der Empfänger auf die Selbstverantwortung des Erklärenden und damit darauf vertrauen, dass er mit den ihm zur Verfügung stehenden Materialien den wirklichen Willen des Erklärenden ermitteln kann.

---

[334] S. *Vogenauer*, in: HKK BGB, §§ 133, 157 BGB Rn. 60 f. m.w.N.; vgl. auch insoweit *Mugdan*, BGB II, 1899, S. 522 (dort § 359), „[D]ie Verkehrssitte nur als Auslegungsmittel in Betracht komme und also gegenüber einem abweichenden Parteiwillen nicht beachtlich sei."; anders: *Wendtland*, in: BeckOK, § 157 BGB Rn. 19 ff., insb. Rn. 23; *de la Durantaye*, Erklärung und Wille, 2020, S. 94.

[335] (Nur) im Ergebnis ebenso: *Mansel*, in: Jauernig, BGB, § 133 Rn. 4.; *Wendtland*, in: BeckOK, § 157 BGB Rn. 23; *Busche*, in: MüKo BGB, § 157 Rn. 18; *de la Durantaye*, Erklärung und Wille, 2020, S. 94.

[336] Zur Beachtung der Natur des Vertrages s. etwa *Vogenauer*, in: HKK BGB, §§ 133, 157 BGB insb. Rn. 62, 69.

[337] S. auch insoweit bereits *Mugdan*, BGB II, 1899, S. 522 (dort § 359); ähnlich auch *Wendtland*, in: BeckOK, § 157 BGB Rn. 24.

[338] S. insoweit auch schon die anzunehmende Untergrenze der Erkennbarkeit in § 13 A. I. 1.

[339] S. dazu bereits § 13 Fn. 284 und den dazugehörigen Text.

Auch darüber hinaus richten sich die Entstehung, der Umfang und die Grenzen einer Nachforschungsobliegenheit jeweils nach dem Einzelfall. Anhaltspunkt für eine solche kann etwa sein, dass der Erklärende sich aus objektiver Empfängersicht an einen bestimmten Verkehrskreis wendet, dem der Empfänger eigentlich nicht angehört. Hier kann vom Empfänger erwartet werden, dass er Wissen über etwaige Sprachverständnisse oder Verkehrssitten, die im angesprochenen Kreis vorherrschen, einholt. Ein offensichtlicher Anhaltspunkt ist ferner die Verwendung einer Sprache durch den Erklärenden, die für den Empfänger eine Fremdsprache darstellt. Hier kann es dem Empfänger zumutbar sein, eine Übersetzung der Erklärung einzuholen.[340] Allerdings ist für das Bestehen einer Nachforschungsobliegenheit gerade in diesen Fällen eine Grenze in Gestalt des Rechtsmissbrauchs zu beachten:[341] Entscheidend sind insoweit die Einzelfallumstände, die der Verwendung einer (aus Empfängersicht) fremden Sprache zugrunde liegen. So kann es einem Gastarbeiter zumutbar sein, sich Kenntnisse über den Inhalt einer Erklärung in der Landessprache einzuholen. Selbst wenn für den Erklärenden erkennbar ist, dass der Gastarbeiter die Erklärung mit den ihm zur Verfügung stehenden Mitteln nicht verstehen kann, sondern Nachforschungen betreiben muss, wird die Grenze zum Rechtsmissbrauch (die Verkörperung der Erklärung unterstellt) hier üblicherweise nicht überschritten sein.[342] Andererseits dürfte bei einem fehlenden sachlichen Bezug für die Verwendung einer Fremdsprache jedenfalls in bestehenden Rechtsverhältnissen (etwa wenn der Vermieter seinem Mieter auf spanisch kündigt, obwohl beide deutsche Muttersprachler sind) die Grenze schnell überschritten sein.[343]

b) Ermittlung der Auslegungsrelevanz formalsprachlicher Ausdrücke

Die abstrakte Möglichkeit, dass mit formalsprachlichen Ausdrücken rechtsgeschäftlicher Wille ausgedrückt werden kann, rechtfertigt, dass diese, soweit sie zugehen, als Auslegungsmaterial qualifiziert werden und damit in der Auslegung zu untersuchen sind.[344] Im Rahmen der Auslegungsarbeit geht es nunmehr um die Frage, ob und wie das formalsprachliche Auslegungsmaterial im jeweiligen konkreten Fall für das Auslegungsergebnis tatsächlich relevant wird.

---

[340] S. dazu bereits § 13 Fn. 281.
[341] Zum Rechtsmissbrauch bei der Verwendung einer Fremdsprache auch *Kling*, Sprachrisiken, 2008, S. 243 m.w.N.
[342] Ähnlich *Singer*, in: Staudinger BGB, § 119 Rn. 18, der überdies auch richtigerweise darauf hinweist, dass es dafür (wie auch grundsätzlich) keiner „rechtsgeschäftlich verbindliche[n] Regelung der Vertragssprache" bedarf.
[343] S. insoweit auch die Ausführungen bei *Kling*, Sprachrisiken, 2008, S. 349 m.w.N.
[344] S. § 13 A. I. 2. b).

In der Theorie kann dabei zwischen verschiedenen Schritten unterschieden werden. Zunächst ist zu ermitteln, ob das jeweilige formalsprachliche Auslegungsmaterial überhaupt eine rechtsgeschäftliche Regelung anordnet oder jedenfalls zum Verständnis einer solchen Regelung beitragen kann.[345] Die Crux liegt sodann aber vor allem in der Feststellung, ob sich diese Regelung oder die Regelungsumstände als zurechenbarer Ausdruck rechtsgeschäftlichen Willens des jeweiligen Erklärenden verstehen lassen[346] und wie das insoweit relevante Material in die Auslegung einfließt. Eine Trennung der verschiedenen Schritte kann gerade für den Umgang mit formalsprachlichem Auslegungsmaterial erhellend sein, in der Praxis lässt sie sich jedoch kaum realisieren (und wird im Einzelfall auch nicht immer notwendig[347]). Dies liegt nicht zuletzt am zusätzlich stets erforderlichen Wechselspiel mit der inhaltlichen Deutung des Auslegungsmaterials: Denn wenngleich die Feststellung der Auslegungsrelevanz jeweils primär eine Betrachtung der Gesamtumstände erfordert, bedarf bereits die Feststellung, ob eine rechtsgeschäftliche Regelung oder ein rechtsgeschäftlich relevanter Regelungsumstand vorliegen könnte, naturgemäß schon einer (vorläufigen) inhaltlichen Deutung der Ausdrücke.[348] Die finale inhaltliche Deutung kann wiederum erst nach Feststellung der Auslegungsrelevanz des vorhandenen Auslegungsmaterials erfolgen. Die Ermittlung der Auslegungsrelevanz und die inhaltliche Deutung gehen insoweit Hand in Hand. Erst aus der Gesamtschau von beiden kann ermittelt werden, dass eine Willenserklärung vorliegt.

Lässt sich ein formalsprachlicher Ausdruck als potenzielle rechtsgeschäftliche Regelung oder als Regelungsumstand interpretieren,[349] kann man sich im Anschluss zunächst die Frage nach dessen „absoluter Auslegungsrelevanz" stellen. Gemeint ist damit vor allem eine negative Abgrenzung: Jeweils ist im Einzelfall festzustellen, ob bestimmtes Auslegungsmaterial als beachtlich für die Ermittlung des schuldrechtlichen Willens des Erklärenden eingestuft werden kann. Bei formalsprachlichem Auslegungsmaterial geht es dabei insbesondere um die Frage, ob es ausschließlich einer maschinellen Verarbeitung dienen und insoweit bei der Ermittlung der schuldrechtlichen Willenserklärung unberücksichtigt bleiben soll.

---

[345] S. dazu auch § 12 B. I.

[346] S. dazu schon § 12 B. II.; ähnlich geht etwa *Lehmann-Richter*, in: BeckOGK, Stand: 1.4.2023, § 305 BGB Rn. 89 f. vor, wenn er bei der Bewertung von vertraglichen Regelungen zunächst eine „Abgrenzung zu unverbindlichen Erklärungen" postuliert.

[347] Etwa weil sich die Frage der relativen Auslegungsrelevanz mangels Auslegungsmaterial, welches denselben Regelungsgegenstand betrifft, gar nicht erst stellt. Zuzustimmen ist daher *Möslein*, wenn er sagt, dass in der Praxis „die unterschiedlichen Stufen der Auslegung [...] oft ineinander [übergehen]", *Möslein*, in: BeckOGK, Stand: 1.10.2020, § 133 BGB Rn. 18.

[348] Im Sinne des letzten Hs. so auch *Möslein*, in: BeckOGK, Stand: 1.10.2020, § 133 BGB Rn. 17 m.w.N.

[349] S. § 12 B. I.

Blendet man einseitige Erklärungen des Erklärenden und Vereinbarungen der Parteien betreffend die Auslegungsrelevanz bestimmter Auslegungsmaterialien an dieser Stelle zunächst aus,[350] ist die absolute Auslegungsrelevanz allein aus dem Kontext zu ermitteln. Pauschale Antworten auf die Frage nach der absoluten Auslegungsrelevanz verbieten sich. Nach der vorangegangenen Untersuchung kann weder beim Vorliegen einer natürlichsprachlichen Erklärung eine formalsprachliche Erklärung bei der Auslegungsarbeit pauschal unbeachtet bleiben und nur ersterer Auslegungsrelevanz zugesprochen werden, noch ist dies andersherum möglich.[351] Vielmehr muss eruiert werden, welcher Zweck beziehungsweise welche Zwecke mit der Formalisierung im Einzelfall angestrebt wurden. Ein Anhaltspunkt können die dem formalsprachlichen Ausdruck vom Erklärenden erkennbar beigemessene Sorgfalt und Bedeutung und deren Zielrichtung (Sorgfalt eher im Hinblick auf die Verkörperung des Willens oder im Hinblick auf die Realisierung einer maschinellen Verarbeitung) sein. Aufschlussreich dürften ferner Umstände sein, die Rückschlüsse auf die Bewertung der semantischen Lücken zwischen der Realität, natürlicher Sprache und formaler Sprache, aber auch auf die Bewertung der Sprachvorteile und des Rechtsgeschäfts durch den Erklärenden zulassen.

Gehören zum Auslegungsmaterial etwa ein formalsprachlicher Ausdruck und Umstände, die dessen Interpretation und maschinelle Verarbeitung in Gestalt seiner Analyse ermöglichen, und ist aus Empfängersicht erkennbar, dass der Erklärende die semantische Lücke zwischen der Realität und dem formalsprachlichen Ausdruck, etwa aufgrund der Komplexität des betroffenen Realitätsbereichs, für sehr groß hält und zeitgleich ersichtlich wenig Aufwand in die Formalisierung gesteckt wurde, aber die Bedeutung des Rechtsgeschäfts an sich betont wird, ist eher davon auszugehen, dass die formalsprachlichen Ausdrücke bei der Ermittlung des rechtsgeschäftlichen Willens unberücksichtigt bleiben sollten. Wann immer keine Anhaltspunkte zur Auslegungsrelevanz des formalsprachlichen Auslegungsmaterials festzustellen sind, ist auf Zweifelsregelungen in Gestalt von Auslegungsmaximen zurückzugreifen. Insoweit lässt sich hier bereits partiell vorgreifen und als Auslegungsmaxime festhalten, dass im Zweifel das gesamte potenzielle Auslegungsmaterial als auslegungsrelevant zu erachten ist, da sich ein sachgerechter Umgang mit diesem über die Be-

---

[350] Dazu gleich § 15.
[351] S. § 12 B. III.; richtig daher insoweit *Möslein*, in: Rechtshandbuch Smart Contracts, Rn. 23 „Bei Smart Contracts darf sich die Auslegung daher weder auf den technischen Code noch auf die potentiell daneben verabredeten, in menschlicher Sprache formulierten Klauseln beschränken. Beide Spuren sind stattdessen als Hilfsmittel der Auslegung zu berücksichtigen, weil sie zueinander in Bedeutungszusammenhang stehen."; die Auslegungsrelevanz pauschal ablehnend dagegen *Kaulartz/Heckmann*, CR 2016, 618 (621) unter Verweis auf eine Vergleichbarkeit mit einem Warenautomaten; zu pauschal auch *Idelberger u.a.*, in: Rule Technologies, S. 378, die die Auslegungsrelevanz vom Vorliegen einer natürlichsprachlichen Vertragsversion abhängig machen.

achtung der relativen Auslegungsrelevanz und den Auslegungszeitpunkt erreichen lässt.[352]

Mit der relativen Auslegungsrelevanz ist gemeint, wie absolut betrachtet relevantes Auslegungsmaterial im Verhältnis zu anderem relevanten Auslegungsmaterial gewertet wird. Auch bei der relativen Auslegungsrelevanz geht es um die Beachtung des Gesamtkontexts. Namentlich sind zunächst Anhaltspunkte zu ermitteln, die Rückschlüsse darauf zulassen, welches Auslegungsmaterial wirklich als Willenserklärung und welches als Umstand, der gegebenenfalls zum Verständnis der Willenserklärung beiträgt, zu verstehen ist. Diese Erkenntnisse sind entscheidend für die Feststellung des Auslegungszeitpunkts und leiten die abschließende inhaltliche Deutung der Willenserklärung. Bereits bei der Ermittlung des einschlägigen Auslegungsmaterials und auch bei der Feststellung, ob dieses im konkreten Fall als rechtsgeschäftliche Regelung oder als Regelungsumstand in Betracht kommt, wird, wie beschrieben, meist eine vorläufige Unterteilung in (Willens-)Erklärungen und Erklärungsumstände vorgenommen.

Bei formalsprachlichen Ausdrücken liegt die grundsätzliche Trennung zwischen diesen beiden Formen meist auf der Hand. Beispielsweise können die einschlägige formale Grammatik oder ein Analysealgorithmus jeweils als Erklärungsumstände identifiziert werden, mit denen zwar keine rechtsgeschäftliche Regelung angeordnet wird, ohne die ein vorliegender formalsprachlicher Ausdruck, der eine solche potenziell enthält, aber nicht formal interpretiert werden kann. Eine weitergehende Untersuchung der relativen Auslegungsrelevanz wird daneben dort gewichtig, wo das Auslegungsmaterial verschiedene Regelungsanordnungen zum selben Gegenstand enthält und es darauf ankommt, festzustellen, welche von diesen als Willenserklärung zu bewerten ist, womit die anderen Erklärungen relativ zu dieser betrachtet nur noch als Erklärungsumstände relevant werden. Andererseits wird sie aber auch dann noch gewichtig, wenn die verschiedenen Erklärungsumstände keine einheitliche Deutung der Erklärung zulassen und insoweit auch zwischen den Umständen ein Konkurrenzverhältnis entschieden werden muss.

Auch im Hinblick auf die relative Auslegungsrelevanz kommen pauschale Antworten (insbesondere zum Verhältnis formalsprachlicher zu natürlichsprachlichen Erklärungen) nicht in Betracht. Wiederum sind zunächst die Gesamtumstände auf Anhaltspunkte zu untersuchen, die Rückschlüsse darauf zulassen, wie das Verhältnis des Auslegungsmaterials zueinander sich aus Empfängersicht darstellt, welches Auslegungsmaterial folglich am ehesten den wirklichen rechtsgeschäftlichen Willen des Erklärenden erkennen lässt. Zum Teil kommen hier die nämlichen Erwägungen zum Tragen, die auch von herkömmlichen Erklärungsmitteln bekannt sind. Beispielsweise kann auf die

---

[352] S. dazu insgesamt und weiterführend § 13 A. II.

bekannten Argumentationslinien zur Differenzierung zwischen einer invitatio ad offerendum und einem Angebot verwiesen werden.[353]

Bei formalsprachlichem Auslegungsmaterial dürfte häufig ein Paket möglicher Willenserklärungen vorliegen, die denselben Regelungsgegenstand in den Blick nehmen,[354] sich inhaltlich aber jedenfalls geringfügig unterscheiden können.[355] Besondere Relevanz für die Feststellung, welche von den verschiedenen Erklärungen als Willenserklärung zu bewerten ist, dürfte sodann dem Zeitfaktor beziehungsweise der Erklärungshistorie zukommen. Dieser ebenfalls von herkömmlichen Erklärungsmitteln bekannte Anhaltspunkt (etwa zur Differenzierung zwischen einem Entwurf und einer finalen Fassung einer Willenserklärung in geschriebener natürlicher Sprache) ist bei mehreren formalsprachlichen Erklärungen allerdings mit einer Besonderheit versehen. So spricht der für Formalisierungen elementare Aspekt der Spezifikation für eine reverse Beachtung der Erklärungshistorie: Spätere Erklärungen sind nicht als inhaltliche Weiterentwicklung einer vorherigen Erklärung zu betrachten (wie bei einem natürlichsprachlichen Entwurf und dessen Finalisierung), sondern als maschinell verarbeitbares Abbild (Realisierung) einer bereits finalen Erklärung (Spezifikation). Dies wird man jedenfalls für den Bereich des Pakets, der formalsprachliche Erklärungen enthält, als ersten Anhaltspunkt nehmen können. Natürlichsprachliche Erklärungen, die zeitlich betrachtet am Beginn des Pakets stehen, können dagegen sowohl als Spezifikation als auch als reines Mittel zum Zweck der erleichterten Formalisierung gesehen werden. Hier lässt sich eine Entscheidung vor allem über die ohnehin vermutlich wichtigsten Anhaltspunkte treffen: die aus Empfängersicht erkennbare Involvierung des Erklärenden in Bezug auf die verschiedenen Erklärungen und die den einzelnen Erklärungen vom Erklärenden erkennbar zugewiesene Bedeutung. Der erste Punkt meint insbesondere, inwieweit der Erklärende den Inhalt der Erklärung selbst festgelegt oder eine Vorlage verwendet hat und in welche Erklärung er besonders viel Aufwand gesteckt hat. So dürfte etwa die maschinelle Formalisierung anhand einer natürlichsprachlichen Erklärung bei anschließend erkennbar sorgfältiger Anpassung oder auch Veränderung des Formalismus durch den Erklärenden dafürsprechen, dass eher die formalsprachliche Erklärung und nicht die als Ausgangspunkt der Formalisierung gewählte natürlichsprachliche Erklärung seinen wirklichen Willen wiedergibt.[356] Die maschinelle Übersetzung des Formalismus in eine andere Computersprache, etwa Bytecode oder Maschinencode, ohne weitere Kontrolle oder Anpassung des Übersetzungsergebnisses ist dagegen eher als Bestätigung der Annahme zu sehen, dass die zeitlich

---

[353] *Kitz*, in: Hdb. Multimedia-Recht, Rn. 173 ff.; *Busche*, in: MüKo BGB, § 145 Rn. 10 ff.; *Ellenberger*, in: Grüneberg, § 145 BGB Rn. 2; speziell zur Abgrenzung bei Smart Contracts ferner auch *Möslein*, in: Rechtshandbuch Smart Contracts, Rn. 19.
[354] S. bereits § 13 A. I. 2. b).
[355] S. insoweit bereits § 4 Fn. 59.
[356] S. insb. § 5 C. III.

vorangehende formalsprachliche Erklärung im Rahmen der Auslegung entscheidend ist. Dies wird man auch im Hinblick auf eine ohne weiteren manuellen Aufwand aus einer formalsprachlichen Erklärung maschinell generierte natürlichsprachliche Erklärung (die also zeitlich betrachtet am Ende liegt) annehmen können. Der Aspekt der erkennbar beigemessenen Bedeutung kann dagegen unter Umständen auch für eine nachgelagerte formalsprachliche Erklärung als Willenserklärung sprechen, etwa weil diese zum Ausgangspunkt der Kommunikation mit dem Empfänger gemacht wurde. Eine abschließende Auflistung möglicher Anhaltspunkte für und wider eine bestimmte Erklärung als Willenserklärung in einem Paket an Erklärungen lässt sich nicht vornehmen. Zuletzt ist aber noch auf den Aspekt der aus Empfängersicht erkennbaren Sprachkenntnisse des Erklärenden hinzuweisen, die ihrerseits sowohl für als auch gegen die Annahme einer formalsprachlichen Erklärung als Willenserklärung sprechen können und hier gesondert besprochen werden.[357]

Einen Sonderfall möglicher Konkurrenz von Auslegungsmaterialien stellen ferner die im Rahmen verschiedener Verarbeitungsformen formalsprachlicher Erklärungen auftauchenden zusätzlichen Informationsquellen dar, wie etwa die durch einen Sensor oder ein menschliches Oracle eingespeisten Daten. Gerade diesbezüglich dürfte es vielfach zu Zweifelsfällen kommen, die mithilfe von Auslegungsmaximen zu bewerten sind.[358]

Vom Fall der Konkurrenz zwischen verschiedenen potenziellen Willenserklärungen ist schließlich noch der Fall zu unterscheiden, dass verschiedene Erklärungen vorliegen (etwa in natürlicher und formaler Sprache), die Teilregelungen enthalten und deren Regelungsbereiche sich ergänzen und gemeinsam den objektiven Tatbestand der Willenserklärung bilden.[359]

Für formalsprachliches Auslegungsmaterial lassen sich also drei mögliche Ergebnisse identifizieren. Entweder es zeigt sich, dass es bei der inhaltlichen Deutung nicht weiter berücksichtigenswert ist (weil es schon keine rechtsgeschäftliche Regelung oder einen Regelungsumstand enthält oder weil es dennoch nicht als auslegungsrelevant zu bewerten ist). Oder es zeigt sich, dass es berücksichtigenswert ist und zwar entweder als formalsprachliche Willenserklärung (beziehungsweise formalsprachliche Teilregelung im Tatbestand einer zusammengesetzten Willenserklärung) oder als Erklärungsumstand zu einer Willenserklärung.

---

[357] S. dazu gleich § 13 A. I. 3. e).
[358] S. § 13 A. II. 2. b).
[359] Beachtenswert sind insoweit auch Rahmenverträge oder anderweitig im Erklärungstatbestand zu berücksichtigende Rechtsgeschäfte; s. dazu etwa *Möslein*, in: BeckOGK, Stand: 1.10.2020, § 133 BGB Rn. 61.

c) Inhaltliche Deutung formalsprachlicher Willenserklärungen

Die inhaltliche Deutung formalsprachlicher Willenserklärungen hat grundsätzlich pragmatisch zu erfolgen (also unter Einbeziehung der aus dem Kontext erkennbaren Beziehung des Erklärenden zu seinem Ausdruck – dem von ihm erkennbar *Gemeinten*).[360] Die formale (beziehungsweise semantische[361]) Interpretation der formalsprachlichen Erklärung bietet damit, ebenso wie bei einer natürlichsprachlichen Erklärung die rein semantische Interpretation, einen ersten hilfreichen Anhaltspunkt.[362] Das so gefundene Ergebnis ist sodann aber durch eine pragmatische Analyse unter Heranziehung des gesamten relevanten Auslegungsmaterials auf seine Richtigkeit (also darauf, ob das Ergebnis der formalen Interpretation nach den Maßstäben der normativen Auslegung den wirklichen Willen des Erklärenden wiedergibt) zu prüfen und gegebenenfalls anzupassen oder zu ergänzen.[363]

aa) „Semantische" Deutung als Ausgangspunkt

Der im Rahmen einer Auslegung zu ermittelnde rechtsgeschäftliche Regelungsfall beziehungsweise die für die Auslegung entscheidenden Fragestellungen können im Einzelfall je nach Formalisierung entweder bereits allein durch eine formale Interpretation der formalsprachlichen Erklärungen oder durch eine Kombination aus formaler und natürlicher Interpretation derselben erfolgen.[364] Ob eine solche formale beziehungsweise teil-formale Interpretation im Einzelfall möglich ist, hängt indes neben den hier gesondert besprochenen Sprachkenntnissen davon ab, dass für den Empfänger auch die einschlägigen formalen Interpretationsvorgaben erkennbar sind. Diese sind aus dem Kontext und jeweils in Bezug auf die formalsprachliche Erklärung zu ermitteln. Konnte eine von verschiedenen formalsprachlichen Erklärungen aus einem Paket als

---

[360] S. § 12 und zu den Begriffen „semantische Interpretation/Auslegung" und „pragmatische Interpretation/Auslegung" dort insb. § 12 A.

[361] S. dazu, dass die formale Interpretation formalsprachlicher Erklärungen bzw. Verträge im Kern eine semantische Interpretation ist, bereits insb. § 12 B. II.

[362] Vgl. *Möslein*, in: BeckOGK, Stand: 1.10.2020, § 133 BGB Rn. 50, der zur rechtsgeschäftlichen Auslegung geradezu biblisch sagt „Am Anfang jeder Auslegung steht das Wort."

[363] Ähnlich auch *Möslein*, ZHR 2019, 254 (277 f.); *Möslein*, in: Rechtshandbuch Smart Contracts, Rn. 23 f.; *Möslein*, in: BeckOGK, Stand: 1.10.2020, § 133 BGB Rn. 54 ff., der insoweit statt von einer pragmatischen Analyse von der Beachtung des Bedeutungszusammenhangs (Rn. 54 ff.) und des situativen Kontexts (ab Rn. 57 ff.) spricht; allgemein zu diesem Vorgehen bei der Auslegung von Willenserklärungen etwa *Busche*, in: MüKo BGB, § 133 Rn. 74: „Auf der Hand liegt, dass in bestimmten Interpretationssituationen einem Auslegungsverfahren ein Vorzug gebührt (z.B. dem grammatischen in der Ausgangsphase), während gerade dieses später zurückzutreten hat.", s. dazu auch Rn. 68 a.a.O.; vgl. auch *Borges/Sesing*, in: BeckOK IT-Recht, § 133 BGB Rn. 6 ff.; *Wendtland*, in: BeckOK, § 157 BGB Rn. 12.

[364] S. schon § 12 B. I.

relativ entscheidende Willenserklärung identifiziert werden, gilt also die jeweils für diese Ebene entscheidende Interpretationsvorgabe. Über jene Vorgaben lässt sich der formalsprachlichen Erklärung, soweit vorhanden, jeweils ein eindeutiger formaler Erklärungswert entnehmen, ohne dass es darauf ankäme, unter welchen Umständen (also zum Beispiel an welchen Empfängerkreis) die Erklärung (aus Sicht des Empfängers) abgegeben wurde. Die formale Interpretation ist somit tatsächlich, soweit die Interpretationsvorgaben bekannt sind und ihre Auslegungsrelevanz festgestellt wurde, kontextunabhängig und beständig und damit de facto eine semantische Interpretation.[365]

bb) Überprüfung und etwaige Anpassung der semantischen Interpretation durch eine pragmatische Analyse

Das Ergebnis der semantischen Interpretation ist durch eine pragmatische Analyse zu prüfen. Es werden folglich alle Umstände beziehungsweise das gesamte auslegungsrelevante Auslegungsmaterial unter Berücksichtigung der erkennbaren relativen Verhältnisse zueinander dahingehend ausgewertet, ob das Ergebnis der semantischen Interpretation dem wirklichen Willen des Erklärenden entspricht. Für die im Einzelfall ohnehin natürlich zu interpretierenden Teile beziehungsweise die natürlich zu interpretierende Ebene der Erklärung bestehen insoweit keine Besonderheiten. Aber auch die pragmatische Interpretation der formalisierten Regelungsteile läuft unter Berücksichtigung der Sprachbesonderheiten nach demselben Muster. Je nach Einzelfall (insbesondere auch unter Berücksichtigung des Auslegungszeitpunktes) können als aufschlussreiche Umstände unter anderem eine (komplett) natürliche Interpretation der formalsprachlichen Erklärung,[366] andere natürlichsprachliche oder formalsprachliche Versionen der Erklärung[367] oder anderweitige Kommunikation (zum Beispiel über ein Interface[368]) für die pragmatische Ermittlung der Bedeutung der formalsprachlichen Erklärung herangezogen werden. Auch die Regelungen einer genutzten Ausführungsplattform können, wie aus Fällen herkömmlicher Erklärungen im digitalen Raum bekannt ist,[369] Beachtung finden. Heranzuziehen sind ferner sogenannte Kommentare im Code.[370]

Die verschiedenen Umstände und die ihnen zu entnehmende Bedeutung für das pragmatische Verständnis der Erklärung sowie deren semantische Interpretation sind sodann entsprechend der nach den Umständen ermittelbaren relativen Auslegungsrelevanz zu berücksichtigen und in ein abschließendes Aus-

---

[365] S. dazu bereits § 12 B. II.
[366] Denkbar insb. bei kontrollierter natürlicher Sprache; s. ferner dazu § 12 B. I.
[367] S. dazu insb. schon § 13 A. I. 2. b).
[368] S. dazu exemplarisch anhand von Smart Contracts auch *Matthes,* in: Rechtshandbuch Smart Contracts, Rn. 23 ff.
[369] S. *Möslein,* in: BeckOGK, Stand: 1.10.2020, § 133 BGB Rn. 62.
[370] S. dazu schon § 13 A. I. 2. b).

legungsergebnis zu überführen.[371] Insoweit lässt sich gerade bezüglich von Kommentaren im Code ergänzend festhalten, dass zu beachten ist, ob sie vom Erklärenden stammen oder aus Vorlagen anderer übernommen wurden und ob im letzteren Fall Anhaltspunkte dafür bestehen, dass sich der Erklärende auch den Inhalt der Kommentare zu Eigen gemacht hat. Dagegen spricht etwa, wenn der Formalismus, aus Empfängersicht erkennbar, vom Erklärenden weiterentwickelt, die Kommentare aber unverändert beibehalten wurden. Generell kann die Übernahme der formalsprachlichen Erklärung oder Teile derselben aus Vorlagen ihrerseits als Indiz dafür gewertet werden, dass der wirkliche Wille des Erklärenden vermehrt außerhalb der Erklärung zu suchen ist.[372] Nämliches gilt für sämtliche Ergebnisse der formalen Interpretation, die sich weniger als bewusste Entscheidung als vielmehr als Folge der Eigenschaften formaler Sprachen wie deren Ausdrucksarmut verstehen lassen.[373] Ergibt sich aus dem Kontext kein anderes Ergebnis oder fehlt es an ergiebigen Anhaltspunkten, ist andererseits aber der Wille deutlich erkennbar, die formale Sprache als Erklärungsmittel einzusetzen, ergibt sich aus dem Gebot der pragmatischen Auslegung indes nicht, dass das über eine formale Interpretation gefundene Ergebnis als expliziter Ausdruck des rechtsgeschäftlichen Willens durch einen hypothetischen Willen, den der objektive Empfänger beziehungsweise Richter dem Erklärenden unterstellt, zu ersetzen ist.[374] Wie bereits angesprochen, ergibt sich aus § 133 Hs. 2 BGB keineswegs, dass dem Wortlaut eine herabgesetzte Bedeutung bei der Ermittlung des wirklichen Willens beizumessen wäre.[375]

d) Formalsprachliche Ausdrücke als Erklärungsumstand

Ergibt sich aus der Deutung der Gesamtumstände, dass formalsprachliche Ausdrücke zwar Bestandteil des Auslegungsmaterials sind, sie aber relativ betrachtet nicht als Willenserklärung zu werten sind, kommt noch ihre Beachtung als Erklärungsumstand in Betracht. Ihr Erklärungswert könnte dann jeweils vor allem semantisch (also formal oder formal-natürlich-kombiniert) ermittelt werden, um sodann zum pragmatischen Verständnis einer Willenserklärung beizutragen. Ob und inwieweit die pragmatische Interpretation der Willenserklärung auch durch den formalsprachlichen Ausdruck bestimmt wird, richtet sich nach dem Einzelfall. Die Willenserklärung, zu deren Verständnis der formalsprachliche Ausdruck beiträgt, kann ihrerseits etwa in natürlicher Sprache oder in

---

[371] Vgl. insoweit auch die Nachweise in § 13 Fn. 363.
[372] In eine ähnliche Richtung geht auch *Möslein*, ZHR 2019, 254 (278).
[373] Gemeint ist insb. der Fall, dass bestimmtes Wissen nicht formalisiert wurde bzw. aus Gründen des Umfangs auch nicht formalisiert werden konnte und das Interpretationsergebnis allein aus dem Umkehrschluss folgt, dass die Information fehlt, s. insoweit auch § 5 Fn. 247.
[374] S. aber zur Behandlung eines entsprechenden Zweifelsfalls gleich § 13 A. II. 2. d).
[375] S. § 12 C. IV. 1. c).

formaler Sprache vorliegen. Der formalsprachliche Ausdruck kann aber auch zur Herleitung einer konkludenten Willenserklärung herangezogen werden. Dieser Fall dürfte gerade im Hinblick auf formalsprachliche Erklärungen auftreten, die sich nach umfassender Wertung als reines Mittel zum Zweck der automatisierten Ausführung gerieren und neben denen es an einer ausdrücklichen schuldrechtlichen Willenserklärung fehlt.[376]

e) Sonderfall: Sprachdefizit

Bisher wurde im Hinblick auf die Auslegungsarbeit bei formalsprachlichem Auslegungsmaterial ausgespart, wie diese durch den Faktor des Sprachrisikos beeinflusst wird. Festzuhalten ist diesbezüglich zunächst, dass nicht nur die fehlenden oder eingeschränkten Sprachkenntnisse (stets gemeint in Bezug auf die eingesetzten formalen Sprachen) des Empfängers im Rahmen der Auslegung zu berücksichtigen sein können, sondern auch die des Erklärenden. Ferner ist, wie bereits allgemein zum Umgang mit Sprachrisiken erläutert, festzuhalten, dass fehlende Sprachkenntnisse (egal auf welcher Seite und unabhängig von der jeweilig eingesetzten formalen Sprache) der Annahme einer formalsprachlichen Willenserklärung oder Relevanz formalsprachlicher Erklärungsumstände bei der Auslegung nicht pauschal entgegenstehen.[377]

Die eingeschränkten oder fehlenden Sprachkenntnisse des Erklärenden können aber im Rahmen der Auslegungsarbeit relevant werden. So kann sich formalsprachliches Auslegungsmaterial für den Empfänger bei erkennbaren Sprachdefiziten des Erklärenden gegebenenfalls als bei der Auslegung insgesamt nicht oder relativ zu anderen Materialien nur untergeordnet zu beachtendes Material darstellen.[378] Dieser Schluss kommt aber ausschließlich dann in Betracht, wenn er sich als stimmig mit allen weiteren berücksichtigenswerten Umständen herausstellt. Da es im Rahmen der geschützten Privatautonomie des Einzelnen liegt, sich auch an etwas binden zu können, was man nicht vollkommen überblickt, darf der objektive Empfänger beispielsweise nicht bereits aufgrund eines erkennbaren Sprachdefizits des Erklärenden auf die Unbeachtlichkeit formalsprachlicher Ausdrücke schließen.[379]

Beim nicht-sprachkundigen Empfänger formalsprachlichen Auslegungsmaterials kommt es für die Berücksichtigung des Materials bei der Auslegung auf

---

[376] S. hierzu gleich § 13 A. II. 2. d).

[377] Ebenso für Smart Contracts: *Heckelmann*, NJW 2018, 504 (506); *Schnell/Schwaab*, BB 2021, 1091 (1096); ähnlich auch *Busche*, in: MüKo BGB, § 133 Rn. 28; beachte insoweit zudem bereits § 13 A. I. 2. und § 13 A. I. 3. a).; a.A. wohl *Kaulartz/Heckmann*, CR 2016, 618 (621) „Programmcode ist für die meisten Benutzer eine ‚Black Box'. Dies gilt bereits, wenn der Programmcode des Smart Contracts im Quellcode, aber erst Recht, wenn er im Objektcode vorliegt. Damit ist der Smart Contract bei der Auslegung der Willenserklärungen also grundsätzlich außer Acht zu lassen."

[378] Vgl. *Singer*, in: Staudinger BGB, § 119 Rn. 23 m.w.N.

[379] So auch *Singer*, in: Staudinger BGB, § 119 Rn. 21 f. mit Blick auf natürliche Sprache.

die bereits zuvor beschriebenen Einzelfallumstände an:[380] Wurde der Empfänger aus seiner Sicht erkennbar persönlich vom Erklärenden angesprochen und darf davon ausgehen, dass dem Erklärenden seine (die des Empfängers) fehlenden Sprachkenntnisse bekannt sind, darf der Empfänger unter Berücksichtigung aller weiteren Umstände gegebenenfalls davon ausgehen, dass die formalsprachlichen Ausdrücke nicht auslegungsrelevant sind. Dort, wo den sonstigen Umständen nach nicht damit zu rechnen ist, dass formale Sprache als Erklärungsmittel eingesetzt wird, ist wiederum die Grenze zum Rechtsmissbrauch zu beachten. Ist indes ein sachlicher Grund für die Verwendung einer formalen Sprache als rechtsgeschäftliches Erklärungsmittel ersichtlich, entsteht gegebenenfalls eine Obliegenheit für den Empfänger, sich entsprechende Sprachkenntnisse einzuholen.[381] Wie bereits erwähnt, ist in diesen Fällen eine Besonderheit gegenüber dem Sprachrisiko bei natürlichen Fremdsprachen, dass der zur formalen Interpretation erforderliche Maßstab (also der Umfang der Nachforschungsobliegenheit) mit den jeweiligen Interpretationsvorgaben stets klar bestimmbar ist.[382] Die Frage, ob etwa ein Fach- oder Allgemeinverständnis des sprachlichen Ausdrucks normativ zugrunde zu legen ist, stellt sich nicht.

Über diese Ansätze hinaus erfährt das Sprachrisiko im Rahmen der Auslegung keine Berücksichtigung. Die aus dem Sprachrisiko eventuell folgende Vertragsimparität beziehungsweise Schwächung der Selbstbestimmung einer Partei kann dem System des allgemeinen Vertragsrechts entsprechend erst auf Folgestufen berücksichtigt werden.[383]

4. Entscheidender Zeitpunkt

Auslegungsmittel und -materialien, welche im Rahmen der Auslegungsarbeit zu beachten sind, können sich über einen Zeitverlauf verändern beziehungsweise erweitern. Es bedarf daher der Bestimmung eines konkreten Zeitpunktes, auf den bei der Auslegung abgestellt wird.[384] Für die Bestimmung des Auslegungsmaterials wurde mit dem Zugang der Willenserklärung bereits ein für die Auslegung wesentlicher Zeitpunkt eingebracht. Er bestimmt einerseits, welches Material zu beachten ist und andererseits den Zeitpunkt, zu dem eine Auslegung faktisch überhaupt erst vorgenommen werden kann. Ferner wird eine

---

[380] S. § 13 A. I. 3. a).
[381] Im Ergebnis ebenso *Schnell/Schwaab*, BB 2021, 1091 (1096); zurückhaltender, aber in eine ähnliche Richtung auch *Möslein*, in: Rechtshandbuch Smart Contracts, Rn. 24.
[382] S. insoweit schon § 13 A. I. 1.
[383] Ausführlich dazu § 9 D. III. 2. und § 9 D. III. 3.; speziell für die Nicht-Berücksichtigung von Vertragsimparität bedingt durch ein Sprachrisiko bei der Auslegung ebenso *Kling*, Sprachrisiken, 2008, S. 392.
[384] Anschaulich, auch mit Blick auf die Unterschiede zur Gesetzesauslegung: *Busche*, in: MüKo BGB, § 133 Rn. 3 ff, insb. Rn. 5; s. zudem auch *Mittelstädt*, Auslegung, 2016, S. 49.

empfangsbedürftige Willenserklärung auch erst mit dem Zugang wirksam.[385] Als entscheidender Zeitpunkt für die Deutung des Auslegungsmaterials (also die Auslegungsarbeit) und auch für die Bestimmung der Auslegungsmittel (einschließlich etwaiger Nachforschungsobliegenheiten) ist indes nicht der Zeitpunkt des Zugangs zu wählen.[386] Abzustellen ist vielmehr auf den Zeitpunkt, der sich aus objektiver Empfängersicht (bei Zugang des Auslegungsmaterials) als derjenige Zeitpunkt darstellt, zu dem die Willenserklärung vom Erklärenden abgegeben wurde.[387] Nur diese Perspektive wird dem Auslegungsziel (der Ermittlung des wirklichen Willens des Erklärenden) gerecht. Aufgrund der typischerweise kurzen Zeitspanne zwischen Abgabe und Zugang dürfte diese Differenzierung jedoch selten einen Unterschied machen.

Ob bereits eine Willenserklärung vorliegt oder nur Materialien zugegangen sind, die im Hinblick auf eine noch erfolgende Willenserklärung zu beachten sind, ist allerdings selbst eine Frage der Auslegung. Ergänzend zu dem bereits im Hinblick auf die Auslegungsarbeit Gesagten, kommt es also darauf an, ob sich das zugegangene Auslegungsmaterial aus objektiver Empfängersicht bereits als Willenserklärung darstellt, also der Wille des Erklärenden erkennbar ist, seine rechtsgeschäftlichen Absichten diesbezüglich abschließend ausgedrückt zu haben. Der Auslegungszeitpunkt ist damit also seinerseits das (Zwischen-)Ergebnis einer Auslegung, was sodann wieder auf die Auslegung zurückstrahlt. Material, was nach dem so bestimmten Auslegungszeitpunkt zugeht, ist bei der eigentlichen Auslegung dann nicht mehr zu beachten.[388] Es kann sich indes als Änderungserklärung, also eigenständige Willenserklärung, die auf die Abänderung oder auch den Widerruf der vorherigen gerichtet ist, herausstellen. Die Willenserklärungen sind sodann unter Berücksichtigung ihres Auslegungszeitpunkts unabhängig voneinander auszulegen. Nach den Umständen des Einzelfalls ist aber zu eruieren, ob und welche Wirkung der Änderungserklärung im Hinblick auf die Ausgangserklärung zukommt.[389]

---

[385] Statt vieler: *Mittelstädt,* Auslegung, 2016, S. 49.

[386] So aber etwa *Busche,* in: MüKo BGB, § 133 Rn. 5; *Möslein,* in: BeckOGK, Stand: 1.10.2020, § 133 BGB Rn. 5, 67.

[387] Überzeugend so *Mittelstädt,* Auslegung, 2016, S. 50.

[388] Es kann indes ggf. aufschlussreich für die Ermittlung des wirklichen Willens werden (so auch *Möslein,* in: BeckOGK, Stand: 1.10.2020, § 133 BGB Rn. 20, s. zudem zur Nichtbeachtung im Übrigen auch Rn. 67 a.a.O.) und damit rechtlich insb. für die Anfechtung eine Rolle spielen; ähnlich: *Busche,* in: MüKo BGB, § 133 Rn. 5, 63; *Mansel,* in: Jauernig, BGB, § 133 Rn. 9.

[389] Ist die ursprüngliche Willenserklärung ein Antrag auf Abschluss eines Vertrages, kann beispielsweise, wie § 145 3. Hs. BGB explizit festhält, die eigentlich eintretende Bindung (§ 145 Hs. 2 BGB) abbedungen werden. Zu Voraussetzungen und Folgen der Abbedingung s. statt vieler *Möslein,* in: BeckOGK, Stand: 1.5.2019, § 145 BGB Rn. 120 ff.

II. Auslegungsmaximen für formalsprachliche Ausdrücke

1. Allgemeine Grundsätze

Die Bezeichnung „Auslegungsmaximen" wird uneinheitlich verwendet.[390] Einen eigenständigen und abgrenzbaren Sinn gegenüber den die Auslegungsmethode flankierenden Auslegungsregeln erhält sie, wenn man darunter Auslegungsvorgaben für Zweifelsfälle versteht. Auslegungsmaximen werden damit nur dann relevant, wenn die Auslegung nach dem objektiven Empfängerhorizont an ihre Grenzen stößt, wenn also nach Ausschöpfung aller zur Verfügung stehenden Auslegungsregeln Zweifel über den wirklichen Willen des Erklärenden verbleiben.[391]

In diesen Fällen ist mithilfe von Auslegungsmaximen zu ermitteln, welches Verständnis der Willenserklärung am ehesten dem mutmaßlichen Willen des Erklärenden entspricht. Diese Zielsetzung ist folgerichtig, denn nur sie ist mit dem System und Ziel der Auslegung kompatibel.[392] Soweit eine Auslegungsmaxime, wie § 305c Abs. 2 BGB[393], nicht positiv normiert ist, ist sie also nur dann legitim, wenn sie auf den mutmaßlichen Willen des Erklärenden abstellt. In diesem Sinne lassen sich überdies – insoweit systembestätigend – auch viele positiv normierte Auslegungsmaximen verstehen.[394]

Konstruiert wird der mutmaßliche Wille des Erklärenden über die Anknüpfung an allgemeine praktische Erfahrungssätze.[395] Spezifische empirische Forschung zum rechtsgeschäftlichen Willen in bestimmten Situationen und zur Abhängigkeit von Willensausprägungen von verschiedenen Faktoren (wie zum Beispiel dem Vertragsgegenstand oder -wert) fehlt – soweit ersichtlich –

---

[390] Exemplarisch zeigt sich allein bei *Vogenauer* eine (jedenfalls scheinbar) arbiträre und zum Teil synonyme Nutzung der Begriffe „Auslegungsmaximen" und „Auslegungsregeln", *Vogenauer*, in: HKK BGB, §§ 133, 157 BGB passim, etwa Rn. 2, 9; auch *Möslein* scheint den Ausdruck sowohl für die Grundsätze der Auslegungsarbeit („[…] bedarf es im zweiten Schritt des Auslegungsverfahrens einer notwendig wertenden, inhaltlichen Deutung anhand von Auslegungsmaximen", Rn. 73) als auch im Hinblick auf den Umgang mit Zweifelsfällen (insb. ab Rn. 78 ff.) zu nutzen, *Möslein*, in: BeckOGK, Stand: 1.10.2020, § 133 BGB.

[391] Im Ergebnis ebenso, aber von „Auslegungsregeln" statt „Auslegungsmaximen" sprechend: *Borges/Sesing*, in: BeckOK IT-Recht, § 133 BGB Rn. 17 ff.; s. auch *Möslein*, in: BeckOGK, Stand: 1.10.2020, § 133 BGB Rn. 77 f.; statt von Auslegungsmaximen, von „materialen Auslegungsregeln" sprechend, aber ebenfalls auf Zweifelsfälle abstellend auch *Busche*, in: MüKo BGB, § 133 Rn. 71 ff.; ähnlich auch *Wendtland*, in: BeckOK, § 157 BGB Rn. 25, der ebenfalls von Auslegungsregeln spricht.

[392] S. insb. § 11 B.; ähnlich auch *Busche*, in: MüKo BGB, § 133 Rn. 71 „Die von ihnen begünstigten Rechtsfolgen beruhen im Grunde aber auf Privatautonomie.", s. auch Rn. 73 a.a.O.

[393] S. zu § 305c BGB schon § 9 D. III. 3.

[394] S. etwa exemplarisch zu § 305b BGB: *Lehmann-Richter*, in: BeckOGK, Stand: 1.4.2023, § 305b BGB Rn. 3, 3.1.

[395] S. dazu *Busche*, in: MüKo BGB, § 133 Rn. 72 m.w.N.; *Mittelstädt*, Auslegung, 2016, S. 41 f. m.w.N.; *Mansel*, in: Jauernig, BGB, § 133 Rn. 8.

nahezu vollkommen.[396] Es überrascht daher wenig, dass sich die Bestimmung des mutmaßlichen Willens als Einfallstor für die bewusste oder auch unbewusste Heranziehung heteronomer Maßstäbe und Ziele entpuppt. Gerade das von der Rechtsprechung als „interessengerechte Auslegung" betitelte Vorgehen begegnet in vielen Fällen „gewissen Bedenken"[397], das Auslegungsziel zu verfehlen.[398] Insoweit zutreffend hält *de la Durantaye* fest: „Wenn überindividuelle Ziele für die Auslegung keine Relevanz haben, können diese Ziele […] auch nicht herangezogen werden, um in Zweifelsfällen Klarheit zu schaffen. Auch die Zweifelsregeln […] müssen also parteiimmanent sein."[399]

Eine Vorstellung der Vielzahl an durch Literatur und Rechtsprechung entwickelten Auslegungsmaximen oder deren kritische Prüfung auf ihre Legitimierbarkeit vor dem Hintergrund des Auslegungsziels kann hier nicht erfolgen.[400] Soweit diese Maximen einer solchen Prüfung standhalten und es auf sie ankommt, sind sie indes auch bei der Auslegung formalsprachlicher Ausdrücke anzuwenden.

Im Folgenden sollen lediglich solche Auslegungsmaximen erläutert werden, die im Hinblick auf den Umgang mit spezifischen Zweifelsfragen bei der Auslegung formalsprachlicher Ausdrücke formuliert werden können. Anknüpfungspunkt für diese Auslegungsmaximen sind also ausschließlich die spezifischen Eigenschaften formaler Sprachen und inwieweit diese Rückschlüsse auf die Qualität als rechtsgeschäftliches Erklärungsmittel und damit auf den in Zweifelsfällen mutmaßlichen Willen des Erklärenden zulassen. Bei den untersuchten Zweifelsfällen geht es also jeweils insbesondere um einen Vergleich mit anderen Erklärungsmitteln oder mit anderen formalsprachlichen Aus-

---

[396] S. aber § 4 Fn. 57.

[397] *Kling,* Sprachrisiken, 2008, S. 220, der sich ab S. 373 ff. ausführlich verschiedenen insoweit problematischen Beispielen aus der Rechtsprechung widmet; s. zudem auch schon § 9 D. I.

[398] So etwa auch *Busche*, in: MüKo BGB, § 133 Rn. 72 „Die Formel von der interessengerechten Auslegung darf insoweit nicht im Sinne einer objektiv-teleologischen Auslegung verstanden werden. Es geht vielmehr um die subjektiv-teleologische Sinnermittlung."; *Möslein*, in: BeckOGK, Stand: 1.10.2020, § 133 BGB Rn. 69 „Soweit statt von dem mit der Willenserklärung verfolgten Zweck allgemeiner von der bestehenden ‚Interessenlage' die Rede ist und eine ‚nach beiden Seiten interessengerechte Auslegung' postuliert wird, besteht demgegenüber die Gefahr, dass sich die Auslegung vorschnell von der Erklärung – als dem mutmaßlich zweckmäßigen Mittel – und von den subjektiven, autonomen Interessen des Erklärenden löst und stattdessen eine heteronome, durch normative Gerechtigkeitserwägungen geprägte Wertung vornimmt." (zitiert ohne Fußnoten); die interessengerechte Auslegung nach dem hiesigen Verständnis treffend begrenzend auch *Mansel*, in: Jauernig, BGB, § 133 Rn. 10.

[399] *de la Durantaye,* Erklärung und Wille, 2020, S. 91.

[400] Beispiele für verschiedene bekannte Auslegungsmaximen vor allem aus der Rspr. (zum Teil einschließlich kritischer Hinterfragung) finden sich aber beispielsweise bei: *de la Durantaye,* Erklärung und Wille, 2020, S. 91 f. m.w.N.; *Möslein*, in: BeckOGK, Stand: 1.10.2020, § 133 BGB insb. Rn. 80; *Busche*, in: MüKo BGB, § 133 Rn. 71 ff.

drücken. Anders als bei der oben untersuchten Frage nach einer Wertungsgleichheit der formalen Auslegung zur textuellen Auslegung 1.0[401] sind für die Entwicklung von Auslegungsmaximen nicht mehr nur signifikante, sondern jegliche Unterschiede zwischen den Vergleichsobjekten zu berücksichtigen, die auf eine bessere Verkörperung des wirklichen rechtsgeschäftlichen Willens des Erklärenden hinweisen. Ebenso wie zuvor können hier aber nur Mutmaßungen angestellt werden, die auf der Grundlage praktisch bekannter Anhaltspunkte getroffen werden.[402] Sie sind demnach sowohl unter den Vorbehalt der künftigen Hinzugewinnung empirischer Erkenntnisse und natürlich auch unter den Vorbehalt eines tatsächlichen Wandels beim Umgang mit formalsprachlichen Erklärungsmitteln (etwa durch die Ausbildung bestimmter Konventionen) zu stellen. Schließlich können hier zudem nur die wohl relevantesten Zweifelsfälle, die spezifisch in Bezug auf die Auslegung formalsprachlicher Ausdrücke auftauchen können, besprochen werden. Die insoweit gewonnenen Erkenntnisse dürften indes ihrerseits Rückschlüsse auf die Beantwortung hier nicht behandelter Zweifelsfragen erlauben.

2. Spezifische Zweifelsfälle

a) Hierarchie formalsprachlicher Versionen zum selben Regelungsgegenstand

Bei der Nutzung formalsprachlicher Erklärungen im Vertragswesen dürfte vielfach das Szenario eintreten, dass verschiedene, leicht unterschiedliche Versionen einer Erklärung zum selben Regelungsgegenstand vorliegen.[403] Ein solches Paket kann, je nachdem welche Versionen dem Empfänger als Auslegungsmaterial überhaupt zugegangen sind, über verschiedene Ebenen von maschinenabstrakter über maschinennähere bis hin zu Maschinensprache reichen. Ist aus den Umständen des Einzelfalls ersichtlich, dass formale Sprache vom Erklärenden auch als Ausdruck seines rechtsgeschäftlichen Willens zu verstehen ist,[404] stellt sich die Frage, welche von den verschiedenen formalsprachlichen Versionen der Erklärung im Paket den rechtsgeschäftlichen Willen des Erklärenden am ehesten wiedergibt und damit den anderen bei der Auslegung relativ betrachtet vorgeht. Diese Frage kann sich grundsätzlich auch unabhängig vom Verhältnis zu anderen Erklärungsmitteln stellen, zum Beispiel auch, weil diese nur auf andere Regelungsgegenstände wie etwa Nebenabreden gerichtet sind. Beantwortet werden kann sie unter Rückgriff auf die bereits eingeführte reverse Beachtung der Erklärungshistorie.[405] Die formalsprachliche

---

[401] S. § 12 C. IV. 2.
[402] S. § 12 C. IV. 2.
[403] S. dazu schon § 13 A. I. 2. b).
[404] S. dazu schon § 13 A. I. 3. b) und s. zudem später § 15 C. II.
[405] S. § 13 A. I. 3. b).

Spezifikation dürfte also im Zweifel eher den rechtsgeschäftlichen Willen des Erklärenden ausdrücken als die maschinennäheren Versionen, deren Abweichungen von der Spezifikation vor allem auf funktionsbedingte Einschränkungen oder Implementierungsfehler zurückzuführen sein werden. Allerdings sind, wie schon erwähnt, eine Vielzahl an Anhaltspunkten für eine davon abweichende Bestimmung des relativen Verhältnisses der formalsprachlichen Versionen zueinander vorstellbar, wie zum Beispiel der erkennbar bei einer bestimmten Version betriebene Anpassungsaufwand.[406] Nur wenn es an solchen Anhaltspunkten im Einzelfall vollständig fehlt oder sie keinen eindeutigen Rückschluss zulassen, weil sie sich widersprechen, ist der formalsprachlichen Spezifikation der Vorrang einzuräumen.

b) Rechtliche Qualifizierung formalsprachlicher Informationsquellen

Formalsprachliche Erklärungen als Teil eines formalsprachlichen Vertrages nehmen je nach ihrem zusätzlichen Formalisierungszweck Bezug auf anderweitige formalsprachliche Informationsquellen wie externe Vorgaben oder durch Sensoren in Echtzeit erfasste Daten.[407] Dieses Zusammenspiel der formalsprachlichen Erklärung mit einer Informationsquelle kann je nach Ausgestaltung rechtlich unterschiedlich bewertet werden. In tatsächlicher Hinsicht lassen sich dabei zunächst zwei Szenarien trennen. Auf der einen Seite steht der Fall, dass als Folge des Zusammenspiels mit einer anderen Informationsquelle die formalsprachliche Erklärung verändert wird, und auf der anderen derjenige, dass über das Zusammenspiel mit einer formalsprachlichen Informationsquelle das Vorliegen einer in der formalsprachlichen Erklärung festgehaltenen Prämisse bestätigt wird, zum Beispiel der Eintritt eines Ereignisses wie bestimmter Börsenwerte oder Wetterdaten. Das erste Szenario wurde zuvor vor allem im Hinblick auf eine „Vertragsanpassung" bei Eintritt tatsächlicher Ereignisse, die formal erfasst werden und zu einer automatisierten Anpassung des Vertrages führen, besprochen,[408] das zweite im Hinblick auf ein automatisiertes Monitoring und eine automatisierte Ausführung.[409]

In beiden Fällen ist die formalisierte Einspeisung des Eintritts eines in der formalsprachlichen Erklärung festgelegten Ereignisses im Zweifel als rechtlich unbeachtlicher Vorgang zur Unterstützung der Automatisierung zu bewerten. Unabhängig davon, ob die Einspeisung automatisiert über Sensoren oder manuell über einen Menschen (im Blockchain-Kontext: ein menschliches Oracle[410]) erfolgt, kann, sofern entsprechende anderweitige Anhaltspunkte fehlen, also nicht davon ausgegangen werden, dass die Parteien im Hinblick auf

---

[406] S. § 13 A. I. 3. b) – § 13 A. I. 3. e).
[407] S. insb. § 6 B. II. und § 6 B. III.
[408] S. § 6 B. II.
[409] S. § 6 B. II. und § 6 B. III.
[410] S. zum Begriff schon § 6 B. I. 2. b).

die Informationsquelle eine feststellende Schiedsgutachtenabrede[411] schließen wollten. Ein vergleichbares Abfragen des Vorliegens eines rechtsgeschäftlich relevanten Sachverhaltes über einen Dritten[412] im herkömmlichen Vertragswesen kann durchaus auf eine solche Abrede hindeuten.[413] Im Rahmen der Nutzung formalsprachlicher Verträge beziehungsweise Erklärungen ist die Abfrage (selbst bei einer menschlichen Informationsquelle) aber im Zweifel als praktische Realisierung des Formalisierungserfordernisses zu bewerten. Sie ist mithin Mittel zum Zweck der Automatisierung. Wie besprochen, kann an diesen Stellen nämlich gerade nicht davon ausgegangen werden, dass die Parteien eine semantische Lücke zwischen der Formalisierung und der Realität hinnehmen[414] und sich entsprechend an die Folgen einer feststellenden Schiedsgutachtenabrede[415] binden wollen. Erfolgt aufgrund der formalsprachlich eingespeisten Informationen automatisiert eine ex ante schon inhaltlich festgelegte Anpassung der formalsprachlichen Erklärung (zum Beispiel eine Preisanpassung), gilt diese also nur vorbehaltlich dessen, dass die formalsprachliche Informationsquelle die Realität korrekt abgebildet hat (sie also auch korrekt eingespeist wurde).

Rechtlich beachtlich wird im Zweifel dagegen der Rückgriff auf eine formalsprachliche Informationsquelle zur Anpassung einer formalsprachlichen Erklärung bei der die Anpassung inhaltlich nicht bereits ex ante festgelegt wurde. Soll etwa im Blockchain-Kontext ein menschliches Oracle beim Eintritt bestimmter festgelegter Ereignisse eine Anpassung der formalsprachlichen Erklärung vornehmen, für die gegebenenfalls ex ante ein Maßstab, aber eben keine inhaltliche Ausgestaltung festgelegt wurde, kann dies unter Umständen als gestaltende Schiedsgutachtenabrede verstanden werden,[416] für welche die §§ 317 ff. BGB gelten.[417] Gerade hier wäre nunmehr auch eine Abgrenzung zu

---

[411] Ausführlich zu feststellenden Schiedsgutachten (auch zu deren Rechtsnatur), *Maus*, Schiedsgutachten, 2021, S. 127 ff.; s. ferner auch *Würdinger*, in: MüKo BGB, § 317 Rn. 6, 9.

[412] Fraglich ist, ob Gutachter im Rahmen eines feststellenden Schiedsgutachtens auch eine Maschine beziehungsweise ein Algorithmus sein könnte. Dagegen spricht unter anderem, dass der Gutachter „beiden Parteien vor Erstellung seines Gutachtens (auch ohne besondere Vereinbarung) soweit erforderlich rechtliches Gehör zu gewähren [hat]" (*Würdinger*, in: MüKo BGB, § 317 Rn. 44) und sich dies kaum realisieren lässt.

[413] Vgl. *Maus*, Schiedsgutachten, 2021, S. 130 ff.; die Abrede kann insbesondere auch konkludent erfolgen, *Würdinger*, in: MüKo BGB, § 317 Rn. 43.

[414] S. § 6 B. II., § 6 B. III. und § 7.

[415] Zur Wirkung von feststellenden Schiedsgutachtenabreden ausführlich *Maus*, Schiedsgutachten, 2021, S. 192 ff.; s. auch *Würdinger*, in: MüKo BGB, § 317 Rn. 9 („Der Schiedsgutachter soll seine Feststellungen mit bindender Wirkung für die Parteien treffen und damit Rechtsstreitigkeiten vermeiden helfen.").

[416] Ausführlich zum gestaltenden Schiedsgutachten und seinen zwei Ausgestaltungen, *Maus*, Schiedsgutachten, 2021, S. 34 ff.

[417] Dies gilt jedenfalls im Ergebnis sowohl für das rechtsbegründende und das rechtsändernde Schiedsgutachten, s. *Maus*, Schiedsgutachten, 2021, S. 42 ff.; für eine Anwendung

einem Schiedsvertrag, auf welchen die §§ 1025 ff. ZPO Anwendung finden, vorzunehmen.[418] Eine Auseinandersetzung mit dieser Thematik sprengt den Rahmen dieser Arbeit.[419] Offenbleiben muss hier daher auch, inwieweit ein maschinelles Schiedsgutachten oder ein maschinelles Schiedsverfahren (quasi also jeweils ein „Robo-Gutachter") rechtlich zu bewerten wäre.

c) Formale versus natürliche Sprache

Liegen im Hinblick auf denselben Regelungsgegenstand sowohl eine formalsprachliche Erklärung als auch eine natürlichsprachliche Erklärung vor und ist jeweils zunächst von deren absoluter Auslegungsrelevanz auszugehen, gilt es, ihr Vorrangverhältnis zueinander zu bestimmen. Die Bestimmung ist nicht pauschal, sondern anhand der Einzelfallumstände vorzunehmen.[420] Es sind diverse Szenarien vorstellbar, in denen etwa die im Rahmen der Auslegung zu berücksichtigenden Sprachkenntnisse der Parteien, der ausschließlich in der digitalen Welt angesiedelte Vertragsgegenstand oder der erkennbar in die Formalisierung gesteckte Aufwand für einen Vorrang der formalsprachlichen Erklärung sprechen. Diese wäre dann Ausgangspunkt einer pragmatischen Auslegung mit Folgen insbesondere für den Auslegungszeitpunkt und damit für die Berücksichtigung anderen Auslegungsmaterials (zum Beispiel für eine nicht mehr zu berücksichtigende, zeitlich nachfolgende Übersetzung der formalsprachlichen in eine natürlichsprachliche Erklärungsversion).

Fehlt es an solchen Anhaltspunkten oder sind sie widersprüchlich, ist der natürlichsprachlichen Erklärung der Vorrang einzuräumen. Begründen lässt sich dies sowohl im Hinblick darauf, dass formale Sprache für Menschen eine Fremdsprache darstellt und damit ein Sprachrisiko unterstellt werden kann. Das Hauptargument dürfte indes in der im Vergleich zu natürlicher Sprache eingeschränkten Expressivität liegen. Der Versuchung, die Anzeichen, die für einen Vorrang der formalsprachlichen Erklärungsversion sprechen, vorschnell

---

der §§ 317 ff. BGB auch auf das rechtsändernde Schiedsgutachten, *Würdinger*, in: MüKo BGB, § 317 Rn. 31.

[418] Dazu statt vieler *Netzer*, in: BeckOGK, Stand: 1.9.2022, § 317 BGB Rn. 34 ff.; zur Kombination beider Institute *Würdinger*, in: MüKo BGB, § 317 Rn. 13; s. ferner explizit zu einer Abgrenzung von *feststellendem* Schiedsgutachten und Schiedsvertrag: *Maus*, Schiedsgutachten, 2021, S. 221 ff.

[419] Überblicksartig zur Nutzung von Schiedsgutachten und Schiedsvertrag bei Smart Contracts, allerdings ohne ersichtlichen Bezug auf die Bewertung formalsprachlicher Informationsquellen aber *Kaulartz/Kreis*, in: Rechtshandbuch Smart Contracts, Rn. 16 ff., 40 ff.; *Kaulartz*, in: IT-Recht, Rn. 41 ff.

[420] S. bereits § 13 A. I. 3.

abzutun und diese Auslegungsmaxime auch außerhalb von Zweifelsfällen anzuwenden, ist indes zu widerstehen.[421]

d) Maschinelle Verarbeitung und konkludente Willenserklärung

Einen für die Auslegung besonders schwierigen Fall dürften Szenarien darstellen, in denen abgesehen von formalsprachlichem Auslegungsmaterial praktisch keine anderen Anhaltspunkte für den rechtsgeschäftlichen Willen des Erklärenden bestehen. Wie bereits ausgeführt, kann eine formalsprachliche Erklärung auch dann als Ausdruck des schuldrechtlichen Willens des Erklärenden zu werten sein, wenn mit ihr ebenfalls der Zweck verfolgt wird, die Ausführungsbedingungen festzulegen.[422] Für Formalisierungen, deren weiterer Verwendungszweck in einer anderen Verarbeitungsform liegt, zum Beispiel der automatisierten Analyse, gilt dies ohnehin. Eine pragmatische Auslegung der formalsprachlichen Erklärung würde in allen diesen Fällen jedoch mangels anderer Anhaltspunkte einer ausschließlich formalen Auslegung und damit auch deren „Schärfe" durchaus nahekommen. Tritt der Wille des Erklärenden, diese doppelte Funktion zu wollen – die formale Sprache also bewusst auch als Erklärungsmittel für seine schuldrechtliche Bindung zu nutzen – klar hervor, ist dieser Wille anzuerkennen, auch wenn selbst eine pragmatische Auslegung der formalsprachlichen Willenserklärung damit zu Ergebnissen führt, die beispielsweise unvernünftig erscheinen.[423] Semantische und pragmatische Deutung kommen insoweit zum nämlichen Ergebnis.

Fehlt es jedoch an klaren Anhaltspunkten dafür, dass der Erklärende der Erklärung diese doppelte Funktion zugewiesen hat und sich der Schärfe der formalen Sprache bewusst war, wird man im Zweifel bei einer Formalisierung, die erkennbar jedenfalls dem Zweck der Ausführungsautomatisierung dient, davon ausgehen dürfen, dass eine schuldrechtliche Willenserklärung daneben konkludent zustande gekommen ist.

Die Annahme einer konkludenten Willenserklärung bedeutet allerdings keineswegs, dass die formalsprachliche Erklärung „bei der Auslegung [...] außer Acht zu lassen"[424] wäre. Die formalsprachliche Erklärung sowie die anderen Umstände der maschinellen Verarbeitung gehören gerade zu den Umständen, auf deren Grundlage der Inhalt der konkludenten Willenserklärung bestimmt

---

[421] Zu pauschal daher etwa *Kaulartz/Heckmann*, wenn sie davon sprechen, dass „der Smart Contract bei der Auslegung der Willenserklärungen also grundsätzlich außer Acht zu lassen [sei]", *Kaulartz/Heckmann*, CR 2016, 618 (621).

[422] S. § 12 B. III.

[423] S. dazu bereits § 12 C. IV. 1. und s. auch schon § 13 A. I. 3. c) bb). Würde man in diesen Fällen vom formalen Erklärungswert abweichen, wäre dies nur mit einem Paternalismusargument begründbar, welches sich im allgemeinen Vertragsrecht, wie besehen, so nicht aufdecken lässt (s. § 9 D. III. 2.). Im Ergebnis ähnlich: *Möslein*, ZHR 2019, 254 (277); *Schnell/Schwaab*, BB 2021, 1091 (1096).

[424] *Kaulartz/Heckmann*, CR 2016, 618 (621).

wird. Dies gilt auch für die Umstände der automatisierten Ausführung und die zugrundeliegenden formalsprachlichen Erklärungen (ihren Zugang stets vorausgesetzt). Sie als relevantes Auslegungsmaterial auszuschließen wird auch nicht durch das Trennungsprinzip erforderlich. Vielmehr würde es in diesen Fällen, ebenso wie in anderen Fällen, in denen eine ausdrückliche Willenserklärung (vielfach üblicherweise) fehlt, wie zum Beispiel bei der Bedienung von Warenautomaten oder Tankzapfsäulen, ohne die Betrachtung der Ausführungsmodalitäten an den wesentlichen Anhaltspunkten für die Bestimmung der konkludenten schuldrechtlichen Willenserklärung komplett fehlen.[425]

Die Konsequenz der Auslegungsmaxime liegt vielmehr darin, dass dem formalsprachlichen Auslegungsmaterial bei der Bestimmung der konkludenten schuldrechtlichen Willenserklärung nur eine untergeordnete Bedeutung zukommt und vermehrt auf praktische Erfahrungssätze zum mutmaßlichen Willen einer Person, die ein entsprechendes Rechtsgeschäft unter entsprechenden Umständen abschließt, abzustellen ist. Auch hier darf jedoch keine nach heteronomen Zielen geleitete Umdeutung des Willens oder die Unterstellung lebensfremder Annahmen erfolgen, nur weil diese einem heteronomen Maßstab genügen. Der formalsprachlichen Erklärung wird man ferner einen umso größeren Stellenwert für die Bestimmung der konkludenten Willenserklärung einräumen können, je expressiver sie ist. Insofern dürfte einer deklarativen formalen Sprache mehr Beachtung zukommen, während eine imperative formale Sprache den Spielraum für die Einbeziehung praktischer Erfahrungssätze zum mutmaßlich Gewollten vergrößert.

---

[425] Deutlich etwa *Mansel*, in: Jauernig, BGB, Vorbemerkungen zu §§ 116 ff. Rn. 8 „Einer positiven Äußerung, die unmittelbar etwas anderes als die Kundgabe einer Willenserklärung bezweckt (z.B. Einwurf der verlangten Münze in Warenautomat), wird durch Auslegung ein bestimmter Erklärungsgehalt (im Bsp. Annahme des *Verkaufs*- und Übereignungsangebots) beigelegt." (Hervorhebung durch die Verfasserin); ähnlich auch folgendes Beispiel: „Beim Selbstbedienungstanken liegt in der Freigabe der Zapfsäule das stets zugangsbedürftige Angebot, im Einfüllen die nicht zugangsbedürftige Annahme [...] für *Kauf* und Einigung[.]" (Hervorhebung durch die Verf.), *Mansel*, in: Jauernig, BGB, § 145 Rn. 7 m.w.N. auch aus der Rspr; s. ferner umgekehrt zur Möglichkeit, das Schuldgeschäft bei der Auslegung des Verfügungsgeschäfts heranzuziehen: *Oechsler*, in: MüKo BGB, § 929 Rn. 27 m.w.N.; potenziell irreführend insoweit daher *Kaulartz/Heckmann*, CR 2016, 618 (621): „Vergleichbar ist dies [die Beachtung des Smart Contracts bei der Auslegung; Einschub der Verf.] einem Warenautomaten: Dass ein schuldrechtlicher Vertrag geschlossen und was an den Käufer wie übereignet werden soll, ergibt sich aus den äußeren Umständen, nicht aus der Mechanik des Automaten. Die Mechanik führt nur die Übergabe der Ware durch." (zitiert ohne Fußnote). Soweit die Mechanik erkennbar ist, gehört nämlich gerade sie auch zu den äußeren Umständen. Nämliches Irreführungspotenzial gilt daher etwa auch für *Mann*, in: Rechtshandbuch Smart Contracts, Rn. 7: „[D]ie Mechanik des Warenautomaten führt lediglich die faktische Übergabe der Ware aus."; ähnlich zur hiesigen Auffassung dagegen wohl *Wilhelm*, WM 2020, 1849 (1849), „[E]in klassischer Warenautomat [automatisiert] keineswegs nur die Vertragsdurchführung, [...] sondern auch den Vertragsabschluss."

B. Subjektive Auslegung formalsprachlicher Willenserklärungen

Klammert man die bestehende Kritik an der subjektiven Auslegung aus und hält mit der herrschenden Meinung an ihr fest,[426] ergeben sich im Hinblick auf formalsprachliche Willenserklärungen keine Unterschiede zu herkömmlichen Erklärungsmitteln.[427] Anders wäre dies, wenn die Frage nach einer Neukonzeptionierung des Tatbestands der Willenserklärung gezeigt hätte, dass eine solche notwendig wird und eine Form der textuellen Auslegung 2.0 bei formalsprachlichen Willenserklärungen geboten ist. Da insoweit aber kein rechtlich signifikanter Wertungsunterschied verzeichnet werden konnte, kann sich ein konsensuales subjektives Verständnis der Willenserklärung fernab der Ergebnisse einer formalen Interpretation (und auch der nach dem objektiven Empfängerhorizont gebotenen pragmatischen Auslegung) ergeben. Die Eindeutigkeit formalsprachlicher Ausdrücke steht der subjektiven Auslegung folglich nicht entgegen.

C. Zurechnung

Neu entdeckte und entwickelte Kommunikationsmittel und -wege, die zur Erklärung rechtsgeschäftlichen Willens eingesetzt werden, haben in der jüngeren Vergangenheit vielfach Fragen der Zurechnung aufgeworfen. Insbesondere trifft dies auf die Frage nach der Zurechnung von Erklärungen beim Einsatz sogenannter autonomer Agenten zu.[428]

Die insoweit aufgeworfenen Zurechnungsfragen können sich naturgemäß auch bei formalsprachlichen Willenserklärungen und Erklärungsumständen stellen, sind diese doch für den digitalen Raum und auch für die Nutzung elektronischer Agenten prädestiniert. Die Nutzung formaler Sprache als Erklärungsmittel ist jedoch auch fernab dieser bekannten Zurechnungsproblematiken möglich, also etwa ohne die Nutzung autonomer Agenten.[429] Nimmt man nur die spezifischen Besonderheiten formaler Sprache als Erklärungsmittel in den Blick, ergibt sich im Hinblick auf die Zurechnung gerade kein Unterschied zu natürlicher Sprache als Erklärungsmittel.[430]

Jedenfalls soweit die zuvor vorgestellten Mindestanforderungen an die verwendeten formalen Sprachen beziehungsweise formalsprachlichen Ausdrücke vorliegen,[431] kann mit diesen ebenso wie mit natürlicher Sprache rechtsgeschäftlicher Wille ausgedrückt und auch durch andere als solcher interpretiert

---

[426] S. zur Kritik § 11 C. I. 2.
[427] Im Ergebnis ebenso *Wilhelm*, WM 2020, 1849 (1850).
[428] S. hierzu bereits die Nachweise in § 2 Fn. 85.
[429] S. insoweit schon § 2 B.
[430] Zum nämlichen Ergebnis für Smart Contracts kommt auch *Möslein*, in: Rechtshandbuch Smart Contracts, Rn. 21.
[431] S. § 4 B.

werden.⁴³² Im Umkehrschluss kann daher also auch ein formalsprachlicher Ausdruck, der sich im Rahmen der normativen Auslegung als rechtsgeschäftlich relevant darstellt, aber nur eingeschränkt vom wirklichen Willen des Erklärenden gedeckt ist, im Rahmen der herkömmlichen Zurechnungskonzeption⁴³³ zugerechnet werden.

Kein Fall des eingeschränkten subjektiven Tatbestands (also zum Beispiel fehlenden Rechtsgeschäftswillens), sondern ein Fall der regelrechten Zurechnung liegt dagegen vor, wenn der Erklärende blind auf den Inhalt der formalsprachlichen Ausdrücke vertraut.⁴³⁴ Fehlende Sprachkenntnisse der Parteien können, wie besehen,⁴³⁵ im objektiven Tatbestand der Willenserklärung relevant werden und insoweit dann auch die Zurechnung begrenzen. Fernab dessen (also insbesondere dann, wenn Sprachdefizite nicht erkennbar sind), stehen sie einer Zurechnung aber nicht entgegen.⁴³⁶ Nämliches gilt für die Nutzung formalsprachlicher Vorlagen, die Auswirkungen auf die normative Auslegung haben können, nicht aber die Zurechnung scheitern lassen.⁴³⁷

D. Fazit zur Willenserklärung in formaler Sprache

Angesichts der ebenso wie bei anderweitigen Erklärungsmitteln gebotenen kontextuellen und pragmatischen Auslegung formalsprachlicher Ausdrücke⁴³⁸ ließen sich diese im Rahmen der herkömmlichen Konzeption des Tatbestands der Willenserklärung untersuchen.

Dies erforderte zunächst eine Auseinandersetzung mit dem der normativen Auslegung zugrundeliegenden Maßstab des objektiven Empfängerhorizonts. Dieser war an verschiedenen Stellen zu konkretisieren: Herausgearbeitet werden konnte unter anderem die Individualisierung bei der Bestimmung der Auslegungsmittel,⁴³⁹ der Rahmen und das Bestehen einer etwaigen Nachforschungsobliegenheit,⁴⁴⁰ die Loslösung von der „Erkennbarkeit" und das Ab-

---

⁴³² § 12 B. II.
⁴³³ S. dazu § 11 C. II.
⁴³⁴ *Fries*, AnwBl 2018, 86 (87) „Nehmen die Parteien hingegen bei Abschluss des Vertrages auf die Software Bezug, können die darin niedergelegten Regeln im Grundsatz tatsächlich Bestandteil des Vertrages werden. Das gilt sogar dann, wenn die Vertragspartner blind auf die Software vertrauen, denn mangelndes Interesse an Details vertraglicher Bestimmungen schützt nicht vor unangenehmen Überraschungen."
⁴³⁵ § 13 A. I. 3. e).
⁴³⁶ *Kaulartz/Heckmann*, CR 2016, 618 (622) m.w.N.; s. dazu, dass Sprachdefizite auch zu keinem Zurechnungsausschluss über eine Anwendung der §§ 104 Nr. 2, 105 Abs. 2 BGB führen: *Kling,* Sprachrisiken, 2008, S. 248 f.
⁴³⁷ S. auch insoweit zu Smart Contracts: *Möslein*, in: Rechtshandbuch Smart Contracts, Rn. 21.
⁴³⁸ S. zu den Begrifflichkeiten erneut § 12 A. und dort insb. die Fn. 92 f.
⁴³⁹ S. § 13 A. I. 1.
⁴⁴⁰ S. hierzu § 13 A. I. 1. und § 13 A. I. 3. a).

stellen auf den Zugang bei den Auslegungsmitteln[441] sowie die Möglichkeit der Berücksichtigung individueller Umstände bei der Deutung und die Festlegung des dabei aufzuwendenden Sorgfaltsmaßstabs.[442]

Über den so festgelegten Maßstab der normativen Auslegung ließ sich auch der sachgerechte Umgang mit einem etwaigen Sprachrisiko in der Auslegung herausstellen und auf das besondere Sprachrisiko bei der Verwendung formaler Sprache als Erklärungsmittel übertragen.[443]

Als Besonderheiten formalsprachlicher Ausdrücke (unabhängig von deren Qualifizierung als Willenserklärung oder Erklärungsumstand) konnten die eindeutige Bestimmbarkeit der erforderlichen Auslegungsmittel,[444] das Vorliegen der Interpretationsvorgaben als Grundvoraussetzung eines Erklärungswerts[445] oder auch die reverse Beachtung der Erklärungshistorie beim Verhältnis verschiedener formalsprachlicher Ausdrucksversionen zueinander[446] identifiziert und auch spezifische Auslegungsmaximen entwickelt werden.[447] Der rechtlich gebotene Auslegungsrahmen lässt die durchaus signifikanten tatsächlichen Besonderheiten formaler Sprache in puncto Eindeutigkeit und Ausdrucksarmut aber insgesamt verblassen. Dies zeigte nicht zuletzt besonders deutlich die subjektive Auslegung,[448] aber auch die Zurechnung formalsprachlicher Ausdrücke.[449]

§ 14 Vertraglicher Konsens und Dissens

Die Auslegung einzelner Willenserklärungen macht eine eigenständige Vertragsauslegung nicht obsolet.[450] Sie ist der erläuternden Auslegung der einzelnen Willenserklärungen jedoch stets nachgeschaltet.[451] Vertragliche Umstände werden bei der Auslegung der einzelnen Willenserklärungen zudem bereits beachtet.[452] Es findet im Rahmen der Vertragsauslegung daher keine erneute erläuternde Auslegung statt. Die Bedeutung der Vertragsauslegung beschränkt

---

[441] S. § 13 A. I. 2. a).
[442] S. § 13 A. I. 3. a).
[443] S. hierzu § 13 A. I. 3. a) und § 13 A. I. 3. e).
[444] S. insb. § 13 A. I. 1.
[445] S. § 13 A. I. 3. c) aa).
[446] S. § 13 A. I. 3. b) und § 13 A. II. 2. a).
[447] S. § 13 A. II.
[448] S. § 13 B.
[449] S. § 13 C.
[450] Insoweit richtig *Kling,* Sprachrisiken, 2008, S. 367.
[451] Ebenso etwa *Wendtland*, in: BeckOK, § 157 BGB Rn. 9 (wobei unklar bleibt, was er mit einer anschließenden „unmittelbaren Vertragsauslegung" meint).
[452] S. § 13 A. I. 3. a); ähnlich *Möslein*, in: BeckOGK, Stand: 1.10.2020, § 133 BGB Rn. 30, der von einem Gleichlauf der Auslegung der vertragskonstituierenden Willenserklärungen und der Vertragsauslegung spricht.

sich damit einerseits auf die Feststellung, ob überhaupt ein Vertrag (vertraglicher Konsens) zustande gekommen ist und welche Folgen ein etwaiger ermittelter Dissens nach sich zieht, andererseits auf die ergänzende Vertragsauslegung.

Die im Zusammenhang mit der Vertragsauslegung vielfach genannte „interessengerechte Auslegung" kann daher nach vorliegendem Verständnis auch ausschließlich im Hinblick auf eine ergänzende Vertragsauslegung (und auch dort nur unter den bereits im Hinblick auf Auslegungsmaximen genannten Einschränkungen[453]) relevant werden.[454] Nicht nur kommt damit keine korrigierende Vertragsauslegung in Betracht,[455] auch eine „rettende" Vertragsauslegung, die Widersprüche zwischen den Willenserklärungen auflöst, kann es – unabhängig vom dabei angesetzten Maßstab – nicht geben.[456] Würde man sie zulassen, wäre überdies den §§ 154, 155 BGB der Regelungsbereich entzogen.[457]

Entsprechend des Zuschnitts dieser Arbeit, die sich auf die spezifischen Fragen der erläuternden Auslegung formalsprachlicher Verträge konzentriert (womit, wie besehen, insbesondere die erläuternde Auslegung der einzelnen vertraglichen Willenserklärungen gemeint ist), wird auf die ergänzende Vertragsauslegung vorliegend nicht weiter eingegangen.[458]

Der hier damit allein im Fokus stehende vertragliche Konsens liegt vor, wenn die Willenserklärungen zweier Personen miteinander insoweit korrespondieren, dass ein Vertragsschluss bejaht werden kann.[459] Das Überein-

---

[453] Treffender ist daher auch die Bezeichnung als „nach beiden Seiten hin interessengerechten Auslegung", wobei auch die Bezeichnung als „Auslegung" eigentlich irreführend ist, da nicht mehr der wirkliche Wille der Parteien, sondern ihr hypothetischer zur entscheidenden Grundlage wird.

[454] Verwirrend daher *Kling*, Sprachrisiken, 2008, S. 367, wenn er die interessengerechte neben die ergänzende Vertragsauslegung stellt; zur interessengerechten Auslegung weiterführend statt vieler: *de la Durantaye*, Erklärung und Wille, 2020, S. 88 mit umfangreichen Nachweisen. Fernab der interessengerechten Auslegung betreffen auch solche Ansätze, die eine erläuternde Vertragsauslegung bejahen (s. etwa *Borges/Sesing*, in: BeckOK IT-Recht, § 157 BGB Rn. 4 ff.; *Busche*, in: MüKo BGB, § 157 Rn. 3 ff.; *Wendtland*, in: BeckOK, § 157 BGB Rn. 9) bei näherer Betrachtung eigentlich die erläuternde Auslegung der einzelnen vertraglichen Willenserklärungen oder lassen offen, worin ein Unterschied zu dieser liegen soll.

[455] S. dazu ausführlich § 9 D. III.

[456] Zur nämlichen Kritik der „rettenden" interessengerechten Auslegung unter Beachtung einschlägiger Rechtsprechung: *Kling*, Sprachrisiken, 2008, S. 374 ff., insb. mit einem anschaulichen Beispiel auf S. 390.

[457] Dies gilt auch bereits für eine „rettende Auslegung" einzelner Willenserklärungen, s. dazu etwa *Wendtland*, in: BeckOK, § 157 BGB Rn. 25.

[458] S. bereits § 2 B; ausführlich zur ergänzenden Vertragsauslegung aber etwa: *Wendtland*, in: BeckOK, § 157 BGB Rn. 28 ff.; *Mansel*, in: Jauernig, BGB, § 157 Rn. 2 ff.; *Busche*, in: MüKo BGB, § 157 Rn. 26 ff.; *Borges/Sesing*, in: BeckOK IT-Recht, § 157 BGB Rn. 12 ff.

[459] Statt aller: *Möslein*, in: BeckOGK, Stand: 1.5.2019, § 145 BGB Rn. 7.

stimmen der Willenserklärungen wird dabei stets faktisch festgestellt, sprich, das jeweilige Auslegungsergebnis der einschlägigen Willenserklärungen muss faktisch übereinstimmen. Die Differenzierung zwischen normativer und subjektiver Auslegung setzt sich also bei der Feststellung vertraglichen Konsens nicht fort. Wurden die einzelnen Willenserklärungen jedoch subjektiv ausgelegt, ist es entsprechend der synonymen Bezeichnung als „natürliche Auslegung" üblich, auch hinsichtlich des Vertragsschlusses von „natürlichem Konsens" zu sprechen[460] und bei jeweils normativ ausgelegten Willenserklärungen von „normativem Konsens".[461]

Die klare Differenzierung zwischen der Feststellung vertraglichen Konsens und der Auslegung der einzelnen Willenserklärungen erlangt ferner Bedeutung für den Zeitpunkt der Feststellung des Konsenses. Die Feststellung kann (von Fällen des § 151 BGB abgesehen) erst mit Wirksamwerden der potenziellen Annahmeerklärung erfolgen und ist damit klar vom Auslegungszeitpunkt des Angebots zu unterscheiden.[462]

Wie nicht zuletzt die §§ 154, 155 BGB zeigen, kann aufgrund der Übereinstimmung der Willenserklärungen ein Vertrag auch dann bejaht werden, wenn nicht alle im Einzelfall relevanten rechtsgeschäftlichen Fragen durch die Parteien geregelt wurden.[463] Eine für den Vertragsschluss ausreichende inhaltliche Regelung wird üblicherweise angenommen, wenn die essentialia negotii des Vertrages durch die Parteien einvernehmlich festgelegt wurden oder zumindest bestimmbar sind.[464] Dies ist auch stimmig im Hinblick darauf, dass das Recht üblicherweise auch im besonderen Schuldrecht keine dispositiven Regelungen für die wesentlichen Vertragsinhalte bereithält und eine pauschale Lückenfüllung durch eine ergänzende Vertragsauslegung nicht mit dem System des allgemeinen Vertragsrechts vereinbar wäre, welches eine Regelungsergänzung nicht in allen Fällen vorsieht.[465] Fehlt es mithin an einer einvernehmlichen Regelung der essentialia negotii, kommt kein Vertrag zustande. Es liegt ein Fall

---

[460] S. auch insoweit den Hinweis in § 11 Fn. 50.

[461] Statt vieler so etwa *Rademacher/Schulze*, in: NK-BGB, Vorbemerkungen zu §§ 145–157 Rn. 15.

[462] Deutlich *Mittelstädt,* Auslegung, 2016, S. 49 f.; zur auch schon rechtshistorischen Geltung dieser Differenzierung ferner *Vogenauer*, in: HKK BGB, §§ 133, 157 BGB Rn. 46; zum Auslegungszeitpunkt s. ferner schon § 13 A. I. 4.

[463] Dies ist auch mit Blick auf die bereits angesprochene notwendige Vertragsunvollständigkeit sachgerecht, s. dazu schon § 4 Fn. 81 f.

[464] Ausführlich zur entsprechenden inhaltlichen Bestimmtheit als Erfordernis für einen Vertragsschluss und auch dazu, dass die §§ 315 ff. BGB und die in diesem Rahmen mögliche Bestimmbarkeit der Annahme eines Vertrages nicht entgegenstehen, *Maus*, Schiedsgutachten, 2021, S. 70 ff. m.w.N.

[465] S. § 9 D. III. 2.; etwas anders *Möslein*, in: BeckOGK, Stand: 1.2.2018, § 154 BGB Rn. 16.

vom sogenannten „Totaldissens" oder „logischen Dissens" vor.[466] Fehlt es an Nebenabreden, greifen dagegen die §§ 154, 155 BGB.

Für formalsprachliche Verträge ergeben sich insoweit keine Besonderheiten. Soweit in vielen Fällen der praktischen Nutzung formalsprachlicher Erklärungen ein Konsens rein technisch festgestellt werden kann, ist dieser, da die Auslegung der einzelnen Willenserklärungen ja gerade nicht ausschließlich formal erfolgt, nicht maßgeblich.[467] Im Einzelfall könnten vertraglicher und technischer Konsens aber übereinstimmen.

Schließlich ist anzunehmen, dass der Effekt der eindeutigen Interpretierbarkeit formalsprachlicher Willenserklärungen aufgrund der grundsätzlich gebotenen pragmatischen Auslegung derselben im Vergleich zu anderen Willenserklärungen keinen nennenswerten Einfluss auf die Vermeidung vertraglichen Dissenses haben dürfte.

§ 15 Ausblick: Auslegungsvereinbarungen

A. Hintergrund und Begriff

Wie gezeigt, erfolgt die Auslegung einer formalsprachlichen Willenserklärung zugunsten der (besseren) Ermittlung des wirklichen rechtsgeschäftlichen Willens des Erklärenden pragmatisch.[468] Die Eigenschaft der eindeutigen Interpretierbarkeit wird damit zwangsläufig vielfach ins Leere laufen. Es stellt sich jedoch die Frage, ob die Parteien rechtliche Möglichkeiten haben, die Sprachvorteile zu sichern; ob sie also von einer pragmatischen Auslegung Abstand nehmen und eine formale Auslegung (textuelle Auslegung 2.0) vereinbaren können. Konsequenz einer solchen Vereinbarung wäre, dass sie ihren gemeinsamen Willen betreffend die Auslegungsmethode (kurz: Auslegungswillen) im Einzelfall über ihren jeweiligen den Inhalt des Rechtsgeschäfts betreffenden Willen stellen (hier zum Zwecke der Abgrenzung als „inhaltlich-rechtsgeschäftlicher Wille" bezeichnet).

Denkbar sind verschiedene Ansätze, wie die Parteien dies rechtlich realisieren könnten. Zusammenfassend kann man die verschiedenen Konstellationen, in denen die Parteien ersuchen, gemeinsam an den Stellschrauben, die bei der

---

[466] Statt aller *Möslein*, in: BeckOGK, Stand: 1.2.2018, § 154 BGB Rn. 15 m.w.N.

[467] Allein im Hinblick auf den technischen Konsens daher richtig *Möslein,* wenn er diesbezüglich von einem funktionalen Vertragsäquivalent spricht und dieses von einem rechtlichen Vertrag abgrenzt beziehungsweise festhält, dass „[o]b Smart Contracts in dieser Gestaltungsvariante tatsächlich als Verträge im Rechtssinne zu qualifizieren sind, […] keineswegs selbstverständlich, sondern rechtlich erst zu prüfen [ist].", *Möslein*, in: Rechtshandbuch Smart Contracts, Rn. 6.

[468] S. § 12 und zu den Begrifflichkeiten der „semantischen und pragmatischen Auslegung" insoweit dort insb. nochmals § 12 A. Fn. 92 f.

Auslegung zu beachten sind (Auslegungsmittel, -material und -sorgfalt), zu drehen, als Auslegungsvereinbarungen (oder Auslegungsverträge[469]) bezeichnen. Eine Auslegungsvereinbarung mit dem Inhalt einer Verabredung zur formalen Auslegung stellt nur eine mögliche Ausgestaltung einer Auslegungsvereinbarung dar. Wie *Schwartz* und *Scott* gezeigt haben, könnte der Inhalt auch auf die Vereinbarung einer semantischen Auslegung natürlichsprachlicher Erklärungen ausgerichtet sein.[470]

Bekannt ist der Begriff der Auslegungsvereinbarung in den deutschen Rechtswissenschaften bisher vor allem im Hinblick auf das Erbrecht.[471] Gemeint ist dort die Vereinbarung zweier oder mehr Parteien darüber, wie sie die letztwillige Verfügung eines Dritten verstehen. Diese Vereinbarung kann schuldrechtlich zwischen den Parteien relevant werden, entfaltet aber keine Verbindlichkeit für die richterliche Auslegung der letztwilligen Verfügung.[472] Der entscheidende Unterschied zu einer Auslegungsvereinbarung mit Inhalt einer formalen Auslegung, welcher einer Übertragbarkeit der Erkenntnisse zu Auslegungsvereinbarungen aus dem Erbrecht entgegensteht, liegt jedoch darin, dass die Auslegung der eigenen und nicht fremder Willenserklärungen geregelt wird. Neben den so gesehen heteronomen Auslegungsvereinbarungen im Erbrecht steht also die rechtlich eigenständig zu bewertende Fallgruppe der autonomen Auslegungsvereinbarungen,[473] die man auch unter den Stichwörtern „authentische Auslegung"[474] oder „Selbstinterpretation"[475] erfassen kann. Nur diese Fallgruppe wird im Folgenden untersucht. Soweit nicht explizit ander-

---

[469] Im Rahmen dieses Unterkapitels kann die eingangs vorgenommene Beschränkung der Bezeichnung „Vertrag" auf Schuldverträge nicht durchgehalten werden. Sowohl für materiellrechtliche als auch prozessrechtliche Auslegungsvereinbarungen wird, ohne dass dem hier weiter nachgegangen werden kann, angenommen, dass sie sowohl Verpflichtungs- als auch Verfügungsverträge sein können (s. insoweit zu materiellrechtlichen Auslegungsverträgen allein: *Heiner,* Auslegungsvertrag, 2005, S. 155 ff.; zu Prozessverträgen [zu denen ein prozessrechtlicher Auslegungsvertrag gehören würde] s. *Wagner,* Prozeßverträge, 1998, S. 35 ff.).

[470] S. § 4 A. und insb. Fn. 53 ff.

[471] Darüber hinaus wird der Begriff aber auch im Völkerrecht gebraucht, s. etwa *Lehner,* in: Doppelbesteuerungsabkommen, Rn. 135a ff.

[472] *Kroiß/Fleindl,* in: NK-BGB, § 2084 Rn. 75; *Kössinger/Najdecki,* in: Hdb. Testamentsgestaltung, Rn. 59 f.; *Roth,* NJW 2016, 487 (487); *Horn,* ZEV 2016, 565 (565); ausführlich: *Litzenburger,* in: BeckOK BGB, § 2084 BGB Rn. 56 ff.

[473] *Heiner* hingegen bewertet beide Gruppen rechtlich weitestgehend gleich (s. die Zusammenfassung der Gestaltungsformen ab S. 90 ff.), versagt den Parteien bei heteronomen Auslegungsvereinbarungen letztlich aber im Gegensatz zu autonomen Vereinbarungen die Verfügungsbefugnis (*Heiner,* Auslegungsvertrag, 2005, S. 166 ff.).

[474] S. etwa *Lehner,* in: Doppelbesteuerungsabkommen, Rn. 135a; *Heiner,* Auslegungsvertrag, 2005, insb. S. 103.

[475] Vgl. die Verwendung des Begriffes bei *Busche,* in: MüKo BGB, § 133 Rn. 72, der (ohne sie als solche zu benennen) wohl von Auslegungsvereinbarungen spricht, wenn er bei der Auslegung „die Selbstinterpretation der an einer Willenserklärung Beteiligten" berücksichtigen möchte.

weitig hervorgehoben, sind mit „Auslegungsvereinbarungen" daher stets autonome Auslegungsvereinbarungen gemeint. Weitgehend wird zudem direkt auf die hier entscheidenden Vereinbarungen einer formalen Auslegung abgestellt.

Die Zulässigkeit und Behandlung von Auslegungsvereinbarungen insgesamt hängt dabei zunächst von der rechtlichen Einordnung solcher Vereinbarungen ab, wobei sich zeigt, dass Vereinbarungen einer formalen Auslegung je nach Zwecksetzung sowohl materiellrechtlicher als auch prozessrechtlicher Natur sein können (B.). Nur materiellrechtliche Auslegungsvereinbarungen erlauben indes die unmittelbare Herbeiführung einer formalen Auslegung, weshalb auf ihnen der Fokus liegt (C.). Auch ihre rechtliche Behandlung kann hier jedoch nur überblicksartig angerissen und problematisiert werden. Die genauere Untersuchung von Auslegungsvereinbarungen ist eigener Monographien würdig.[476] Darüber hinaus müssen die rechtlichen Möglichkeiten, durch Auslegungserklärungen einseitig Einfluss auf die Auslegung eigener oder auch fremder Willenserklärungen zu nehmen, unberücksichtigt bleiben.

B. Rechtliche Einordnung

Verträge müssen nicht zwingend materiellrechtlicher Natur sein. Neben materiellrechtlichen werden auch prozessrechtliche Verträge („Prozessverträge") anerkannt.[477] Bekannte Beispiele derselben sind etwa Beweisverträge[478] oder Schiedsvereinbarungen.[479]

Mit Auslegungsvereinbarungen versuchen die Parteien die Auslegung ihres Vertrages zu beeinflussen. Sie haben damit potenziell auch oder sogar gerade Auswirkungen auf eine richterliche Auslegung. Ihre insoweit zu verzeichnende Prozessnähe lässt daher die Frage aufkommen, ob es sich um materiell-

---

[476] Soweit ersichtlich, ist die einzige Monographie, die sich intensiver mit Auslegungsvereinbarungen im Privatrecht im Allgemeinen beschäftigt, jene von *Heiner* aus dem Jahr 2005 (*Heiner*, Auslegungsvertrag, 2005). In ihr werden bereits entscheidende Aspekte herausgearbeitet, unberücksichtigt bleibt aber unter anderem die genaue Untersuchung der Rechtsfolgen bei Unwirksamkeit der Auslegungsvereinbarung oder die Auseinandersetzung mit den genauen Inhalten, die einer Auslegungsvereinbarung zugrunde gelegt werden können, wie beispielsweise das zu berücksichtigende Auslegungsmaterial oder die Deutungsart, oder die genaue Abgrenzung gegenüber anderen Rechtsinstituten fernab der Formvereinbarung.

[477] Statt vieler: *Mayr*, Schiedsvereinbarung, 2019, S. 66 f. m.w.N. und einem ausführlichen Überblick über die Literatur zu Prozessverträgen auf S. 48.

[478] S. etwa *Prütting*, in: MüKo ZPO, § 286 Rn. 164 ff.; *Thole*, in: Stein/Jonas ZPO, § 286 Rn. 284 ff.

[479] Anschaulich zur Entwicklung hin zu einem prozessualen Verständnis der Schiedsvereinbarung *Mayr*, Schiedsvereinbarung, 2019, S. 44 f. m.w.N., s. insoweit auch bereits S. 17 f. a.a.O.

rechtliche oder prozessrechtliche Verträge handelt,[480] ihr Zulässigkeitsmaßstab sich folglich nach dem materiellen Privatrecht oder dem Zivilprozessrecht richtet.[481]

Da das Prozessrecht nur wenige Regelungen zu Prozessverträgen vorsieht, wird zwar ohnehin ergänzend auf das materielle allgemeine Vertragsrecht zurückgegriffen.[482] Dies gilt jedoch nicht für alle Normen des allgemeinen Vertragsrechts, ferner wäre bei einem Prozessvertrag jeweils die wertungsmäßige Prägung des Prozessrechts, also dessen inneres System, mit zu beachten.[483] Selbst im Hinblick allein auf das Zustandekommen einer Auslegungsvereinbarung erübrigt sich die Frage nach der rechtlichen Zuordnung daher nicht.

I. Qualifikationsmethode

Es lassen sich eine Vielzahl an Kriterien identifizieren, die eine Zuordnung von Verträgen zum materiellen oder zum Prozessrecht erlauben könnten. Überzeugend betonte *Andreas M. Mayr* erst vor kurzem, dass sich viele dieser Kriterien bei näherer Betrachtung für diese Aufgabe aber als ungeeignet erweisen.[484] Als geeignetes Kriterium verbliebe nur der Vertragsinhalt, wobei dieses Kriterium als Zusammenführung der Wirkungstheorie, wie sie die herrschende Ansicht zugrunde legt, und der Gegenstandstheorie, die insbesondere zu Abgrenzung zum öffentlich-rechtlichen Vertrag genutzt wird, zu verstehen sei.[485] Entscheidend ist demnach, ob der Inhalt eines prozessnahen Vertrags „den Streitgegenstand oder den Rechtsschutz betrifft"[486] beziehungsweise, wie es schon *Arthur Nikisch* für die Beurteilung als Prozessvertrag negativ abgrenzte, ob der Vertrag „unmittelbar auf einen prozessualen Rechtserfolg gerichtet [ist], in dessen Herbeiführung sich seine Bedeutung erschöpft, während die materiellen Rechtsbeziehungen der Parteien durch ihn nicht verändert werden."[487] *Michael Heiner* konkretisierte dies explizit im Hinblick auf den Auslegungsvertrag dahingehend, dass ein Prozessvertrag „immer schon dann ausscheiden [wird],

---

[480] *Mayr* weist darauf hin, dass materiellrechtliche Verträge in diesem Zusammenhang (also betreffend die Privatrechtssphäre) eher als „privatrechtliche Verträge" zu bezeichnen wären, *Mayr*, Schiedsvereinbarung, 2019, S. 20.

[481] S. dazu: *Mayr*, Schiedsvereinbarung, 2019, S. 65 m.w.N.; aA., nämlich für eine Unabhängigkeit der rechtlichen Zulässigkeit von der Rechtsnatur, *Thole*, in: Stein/Jonas ZPO, § 286 Rn. 285.

[482] *Musielak*, in: Musielak/Voit ZPO, Einleitung Rn. 66; ebenso *Mayr*, Schiedsvereinbarung, 2019, S. 53, einschließlich Nennung der einzelnen anwendbaren Normen; ausführlich auch schon *Wagner*, Prozeßverträge, 1998, S. 278 ff.

[483] Ausführlich *Mayr*, Schiedsvereinbarung, 2019, S. 54, 58 (der die Problematik im Hinblick auf die Rechtsnatur der Schiedsvereinbarung bespricht).

[484] *Mayr*, Schiedsvereinbarung, 2019, S. 64 ff.

[485] *Mayr*, Schiedsvereinbarung, 2019, S. 76 ff., insb. S. 77 m.w.N.; zur Wirkungstheorie vgl. ferner auch *Musielak*, in: Musielak/Voit ZPO, Einleitung Rn. 66.

[486] *Mayr*, Schiedsvereinbarung, 2019, S. 77.

[487] *Nikisch*, Zivilprozessrecht, 1952, S. 590.

wenn es den Parteien um die Feststellung ihrer Rechte ohne Rücksicht auf einen anhängigen oder bevorstehenden Prozess geht."[488] Für den Fall, dass ein Vertrag sich aus mehreren Regelungen zusammensetzt, die unterschiedlich qualifiziert werden können, ist es überzeugend, die einzelnen Vertragselemente gesondert zu behandeln und insofern einen Doppeltatbestand anzunehmen.[489]

Soweit damit ein überzeugendes Differenzierungskriterium zur Qualifizierung prozessnaher Verträge vorliegt, wurde bisher anscheinend von keinem Autor darauf eingegangen, dass die Feststellung des Vertragsinhalts jeweils ihrerseits nur durch Auslegung erfolgen kann und sich damit zusätzlich vorab die Frage stellt, nach welchen Vorgaben diese Auslegung zu erfolgen hat. Zwar können die §§ 133, 157 BGB als positiv-rechtlicher Auslegungsmaßstab herangezogen werden, da diese auch für Prozessverträge gelten.[490] Wie im Rahmen dieser Arbeit gezeigt wurde, wird die Auslegungslehre aber maßgeblich durch das innere System des allgemeinen Vertragsrechts beeinflusst.[491] Fraglich ist daher, inwieweit der für die Auslegung im materiellen allgemeinen Vertragsrecht ermittelte Maßstab bei prozessrechtlichen Verträgen anderweitige Prägungen erfährt[492] und wie mit einer etwaigen Friktion beider Auslegungsmaßstäbe bei der Qualifizierung prozessnaher Verträge umzugehen wäre. Beidem kann hier nicht weiter nachgegangen werden. Ausgehend davon, dass das Auslegungsziel auch bei einer Färbung des Auslegungsmaßstabs durch das Prozessrecht grundsätzlich im wirklichen rechtsgeschäftlichen Willen der Parteien zu erblicken ist, dürfte eine Qualifizierung jedenfalls in den Fällen, in denen der Parteiwille klar hervortritt, unproblematisch möglich sein.

Ferner ist hervorzuheben, dass die Ermittlung des Inhalts einer Auslegungsvereinbarung zur Feststellung der Rechtsnatur desselben nicht nach den in der Auslegungsvereinbarung geregelten Auslegungsmaßstäben zu erfolgen hat. Wenn die Auslegungsvereinbarung folglich eine formale Auslegung eines materiellrechtlichen Vertrags vorsieht, muss die Auslegungsvereinbarung selbst nicht formal interpretiert werden oder auch nur in formaler Sprache vorliegen.

---

[488] *Heiner,* Auslegungsvertrag, 2005, S. 140 (zitiert ohne Fn.).
[489] *Mayr,* Schiedsvereinbarung, 2019, S. 83 ff.
[490] Ausführlich: *Wagner,* Prozeßverträge, 1998, S. 291 f.; s. auch *Wendtland,* in: BeckOK, § 133 BGB Rn. 33; *Wendtland,* in: BeckOK, § 157 BGB Rn. 45; *Busche,* in: MüKo BGB, § 133 Rn. 51.; s. auch *Arnold,* in: Erman BGB, § 133 Rn. 4 m.w.N.
[491] S. insb. § 9 A. und § 11 B.
[492] Im Prozessrecht scheint bspw. eine stärkere Betonung des objektiven Erklärungswertes, die im Einzelfall zu einem vom materiellrechtlichen Maßstab abweichenden Ergebnis führen würde, durchaus angenommen worden zu sein, s. *Wagner,* Prozeßverträge, 1998, S. 291 f. m.w.N., der diesen differierenden Ansatz hingegen kritisch bewertet.

II. Die Qualifizierung von Vereinbarungen einer formalen Auslegung

Entsprechend der aufgezeigten Qualifikationsmethode ist zu eruieren, worauf der Inhalt von Vereinbarungen einer formalen Auslegung gerichtet ist. Einigen die Parteien sich auf eine ausschließlich formale Auslegung ihres Vertrages, bedeutet dies zunächst einmal in positiver Hinsicht, dass die formalsprachlich festgelegte Bedeutung ihres Vertrages zugrundgelegt werden soll. Umgekehrt hat diese Vereinbarung aber auch negative Wirkungen, indem konsequenterweise eine pragmatische Interpretation des formalsprachlichen Vertrages ausgeschlossen wird.

Ausschlaggebend ist jedoch, welchen Zweck die Parteien mit der Vereinbarung einer formalen Auslegung erreichen wollen; auf welcher Ebene diese Wirkungen der Auslegungsvereinbarung eintreten sollen. In Betracht kommt einerseits primär die Erlangung von Gewissheit über den Vertragsinhalt (inhaltliche Kalkulierbarkeit), um entsprechende Dispositionen treffen zu können, andererseits die Kalkulierbarkeit als explizites Mittel zum Zweck der Kostenreduktion bei der richterlichen Auslegung.

Die Erlangung inhaltlicher Gewissheit als Zweck einer Auslegungsvereinbarung spricht zunächst einmal dafür, dass Auslegungsvereinbarungen kein anderes Ziel verfolgen, als es ohnehin mit materiellrechtlichen Verträgen verfolgt wird[493] und es sich daher um materiellrechtliche Verträge handelt. Der Unterschied zu inhaltlicher Gewissheit als Ziel jedes schuldrechtlichen Vertrages liegt jedoch im anderen Bezugspunkt. Inhaltliche Gewissheit wird bei „klassischen" materiellrechtlichen Verträgen dahingehend erstrebt, dass der Vertragsinhalt dem wirklichen inhaltlich-rechtsgeschäftlichen Willen der Parteien entspricht. Dieses Ziel dürften zwar auch die Parteien einer Auslegungsvereinbarung bei ihrem materiellrechtlichen Vertrag verfolgen, wenn sie diesen in einer formalen Sprache ausdrücken. Die Auslegungsvereinbarung selbst dient aber dem Zweck, die inhaltliche Gewissheit, die aus der formalen Interpretationsmöglichkeit folgt, auch dann aufrechtzuerhalten, wenn sich herausstellt, dass der wirkliche inhaltlich-rechtsgeschäftliche Wille in Bezug auf konkrete Aspekte nicht mit der formalen Interpretation übereinstimmt und eine herkömmliche Auslegung daher ein von der formalen Interpretation abweichendes Ergebnis hervorbringen würde. Vorstellbar ist eine solche Auslegungsvereinbarung daher eigentlich auch nur im Hinblick darauf, dass sich das Risiko des Auseinanderfallens von inhaltlich-rechtsgeschäftlichen Willen und formal festgehaltener Bedeutung (welches, wie gezeigt, wegen der semantischen Lücke durchaus erheblich ist) im Hinblick auf etwaige mittelbar aus der inhaltlichen Kalkulierbarkeit gewonnenen Ersparnisse bei der (maschinellen) Abwicklung des Vertrages „rechnet".[494]

---

[493] S. insoweit schon § 4 A.
[494] Ausführlich dazu schon § 4 A.

Trotz dieses unterschiedlichen Anknüpfungspunktes bleibt es aber bei der Qualifizierung der auf inhaltliche Gewissheit abzielenden Auslegungsvereinbarungen als materiellrechtliche Verträge: Durch die Auslegungsvereinbarung wollen die Parteien gerade ihr gemeinsames Verständnis vom Inhalt ihres materiellrechtlichen Vertrages verbindlich festlegen oder feststellen. Die Auslegungsvereinbarung betrifft damit den Streitgegenstand.

Dass die Parteien die Auslegung ihres Vertrages als Ansatzpunkt für eine eindeutige Festlegung des Vertragsinhalts nutzen, zeigt auch keinen direkten Prozessbezug auf. Auslegungsvorgaben gelten vielmehr zunächst für die Parteien selbst und adressieren nicht nur ein Gericht.[495] An der Qualifizierung als materiellrechtlicher Vertrag ändert sich aber auch dann nichts, wenn es zur richterlichen Auslegung kommt und der Richter die Auslegungsvereinbarung zu berücksichtigen hat. Insofern ist die Wirkung auf den Prozess ebenso durchschlagender Natur, wie sie es bei herkömmlichen materiellrechtlichen Vereinbarungen ist.[496]

Anders können dagegen jene Auslegungsvereinbarungen beurteilt werden, die die inhaltliche Kalkulierbarkeit explizit im Hinblick auf einen Prozess in den Blick nehmen. Hier ist jedoch weiter zu differenzieren. Handelt es sich bei der Kalkulierbarkeit prozessualer Kosten lediglich um einen Faktor, den die Parteien durch die inhaltliche Ausgestaltung ihres Vertrages anstreben, ändert dies nichts an der Einstufung als materiellrechtlicher Vertrag. Auch die Kalkulierbarkeit prozessualer Kosten folgt in diesem Fall aus der durchschlagenden Wirkung der materiellrechtlichen Vereinbarung auf einen etwaigen Prozess. Erst dort, wo den prozessualen Folgen ein eigenständiger Regelungsgehalt in der Auslegungsvereinbarung zukommt, erlaubt sich eine andere Bewertung. Vorstellbar ist dieser entweder als zusätzliche prozessuale Absicherung einer materiellrechtlichen Auslegungsvereinbarung (zum Beispiel durch einen Beweismittelausschluss nicht-formalsprachlicher Beweise) oder als eigenständige Regelung. Im ersten Fall läge also ein Doppeltatbestand vor,[497] im zweiten wäre in der Auslegungsvereinbarung ausschließlich ein Prozessvertrag zu sehen.

Ohne dass hier ins Detail gegangen werden kann, ist zu vermuten, dass eine eigenständige prozessrechtliche Auslegungsvereinbarung kaum so ausgestaltet werden kann, dass sie auf rechtlich zulässige Art und Weise wirklich zu einer

---

[495] Anschaulich: *Heiner,* Auslegungsvertrag, 2005, S. 68 f. m.w.N.; ähnlich *Möslein,* in: BeckOGK, Stand: 1.10.2020, § 133 BGB Rn. 2.

[496] Vgl. parallel dazu *Maus,* Schiedsgutachten, 2021, S. 37 für das Schiedsgutachten: „Die Verbindlichkeit des Gutachtens für den Richter eines möglichen späteren Prozesses erweist sich vor diesem Hintergrund als bloße prozessuale Reflexwirkung der materiell-rechtlichen Verbindlichkeit."

[497] S. zur rechtlichen Behandlung solcher Fälle bereits § 15 Fn. 489 und den dazugehörigen Text.

formalen Auslegung führt.[498] Fernab der gerichtlichen Auslegungskosten lassen sich die Vorteile der eindeutigen Interpretierbarkeit ohnehin nur mit einer materiellrechtlichen Auslegungsvereinbarung, gerichtet auf die Festlegung des Vertragsinhaltes, erreichen. Die materiellrechtliche Auslegungsvereinbarung dürfte damit die eigentliche, jedenfalls aber die entscheidendere Ausgestaltung zur einverständlichen Herbeiführung einer formalen Auslegung sein.

C. Materiellrechtliche Auslegungsvereinbarungen

Materiellrechtliche Auslegungsvereinbarungen sind in verschiedenen Ausgestaltungen realisierbar. Bevor im Folgenden insbesondere auf eine materiellrechtliche Vereinbarung zur formalen Auslegung in Gestalt eines Feststellungsvertrags eingegangen wird (III.), ist zunächst eine Abgrenzung angebracht. Namentlich ist zum Verständnis materiellrechtlicher Auslegungsvereinbarungen insgesamt – und solchen gerichtet auf eine formale Auslegung im Besonderen – eine Abgrenzung gegenüber rechtsgeschäftlichen Formvereinbarungen (I.) und gegenüber „inklusiven Auslegungsbestimmungen" (II.) notwendig.

I. Abgrenzung zu Formvereinbarungen

Das Verhältnis von Auslegungs- zu Formvereinbarungen lässt sich aus dem Verhältnis der Auslegung zur Form eines Rechtsgeschäfts verstehen. Dieses Verhältnis ist nicht unumstritten. Es lässt sich indes durch eine Zusammenschau der für formwidrige Rechtsgeschäfte zentralen Nichtigkeitsanordnung in § 125 BGB und der Zwecke der einzelnen Formvorgaben klar konturieren.

Betrachtet man zunächst die gesetzlich vorgeschriebenen Formvorgaben, ist eine Zweckpluralität derselben auszumachen. Unterteilen lassen sich die verschiedenen Zwecke in solche, bei denen die Form die Autonomie der Parteien fördern soll, und solche, die nicht über ein Autonomieargument begründet werden.[499] Unter den autonomiefördernden Formvorgaben finden sich wiederum einerseits solche, bei denen die Form der Absicherung tatsächlicher Selbst-

---

[498] Eine formale Auslegung im eigentlichen Sinne dürfte prozessrechtlich vermutlich nur durch eine Einflussnahme auf die Beweiswürdigung herbeigeführt werden können. Diese steht aber nach herrschender Ansicht nicht zur Parteidisposition: ausführlich *Thole*, in: Stein/Jonas ZPO, § 286 Rn. 292; zustimmend *Prütting*, in: MüKo ZPO, § 286 Rn. 168; a.A. aber *Wagner*, Prozeßverträge, 1998, S. 692 ff., der auch eine vertragliche Disposition über die Beweiswürdigung als zulässig erachtet; speziell zu den Schwierigkeiten prozessrechtlicher Auslegungsverträge auch *Heiner*, Auslegungsvertrag, 2005, insb. S. 96 f. Andere Ansätze prozessrechtlicher Verträge, wie z.B. Beweismittelverträge, dürften jeweils nur eine Annäherung an eine formale Auslegung erlauben, könnten aber ähnliche Konsequenzen für die prozessuale Kostenreduktion herbeiführen.

[499] Ähnlich differenziert auch *Hecht*, in: BeckOGK, Stand: 1.4.2023, § 125 BGB Rn. 3.

bestimmung dienen soll, indem sie einen Übereilungsschutz bietet.[500] Daneben stehen andererseits solche, denen eine Klarstellungs- oder Beweisfunktion zugeschrieben wird.[501] Ihr Beitrag zur Autonomie der Parteien liegt vor allem darin begründet, dass für beide Seiten (also jeweils auch für das vertragliche Gegenüber) durch die drohende Nichtigkeitsfolge (§ 125 S. 1 BGB) ein Anreiz geschaffen wird, ihren rechtsgeschäftlichen Willen in einer erkennbaren Art und Weise zu dokumentieren. Außerhalb eines Autonomiearguments liegen dagegen Formvorgaben, die Dritte, wie zum Beispiel den Rechtsverkehr, schützen sollen.[502]

Welche Funktion eine Formvorgabe erfüllen soll, ist im Hinblick auf die jeweilige Norm zu ermitteln. Die Zweckpluralität der Formvorgaben insgesamt kann sich in einzelnen Normen fortsetzen.[503] Vereinbaren die Parteien hingegen eine bestimmte Form (autonome Formvorgabe oder Formvereinbarung), dürfte es ihnen stets um autonome Zwecke und dabei auch fast ausschließlich um die Klarstellungs- und Beweisfunktion gehen.[504] Lässt man die Formvereinbarung mit deklaratorischer Wirkung (die also gerade nicht die Nichtigkeitsfolge aus § 125 S. 2 BGB, sondern nur eine Verpflichtung zur formgerechten Ausdrucksweise vorsieht[505]) zunächst einmal außer Acht, geht es den Parteien also vor allem darum, mit der Formvereinbarung abzusichern, dass sie keine Verpflichtungen eingehen, die nicht in der entsprechenden Form durch ihr Gegenüber ausgedrückt wurden und damit klar erkennbar waren. Sie sichern so gesehen ihren wirklichen inhaltlich-rechtsgeschäftlichen Willen in negativer Hinsicht ab.

Aus diesen Zwecken gesetzlicher Formvorgaben und Formvereinbarungen sowie aus § 125 BGB folgt auch die Notwendigkeit einer klaren Trennung zwischen der Auslegung und der Form.[506] Erreicht werden können die verschiedenen Zwecke nämlich nur, wenn die Formwidrigkeit des jeweiligen Rechtsgeschäfts auch die Nichtigkeitsfolge herbeiführt. Die Nichtigkeitsfolge kann wiederum nicht greifen, wenn aus der Form unmittelbare Konsequenzen für die Auslegung abgeleitet werden.

Es wird also zunächst das Rechtsgeschäft unabhängig von der Einhaltung etwaiger Formvorgaben durch Auslegung ermittelt. Anschließend folgt eine

---

[500] Vgl. *Möslein*, in: BeckOGK, Stand: 1.2.2018, § 154 BGB Rn. 37; ähnlich auch *Hecht*, in: BeckOGK, Stand: 1.4.2023, § 125 BGB Rn. 6 ff., der insoweit hingegen vor allem von einer „Verbraucherschutzfunktion" spricht.

[501] Anschaulich: *Hecht*, in: BeckOGK, Stand: 1.4.2023, § 125 BGB Rn. 21 ff.

[502] *Hecht*, in: BeckOGK, Stand: 1.4.2023, § 125 BGB Rn. 20.

[503] Vgl. exemplarisch *Hecht*, in: BeckOGK, Stand: 1.4.2023, § 125 BGB Rn. 39.

[504] Selten dürften die Parteien eine Form vereinbaren, um eine der Parteien vor Übereilung zu schützen.

[505] S. *Einsele*, in: MüKo BGB, § 125 Rn. 70 m.w.N.

[506] Ebenso: *Möslein*, in: BeckOGK, Stand: 1.10.2020, § 133 BGB Rn. 82 m.w.N.; *Wendtland*, in: BeckOK, § 133 BGB Rn. 26, insb. 26.1; *Borges/Sesing*, in: BeckOK IT-Recht, § 133 BGB Rn. 16; ausführlich auch *Mittelstädt*, Auslegung, 2016, S. 16 ff. m.w.N.

Art erneute Auslegung, die sich allerdings in dem durch die Voraussetzung der Formwirksamkeit bestimmten Rahmen bewegen muss und die man der Übersicht halber als „formbestimmte Auslegung" bezeichnen könnte.[507] Nur wenn die beiden so gefundenen Auslegungsergebnisse übereinstimmen, ist das Rechtsgeschäft formwirksam.

Im Rahmen der formbestimmten Auslegung kann daher auch die (an sich umstrittene) sogenannte Andeutungstheorie ihren legitimen Platz finden. Diese besagt, dass das rechtlich Gewollte Ausdruck in der Form bekommen haben muss, um formgerecht zu sein.[508] Trefflich streiten lässt sich dann jedoch immer noch über die Frage, wann etwas in der Form Ausdruck erhalten hat. Recht klar lässt sich dies noch bezüglich Regelungen verneinen, die in der Form nicht vorkommen. Die Crux liegt jedoch in der Frage, wie die in der Form enthaltenen Regeln interpretiert werden können,[509] inwieweit also ein Verständnis der Regelungen, welches sich nicht mehr innerhalb der semantischen Interpretation derselben befindet, über eine pragmatische Deutung (also über die Betrachtung von außerhalb der Form liegenden Kontexts) in der Form hinreichend „angedeutet" wurde. Sinnvollerweise wird diese Frage im Hinblick auf den jeweiligen Zweck der Formvorgabe zu beantworten sein.[510] Geht es beispielsweise um die Form als Übereilungsschutz, steht einer pragmatischen formbestimmten Auslegung nichts entgegen. Geht es andererseits um Drittschutz, wird der Zweck der Form bei einer pragmatischen Auslegung, die außerhalb des durch semantische Interpretation möglichen Verständnisses liegt, nicht mehr erreicht. Schwierigkeiten bereiten somit natürlich vor allem Formvorgaben, die verschiedene Zwecke erfüllen sollen. Diese und andere originäre Problematiken der Form müssen hier jedoch unbehandelt bleiben.[511]

Klar ist jedoch, dass die Überprüfung der Kongruenz von eigentlicher Auslegung und formbestimmter Auslegung sich sowohl auf die Deutung der Regeln als auch den gesamten Regelungsumfang beziehen muss. Auch sämtliche Nebenabreden, die nach erfolgter Auslegung bestehen, aber keinen Ausdruck in der Form erhalten haben, führen also die Nichtigkeitsfolge des § 125 BGB herbei.[512] Abzulehnen ist daher ein Verständnis der Andeutungstheorie, welches aus der fehlenden Andeutung in der Form einen zwingenden Rückschluss

---

[507] Sehr ähnlich: *Möslein*, in: BeckOGK, Stand: 1.10.2020, § 133 BGB Rn. 82 ff.

[508] Statt aller dazu: *Busche*, in: MüKo BGB, § 133 Rn. 69.

[509] Zwischen Regelungsumfang und Regelungsdeutung in vergleichbarer Weise differenzierend etwa *Heiner,* Auslegungsvertrag, 2005, S. 84 „Der Formzwang bezieht sich regelmäßig auf die Erklärung als solche, nicht jedoch auf die Mittel zur Auslegung, welche zur Sinnermittlung herangezogen werden."

[510] Ähnlich auch *Busche*, in: MüKo BGB, § 133 Rn. 36.

[511] Zu den Schwierigkeiten der Andeutungstheorie s. weiterführend aber etwa *Möslein*, in: BeckOGK, Stand: 1.10.2020, § 133 BGB Rn. 85 ff., der sie allerdings scheinbar auch i.R.d. Auslegung anwenden möchte.

[512] Sehr deutlich insoweit auch *Wendtland*, in: BeckOK, § 125 BGB Rn. 10 f. mit umfangreichen Nachweisen; ebenso *Hecht*, in: BeckOGK, Stand: 1.4.2023, § 125 BGB Rn. 92.

auf das eigentliche Auslegungsergebnis zieht, welches die Nebenabrede gerade aufgrund der Formwidrigkeit schon nicht enthalten soll.[513] Zusätzlich zum daraus folgenden Leerlaufen der Nichtigkeitsfolge als bereits genannter Problematik, würde eine solche Vermengung von Form und Auslegung auch dazu führen, dass die Parteien ohne Not oder ergänzendes Legitimationselement an ein Ergebnis gebunden werden, was quantitativ nicht vollständig von ihrem wirklichen Willen (der sich ja auch auf die Nebenabreden bezog) gedeckt ist. Bei Formvereinbarungen ist es jedoch selbstverständlich Teil der eigentlichen Auslegung auch festzustellen, ob sich dieselbe gegebenenfalls nur auf bestimmte Regelungsteile des Rechtsgeschäfts beziehen sollte und die Formwidrigkeit anderer Regelungsteile daher unbeachtlich ist oder aber die Formvereinbarung (für diese Teile) wieder einverständlich aufgehoben wurde. Richtigerweise wird dies zwar konkludent möglich sein,[514] ein entsprechender Wille wird aber nicht vermutet, sondern muss zweifelsfrei hervortreten.[515]

Selbstverständlich kann die Form einer Willenserklärung oder anderweitigen Auslegungsmaterials bei der Auslegung ebenso berücksichtigt werden wie andere Umstände, die Rückschlüsse auf den wirklichen rechtsgeschäftlichen Willen des Erklärenden zulassen. Die formbestimmte Auslegung hat indes keine direkten Auswirkungen auf die eigentliche Auslegung oder kann diese gar ersetzen, sondern ist ihr immer nachzuschalten.[516] Damit bleibt selbstverständlich auch ein Fall der subjektiven Auslegung möglich, der sich überhaupt nicht in der Form andeutet.[517] Rechtsfolge wäre dann wie bei allen Fällen des Auseinanderfallens von Auslegung und (nicht-deklaratorischer) Form aber

---

[513] Zu einem entsprechenden Beispiel der Rspr., in dem so verfahren wurde, s. *Hecht*, in: BeckOGK, Stand: 1.4.2023, § 125 BGB Rn. 97 f., der die betreffende Rechtsprechung diplomatisch als „rechtsdogmatisch zumindest zweifelhaft" (Rn. 98) betitelt.

[514] Zur formfreien Aufhebung von Formvereinbarungen statt vieler: *Hecht*, in: BeckOGK, Stand: 1.4.2023, § 125 BGB Rn. 112 ff. m.w.N. auch zur Gegenauffassung.

[515] Mit Vorsicht zu genießen sind daher auch entsprechende Ansätze der Rspr., ein solches Verständnis der Formvereinbarungen großzügig anzunehmen, vgl. die Ausführungen bei *Hecht*, in: BeckOGK, Stand: 1.4.2023, § 125 BGB Rn. 99, 105.

[516] Unbewertet soll hier allerdings bleiben, inwieweit die Vollständigkeits- und Richtigkeitsvermutungen, die die Rechtsprechung im Hinblick auf die Richtigkeit der Form annehmen legitim sind. Auch diese ändern nämlich im Ergebnis nichts an der Trennung von Auslegung und Form, jedoch an der Beweislast bezüglich des Punktes, ob beide kongruent sind oder auseinanderfallen. Zu diesen Vermutungen und der entsprechenden Beweislastumkehr, statt vieler: *Hecht*, in: BeckOGK, Stand: 1.4.2023, § 125 BGB Rn. 120 ff m.w.N.

[517] Ebenso *Borges/Sesing*, in: BeckOK IT-Recht, § 133 BGB Rn. 16; *Busche*, in: MüKo BGB, § 133 Rn. 16; *Mittelstädt*, Auslegung, 2016, S. 16 ff.; einer anderen bzw. „Ausnahme"-Begründung für die Zulassung der subjektiven Auslegung, wie sie etwa *Möslein*, in: BeckOGK, Stand: 1.10.2020, § 133 BGB Rn. 88 anführt, bedarf es daher nicht.

auch die Nichtigkeit,[518] mit der etwaigen Möglichkeit einer Heilung oder nachträglichen formgerechten Bestätigung.[519]

Der entscheidende Unterschied zwischen Formvorgaben und materiellrechtlichen Auslegungsvereinbarungen liegt also darin, dass erstere nur auf einer Folgestufe relevant werden, letztere indes direkt die Auslegung beeinflussen. Während rechtsgeschäftliche Formvereinbarungen den Parteien dienen, indem sie eine vertragliche Bindung dort verhindern, wo sie nicht ihrem konkreten rechtsgeschäftlichen Willen entspricht, ermöglichen Auslegungsvereinbarungen den Parteien eine vertragliche Bindung, die gegebenenfalls nicht ihrem konkreten inhaltlich-rechtsgeschäftlichen Willen, aber ihrem insoweit autonom übergeordneten Willen nach inhaltlicher Gewissheit gerecht wird.

Vereinbaren die Parteien demnach einverständlich formale Sprache als entscheidende Form oder auch eine „Blockchain-konforme" Form, sichern sie sich lediglich dagegen ab, an den formgerecht vereinbarten Inhalt gebunden zu werden, wenn dieser nicht ihrem eigentlichen rechtsgeschäftlichen und durch Auslegung ermittelbaren Willen entspricht.[520] Nämliches gilt für die Vereinbarung entsprechender Bedingungszusammenhänge im Sinne des § 158 BGB, die etwa die Wirksamkeit des Rechtsgeschäfts von der korrekten Formalisierung in einer bestimmten formalen Sprache abhängig machen.[521]

Es kommt somit entscheidend darauf an, im Einzelfall festzustellen, ob die Parteien eine Form- oder Auslegungsvereinbarung abgeschlossen haben.[522]

II. Abgrenzung zu inklusiven Auslegungsbestimmungen

Als eigener Fall herauszustellen sind ferner inklusive Auslegungsbestimmungen der Parteien. Gemeint sind damit Bestimmungen betreffend insbesondere die Berücksichtigung bestimmter Materialien oder Mittel bei der Auslegung. Sie geben Hinweis auf den rechtsgeschäftlichen Willen der Parteien. Die ausdrücklich eingeforderte Berücksichtigung durch die Parteien ist demnach im Rahmen der Auslegung ihrer Willenserklärungen (durch die andere Partei und gegebenenfalls einen etwaigen Richter) zu beachten. Allerdings ändern sie nichts an einer kontextuellen beziehungsweise pragmatischen Auslegung. Eine Bewertung der Auslegungsrelevanz kann daher auch ergeben, dass andere

---

[518] Bei Formvereinbarungen kommt unter Umständen auch eine rechtliche Behandlung nach § 154 Abs. 2 BGB in Betracht. Zur mitunter schwierigen Abgrenzung von § 125 S. 2 BGB und § 154 Abs. 2 BGB s. statt vieler *Möslein*, in: BeckOGK, Stand: 1.2.2018, § 154 BGB Rn. 32 ff. Die Nichtigkeitsfolge kann ferner dort ausbleiben, wo die Berufung auf eine Formunwirksamkeit des Rechtsgeschäfts rechtsmissbräuchlich ist, s. dazu statt vieler *Hecht*, in: BeckOGK, Stand: 1.4.2023, § 125 BGB Rn. 125 ff.

[519] S. dazu statt vieler *Hecht*, in: BeckOGK, Stand: 1.4.2023, § 125 BGB Rn. 149 f.

[520] So auch *Kipker u.a.*, MMR 2020, 509 (510).

[521] S. dazu ausführlicher *Paulus/Matzke*, ZfPW 2018, 431 (438, 458 f.); s. ferner auch *Kipker u.a.*, MMR 2020, 509 (510 f.).

[522] S. dazu gleich noch § 15 C. III.

Indizien für den rechtsgeschäftlichen Willen noch gewichtiger werden. Ihr Einfluss auf die Auslegung ist daher nicht in einer absoluten oder exklusiven, sondern eben „inklusiven" Weise zu verstehen. Der Zulässigkeit solcher Vereinbarungen dürfte daher auch kaum etwas entgegenstehen. Dies dürfte auch für entsprechende einseitige Auslegungserklärungen gelten, die sich auf das Verständnis der eigenen Willenserklärung beziehen.

Trotz ihrer direkten Wirkung auf die Auslegung unterscheiden sich inklusive Bestimmungen daher also von den hier bisher als Auslegungsvereinbarungen betrachteten Fällen und insbesondere auch von der Vereinbarung einer formalen Auslegung im Sinne einer textuellen Auslegung 2.0. Es bietet sich daher an, sie auch terminologisch nicht als Auslegungsvereinbarung zu erfassen.

Im Hinblick auf formalsprachliche Ausdrücke sind inklusive Auslegungsbestimmungen unter anderem in Gestalt von Bezugnahmen auf formalsprachliche Erklärungen,[523] oder durch formalsprachliche Annexe zu natürlichsprachlichen Erklärungen vorstellbar.[524] Erst dort, wo der Parteiwille zur exklusiven Beachtung formalsprachlicher Ausdrücke hervortritt, kommt eine Auslegungsvereinbarung in Betracht.

III. Grundlagen materiellrechtlicher Vereinbarungen über eine formale Auslegung

Selbst unter Ausblendung prozessrechtlicher Ausgestaltungen behalten Auslegungsvereinbarungen eine Ausgestaltungsvariabilität bei. Namentlich sind materiellrechtliche Auslegungsvereinbarungen im Hinblick auf verschiedene Anknüpfungspunkte wie Auslegungsmittel oder -materialien und damit in verschiedenen Konstellationen vorstellbar. Dies gilt auch für materiellrechtliche Vereinbarungen gerichtet auf eine formale Auslegung. Eine formale Auslegung könnte sich etwa nur auf die exklusiv formale Deutung von formalsprachlichem Auslegungsmaterial beziehen oder aber auch die Berücksichtigung anderen Auslegungsmaterials selbst insoweit ausschließen, wie sich dieses auf nicht-formalsprachlich festgelegte Regelungsbereiche bezieht.

Prototyp einer Vereinbarung, die beide Wirkungsweisen enthält und sich auch nur auf bestimmtes Auslegungsmaterial bezieht, wäre die ausdrückliche Bestimmung der Parteien, dass ausschließlich die in einem bestimmten Dokument formalsprachlich festgelegten Regeln formal interpretiert den Vertragsinhalt bestimmen sollen. Im eingangs genannten Fall der sogenannten *The*

---

[523] Vgl. *Fries*, AnwBl 2018, 86 (87) „Nehmen die Parteien hingegen bei Abschluss des Vertrages auf die Software Bezug, können die darin niedergelegten Regeln im Grundsatz tatsächlich Bestandteil des Vertrages werden."; ähnlich auch *Schnell/Schwaab*, BB 2021, 1091 (1097).

[524] Vgl. *Allen*, ERCL 2018, 307 (311) „Nobody would argue that a technical appendix is not part of the contract, and so a technical appendix that comprises executable code should not be seen as categorically non-contractual, either."

DAO,⁵²⁵ fand sich beispielsweise eine entsprechende Klausel auf der zugehörigen Homepage. Darin wurde unter anderem festgehalten:

„The terms of The DAO Creation are set forth in the smart contract code existing on the Ethereum blockchain at 0xbb9bc244d798123fde783fcc1c72d3bb8c189413. Nothing in this explanation of terms or in any other document or communication may modify or add any additional obligations or guarantees beyond those set forth in The DAO's code. [...] The software code currently available at https://github.com/slockit/dao is the sole source for the terms under which DAO tokens may be created."⁵²⁶

Bereits dieses Einzelfallbeispiel zeigt deutlich, dass sich die Vereinbarung zu einer formalen Auslegung nicht nur im Hinblick auf ihre positiven Wirkungen (die formale Interpretation soll auslegungsrelevant sein), sondern vor allem über ihre negative Wirkung auf anderes Auslegungsmaterial und andere Deutungsansätze (jene sollen nicht auslegungsrelevant sein) definieren lässt. Das durch die Auslegungsvereinbarung anvisierte Ziel der Erlangung von Gewissheit über den vereinbarten Vertragsinhalt⁵²⁷ soll also erreicht werden, indem die formale Interpretation einerseits den Inhalt eindeutig festhält und andererseits Unsicherheitsfaktoren in Gestalt von potenziellen Einwänden (dass der Inhalt doch anders zu verstehen sei) ausgeschlossen werden.

Gerade die negative Wirkungsweise weist insofern auch den Weg zur exakteren rechtlichen Qualifizierung materiellrechtlicher Vereinbarungen über eine formale Auslegung. Bekannt ist die rechtsgeschäftliche Herbeiführung einer solchen Wirkungsweise nämlich einerseits vom Schuldanerkenntnis (§ 781 BGB), durch welches „eine Forderung endgültig gegen den Einwand abgesichert [wird], dass sie aus bestimmten Gründen nicht besteht."⁵²⁸ Andererseits erinnert sie an den Vergleich im Sinne des § 779 BGB, durch den ebenfalls Ungewissheit (oder auch Streit) beseitigt wird, indem die Parteien „vereinbaren, was fortan zwischen ihnen zu gelten hat und sich die Differenz zur tatsächlichen Rechtslage [...] gegenseitig zuwenden."⁵²⁹ Es wird deutlich, dass die Vereinbarung einer formalen Auslegung, wie *Heiner* es bereits für Auslegungsvereinbarungen insgesamt herausstellte, folglich ebenso wie das Aner-

---

⁵²⁵ S. dazu schon § 1 und dort insb. Fn. 19.

⁵²⁶ Die Originalseite (https://daohub.org/explainer.html) ist heute nicht mehr erreichbar. Die damals dort veröffentlichten Bedingungen sind aber über einen Permanentlink des Internet Archives abrufbar, *DAOHub*, Explanation of Terms and Disclaimer, abrufbar unter: https://web.archive.org/web/20160704190119/https://daohub.org/explainer.html (zuletzt aufgerufen am 18.5.2023).

⁵²⁷ Zum entsprechenden Hauptziel von materiellrechtlichen Auslegungsvereinbarungen insgesamt auch *Heiner*, Auslegungsvertrag, 2005, S. 101 „Hauptanliegen ist es, untereinander die materielle Rechtslage verbindlich festzustellen, um Unklarheiten zu beseitigen."

⁵²⁸ *Albers*, in: BeckOGK, Stand: 1.4.2023, § 781 BGB Rn. 1.

⁵²⁹ *Hoffmann*, in: BeckOGK, Stand: 1.3.2023, § 779 BGB Rn. 5 (zitiert ohne Fn.).

kenntnis und der Vergleich als eigener Unterfall eines sogenannten Feststellungsvertrages zu klassifizieren ist.[530]

Der Zweck eines Feststellungsvertrages liegt insgesamt darin, dass die Parteien Streit oder Ungewissheit vermeiden, indem sie über das Bestehen oder den Inhalt eines Rechtsverhältnisses dergestalt eine Vereinbarung treffen können, „dass es auf die Rechtslage vor der [Feststellung] nicht mehr ankomm[t]."[531]

Feststellungsverträge werde heute auch außerhalb der gesetzlich normierten Fälle überwiegend als zulässige Gestaltungsform eines materiellrechtlichen Vertrages gesehen.[532] Damit dürfte auch die Vereinbarung einer formalen Auslegung grundsätzlich zulässig sein. Insofern ist auch noch einmal darauf hinzuweisen, dass sich die Vereinbarung einer formalen Auslegung im Grundsatz nur auf die Ermittlung des Verständnisses vom Vertragsinhalt bezieht, denn auch nur dieser Aspekt der Auslegung wird durch die Parteien formal festgelegt.[533] Ferner ist nunmehr auch klarzustellen, dass die Vereinbarung einer

---

[530] So für materiellrechtliche Auslegungsvereinbarungen insgesamt auch *Heiner,* Auslegungsvertrag, 2005, S. 126 ff. der dahingehend von einem „Feststellungsvertrag sui generis" spricht (S. 162 f.).

[531] *Albers,* in: BeckOGK, Stand: 1.4.2023, § 781 BGB Rn. 14.1 hat dieses Zitat speziell im Hinblick auf das Anerkenntnis getätigt, im Original lautet es: „Heute meint man mit (endgültiger) Feststellung hingegen gerade, dass es auf die Rechtslage vor der Anerkennung nicht mehr ankommen soll."; zu Zweck und Begriff des Feststellungsvertrags im Allgemeinen: *Heiner,* Auslegungsvertrag, 2005, S. 131; *Wagner,* Prozeßverträge, 1998, S. 615 ff.

[532] *Maus,* Schiedsgutachten, 2021, S. 155 mit umfangreichen Nachweisen; *Heiner,* Auslegungsvertrag, 2005, S. 129 m.w.N.; *Wagner,* Prozeßverträge, 1998, S. 615 m.w.N.

[533] Es geht also bei der Vereinbarung einer formalen Auslegung nicht um die Feststellung, ob überhaupt ein Vertrag vorliegt. Dieser Aspekt kann, wie in § 12 C. I. gezeigt wurde, ohnehin nicht abschließend durch eine formale Auslegung ermittelt werden. Ein Feststellungsvertrag über die Frage des Vorliegens eines Vertrages scheint allerdings unabhängig von der Vereinbarung einer formalen Auslegung ebenfalls zulässig zu sein und könnte neben dieser stehen (zur Zulässigkeit s. *Ritzmann,* Feststellungsvertrag, 1973, S. 155, der gerade auch von der „Beseitigung von Streit oder Ungewißheit über das Bestehen" eines Rechtsverhältnisses spricht). Ebenso wenig geht es bei der Vereinbarung einer formalen Auslegung um die Feststellung der rechtlichen Qualifizierung eines Vertrages, etwa als Kaufvertrag, oder der einzelnen rechtlichen Folgen. Zur Unzulässigkeit einer solchen außerhalb der Parteidisposition stehenden Festlegung der Qualifikation vgl. *Wagner,* Prozeßverträge, 1998, S. 30. Zurecht weist *Möslein,* in: BeckOGK, Stand: 1.10.2020, § 133 BGB Rn. 96 ff. auf die diffizile Trennung von Tatsachen- und Rechtsfragen bei der Auslegung hin, wobei die Vereinbarung einer formalen Auslegung nach dem vorliegenden Verständnis die Tatfragen betrifft und damit zulässig ist; dieses Ergebnis ist auch vereinbar mit dem Verständnis von *Busche,* in: MüKo BGB, § 133 Rn. 75 „Sind Kontrahenten – und sei es erst im Rechtsstreit – darüber übereingekommen, welchen Inhalt ein zwischen ihnen abgeschlossener Vertrag haben soll, ist es dem Tatrichter verwehrt, diesen in einem anderen Sinn zu deuten." (zitiert ohne Fn.), s. aber auch Rn. 76 f. a.a.O.; *Busche* zustimmend auch *Looschelders,* in: NK-BGB, § 133 Rn. 102.

formalen Auslegung keine (versuchte) Abbedingung des § 133 Hs. 2 BGB ist.[534] Die Auslegungsvereinbarung selbst ist nämlich umfassend pragmatisch beziehungsweise kontextuell am Maßstab des objektiven Empfängerhorizonts auszulegen.[535] Der dadurch ermittelte wirkliche Auslegungswille des Erklärenden legitimiert und gebietet dann jedoch gerade im Einklang mit dem Telos des § 133 BGB die „Haftung am buchstäblichen Sinne des Ausdrucks", da nur damit dem wirklichen Willen des Erklärenden und daher auch dem Auslegungsziel entsprochen wird.[536] Dieser Wille ist auch durch einen Richter im Prozess zu respektieren.[537]

Damit ist die Berufung einer der Parteien auf ein von der formalen Interpretation abweichendes inhaltliches Verständnis des Vertrages bei der Auslegung und je nach Ausgestaltung der Vereinbarung auch die Berufung auf zusätzliche, nicht-formalsprachlich vereinbarte Regelungen unbeachtlich. Beachtlich ist hingegen – da von der Vereinbarung einer formalen Auslegung selbst nicht erfasst –, ob die formalsprachlichen Ausdrücke überhaupt als Willenserklärungen des Erklärenden zu werten sind.[538] Ebenso sind Einwände zum Verständnis der Auslegungsvereinbarung selbst nach dem Maßstab des objektiven Empfängerhorizonts zu hören. Zum Beispiel könnte zwischen den Parteien zwar unstreitig eine formale Auslegung vereinbart worden sein, aber streitig sein, auf welche von mehreren formalsprachlichen Versionen sich diese bezog. Unberührt bleiben ferner sämtliche Fragen außerhalb der Auslegung betreffend die Wirksamkeit sowohl der Auslegungsvereinbarung als auch des von ihr umfassten, formal zu interpretierenden Vertrages.

Ist somit der rechtliche Rahmen für Vereinbarungen betreffend eine formale Auslegung grob gesteckt, bleiben noch viele rechtliche Fragen offen.[539] Dies betrifft etwa die Frage, wie mit der Unwirksamkeit der Auslegungsvereinbarung im Hinblick auf den eigentlich formal zu interpretierenden Vertrag

---

[534] S. zu dieser Frage ursprünglich § 12 C. IV. 2. b); anders *Möslein*, in: BeckOGK, Stand: 1.10.2020, § 133 BGB Rn. 12, der bei Auslegungsvereinbarungen (ohne sie als solche zu bezeichnen) eine Abdingbarkeit anzunehmen scheint und bejaht.

[535] Dies gilt überdies unabhängig davon, ob die Auslegungsvereinbarung in formaler oder in natürlicher Sprache verfasst wurde. Letzteres dürfte, wie es *Kaulartz/Kreis*, in: Rechtshandbuch Smart Contracts, Rn. 19 schon für die Vereinbarung von Schiedsklauseln in Smart Contracts festgestellt haben, wahrscheinlicher sein.

[536] S. insb. § 12 C. IV. 1. c).

[537] Zur durchschlagenden Wirkung s. bereits § 15 B. II.; sehr deutlich dahingehend auch noch einmal allgemein *Maus*, Schiedsgutachten, 2021, S. 183 „Die Anerkennung der materiell-rechtlichen Dispositionsfreiheit der Parteien schließt es aus, die Bindung des Richters an den Parteiwillen als Herabwürdigung oder sonstige Zumutung zu begreifen. Die wohlverstandene Aufgabe eines Zivilgerichts besteht nicht darin, einverständliche Dispositionen der Parteien zu konterkarieren, sondern ihnen zur Durchsetzung zu verhelfen."

[538] S. insoweit schon § 15 Fn. 533.

[539] Zu verschiedenen Rechtsfragen, die Feststellungsverträge allgemein aufwerfen, ausführlicher aber *Heiner*, Auslegungsvertrag, 2005, S. 126 ff., insb. S. 132 ff.

umzugehen ist.⁵⁴⁰ Nämliches gilt für den Fall, dass der Auslegungsvereinbarung nicht gefolgt werden kann, weil eine formale Interpretation unmöglich ist.⁵⁴¹ Es stellt sich auch bereits die Frage, ob entsprechende Auslegungsvereinbarungen, die sich auf Ausdrücke beziehen, die ohnehin nur in Kombination mit einer natürlichen Deutung interpretierbar sind,⁵⁴² mit einer „formalen Auslegung" eine formal-natürlich-kombinierte Auslegung meinen. Dies wird man wohl annehmen können, es stellt sich dann aber die Anschlussfrage, ob der natürlich zu interpretierende Teil rein semantisch oder pragmatisch gedeutet werden soll.

Eine besondere Herausforderung stellt letztlich vor allem jedoch die Frage dar, wann überhaupt von einer materiellrechtlichen Auslegungsvereinbarung in Gestalt eines Feststellungsvertrages auszugehen ist und ob an ihr Zustandekommen erhöhte Anforderungen zu stellen sind. Bereits gezeigt wurde lediglich, dass die Wahl formaler Sprache als rechtsgeschäftliches Erklärungsmittel allein noch nicht als Wille einer ausschließlich formalen Auslegung zu werten ist.⁵⁴³ Ob man eine entsprechende Auslegungsvereinbarung allerdings beim Hinzukommen anderer Umstände durchaus konkludent oder wegen der scharfen Wirkung nur ausdrücklich oder gegebenenfalls wie beim Anerkenntnis nach § 781 S. 1 BGB sogar nur bei Einhaltung eines Formerfordernisses annehmen können wird, erfordert eine genauere Untersuchung.

Im Einzelfall dürfte zudem vor allem die Abgrenzung zu Formvereinbarungen erhebliche Schwierigkeiten bereiten. Viele Klauseln, die heute nonchalant als Formvereinbarungen bewertet werden, ließen sich unter Umständen auch als Auslegungsvereinbarungen verstehen. Als Beispiel lässt sich folgende Klausel nennen: „Es bestehen keine mündlichen Nebenabreden außerhalb dieses Vertragsdokuments". In gewisser Hinsicht schließt sich hier also der Kreis, wenn die Rechtsprechung in solchen Fällen die Andeutungstheorie auf die Auslegung bezieht und die vermeintliche Formvereinbarung damit rechtlich eigentlich wie eine Auslegungsvereinbarung behandelt. Dies wird jedoch spätestens dort brisant, wo das Fehlverständnis von Auslegungsvereinbarungen als Formvereinbarungen dazu führt, dass solche Klauseln ohne weiteres auch als formularmäßig zulässig bewertet werden.⁵⁴⁴

---

⁵⁴⁰ *Heiner* hält für Auslegungsvereinbarungen als Feststellungsverträge im Allgemeinen eine (entsprechende) Anwendbarkeit der Unwirksamkeitsregel des § 779 BGB sowie bei Auslegungsvereinbarungen, die sich nur auf Teilregelungen beziehen, eine Anwendbarkeit des § 139 BGB für möglich, s. *Heiner*, Auslegungsvertrag, 2005, S. 162.
⁵⁴¹ S. dahingehend insb. § 13 A. I. 3. c) aa).
⁵⁴² S. insb. § 12 B. I. und § 13 A. I. 3. c) aa).
⁵⁴³ S. § 12 C. IV. 2. b).
⁵⁴⁴ Zur angenommenen Zulässigkeit solcher formularmäßig etwaige Nebenabreden ausschließenden Klauseln s. statt vieler: *Hecht*, in: BeckOGK, Stand: 1.4.2023, § 125 BGB Rn. 120 m.w.N.

Schließlich stellt sich die Frage, ob alle materiellrechtlichen Auslegungsvereinbarungen als Feststellungsverträge zu klassifizieren sind. Gerade solche Vereinbarungen, die bereits im Rahmen der Vertragsverhandlungen abgeschlossen werden und sich auf die bei der rechtsgeschäftlichen Kommunikation einzusetzenden Sprachen oder Auslegungsmaterialien beziehen, dürften andere rechtliche Wirkungen herbeiführen als eine nachträgliche beziehungsweise bei Vertragsschluss abgeschlossene Auslegungsvereinbarung in Gestalt eines Feststellungsvertrages. Die rechtliche Bewertung der insoweit relevanten Konstellationen, die als Sprachvereinbarung oder Zugangsvereinbarung betitelt werden, scheint insgesamt weitgehend ungeklärt zu sein.[545] Ob sie überhaupt als Auslegungsvereinbarungen zu verstehen sind, muss hier dementsprechend offenbleiben.

---

[545] Zu Sprachvereinbarungen s. insb. *Spellenberg*, in: MüKo BGB, Art. 10 Rom I-VO Rn. 129 ff., der sie als materiellrechtliche Vereinbarungen darüber, „welche Sprache verwandt werden und maßgeblich sein soll" (Rn. 129 a.a.O.) versteht und ihnen weitreichende Folgen nachsagt (Rn. 130.). Dabei bleibt aber jedenfalls offen, wie er die Folgen von Sprachvereinbarungen unabhängig von jenen von Zugangsvereinbarungen versteht („Dann gehen anderssprachige Erklärungen nicht nur nicht zu, selbst wenn sie verstanden werden, sondern sind unwirksam." Rn. 132 a.a.O.), die er nämlich nur gegebenenfalls und das dann wohl zusätzlich annehmen möchte („Gegebenenfalls läge darin eine Vereinbarung über Zugangsvoraussetzungen, dass Erklärungen ohne Rücksicht auf tatsächliche Sprachkenntnisse in dieser Sprache, und regelmäßig auch nur in dieser Sprache zugehen, selbst wenn die falsche Sprache verstanden würde." Rn. 130 a.a.O., zitiert ohne Fn.). Er sieht in jedem Fall, ebenso wie hier, einen Unterschied der Vereinbarungen im Hinblick auf den Vereinbarungszeitpunkt („Eine andere Art von Sprachvereinbarung kommt anscheinend häufiger vor, dass nämlich die Parteien eine von mehreren Sprachfassungen ihres Vertrages als allein verbindlich bezeichnen. Hier geht es um einen bereits geschlossenen Vertrag." Rn. 122 a.a.O.), ohne indes weiter auf die „andere Art von Sprachvereinbarung" einzugehen. Wohl eher nicht als Auslegungs-, sondern als deklarative Formvereinbarung scheint das *LG Essen* Sprachvereinbarungen zu bewerten, s. LG Essen, VuR 2012, 491, 492; eher als Auslegungsvereinbarung sieht es wohl der BGH, NJW 1983, 1489 („Wählen sie – wie hier – die deutsche Sprache als Verhandlungs- und Vertragssprache, so akzeptiert der ausländische Partner damit den gesamten deutschsprachigen Vertragsinhalt einschließlich der zugrunde liegenden AGB.", S. 1498); unklar bleibt das Verständnis von *Schäfer*, der Sprachvereinbarungen als einen „Geltungsvereinbarung und Kenntnisnahmemöglichkeit geeigneten Ansatz" in Gestalt eines „(Begleit-)Schuldverhältnis[ses] ohne primäre Leistungspflicht" versteht, *Schäfer*, JZ 2003, 879 (883); sich gegen die Annahme einer konkludenten Sprachvereinbarung durch die Nutzung einer Sprache aussprechend, ansonsten aber nicht weiter auf diese eingehend: *Kling*, Sprachrisiken, 2008, S. 241 f. Zu Zugangsvereinbarungen s. etwa *Singer/Benedict*, in: Staudinger BGB, § 130 Rn. 22 m.w.N., die überblicksartig auf die Zulässigkeit und Grenzen derselben eingehen, aber nicht auf die Frage, wie die Bedeutung von Zugangsvereinbarungen für die Auslegung aussieht; knapp auch *Hesse*, in: MüKo BGB, Vor § 620 BGB Rn. 114; explizit zur Zulässigkeit von jedenfalls zugangserleichternden Vereinbarungen auch BGH, NJW 1995, 2217 (2217 f.).

D. Fazit zu Auslegungsvereinbarungen

Es hat sich gezeigt, dass Auslegungsvereinbarungen beziehungsweise -verträge zwar bisher eher keine geläufigen Begriffe sind, die dahinterstehende Idee aber nicht unbekannt ist und sowohl mittels prozessrechtlicher als auch materiellrechtlicher Ansätze potenziell realisiert werden kann. Für die Vereinbarung einer formalen Auslegung sind es gerade letztere und namentlich die Ausgestaltung als Feststellungsvertrag, welche den Parteien die unmittelbare Option einer textuellen Auslegung 2.0 gerichtet auf den Inhalt ihres Vertrages bieten kann. Die detaillierten Rahmenbedingungen solcher und anderer Auslegungsvereinbarungen (im Sinne *Schwartz'* und *Scotts* etwa im Hinblick auf eine rein semantische Auslegung natürlicher Sprache) herauszuarbeiten, steht noch aus. Allein die Abgrenzung zu Formvereinbarungen und die diesbezüglich vor allem in der Praxis erkennbaren Vermischungstendenzen lassen insbesondere eine weitere Erforschung und Etablierung der Auslegungsvereinbarung als eigenem Unterfall eines Feststellungsvertrags sehr sinnvoll erscheinen.

§ 16 Fazit zum dritten Teil

Das Ziel der Auslegung besteht in der Ermittlung des wirklichen rechtsgeschäftlichen Willens des Erklärenden. Es liegt sowohl der natürlichen als auch der normativen Auslegungsmethode zugrunde, wobei die normative Auslegung (als Antwort auf das mögliche Spannungsverhältnis zwischen dem Willen des Erklärenden und dem Verständnis des Empfängers) auf einen normativ ermittelten, die subjektive Auslegung auf einen tatsächlich ermittelten „wirklichen Willen" setzt.[546] Sowohl das innere System des allgemeinen Vertragsrechts als auch die positiv-rechtlichen Vorgaben zur Auslegung sehen dieses Ziel nicht mit einer Beschränkung der Auslegung auf bestimmte Auslegungsmaterialien oder Deutungsansätze vereinbar.[547]

Mit formalsprachlichen Ausdrücken und der Möglichkeit einer eindeutigen Interpretierbarkeit bietet sich zwar die Möglichkeit einer textuellen Auslegung 2.0.[548] Das hinsichtlich einer daran anknüpfenden etwaigen Neukonzeptionierung des Tatbestands der Willenserklärung ausschlaggebende Zusammenspiel formalsprachlicher Ausdrücke und formaler Interpretierbarkeit mit dem wirklichen Willen schiebt der formalen Auslegung jedoch einen Riegel vor. Wertungsunterschiede zu anderen Erklärungsmitteln, die eine anderweitige rechtliche Beurteilung erlauben würden, bestehen nicht. § 133 Hs. 2 BGB als

---

[546] S. insb. § 11 B., § 11 C. I. 1. und § 11 C. I. 2.
[547] S. insb. § 11 B. und § 12 C. IV. 1.
[548] S. § 12 A. und § 12 C. I.

positiv-rechtlicher Ausdruck der Gebotenheit einer kontextuellen beziehungsweise pragmatischen Auslegung[549] findet auch auf formalsprachliche Ausdrücke Anwendung.[550]

Tatsächlich lassen sich die Besonderheiten formalsprachlicher Ausdrücke unter dieser Prämisse ohne weiteres in die bestehende Konzeption der Willenserklärung einfügen und auch unter den hergebrachten Grundsätzen zur Feststellung vertraglichen Konsens und Dissens sachgerecht bewerten.

Fernab dieser rechtlich vorgesehenen Behandlung formalsprachlicher Ausdrücke im Rahmen der Auslegung sind sogenannte Auslegungsvereinbarungen als potenzielles Instrument der Parteien zur Beeinflussung der Auslegung intensiver in den Blick zu nehmen. Jedenfalls materiellrechtliche Auslegungsvereinbarungen als Unterfall eines Feststellungsvertrags bieten den Parteien eine zulässige (wenngleich in ihren Anforderungen ebenfalls noch genauer zu eruierende) Möglichkeit, die spezifische Eigenschaft der eindeutigen Interpretierbarkeit formalsprachlicher Ausdrücke zu erhalten beziehungsweise zu nutzen.

---

[549] S. zu den Begrifflichkeiten § 12 A. und dort insb. die Fn. 92 f.
[550] S. insb. § 12 C. IV.

Resümee

Die durch diese Arbeit gewonnenen Erkenntnisse lassen sich zweiteilen. Auf der einen Seite stehen solche, die über formalsprachliche Verträge und ihre rechtliche Bewertung gewonnen wurden, auf der anderen solche, die anhand der Untersuchung formalsprachlicher Verträge über das Recht gewonnen wurden.

§ 17 Über formalsprachliche Verträge gewonnene Erkenntnisse

Die vorangegangene Untersuchung hat gezeigt, dass viele Aspekte formalsprachlicher Verträge bisher entweder übersehen oder unter- beziehungsweise überschätzt wurden. Sowohl auf tatsächlicher als auch auf rechtlicher Ebene konnten durch die Untersuchung verschiedene Missverständnisse korrigiert und neue Erkenntnisse gewonnen werden.

Auf einer tatsächlichen Ebene konnte insbesondere herausgearbeitet werden, dass die Möglichkeiten zur Vertragsformalisierung und damit zum Einsatz formaler Vertragssprachen deutlich größer und vor allem vielfältiger sind, als es die bisherige rechtswissenschaftliche, auf die automatisierte Ausführung Blockchain-basierter Smart Contracts fokussierte Literatur vermuten lässt. Bestätigt hat sich insoweit zwar, dass der Formalisierung von Semantik klare Grenzen gesetzt sind. Im Gegenzug konnte aber auch gezeigt werden, dass sich formalsprachliche Verträge gerade dadurch auszeichnen, dass diese Grenzen im Austausch für inhaltliche Kalkulierbarkeit unter Umständen bewusst hingenommen werden können. Eben dies unterscheidet sie von Ansätzen der Rechtsformalisierung und lässt die Vermutung zu, dass sie künftig eine nicht unbedeutende praktische Bedeutung erfahren werden. Einer Massentauglichkeit formalsprachlicher Verträge stehen diese und die bei der tatsächlichen Nutzung und Subsumtion unter eine formalsprachliche Vertragsdokumentation auftretenden Grenzen sowie auch das hier in seinem Umfang nur rudimentär ausgeleuchtete Sprachrisiko als weitere Grenze dennoch bereits auf einer tatsächlichen Ebene entgegen.

Auf rechtlicher Ebene konnten formalsprachlichen Verträgen dagegen insbesondere zuvor umstrittene Möglichkeiten zugestanden als auch bisher unbeachtete Möglichkeiten bescheinigt werden. An vielen Stellen waren bestehende rechtliche Einschätzungen formalsprachlicher Verträge beziehungsweise Smart Contracts zu korrigieren. Dies betraf zunächst die normativ vollumfänglich und faktisch weitestgehend zu bejahende Frage nach der Maßstabfunktion des Rechts für die Bewertung formalsprachlicher Verträge. Bejaht werden konnte zudem eindeutig, dass formale Sprache ein rechtsgeschäftliches Erklärungsmittel sein kann und es in dem Sinne daher auch formalsprachliche Verträge geben kann. Im Fokus der rechtlichen Untersuchung stand die Entwicklung einer praktischen Handlungsanleitung für den Umgang mit formalsprachlichen Ausdrücken bei der Auslegung eines Vertrages beziehungsweise einer vertraglichen Willenserklärung. Ihren Ausgangspunkt nahm diese Anleitung in der Feststellung, dass trotz des besonderen tatsächlichen Charakteristikums der eindeutigen Interpretierbarkeit formalsprachlicher Ausdrücke am rechtlichen Gebot einer kontextuellen Auslegung festzuhalten ist. Für die rechtliche Grundannahme einer textuellen Auslegung 2.0 und damit etwa für eine daran anknüpfende Technisierung des Empfängerhorizonts verbleibt kein Platz.

Die entscheidende Weichenstellung für diese Ergebnisfindung war dabei ein Rekurs auf das Verständnis der Auslegungsnormen im System des allgemeinen Vertragsrechts und die Herausstellung der zentralen normativen Funktion des Vertrages als Gewährleistung freier Persönlichkeitsentfaltung. Auf formalsprachliche Verträge haben diese Rahmenvorgaben den zunächst widersprüchlich anmutenden Effekt, dass formale Sprache als Erklärungsmittel zulässig ist, ihr Vorteil der eindeutigen Interpretierbarkeit dann aber vor dem Ziel der Ermittlung des wirklichen Willens potenziell verloren geht. Im geltenden System ist es dann aber auch wiederum der Stellenwert des wirklichen Willens, der eine Ausschöpfung des Potenzials formalsprachlicher Ausdrücke (einschließlich der Tragung des damit einhergehenden Risikos) ermöglicht. Namentlich haben die Parteien es durch sogenannte Auslegungsvereinbarungen in der Hand zu entscheiden, ob sie entsprechend der rechtlichen Grundkonzeption eine potenzielle Diskrepanz zwischen ihrem wirklichen Willen und der maschinellen Verarbeitung ihrer Ausdrücke berücksichtigt haben wollen oder stattdessen das potenzielle Auseinanderfallen ihres Willens und ihres Ausdrucks hinzunehmen bereit sind, um die lückenlose maschinelle Verarbeitung und inhaltliche Kalkulierbarkeit zu sichern.

Diese rechtliche Möglichkeit schließt letztlich wieder den Kreis zur Einschätzung der tatsächlichen Möglichkeiten formalsprachlicher Verträge: Die Anreize, die mit der Verwendung einer formalen Sprache verbunden werden und die insoweit eröffnete Kosten-Nutzen-Analyse werden durch die Möglichkeiten einer Auslegungsvereinbarung realisierbar. Die scharfen Folgen einer formalen Auslegung treffen aber eben auch nur dort ein, wo von einem entsprechenden Willen auszugehen ist.

So sehr sich aus alldem für bestimmte Aspekte im Hinblick auf die tatsächliche und rechtliche Bewertung formalsprachlicher Verträge ein klareres Bild ergibt, so sehr muss zuletzt jedoch die Beschränktheit dieses Bildes hervorgehoben werden. Rechtsfragen, die sich auf den Folgestufen der Auslegung stellen, wurden nicht beantwortet und selbst bezogen auf die Auslegung formalsprachlicher Verträge stehen die gewonnenen Ergebnisse unter dem Vorbehalt, dass nur das allgemeine Vertragsrecht untersucht wurde. Aus Normenkomplexen des besonderen Vertragsrechts können gegebenenfalls abweichende Vertragsmodelle und andere normative Vertragsfunktionen entnommen werden, die entsprechend auch die Auslegung formalsprachlicher Verträge einem abweichenden Maßstab unterstellen. Dies dürfte gerade für heteronom wirkende und mehrseitige Verträge gelten. Neben diesen bewusst offengelassenen Fragen dürfte diese Untersuchung gerade mit Blick auf Auslegungsvereinbarungen auch neue Fragen aufgeworfen haben. Für die Beantwortung all jener Fragen kann diese Arbeit hoffentlich ein Fundament bieten.

§ 18 Anhand der Untersuchung formalsprachlicher Verträge gewonnene Erkenntnisse über das Recht

Die rechtliche Untersuchung (vermeintlich) neuartiger Phänomene bietet häufig Anlass dazu, über die Veränderung bestehenden Rechts nachzudenken. Noch auf einer notwendigerweise vorgeschalteten Stufe erfordert sie, das geltende Recht zu ermitteln und seine Bedeutung für die Realität, die es betreffen soll, zu reflektieren. Paradigmatisch und auf andere Phänomene übertragbar ist insoweit *Lessigs* Ausspruch: „At the center of any lesson about cyberspace is an understanding of the role of law".[1]

Die Untersuchung formalsprachlicher Verträge hat sich insoweit geradezu als Brennglas für mehrere der essenziellen Fragen des Privat- und vor allem des allgemeinen Vertragsrechts herausgestellt. Die hierbei gefundenen Ergebnisse lassen sich über die Bewertung formalsprachlicher Verträge hinaus fruchtbar machen.

Hinsichtlich einer Außenperspektive konnte die zunehmende Diskussion um sogenannte private Ordnungen und explizit um privates Recht aufgegriffen und in ihre verschiedenen Facetten aufgefächert werden. Es konnte die Trennung zwischen der faktischen und normativen Ebene hervorgehoben und für letztere als entscheidender Anknüpfungspunkt etwaiger Integration in das bestehende Recht die innere Legitimation privater Regeln herausgestellt werden.

Der Schwerpunkt dieser Untersuchung lag jedoch auf der Binnenperspektive. Am Rande betraf dies terminologische Fragen zur Willenserklärung und

---

[1] *Lessig*, Harvard Law Review 1999, 501 (546).

zum Vertrag sowie methodische Fragen zur Gesetzesauslegung und Bedeutung des Wortlautarguments. Insbesondere aber wurde dem für das Privatrecht so elementaren inneren System des allgemeinen Vertragsrechts beziehungsweise der normativen Funktion von Verträgen nachgespürt.

Es zeigte sich dabei, dass die Diskussion um die normative Vertragsfunktion zwar bereits seit Jahrzehnten intensiv geführt wird, die unterschiedlichen Positionen jedoch teilweise sowohl nebeneinander als auch alternativ vertreten und selten begründet werden. Allein der Ausblick auf die Auslegung formalsprachlicher Verträge zeigte jedoch deutlich, dass es auf eine Stellungnahme zur geltenden, also aus dem Recht systematisch abzuleitenden normativen Vertragsfunktion entscheidend ankommen kann. Im Anschluss an die im Rahmen der Untersuchung daher vorgenommene Systembildung lässt sich festhalten, dass sich dem allgemeinen Vertragsrecht weder Platz für eine Instrumentalisierung von Verträgen im Hinblick auf heteronome Zielsetzungen noch im Hinblick auf einen weitreichenden Paternalismus entnehmen lässt. Das normative Ziel der Auslegung ist im allgemeinen Vertragsrecht allein in der Erforschung des wirklichen Willens zu sehen und tatsächliche Selbstbestimmung wird auf der Stufe der Auslegung vermutet.

Gegensätzlichen Sichtweisen, die vor allem mit Blick auf Auslegungsmaximen und die Feststellung von vertraglichem Konsens auch in der Praxis vertreten werden, ist rechtsdogmatisch daher die Gefolgschaft zu verweigern. Auch die hier vertretene rechtsdogmatische Theorie ist allerdings erstens erneut als solche herauszustellen und zweitens offenkundig nur auf den begrenzten Bereich, den sie in den Blick nimmt (also insbesondere die Auslegung im allgemeinen Vertragsrecht) anwendbar.

Unter Rückbezug auf die eingangs angesprochenen Erkenntnisgewinne für das Recht, die mit der Untersuchung (vermeintlich) neuartiger Phänomene einhergehen können, ist damit zuletzt noch klarzustellen, dass die vorliegende rechtsdogmatische Arbeit auch insoweit nur als erster Baustein verstanden werden kann. Sie liefert Erkenntnisse darüber, wie das geltende System des allgemeinen Vertragsrechts gebildet werden kann und welche Konsequenzen für die Rechtsanwendung im Status Quo folgen. Sie schafft damit eine Grundlage, auf der eine Diskussion darüber anfangen kann, wie das allgemeine Vertragsrecht und die normative Vertragsfunktion aussehen sollten und könnten. Sie selbst kann und soll auf diese Fragen aber noch keine Antwort liefern. Angesichts ihrer allein an diversen Stellen in dieser Arbeit deutlich gewordenen Bedeutung lässt sich jedoch mit Blick auf die Beantwortung dieser Fragen und insgesamt mit einem Plädoyer für mehr empirische Forschung in der und zur Rechtsdogmatik abschließen.

Literaturverzeichnis

Abdelsadiq, Abubkr A., A Toolkit for model checking of electronic contracts, 2013, abrufbar unter: https://theses.ncl.ac.uk/jspui/bitstream/10443/1814/1/Abdelsadiq%2c%20A%20 13.pdf (zuletzt aufgerufen am 18.5.2023).

Achilles, Albrecht/Gebhard, Albert/Spahn, Peter, Protokolle der Kommission für die zweite Lesung des Entwurfs des Bürgerlichen Gesetzbuchs, Band I (Allgemeiner Theil), Berlin 1897.

Adrian, Axel, Der Richterautomat ist möglich – Semantik ist nur eine Illusion, Rechtstheorie 2017, 77–121.

Agarwal, Sudhir/Xu, Kevin/Moghtader, John, Toward Machine-Understandable Contracts, 2016, abrufbar unter: https://www.ai.rug.nl/~verheij/AI4J/papers/AI4J_paper_9_agarwal.pdf (zuletzt aufgerufen am 18.5.2023).

Al Khalil, Firas/Ceci, Marcello/O´Brien, Leona/Butler, Tom, A Solution for the Problems of Translation and Transparency in Smart Contracts, 2017, abrufbar unter: https://vdocuments.site/a-solution-for-the-problems-of-translation-and-a-solution-for-the-problems.html?page=1 (zuletzt aufgerufen am 18.5.2023).

Alexy, Robert, Recht, Vernunft, Diskurs: Studien zur Rechtsphilosophie, Frankfurt am Main 1995.

Allen, J.G., Wrapped and Stacked: ‚Smart Contracts' and the Interaction of Natural and Formal Language, ERCL 2018, 307–343.

Angelov, Krasimir/Camilleri, John J./Schneider, Gerado, AnaCon framework, 2012, abrufbar unter: https://www.cse.chalmers.se/~gersch/anacon/ (zuletzt aufgerufen am 18.5.2023).

Dies., A Framework for Conflict Analysis of Normative Texts Written in Controlled Natural Language, The Journal of Logic and Algebraic Programming 2013, 216–240.

Antonopoulos, Andreas M./Wood, Gavin, Smart Contracts and Solidity, abrufbar unter: https://github.com/ethereumbook/ethereumbook/blob/develop/07smart-contracts-solidity.asciidoc (zuletzt aufgerufen am 18.5.2023).

Anziger, Heribert M., Smart Contracts in der Sharing Economy, in: Fries, Martin/Paal, Boris P. (Hrsg.), Smart Contracts, Tübingen 2019, 33–72.

Archavlis, Kyriaki, Die juristische Willenserklärung – eine sprechakttheoretische Analyse, Tübingen 2015.

Arndt, Dominik E., Sinn und Unsinn von Soft Law: Prolegomena zur Zukunft eines indeterminierten Paradigmas, Baden-Baden 2011.

Arndt, Johannes, Bitcoin-Eigentum: zur Notwendigkeit rechtlicher Zuweisung außer-rechtlicher außer-subjektiver Vermögenspositionen durch subjektive Rechte, Tübingen 2022.

Arnold, Stefan, Vertrag und Verteilung: Die Bedeutung der iustitia distributiva im Vertragsrecht, Tübingen 2014.

Ashley, Kevin D., Artificial Intelligence and Legal Analytics: New Tools for Law Practice in the Digital Age, Cambridge 2017.

Auer, Marietta, Der privatrechtliche Diskurs der Moderne, Tübingen 2014.

Dies., Zum Erkenntnisziel der Rechtstheorie: philosophische Grundlagen multidisziplinärer Rechtswissenschaft, Baden-Baden 2018.

Dies., Richterbindung und Richterfreiheit in Regeln und Standards, in: Schumann, Eva (Hrsg.), Gesetz und richterliche Macht: 18. Symposion der Kommission „Die Funktion des Gesetzes in Geschichte und Gegenwart", Berlin/Boston 2020, S. 119–154.

Aufderheide, Sophie C., Smart Contracts aus der Perspektive des Zivilrechts (Teil I), WM 2021, 2273–2278.

Dies., Smart Contracts aus der Perspektive des Zivilrechts (Teil II), WM 2021, 2313–2319.

Dies., Dezentrale Autonome Organisationen (DAO) – Smart Contracts aus der Perspektive des Gesellschaftsrechts, WM 2022, 264–271.

Austin, John Langshaw, How to Do Things with Words, 2. Auflage, Oxford 1975.

Azzopardi, Shaun/Pace, Gordon/Gatt, Albert, Reasoning about Partial Contracts, 2016, abrufbar unter: https://www.researchgate.net/publication/311651290_Reasoning_about_Partial_Contracts (zuletzt aufgerufen am 18.5.2023).

Bach, Ivo, Neue Richtlinien zum Verbrauchsgüterkauf und zu Verbraucherverträgen über digitale Inhalte, NJW 2019, 1705–1711.

Bach, Ivo/Wöbbeking, Maren K., Das Haltbarkeitserfordernis der Warenkauf-RL als neuer Hebel für mehr Nachhaltigkeit?, NJW 2020, 2672–2678.

Bachmann, Gregor, Private Ordnung: Grundlagen ziviler Regelsetzung, Tübingen 2006.

Bahr, Patrick/Berthold, Jost/Elsman, Martin, Certified Symbolic Management of Financial Multi-party Contracts, ICFP 2015: Proceedings of the 20th ACM SIGPLAN International Conference on Functional Programming 2015, 315–327.

Barlow, John Perry, A Declaration of the Independence of Cyberspace, 1996, abrufbar unter: https://www.eff.org/cyberspace-independence (zuletzt aufgerufen am 18.5.2023).

Bayer, Walter, Privatrechtsdogmatik und Rechtstatsachenforschung, in: Auer, Marietta/Grigoleit, Hans Christoph/Hager, Johannes/Herresthal, Carsten/Hey, Felix/Koller, Ingo/Langenbucher, Katja/Neuner, Jörg/Petersen, Jens/Riehm, Thomas/Singer, Reinhard (Hrsg.), Privatrechtsdogmatik im 21. Jahrhundert: Festschrift für Claus-Wilhelm Canaris zum 80. Geburtstag, Berlin/Boston 2017, S. 319–341.

Bechtold, Stefan, Die Grenzen zwingenden Vertragsrechts: ein rechtsökonomischer Beitrag zu einer Rechtsetzungslehre des Privatrechts, Tübingen 2010.

Beck-Online.Großkommentar zum BGB, Gsell, Beate/Krüger, Wolfgang/Lorenz, Stephan/Reymann, Christoph (Gesamthrsg.); zit.: *Bearbeiter*, in BeckOGK.

Beck'scher Online-Kommentar BGB, Hau, Wolfgang/Poseck, Roman (Hrsg.), 65. Auflage, Stand: 1.2.2023, zit.: *Bearbeiter*, in: BeckOK BGB.

Beck'scher Online-Kommentar IT-Recht, Borges, Georg/Hilber, Marc (Hrsg.), 10. Edition, Stand: 1.5.2021; zit.: *Bearbeiter*, in: BeckOK IT-Recht.

Beierle, Christoph/Kern-Isberner, Gabriele, Methoden wissensbasierter Systeme: Grundlagen, Algorithmen, Anwendungen, 6. Auflage, Wiesbaden 2019.

Bertram, Ute, Smart Contracts: Praxisrelevante Fragen zu Vertragsabschluss, Leistungsstörungen und Auslegung, MDR 2018, 1416–1421.

Beurskens, Michael, Privatrechtliche Selbsthilfe: Rechte, Pflichten und Verantwortlichkeit bei digitalen Zugangsbeschränkungs- und Selbstdurchsetzungsbefugnissen, Tübingen 2017.

Bibel, Wolfgang/Hölldobler, Steffen/Schaub, Torsten, Wissensrepräsentation und Inferenz: eine grundlegende Einführung, Braunschweig/Wiesbaden 1993.

Binder, Jens-Hinrich, Regulierungsinstrumente und Regulierungsstrategien im Kapitalgesellschaftsrecht, Tübingen 2012.

BITKOM, Jung und vernetzt – Kinder und Jugendliche in der digitalen Gesellschaft, 2014, abrufbar unter: https://www.bitkom.org/sites/default/files/file/import/BITKOM-Studie-Jung-und-vernetzt-2014.pdf (zuletzt aufgerufen am 18.5.2023).

Blocher, Walter, The next big thing: Blockchain – Bitcoin – Smart Contracts, AnwBl 2016, 612–618.

Ders., Fehlerhafte Smart Contracts, in: Braegelmann, Tom/Kaulartz, Markus (Hrsg.), Rechtshandbuch Smart Contracts, München 2019, S. 113–133.

Böhm, Franz, Wirtschaftsordnung und Staatsverfassung, Tübingen 1950.

Bomprezzi, Chantal, From Trust in the Contracting Party to Trust in the Code in Contract Performance, EuCML 2021, 148–159.

Dies., Implications of Blockchain-Based Smart Contracts on Contract Law, Baden-Baden 2021.

Borges, Georg, Verträge im elektronischen Geschäftsverkehr: Vertragsabschluß, Beweis, Form, Lokalisierung, anwendbares Recht, Baden-Baden 2008.

Braegelmann, Tom/Kaulartz, Markus (Hrsg.), Rechtshandbuch Smart Contracts, München 2019.

Dies., Einleitung, in: Braegelmann, Tom/Kaulartz, Markus (Hrsg.), Rechtshandbuch Smart Contracts, München 2019, S. 1–12.

Breidenbach, Stephan/Glatz, Florian (Hrsg.), Rechtshandbuch Legal Tech, 2. Auflage, München/Wien 2021.

Breitner, Michael H., Neuronales Netz, in: Gronau, Norbert/Becker, Jörg/Kliewer, Natalie/Leimeister, Marco/Overhage, Sven (Hrsg.), Enzyklopädie der Wirtschaftsinformatik, 2019, abrufbar unter: https://wi-lex.de/index.php/lexikon/technologische-und-methodische-grundlagen/neuronales-netz/ (zuletzt aufgerufen am 18.5.2023).

Bremann, Nils Lennart, Smart Contracts im Einsatz: Interessant im B2C Umfeld? Braucht man die Blockchain?, DSRITB 2018, 299–310.

Brown, Ian/Marsden, Christopher T., Regulating Code: Good Governance and Better Regulation in the Information Age, Cambridge Massachusetts 2013.

Broy, Manfred, Informatik, in: Gronau, Norbert/Becker, Jörg/Kliewer, Natalie/Leimeister, Marco/Overhage, Sven (Hrsg.), Enzyklopädie der Wirtschaftsinformatik, 2019, abrufbar unter: https://wi-lex.de/index.php/lexikon/uebergreifender-teil/disziplinen-der-wi/informatik/ (zuletzt aufgerufen am 18.5.2023).

Buchwald-Wittig, Janina/Westerkamp, Markus, Die Blockchain-Technologie: Wie Triple Entry Accounting und Smart Contracts als Game-Changer die Unternehmensprozesse transformieren, DStR 2021, 2752–2757.

Bues, Micha-Manuel, Was ist „Legal Tech"?, 2015, abrufbar unter: https://legal-tech-blog.de/was-ist-legal-tech (zuletzt aufgerufen am 18.5.2023).

Burton, Steven J., Elements of Contract Interpretation, New York 2009.

Busche, Jan, Privatautonomie und Kontrahierungszwang, Tübingen 1999.

Ders., Digitale Kommunikation in der Rechtsgeschäftslehre, in: Joost, Detlev/Oetker, Hartmut/Paschke, Marian (Hrsg.), Selbstverantwortete Freiheit und Recht: Festschrift für Franz-Jürgen Säcker zum 80. Geburtstag, München 2021, S. 15–26.

Busse, Dietrich, Sprache und Recht, in: Liedtke, Frank/Tuchen, Astrid (Hrsg.), Handbuch Pragmatik, Stuttgart 2018, S. 383–393.

Buterin, Vitalik, Ethereum: A Next-Generation Smart Contract and Decentralized Application Platform, 2014, abrufbar unter: https://ethereum.org/en/whitepaper/ (zuletzt aufgerufen am 18.5.2023).

Bydlinski, Franz, Erklärungsbewußtsein und Rechtsgeschäft, JZ 1975, 1–6.

Ders., Juristische Methodenlehre und Rechtsbegriff, Wien/New York 1982.

Ders., Fundamentale Rechtsgrundsätze: zur rechtsethischen Verfassung der Sozietät, Wien 1988.
Ders., Kriterien und Sinn der Unterscheidung von Privatrecht und öffentlichem Recht, AcP 1994, 319–351.
Ders., Über prinzipiell-systematische Rechtsfindung im Privatrecht: Vortrag, gehalten vor der Juristischen Gesellschaft zu Berlin am 17. Mai 1995, Berlin/New York 1995.
Ders., System und Prinzipien des Privatrechts, Wien /New York 1996.
Bydlinski, Franz/Bydlinski, Peter, Grundzüge der juristischen Methodenlehre, 3. Auflage, Wien 2018.
Calabresi, Guido, Transaction Costs, Resource Allocation and Liability Rules, Journal of Law and Economics 1968, 67–73.
Calliess, Christian/Ruffert, Matthias (Hrsg.), Kommentar zum Verfassungsrecht der Europäischen Union mit Europäischer Grundrechtecharta, 6. Auflage, Nördlingen 2022; zit.: *Bearbeiter*, in: Calliess/Ruffert-EUV/AEUV.
Calliess, Gralf-Peter, Grenzüberschreitende Verbraucherverträge: Rechtssicherheit und Gerechtigkeit auf dem elektronischen Weltmarktplatz, Tübingen 2006.
Camilleri, John J., Analysing normative contracts, Göteborg 2015, abrufbar unter: https://gupea.ub.gu.se/bitstream/handle/2077/40725/gupea_2077_40725_1.pdf?sequence=1 (zuletzt aufgerufen am 18.5.2023).
Camilleri, John J./Pagenelli, Gabriele/Schneider, Gerado, A CNL for Contract- Oriented Diagrams, in: Davis, Brian/Kaljurand, Kaarel/Kuhn, Tobias (Hrsg.), International Workshop on Controlled Natural Language, 2014.
Canaris, Claus-Wilhelm, Die Vertrauenshaftung im deutschen Privatrecht, München 1971.
Ders., Die Feststellung von Lücken im Gesetz: eine methodologische Studie über Voraussetzungen und Grenzen der richterlichen Rechtsfortbildung praeter legem, 2. Auflage, Berlin 1983.
Ders., Systemdenken und Systembegriff in der Jurisprudenz: entwickelt am Beispiel des deutschen Privatrechts, 2. Auflage, Berlin 1983.
Ders., Theorienrezeption und Theorienstruktur, in: Leser, Hans G./Isomura, Tamotsu (Hrsg.), Wege zum japanischen Recht: Festschrift für Zentaro Kitagawa zum 60. Geburtstag am 5. April 1992, Berlin 1992, S. 59–94.
Ders., Die Bedeutung der iustitia distributiva im deutschen Vertragsrecht: aktualisierte und stark erweiterte Fassung des Vortrags vom 2. Juli 1993, München 1997.
Ders., Einordnung der UNIDROIT Principles und der European Principles im System der Rechtsquellen, in: Basedow, Jürgen (Hrsg.), Europäische Vertragsrechtsvereinheitlichung und deutsches Recht, Tübingen 2000, S. 5–32.
Ders., Wandlungen des Schuldvertragsrechts -Tendenzen zu seiner „Materialisierung", AcP 2000, 273–364.
Cannarsa, Michel, Interpretation of Contracts and Smart Contracts: Smart Interpretation or Interpretation of Smart Contracts?, ERCL 2019, 773–785.
Carstensen, Kai-Uwe/Ebert, Christian/Ebert, Cornelia/Jekat, Susanne/Klabunde, Ralf/Langer, Hagen, Computerlinguistik und Sprachtechnologie: eine Einführung, 3. Auflage, Heidelberg 2010.
Casanovas, Pompeu/Palmirani, Monica/Peroni, Silvio/Engers, Tom van, Semantic Web for the Legal Domain: The next step, Semantic Web 2016, 213–227.
Chomsky, Noam, On certain formal properties of grammars, Information and Control 1959, 137–167.

Clack, Christopher D./Bakshi, Vikram A./Braine, Lee, Smart Contract Templates: essential requirements and design options, 2016, abrufbar unter: https://arxiv.org/abs/1612.04496 (zuletzt aufgerufen am 18.5.2023).
Clack, Christopher D./McGonagle, Ciaran, Smart Derivatives Contracts: the ISDA Master Agreement and the automation of payments and deliveries, 2019, abrufbar unter: https://arxiv.org/abs/1904.01461 (zuletzt aufgerufen am 18.5.2023).
Coase, Ronald. H., The Problem of Social Cost, Journal of Law and Economics 1960, 1–44.
Cohney, Shaanan/Hoffman, David A., Transactional Scripts in Contract Stacks, Minnesota Law Review 2020, 319–386.
Conrad, Albrecht/Schubert, Tobias, Zur Erklärung urheberrechtlicher Einwilligungen durch robots.txt, GRUR 2018, 350–358.
Cuccuru, Pierluigi, Beyond bitcoin: an early overview on smart contracts, International Journal of Law and Information Technology 2017, 179–195.
Cunningham, Lawrence A., Language, Deals and Standards: The Future of XML Contracts, Washington University Law Review 2006, 313–374.
Cziupka, Johannes, Dispositives Vertragsrecht: Funktionsweise und Qualitätsmerkmale gesetzlicher Regelungsmuster, Tübingen 2010.
Daskalopulu, Aspassia/Sergot, Marek, The Representation of Legal Contracts, AI and Society 1997, 6–17.
de la Durantaye, Katharina, Erklärung und Wille, Tübingen 2020.
Deckert, Martina Renate, Folgenorientierung in der Rechtsanwendung, München 1995.
Dengel, Andreas, Semantische Technologien: Grundlagen – Konzepte – Anwendungen, Heidelberg 2012.
Dey, Sebastian, § 23 Kryptoderivate – Zivilrechtliche Einordnung, Vertragsrecht und ausgewählte Rechtsfragen, in: Zerey, Jean-Claude (Hrsg.), Finanzderivate, 5. Auflage, Baden-Baden 2023; zit.: *Bearbeiter*, in: Finanzderivate.
Dietzfelbinger, Martin/Mehlhorn, Kurt/Sanders, Peter, Algorithmen und Datenstrukturen: die Grundwerkzeuge, Berlin/Heidelberg 2014.
Dipper, Stefanie/Klabunde, Ralf/Mihatsch, Wiltrud, Linguistik: Eine Einführung (nicht nur) für Germanisten, Romanisten und Anglisten, Berlin 2018.
Djazayeri, Alexander, Rechtliche Herausforderungen durch Smart Contracts, jurisPR-BKR 2016, Anm. 1.
Drexl, Josef, Der Bürge als deutscher und europäischer Verbraucher, JZ 1998, 1046–1058.
Ders., Die wirtschaftliche Selbstbestimmung des Verbrauchers: eine Studie zum Privat- und Wirtschaftsrecht unter Berücksichtigung gemeinschaftsrechtlicher Bezüge, Tübingen 1998.
Dwivedi, Vimal/Norta, Alex/Wulf, Alexander/Leiding, Benjamin/Saxena, Sandeep/Udokwu, Chibuzor, A Formal Specification Smart-Contract Language for Legally Binding Decentralized Autonomous Organizations, IEEE Access 2021, 76069.
Dworkin, Ronald, Taking rights seriously, Cambridge Massachusetts 1978.
Ebbing, Frank, Private Zivilgerichte: Möglichkeiten und Grenzen privater (schiedsgerichtlicher) Zivilrechtsprechung, Baden-Baden 2003.
Ebbinghaus, Heinz-Dieter/Flum, Jörg/Thomas, Wolfgang, Einführung in die mathematische Logik, 6. Auflage, Berlin 2018.
Ehrlich, Eugen, Grundlegung der Soziologie des Rechts, Berlin 1913.
Eidenmüller, Horst, Effizienz als Rechtsprinzip: Möglichkeiten und Grenzen der ökonomischen Analyse des Rechts, 4. Auflage, Tübingen 2015.
Eidenmüller, Horst/Wagner, Gerhard, Law by Algorithm, Tübingen 2021.

Einstein, Albert, Prinzipien der Theoretischen Physik – Antrittsrede vor der Preußischen Akademie der Wissenschaften 1914, in: Seelig, Carl (Hrsg.), Mein Weltbild, 122–126, Frankfurt am Main/Berlin 1991.

Engisch, Karl, Einführung in das juristische Denken, 12. Auflage, Stuttgart 2018.

Engler, Carolin Marie, Private Regelsetzung, Berlin 2017.

Erman Bürgerliches Gesetzbuch, Westermann, Harm-Peter/Grunewald, Barbara/Maier-Reimer, Georg (Hrsg.), 16. Auflage, Köln 2020; zit.: *Bearbeiter,* in: Erman BGB.

Ernst, Stefan, Herausforderungen autonomer Systeme an das Recht, in: Breyer-Mayländer, Thomas (Hrsg.), Das Streben nach Autonomie: Reflektionen zum digitalen Wandel, Baden-Baden 2018, S. 131–150.

Eschenbruch, Klaus/Gerstberger, Robert, Smart Contracts – Planungs-, Bau- und Immobilienverträge als Programm?, NZBau 2018, 3–8.

Esser, Josef, Grundsatz und Norm in der richterlichen Fortbildung des Privatrechts: rechtsvergleichende Beiträge zur Rechtsquellen- und Interpretationslehre, Tübingen 1956.

Ders., Möglichkeiten und Grenzen des dogmatischen Denkens im modernen Zivilrecht, AcP 1972, 97–130.

Evans Data, Computerwelt, Global Developer Population and Demographic Study 2020, 2021, abrufbar unter: https://www.statista.com/statistics/627312/worldwide-developer-population/ (zuletzt aufgerufen am 18.5.2023).

Exner, Felix, Smart Contracts im Spannungsfeld zwischen Automatisierung und Verbraucherschutz, Berlin 2022.

Faber, Tobias, § 10 Vertragsschluss beim IoT Rechtsgeschäft, in: Sassenberg, Thomas/Faber, Tobias (Hrsg.), Rechtshandbuch Industrie 4.0 und Internet of Things: Praxisfragen und Perspektiven der digitalen Zukunft, 2. Auflage, München 2020.

Farrell, Andrew D.H./Sergot, Marek J./Sallé, Mathias/Bartolini, Claudio, Using the Event Calculus for Tracking the Normative State of Contracts, 2005, abrufbar unter: https://spiral.imperial.ac.uk/bitstream/10044/1/529/1/Using%20the%20event%20calculus.pdf (zuletzt aufgerufen am 18.5.2023).

Fiedler, Herbert, Rechenautomaten als Hilfsmittel der Gesetzesanwendung (Einige grundsätzliche Bemerkungen), DRV 1962, 149–155.

Finck, Michèle, Grundlagen und Technologie von Smart Contracts, in: Fries, Martin/Paal, Boris P. (Hrsg.), Smart Contracts, Tübingen 2019, S. 1–12.

Fischer-Lescano, Andreas/Teubner, Gunther, Regime-Kollisionen: zur Fragmentierung des globalen Rechts, Frankfurt am Main 2006.

Fleischer, Holger, Zur Zukunft der gesellschafts- und kapitalmarktrechtlichen Forschung, ZGR 2007, 500–510.

Ders., Europäische Methodenlehre: Stand und Perspektiven, RabelsZ 2011, 700–729.

Flick, Martin E.J., AGB-Klausel zur Fernabschaltung einer gemieteten Autobatterie ist unwirksam, GWR 2022, 379.

Flood, Mark D./Goodenough, Oliver R., Contract as Automaton – The Computational Representation of Financial Agreements, 2015, abrufbar unter: https://www.financialresearch.gov/working-papers/files/OFRwp-2015-04_Contract-as-Automaton-The-Computational-Representation-of-Financial-Agreements.pdf (zuletzt aufgerufen am 18.5.2023).

Flume, Werner, Rechtsgeschäft und Privatautonomie, in: Caemmerer, Ernst v./Friesenhahn, Ernst/Lange, Richard (Hrsg.), Hundert Jahre Deutsches Rechtsleben: Festschrift zum hundertjährigen Bestehen des Deutschen Juristentages 1860–1960, Band 1, Karlsruhe 1960, S. 135–238.

Ders., Das Rechtsgeschäft, in: Albach, Horst/Honsell, Heinrich/Lerche, Peter/Nörr, Dieter/Helmstädter, E. (Hrsg.), Enzyklopädie der Rechts- und Staatswissenschaft, 2. Band, 4. Auflage, Berlin /Heidelberg/New York 1992.
Fornasier, Matteo, Freier Markt und zwingendes Vertragsrecht: zugleich ein Beitrag zum Recht der Allgemeinen Geschäftsbedingungen, Berlin 2013.
Frankenreiter, Jens, The Limits of Smart Contracts, Journal of Institutional and Theoretical Economics 2019, 149–162.
Frankfurter Kommentar zu EUV, GRC und AEUV, Pechstein, Matthias/Nowak, Carsten/Häde, Ulrich (Hrsg.), 2017; zit.: *Bearbeiter*, in: Frankfurter Kommentar.
Freytag, Andreas, Die ordnende Potenz des Staates, in: Pies, Ingo/Leschke, Martin (Hrsg.), Walter Euckens Ordnungspolitik, Tübingen 2022, S. 113–127.
Fries, Martin, Schlichtung 2.0: PayPal Konfliktlösung und Käuferschutz, in: Fries, Martin (Hrsg.), Blog zur Verbraucherstreitbeilegung, 2015, abrufbar unter: https://www.verbraucherstreitbeilegung.de/schlichtung-paypal-konfliktloesung-kaeuferschutz/ (zuletzt aufgerufen am 18.5.2023).
Ders., Verbraucherrechtsdurchsetzung, Tübingen 2016.
Ders., Smart Contracts: Brauchen schlaue Verträge noch Anwälte?, AnwBl 2018, 86–90.
Ders., Anmerkung zu OLG Düsseldorf, JZ 2022, 361–364.
Fuchs, Julian, Digitale Signatur, in: Weber, Klaus (Hrsg.), Rechtswörterbuch, 29. Edition, München 2022.
Gabriel, Roland, Expertensystem, in: Gronau, Norbert/Becker, Jörg/Kliewer, Natalie/Leimeister, Marco/Overhage, Sven (Hrsg.), Enzyklopädie der Wirtschaftsinformatik, 2019, abrufbar unter: https://wi-lex.de/index.php/lexikon/technologische-und-methodische-grundlagen/expertensystem/ (zuletzt aufgerufen am 18.5.2023).
Glatz, Florian, Smart Contracts: Chancen und Herausforderungen algorithmischer Vertragsgestaltung, in: Breidenbach, Stephan/Glatz, Florian (Hrsg.), Rechtshandbuch Legal Tech, 2. Auflage, München/Wien 2021, S. 137–146.
Gorin, Daniel/Mera, Sergio/Schapachnik, Fernando, A Software Tool for Legal Drafting, 2011, abrufbar unter: https://arxiv.org/pdf/1109.2658.pdf (zuletzt aufgerufen am 18.5.2023).
Görz, Günther, Einführung in die Künstliche Intelligenz, 2. Auflage, Bonn 1995.
Governatori, Guido/Milosevic, Zoran, Dealing with contract violations: formalism and domain specific language, 2005, abrufbar unter: https://ieeexplore.ieee.org/abstract/document/1540667 (zuletzt aufgerufen am 18.5.2023).
Governatori, Guido/Rotolo, Antonino, Modelling Contracts Using RuleML, 2004, abrufbar unter: https://www.academia.edu/15026679/Modelling_Contracts_Using_RuleML (zuletzt aufgerufen am 18.5.2023).
Greenberg, Andy, Prosecutors Trace $13.4M in Bitcoins From the Silk Road to Ulbricht's Laptop, Wired 2015, abrufbar unter: https://www.wired.com/2015/01/prosecutors-trace-13-4-million-bitcoins-silk-road-ulbrichts-laptop/ (zuletzt aufgerufen am 18.5.2023).
Grieger, Max Janos/Poser, Till von/Kremer, Kai, Die rechtswissenschaftliche Terminologie auf dem Gebiet der Distributed-Ledger-Technology, ZfDR 2021, 394–410.
Grigg, Ian, The Ricardian Contract, 2004, abrufbar unter: https://www.iang.org/papers/ricardian_contract.html (zuletzt aufgerufen am 18.5.2023).
Grimm, Rüdiger/Waidner, Michael, § 2 IT-Sicherheit aus technischer Sicht, in: Hornung, Gerrit/Schallbruch, Martin (Hrsg.), IT-Sicherheitsrecht: Praxishandbuch, 2021.
Grimmelmann, James, All Smart Contracts are Ambiguous, Journal of Law and Innovation 2019, 1–22.

Gruber, Tom, A Translation Approach to Portable Ontologies Specifications, Knowledge Acquisition 1993, 199–220.
Grundmann, Stefan, Thema, Theorien und Kontext, Diskussion, in: Grundmann, Stefan/Micklitz, Hans-W./Renner, Moritz (Hrsg.), Privatrechtstheorie, Band I, Tübingen 2015, S. 875–902.
Grundmann, Stefan/Hacker, Philipp, Digital Technology as a Challenge to European Contract Law, ERCL 2017, 255–293.
Grundmann, Stefan/Möslein, Florian, Vertragsrecht und Innovation – Gedanken zur Gesamtarchitektur, in: Grundmann, Stefan/Möslein, Florian (Hrsg.), Innovation und Vertragsrecht, Tübingen 2020, S. 3–50.
Grüneberg, Christian (Hrsg.), Bürgerliches Gesetzbuch mit Nebengesetzen, 82. Auflage, München 2023; zit.: *Bearbeiter*, in: Grüneberg.
Guggenberger, Nikolas, Teil 13.7 Smart Contracts, ICOs und Datenschutz, in: Hoeren, Thomas/Sieber, Ulrich/Holznagel, Bernd (Hrsg.), Handbuch Multimedia-Recht: Rechtsfragen des elektronischen Geschäftsverkehrs, 58. Auflage, München 2022.
Gullikson, Runa/Camilleri, John J., A Domain-Specific Language for Normative Texts with Timing Constraints, 2016, abrufbar unter: https://ieeexplore.ieee.org/document/7774648 (zuletzt aufgerufen am 18.5.2023).
Gumm, Heinz-Peter/Sommer, Manfred, Einführung in die Informatik, 10. Auflage, München 2013.
Dies., Programmierung, Algorithmen und Datenstrukturen, Berlin 2016.
Habermas, Jürgen, Faktizität und Geltung. Beiträge zur Diskurstheorie des Rechts und des demokratischen Rechtsstaats, Frankfurt am Main 1992.
Häcker, Joachim/Bekelaer, Fabian, Daten sind das Öl der Zukunft, Bank 2019, 50–54.
Hacker, Philipp, Verhaltensökonomik und Normativität: die Grenzen des Informationsmodells im Privatrecht und seine Alternativen, Tübingen 2017.
Haft, Fritjof, Einführung in die Rechtsinformatik, Freiburg 1977.
Ders., Nutzanwendungen kybernetischer Systeme im Recht, Gießen 1968.
Hart, Oliver, Incomplete Contracts and Control, American Economic Review 2017, 1731–1752.
Hartung, Markus, Gedanken zu Legal Tech und Digitalisierung, in: Hartung, Markus/Bues, Micha-Manuel/Halbleib, Gernot (Hrsg.), Legal Tech – Die Digitalisierung des Rechtsmarkts, München 2018, S. 5–18.
Hartung, Markus/Bues, Micha-Manuel/Halbleib, Gernot (Hrsg.), Legal Tech – Die Digitalisierung des Rechtsmarkts, München 2018.
Häusermann, Daniel M., Eine annahmenbasierte Rechtssetzungsmethode für das Handelsrecht, RW 2015, 49.
Hazard, James/Haapio, Helena, Wise Contracts: Smart Contracts that Work for People and Machines, in Schweighofer, Erich/Kummer, Franz/Hötzendorfer, Walter/Sorge Christoph (Hrsg.), Trends and Communities of Legal Informatics: Proceedings of the 20th International Legal Informatics Symposium IRIS 2017, Wien 2017, S. 425–432.
Heck, Philipp, Gesetzesauslegung und Interessenjurisprudenz, AcP 1914, 1–318.
Heckelmann, Martin, Zulässigkeit und Handhabung von Smart Contracts, NJW 2018, 504–510.
Heckmann, Jörn, DAO-Hack: smart contracts auf dem rechtlichen Prüfstand, CR 2016, R99–R100.
Heckmann, Jörn/Kaulartz, Markus, Blockchain: Rechtliche Hürden für „Smart Contracts", bank und markt 2016, 34–36.
Dies., Smart Contracts auf dem rechtlichen Prüfstand, Bank 2017, 60–61.

Heiner, Michael, Der Auslegungsvertrag: Wechselwirkungen zwischen materiellem Recht und Prozessrecht, Jena 2005.

Heinrich, Christian, Formale Freiheit und materiale Gerechtigkeit: die Grundlagen der Vertragsfreiheit und Vertragskontrolle am Beispiel ausgewählter Probleme des Arbeitsrechts, Tübingen 2000.

Hellgardt, Alexander, Regulierung und Privatrecht: Staatliche Verhaltenssteuerung mittels Privatrecht und ihre Bedeutung für Rechtswissenschaft, Gesetzgebung und Rechtsanwendung, Tübingen 2016.

Hellwege, Philipp, Rezensionsabhandlung: Vertragsfreiheit und Vertragsgerechtigkeit, AcP 2021, 279–285.

Henle, Rudolf, Ausdrückliche und stillschweigende Willenserklärung nach dem Bürgerlichen Gesetzbuche, Leipzig 1910.

Heun, Werner, Die grundgesetzliche Autonomie des Einzelnen im Lichte der Neurowissenschaften, JZ 2005, 853–860.

Hillgruber, Christian, Der Vertrag als Rechtsquelle, ARSP 1999, 348–361.

Historisch-kritischer Kommentar zum BGB, Schmoeckel, Mathias/Rückert, Joachim/Zimmermann, Reinhard (Hrsg.), Band 1, Tübingen 2003; zit.: *Bearbeiter,* in: HKK BGB.

Hoekstra, Rinke/Breuker, Joost/Di Bello, Marcello/Boer, Alexander, The LKIF Core Ontology of Basic Legal Concepts, 2007, abrufbar unter: https://www.researchgate.net/publication/221539250_The_LKIF_Core_ontology_of_basic_legal_concepts (zuletzt aufgerufen am 18.5.2023).

Hoeren, Thomas, E-Commerce-Verträge in: Graf von Westphalen, Friedrich/Thüsing, Gregor (Hrsg.), Vertragsrecht und AGB-Klauselwerke, 48. Ergänzungslieferung März 2022.

Hofer, Sibylle, Freiheit ohne Grenzen?: Privatrechtstheoretische Diskussion im 19. Jahrhundert, Tübingen 2001.

Hofert, Eduard, Regulierung der Blockchains: hoheitliche Steuerung der Netzwerke im Zahlungskontext, Tübingen 2018.

Hoffmann-Riem, Wolfgang, Maßstabsergänzungen bei der Rechtsanwendung, in: Ewer, Wolfgang/Ramsauer, Ulrich/Rubel, Rüdiger (Hrsg.), Methodik – Ordnung – Umwelt, Berlin 2014, S. 57–77.

Höfling, Wolfram, Vertragsfreiheit: eine grundrechtsdogmatische Studie, Heidelberg 1991.

Hogrebe, Ludwig, Bindungsgrenzen: Überlange Mindestvertragslaufzeiten und die objektiven Freiheiten der Zivilrechtsordnung, Tübingen 2018.

Hohn-Hein, Nicolas/Barth, Günter, Immaterialgüterrechte in der Welt von Blockchain und Smart Contract, GRUR 2018, 1089–1096.

Hönn, Günther, Kompensation gestörter Vertragsparität: ein Beitrag zum inneren System des Vertragsrechts, München 1982.

Honsell, Heinrich, Die rhetorischen Wurzeln der juristischen Auslegung, ZfPW 2016, 106–128.

Horn, Claus-Henrik, Richterliche Entscheidung bei Testamentsauslegung und Auslegungsvertrag, ZEV 2016, 565–569.

Hvitved, Tom, Contract Formalisation and Modular Implementation of Domain-Specific Languages, 2012, abrufbar unter: https://citeseerx.ist.psu.edu/viewdoc/download?doi=10.1.1.724.7779&rep=rep1&type=pdf (zuletzt aufgerufen am 18.5.2023).

Idelberger, Florian/Governatori, Guido/Riveret, Régis/Sartor, Giovanni, Evaluation of Logic-Based Smart Contracts for Blockchain Systems, in: Alferes, Jose Julio/Bertossi, Leopoldo/Governatori, Guido/Fodor, Paul/Dumitru, Roman (Hrsg.), Rule Technologies. Research, Tools, and Applications, Schweiz 2016, S. 167–183.

Jacobs, Christoph/Lange-Hausstein, Christian, Blockchain und Smart Contracts: zivil- und aufsichtsrechtliche Bedingungen, ITRB 2017, 10–15.

Jancke, Ulrich, Das Sprachrisiko des ausländischen Arbeitnehmers im Arbeitsrecht, München 1987.

Jandach, Thomas, Juristische Expertensysteme: methodische Grundlagen ihrer Entwicklung, Berlin 1993.

Jansen, Nils, Dogmatik, Erkenntnis und Theorie im europäischen Privatrecht, ZEuP 2005, 750–783.

Jauernig Bürgerliches Gesetzbuch, Stürner, Rolf (Hrsg.), 18. Auflage, München 2021; zit.: *Bearbeiter*, in: Jauernig, BGB.

Joerden, Jan C., Logik im Recht: Grundlagen und Anwendungsbeispiele, 3. Auflage, Berlin/Heidelberg 2018.

Jones, Simon Peyton/Eber, Jean-Marc/Seward, Julian, Composing contracts: an adventure in financial engineering, 2000, abrufbar unter: https://www.microsoft.com/en-us/research/wp-content/uploads/2016/07/contracts-icfp.pdf (zuletzt aufgerufen am 18.5.2023).

JurisPK-BGB, Herberger, Maximilian/Martinek, Michael/Rüßmann, Helmut/Weth, Stephan/Würdinger, Markus (Hrsg.), Band 1, 10. Auflage 2023; zit.: *Bearbeiter*, in: JurisPK-BGB.

Kahl, Wolfgang, Das Grundrecht der Sprachenfreiheit, JuS 2007, 201–208.

Kantorowicz, Hermann, Der Begriff des Rechts, Göttingen 1963.

Kastens, Uwe, Programmierparadigma, in: Gronau, Norbert/Becker, Jörg/Kliewer, Natalie/Leimeister, Marco/Overhage, Sven (Hrsg.), Enzyklopädie der Wirtschaftsinformatik, 2019, abrufbar unter: https://wi-lex.de/index.php/lexikon/technologische-und-methodische-grundlagen/sprache/programmiersprache/programmierparadigma/ (zuletzt aufgerufen am 18.5.2023).

Kaufmann, Arthur, Analogie und „Natur der Sache", Karlsruhe 1964.

Kaulartz, Markus, Herausforderungen bei der Gestaltung von Smart Contracts, InTer 2016, 201–206.

Ders., Smart Contract Dispute Resolution, in: Fries, Martin (Hrsg.), Smart Contracts, Tübingen 2019, S. 73–83.

Ders., Teil 9.5 Smart Contracts, in: Leupold, Andreas/Wiebe, Andreas/Glossner, Silke (Hrsg.), IT-Recht, 4. Auflage, München 2021.

Kaulartz, Markus/Heckmann, Jörn, Smart Contracts – Anwendungen der Blockchain-Technologie, CR 2016, 618–624.

Kaulartz, Markus/Kreis, Falco, Smart Contract Dispute Resolution, in: Braegelmann, Tom/Kaulartz, Markus (Hrsg.), Rechtshandbuch Smart Contracts, München 2019, S. 249–261.

Kilian, Wolfgang, Äußeres und inneres System in einem noch fragmentarischen Europäischen Schuldvertragsrecht?, in: Grundmann, Stefan (Hrsg.), Systembildung und Systemlücken in Kerngebieten des Europäischen Vertragsrechts, Tübingen 2000, S. 427–442.

Kipker, Dennis-Kenji/Birreck, Piet/Niewöhner, Mario/Schnorr, Timm, Rechtliche und technische Rahmenbedingungen der „Smart Contracts", MMR 2020, 509–513.

Kirchhof, Ferdinand, Private Rechtsetzung, Berlin 1987.

Kirchhof, Paul, § 20 Deutsche Sprache, in: Isensee, Josef/Kirchhof, Paul (Hrsg.), Handbuch des Staatsrechts, Band II, 3. Auflage, Heidelberg 2004, S. 209–258.

Kitz, Volker, Teil 13.1 Vertragsschluss im Internet, in: Hoeren, Thomas/Sieber, Ulrich/Holznagel, Bernd (Hrsg.), Handbuch Multimedia-Recht: Rechtsfragen des elektronischen Geschäftsverkehrs, 58. Auflage, München 2022.

Klabunde, Ralf, Formale Pragmatik, in: Liedtke, Frank/Tuchen, Astrid (Hrsg.), Handbuch Pragmatik, Stuttgart 2018, S. 122–131.

Kliege, Helmut, Rechtsprobleme der allgemeinen Geschäftsbedingungen in wirtschaftswissenschaftlicher Analyse unter besonderer Berücksichtigung der Freizeichnungsklauseln, Göttingen 1966.

Kling, Michael, Sprachrisiken im Privatrechtsverkehr: die wertende Verteilung sprachenbedingter Verständnisrisiken im Vertragsrecht, Tübingen 2008.

Kloth, Maximilian, Blockchain basierte Smart Contracts im Lichte des Verbraucherrechts, VuR 2022, 214–223.

Knieper, Rolf, Von der Vertragsfreiheit zum smart contract, KJ 2019, 193–202.

Köhler, Helmut, BGB Allgemeiner Teil, 46. Auflage, München 2022.

Kolb, John, A Language-Based Approach to Smart Contract Engineering, 2020, abrufbar unter: https://www2.eecs.berkeley.edu/Pubs/TechRpts/2020/EECS-2020-220.pdf (zuletzt aufgerufen am 18.5.2023).

Köndgen, Johannes, Privatisierung des Rechts, AcP 2006, 477–525.

Kössinger, Reinhard/Najdecki, Damian Wolfgang, § 23 Die Auslegung von Verfügungen von Todes wegen, in: Nieder, Heinrich/Kössinger, Reinhard (Hrsg.), Handbuch der Testamentsgestaltung: Grundlagen und Gestaltungsmittel für Verfügungen von Todes wegen und vorbereitende Erbfolgemaßnahmen, 6. Auflage, München 2020.

Kötz, Hein, Rechtsvereinheitlichung – Nutzen, Kosten, Methoden, Ziele, RabelsZ 1986, 1–18.

Kramer, Ernst A., Grundfragen der vertraglichen Einigung: Konsens, Dissens und Erklärungsirrtum als dogmatische Probleme des österreichischen, schweizerischen und deutschen Vertragsrechts, München/Salzburg 1972.

Ders., Die „Krise" des liberalen Vertragsdenkens: eine Standortbestimmung, München 1974.

Kramm, Manfred, Rechtsnorm und semantische Eindeutigkeit, München 1970.

Kuntz, Thilo, Die Grenze zwischen Auslegung und Rechtsfortbildung aus sprachphilosophischer Perspektive, AcP 2015, 387.

Ders., Konsens statt Recht? Überlegungen zu Chancen und Herausforderungen der Blockchain-Technologie aus juristischer Sicht, AcP 2020, 51–97.

Kupka, Natascha, Haftung des Geschäftsführers nach § 64 Satz 1 GmbHG für Zahlungen durch Smart Contracts in der Blockchain, ZIP 2021, 438–449.

Kurbel, Karl, Programm (Computerprogramm), in: Gronau, Norbert/Becker, Jörg/Kliewer, Natalie/Leimeister, Marco/Overhage, Sven (Hrsg.), Enzyklopädie der Wirtschaftsinformatik, 2019, abrufbar unter: https://wi-lex.de/index.php/lexikon/technologische-und-methodische-grundlagen/programm-computerprogramm/ (zuletzt aufgerufen am 18.5.2023).

Kutschera, Franz, Intensionale Logik und theoretische Linguistik, in: Simon, Josef/Apel, Karl-Otto (Hrsg.), Aspekte und Probleme der Sprachphilosophie, Freiburg 1974, S. 111–136.

Larenz, Karl, Die Methode der Auslegung des Rechtsgeschäfts: zugleich ein Beitrag zur Theorie der Willenserklärung, Leipzig 1930.

Ders., Richtiges Recht: Grundzüge einer Rechtsethik, München 1979.

Ders., Methodenlehre der Rechtswissenschaft, 6. Auflage, Berlin 1991.

Larenz, Karl/Canaris, Claus-Wilhelm, Methodenlehre der Rechtswissenschaft, 3. Auflage, Berlin/Heidelberg 1995.

Lee, Ronald M., A Logic Model for Electronic Contracting, Decision Support Systems 1988, 27–44.

Legner, Sarah, Smart Consumer Contracts – Die automatisierte Abwicklung von Verbraucherverträgen, VuR 2021, 10–18.

Lehmann, Matthias/Krysa, Felix, Blockchain, Smart Contracts und Token aus der Sicht des (Internationalen) Privatrechts, BJR 2019, 90–96.

Lehner, Moris, Grundlagen des Abkommensrechts, in: Vogel, Klaus/Lehner, Moris/Ismer, Roland (Hrsg.), Doppelbesteuerungsabkommen der Bundesrepublik Deutschland auf dem Gebiet der Steuern vom Einkommen und Vermögen: Kommentar auf der Grundlage der Musterabkommen, 7. Auflage, München 2021.

Leisner, Walter, Grundrechte und Privatrecht, München 1960.

Lessig, Lawrence, The Law of the Horse: What Cyberspace might teach, Harvard Law Review 1999, 501–546.

Ders., Code: version 2.0, 2. Auflage, New York 2006.

Levi, Stuart D./Lipton, Alex B., An Introduction to Smart Contracts and Their Potential and Inherent Limitations, https://corpgov.law.harvard.edu/2018/05/26/an-introduction-to-smart-contracts-and-their-potential-and-inherent-limitations/ (zuletzt aufgerufen am 18.5.2023).

Liebwald, Doris, Auf dem Weg zum Rechtsbegriff, in: Speer, Heino (Hrsg.), Wort – Bild – Zeichen. Beiträge zur Semiotik im Recht, Memmingen 2012, S. 203–223.

Liedtke, Frank, Sprechakttheorie, in: Liedtke, Frank/Tuchen, Astrid (Hrsg.), Handbuch Pragmatik, Stuttgart 2018, S. 29–40.

Linardatos, Dimitrios, Smart Contracts – einige klarstellende Bemerkungen, K&R 2018, 85–92.

Loevinger, Lee, Jurimetrics – The Next Step Forward, Minnesota Law Review 1949, 455–493.

Lorenz, Stephan, Der Schutz vor dem unerwünschten Vertrag: eine Untersuchung von Möglichkeiten und Grenzen der Abschlußkontrolle im geltenden Recht, München 1997.

LSP Working Group, Developing a Legal Specification Protocol, 2019, abrufbar unter: https://conferences.law.stanford.edu/compkworking201709/wp-content/uploads/sites/40/2019/03/LSPWhitePaperJan1119v021419.pdf (zuletzt aufgerufen am 18.5.2023).

Lupu, Ruxandra, Herausforderungen und Lösungsansätze bei der Gestaltung von Blockchain-basierten Smart Contracts, CR 2019, 631–634.

Dies., Zulässigkeit, Handhabung und rechtliche Grenzen bei der Gestaltung von Smart Contracts, InTer 2020, 2–6.

Lüttringhaus, Jan D., Vertragsfreiheit und ihre Materialisierung im Europäischen Binnenmarkt: die Verbürgung und Materialisierung unionaler Vertragsfreiheit im Zusammenspiel von EU-Privatrecht, BGB und ZPO, Tübingen 2018.

Lyons, Tom/Courcelas, Ludovic/Timsit, Ken, Thematic Report: Legal and Regulatory Framework of Blockchains and Smart Contracts, 2019, abrufbar unter: https://www.blockchain4europe.eu/wp-content/uploads/2021/05/report_legal_v1.0.pdf (zuletzt aufgerufen am 18.5.2023).

Mai, Stefan, DZ BANK, BayernLB und Deutsche Börse weisen Funktionsfähigkeit von digitalen Smart Derivative Contracts nach, AG 2021, R236–R237.

Maier-Reimer, Georg, Vertragssprache und Sprache des anwendbaren Rechts, NJW 2010, 2545–2550.

Mackenrodt, Mark-Oliver, Technologie statt Vertrag? Sachmangelbegriff, negative Beschaffenheitsvereinbarungen und AGB beim Kauf digitaler Güter, Tübingen 2015.

Manhart, Klaus, KI-Modelle in den Sozialwissenschaften: logische Struktur und wissensbasierte Systeme von Balancetheorien, München 1995.

Mann, Maximilian, Die Decentralized Autonomous Organization – ein neuer Gesellschaftstyp?, NZG 2017, 1014–1020.
Ders., Komplexe Smart Contracts: Die Decentralized Autonomous Organization, in: Braegelmann, Tom/Kaulartz, Markus (Hrsg.), Rechtshandbuch Smart Contracts, München 2019, S. 219–231.
Martinek, Michael, Vertragsrechtstheorie und Bürgerliches Gesetzbuch, 2005, abrufbar unter: http://rw22big3.jura.uni-saarland.de/projekte/Bibliothek2/text.php?id=375 (zuletzt aufgerufen am 18.5.2023).
Matthes, Florian, Eine Standortbestimmung aus Sicht der Informatik, in: Braegelmann, Tom/Kaulartz, Markus (Hrsg.), Rechtshandbuch Smart Contracts, München 2019, S. 37–57.
Maus, Carolin, Das Schiedsgutachten im Allgemeinen bürgerlichen Recht, Berlin 2021.
Mayr, Andreas Markus, Schiedsvereinbarung und Privatrecht: zu der Rechtsnatur und den Wirkungen der Schiedsvereinbarung, Berlin 2019.
Meyer-Cording, Ulrich, Die Rechtsnormen, Tübingen 1971.
Micklitz, Hans-W./Rott, Peter, H. V. Verbraucherschutz, in: Dauses, Manfred/Ludwigs, Markus (Hrsg.), Handbuch des EU-Wirtschaftsrechts, 57. Ergänzungslieferung, München August 2022.
Mik, Eliza, Smart contracts: Terminology, technical limitations and real world complexity, 2017, abrufbar unter: https://papers.ssrn.com/sol3/papers.cfm?abstract_id=3038406 (zuletzt aufgerufen am 18.5.2023).
Miller, Brent, Smart Contracts and the Role of Lawyers (Part 2) – About „Code is Law", 2016, abrufbar unter: http://biglawkm.com/2016/10/22/smart-contracts-and-the-role-of-lawyers-part-2-about-code-is-law/ (zuletzt aufgerufen am 18.5.2023).
Mittelstädt, Morten, Die Auslegung empfangsbedürftiger Willenserklärungen: Eine Kritik des herrschenden Methodendualismus, Tübingen 2016.
Ders., Falsa demonstratio: Und sie schadet doch! Eine Kritik der natürlichen Auslegung empfangsbedürftiger Willenserklärungen, ZfPW 2017, 175–200.
Möllers, Christoph, Globalisierte Jurisprudenz, in: Anderheiden, Michael (Hrsg.), Globalisierung als Problem von Gerechtigkeit und Steuerungsfähigkeit des Rechts: Vorträge der 8. Tagung des Jungen Forum Rechtsphilosophie, 20. und 21. September 2000 in Heidelberg, Stuttgart 2001, S. 41–60.
Montazeri, Seyed M./Roy, Nivir K.S./Schneider, Gerado, From Contracts in Structured English to CL Specifications, Electronic Proceedings in Theoretical Computer Science 2011, abrufbar unter: https://arxiv.org/pdf/1109.2657.pdf (zuletzt aufgerufen am 18.5.2023).
Möslein, Florian, Dispositives Recht: Zwecke, Strukturen und Methoden, Tübingen 2011.
Ders., Rechtliche Grenzen innovativer Finanztechnologien (FinTech): Smart Contracts als Selbsthilfe?, ZBB 2018, 208–221.
Ders., Smart Contracts im Zivil- und Handelsrecht, ZHR 2019, 254–294.
Ders., Rechtsgeschäftslehre und Smart Contracts, in: Braegelmann, Tom/Kaulartz, Markus (Hrsg.), Rechtshandbuch Smart Contracts, München 2019, S. 81–98.
Ders., Regelsetzung als Forschungsgegenstand der Privatrechtswissenschaft, in: Möslein, Florian (Hrsg.), Regelsetzung im Privatrecht, Tübingen 2019, S. 1–27.
Ders., Conflicts of Laws and Codes: Defining the Boundaries of Digital Jurisdictions, in: Hacker, Philipp/Lianos, Ioannis/Dimitropoulos, Georgios/Eich, Stefan (Hrsg.), Regulating Blockchain: Techno-Social and Legal Challenges, Oxford 2019, S. 275–288.
Ders., Materialisierung von Smart Contracts – Anmerkung zu OLG Düsseldorf, Urt. v. 7.10.2021 – I-20 U 116/20, RdI 2022, 297–298.

Motive zu dem Entwurfe eines Bürgerlichen Gesetzbuchs für das Deutsche Reich, Band I (Allgemeiner Theil), Berlin/Leipzig 1888, Amtliche Ausgabe.
Motive zu dem Entwurfe eines Bürgerlichen Gesetzbuchs für das Deutsche Reich, Band II (Recht der Schuldverhältnisse), Berlin/Leipzig 1888, Amtliche Ausgabe.
Mugdan, Benno, Die gesammten Materialien zum Bürgerlichen Gesetzbuch für das Deutsche Reich, I. Band: Einführungsgesetz und Allgemeiner Theil, Berlin 1899.
Ders., Die gesammten Materialien zum Bürgerlichen Gesetzbuch für das Deutsche Reich, II. Band: Recht der Schuldverhältnisse, Berlin 1899.
Münchener Kommentar zum Bürgerlichen Gesetzbuch, Säcker, Franz Jürgen/Rixecker, Roland/Oetker, Hartmut/Limperg, Bettina (Hrsg.); zit.: *Bearbeiter*, in: MüKo BGB.
Band 1: Allgemeiner Teil, 9. Auflage, München 2021.
Band 2: Schuldrecht – Allgemeiner Teil I, 9. Auflage, München 2022.
Band 3: Schuldrecht – Allgemeiner Teil II, 9. Auflage, München 2022.
Band 5: Schuldrecht – Besonderer Teil II, 9. Auflage, München 2023.
Band 8: Sachenrecht, 9. Auflage, München 2023.
Band 13: Internationales Privatrecht II, 8. Auflage, München 2021.
Münchener Kommentar zur Zivilprozessordnung, Rauscher, Thomas/Krüger, Wolfgang (Hrsg.), Band 1, 6. Auflage, München 2020; zit.: *Bearbeiter*, in: MüKo ZPO.
Musielak, Hans-Joachim, Zum Verhältnis von Wille und Erklärung, AcP 2011, 769–802.
Musielak, Hans-Joachim/Voit, Wolfgang (Hrsg.), Zivilprozessordnung mit Gerichtsverfassungsgesetz Kommentar, 20. Auflage, München 2023; zit.: *Bearbeiter*, in: Musielak/Voit ZPO.
Nakamoto, Satoshi, Bitcoin: A Peer-to-Peer Electronic Cash System, abrufbar unter: https://bitcoin.org/en/bitcoin-paper (zuletzt aufgerufen am 18.5.2023).
Neumann, Gustav, Auszeichnungssprache, in: Gronau, Norbert/Becker, Jörg/Kliewer, Natalie/Leimeister, Marco/Overhage, Sven (Hrsg.), Enzyklopädie der Wirtschaftsinformatik, 2019, abrufbar unter: https://wi-lex.de/index.php/lexikon/technologische-und-methodische-grundlagen/sprache/auszeichnungssprache/ (zuletzt aufgerufen am 18.5.2023).
Neuner, Jörg, Allgemeiner Teil des Bürgerlichen Rechts, 13. Auflage, München 2023.
Nierwertberg, Rüdiger, Rechtswissenschaftlicher Begriff und soziale Wirklichkeit: untersucht am Beispiel der Lehre vom Vertragsschluß, Berlin 1983.
Nikisch, Arthur, Zivilprozessrecht: ein Lehrbuch, Tübingen 1952.
NomosKommentar BGB, zit.: *Bearbeiter*, in: NK-BGB.
Band 1, *Heidel, Thomas/Hüßtege, Rainer/Mansel, Heinz-Peter/Noack, Ulrich* (Hrsg.), 4. Auflage, Baden-Baden 2021.
Band 2, *Dauner-Lieb, Barbara/Langen, Werner* (Hrsg.), 4. Auflage, Baden-Baden 2021.
Band 5, *Kroiß, Ludwig/Fleindl, Hubert, in: Kroiß, Ludwig/Horn, Claus-Henrik* (Hrsg.), 6. Auflage, Baden-Baden 2022.
Oechsler, Jürgen, Gerechtigkeit im modernen Austauschvertrag: die theoretischen Grundlagen der Vertragsgerechtigkeit und ihr praktischer Einfluß auf Auslegung, Ergänzung und Inhaltskontrolle des Vertrages, Tübingen 1997.
Ogden, Charles Kay/Richards, Ivor Armstrong, The Meaning of Meaning, New York 1923.
Ogorek, Regina, Richterkönig oder Subsumtionsautomat?: zur Justiztheorie im 19. Jahrhundert, Frankfurt am Main 2008.
Ohly, Ansgar, „Volenti non fit iniuria": Die Einwilligung im Privatrecht, Tübingen 2002.
Ostoja-Starzewski, Marc A., On-Chain Smart Contracts und Token in der Industrie 4.0, InTeR 2021, 213–218.

Ott, Claus, Allokationseffizienz, Rechtsdogmatik und Rechtsprechung: die immanente ökonomische Rationalität des Zivilrechts, in: Ott, Claus/Schäfer, Hans-Bernd (Hrsg.), Allokationseffizienz in der Rechtsordnung, Berlin/Heidelberg/New York 1989, S. 25–44.

Otto, Claudia, Bermudadreieck Ethereum: wo Recht derzeit baden geht: Grenzen der Nutzung von Smart Contracts, Ri 2017, 86–102.

Paas, Susanne Karoline, Das bewegliche System: zur Karriere einer juristischen Denkfigur, Tübingen 2021.

Pace, Gordon/Prisacariu, Cristian/Schneider, Gerado, Model Checking Contracts – A Case Study, in: Namjoshi, Kedar S./Yoneda, Tomohiro/Higashino, Teruo/Yoshio, Okamura (Hrsg.), Automated Technology for Verification and Analysis, Berlin/Heidelberg 2007.

Pace, Gordon/Schneider, Gerado, Challenges in the Specification of Full Contracts, 2009, abrufbar unter: https://typeset.io/pdf/challenges-in-the-specification-of-full-contracts-138c5msu86.pdf (zuletzt aufgerufen am 18.5.2023).

Papier, Hans-Jürgen, Wirtschaftsverfassung in der Wirtschaftsordnung der Gegenwart, in: Osterloh, Lerke/Schmidt, Karsten/Weber, Hermann (Hrsg.), Staat, Wirtschaft, Finanzverfassung: Festschrift für Peter Selmer zum 70. Geburtstag, Berlin 2004, S. 459–477.

Paschke, Adrian/Bichler, Martin/Dietrich, Jens, ContractLog: An Approach to Rule Based Monitoring and Execution of Service Level Agreements, in: Adi, Asaf/Stoutenburg, Suzette/Tabet, Said (Hrsg.), RuleML 2005, LNCS 3791, Berlin /Heidelberg 2005.

Paulus, David, Was ist eigentlich … ein Smart Contract?, JuS 2020, 107–108.

Paulus, David/Matzke, Robin, Smart Contracts und das BGB – Viel Lärm um nichts?, ZfPW 2018, 431–465.

Dies., Smart Contracts und Smart Meter – Versorgungssperre per Fernzugriff, NJW 2018, 1905–1911.

Pesch, Paulina Jo, Blockchain, Smart Contracts und Datenschutz, in: Fries, Martin/Paal, Boris P. (Hrsg.), Smart Contracts, Tübingen 2019, S. 13–23.

Petersen, Niels/Towfigh, Emanuel V., Ökonomik in der Rechtswissenschaft, in: Towfigh, Emanuel V./Petersen, Niels (Hrsg.), Ökonomische Methoden im Recht, 2. Auflage, Tübingen 2017, S. 1–24.

Peukert, Alexander, Schutzbereich und Fungibilität des Presseleistungsschutzrechts, ZUM 2023, 233–247.

Potacs, Michael, Effet utile als Auslegungsgrundsatz, EuR 2009, 465–487.

Potel, Karin/Hessel, Stefan, Rechtsprobleme von Smart Contracts – automatisierte Abwicklung von Verträgen, JM 2020, 354–359.

Prisacariu, Cristian/Schneider, Gerado, A Formal Language for Electronic Contracts, in: Bonsangue, Marcello M./Johnsen, Einar Broch (Hrsg.), Formal Methods for Open Object-Based Distributed Systems, 2007.

Dies., A Dynamic Deontic Logic for Complex Contracts, The Journal of Logic and Algebraic Programming 2012, 458–490.

Raabe, Oliver/Wacker, Richard/Oberle, Daniel/Baumann, Christian/Funk, Christian, Recht ex machina. Formalisierung des Rechts im Internet der Dienste, 2012.

Radbruch, Gustav, Rechtsphilosophie, 2. Auflage, Heidelberg 2003.

Radin, Margaret Jane, The Deformation of Contract in the Information Society, Oxford Journal of Legal Studies 2017, 505–533.

Raiser, Ludwig, Das Recht der allgemeinen Geschäftsbedingungen, Hamburg 1935.

Ders., Vertragsfreiheit heute, JZ 1958, 1–8.

Ders., Vertragsfunktion und Vertragsfreiheit, in: Caemmerer, Ernst v./Friesenhahn, Ernst/Lange, Richard (Hrsg.), Hundert Jahre Deutsches Rechtsleben: Festschrift zum hundertjährigen Bestehen des Deutschen Juristentages 1860–1960, Band 1, Karlsruhe 1960, S. 101–134.

Raskin, Max, The Law and Legality of Smart Contracts, Georgetown Law Technology Review 2017, 305–341.

Recht der elektronischen Medien, Spindler, Gerald/Schuster, Fabian (Hrsg.), 4. Auflage, München 2019; zit.: *Bearbeiter*, in: Recht der elektronischen Medien.

Regnath, Emanuel/Steinhorst, Sebastian, SmaCoNat: Smart Contracts in Natural Language, 2018, abrufbar unter: https://www.researchgate.net/publication/328815776_SmaCoNat_Smart_Contracts_in_Natural_Language (zuletzt aufgerufen am 18.5.2023).

Reidenberg, Joel R., Lex Informatica: The Formulation of Information Policy Rules through Technology, Texas Law Review 1998, 553–593.

Reimer, Franz, Juristische Methodenlehre, 2. Auflage, Baden-Baden 2020.

Reinach, Adolf, Zur Phänomenologie des Rechts: die apriorischen Grundlagen des bürgerlichen Rechts, München 1953.

Reisinger, Leo, Automatisierte Normanalyse und Normanwendung: eine Untersuchung, Berlin 1972.

Ders., Die automatisierte Messung juristischer Begriffe: eine Untersuchung, Berlin 1973.

Ders., Rechtsinformatik, Berlin/New York 1977.

Ders., Strukturwissenschaftliche Grundlagen der Rechtsinformatik: eine Einführung für Juristen, Rechtsinformatiker und Sozialwissenschaftler, Graz 1987.

Reitwiessner, Christian, Technische Interpretation von Smart Contracts, in: Braegelmann, Tom/Kaulartz, Markus (Hrsg.), Rechtshandbuch Smart Contracts, München 2019, S. 59–66.

Reyes, Carla L., Conceptualizing Cryptolaw, Nebraska Law Review 2017, 384–445.

Reymann, Christoph, Das Sonderprivatrecht der Handels- und Verbraucherverträge: Einheit, Freiheit und Gleichheit im Privatrecht, Tübingen 2009.

Riehm, Thomas, Smart Contracts und AGB-Recht, in: Braegelmann, Tom/Kaulartz, Markus (Hrsg.), Rechtshandbuch Smart Contracts, München 2019, S. 99–112.

Riesenhuber, Karl, System und Prinzipien des Europäischen Vertragsrechts, Berlin 2003.

Ders., Privates Recht, wissenschaftliches Recht, Systembildung, in: Bumke, Christian/Röthel, Anne (Hrsg.), Privates Recht, Tübingen 2012, S. 49–67.

Ders., ‚Normative Dogmatik' des Europäischen Privatrechts, in: Auer, Marietta/Grigoleit, Hans Christoph/Hager, Johannes/Herresthal, Carsten/Hey, Felix/Koller, Ingo/Langenbucher, Katja/Neuner, Jörg/Petersen, Jens/Riehm, Thomas/Singer, Reinhard (Hrsg.), Privatrechtsdogmatik im 21. Jahrhundert: Festschrift für Claus-Wilhelm Canaris zum 80. Geburtstag, Berlin/Boston 2017, S. 181–203.

Rittner, Fritz, Der privatautonome Vertrag als rechtliche Regelung des Soziallebens, JZ 2011, 269–274.

Ritzmann, Uwe Jens, Über den Feststellungsvertrag, Hamburg 1973.

Roach, Matthew, Toward a new language of legal drafting, 2015, abrufbar unter: https://www.researchgate.net/publication/280220966_Toward_a_new_language_of_legal_drafting (zuletzt aufgerufen am 18.5.2023).

Rödig, Jürgen, Einführung in die analytische Rechtslehre, Berlin/Heidelberg/New York 1986.

Rodríguez de las Heras Ballell, Teresa, A technological transformation of secured transactions law: visibility, monitoring, and enforcement, Uniform Law Review 2017, 693–715.

Rosenblatt, Kalhan, Think commas don't matter? Omitting one cost a Maine dairy company $5 million., abrufbar unter: https://www.nbcnews.com/news/us-news/think-commas-don-t-matter-omitting-one-cost-maine-dairy-n847151 (zuletzt aufgerufen am 18.5.2023).

Roth, Wolfgang, Der Auslegungsvertrag in der Erbrechtspraxis, NJW 2016, 487.
Rückert, Joachim, Methode und Zivilrecht beim Klassiker Savigny, in: Rückert, Joachim/Seinecke, Ralf (Hrsg.), Methodik des Zivilrechts – von Savigny bis Teubner, 3. Auflage, Baden-Baden 2017, S. 53–95.
Rückert, Joachim/Seinecke, Ralf, Zwölf Methodenregeln für den Ernstfall, in: Rückert, Joachim/Seinecke, Ralf (Hrsg.), Methodik des Zivilrechts – von Savigny bis Teubner, 3. Auflage, Baden-Baden 2017, S. 39–51.
Rühl, Gisela, Smart Contracts und anwendbares Recht, in: Braegelmann, Tom/Kaulartz, Markus (Hrsg.), Rechtshandbuch Smart Contracts, München 2019, S. 147–168.
Rupa, Joanna, Standardisierte Projektverträge als Smart Contracts, MMR 2021, 371–376.
Rüthers, Bernd/Fischer, Christian/Birk, Axel, Rechtstheorie, 12. Auflage, München 2022.
Ruttmann, Christine, Verbotene Eigenmacht durch Fernsperrung einer vermieteten E-Auto Batterie, VuR 2022, 74–79.
Säcker, Jürgen, Zum Regierungsentwurf eines Antidiskriminierungsgesetzes (A.-Drs. 15(12)440–N), 2005.
Sarswat, Suneel/Singh, Abhishek Kr., Formal verification of trading in financial markets, 2019, abrufbar unter: https://www.researchgate.net/publication/334558192_Formal_verification_of_trading_in_financial_markets (zuletzt aufgerufen am 18.5.2023).
Sartor, Giovanni/Casanovas, Pompeu/Biasiotti, Maria Angela/Fernandez-Barrera, Metrixell (Hrsg.), Approaches to Legal Ontologies – Theories, Domains, Methodologies, Dordrecht/Heidelberg/London/New York 2011.
Savelyev, Alexander, Contract law 2.0: ‚Smart' contracts as the beginning of the end of classic contract law, Information & Communications Technology Law 2017, 116–134.
Schäfer, Carsten, Vertragsschluß unter Einbeziehung von Allgemeinen Geschäftsbedingungen gegenüber Fremdmuttersprachlern, JZ 2003, 879–883.
Schäfer, Hans-Bernd/Ott, Claus, Lehrbuch der ökonomischen Analyse des Zivilrechts, 6. Auflage, Berlin 2021.
Schawe, Nadine, Blockchain und Smart Contracts in der Kreativwirtschaft – mehr Probleme als Lösungen?, MMR 2019, 218–223.
Schmidt-Rimpler, Walter, Grundfragen einer Erneuerung des Vertragsrechts, AcP 1941, 130–197.
Ders., Zum Vertragsproblem, in: Bauer, Fritz/Esser, Josef/Kübler, Friedrich/Steindorff, Ernst (Hrsg.), Funktionswandel der Privatrechtsinstitutionen: Festschrift für Ludwig Raiser zum 70. Geburtstag, Tübingen 1974, S. 1–26.
Schmidt-Salzer, Joachim, Subjektiver Wille und Willenserklärung, JR 1969, 281–289.
Schmidt, Andrea, Elektronischer Vertrag, in: Weber, Klaus (Hrsg.), Rechtswörterbuch, 29. Edition, München 2022.
Schmolke, Klaus Ulrich, Grenzen der Selbstbindung im Privatrecht: Rechtspaternalismus und Verhaltensökonomik im Familien-, Gesellschafts- und Verbraucherrecht, Tübingen 2014.
Ders., Vertragstheorie und ökonomische Analyse des Vertragsrechts, in: Towfigh, Emanuel V./Petersen, Niels (Hrsg.), Ökonomische Methoden im Recht, 2. Auflage, Tübingen 2017, S. 131–162.
Schnapp, Friedrich E., Logik für Juristen: die Grundlagen der Denklehre und der Rechtsanwendung, 7. Auflage, München 2016.
Schnell, Sebastian/Schwaab, Corbinian, Vertragsgestaltung beim Einsatz von Smart Contracts zur Automatisierung von Lieferbeziehungen, BB 2021, 1091–1098.
Scholz, Lauren H., Algorithmic Contracts, Stanford Technology Law Review 2017, 128–169.

Schrader, Paul T., Smart Contract-AGB: Fernsperrung der Lademöglichkeit einer gemieteten Autobatterie, JA 2023, 247–249.
Schrey, Joachim/Thalhofer, Thomas, Rechtliche Aspekte der Blockchain, NJW 2017, 1431–1436.
Schulze, Reiner (Hrsg.),:Handkommentar Bürgerliches Gesetzbuch, 11. Auflage, Baden-Baden 2021; zit.: *Bearbeiter*, in: Schulze u.a.
Schulze, Reiner/Zoll, Fryderyk, Europäisches Vertragsrecht, 3. Auflage, Baden-Baden 2021.
Schuppert, Gunnar Folke, Rezensionsabhandlung – Das Recht des Rechtspluralismus, AöR 2017, 614–631.
Ders., Rechtswissenschaft als Regelungswissenschaft, in: Möslein, Florian (Hrsg.), Regelsetzung im Privatrecht, Tübingen 2019, S. 31–58.
Schurr, Francesco A., Anbahnung, Abschluss und Durchführung von Smart Contracts im Rechtsvergleich, ZVglRWiss 2019, 257–284.
Schwartz, Alan/Scott, Robert E., Contract Theory and the Limits of Contract Law, Yale Law Journal 2003, 541–619.
Dies., Contract Interpretation Redux, Yale Law Journal 2010, 926–964.
Schweighofer, Erich, Rechtsinformatik und Wissensrepräsentation: automatische Textanalyse im Völkerrecht und Europarecht, Wien 1999.
Searle, John R., Sprechakte: ein sprachphilosophischer Essay, Frankfurt am Main 1973.
Seiler, Wolfgang, Verbraucherschutz auf elektronischen Märkten: Untersuchung zu Möglichkeiten und Grenzen eines regulativen Paradigmenwechsels im internetbezogenen Verbraucherprivatrecht, Tübingen 2006.
Seinecke, Ralf, Das Recht des Rechtspluralismus, Tübingen 2015.
Sergot, M. J./Sadri, F./Kowalski, R. A./Kriwaczek, F./Hammond, P./Cory, T. H., The British Nationality Act as a Logic Program, Communications of the ACM 1986, 370–386.
Sesing, Andreas/Baumann, Jonas S., Automatisierung von Vertragsbeziehungen in der Industrie 4.0, InTer 2020, 233–240.
Shannon, Claude E./Weaver, Warren, The Mathematical Theory of Communication, Urbana 1964.
Sillaber, Christian/Waltl, Bernhard, Life Cycle of Smart Contracts in Blockchain Ecosystems, DuD 2017, 497–500.
Simmchen, Christoph, Blockchain (R)Evolution – Verwendungsmöglichkeiten und Risiken, MMR 2017, 162–165.
Singer, Reinhard, Das Verbot widersprüchlichen Verhaltens, München 1993.
Ders., Selbstbestimmung und Verkehrsschutz im Recht der Willenserklärungen, München 1995.
Söbbing, Thomas, Smart Contracts und Blockchain-Technologie, ITRB 2018, 43–46.
Specht, Louisa, Diktat der Technik: Regulierungskonzepte technischer Vertragsinhaltsgestaltung am Beispiel von Bürgerlichem Recht und Urheberrecht, Baden-Baden 2019.
Dies., Zum Verhältnis von (Urheber-)Recht und Technik, GRUR 2019, 253–259.
Spellenberg, Ulrich, Fremdsprache und Rechtsgeschäft, in: Heldrich, Andreas/Sonnenberger, Hans Jürgen (Hrsg.), Festschrift für Murad Ferid: zum 80. Geburtstag am 11. April 1988, Frankfurt am Main 1988, S. 463–494.
Spindler, Gerald, Roboter, Automation, künstliche Intelligenz, selbst-steuernde Kfz – Braucht das Recht neue Haftungskategorien?, CR 2015, 766–776.
Ders., Umsetzung der Richtlinie über digitale Inhalte in das BGB, MMR 2021, 451–457.
Spindler, Gerald/Gerdemann, Simon, Rechtstatsachenforschung – Grundlagen, Entwicklung und Potentiale, AG 2016, 698–703.

Spindler, Gerald/Wöbbeking, Maren K., Smart Contracts und Verbraucherschutz, in: Braegelmann, Tom/Kaulartz, Markus (Hrsg.), Rechtshandbuch Smart Contracts, München 2019, S. 135–145.
Stark, Alexander, Interdisziplinarität der Rechtsdogmatik, Tübingen 2020.
Staudenmayer, Dirk, Die Richtlinien zu den digitalen Verträgen, ZEuP 2019, 663–694.
Staudingers Kommentar zum Bürgerlichen Gesetzbuch mit Einführungsgesetz und Nebengesetzen, Stieper, Malte/Klumpp, Steffen/Singer, Reinhard/Herrler, Sebastian (Hrsg.), Neubearbeitung 2021, Buch 1, Allgemeiner Teil; zit.: *Bearbeiter*, in: Staudinger BGB.
Stein, Ursula, Lex Mercatoria: Realität und Theorie, Frankfurt am Main 1995.
Stein/Jonas Kommentar zur Zivilprozessordnung, Bork, Reinhard/Roth, Herbert (Hrsg.), Band 4, 23. Auflage, Tübingen 2018; zit.: *Bearbeiter*, in Stein/Jonas ZPO.
Steinrötter, Björn/Stamenov, Yavor, Smart Contracts, in: Ebers, Martin (Hrsg.), Stichwort-Kommentar Legal Tech, Baden-Baden 2023.
Stelzer, Dirk, Wissen, in: Gronau, Norbert/Becker, Jörg/Kliewer, Natalie/Leimeister, Marco/Overhage, Sven (Hrsg.), Enzyklopädie der Wirtschaftsinformatik, 2019, abrufbar unter: https://wi-lex.de/index.php/lexikon/informations-daten-und-wissensmanagement/wissensmanagement/wissen/ (zuletzt aufgerufen am 18.5.2023).
Stokes, Donald E., Pasteur's Quadrant, Washington, D.C. 1997.
Streinz, Rudolf (Hrsg.), EUV/AEUV: Vertrag über die Europäische Union, Vertrag über die Arbeitsweise der Europäischen Union, Charta der Grundrechte der Europäischen Union, 3. Auflage, München 2018; zit.: *Bearbeiter*, in: Streinz-EUV/AEUV.
Stürner, Michael, Der Grundsatz der Verhältnismäßigkeit im Schuldvertragsrecht: zur Dogmatik einer privatrechtsimmanenten Begrenzung von vertraglichen Rechten und Pflichten, Tübingen 2010.
Stürner, Rolf, Das Zivilrecht der Moderne und die Bedeutung der Rechtsdogmatik, JZ 2012, 10–24.
Suhl, Leena, Plattform, in: Gronau, Norbert/Becker, Jörg/Kliewer, Natalie/Leimeister, Marco/Overhage, Sven (Hrsg.), Enzyklopädie der Wirtschaftsinformatik, 2019, abrufbar unter: https://wi-lex.de/index.php/lexikon/technologische-und-methodische-grundlagen/plattform/ (zuletzt aufgerufen am 18.5.2023).
Surden, Harry, Computable Contracts, U.C. Davis Law Review 2012, 629–700.
Szabo, Nick, The Idea of Smart Contracts, 1997, abrufbar unter: https://nakamotoinstitute.org/the-idea-of-smart-contracts/ (zuletzt aufgerufen am 18.5.2023).
Ders., A Formal Language for Analyzing Contracts, 2002, abrufbar unter: https://nakamotoinstitute.org/contract-language/ (zuletzt aufgerufen am 18.5.2023).
Tan, Yao-Hua/Thoen, Walter, Using Event Semantics for Modeling Contracts, 2002, abrufbar unter: https://ieeexplore.ieee.org/document/994149 (zuletzt aufgerufen am 18.5.2023).
Teubner, Gunther, Generalklauseln als sozionormative Modelle, in: Hassemer, Winfried/Hoffmann-Riem, Wolfgang/Weiss, Manfred (Hrsg.), Generalklauseln als Gegenstand der Sozialwissenschaften, Baden-Baden 1978, S. 13–35.
Timmermann, Daniel, Legal Tech-Anwendungen: rechtswissenschaftliche Analyse und Entwicklung des Begriffs der algorithmischen Rechtsdienstleistung, Baden-Baden 2020.
Ders., Eine Systematisierung: Legal Tech, ITRecht, Smart Contracts und KI als Begriffe und regulatorische Herausforderungen, BRJ Sonderausgabe 01/2021, 7–12.
Towfigh, Emanuel V., Das ökonomische Paradigma, in: Towfigh, Emanuel V./Petersen, Niels (Hrsg.), Ökonomische Methoden im Recht, 2. Auflage, Tübingen 2017, S. 25–43.
Ullrich, Mike/Maier, Andreas/Angele, Jürgen, Taxonomie, Thesaurus, Topic Map, Ontologie – ein Vergleich, 2003, abrufbar unter: https://docplayer.org/103085300-Taxonomie-

thesaurus-topic-map-ontologie-ue-ein-vergleich-v-1-3.html (zuletzt aufgerufen am 18.5.2023).

Unland, Rainer, in: Gronau, Norbert/Becker, Jörg/Kliewer, Natalie/Leimeister, Marco/Overhage, Sven (Hrsg.), Enzyklopädie der Wirtschaftsinformatik, 2019, Agententechnologie, abrufbar unter: https://wi-lex.de/index.php/lexikon/technologische-und-methodische-grundlagen/agententechnologie/ (zuletzt aufgerufen am 18.5.2023).

Ders., in: Gronau, Norbert/Becker, Jörg/Kliewer, Natalie/Leimeister, Marco/Overhage, Sven (Hrsg.), Enzyklopädie der Wirtschaftsinformatik, 2019, Wissensrepräsentation, abrufbar unter: https://wi-lex.de/index.php/lexikon/informations-daten-und-wissensmanagement/wissensmanagement/wissensmodellierung/wissensrepraesentation/ (zuletzt aufgerufen am 18.5.2023).

Urbach, Nils, Cloud Computing, in: Gronau, Norbert/Becker, Jörg/Kliewer, Natalie/Leimeister, Marco/Overhage, Sven (Hrsg.), Enzyklopädie der Wirtschaftsinformatik, 2019, abrufbar unter: https://wi-lex.de/index.php/lexikon/uebergreifender-teil/kontext-und-grundlagen/markt/softwaremarkt/geschaeftsmodell-fuer-software-und-services/cloud-computing/ (zuletzt aufgerufen am 18.5.2023).

von Gierke, Otto, Die soziale Aufgabe des Privatrechts, Berlin 1889.

von Hippel, Fritz, Das Problem der rechtsgeschäftlichen Privatautonomie: Beiträge zu einem Natürlichen System des privaten Verkehrsrechts und zur Erforschung der Rechtstheorie des 19. Jahrhunderts, Tübingen 1936.

Voshmgir, Shermin, Smart Contracts, Blockchains und automatisch ausführbare Protokolle, in: Braegelmann, Tom/Kaulartz, Markus (Hrsg.), Rechtshandbuch Smart Contracts, München 2019, S. 13–27.

Wagner, Gerhard, Prozeßverträge: Privatautonomie im Verfahrensrecht, Tübingen 1998.

Ders., Algorithmisierte Rechtsdurchsetzung, AcP 2022, 56–103.

Wagner, Jens, Legal Tech und Legal Robots: der Wandel im Rechtswesen durch neue Technologien und künstliche Intelligenz, 2. Auflage, Wiesbaden 2020.

Wanderwitz, Maximilian, Digitale Vergabe. Blockchain, Smart Contracts und die Digitalisierung des Vergabeverfahrens, VergabeR 2019, 26–36.

Wang, Xin/Chen, Eddie/Radbel, Dmitry/Horioka, Tsutomu/Clark, Jim/Wiley, Greg, The Contract Expression Language – CEL, 2004, abrufbar unter: https://www.researchgate.net/publication/228921586_The_Contract_Expression_Language-CEL (zuletzt aufgerufen am 18.5.2023).

Weber, Franziska, Gegenwärtige Verbraucherrechtsfälle und Bedarf an staatlicher Rechtsdurchsetzung, VuR 2013, 323–332.

Weicker, Karsten/Weicker, Nicole, Algorithmen und Datenstrukturen, Wiesbaden 2013.

Weingarten, Rüdiger/Fiehler, Reinhard, Einleitung, in: Fiehler, Reinhard/Weingarten, Rüdiger (Hrsg.), Technisierte Kommunikation, Opladen 1988, S. 1–7.

Weinrib, Ernest J., The Idea of Private Law, Cambridge Massachusetts 1995.

Wendelstein, Christoph, Kollisionsrecht, Smart Contracts, in: Ebers, Martin (Hrsg.), StichwortKommentar Legal Tech, Baden-Baden 2023.

Wendland, Matthias, Vertragsfreiheit und Vertragsgerechtigkeit: subjektive und objektive Gestaltungskräfte im Privatrecht am Beispiel der Inhaltskontrolle Allgemeiner Geschäftsbedingungen im unternehmerischen Geschäftsverkehr, Tübingen 2019.

Werbach, Kevin/Cornell, Nicolas, Contracts Ex Machina, Duke Law Journal 2017, 313–382.

Wharton, Why Amazon's ‚1-Click' Ordering Was a Game Changer, 2017, abrufbar unter: https://knowledge.wharton.upenn.edu/article/amazons-1-click-goes-off-patent/ (zuletzt aufgerufen am 18.5.2023).

Wiebe, Andreas, Die elektronische Willenserklärung: kommunikationstheoretische und rechtsdogmatische Grundlagen des elektronischen Geschäftsverkehrs, Tübingen 2002.
Wiegerling, Klaus, Daten, Informationen, Wissen, in: Breidenbach, Stephan/Glatz, Florian (Hrsg.), Rechtshandbuch Legal Tech, 2. Auflage, München/Wien 2021, S. 22–26.
Wilhelm, Alexander, Smart Contracts im Zivilrecht (Teil I), WM 2020, 1807–1813.
Ders., Smart Contracts im Zivilrecht (Teil II), WM 2020, 1849–1856.
Williamson, Oliver E., Transaction-Cost Economics: The Governance of Contractual Relations, Journal of Law and Economics 1979, 233–261.
Ders., Die ökonomischen Institutionen des Kapitalismus: Unternehmen, Märkte, Kooperationen, Tübingen 1990.
Wissenschaftsrat, Perspektiven der Rechtswissenschaft, 2012, abrufbar unter: https://www.wissenschaftsrat.de/download/archiv/2558-12.html (zuletzt aufgerufen am 18.5.2023).
Wöbbeking, Maren K., The Impact of Smart Contracts on Traditional Concepts of Contract Law, JIPITEC 2019, 105–112.
Dies., Deliktische Haftung de lege ferenda, in: Kaulartz, Markus/Braegelmann, Tom (Hrsg.), Rechtshandbuch Artificial Intelligence und Machine Learning, 2020, S. 154–164.
Wolf, Manfred, Rechtsgeschäftliche Entscheidungsfreiheit und vertraglicher Interessenausgleich, Tübingen 1970.
Wong, Meng Weng, Computable Contracts: from Academia to Industry, in: Breidenbach, Stephan/Glatz, Florian (Hrsg.), Rechtshandbuch Legal Tech, 2. Auflage, München/Wien 2021, S. 315–339.
Wong, Meng Weng/Chun, Alexis, L4: a domain-specific language (DSL) for law, abrufbar unter: https://legalese.com/computational-law#L4 (zuletzt aufgerufen am 18.5.2023)
Wright, Aaron/De Filippi, Primavera, Decentralized Blockchain Technology and the Rise of Lex Cryptographia, 2015, abrufbar unter: https://ssrn.com/abstract=2580664 (zuletzt aufgerufen am 18.5.2023).
Dies., Blockchain and the Law: The Rule of Code, Cambridge Massachusetts 2019.
Zech, Herbert, Information als Schutzgegenstand, Tübingen 2012.
Ziegler, Philipp, Der subjektive Parteiwille: ein Vergleich des deutschen und englischen Vertragsrechts, Tübingen 2018.
Zipfel, Valentin, AGB-Klausel zur Fernsperrung der Auflademöglichkeit einer vermieteten Autobatterie unwirksam, GRUR-Prax 2023, 113.
Zoglauer, Thomas, Einführung in die formale Logik für Philosophen, 6. Auflage, Göttingen 2021.
Zöllner, Wolfgang, Regelungsspielräume im Schuldvertragsrecht, AcP 1996, 1–36.
Ders., Vertragskontrolle und Gerechtigkeit, NZA-Beilage 2006, 99–107.

Sachregister

Abduktion 62
acquis commun 135
acquis communautaire 135
Aktuator 92
Algorithmus 60
Allgemeines Vertragsrecht 15
Ambiguität 26
Andeutungstheorie 300
Äquivalenzprinzip 149
Ausdruckssorgfalt 242
Ausdrucksstärke 51
Ausführungsplattform 226
Auslegung 8
– automatisierte 19
– empirische 207
– formale 33, 228, 237, 244
– kontextuelle 213–214
– natürliche 207
– pragmatische 214
– semantische 214, 229
– subjektive 207
– teleologische 232
– textuelle 33, 213–214
Auslegungsarbeit 262
Auslegungsergebnis 14
Auslegungsmaterial 258
Auslegungsmaximen 279
Auslegungsmittel 252
Auslegungsobjekt 14
Auslegungsregel 200, 279
Auslegungsrelevanz
– absolute 268
– relative 269
Auslegungssorgfalt 256, 263
Auslegungsvereinbarung 293
Auslegungsvertrag 293
Auslegungswille 292
Auslegungszeitpunkt 278
Auslegungsziel 202–203, 208, 239

Aussagenlogik 57
Austauschgerechtigkeit 148
Auszeichnungssprache 66, 81
Automatentheorie 51
Automatisierung
– des Rechts 42, 46–47
– der Streitbeilegung 19
– der Vertragsanalyse 71, 75
– der Vertragsanpassung 72, 87
– der Vertragsausführung 2, 26, 71, 90, 225
– der Vertragsdurchsetzung 109
– des Vertragsmonitorings 72, 87

Bedeutung 80
Bedeutungsteile 82
Begrenzungsbeziehung 187–188
Begriffsjurisprudenz 45
Berechenbarkeit 52
Beschreibungssprache 57
Blockchain-Technologie 1, 28, 67, 86, 89–92, 104–107, 116, 226
Bugs 29, 243
Bytecode 67

Cloud-Computing 67
Code is Law 99
Computable Contract 5
Computerprogramm 61
Computersprache 10, 64

Data-Oriented Contract 5
Decentralized Autonomous Organization 5, 116
Deduktion 37, 62
Definition 81
Deklaratives Verarbeitungsparadigma 77
Deontische Logik 77

Sachregister

Dispositives Recht 104, 188
Dissens 292
Dokumentationsfunktion 13
Dokumentationssprache 57

Echtzeitanalyse 91
effet utile-Auslegungsgrundsatz 136
Effizienz 149, 173, 178
– Kaldor-Hicks 151
– Pareto 151
Eindeutige Interpretierbarkeit 34, 119, 178, 199
Eindeutigkeitsregel 214–215, 240, 242
Elektronische Rechtsperson 247
Elektronischer Agent 18, 72, 287
Empfängerhorizont 206
Entscheidbarkeit 52
Ergänzungsbeziehung 187–188
Erkennbarkeit 258
Erklärungsbewusstsein 209–210
Erklärungsfahrlässigkeit 210
Erklärungshistorie 271, 281
Erklärungsmittel 222
Erklärungstheorie 246
Erklärungsumstände 259
Europäisches Vertragsrecht 139–141
Expertensystem 42, 56
Expertenwissen 56
Explikation 76

Faktisches Recht 109
Fallbasiertes Schließen 37
falsa demonstratio non nocet 208
Feststellungsvertrag 306
Formale Analyse 75
Formale Grammatik 50, 222
Formale Interpretation 29
Formale Logik 39, 50, 57
Formale Modellierung 29
Formale Spezifikation 49, 64, 227
Formale Sprache
– Definition 24, 50
– deklarative 37
– maschinenabstrakte 49
Formale Verifikation 76
Formalisierung
– maschinelle 84
– von Semantik 30
Formalismus 29, 57

Formalsprachliche Informationsquelle 72, 82, 87, 282
Formalsprachliche Regelung 220
Formalsprachliche Willenserklärung 14
Formalsprachlicher Vertrag 5, 10–11, 14
Formalwissenschaften 42
Formvorschriften 4, 299
Frames 59
Freier Wille 192
Fremdsprache 4
Funktionsbestimmter Begriff 130
Funktionswandel 155, 185, 191, 195
Fuzzy Logik 37

Gemeinwohl 157
Gerechtigkeit 148
Gesetzesauslegung 230
Gesetzestelos 231–233, 235

Handlungswille 209
Heteronome Prinzipien 186
Heuristik 37

Implementierung 64
incomplete contracts 38
Individualisierung 251
Induktion 62
Inferenzalgorithmen 62
Inferenzkomponente 56
Inferenzrelation 62
Information 53
Innovation 98
Intermediär 27, 93
Interpretation 7, 30
– formale 33
– natürliche 219, 228
Interpretationsvorgaben 222
iustitia commutativa 148, 170
iustitia distributiva 148, 170

Kalkulierbarkeit 30–34, 38
Kommunikation 30, 220–221
– elektronische 262
Kommunikationsmodell 30
Komplexitätstheorie 52
Kontrollierte natürliche Sprache 29
Kontrollmaßstab 176
Kontrollvorbehalt 166, 169, 190

Korrekturvorbehalt 166–167
Künstlichen Intelligenz 40–41

Legal Tech 46
Legitimation
– formale 110
– innere 110, 112
Legitimationsmodell 111, 194
Lexikalisch-semantisches Netz 59

Markup-Sprache 66
Maschinelle Übersetzung 85
Maschinelle Verarbeitung 11, 71
– direkte 35
– indirekte 35
Maschinensprache 64, 221
Maschine-zu-Maschine-Kommunikation 220
Materialisierung 160–163, 187
Mehrdeutigkeit 26
Methodenlehre 21
Methodologischer Individualismus 150
Missverständnis 32, 258
Modell 57
Mustervorlage 92

Nachforschungsobliegenheit 255, 266–276, 277
Nachricht 53
Negative Integration 136
Neukonzeptionierung 211–212, 250
Nicht-monotone Logik 78
Normative Auslegung 206, 251
Normative Spezifität 16
Normative Vertragsfunktion 120, 155, 182

Objektive Empfängerhorizont 251–252
Objektivierung 206, 251
Ökonomische Analyse des Rechts 171
Ontologie 59, 66
Oracle 82, 282–283

Paradigmatische Prinzipienkombination 129
Paragraphenautomaten 42
Parteienwohl 157
Plattform 67
Positive Integration 135

Prädikatenlogik 50, 57
Präferenzautonomie 150
Pragmatik 55, 214
Prinzipienzusammenspiel 128
Privatautonomie 142–143
Private Durchsetzung 102
Private Ordnung 100–101
Private Regelsetzung 102
Privates Recht 102, 110–111
Produktion 30–31
Produktionsregel 60
Programmierschnittstelle 89, 92
Programmierung 66
– deklarative 66
– imperative 66
– logische 66
– objektorientierte 66
protestatio facto contraria 217
Prozessvertrag 294
Pseudo-Code 49, 61

Recht 44, 99, 113
Rechtsanerkennungsmonopol 110
Rechtsautomatisierung 42, 46–47
Rechtsbegriffspluralismus 117
Rechtsdogmatik 20, 22
Rechtsetzungsmonopol 110
Rechtsformalisierung 43–45, 80
Rechtsfortbildung 229, 233–234
Rechtsgeltungsquelle 113–114
Rechtsgeschäftliche Erklärungsmittel 12
Rechtsgeschäftslehre 17
Rechtsgeschäftswille 209
Rechtsidee 121
Rechtsinformatik 42, 46
Rechtspluralismus 111, 114
Rechtspositivismus 45
Rechtsprinzipien 123
Rechtstatsachenforschung 104
Regel 102, 124
Repräsentationsformalismus 57
Repräsentationsmodell 57
Repräsentationssprache 52, 57
Revidierbares Schließen 78
Reziprozitätsprinzip 168
Ricardian Contract 5
Richtigkeitsgewähr des Vertrages 165, 168

Schlussverfahren
- korrektes 37
Selbstbestimmung 142–143, 145
- ideale 194
- schwache 188
- tatsächliche 161–163
- vermutete 196
Selbsthilfe 16, 108
Selbstverantwortung 144
Semantik 29, 53, 214
Semantische Lücke 29, 33, 37, 88
Semantisches Netz 58
Sensorik 89
Smart Contract 2, 8, 12, 23, 93, 101, 115, 227
Sonderwissen 254
Sorgfaltsobliegenheit 206
Sozialwahltheorie 149
Sprachaspekt 100
Sprachenfreiheit 4, 144
Sprachenwahl 212
Sprachkomponente 34
Sprachrisiko 16, 28, 34, 256, 276
Sprachverarbeitung
- sub-symbolische 36
- symbolische 35
Sprachvorteil 34, 71
Sprachwissen 84
Sprechakttheorie 223–224, 228
Standardisierung 27
Streitbeilegung 19
Struktur
- vertragliche 73
Subsumtionsautomat 42
Syllogismus 37
System
- äußeres 122
- bewegliches 129
- europäisches 136
- inneres System 118, 122
- offenes 127
Systembegriff 121–122
Systembruch 133
Systemwandel 154

Taxonomien 58
Technisierung des Empfängerhorizonts 217
Textuelle Auslegung 1.0 241

Textuelle Auslegung 2.0 216, 229, 236
Thesauri 58
Transaktionskosten 31, 174
Trennungsprinzip 226
Treu und Glauben 201
Turingmaschine 51, 61

Unsicheres Schließen 37

Verarbeitungskomponente 34
Verhaltensökonomik 150
Verkehrskreis 253
Verkehrsschutz 146–147
Verkehrssitte 201, 265
Verteilungsgerechtigkeit 148, 170
Vertrag 12, 25, 43
Vertraglicher Konsens 208
Vertragsunvollständigkeit 38, 107
Vertragsauslegung 13, 32, 289
- ergänzende 289
- interessengerechte 289
Vertragsautomatisierung 47
Vertragsbegriff 73, 194
Vertragsdokumentation 12
Vertragsformalisierung 43, 79
Vertragsfreiheit 142–143
- formale 162
- materielle 162
Vertragsgerechtigkeit 148
- distributive 170
- kommutative 165
- materielle 165, 168, 176, 179
- prozedurale 161, 165
- soziale 170
Vertragskontrolle 189
Vertragskorrektur 176, 189
Vertragslebenszyklus 72
- automatisierter 30
Vertragsmodell 152
- deontologisches 157–159, 175, 180
- konsequentialistisches 157
Vertragsparität 161, 164
Vertragssprache 3, 16
Vertragstheorie 156
- deontologische 167
- konsequentialistische 175
- ökonomische 171, 176
Vertrauen 247
Vertrauensschutz 146–147

Vertrauenstatbestand 147
Virtual Machine 67

Wahrheitswerte 57
Wahrnehmbarkeit 203
Warenautomat 108, 225, 227, 286
Willenserklärung 14, 200
– pathologische 145
– vertragliche 17, 200
Wissen 52–54, 56
Wissensbasierte Systeme 56
Wissensbasis 56

Wissensorganisation 54
Wissensrepräsentation 54–55
– symbolische 39, 52
Wissensrepräsentationsformalismen 40, 61
Wohlfahrtsökonomik 149
Wortlautargument 234
Wortlautgrenze 230, 233–234

Zugang 258, 261
Zurechnung 147, 209

Studien zum Privatrecht

Die Schriftenreihe *Studien zum Privatrecht* (StudPriv) als Äquivalent zur renommierten Reihe *Jus Privatum* bietet herausragenden Dissertationen aus dem Bereich des Privatrechts eine ansprechende Plattform und deckt sämtliche Fächer des Privatrechts ab: das Bürgerliche Recht, das Handels- und Gesellschaftsrecht, das Wirtschaftsrecht, das Arbeitsrecht und das Verfahrensrecht. Fächerübergreifende und fachgebietsübergreifende Themenstellungen sind dabei nicht ausgeschlossen, solange der Schwerpunkt der Arbeit im Privatrecht einschließlich seiner europarechtlichen beziehungsweise internationalrechtlichen Bezüge zu finden ist. Um die hohe Qualität der in dieser Reihe veröffentlichten Dissertationen zu gewährleisten, werden nur Arbeiten zur Veröffentlichung in Betracht gezogen, die in beiden Gutachten uneingeschränkt mit summa cum laude bewertet wurden.

ISSN: 1867-4275
Zitiervorschlag: StudPriv

Alle lieferbaren Bände finden Sie unter *www.mohrsiebeck.com/studpriv*

Mohr Siebeck
www.mohrsiebeck.com